Der große Wirtschaftstransfer von Ost nach West nach 1945

Dr. Hermann Golle

Dr. Hermann Golle

Der große Wirtschaftstransfer von Ost nach West nach 1945

Tausende Ostbetriebe bauten den Westen wieder auf

Bestandsaufnahme nach 30 Jahren deutscher Einheit

DeBehr

Herausgeber: Verlag DeBehr, Radeberg
Erstauflage: 2021
ISBN: 9783957538802

Inhalt

Vorwort

Seit 30 Jahren soll zusammenwachsen, was zusammengehört, wie es Willy Brandt formulierte. Wie weit ist das vollendet? Man muss es als nahezu abgeschlossen einschätzen. Auch wenn weitere Verbesserungen, wie zum Beispiel Gehälter, Arbeitszeiten, Rentenanpassungen hinzukommen, bleibt ein großer Unterschied bestehen: Die ostdeutschen Bundesländer sind ab den Jahren 1945/50 verarmt und werden arm bleiben. Das Buch gibt die maßgeblichen Gründe dafür an.

Mein erstes Buch von 2002 hat folgenden Hintergrund:

Als unsere Entwicklungsfirma Golle Motor GmbH Ende der 1990er Jahre einen größeren Entwicklungsauftrag eines süddeutschen Autokonzerns erhalten sollte, wollte der Einkaufschef den Inhaber eines solchen ostdeutschen Kleinbetriebes persönlich kennenlernen. Die Auftragserteilung war in 15 Minuten erledigt, an allgemeine Fragen zu den neuen Bundesländern schloss sich meine Bemerkung an, dass ja eine Vielzahl von mitteldeutschen Firmen als vertriebene Exilfirmen das westdeutsche Wirtschaftswunder entscheidend mit geschaffen haben. An ein zunächst ungläubiges Erstaunen schloss sich eine längere Diskussion an, die mit der Bemerkung endete: „Ja, schreiben Sie das doch mal auf, das weiß hier keiner mehr."

2001 war das Manuskript fertig, aber einen Verlag zu finden dauerte nochmals ein Jahr. Der gewählte Arbeitstitel „Der Transfer ist bezahlt – vorfinanziert" sollte ausdrücken, dass die Transferleistungen West–Ost ab 1990 durch die Wirtschaftsleistungen der ab 1945 nach Westdeutschland geflüchteten Exilfirmen, also durch einen Transfer Ost–West zum Teil ausgeglichen worden sind. Namhafte Verlage wollten eine solche ergänzende Rechtfertigung des beginnenden Milliardentransfers nicht hören und lehnten eine Veröffentlichung ab.

Erst der Chef des Hohenheim-Verlages Stuttgart-Leipzig, Ulrich Frank Planitz, aus Zwickau-Planitz gebürtig und seiner Heimat nach wie vor eng verbunden, brachte das Buch unter dem von ihm vorgeschlagenen Titel „Das Know-how, das aus dem Osten kam" 2002 heraus. Das Buch war durchaus erfolgreich, interessierte aber nur einen bestimmten Personenkreis aus Wirtschaft und Industrie, auch die vielen nach 1945 übergesiedelten Personen aus Mitteldeutschland, Schlesien und anderen Gebieten. Die zahlreichen Pressestimmen und ein Hörbuch ergaben viele Rückmeldungen.

Im Jahr 2007 erschien eine zweite Auflage als unveränderter Nachdruck von 2002. Ergänzende Bilder, Bildunterschriften und ein Sach- und Personenverzeichnis waren leider nicht möglich gewesen.

Es gibt Publikationen, die sich ebenfalls mit dieser Thematik befassen, zum Beispiel das Buch „Die Verlagerung von Industrie- und Dienstleistungsunternehmen aus der SBZ/DDR nach Westdeutschland" (Peter Hefele, Franz Steiner Verlag, 1998). Ein Werk mit vielen Tabellen, Karten, Erklärungsversuchen, Wanderungsbewegungen, Standortfragen und Kopplungseffekten. Ob die oft in Hektik geflüchteten Unternehmer, viele auch wegen einer drohenden Verhaftung, große strategische Überlegungen zur Standortwahl angestellt hatten, bleibt fraglich. Meist waren die Hauptgründe für den Standort die Städte von bekannten Geschäftsfreunden, Verwandten und sonstigen Bekannten und natürlich das Vorhandensein von Räumlichkeiten. Ausgebrannte Fabriken und Geschäftshäuser, nun leere Hallen von Flugzeug- und Munitionswerken und andere ungenutzte Gebäude wurden zunächst notdürftig eingerichtet, Schritt für Schritt ausgebaut und erweitert.

Das Werk „Deutsche Wirtschaftsgeschichte seit 1945" (Werner Abelshauser, Verlag C. H. Beck, 2004) beschreibt ausführlich die Probleme der jungen Bundesrepublik mit den Besatzungsmächten. Interessant ist die Bemerkung, dass „die westdeutsche Industriestruktur durch die Demontagen nicht wesentlich verändert worden ist, wenn man einmal von den reinen Rüstungsindustrien absieht". Das sah in der Ostzone 1946/48 völlig anders aus. Wir werden erfahren, dass in vielen Betrieben nach den Demontagen „nicht ein Feuerlöscher, ein Heizkörper, ein Lichtschalter mehr vorhanden waren", und zum Beispiel ganze Fabrikwände aufgebrochen wurden, um große Maschinen schneller herausreißen zu können. Zur Chemieindustrie der DDR heißt es: „Bis 1954 arbeiteten die wichtigsten Betriebe als SAG vornehmlich für den Bedarf der Sowjetunion. Sie verloren während dieser Zeit den Anschluss an die wichtigsten Produkt- und Prozessinnovationen, die auf dem Gebiet der synthetischen Fasern, der Kunststoffe aller Art, der Hoch- und Niederdruckpolyethylenverfahren, des Colorfilms oder der Pharmazeutika, sich gegenseitig stimulierend, die Entwicklung im Westen bestimmten."

Der Nebensatz „sich gegenseitig stimulierend" trifft den Kern der unterschiedlichen Entwicklung in Ost und West. Es gab zwischen den neuen „volkseigenen" Betrieben kein sich gegenseitig stimulierend, also keinen Wettbewerb mehr. In der Regel waren jeder VEB und jedes Kombinat Alleinhersteller und sie sonnten sich im Lichte ihrer Produktionserfolge. Es ist ein Mangel dieses Buches, diesen Unterschied nicht deutlicher hervorzuheben. Es ist ebenso ein Mangel, die Rolle der Exilfirmen und ihren großen Beitrag zum westdeutschen Wirtschaftswunder auszublenden, ob beabsichtigt oder nicht. Am Ende des Kapitels „Wirtschaftliche Aspekte der deutschen Frage" heißt es: „Was in vier Jahrzehnten wüst gefallen ist, lässt sich nicht kurzfristig in einen blühenden Garten verwandeln." Für wüst gefallen kann man auch ruiniert sagen.

Eine andere, praxisnahe Analyse der Nachkriegsjahre zeigte die Ausstellung im westfälischen Industriemuseum Dortmund 2005 unter dem Titel „Aufbau West – zwischen Vertreibung und Wirtschaftswunder". Sicher angeregt durch mein Buch von 2002 bringt das Begleitbuch zur Ausstellung (Hg. Dagmar Kift) viele detaillierte Beispiele von der Flucht mitteldeutscher Unternehmen.

So ist es richtig, der Leser will schon detailliert wissen, welcher Mittelständler ist enteignet und aus der Villa geworfen worden, wer ist in Bautzen II umgekommen, wer oder wessen Söhne haben als Exilfirma im Westen wieder den großen Aufstieg zur Weltfirma gemacht. Von den Pressestimmen bringt dies der Hörbeitrag des NDR (NDR Info – politische Bücher vom 4. August 2002, Rezensent: Nikolai Huebner) auf den Punkt: „... und am Ende versteht man, warum Golle so viele Beispiele bis ins Kleinste zerpflückt. Weil nämlich Tausende solcher Beispiele erforscht und bewertet werden müssen. Die Geschichte der Autoindustrie etwa spricht Bände: Wie von Traditionsmarken aus Eisenach und Zwickau nur der Trabi übrigblieb. Doch, ‚Know-how' hatte es im Osten genügend gegeben; aber seine Träger hat man fortgejagt oder einfach ziehen lassen. Etliche fassten in der Bundesrepublik Fuß. Und so profitierte unser Wirtschaftswunder im Westen in der Tat von Dummheit und Engstirnigkeit der Politiker im Osten.“

So habe ich mich entschlossen, das Vorhaben fortzusetzen. Aufgrund der zahlreichen Anregungen und der weiteren Recherchen ergab sich, dass der gesamte Komplex nicht mehr mit einem Buch abzuhandeln ist. Es soll deshalb für jedes der mitteldeutschen Bundesländer Sachsen, Sachsen-Anhalt und Thüringen ein Buch geschaffen werden. Beginnend mit Sachsen ist im Buch ein „Programm“ vorangestellt, in welchem sechs Kernbereiche angegeben und im Sinne des Haupttitels „Bestandsaufnahme nach 30 Jahren deutscher Einheit“ zu untersuchen sind. Der Entwurf dieses Programmes liegt schon einige Jahre zurück. Er wurde 2010/11 verschiedenen Gremien/Ministeriumsabteilungen in Sachsen, die sich mit Industriekultur befassen, übermittelt und sollte Vorschlag und Anregung sein, dieses Thema doch verstärkt und mit großer Offenheit bezüglich der Enteignungsthematik aufzugreifen. Es gab jedoch nur ausweichende und hinhaltende Antworten.

Dem Programm angeschlossen ist ein Beitrag, der eine ebenfalls schwierige Situation im Verhältnis der Menschen in Ost und West behandelt. Es gibt in den neuen Bundesländern noch zahlreiche Vertreter des alten Systems. Sie wollen das Scheitern dieses Sozialismus nicht wahrhaben; es sind dieselben Leute, die noch bis zum Ende der DDR vom Sieg des Sozialismus einerseits, vom Siechtum des Kapitalismus und der Verelendung der Massen in den westlichen Ländern andererseits gesprochen und geschrieben haben. Und der Gipfel dieser Attacken, dieser ungeheure Realitätsverlust, spielte sich in Dresden ab. Im Vorwort des Buches „Industriegeschichte Dresden 1945 – 1990“ spricht ein Professor Schneider von der 1989/90 stattgefundenen „Konterrevolution“. Dazu, besser dagegen, der Beitrag „Die Ultralinken und die politische Wende 1989/90“.

Mir wird oft gesagt, dass eine solche Kritik jetzt nicht zeitgemäß ist. Wie bei der Aufarbeitung der Geschehnisse im Zweiten Weltkrieg, die heute, da die meisten Akteure nicht mehr leben, wieder aktuell sind, so wäre auch in 20 bis 30 Jahren die Zeit gekommen, über diese Nachkriegsverhältnisse und die Schreibtischtäter zu sprechen.

Ich widerspreche dem. Wir wollen und müssen es jetzt tun. Jetzt müssen wir der Mär vom industriell armen Mitteldeutschland – wir hatten keine Hochöfen – widersprechen. Jetzt müssen wir sagen, dass aller Rückstand in der DDR nicht allein den Reparationen durch die Siegermacht zuzuschreiben ist, sondern ebenso stark den Stalinisten der ersten Jahre und der Jahre 1971/72, als man wider alle Vernunft und wider alle guten Ergebnisse der halbstaatlichen Mittel- und Kleinbetriebe die völlige Liquidierung des restlichen Mittelstandes durchpeitschte.

Und wir müssen andererseits sagen, dass das westdeutsche Wirtschaftswunder von den 1950er Jahren an zu einem ganz erheblichen Teil durch die Exilbetriebe aus Mitteldeutschland einschließlich der Unternehmen aus den schlesischen und böhmischen Vertreibungsgebieten geschaffen wurde. **Es darf nicht zum Allgemeingut geworden sein, die „Südstaaten“ Bayern und Baden-Württemberg wären von jeher die Super-Wirtschaftsregionen Deutschlands gewesen. Sie waren es nicht.** Nur die Spitze des Eisberges an Exilfirmen in Bayern sind die Ingolstädter „Audi“ (aus Zwickau), die Münchner „Giesecke und Devrient“ und weitere Großverlage (aus Leipzig), Firmen des Verpackungsmaschinenbaues (aus Dresden), „Siemens“ und „Knorrbremse“ (aus Berlin),

Aber auch die vielen gerade nach Bayern geflüchteten sudetendeutschen Firmen wie die Kunert-Strumpfwerke, jetzt in Immenstadt, oder die Gablonzer Glasbetriebe, jetzt in Kaufbeuren-Neugablonz. Bayern war bis 1945 kein Autoland. „Der Ursprung von BMW ist die Firma „Schneeweis“ in Chemnitz, die über das Flugwerk Deutschland die Rapp-Motorenwerke hervorbrachte“, schrieb einer der Gründerväter dieser Firma Rapp (H. Mönnich: BMW, Piper-Verlag München, 1991). Aus Rapp wurde 1916 BMW, man fertigte in München Flugmotoren und Motorräder, alle BMW-Wagen lieferte bis 1945 das Werk Eisenach.

Wolf-Achim Krasting, Hamburg, geboren im sächsischen Dippoldiswalde, von dessen ungewöhnlichem Lebenslauf wir noch lesen werden, hat interessante Vergleiche zwischen Sachsen und Bayern aus Statistiken des Hamburger Weltwirtschaftsarchives (HWWA) gefunden:

		Sachsen	Bayern
Landesfläche [km^2]		14.986	75.996
Bevölkerung [Mio.]		5,20	7,68
Schutzrechte 1935:			
Patente		996	723
Gebrauchsmuster		5.911	3.950
Eingetragene Warenzeichen		1.265	631
Leipziger Frühjahrsmesse:			
Aussteller Maschinen	1933	551	178
	1934	739	230
	1935	855	245
	1936	1.070	297
	1937	1.139	315

Das fünf Mal größere Bayern hatte nur etwa 2,5 Millionen mehr Einwohner. Alle technisch-wirtschaftlichen Kennzahlen weisen auf den gravierenden Rückstand von Bayern gegenüber Sachsen hin. Diese Verhältnisse haben sich in wenigen Jahren nach 1945 umgekehrt. Die Landeshauptstädte Dresden und München waren mit circa 600.000 Einwohnern gleich groß, in einigen Berichten wird auf das „viel reichere Dresden“ hingewiesen.

Wenn man das Gebiet der früheren DDR bewusst und detailliert nach Exilfirmen absuchen wollte, die Stadtarchive, Stadtteil für Stadtteil in den Städten von Rostock, Berlin, Magdeburg, Dessau, Leipzig, Bautzen, Chemnitz, Plauen bis Gera, Jena, Suhl, Sonneberg, Schmalkalden, Zella-Mehlis und andere, stünden mehrere Autoren wie vor einer großen Wand. Eine Aufgabe für viele Jahre. Aber nicht nur die Exilfirmen, also die „nach dem Westen abgehauenen“ Firmen, sind zu betrachten. Ebenso diejenigen, welche bis 1945 bodenständige, in der Wirtschaft Deutschlands gut eingebundene, z. T. führende Unternehmen gewesen sind. Und die trotz der Demontagen einen erfolgreichen Wiederaufbau unter Führung ihrer Eigentümer oder Gesellschafter gestartet hätten. Die aber als „volkseigene“ Betriebe nach und nach abgewirtschaftet wurden, 1990 das Bild eines Betriebes mit veralteter Produktion, hoher Umweltbelastung und insgesamt eines ruinösen Zustandes boten – quer durch das Land, nicht nur in Leuna und Bitterfeld. Ich spreche bewusst vom Ruin solcher Firmen, die zuerst mit Millionen hätten saniert werden müssen, um überhaupt am Markt zu bestehen. Wir werden sie kennenlernen, die Dresdner Universelle als weltweiter Marktführer im Zigarettenmaschinenbau, die ab 1947 als Hanseatische Universelle – HAUNI Hamburg – der Technologiekonzern mit einem derzeitigen Umsatz von über 1,5 Milliarden Euro wurde, die Fa. Küttner AG in Pirna, die Rockstroh-Werke AG in Heidenau, die Bleichert AG in Leipzig, der große Marktführer für Personen- und Güterseilbahnen, die August Wellner Söhne AG im sächsischen Aue, deren Bestecke aus Silber und Wellner-Silber (Alpacca) in allen Luxushotels in Gebrauch waren, die vormals große F. von Heyden AG in Radebeul und viele andere. Bei von Heyden wurde „die erste in industriellem Maßstab betriebene Arzneimittelsynthese der Welt verwirklicht“. Von diesem sind nur Rudimente geblieben.

Wenn man heute im Osten Deutschlands hört und sieht, wie jede Industrieansiedlung, jeder „Rückkehrer“ in sein Stammhaus euphorisch gefeiert und unterstützt werden, kann man ermessen, welchen wirtschaftlichen Schaden der Marxismus-Leninismus in den Jahren nach 1945 mit der Vertreibung Tausender Unternehmen, darunter eben auch vieler Aktiengesellschaften, verursacht hat.

In den Jahren 2018/2019 kamen die Probleme zwischen alten und neuen Bundesländern erneut zur Sprache. Entzündet an unterschiedlichen Auffassungen, vorwiegend zur Asylpolitik, wurden alle Schritte der Wiedervereinigung mit leidenschaftlichem Für und Wider diskutiert von Politikern, Politexperten, der gesamten Presse und der „Zivilgesellschaft". Der „Spiegel" gab Oktober/November 2019 ein 130 Seiten umfassendes „Spezial" heraus. Alle Lebensbereiche werden behandelt: Gesellschaft, Wirtschaft, Sport, Wissenschaft, Kultur. Der Leitartikel von Stefan Berg mit der Überschrift „Trauerfall Mauerfall" teilt kräftig aus:

„In diesen Tagen ist immer wieder dieses Geheule der angeblichen Eilten zu vernehmen. Lange u-Laute: uuunsere DDR, uuunser Land. Seltsam.

Elite wollten sie damals gar nicht sein, in ihrem stinkenden, zusammenfallenden Arbeiter-und-Bauern-Paradies. Sie waren doch stolz auf ihre Unbildung. Genossen den eigenen Misthaufen. Verwechselten Reclam-Bücher mit Reklameheften. Leere Lehrer lauerten einem auf, wenn man Jeans trug oder betete. Oder wenn man rief. `Hallo. Ich denke selbst.'

Durften alle mit ins All-inclusive-Ländchen BRD. Hätten draußen bleiben können und nicht rübergehen. Ergebnis unserer Friedfertigkeit: Die Revolution war so schön unblutig, aber danach sind alle noch da."

Das sind nicht aus dem Zusammenhang gerissene Sätze, das steht unter einem Vorwurf: Die Ossis lebten unter primitiven Verhältnissen, im Misthaufen, sie waren ungebildet und trotzdem haben wir sie „reingelassen". Das ist blanke Hetze!

Dieser Leitartikel entwertet das gesamte Heft trotz aller umfangreichen Recherchen.

Im Kapitel Wirtschaft interessiert natürlich, ob es zumindest vage Hinweise auf die Exilfirmen gibt. Es gibt sie nicht. Für Hamburg wird nicht einmal die HAUNI erwähnt, die aus Dresden stammende Exilfirma Universelle. Die Wirtschaftsexperten, einschließlich der Quellen (Stiftung Familienunternehmen, Deutsche Börse), wissen auch nicht, dass der Weltkonzern Wella aus dem sächsischen Rothenkirchen stammt und nach der Flucht in Hünfeld und Darmstadt neu aufgebaut hat. Über viele solcher Fälle werden wir berichten.

Der „Hohlspiegel" im Spiegel-Spezial enthält ein Zitat, was den derzeit wieder verstärkten Überlegenheitstaumel der westdeutschen Medien und - zum Teil - der Bürger charakterisiert: Aus der „Schwäbischen Zeitung": *„Aber Syrien war bis vor wenigen Jahren wie eine DDR auf Arabisch, nur mit besserem Essen, atemberauben-*

deren Landschaften und schönen Menschen." Ob das Märchen von den „Sieben Schwaben", den tölpelhaften, dem Spott ausgesetzten Schwaben doch kein Märchen ist?

All das begründet das vorliegende Buch: Aufklären, die Tatsachen nennen, den wieder aufflammenden Differenzen entgegentreten.

1. Das Programm Sachsens – die sechs Kernbereiche

Das Ausmaß der Vernichtung des Mittelstandes in den neuen Bundesländern, die Vertreibungen, Inhaftierungen einerseits, die Flucht Tausender vorwiegend mitteldeutscher Firmen in die alten Bundesländer, sind bisher kaum detailliert dargestellt worden.

Vereinzelt berichten Presse und Fernsehen über ehemalige mitteldeutsche, bis 1945 weltbekannte Traditionsfirmen, zum Beispiel anlässlich ihrer 100-jährigen (oder noch früheren) Gründung. Da gibt es Presseartikel mit kaum einem Hinweis, warum das Unternehmen heute in Westdeutschland ist. Ebenso berichtet das mdr-Fernsehen über einzelne Firmenschicksale und ihre Gründer/Inhaber bis 1945. Insgesamt aber ist der Trend zum Vergessen eingetreten. In den alten Bundesländern wollen die Medien nicht so gern daran erinnert werden, wie stark die „Exilfirmen" aus Mitteldeutschland das Wirtschaftswunder mit, ja eigentlich erst geschaffen haben.

Im Buch der Spiegel-Autoren Bönisch/Wiegrefe „Die 50er Jahre – vom Trümmerland zum Wirtschaftswunder" wird zwar von der Flucht Tausender Ärzte, Ingenieure, Facharbeiter geschrieben, auch davon, *dass „von 28.000 Industriebetrieben jeder siebente seinen Sitz nach Westdeutschland verlegt hat"* - pauschale Aussagen. Aber die Väter des Wirtschaftswunders sind die alten Firmen wie Siemens, AEG oder BASF und die „Macher" sind Grundig, Würth, Dübel-Fischer und andere.

Film, Fernsehen und ganze Buchreihen behandeln alle Aspekte der deutschen Trennung und Wiedervereinigung, natürlich Politik und Kunst, aber auch zum Beispiel „Wie schmeckte die DDR?" und andere Befindlichkeiten nach 40 Jahren Trennung. Dabei werden die politischen Probleme, die Fragen nach dem Unrechtsstaat DDR, die Verhaftungen/Haftbedingungen, die Arbeit des MfS und andere ausführlich behandelt, wobei die Gedenkstätten Berlin-Hohenschönhausen, Leipzig, Bautzen und andere eine führende Rolle einnehmen. Doch der große Einschnitt, warum zum Beispiel in den neuen Bundesländern die Arbeitslosigkeit doppelt so hoch ist, wird recht stiefmütterlich behandelt. Besonders von den hiesigen Geschichtswissenschaftlern und Autoren wäre deshalb zu erwarten gewesen, dass diese Problematik „aufgearbeitet“ wird. Doch das ist nicht der Fall. Im Gegenteil, man muss den Eindruck gewinnen, dass eine solche Aufarbeitung gar nicht gewünscht ist – eine spätstalinistische Ideologie immer noch eine Rolle spielt. Man versteckt sich gern hinter dem Volksentscheid 1946 zur „Enteignung der Nazi- und Kriegsverbrecher“, ohne zu bedenken oder bewusst auszulassen, dass von den Tausenden in Bautzen II und in den anderen Lagern inhaftierten Mittelständlern die wenigsten Kriegsverbrecher gewesen sind.

Das wird auch deutlich bei anstehenden Firmenjubiläen ehemaliger mitteldeutscher Firmen. Über das im Juli 2010 125-jährige Bestehen der Wanderer-Werke Chemnitz heißt es lakonisch in Presse und Fernsehen: *„Autos werden hier nicht mehr gebaut.“* Kein Wort darüber, dass Wanderer nach Enteignung und Vertreibung, sicher auch Inhaftierung führender Mitarbeiter, im Westen mit seinen Sparten Werkzeug- und Büromaschinen einen großartigen Neubeginn gestartet hatte und in den besten Jahren 500 Mio. DM Umsatz/Jahr erwirtschaftete. Über das Arznei-Unternehmen Gehe, nach der Enteignung von Dresden nach München geflohen, wird kurz berichtet, dass das Firmengebäude in Dresden 1945 stark beschädigt wurde. Als wäre das ein triftiger Grund, die Heimatstadt zu verlassen. So gibt es Hunderte Beispiele, wo die mitteldeutsche Wirtschaftsgeschichte unbewusst aus Unkenntnis, aber auch bewusst ignoriert und verfälscht wird.

In einer Sonderschrift der TU Chemnitz (2006) über die Baumwollspinnerei Plauen/Flöha – 1809 gegründet und eine der ältesten und größten Anlagen Deutschlands – heißt es, dass die führenden Mitarbeiter und der *Mitinhaber „aufgrund einer zum Teil ideologisch verfärbten Sichtweise ihr Leben vor der nahenden sowjetischen Armee zu retten gedachten“.* Als wären nicht viele hundert Führungskräfte und Firmeninhaber in Bautzen jahrelang inhaftiert worden und eine hohe Anzahl davon umgekommen. Die Herausgeberin der Schrift, Ulrike Brummert, war an deutschen und europäischen Universitäten beschäftigt und ist Professorin an der TU Chemnitz. Sie wird wenig über Bautzen II wissen.

Fazit:
- Das Land Sachsen besaß bis 1945 deutschlandweit – ja europaweit – die größte Dichte an mittelständischen Unternehmen. Der Chemnitzer Raum war nicht nur Europas dichtbesiedeltstes Gebiet, die Innovationskraft der Stadt Chemnitz (ein Patent auf 2.060 Einwohner) übertraf alle anderen deutschen Städte.
Neben den mitteldeutschen Städten, die ähnlich wie die Metropolen Dresden und Leipzig explosionsartig gewachsen waren (Spitze: Meerane 260 Prozent), gab es in Sachsen flächendeckend „Industriedörfer" mit einer sehr großen Bandbreite industriell erzeugter Waren. Straßen- und Eisenbahnnetz waren dementsprechend vorbildlich ausgebaut.
- Trotz aller zyklischen Schwankungen blieb Sachsens Anteil an der Industrieleistung Deutschlands überdurchschnittlich hoch. Auch in der Kriegswirtschaft 1939/45 lag Sachsen, gemessen an seiner Größe, durch die Bandbreite und Massenfertigung seiner Erzeugnisse an der Spitze.
Die große Zäsur kam 1945.
Die Zerschlagung der Industrie durch die Besatzungsmacht war vollständig. Rüstungsbetriebe wurden ausradiert. Eine erste Stufe der Deindustrialisierung war vollzogen. Eine zweite Stufe leitete die Enteignung und damit die Flucht Tausender Unternehmen nach Westdeutschland ein. Das im Vorwort genannte Buch „Das Know-how, das aus dem Osten kam" fasst zusammen:
„Nie vorher in der 200-jährigen Industriegeschichte Deutschlands, wahrscheinlich nie vorher in der Industriegeschichte der ganzen Welt, hat es in kurzer Zeit einen so gewaltigen Industrietransfer gegeben, einen Transfer von Ost nach West." (2002)
Drei Jahre später heißt es in der Schrift von Dagmar Kift und dem Industriemuseum Dortmund: *„Der Textilmaschinenbau, aber auch der eingangs genannte Werkzeugmaschinenbau, konzentrierten sich nun in Westdeutschland mit einer Vielfalt, wie sie früher für Mitteldeutschland charakteristisch war. Wie viele Firmen letztlich die westdeutsche Wirtschaft bereicherten, ist noch nicht erforscht. Man kann aber davon ausgehen, dass erst dieser durch die Politik der sowjetischen Besatzungsmacht und der SED maßgeblich verursachte Ost-West-Transfer den Maschinenbau zur westdeutschen Schlüssel-*

industrie und Westdeutschland zum Exportweltmeister von Maschinen werden ließ."

Hier wird bereits an wenigen Einzelbeispielen gezeigt, wie die Sachsen die westdeutsche Wirtschaft aufbauten, Mittelständler ihr Firmenschild abschraubten und mitnahmen, sich „drüben" abplagten, die ersten Textilmaschinen wieder zum Laufen zu bringen.

In einem Arbeitsprogramm sind die folgenden Aufgaben zu lösen:
- Stand der Unternehmen bis 1945 einschließlich der Kulturleistung der Unternehmer, wie Kulturbauten, Stiftungen u. a.
- Die Zerschlagung der Betriebe 1945 einschließlich der Unterlagen, Verhandlungsprotokolle und anderes zu Prozessen, Haftbefehlen gegen Firmeninhaber und ihre Familien.
- Die Unternehmen unter DDR-Führung, das Zuordnungs-Wirrwarr in den Kombinaten, der Verlust der internationalen Präsenz und Exportfähigkeit, das Herabsinken zum Mittelmaß, die Verwahrlosung der Betriebe.
- Das Wiederaufleben der Unternehmen in Westdeutschland, das Nachholen der Mitarbeiter aus Sachsen, der Aufstieg zum großen Unternehmen, oft weit über den alten sächsischen Stand hinaus, das Einbinden in große Konzerne mit Verlust des ursprünglichen Namens, das bereits sichtbare Verschwinden der sächsischen Industriekultur.
- Das mühsame Wiederaufleben nach 1990, das Bewusstwerden der großen Traditionen, aber auch die bewusste Verschleierung und Verklärung der alten Verhältnisse.
-Ergänzung der sächsischen Museen mit Hinweistafeln zu den Fakten aus Punkt eins bis fünf, darüber hinaus Angaben an den einzelnen Exponaten zu Bedeutung und Verlust für die sächsische Industriekultur.
- Erarbeitung und Aufbau einer Wanderausstellung, die mehrsprachig und europaweit die Wirtschafts- und Industrieleistung Sachsens als Teil der sächsischen Gesamtkultur darlegt.
- Schaffung von Filmen, zum Beispiel nach dem Vorbild der NRW-Reihe „Industriedynastien in NRW", wobei dort auch nicht nur die großen Dynastien behandelt werden.

Sachsen kann in sechs industrielle Kernbereiche unterteilt werden.

1. Die Textilindustrie im Südwestzipfel Sachsens mit dem Mittelpunkt Plauen, sich erstreckend über Reichenbach (Textilfachschule), Oelsnitz, Falkenstein und Auerbach, aber auch Zwickauer Land mit Crimmitschau und Meerane (40 Kleiderstofffabriken, darunter Schaller und Ächtner AG), Glauchau, Zwickau, Hohenstein-Ernstthal und Umgebung.
Plauen selbst mit etwa 70 Fabriken/Manufakturen für Spitzen, Tülle, Gardinen und Besatzartikel, darunter die Vogtländer Spitzenweberei AG.
Insgesamt ein nahezu flächendeckendes Mischgebiet von Industrie und Handel mit schätzungsweise 800 (oder mehr?) Firmen.
In Plauen selbst war die Vomag AG eine der großen, weltweit tätigen Maschinenfabriken für Werkzeugmaschinen, Druck- und Textilmaschinen und Lastwagen. Im Zweiten Weltkrieg einer der großen Panzerhersteller, deshalb die Bombardierung Plauens noch 1945.
Am Rande: Im Buch über die MAN – Eine deutsche Industriegeschichte (Verlag C. H. Beck, 2008) heißt es bei der Übernahme des VEB Plamag: „Betriebsbesichtigungen durch Vertreter von MAN Roland ergaben im Frühjahr 1990 ein erstaunlich positives Bild des vogtländischen Traditionsbetriebes … Die Konstrukteure konnte man sofort zwischen Augsburg und Plauen austauschen" – immer wieder das Erstaunen, die Unkenntnis der mitteldeutschen Industriegeschichte. Leider ist die MAN-Plamag aufgrund der Krise im Druckmaschinenbau wieder aufgelöst worden.
2. Der Chemnitzer Raum des Werkzeug- und Textilmaschinenbaues, umrissen mit dem Begriff „Sächsisches Manchester". Eine Vielzahl von Firmen des Werkzeugmaschinenbaus, wie Zimmermann, Pfauter, Haubold, Hartmann, Reinecker und andere, sowie des Textilmaschinenbaus (Schönherr, Schubert & Salzer und andere) zählten bis 1945 zu den Pionieren des deutschen Maschinenbaus und exportierten ihre Erzeugnisse bis zu 75 Prozent in alle Erdteile. Hinzu kamen mehrere hundert Betriebe der Textilverarbeitung, insbesondere der Feinstrumpfindustrie (L. Bahner-Elbeo, Uhli und andere).
3. Der Dresdner Raum der Foto-/Kino-, Tabak-, Näh-/Schreib- und Verpackungsindustrie, aber auch der Arznei- und Gesundheitsmittel, wie die weltbekannten Firmen Loesch, Hänsel, Gäbel, Universelle und andere (Verpackung), Zeiss-Ikon, Ihagee und andere (Fo-

to/Kino), Gehe, von Heyden, Madaus, Odol, Chlorodont und andere (Arznei/Gesundheit) – ein Industriekomplex, von Pirna bis Freital reichend.

4. Der Leipziger Raum des weltweit größten Industrie- und Handelskomplexes der polygrafischen Industrie und des Buchhandels, der Rauchwarenindustrie (Kürschnerwaren), aber auch einer bedeutenden Metallindustrie, wie Pittler (Drehautomaten), Bleichert (Förderanlagen), Hasag (Waffen) und andere.

5. Der ostsächsische Raum der Textilindustrie und des Maschinen- und Fahrzeugbaus in Zittau, Großschönau (Museum Damastweberei), Neugersdorf (Firmenkomplex R. Hoffmann, größter und reichster Textilunternehmer Sachsens), Bautzen und Görlitz als Maschinen- und Fahrzeugbauzentren einschließlich Niesky mit herausragenden Firmen, wie Linke-Hofmann-Busch AG, Wumag AG und Gustav Hiller AG, aber auch die Glasindustrie in und um Weißwasser.

6. Sieben Industrie-Enklaven, quer über Sachsen verteilt, belegen ebenfalls die hohe Industriedichte Sachsens. Sie seien hier alphabetisch genannt:

– Annaberg, Geyer und Umgebung mit etwa 50 Firmen für sogenannte Posamentierwaren, also Borten, Fransen und Schnure jeder Art für Jacken, Hüte, Möbel und andere. Ein USA-Konsulat in Annaberg belegt den weltweiten Export aus diesem Gebiet.

– Aue/Schwarzenberg als Zentrum der Haushalts- und Blechwarenindustrie und des Blechbearbeitungsmaschinenbaus. Mehrere hundert Firmen in den umliegenden Städten und Dörfern für Haushaltswaren, Waschgeräte und anderes, aber auch Pressen- und Werkzeugbau.

– Eibenstock mit circa 40 Betrieben für Stickereierzeugnisse jeder Art. Stickereimuseum, weltweiter Export, amerikanisches Konsulat.

– Glashütte als Ursprung und Zentrum der deutschen Feinuhrenmacherei durch F. A. Lange (1845), Aßmann (1853), Union (1893), Nomos (1908) und andere, aber auch Wiege der deutschen Rechenmaschinen-Industrie (Burkhardt, Archimedes und andere). Deutsche Uhrmacherschule, Deutsches Uhrenmuseum.

– Klingenthal und Markneukirchen als Zentrum der Musikinstrumentenbranche. Über 100 Betriebe für Blechblasinstrumente, aber auch Geigen, Celli und andere sowie Akkordeons umreißen den weltgrößten Komplex dieser Branche.

– Rabenau und Oelsa als Zentrum der deutschen Stuhlbau- und Sitzmöbelindustrie mit 18 Fabriken und über 50 Stuhlbau- und Holzbildhauerwerkstätten (1920). Stuhlbau seit 1675, Deutsches Stuhlbaumuseum.

– Schönheide, Stützengrün, Rothenkirchen und Wildenau als Zentrum der Bürsten- und Besenindustrie. Ausgehend von Schönheide entstand ab etwa 1820 hier der europa-, ja weltweit größte Komplex für diese Gebrauchsartikel. Schönheide zählte bis 1945 etwa 40 Bürstenfabriken (darunter die Schönheider Bürstenfabrik AG)Rothenkirchen 17, Stützengrün 19 und Wildenau, acht derartige Firmen. Auch wenn darunter manche kleine Familienbetriebe gewesen waren, gab es nirgendwo sonst eine derartige Konzentration dieser speziellen Branche. Der in Deutschland nächstgrößte Firmenkomplex war in Todtnau (B-W) mit circa zehn Firmen angesiedelt.

Wie in der Textilbranche oder den anderen Gewerbezentren Sachsens gilt auch für diese Enklaven: Wer sollte hier im Lande Millionen Stückzahlen solcher Erzeugnisse benötigen? Also hämmerten auch in diesen Städten und Dörfern die Maschinen: Export.

2. Die Ultralinken und die politische Wende 1989/90

„Nicht die höhere Moral, sondern das internationale Kräfteverhältnis führte 1989/90 dazu, dass die Konterrevolution siegte."
Das ist nicht ein Zitat aus dem noch bestehenden Mielke-Ministerium in der Vorwende- oder Wendezeit oder etwa aus den SED-Organen in diesen Jahren. Es entstammt einem Buch, das sich „Industriegeschichte der Stadt Dresden 1945-1990" nennt und zum 800. Stadtjubiläum Dresdens 2006 herausgegeben wurde. Herausgeber ist die Rosa-Luxemburg-Stiftung Sachsen e. V. in Zusammenarbeit mit dem Stadtarchiv Dresden (ISBN 978-3-89819-257-6).

Das Zitat kann einem auch über zehn Jahre nach seinem Erscheinen und 30 Jahre nach der politischen Wende den Atem verschlagen. Wer besitzt eine solche Unverfrorenheit, wer diffamiert den Bürgerwillen und den friedlichen Umbruch 1989, wer nennt die politische Wende Konterrevolution? Es ist der Dresdner Professor Horst Schneider, der augenscheinlich über seinen stalinistischen Tellerrand nicht hinausblicken kann und für den die DDR „das gelobte Land" war. In einem wüsten Gemisch von Zitaten und Bemerkungen, angefangen bei der Französischen Revolution 1789 bis zu Marion Gräfin Dönhoff und Kurt Tucholski, gipfelt sein Beitrag im obigen Zitat und der vermeintlichen Herausforderung und Bedrohung, welche die DDR für den deutschen Imperialismus darstellte und deshalb „befehdet wurde seit dem ersten Tag". Alle alten Phrasen, wie sie Honecker und seine Vasallen bis in die Oktobertage 1989 gebetsmühlenartig wiederholt haben, werden aufgezählt. Wer so spricht, hat jeden Anspruch auf Glaubwürdigkeit und Realitätssinn verloren. Dieser Herr Professor Schneider spricht von „höherer" Moral eines Staates, der einen Teil seines Bürgertums in Waldheim und Bautzen buchstäblich ausgelöscht hat, der seine Bürger einsperrte oder gar abschoss, weil sie das Land verlassen wollten.

Nein, die DDR ist am eigenen wirtschaftlichen Unvermögen gescheitert. Wir können die DDR-Betriebe an zwei Händen abzählen, die – in der Vorkriegszeit weltweit führende Unternehmen – ihre Position auf dem Weltmarkt erhalten und ausgebaut haben. In Dresden gehörten Sachsenwerk, Planeta, Mikromat dazu.

Aber 90 Prozent der DDR-Betriebe sind zum Mittelmaß und darunter zurückgefallen, haben unter der dirigistischen sozialistischen Planwirtschaft nicht Anschluss halten können, der Devisenerlösfaktor im Export, soweit sie überhaupt einen hatten, lag in den meisten Fällen weit unter 1,0. Wir werden solche Betriebe kennenlernen, wie zum Beispiel die Hartwig & Vogel AG, die große, europaweit bekannte Schokoladenfabrik. Im genannten Buch heißt es von einem anderen Autoren wörtlich: *„Vergleicht man Fotos aus dem Betrieb mit Bildern aus der Produktion in einer Sammelmappe von Hartwig & Vogel aus den 1920er Jahren, so scheinen einige Produktionsräume äußerlich unverändert. Dazu muss allerdings gesagt werden, dass es diesen Zustand ja auch in anderen Betrieben gegeben hat.“*

In weiteren Beiträgen dieses Buches wird vom Erfindergeist und von unternehmerischer Risikobereitschaft der früheren Unternehmer gesprochen, die gerade Sachsen zum Industrieland Nummer eins in Europa gemacht hatten. Und wo waren sie geblieben, diese Eigenschaften im neuen sozialistischen Staat? Die Unternehmen mit rigorosen Mitteln verstaatlichen, die Eigentümer verjagen oder einsperren und in Bautzen Tausende in Massenquartieren vegetieren lassen, die Betriebe zu Dutzenden in einer Industrieverwaltung unter SED-Führung zwangsvereinigen und nun weltmarktfähige Produkte erwarten! Und wenn dies nicht eintritt, die Schuld natürlich beim Klassenfeind und westdeutschen Imperialismus suchen.

Der Volksentscheid zur Enteignung der Nazi- und Kriegsverbrecher, nur in Sachsen am 30. Juni 1946 verwirklicht, war den Altkommunisten nur Vorwand für die Zerschlagung einer über 200 Jahre gewachsenen Wirtschafts- und Industriekultur. Es wurden nicht nur Rüstungsbetriebe, wie die Gussstahlwerke Freital-Döhlen, Sachsenwerk, Zeiss Ikon und Universelle enteignet, sondern ein in der deutschen Wirtschaftsgeschichte einmaliger Kahlschlag der entschädigungslosen Enteignung durchgeführt. Auch Dutzende mittlerer und kleinerer Baubetriebe und Ziegelwerke in und um Dresden, die Dresdner Pharmaziewerke, Backwarenbetriebe, die Deutschen Werkstätten Hellerau, eine Vielzahl von Schokoladen- und Zigarettenbetrieben, die allesamt nicht von Kriegsverbrechern geführt wurden, fielen in einer Art Blutrausch der Zerschlagung und Vernichtung anheim.

Es stimmt auch nicht, dass die Besatzungsmacht in dieser Rigorosität diese Zerschlagung gerade des Mittelstandes angeordnet hat. Die Durchführung war schon der neuen Landesregierung überlassen, aber wo ein Fischer Innenminister und Chef der Polizei und ein Selbmann für den Aufbau der Industrieverwaltungen zuständig waren, konnten kein Mittelständler oder Landwirt rechtsstaatliches Vorgehen erwarten. Wir werden kennenlernen, wie durch eine „Präsidialkommission" die Enteignung der Pharmafirma Madaus-Radebeul an der Besatzungsmacht vorbei durchgedrückt wurde.

Zur Rolle der Wissenschaftsbeziehungen der Dresdner Industrie formuliert im oben genannten Buch Professor H.-J. Raeuber, ein Fachmann der Verarbeitungs- und Verfahrenstechnik, abschließend: *„Bahnbrechende, revolutionierende Ergebnisse der Wissenschaftsbeziehungen hat es aus den vorher genannten Gründen nur wenige, einige in Ansätzen gegeben. Der Abstand des wissenschaftlich-technischen Niveaus der DDR-Industrie zum Weltstand ist auf den meisten Gebieten ständig gewachsen. In der Endphase der DDR-Entwicklung blieb meist nur die gegenseitig eingestandene, gemeinsame Ohnmacht'."*

In dieser Endphase der DDR sind viele Wissenschaftler auf „Distanz" zu diesem Staat gegangen. Ein prominentes Beispiel ist der Dresdner Professor Werner Hartmann. Dieser hatte in Dresden die Arbeitsstelle für Mikroelektronik (AMD), die spätere ZMD, aufgebaut. Er war ein anerkannter Fachmann und Pionier auf diesem Gebiet über DDR-Grenzen hinaus und erlaubte sich, geschwätzigen SED-Funktionären das Wort abzuschneiden, auf die viel wichtigere fachliche Arbeit zu verweisen, und selbst mit SED-Wirtschaftspapst Mittag legte er sich an. Das ging nicht lange gut. Fluchtversuche eines Abteilungsleiters, die gescheitert waren, reichten aus, um ihm mangelnde politisch-ideologische Erziehungsarbeit vorzuwerfen. Außerdem wurden dem Begründer der Dresdner Mikroelektronik Verbindungen zum US-Geheimdienst und bewusste Verschleppungen in der Entwicklung unterstellt. Er wurde abgesetzt und nach Freiberg in untergeordnete Funktion abgeschoben. 1988 ist er als gebrochener Mann gestorben.

Was von einer Rosa-Luxemburg-Stiftung Sachsen e. V. zu halten ist, in deren Auftrag das oben genannte Buch herausgegeben wurde (sie erhält fast 200.000 Euro/Jahr Staatszuschuss), mag der Leser selbst entscheiden. Neben Beiträgen, die objektiv und sachlich berichten, wird in anderen Aufsätzen alles für gut und richtig befunden, als hätte es keine Versorgungsmängel, keine Unzufriedenheit der DDR-Bürger gegeben. Der Gipfel aber, ein Tatbestand der Volksverhetzung, ist der Beitrag dieses Professor Schneider, mit dem sich die Stiftung offenbar voll identifiziert. Es ist übrigens derselbe Professor Schneider, der in einer 128 Seiten starken Schmähschrift „Das Gruselkabinett des Dr. Hubertus Knabe (lari)" die Opfer der Gedenkstätte Berlin-Hohenschönhausen verhöhnt. Dass aber dieses Buch in Zusammenarbeit mit dem Stadtarchiv Dresden herausgegeben wurde und in der Parteienlandschaft Dresdens niemandem solche stalinistischen Tendenzen in einer Einrichtung der sächsischen Landeshauptstadt aufgefallen sind, ist besonders bedenklich.

3. Dresden, die Kultur- und Industriestadt bis 1945 im Spiegel der zeitgenössischen Presse

Die Bücher und andere Publikationen über die Kunst- und Kulturstadt sind kaum noch zu zählen.

Immer wieder der Zwinger, das Schloss, die Galerien und Sammlungen und nochmal Bücher über 99 Orte (2011) und 111 Orte (2012), die man besucht und gesehen haben sollte.

War Dresden nicht auch Industriestadt?

Die Stadtführer und andere zeitgenössische Schriften müssten Auskunft geben. Sie geben es, aber sehr pauschal. Und was wurde aus der Industrie nach 1945?

Eine Schrift „Dresden im Visier“ von 1994 [1] nennt wichtige chronologische Daten von der ersten urkundlichen Nennung Dresdens 1206 bis zur ersten frei gewählten Stadtverordnetenversammlung im Mai 1990, aber überwiegend enthält die Schrift Werbeanzeigen.

Das „Dresdner Geschichtsbuch Nr. 1“ von 1995 [2] gibt unter dem Kapitel Wirtschaftsgeschichte einen guten Überblick über das industrielle Dresden. Von der 1823 gegründeten „Schokolade- und Zuckerwarenfabrik Jordan & Timaeus“, der Leipzig-Dresdner Eisenbahncompagnie 1835, dem Spirituosenhersteller Bramsch 1841, geht die Aufzählung zu den großen Gründungen wie J. M. Lehmann 1834 (Rühr- und Mischwerke), der Pharmagroßhandlung Gehe 1835, den Schokoladenfabriken Petzold & Aulhorn 1843, Otto Rüger 1858 und Hartwig & Vogel (Tell-Schokoladen) 1870.

Bis zur Reichsgründung 1871, besonders begünstigt durch das Sächsische Gewerbegesetz von 1861, entstanden weitere Fabrikgründungen, darunter die Lederbetriebe und Glockengießereien der Familie Bierling 1840/48, die Steingutfabrik Villeroy & Boch 1854, die Nähmaschinenfabrik Clemens Müller 1855 (Begründer der deutschen Nähmaschinenindustrie), die Hofmühle Bienert 1852, das Glaswerk Friedrich Siemens 1867, die Nähmaschinen-, Schreibmaschinen- und Fahrradfabrik Seidel & Naumann 1868 und andere bis 1945 weltbekannte Werke.

Nach 1871 setze sich das gewerbliche Gründungsfieber in der Kulturstadt Dresden fort und das Geschichtsbuch Nummer eins beschreibt es. 26 Schokoladenfabriken, 60 Zigarren- und Zigarettenfabriken und 14 Großbrauereien belieferten Deutschland und die Welt. Abschließend wird zusammengefasst:

„Bekannte Marken wie die Feldschlößchen-, Waldschlößchen- und Felsenkellerbiere, die Tell- und Hansi-Schokoladen, die Alpenstern-Waffeln oder Albert-Kekse und eine unüberschaubare Zahl von Zigarettensorten wie Kenner, Salem Aleikum oder Ramses verbreiteten den Ruf dieser Industriezweige über die ganze Welt.“

Der Dresdner Zigaretten- und Schokoladenmaschinenbau galt in Deutschland als führend und hielt wichtige Positionen auf dem Weltmarkt. Bereits 1834 war die am Ausgang des Jahrhunderts weltweit operierende Firma von Johann Martin Lehmann (1802-1869) entstanden, in der vor allem Schneidemaschinen, Rühr- und Walzwerke für die Seifen- und Schokoladenherstellung gefertigt wurden. Die Mühlenbauanstalt und Maschinenfabrik vormals Gebr. Seck (gegründet 1873) lieferte ihre Produkte in alle Welt. Die auf den Patenten des Ingenieurs Otto Bergsträsser (seit 1881) beruhende Entwicklung von Zigarettenmaschinen hatte zur Bildung der „Universelle Zigarettenmaschinen-Industrie AG“ geführt, in deren Gefolge weitere Unternehmen wie die „United Cigarette-Machine Co.“, die „Savanta AG“ oder „Händel & Reibisch“ entstanden.

Die DDR-Zeit wird nicht behandelt, der Leser erfährt nichts, was in dieser Zeit aus der hoch effektiven Industrie geworden ist.

Das Heft Nr. 61 der „Dresdner Hefte“ von 2000 [3] setzt unter dem Titel „Industriestadt Dresden – Wirtschaftswachstum im Kaiserreich“ die Aufzählung der industriellen Gründungen fort. Vieles wird wiederholt, bedeutende weitere Fabrikgründungen werden genannt: Vereinigte Eschebachsche Werke 1872 (Küchen, Eisschränke, Blechwaren), Kelle & Hildebrandt 1874 (Eisen- und Bühnenbau), Bankhaus Kaskel 1872 (später Dresdner Bank), Anton Reiche 1878 (Blechwaren, Formen), Moritz Hille 1879 (Bohrmaschinen, Gasmotoren), Gardinen- und Spitzenmanufaktur 1884, Kummer & Co. 1887 (ab 1900 Sachsenwerk AG), und natürlich die Gründungen mit später weltweitem Bekanntheitsgrad:

Ernemann AG 1889 (Kameras, Kinomaschinen, ab 1926 im Verbund mit weiteren Firmen als Zeiss Ikon AG), Lingner-Werke 1892 (Odol), Leo-Werke 1907 (Chlorodont).

Von einer Schrift mit dem Untertitel „Wirtschaftswachstum im Kaiserreich“ sind Aussagen über die Jahre nach dem Zweiten Weltkrieg nicht zu erwarten. Aufschlussreich ist eine Gewerbezählung vor dem Ersten Weltkrieg (1907):

„Es wurden knapp 42.000 Hauptbetriebe mit etwas über 190.000 Beschäftigten ermittelt, davon 86 % Kleinbetriebe mit höchstens 5 Personen. In den 179 größten Betrieben (mehr als 100 Personen) arbeitet fast ein Viertel (46.015) aller Beschäftigten. Sechs Unternehmen (unter anderem Villeroy & Boch, Siemens-Glaswerke, Seidel & Naumann, Seck-Mühlenbau, Hartwig & Vogel) beschäftigen mehr als 1.000 Arbeiter. Die Dresdner Wirtschaft der Vorkriegszeit war durch folgende Merkmale gekennzeichnet:

Eine außerordentlich starke Diversifizierung (Fehlen einer ausgesprochenen „Leitbranche“).

Die Dominanz der arbeits- und intelligenzintensiven „Fein- und Fertigungsindustrie“ mit einem vergleichsweise hohen Exportgrad.

Eine beachtliche Bedeutung einzelner „Frauenindustrien“ bei im sächsischen Vergleich geringerer und im Vergleich mit deutschen Großstädten höherer Frauenbeschäftigungsquote.

Ein Vorherrschen des inhabergeleiteten Klein- und Mittelbetriebes mit relativ geringer Kapitalausstattung bei gleichzeitiger Existenz kapitalstarker Großbetriebe und Konzernverbände.

Eine bedeutsame, seit der Jahrhundertwende jedoch tendenziell rückläufige Rolle von Bauwirtschaft, Verkehrswesen, Versorgungswirtschaft, Handel, Dienstleistungen.

Vor dem Krieg galt Dresden als deutsches Fabrikationszentrum für Schokolade und Zuckerwaren, Zigaretten (europäischer Hauptort), Strohhüte, Photopapier und Handelsmittelpunkt für Strohgeflechte (weltgrößter Markt) und Orienttabake. Zugleich war die Stadt wichtiger Produktionsstandort für Kameras, Schreib-, Rechen- und Nähmaschinen, medizinische und pharmazeutische Präparate, Kartonagen, Blechwaren, kunstgewerbliche Gegenstände (Blattgold, Luxus- und Dekorationsgegenstände), Kunst- und Luxusmöbel, Klaviere und Orgeln. Im breit gefächerten Maschinen-, Instrumente- und Apparatebau hatte man selbst das sächsische Maschinenbauzentrum Chemnitz hinter sich gelassen. Die größte deutsche Werft für Binnenschiffe war in Dresden-Übigau beheimatet. Daneben war Dresden Hauptort der sächsischen Bierbrauerei und Spiritusbrennerei. Der anerkannte

Qualitätsstandard der Produkte beruhte weniger darauf, dass hier außergewöhnlich viele Entdeckungen gemacht worden waren. Vielmehr verstanden es die Unternehmen, Neuerungen rasch zur Produktionsreife zu führen und durch Innovationen kontinuierlich zu verbessern. Günstig war die Dominanz der Klein- und Mittelbetriebe, die flexibel auf geänderte Marktverhältnisse reagieren konnten. Viele Firmen unterhielten Verbindungen zur Wissenschaft und unternahmen eigene Anstrengungen zur Hebung des Niveaus kaufmännischer Bildung (Gehe-Stiftung); der erste Ehrendoktor der TH Dresden wurde 1900 der Glasfabrikant und Erfinder F. A. Siemens.

Das Buch „800 Jahre Dresden Eine Zeitreise" von 2006 [4] wiederholt in schöner Regelmäßigkeit die industriellen Gründungen von den ersten Schokoladenfirmen bis zu den Brauereien und der „Erika"-Reiseschreibmaschine von Seidel & Naumann, alles in einem lockeren Stil verfasst, der an die Bildzeitung erinnert. Der Informationsgehalt ist enorm, er reicht von den Anfängen der Stadt bis zum „Aufbau unter den Insignien des Sozialismus 1945-1973", der Honecker-Zeit 1971-1989 und den Jahren nach der politischen Wende. Wenn wir hier wie in den vorstehenden Schriften nach Wandel und internationaler Präsenz der klassischen Dresdner Industrie nach 1945 fragen – Fehlanzeige. Die Zeitreise endet hier mit der pauschalen Bemerkung einer „Verstaatlichung großer Teile der Industrie". Der Wendezeit, dem Neuaufbau der Stadt und den neuen Chipindustrien sind die letzten Seiten des großformatigen Buches gewidmet.

Im letzten Buch des Stadtmuseums Dresden von 2010 [5] finden wir unter der Überschrift „Die Residenz wird Großstadt" wiederum viele Beschreibungen und Abbildungen der klassischen Dresdner Industrie. Speiseservice von Villeroy & Boch, Möbel der Dresdner Werkstätten für Handwerkskunst Schmidt & Müller (Vorläufer der von Karl Schmidt gegründeten Deutschen Werkstätten Hellerau), Zigarettenmaschinen (Universelle Werke), Eisschränke (Eschebach) und viele Werbebilder der Schokoladen- und Tabakindustrie zeigen nochmals die große Anzahl und Vielfalt einer Industrie, die man, vor allem die Neubürger und Touristen Dresdens, nicht vermutet hätte. Schon die 42.000 „Hauptbetriebe" klingen utopisch, aber es gibt keine Gründe, an der Wahrhaftigkeit einer Statistik von 1907 zu zweifeln.

Was nach 1945 aus dieser Industrie geworden ist, wird wie in den vorherigen Publikationen nur stark pauschal abgehandelt. Im Kapitel „Dresden in der Nachkriegszeit“ und in der DDR 1945-1990 wird ausgeführt:

„Die Jahre des Neuanfangs waren von der Verstaatlichung der Dresdner Großbetriebe, Reparationsleistungen, der Flucht erheblicher Teile der Wirtschaftselite und dem steigenden Einfluss des Staates auf die mittelständigen Privatbetriebe geprägt. Als dieser Prozess der ökonomischen Transformation Anfang der 1970er Jahre abgeschlossen war, gab es in Dresden kaum noch einen privatwirtschaftlichen Betrieb. Unter dem planwirtschaftlichen Diktat kam es immer wieder zum Mangel an Konsumgütern, die fachfremde Volkseigene Betriebe (VEB) spontan ausgleichen sollten.“

Wenn wir noch in den Büchern „Sächsische Erfindungen“ von 2006 [6] und „Sächsische Persönlichkeiten“ von 2011 [7] auch hier nach Werdegang und Wandel der Dresdner Industrie in den Nachkriegsjahren fragen, gibt es zumindest bei den großen weltbekannten Marken und Persönlichkeiten einige Hinweise zum „Verlegen des Firmensitzes nach Westdeutschland“. So bei den Leo-Werken, bei den Lingner-Werken, der Teekanne und einigen anderen Firmen. Zart umschrieben werden die Vorgänge einer bis dahin beispiellosen Enteignung/Zerschlagung der mittelständischen Industrie, oft den Eindruck suggerierend, die Firmen hätten erst den Sitz verlegt und wären dann enteignet worden.

Das Buch mit dem Titel „Wirtschaftsgeschichte Sachsens“ von 2006 [8] kann als das letzte Standardwerk der gesamtwirtschaftlichen Entwicklung Sachsens von 1800 bis zum Erscheinungsjahr bezeichnet werden. Das Buch ist in zwei große Abschnitte gegliedert, von 1800-1914 und ab 1914.

Unternehmermut, Erfindergeist und Gewerbefleiß werden wie in den vorstehenden Schriften immer wieder betont, und bis Kriegsende 1945 ist der Überblick über Sachsens Wirtschaft vollständig. 15 Seiten Anmerkungen und eine ebenso umfassende Literaturübersicht schließen das Buch ab. Und trotzdem: Die Zäsur, die Sachsens Wirtschaft durch die Demontagen der Besatzungsmacht, aber eben nicht nur durch diese Demontagen, sondern weitaus stärker durch die Stalinisten der ersten Stunde, erlitten hat, bleibt halbherzig und unscharf dargestellt. Drei Namen stehen für diese Stalinisten: Hermann Matern (KPD-Chef), Kurt Fischer (Innenminister) und Fritz Selbmann (Wirtschaftsminister). Über Fischer liegen detaillierte Berichte von Wolfgang Leonhard vor. Er charakterisiert Fischer unter anderem mit folgenden Worten: *„Wenn Fischer einmal Macht in die Hände bekommt, möchte ich ihm nicht unterstellt sein, dachte ich damals. Meine Vermutungen sollten sich bestätigen. Nach 1945 wurde Fischer Innenminister von Sachsen und hat diese Position nicht nur zur rücksichtslosen Verfolgung Andersdenkender ausgenutzt, sondern auch zur persönlichen Bereicherung und zur Eliminierung persönlicher Gegner, die ihm gefährlich schienen".* [9]

Noch deutlicher soll der sächsische SPD-Vorsitzende Otto Buchwitz (nach der Zwangsvereinigung zur SED zweiter SED-Chef) Fischer und auch Selbmann charakterisiert haben. Den im Landessekretariat tätigen Robert Bialek warnte er mit den Worten: *„Wenn du nach Berlin gehst, nimm dich in Acht vor dem Dreigestirn Ulbricht, Fischer und Selbmann. Fischer kommt auch nach Berlin, und zwar als Chef der gesamten Polizei der SBZ, als Präsident der DVdI. Dieses Dreigestirn hängt wie Kletten zusammen. Das Haupt ist Walter Ulbricht, und sie versuchen, die ganze Macht in der Partei an sich zu reißen. Dabei verfolgen sie die sozialdemokratischen Genossen auf Schritt und Tritt. Wenn du Dich in Zukunft mit ihren Machenschaften nicht einverstanden erklärst, und Du wirst sicher darauf stoßen, bist du ihr Feind, den sie mit allen Mitteln liquidieren werden. Bestehen also in Zukunft Spannungen zwischen dir und einem von Ihnen, nimm dich in Acht. Pass auf dein Leben auf. Iss und trinke nichts, wenn du bei ihnen zu Besuch weilst, es könnte vergiftet sein."* [10]

Im Übrigen wurde Bialek, der Mitte der 1950er Jahre nach Westdeutschland floh, 1956 in einer Westberliner Gaststätte von Stasileuten durch ein manipuliertes Getränk betäubt und entführt; er starb wenige Tage später im DDR-Knast, vermutlich durch das zu starke Betäubungsmittel. Wie die Historikerin Susanne Muhlen von der Uni Münster nachgewiesen hat, sind mehr als 400 derartige Fälle bekannt.

In der schon im Sommer 1945 mit Billigung der Besatzungsmacht installierten Landesverwaltung Sachsen übernahm Selbmann das

Ressort Wirtschaft und Arbeit und war der führende Kopf für die Zerschlagung der 200 Jahre alten, vorwiegend eigentümergeführten Wirtschaft. Für die geplante durchgängige Enteignung der sächsischen Betriebe musste man zunächst noch Rücksicht nehmen auf die Tausenden Betriebsleiter, die nicht aktive Nazis gewesen waren, ebenso auf die bürgerlichen Parteien CDU und LDPD und das in Sachsen stark verwurzelte Bürgertum. So wurde der Enteignungsprozess zunächst in die Listen A, B und C unterteilt und unter dem Propagandaslogan „Enteignung der Nazi- und Kriegsverbrecher" die erste Enteignungswelle durch einen „Volksentscheid" am 30. Juni 1946 legalisiert. Die Motivation Selbmanns, der als kommunistischer Abgeordneter schon ab 1933 viele Jahre KZ-Haft verbüßte, dürfte neben der Systemtreue zu Sowjetrussland auch ein unversöhnlicher Hass auf das Bürgertum gewesen sein. Es muss deshalb der im Buch ausgeführten Bemerkung, Selbmann wäre keine Fehlbesetzung gewesen, widersprochen werden. Er war eine Fehlbesetzung, bis in unsere Tage ist sein Wirken als Vordenker einer umfassenden Liquidierung des Mittelstandes spürbar. Der Stalinist Matern stempelte gleich alle Kapitalisten zu Faschisten ab, und Faschisten konnte man beliebig maßregeln und enteignen, letzten Endes einsperren und vernichten (Rede Materns 1947).

Recht stiefmütterlich wird in diesem Buch auch die Flucht Tausender sächsischer Unternehmen nach Westdeutschland behandelt. Auf einer Seite (238) wird unter der Zwischenüberschrift „Firmenabwanderungen" dieser Exitus beschrieben. Es gehört aber zu einer sächsischen Wirtschaftsgeschichte, wenn Tausende vormals exportträchtige Unternehmen zum Mittelmaß herabsinken, oft im Erhaltungszustand regelrecht verwahrlosen, zur Schande statt zum Aushängeschild des Staates werden. Und wenn dieselben Unternehmen unter Leitung der Alteigentümer im anderen Teil Deutschlands die alte Stärke wieder erreichen oder darüber hinauswachsen, muss das auch umfangreich genannt werden. So auch am Schluss des Buches, wo ein Vergleich Sachsen – Baden-Württemberg (B-W) im Jahr 2004 angeführt wird. Der Maschinenbau Sachsens erzielte mit 34.000 Mitarbeitern 5,0 Mrd. € Umsatz (das ist weit unter dem Vorkriegsstand), während B-W mit 271.000 Beschäftigten rund 42,0

Mrd. € erwirtschaftete. Das ist grob überschlagen das 8-fache. Der Kommentar „Die einstige Spitzenstellung des sächsischen Maschinenbaues ist mithin Geschichte“ muss mindestens durch einen fettgedruckten Zusatz ergänzt werden:
Durch die sächsischen Exilfirmen, und nur durch diese, ist B-W zu dieser Stärke und die Bundesrepublik insgesamt zum Exportweltmeister von Maschinen geworden.
Schließlich müsste auch der eingangs erwähnte Klappentext, in dem sehr von Erfindergeist und Unternehmermut gesprochen wird, ergänzt werden: In den Jahren 1945-1990 ist in den mitteldeutschen Ländern durch eine wirklichkeitsfremde Wirtschaftspolitik der Unternehmermut vernichtet und der Erfindergeist eingeschränkt worden. Der grundsolide sächsische Arbeitsmann – vom Bohrwerksdreher bis zum Chefkonstrukteur – hat auch in diesen schweren Jahren mit Fachwissen und Berufsstolz sein Land den Umständen entsprechend würdig vertreten.

Nach Durchsicht dieser Dresden-Literatur stellt sich die Frage, warum dabei die Zerschlagung des Mittelstandes und die Flucht der Exilfirmen eine so untergeordnete Rolle spielen? Es können zwei Gründe dafür angegeben werden.
Die einen, die aus den alten Bundesländern zugezogen sind und sich mit der Wirtschaftshistorie befassen, wissen es zu wenig. Die Materie ist schwierig, verlangt viel Detailarbeit, und angesichts des maroden Zustandes vieler Betriebe in den 1990er Jahren konnte man sich wahrscheinlich auch nicht vorstellen, dass im Vorkriegsdeutschland einschließlich der Kriegswirtschaft Sachsen zu den wirtschaftlich stärksten Regionen Deutschlands gehörte.
Die anderen, die schon zu DDR-Zeiten mit Wirtschaft und Geschichte befasst waren, wollen den durch die maßlosen Enteignungen – bis in die 1950er Jahre – verursachten Niedergang der mittelständischen Wirtschaft nicht offen darlegen. Da werden oft die Potsdamer Beschlüsse vorgeschoben, um, wie bereits erwähnt, die massenhaften Enteignungen zu rechtfertigen. Mancher dieser Autoren hat bis weit in die DDR-Zeit hinein, ja bis zu ihrem Ende den Sieg der sozialistischen Produktionsverhältnisse propagiert und beschworen. Die Chemieindustrie Bitterfelds war schon 1977 Europas größte Dreck-

schleuder, in den DDR-Städten war an den Häusern der Putz von den Wänden gefallen, waren die Dächer undicht und das Gemeinwesen (Straßen, Wasserversorgung und andere) marode. Und trotzdem steht im Vorwort eines Buches von 1977 über die Motorerfinder Otto und Diesel aus der Feder eines Professors Wächtler aus Freiberg [11]:

„Noch einiges muss man hinzufügen, wenn man den Kapitalismus charakterisiert, den Otto und Diesel als gesellschaftliches Sein akzeptieren musste. Ihre Zeit, das war die des heroischen Kampfes der Pariser Commune ebenso wie die des sich in seinen Anfängen zeigenden Monopolkapitalismus. Der Kapitalismus trat in seine Verfallsperiode ein!“

Dieses Vorwort findet sich auch noch in der 4. Auflage des Buches von 1990. Die Zeit Ottos und Diesels war die Jahrhundertwende 1900. Wenn da schon die Verfallsperiode eingesetzt hätte, müsste 1970/80 nichts mehr vom Kapitalismus übrig geblieben sein.

Im Nachschlagewerk „Wer – Was – Wann – Entdeckungen und Erfindungen in Naturwissenschaft und Technik“ [12] heißt es 1980:

„Auf der Grundlage der sozialistischen Produktionsverhältnisse ist es möglich, unter Ausnutzung des Entwicklungsprozesses der Wissenschaft zur unmittelbaren Produktivkraft, die Überlegenheit des Sozialismus über den Kapitalismus nachzuweisen.“

Wird hier noch von der Möglichkeit der Überlegenheit des sozialistischen Wirtschaftssystems gesprochen, steht wenige Seiten weiter:

„Die Organisation der Erfindungskunst als unmittelbar gesellschaftliche Potenz ist für den Sozialismus ein unbedingtes Erfordernis zur Realisierung einer dem Spätkapitalismus überlegenen Arbeitsproduktivität. Sie ist zugleich auch erst im Sozialismus historisch wirklich möglich, weil dieses Gesellschaftssystem durch das Gemeineigentum an den objektiven Bedingungen der Produktion sowohl die allgemeine Verfügbarkeit der materiellen Bedingungen des Erfindens garantiert wie auch die direkte Vergesellschaftung individueller oder kollektiver Erfindungsresultate.“

Es lohnt nicht, über dieses phrasenhafte Geschwafel über mehr als 40 Seiten, von Professoren der Akademie der Wissenschaften der DDR verfasst, weitere Worte zu verlieren. Das Goethe-Zitat „Sie peitschen den Quark, ob nicht Creme werde“ ist sicher ein zutreffender Kommentar.

Die Liste solcher Publikationen, die die Jahre ab 1945 in Bezug auf das Enteignen und Vertreiben der vorwiegend eigentümergeführten Betriebe schlicht und einfach unterlassen und die Fortführung vieler Unternehmen im anderen Teil Deutschlands nicht wahrhaben wollen, ließe sich beliebig fortsetzen. Nur genannt werden ergänzend die Folgenden:

Das Buch „Zäsuren der sächsischen Geschichte“ [13} beginnt 1089 mit der Markgrafschaft Meißen, geht über die Leipziger Teilung 1485 (Trennung in sächsische und thüringische Länder) zum Wiener Kongress 1815 (Sachsen verliert ca. 60 Prozent des Landes und 40 Prozent der Einwohner an Preußen) und weiter zur Neuzeit 1918, 1933 und 1989. Die Zäsur 1945, der ungeheure Aderlass, der Niedergang einer vormals hoch effektiven Industrie ist nicht dabei. Diese Zäsur steht aber mit derjenigen von 1815 auf gleicher Stufe. Sachsen wird nie wieder zu seiner industriellen Stärke zurückkehren, auf ewige Zeiten wird Sachsen zu den ärmeren deutschen Ländern zählen.

Das Buch „Der geänderte Canaletto-Blick“ [14] mit dem Untertitel „Gründerzeit in Dresden“ zählt wie die vorstehend genannten Publikationen nochmals die Dresdner Gründergeneration von Jasmatzi bis Bienert und Eschebach auf. Ein geänderter Canaletto-Blick soll heißen, Dresden ist nicht nur Kunst- und Kulturstadt, wie die Stadtführer überwiegend beschreiben, sondern auch eine sehr bedeutende Industriestadt. Diese Erkenntnis ist aber nicht neu, die vorstehend genannten Bücher beschreiben die Dresdner Industrie – zumindest bis 1945 – einschließlich der bis circa 1830 zurückliegenden Quellen ausführlich. Es ist also ein „Aufkochen“ bereits bekannter Fakten und Geschichten, mit teilweise neuen Details zu den einzelnen Personen. Die Darstellungen enden aber auch in diesem Buch 1945 beziehungsweise lassen die Zeit 1945-1990 mit kurzen Bemerkungen aus.

Der Werdegang des Pharmagroßhändlers Franz Ludwig Gehe wird ausführlich dargestellt. Gehe kam wie fast alle Gründer aus ärmlichen Verhältnissen, leitete die industrielle Fertigung und den Versandhandel von Arzneimitteln ein. Die Firma Gehe wurde ein weltweit tätiges Unternehmen. Großes soziales Engagement, enge Kontakte zur TH Dresden und zur Universität Leipzig und eine Stiftung, die weit über eine betriebliche Vorsorge für die Mitarbeiter hinaus Wissensvermittlung (Fachbibliothek mit bereits 1913 über 83.000 Büchern) und Vorlesungen zu politischen Themen finanzierte, heben diesen F. L. Gehe und seine Nachfahren schon von anderen Unternehmern ab. Gehe-Stiftung und Fachbibliothek waren in Dresden ansässig, die Bibliothek ist heute in die Sächsische Landes- und Universitätsbibliothek (SLUB) eingegliedert. Für die Zeit nach 1945 heißt es im Buch lakonisch:

„1945 werden große Teile des Unternehmens durch Bombenangriffe zerstört. 1948 wird die Firmenzentrale nach München verlegt.“ Punkt, aus.

Zunächst ist zu bemerken, dass die Gehe & Co. AG 1922 ihre erste Niederlassung in Stuttgart gegründet hatte und 1947/48 auch dorthin als Exilfirma geflüchtet war. Ob München oder Stuttgart, im Buch wird unterschwellig suggeriert, dass wegen der Zerstörung der Gebäude in Dresden die Firmenzentrale verlegt wurde. Die westdeutschen Städte waren aber auch zerstört, und das repräsentative Gehe-Firmengebäude an der Kreuzung Antonstraße/Leipziger Straße in Nähe des Bahnhofes Dresden-Neustadt war eben nicht getroffen worden, lediglich die dahinter liegenden Gebäude. Es steht dahin und hätte eben in einem sonst detailreichen Buch untersucht werden müssen, ob es die Besatzungsmacht oder die Stalinisten der ersten Stunde um Selbmann waren, die wie in vielen anderen Fällen die Vertreibung der Gehe-Eigner forciert haben. Am Gehe-Gebäude ist heute das „VEB Arzneimittelwerk“ übertüncht, ansonsten aber ein Beweis, welchen funktionstüchtigen Kopf einer Arzneimittelproduktion man sich nach 1945 kostenlos aneignen konnte.

In Stuttgart wurde 2003 (100 Jahre nach der AG-Gründung in Dresden) die Gehe & Co. AG in Celesio AG umbenannt. Auf dem Gehe-Gelände betreibt heute der italienische Menarini-Konzern mit 300 Mitarbeitern weiterhin eine Arzneimittelproduktion und signalisiert mit einem großen Menarini-Logo auf dem Gebäudedach die inzwischen über 100-jährige Herstellung von Arzneimitteln an diesem Standort.

Auch bei Lingner setzt sich hier die einseitige Geschichtsschreibung fort. Nach Darlegung der bekannten Fakten – Lingners Herkunft, die ersten kleinen Gründungen bis zum kometenhaften Aufstieg durch das Odol, sein Streben zum Großbürger und Schlossbesitzer – heißt es abschließend: *„Von seinen Betrieben blüht nur noch einer, das 1911 gegründete Sächsische Serumwerk.“* In Dresden – hätte es heißen müssen – blüht nur noch einer, der heutige aus dem Serumwerk hervorgegangene international tätige Betrieb von Glaxo Smith Kline, ansonsten aber sind nach Vertreibung der Lingner-Werke AG die Begriffe und Betriebe Lingner und Odol weltweit präsent geblieben.

Der einseitige Blick auf die Dresdner Historie findet sich auch in folgender Darstellung:

2011/12 greift Professor Niels-Christian Fritzsche von der TU Dresden den Begriff eines Dresden-Mythos auf. Dieser war schon vorher in den „Dresdner Heften“ (siehe Literatur [3]) genannt und diskutiert worden. Nun wurde in zehn großen Bildern zu Dresdens Historie und Zukunft am Dresdner Neumarkt der Dresden-Mythos auf die zwei Teile

Dresden vor der Bombardierung und

Dresden nach der Bombardierung

fixiert oder mit anderen Worten die Frage gestellt: „Wie sähe Dresden aus, wenn es nicht bombardiert worden wäre?“ Natürlich hat das Bombardement 1945 Dresden maßgeblich verändert, das Zentrum war ausgelöscht. Aber von der maßgeblichen Industrie lagen die wenigsten Hauptbetriebe im Zentrum. Die Frage muss deshalb heißen, wie sähe Dresden aus, wenn die Dresdner mittelständische, vorwiegend eigentümergeführte Industrie nicht rigoros enteignet worden wäre? Das ist die Kernfrage. Und es darf noch einmal gesagt werden, und es kann nicht oft genug wiederholt werden, dass dieser gewaltige geschichtsträchtige Umbruch Dresden und Sachsen, ja wie überhaupt alle neuen Bundesländer, zu Bittstellern bei den alten Bundesländern gemacht hat.

Im Stadtmuseum Dresden gab es vom November 2013 bis März 2014 eine Sonderausstellung mit dem Titel „Schokoladenstadt Dresden – Süßigkeiten aus Elbflorenz“. Im Vorwort des gleichnamigen Buches [15] schreibt die Direktorin des Museums, Frau Doktor Eschebach, dass mit dieser Ausstellung *„erstmalig die traditionsreiche, den meisten aber völlig unbekannte Geschichte der Dresdner Schokoladenindustrie nachgezeichnet wird“*. Das stimmt nicht, in

Dresden und in Sachsen, ja im gesamten Deutschland, ist zum Beispiel der Tell-Apfel aus Schokolade ein Begriff und mit Dresden verbunden. Und die großartige Hartwig & Vogel AG, in Westdeutschland als Kant-Hartwig & Vogel AG neu entstanden, sorgte immer für die Erinnerung an Dresden. Auch der Verein WIMAD e. V. Geschichte der Lebensmittel- und Süßwarenindustrie hält seit Jahren die Erinnerung an die Spitzenstellung dieser Dresdner Branchen wach. Bemerkenswert in der Ausstellung und im Buch ist der Fortschritt bei der Frage der Exilfirmen. Über die sonst üblichen Bemerkungen, dass die Betriebe enteignet und der Firmensitz nach Westdeutschland verlegt wurde, wird es nun konkret genannt, wer und wohin nach seinem Rauswurf aus seinem Dresdner Stammsitz gegangen ist. Aber es bleibt bei einer Erwähnung der wichtigsten Firmen, in wenigen Zeilen zusammengefasst:

„Eine weitere Schwächung der Wirtschaftskraft war mit der Abwanderung von Eigentümern, leitenden Mitarbeitern und Fachkräften renommierter Unternehmen in den Westteil Deutschlands verbunden. Ein Verlassen des heimischen Standorts und der Aufbau von neuen Betrieben mit dem traditionellen Erzeugnissortiment in der amerikanischen und britischen Besatzungszone führten im Süßwaren- und Verpackungsmaschinenbau zu einem bedeutenden Transfer von Technologien in diesen Raum. Die neu gegründeten Firmen entwickelten sich auf der Grundlage des in Sachsen vorhandenen Wissens in den 1950er Jahren erfolgreich.

Das Unternehmen Otto Hänsel Junior in Hannover, die Maschinenfabrik Loesch in Forchheim (Oberfranken), die Spezialfabrik für Conchen J. S. Petzholdt in Frankfurt (Main), die Maschinenfabrik F. B. Lehmann in Aalen (Württemberg) und Firma Gebr. Bindler in Bergneustadt im Rheinland zählten bald wieder zu den renommierten, international agierenden Unternehmen im Süßwaren- und Verpackungsmaschinenbau."

Es sind neue Töne, dass man eine Schwächung der Wirtschaftskraft durch die „abgewanderten" Unternehmerfamilien einräumt. Aber wieder muss man betonen, dass dieser Personenkreis nicht aus freien Stücken abgewandert ist, sondern aufgrund der Existenzvernichtung – oft auch aus berechtigter Sorge um eine Inhaftierung im Speziellager Bautzen II – seine Heimat verlassen hat. Es wird detailliert zu untersuchen sein, wer und warum er die Heimat verlassen hat. Wie viele von den in Bautzen II Inhaftierten sind verstorben, wer wurde in den 1950er Jahren wieder entlassen und ging nach Westdeutschland? Oft waren es die Söhne, Schwiegersöhne oder Enkel, die im anderen Teil Deutschlands ihre Betriebe neu aufbauten und oft die enteigneten Stammbetriebe überflügelten.

Abschließend zu den Vorgängen, wie sie in diesem Abschnitt drei beschrieben wurden und die in den zitierten Büchern vorwiegend verharmlosend mit den Bemerkungen „Abwanderung" beziehungsweise „Verlegung des Firmensitzes" abgetan werden, sollen die Schriften von Madaus genannt werden [16]. Die Firma Doktor Madaus & Co. in Radebeul stellte Pharmazeutika auf pflanzlicher Grundlage her. 1945 wurde der Betrieb demontiert und in über 200 Waggons als Reparation nach Russland gebracht. Als einziger größerer Radebeuler Betrieb stand die Firma Madaus nicht auf der Liste A der zur Enteignung vorgesehenen Unternehmen. Die Inhaber hatten nicht der NSDAP angehört, und es waren keine Rüstungsgüter produziert worden. Mit Genehmigung der Sowjetischen Militäradministration (SMA) konnte die Produktion unter schwierigen Verhältnissen wieder anlaufen, und im Auftrag der SMA wurde Penicillin produziert. Trotzdem kam es 1947 zur Enteignung der Firma Madaus. Der Autor Udo Madaus beschreibt detailliert (Seiten 400/405), wie die SED-geführten Behörden, unter anderem eine sogenannte Präsidialkommission, die Enteignung der Firma Madaus an der SMA „vorbeijonglierten", Vorgänge, die Madaus nach 1990 in deutschen und russischen Archiven gefunden hat.

Der Autor beschreibt auch nochmals die bis zum Exzess betriebenen Enteignungen/Konfiskationen in den Jahren nach 1945.

Zitat von Selbmann am 28. Oktober 1945:

„Wir haben, ich sage es ganz offen, den Kampf um die Enteignungen geführt mit Mitteln und Methoden, wie wir sie vielleicht nach der ersten demokratischen Landtagswahl in Sachsen nicht mehr anwenden können, mit Mitteln der Beobachtung, mit Mitteln der Polizei, mit Mitteln der Gewalt und der Verhaftung. Das war ein sehr ‚unterirdischer Kampf', der nur durchgestanden werden konnte, wenn man vom ersten Tag an klipp und klar sah: Das ist die Aufgabe."

Und die Ergebnisse dieser „Aufgabe“ nennt Madaus auch: *„Die Enteignungen/Konfiskationen zwischen 1945-1949 trafen Land- und Forstwirtschaft und die Industrie fast gleichermaßen: 11.000 in der Landwirtschaft, darunter 4.200 unter 100 Hektar, 66 über 1.000 Hektar. Im industriellen, handwerklichen, gewerblichen Bereich schätzt man die Zahl auf über 12.000 Enteignungen/Konfiskationen. Nicht eingeschlossen in diesen Zahlen sind die Zigtausenden von Konfiskationen von Privathäusern, Miethäusern und sonstigen privaten Vermögenswerten et cetera. Mit Entsetzen erlebten die Betroffenen in Ost und West, was mit diesen Konfiskationen an brutalen Gewalt- und Willkürakten einherging. Es gibt darüber zahlreiche Dokumentationen. Wem es nicht gelang, in den Westen zu flüchten, erlebte die Fortsetzung des faschistischen Terrorsystems mit geradezu perfider Ähnlichkeit: Vertreibung von Haus und Hof, gesellschaftliche und politische Ausgrenzung als ‚Junker‘ und ‚Kapitalist‘, Einweisung in ehemalige Nazi-KZs, Totschlag et cetera.“*

Noch direkter bringt es der SED-Chef von Leipzig, Lohagen, am 9. Oktober 1947 zum Ausdruck: *„Wer nicht mit uns geht, sondern mit den reaktionären Kräften, wird in unserer Zone rücksichtslos liquidiert und vernichtet. ... Wir erlassen in den nächsten Wochen Befehle und Gesetze, die geeignet sein werden, den anderen das Hören und Sehen vergehen zu lassen. Was man heute denkt, ist mir vollkommen gleichgültig. Uns wird niemand beirren.“*

Rücksichtslos liquidieren und vernichten – die Devise der Stalinisten der ersten Stunde. Deutlicher hatten es wenige Jahre vorher die großen und kleinen Führer des Naziregimes nicht gesagt.

4. Dresden in den Nachkriegsjahren

Mit der Machtübernahme der Roten Armee und der Etablierung der Sowjetischen Militäradministration in Deutschland, SMAD, richtiger auch, da sie nur die sowjetisch besetzte Zone betraf, SMA genannt, trat auch in Sachsen der große gesellschaftliche Umbruch ein. Der SMA und den stalintreuen Altkommunisten um Ulbricht, Fischer, Matern und Selbmann war Sachsen am wichtigsten. Für das dicht besiedeltste und industriereichste Land der sowjetischen Besatzungszone (1945 circa 5,5 Mio. Einwohner) wurde deshalb im Juli 1945 die für Sachsen zuständige sowjetische Militäradministration SMAS geschaffen.

Der Aufbau der SMAS zog sich bis 1946 hin, circa 500 Planstellen waren zu besetzen. Eine ausführliche Darstellung dieser politischen Neuordnung in den ersten Nachkriegsjahren ist im Buch des Hannah-Arendt-Instituts für Totalitarismusforschung Dresden enthalten [17]. Mit dem Untertitel „Studien zur Genese der kommunistischen Herrschaft 1945-1952“ werden sehr ausführlich die Kaderpolitik der SMA und SMAS, die Rolle der KPD bis zur Vereinigung mit der SPD, die Lage der Ost-CDU „zwischen Widerstand und Gleichschaltung“, aber auch das Speziallager Bautzen II, die allgemeine Verwaltung als „Instrument kommunistischer Herrschaft“, der Aufbau des neuen Polizeistaates und weitere Aspekte der neuen Herrschaftsform untersucht. Das Buch ist mit knapp 500 Seiten sehr umfangreich und fußt auf einem von der Volkswagen-Stiftung geförderten Forschungsprojekt „Sachsen unter totalitärer Herrschaft. Diktaturdurchsetzung, Diktaturformen, Diktaturerfahrung 1933-1961“.

Zur Rolle des Speziallagers Bautzen II gibt es ausführliche Berichte anderenorts, hier soll nur schlaglichtartig aus dem Buch zitiert werden:

„Innerhalb von 15 Monaten durchliefen das Speziallager Bautzen II 16.000 Internierte. Die große Zahl der Gefangenen wurde dabei zum Problem. Alle Speziallager waren permanent überfüllt, die hygienischen Zustände katastrophal und eine Ernährung kaum gesichert. Die zentral angeordnete Halbierung der Verpflegungsnorm im November 1946 verschlimmerte die Situation zusätzlich. Die Folge war eine enorm hohe Sterblichkeit von 35 Prozent (bezogen auf alle Spe-

ziallager in den Jahren 1945-1950.“

Wenn deshalb an anderer Stelle des Buches gesagt wird: *„...Grundlage dieser ‚antifaschistisch-demokratischen Umwälzung war die expansive und menschenverachtende Ideologie des Marxismus-Leninismus...“*, so kann man dem nur zustimmen.

Für die hier interessierenden Wirtschaftsverhältnisse in den Jahren ab 1945/46 taucht natürlich der Name Fritz Selbmann auf. Immer wieder lesen wir, dass „dieser mit der klaren Absicht baldmöglichst umfangreiche Enteignungen in der Industrie in Angriff zu nehmen“ sein Amt angetreten hat. Von Wirtschaftsplanung habe er nach eigenen Angaben keine Ahnung gehabt und dementsprechend sah die Planwirtschaft auch aus. Selbmann wurde nach den Landtagswahlen im Herbst 1946 Minister für Wirtschaft und Wirtschaftsplanung, was aber zu keinen signifikant verbesserten Planabläufen führte. Auch sein Wirken in der 1947 entstandenen Wirtschaftskommission (DWK) änderte an den mit viel „Papierkrieg“ ablaufenden Planungsversuchen nichts. In der Sache war es auch kaum möglich, bessere Verhältnisse zu schaffen. Zum einen war die russische Seite nicht bereit, die in ihrem Eigentum befindlichen Sowjetischen Aktiengesellschaften (SAG) in die Planungen einbeziehen zu lassen. Zum anderen waren Eingriffe in die übrige Wirtschaft an der Tagesordnung und diesen willkürlichen Maßnahmen der „Okkupationsmacht“, wie sich führende russische Offiziere bezeichnet haben, konnte und durfte niemand widersprechen.

Selbmann hatte als hauptverantwortlicher Wirtschaftsplaner sicher die Ohnmacht seiner Behörde hautnah erlebt und persönlich darunter gelitten. Er war ja als überzeugter Kommunist angetreten, eine dem Kapitalismus überlegene Wirtschaftsordnung mit zu schaffen. Es war nicht in Ansätzen gelungen, die Verhältnisse hatten sich kaum verbessert. Selbmann sah die Hauptursache im Verhalten der Okkupationsmacht. Das von ihm 1947 verfasste „Selbmann-Memorandum“ hatte er unter Umgehung der SMA und SMAS direkt an die russische Führungsspitze adressiert, ohne zu wissen, wer es erhalten und vielleicht beantworten würde. Er hatte mehr „planerische Unabhängigkeit“ und Eigenständigkeit der deutschen Seite vorgeschlagen. Geholfen hat dieser Versuch, den Sowjetführern ins Gewissen zu reden, man möge die ostdeutsche Wirtschaft und die Bevölkerung nicht noch stärker drangsalieren, nichts. Erst sechs Jahre später, 1953, erschrocken durch den Volksaufstand, verfügte die sowjetische Seite mehr Eigenständigkeit und gab zum Beispiel auch eine Reihe von SAG-Betrieben in das „Volkseigentum" des ostdeutschen Vasallenstaates zurück.

Was Selbmann nicht sah und auch nicht sehen und begreifen wollte, war der wirtschaftliche Niedergang durch die einsetzende Flucht vieler und gerade bedeutender Unternehmen in die westdeutschen Bundesländer. Besonders nach dem 30. Juni 1946, als ganz deutlich wurde, wie die neuen Machthaber das Bürgertum und die privatwirtschaftlich geführten Betriebe zu behandeln gedachten, verstärkte sich die Fluchtbewegung.

Universelle Werke Dresden/Hauni-Werke Hamburg

Ein nachgerade klassisches Beispiel ist das Dresdner Unternehmen Universelle. Der als „Universelle Werke" firmierende Betrieb war Weltmarktführer für Zigarettenmaschinen und anderen Anlagen der Tabakaufbereitung. Im Zweiten Weltkrieg natürlich ein wichtiger Rüstungsbetrieb und deshalb auf der Liste A der zur Enteignung bestimmten Betriebe. Der Technische Leiter Kurt A. Körber verließ Dresden und gründete bereits 1947 in Hamburg die „Hanseatische Universelle", kurz Hauni genannt. Der enteignete Stammbetrieb in Dresden erhielt den Namen VEB Tabak- und Industriemaschinen, kurz Tabakuni genannt. Auf den Anklang an das weltbekannte Markenzeichen „Universelle" wollte keine Seite verzichten. Zigarettenmaschinen wurden fortan in Dresden und Hamburg-Bergedorf gebaut. Körber begann zunächst mit der Reparatur von weltweit laufenden und über die Jahre verschlissenen Universelle-Maschinen und leitete in den 1950/60er Jahren die Weiterentwicklung dieser High-Tech-Maschinen mit einer solchen Präsenz ein, dass das Dresdner Stammhaus zunehmend Marktanteile verlor und 1976 den Bau von Zigarettenmaschinen einstellen musste.

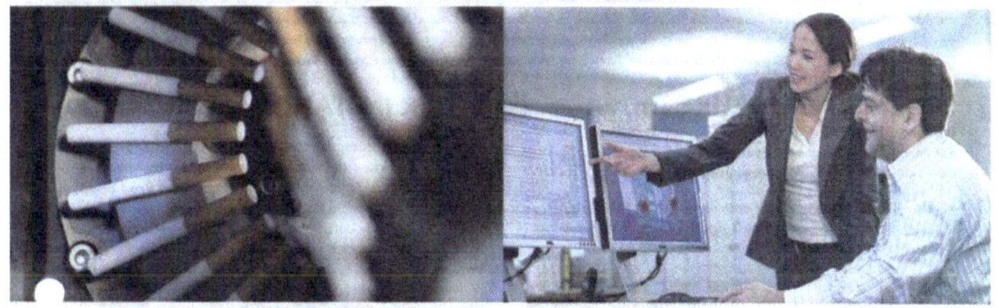

IDEEN BRAUCHEN TATKRAFT.

Zur Körber-Gruppe gehören weltweit 30 Technologie-Unternehmen sowie Vertriebs- und Servicegesellschaften der Bereiche Tabak, Papier, Werkzeugmaschinen und Pharma-verpackungssysteme. Sie erzielen rund 1,6 Mrd. Euro Umsatz. Gehalten von der Holdinggesellschaft Körber AG, deren oberster Grundsatz die Unabhängigkeit des Konzerns ist. Getragen von ca. 9.200 Mitarbeitern, die mit Initiative und Unternehmergeist dem Konzern Spitzenpositionen in den Weltmärkten sichern.

Bild 1: Universelle-Werke in Dresden (Stand 2019/20) und Anzeige der Hanseatischen Universelle - HAUNI - in Hamburg

Kurt Adolf Körber wurde 1909 in Berlin geboren. 1923 zog die Familie nach Chemnitz, wo sein Vater in den DKW-Werken (später Auto Union) eine leitende Funktion übernahm. Körber besuchte die Real- und Höhere Handelsschule in Chemnitz und nach einer Lehre

als Elektriker begann er 1928 ein Studium am Technikum Mittweida. Ein Jahr später brach er das Studium ab, bewarb sich bei Siemens & Halske in Berlin und arbeitete dort als Schalttechniker/Entwickler von Fernsprechanlagen.
Körber hatte sich bereits in dieser Zeit mit optisch-elektrischen Systemen beschäftigt. Es war Zufall, dass die Universelle bei Siemens nach einem bestimmten System anfragte. Sie wollte ihrer marktbeherrschenden Stellung ein weiteres Alleinstellungsmerkmal hinzufügen. Die Zigaretten sollten in der Klappschachtel „auf Spiegel liegen“, das heißt die Aufschrift auf jeder Zigarette oben sein. Körber konnte ein solches System vorschlagen, und so wechselte er 1935 nach Dresden. Er führte sich bei den Universelle-Chefs mit neuem Schwung ein, erhielt bereits 1937 Procura und wurde 1943 Technischer Direktor.

Wie war es zur Gründung der Hanseatischen Universelle gekommen?
Das über Jahrzehnte aufgebaute Universelle-Unternehmen, mit einem in der Welt einmaligen Know-how, mit einer eingespielten Stammbelegschaft, musste sein Hauptprodukt aufgeben. Natürlich waren die Brüche 1945/46 einschneidend. Die Sowjets ließen die besten Maschinen fortschaffen, Körber warb Facharbeiter nach Hamburg ab, Kriegsschäden hatten die hinteren, an der Eisenbahnlinie Dresden-Chemnitz-Hof liegenden Gebäude auch erlitten. Und trotzdem: In Dresden hatte man viel bessere Voraussetzungen als Körber in Hamburg. Alle Konstruktionspläne, Musterbau, eingespielten Fertigungsabläufe lagen hier. Ab den 1950er Jahren fertigten auch der Präzisionsmaschinenbau Hille-Werke, jetzt als VEB Mikromat, und andere Betriebe wieder Werkzeugmaschinen, noch stärker der Chemnitzer Maschinenbau, wo vor allem die Wanderer-Werke unter dem Warenzeichen WMW Heckert wieder entstanden waren. Nur wenige Kilometer von der Universelle auf der Zwickauer Straße entfernt – gegenüber das wuchtige Gebäude der Teekanne, in unmittelbarer Nachbarschaft die Lingner-Werke und das Werk für Blech- und Schokoladenformen Anton Reiche – hatten die als Döhlen-Stahl bekannten Werke die Produktion von Konstruktionsstählen wieder aufgenommen, jetzt als VEB Edelstahlwerk Freital.

Man konnte also auf eine ausgezeichnete Maschinenbautradition mit allen Details zurückgreifen, wusste zudem den anderen Dresdner Verpackungsmaschinenbau und letzten Endes die staatlichen Institutionen hinter sich.

Körber in Hamburg hatte es viel schwerer. Zunächst war er im Auftrag der Universelle- Geschäftsführung und mit Billigung des Selbmann-Ministeriums nach Hamburg gefahren, um dort eine Universelle-Niederlassung zu gründen. Zuerst nahm er Kontakt mit dem Zigaretten-Hersteller Reemtsma auf, ein Konzern, der die meisten der vormals über 20 Dresdner Zigaretten-Betriebe bereits in den 1930er Jahren aufgekauft hatte. Körber soll später eine Telefonzelle am Hamburger Bahnhof, von welcher er die entscheidenden Gespräche führte, als sein erstes Büro bezeichnet haben. Durch Reemtsma vermittelt, gründete Körber eine Abteilung Universelle in einer Firma Hanseatische Lehrenbau-Gesellschaft (HLG) in Hamburg-Bergedorf. Immer noch hielt er engen Kontakt zur Dresdner Universelle und schrieb im November 1946 unter anderem:
„...sondern erachte es in Würdigung der Leistung meiner Mitarbeiter als meine Pflicht mitzuhelfen, dass der Universelle die wirtschaftliche Bedeutung und damit ihr Weltruf erhalten bleibt“. [18]
Doch in Dresden waren nach dem 30. Juni 1946 (Volksentscheid) andere Verhältnisse eingetreten. Von einer Niederlassung in der Westzone wollte niemand mehr etwas wissen, die Universelle wurde, wie die Mehrzahl der Dresdner Betriebe, entschädigungslos enteignet. Man konnte Körber unlautere Absichten mit dieser Universelle-Gründung zunächst nicht unterstellen, aber zunehmend kam es zu Differenzen zwischen Dresden und Hamburg. Dresden weigerte sich, fortlaufend Konstruktionsunterlagen und Ersatzteile für diese Abteilung Universelle zur Verfügung zu stellen. Körber gründete daraufhin im Februar 1947 die Hauni Maschinenfabrik Körber & Co. KG und teilte den potenziellen Kunden in Europa mit, *„er sei mit dem Lizenzbau und dem Vertrieb aller Erzeugnisse der Dresdner Universelle betraut worden“*. Das stimmte nicht und verschärfte die Differenzen. Eine Lösung schien eine Vereinbarung zu bringen, die der Hauni die Nutzung der Universelle-Patente und Konstruktionen erlaubte, aber festlegte, *„einen noch zu bestimmenden Anteil des mit*

der Hauni erzielten Gewinnes an die Dresdner Universelle abzuführen und ihr weder direkte Konkurrenz zu machen noch in irgendeiner Form für ein Konkurrenzunternehmen tätig zu sein". Das hielt Körber nicht ein, wobei nicht der noch festzulegende Anteil (also eine Lizenzgebühr) entscheidend war, wohl aber die Verpflichtung Körbers, der Universelle nicht direkte Konkurrenz zu machen. Er forcierte aber den Aufbau seines Konkurrenzunternehmens Hauni in ungeahnter Weise, und das war Vertragsbruch. Damit war das Band zwischen Dresden und Hamburg endgültig zerschnitten. Körber war sich dessen bewusst und traf entsprechende Vorkehrungen. Für eventuelle, von der Universelle zu erwartende Schadenersatzansprüche bildete er Rücklagen. Dieses Problem löste sich jedoch bald auf, da die Bundesrepublik solche Forderungen der DDR wegen derer rigorosen Enteignungspolitik zurückwies.

Zum anderen hätte die Tochter und Erbin des 1944 verstorbenen Universelle-Gründers J. C. Müller, Johanna Schwerin, in der Bundesrepublik Ansprüche an die Hauni stellen können. Körber bewog deshalb die Erbin 1963 zur Gründung einer Johann-Carl-Müller-Stiftung. Diese Einrichtung mit Sitz in Hamburg fördert soziale Projekte, baute Wohnungen für Betreutes Wohnen, Studentenunterkünfte und anderes. Die Stiftung, nun im Namen der Tochter von Frau Schwerin, Frau Beermann, agierend, ist nach der politischen Wende auch nach Dresden zurückgekehrt, hat die Villa von J. C. Müller, Beermanns Großvater, wieder ausgebaut und neue Wohnungen errichtet.

Insgesamt war damit für Körbers „Hauni Maschinenbau AG" der Weg zum weltweiten Marktführer für Tabakmaschinen frei. Circa 4.000 Mitarbeiter erwirtschaften circa 1,5 Mrd. € Umsatz, wobei eine Reihe ausländischer Hauni-Gründungen, unter anderem die Schleifmaschinen- und Papierverarbeitungssparte, für die weiteren Zuwächse sorgten und weiterhin sorgen. Hier ist besonders die Körber Schleifringgruppe zu erwähnen, die circa 20 der namhaften europäischen Schleifmaschinenfirmen in sich vereinigt, darunter die aus der DDR stammenden Firmen BWF (Berlin), Mikrosa (Leipzig) und Chemnitzer Schleifmaschinenwerk.

Aber es bleibt festzuhalten, dass die Hauni ohne Wenn und Aber ein Kind der Dresdner Universelle ist. Im Buch über den Stifter Körber heißt es: *„... grundsätzlich blieb die Produktionstätigkeit anfangs von Zeichnungsunterlagen der Universelle abhängig. Die ersten von Hauni hergestellten Zigarettenmaschinen wie die Excelsior-Rapid KDC mit einer marktfähigen Leistung von 1.350 Zigaretten pro Minute beruhen unbestreitbar auf den Entwicklungsleistungen der Universelle-Werke. Auch in anderer Hinsicht profitierte Körber von der erfolgreichen Vergangenheit des Dresdner Mutterhauses. Da Körber von dort Mitarbeiterinnen wie Annemarie Kämpfe, Gisela Benfey und Hildegard Neumaier dauerhaft für seine Hamburger Firma hatte abwerben können, war es möglich geworden, frühere Geschäftskontakte zügig zu reaktivieren."* [18]

So ist in diesem Buch auch das Vorwort von Ex-Kanzler Helmut Schmidt zu schön gefärbt, wenn es heißt: *„Der Unternehmer Körber hat 1946 praktisch ohne Geld angefangen, sein Kapital bestand in einigen noch aus Dresden stammenden Konstruktionszeichnungen, seiner Ingenieurerfahrung und vor allem in seiner optimistischen Vitalität."*

Körber kam nicht nur mit einigen Konstruktionszeichnungen, er hatte das umfangreiche konstruktive Know-how, Ersatzteile und ganze Baugruppen zur Verfügung.

Rechtlich stand er trotz aller geschickten Manipulationen auf dünnem Eis und war sich dessen auch bewusst. Mit der Universelle-Erbin Schwerin im Rücken hätte er durchaus die Möglichkeit gehabt, das weltbekannte Logo „Universelle" nach Hamburg zu holen und den Dresdnern dieses Markenzeichen zu verbieten. Denn in den meisten Fällen der Exilfirmen, wo die Firmeneigentümer oder ihre Nachfolger in Westdeutschland neu gründeten, nahmen sie ihr Firmenlogo mit beziehungsweise erstritten es letzten Endes in Prozessen. Es war ja Praxis der neuen marxistisch-leninistischen Weltordnung, die Eigentümer entschädigungslos zu enteignen, aus Betrieb und Wohnung zu werfen, gegebenenfalls zu inhaftieren mit allen Folgen, aber die Firmen unter den weltbekannten Traditionsnamen weiterzuführen und – wie wir nach 40 Jahren wissen – in den meisten Fällen bis zur Unkenntlichkeit herunterzuwirtschaften.

Körber hat in dieser Richtung nichts unternommen, sehr wahrscheinlich wollte er hier nicht weiteres Öl ins Feuer gießen.

Mit Stiftungen hat sich Körber früh beschäftigt. Nach Vorstufen entstand 1969 die Hauni-Stiftung und 1981 die Körber-Stiftung mit einem Vermögen von weit über 68 Mio. DM. Sie fördert kulturelle, politische und bildungstechnische Projekte und hat natürlich der Stadt Hamburg viele Millionen für den Stadtaufbau bereitgestellt. Diese Öffentlichkeitsarbeit war Körber ein wichtiges Anliegen, was er durch den „Bergedorfer Gesprächskreis“ noch stärker ausbaute. Hier ging es um Gespräche mit Politikern, vor allen in den 1980er Jahren mit Vertretern der Ostblockstaaten und der DDR. 1967 und 1970 besuchte er mit einer Delegation russische Städte und Anfang 1989 tagte der Gesprächskreis erstmals in Dresden. Diese Tagung fand in Ost und West ein breites Echo; die politische Wende warf ihre ersten Schatten voraus. Bereits vorher aber, 1986, soll Körber seine frühere Arbeitsstätte, die Universelle-Gebäude auf der Zwickauer Straße, gesehen haben. Reaktionen auf den Anblick des nun traurig-tristen Areals sind nicht bekannt, Sympathien für eine volkseigene Wirtschaftsform werden es nicht gewesen sein.

Der Hauni-Chef nutzte die Ost-West-Kontakte natürlich auch wirtschaftlich. Hauni-Maschinen wurden von Russland und anderen Ostländern bestellt, auch von der DDR für die Zigarettenfabriken in Berlin, Nordhausen und Dresden. Hauni-Maschinen in Dresden, was für eine Blamage, was für ein Prestigeverlust für diesen nun VEB Verpackungsmaschinenbau genannten Betrieb. Im Jahr 1989 und den Folgejahren verstärkte Körber sein Engagement für die neuen Bundesländer und natürlich für „seine Heimatstadt Dresden“. Gesprächspartner waren Modrow und der Dresdner Oberbürgermeister Berghofer, zuvor war es bereits zu einer Begegnung mit Honecker und Mittag gekommen. Ergebnisse dieser Runde waren nicht zu erwarten, die DDR-Führer hielten Körber aber für das Ost-West-Verhältnis für so wichtig, dass die TU Dresden zur Verleihung der Ehrendoktorwürde an Körber veranlasst wurde. Hier kamen die alten Vorwürfe wieder hoch, *„...nach Ende des Zweiten Weltkrieges die Dresdner Universelle betrogen zu haben“*. Auf höchste Anordnung blieb es aber bei der Verleihung im Sommer 1989.

Die Körber-Stiftung stellte für den Aufbau Dresdens sofort 1 Mio. DM sowie Baumaschinen zur Verfügung, unter anderem für die Rekonstruktion des Dresdner Stadtmuseums. Beim Besuch mit Willy Brandt im Mai 1990 – wir Dresdner haben noch Körbers Worte *„in Dresden die schönsten Jahre verlebt zu haben"* im Ohr – überbrachte er 40.000 Schulbücher. Die Körber-Stiftung hat inzwischen eine Geschäftsstelle in Dresden. Es bleibt aus heutiger Sicht Körbers Geheimnis, warum er das ihm so vertraute Universelle-Areal nicht wieder übernommen hat. Wollte er neue Diskussionen über Hauni-Universelle nicht aufkommen lassen? Es hätte doch ein Hauni-Universelle-Geschäftspark werden können, wie es andere Beispiele von zurückgekehrten Exilfirmen in ihre alten Stammhäuser gibt. Man sieht dem Hauptgebäude noch die schöne klassische Architektur an, das Areal ist groß, die Verkehrsanbindungen über die Eisenbahn sind sehr gut, auch die Verkehrsstraßen über die Nossener Brücke zur Autobahn A 4/A 17 ist günstig.

Warum diese Geschichte der Universelle so ausführlich? Weil es ein – besser gesagt – **der** Präzedenzfall ist. Weil es Hunderte, ja Tausende solcher Fälle gibt, von denen wir einen Teil betrachten wollen. Ein Fall, der offenbart:

Die volkseigen geführte Wirtschaft war der Marktwirtschaft in fast allen Punkten unterlegen. Technisch, weil der Drang und Zwang zu neuen Lösungen, auch wenn sie technisch nicht der große Wurf sind, nicht erkannt und nicht mit entsprechenden Werbefeldzügen umgesetzt wurde. Kaufmännisch, weil die nötige Sachkenntnis, aber auch Raffinesse und Hemdsärmeligkeit, die zur Marktwirtschaft dazugehören, den neuen Betriebsleitern fehlten, die ja in erster Linie aus bewährten Genossen bestehen mussten. Körber hatte beides. Und wenn bereits 1951 auf dem Weltkongress „Tabak" in Amsterdam fünf Hauni-Mitarbeiter mit weißen Mänteln und der Rückenaufschrift „Hauni" präsent waren, hätte Dresden mit zehn Mitarbeitern und der Aufschrift „Universelle" sowie den besten Maschinen vertreten sein müssen.

Die Schärfe des Marktes ist von diesen ersten Nachkriegsjahren an unterschätzt worden. Mehrere Hände voll ehemaliger mitteldeutscher Traditionsunternehmen haben auch als VEB Schritt halten können, die meisten aber sind Stufe für Stufe zurückgefallen, haben unter volkseigener Regie ihren weltweiten Exportstatus verloren. Dadurch ist Mitteldeutschland arm, die Bundesrepublik, besonders durch die aus Mitteldeutschland vertriebenen Exilfirmen, zum Exportweltmeister geworden. Wer wie die DDR marktwirtschaftliche Prozesse und Strukturen nicht beherzigte, musste sich nicht wundern und aufregen, wenn die Betriebe schleichend ihre Effektivität einbüßten und nach 40 Jahren den Offenbarungseid leisten mussten.

5. Die großen und die kleinen Firmenschicksale – der Niedergang hier im Lande, der Wiederaufstieg in Westdeutschland

Die Betrachtung der Firmen im Dresdner Raum wollen wir vom Osten her beginnen, also von der tschechischen Grenze aus die Elbe entlang. Stromab liegen rechts Bad Schandau und Königstein, links Heidenau, aber auch Dippoldiswalde, Rabenau und Freital. In Dresden selbst liegt stromab links die Altstadt (frühere Geschäfts- und Firmenanzeigen liefen stets unter „Dresden-A", rechts liegt die Neustadt, frühere Anzeigen liefen unter „Dresden-N"). Linkselbisch (Altstadt) und rechtselbisch (Neustadt) waren recht früh eingebürgerte Begriffe für die Zweiteilung der Stadt durch den Strom.

Die Gründung Dresdens aus dem sorbischen Dorf Drez'ane 1206 ging von den Burgherren auf der Burg Meißen aus, und besonders ab 1485 (Trennung in das ernestinische und das albertinische Sachsen) wurde Dresden als Residenz der albertinischen Wettiner aufgebaut. Der kulturelle und politische Aufbau Dresdens und sein Umfeld sind in zahlreichen Publikationen ausführlich beschrieben worden, auch ein augusteisches Zeitalter wurde dabei als Begriff definiert.

Wir wollen hier die industrielle Entwicklung betrachten, immer unter den Gesichtspunkten, was ist aus einem Teil der international bekannten Unternehmen unter kommunistischer Regie geworden ist, und welche Stellung haben diese Firmen als Exilfirmen in der westdeutschen, vereinzelt auch ausländischen freien Wirtschaft erreicht? Den beispielhaften Fall Hauni-Universelle haben wir bereits betrachtet.

Einen Überblick über einen großen Teil der sächsischen Wirtschaft bietet das sächsische Hauptstaatsarchiv (Sä. HSTA) in Dresden. Es grenzt an ein Wunder, dass dieses repräsentative Gebäude in Nähe des Albertplatzes vom Luftangriff am 13./14. Februar 1945 weitgehend verschont blieb. Die benachbarten Gebäude stark beschädigt beziehungsweise so zerstört, dass sie abgebrochen werden mussten. So das Alberttheater am Albertplatz, der große Kuppelbau des Zirkus Sarrasani an der heutigen Hauptstraße südlich der Markthalle, wie überhaupt das gesamte Gebiet südlich des Albertplatzes stark getroffen war. Heute ist das Sä. HSTA durch einen Ergänzungsbau erweitert und ist mit den Zweigstellen Staatsarchiv Leipzig, Staatsarchiv Chemnitz und Bergarchiv Freiberg die Zentrale des sächsischen Archivwesens. Ohne in die letzten Details zu gehen, ist schon eine Aufstellung der wichtigsten Industriebetriebe des Bereiches Dresden aufschlussreich. Für jeden Betrieb sind mehrere laufende Meter Aktenordner vorhanden, und auch der brutale Schnitt der Enteignung ist zum Teil im Firmennamen, besonders aber in den Jahreszahlen, erkennbar. Damit ist auch das Schicksal dieser 40 Jahre lang „volkseigen" geführten Betriebe gekennzeichnet. Die meisten von ihnen waren in den 1990er Jahren in ihrer Existenz bedroht; die jahrelange SED-Wirtschaft hatte den Zugang zum offenen Welthandel versperrt, die Erzeugnisse konnten meistens nur weit unter den üblichen Weltmarktpreisen abgesetzt werden. Der Maschinenpark oft alt und verschlissen, die Einhaltung westeuropäischer Umweltstandards zwar bekannt, aber ignoriert. Hohe Investitionen wären erforderlich gewesen. Viele Betriebe wurden von der Treuhandanstalt liquidiert, was nicht in allen Fällen so abrupt notwendig war – die mit der freien Marktwirtschaft verbundene Hemdsärmlichkeit und Lobbywirtschaft spielten hier schon eine bestimmte Rolle. Die besten Übernahmen gelangen dort, wo die Familien der Alteigentümer beziehungsweise deren Nachfolger sich der Sache annahmen oder die Leiter der VEBs als Management-Buy-Out (MBO) die Betriebe neu aufstellten.

Aufstellung der Unternehmen (Industrie, Banken, sonstige Gewerbe im Bereich Dresden)

1	Friedrich Küttner AG Pirna	1872 – 1945
	VEB Kunstseidenwerk Siegfried Rädel Pirna	1946 – 1990
	Treuhand	1990
	Erloschen	1994
2.	Dresdner Chromo- und Kunstdruck-Papierfabrik Krause & Baumann AG Heidenau	1893 – 1945
	VEB Vereinigte Papierfabriken Heldenau	1946 – 1990
	Treuhand	1990
	US-Konzern Glatfelter	ab 2013
3.	Feinpapierfabrik Hugo Hoesch Königstein Sulfit Zellulosefabriken Hoesch & Co Heidenau	1876 – 1945
	VEB Feinpapierfabrik Königstein	1946 – 1990
	Treuhand	1990
	Wertdruckpapier Königstein der Giesecke & Devrient AG München (Exilbetrieb aus Leipzig)	ab 1991
	Zellulosefabriken Hoesch erloschen	
4.	Kübler & Niethammer AG Kriebstein	1856 – 1945
	VEB Papierfabrik Kriebstein	1946 – 1990
	Treuhand	1990
	Kübler & Niethammer Papierfabrik Kriebstein AG	ab 1991
5.	Rockstroh-Werke AG Heidenau	1887 – 1946
	VEB Druckmaschinenwerk Victoria Heidenau	1946 – 1984

	VEB Planeta Druckmaschinenwerk Heidenau	1985 – 1991
	Erloschen	1992
6.	J. M. Lehmann Maschinenfabrik Dresden ab 1910/12 Hauptwerk in Heidenau	1834 – 1945
	VE Kombinat Nagema	1949 – 1991
	Heidenauer Maschinenfabrik GmbH	1991 – 1993
	Petzholdt-Heidenauer Maschinenfabrik GmbH	1993 – 1995
	Umwandlung zur AG	ab 1995
	In BRD: F. B. Lehmann Maschinenfabrik Aalen	ab 1947
7.	Helfenberg AG Helfenberg/Dresden	1898 – 1951
	VEB Pentagon Kamerawerke Dresden	1955 –1990
	Erloschen	1991
	In BRD: Helfenberg AG Wevelinghoven (Altana-Konzern)	ab 1953
8.	Maschinenfabrik und Mühlenbau Gebr. Seck Dresden-Zschachwitz	1873 – 1925
	MIAG Mühlen und Industrie AG	1925 – 1945
	VEB Mühlenbau Dresden	1948 – 1990
	Treuhand	1990
	Wirth Mühlenbau Ohlsdorf (Österreich)	1991 – 1995
	Erloschen	1996
9.	Höntsch & Co Dresden	1895 – 1930
	Höntsch AG	1931 – 1945
	Metallleichtbaukombinat Dresden	1946 – 1990
	Treuhand	1990
	MBM Metallbau Dresden GmbH	ab 2000
10.	Kelle & Hildebrandt GmbH Dresden	1875 – 1946
	VEB SBS Sächsischer Brücken- und Stahlhochbau Dresden	1949 – 1990

	Treuhand	1990
	Sächsischer Bühnen-, Förderanlagen- und Stahlbau GmbH Dresden	1990 – 1998
	SBS Unternehmensgruppe Dresden mit vier Teilbetrieben durch MBO: SBS Dresden GmbH & Co KG, SBS Bühnentechnik GmbH, SBS Steuerungstechnik GmbH und SBS Metalltechnik GmbH	ab 1999
11.	Sachsenwerk Licht & Kraft AG Dresden	1903 – 1946
	SAG-Betrieb (sowjetische AG)	1946 – 1953
	VEB Elektromaschinenbau Dresden	1953 – 1970
	VE Kombinat Elektromaschinenbau Dresden (VEM)	1970 – 1990
	Treuhand	1990 – 1997
	VEM Elektromaschinenbau Dresden GmbH (Merkle VEM-Gruppe)	ab 1997
12.	Dresdner Gardinen- und Spitzenmanufaktur AG	1884 – 1946
	VEB Dresdner Gardinen- und Spitzenmanufaktur	1946 – 1970
	VE Kombinat Deko Plauen, Werk Dresden	1970 – 1990
	Dresden Spitzen GmbH	1990 – 1995
	M. u. S. Schröder GmbH & Co KG	ab 1995
	In BRD: Deutsche Bobinet GmbH Trier	ab 1950
13.	Hille-Werke AG Dresden	1869 – 1946
	VEB WMW Hille Dresden	1946 – 1952
	VEB Feinstmaschinenwerk Dresden	1952 – 1959
	VEB Mikromat Dresden	1959 – 1990
	Treuhand	1990 – 1992
	Investoren (Haaf u. a.)	1992 – 2005
	Mikromat GmbH	ab 2005
	In BRD: Hüller Hille GmbH Ludwigsburg	ab 1950

14.	Kerb-Konus Dr. Eibes & Co Dresden	1898 – 1946
	VEB Kerb-Konus	1951 – 1990
	Erloschen	1990
	In BRD: Kerb-Konus-Vertriebs GmbH Amberg	ab 1949
15.	Donath-Kelterei Dresden-Lockwitzgrund	1893 – 1946
	VEB Kelterei Lockwitzgrund	1946 – 1990
	Erloschen	1990
	In BRD: Donath Kelterei Fritz Donath Erding	ab 1950
16.	Heinrich Ernemann AG	1889 – 1926
	Zeiss Ikon AG Dresden	1926 – 1945
	Mechanik Zeiss Ikon VEB Dresden	1946 – 1958
	VEB Kinowerke Dresden	1958 – 1959
	VEB Kamera- und Kinowerke Dresden	1959 – 1964
	VEB Pentagon Dresden	1964 – 1968
	VE Kombinat Pentagon Dresden	1968 – 1985
	VE Kombinat Carl Zeiss Jena	1985 – 1990
	Treuhand: Pentagon Dresden GmbH	1990 – 1991
	Erloschen	1991
	Neue Pentagon GmbH Foto- und Feinwerktechnik Dresden	ab 1998
	In BRD: Zeiss Ikon AG Stuttgart	ab 1958
17.	Zigarettenfabrik Kosmos Dresden	1886 – 1959
	Zigarettenfabrik Jasmatzi AG	1897 – 1953
	Zigarettenfabrik Greiling AG	1903 – 1952
	Zigarettenfabrik Union	1919 – 1951
	Zigarettenfabrik Monopol	1920 – 1960
	VEB Vereinigte Zigarettenfabriken Dresden	1970 – 1990
	F6 Cigarettenfabriken GmbH & Co KG Dresden	ab 1992
18.	Schleifscheibenfabrik Dresden-Reick Dr.	1922 – 1946

	Prym KG	
	VEB Schleifkörper-Union Berlin	1946 – 1990
	Hermes Schleifmittel GmbH Dresden (Hermes Gruppe Harburg)	ab 1996
	In BRD: Schleifscheibenfabrik Aachen	ab 1948
19.	Hopf & Feilgenhauer Dresden	1919 – 1946
	VEB Herrenmode Dresden	1946 – 1969
	VE Textilkombinat Cottbus	1969 – 1990
	Treuhand,erloschen	1990
	In BRD: Bekleidungsunion Feilgenhauer Gelsenkirchen, danach Verkauf	1947 – 1972
20.	Otto Hänsel Spezialmaschinen- und Wachspapierfabrik Freital	1915 – 1946
	Max Loesch Verpackungsmaschinenfabrik Dresden	1919 – 1946
	Richard Gäbel Verpackungsmaschinenfabrik Dresden	1888 – 1946
	Universelle-Werke Dresden	1893 – 1946
	VE Kombinat Nagema (Nahrungs- und Genussmittelmaschinen)	1946 – 1990
	Theegarten Pactec GmbH & Co KG Dresden	ab 1994
	In BRD:Hanseatische Universelle Hamburg	ab 1947
	Otto Hänsel Hannover	ab 1947
	Max Loesch (Loesch Pack) Forchheim	ab 1947
	Gebr. Bindler Bergneustadt	ab 1947
	G. S. Petzholdt Frankfurt/M.	ab 1947
21.	Clemens Müller Nähmaschinenfabrik Dresden-A	1855 – 1946
	Seidel & Naumann OHG Dresden	1868 – 1886
	AG vorm. Seidel & Naumann Dresden	1886 – 1946

	VEB Mechanik Schreibmaschinenwerk Dresden	1951 – 1969
	VE Kombinat Zentronik Dresden	1969 – 1978
	VEB Robotron Schreibmaschinenwerk Dresden	1978 – 1984
	VE Kombinat Robotron Dresden	1984 – 1990
	Robotron Erika GmbH	1990 – 1992
	Erloschen	1992
22.	Koch & Sterzel Spezialfabrik wissenschaftliche Apparate Dresden	1904 – 1920
	Koch & Sterzel AG Dresden	1920 – 1946
	VEB Transformatoren- und Röntgenwerk Dresden	1948 – 1970
	VE Kombinat Automatisierungsanlagen Berlin	1970 – 1990
	Siemens Energie- und Medizintechnik GmbH	ab 1991
23.	Highvolt Prüftechnik Dresden GmbH	ab 1995
24.	T. Bienert Hofmühle Dresden	1844 – 1958
	BSB T. Bienert Mühlen und Brotfabrik	1958 – 1972
	VEB Dresdner Mühlen und Brotwerke	1972 – 1990
	Dresdner Hafenmühle (Erzeugergemeinschaft Ährenwort)	ab 1993
25.	Lingner & Kraft Dresden	1888 – 1891
	Dresdner Chemisches Laboratorium	1891 – 1912
	Lingner-Werke AG Dresden	1912 – 1950
	Erloschen	1950
	In BRD: Lingner & Fischer Bühl, später Glaxo Smith Kline	1950
26.	Leo-Werke Verwaltungsgesellschaft mbH Dresden	1907 – 1950
	VEB Elbechemie Dresden	1950 – 1990

	Dental-Kosmetik GmbH Dresden	ab 1992
	In BRD: Leo-Werke Frankfurt/M. (Chlorodont)	ab 1950
27.	Chemische Industrie Gehe AG/F. von Heyden AG/Madaus KG	
	Gehe AG Dresden	1835 – 1945
	v. Heyden AG Radebeul	1874 – 1948
	Madaus KG Radebeul	1919 – 1947
	VEB Arzneimittelwerk Dresden (AWD)	1951 – 1990
	AWD pharma GmbH Dresden	1991 – 2001
	Menarini von Heyden	ab 2006
	In BRD: Celesio AG Stuttgart (Gehe)	ab 1945
	v. Heyden AG München	ab 1958
	Madaus AG Köln	ab 1950
28.	Villeroy & Boch AG Dresden	1856 – 1948
	VEB Sanitärporzellan Dresden	1948 – 1990
	Erloschen	1990
	In BRD: Weiterhin Stammhaus Villeroy & Boch AG Mettlach	
29.	Turbinenfabrik Brückner, Kanis & Co KG Dresden	1924 – 1945
	VEB EKM Turbinenfabrik Dresden	1948 – 1967
	VEB Strömungsmaschinen Pirna	1967 – 1990
	Strömungsmaschinen Industrietechnik GmbH Pirna	1990 – 1995
	Erloschen	1996
	In BRD: AEG–Kanis GmbH	ab 1950
30.	Hermann Mende & Co Dresden	1923 – 1945
	VEB Funkwerk Dresden	1948 – 1969
	VEB Robotron Messelektronik Otto Schön Dresden	1969 – 1990
	Nachfolgefirmen, unter anderem Robotron Datenbank-Software GmbH	ab 1991

	In BRD: Norddeutsche Mende-Rundfunk GmbH Bremen (Nordmende), danach Thomson-Brandt-Konzern	1947 – 1975
31.	Gläser Karosserie GmbH Dresden	1864 – 1945
	VEB Karosseriewerke Dresden (Hauptbetrieb in Radeberg)	1945 – 1990
	KWD Automotive AG & Co KG Wolfsburg (Betrieb in Radeberg)	ab 1994
32.	Ihagee Kamerawerk Steenbergen & Co Dresden	1912 – 1969
	VEB Pentagon Dresden (Objekt 18)	1969 – 1990
	Erloschen	1991
33.	W. Ostner Werke Fahrzeugfabrik Dresden	1927 – 1945
	Erloschen	1946
	In BRD: W. Ostner Fahrzeugfabrik Sulzbach-Rosenberg	ab 1948
34.	Vereinigte Eschebachsche Werke AG Dresden	1867 – 1945
	BSB-Eschebach Dresden	1950 – 1972
	VE Möbelkombinat Dresden-Hellerau	1972 – 1990
	Erloschen	1990
	In BRD: Eschebach GmbH & Co KG Rödinghausen	ab 1950
35.	Presshafen- und Kornspiritusfabrik G. L. Bramsch	1837 – 1945
	VEB Bramsch Spirituosenfabrik	1948 – 1992
	Erloschen	1992
36.	Aktiengesellschaft für Glasindustrie vorm. Friedrich Siemens	1888 – 1945
	VEB Ostglas, VE Kombinat Lausitzer Glas	1945 – 1990

	Weißwasser	
	Erloschen	1990
	In BRD: Vereinigung mit westdeutschen Siemens-Werken	ab 1950
37.	Banken in Dresden	
	Deutsche Bank	1865 – 1955
	Dresdner Bank	1866 – 1946
	Commerzbank	1870 – 1946
	Deutsche Reichsbank	1885 – 1951
	Allgem. Deutsche Credit-Anstalt (ADCA)	1895 – 1957
	Sächsische Staatsbank	1904 – 1948
	Bankhaus Gebr. Arnhold	1908 – 1936
	Alle Banken sind nach 1945 enteignet worden und die Geschäftsstellen im Wesentlichen in der Staatsbank der DDR aufgegangen.	

In der Auflistung treten bei einigen Firmen Lücken in den Jahreszahlen auf, besonders in den Jahren nach 1990. In diesen Zeiten waren grundlegende Entscheidungen nicht getroffen worden, Investoren gescheitert, ein labiler Zustand eingetreten.

Südsachsen – der Grenzstreifen Sachsen-Böhmen

Doch bevor wir von Pirna aus die Dresdner und mittelsächsische Industrielandschaft betrachten, wollen wir einen Umweg über den deutsch-tschechischen Grenzbereich machen und in einem zehn bis 20 Kilometer breiten Grenzstreifen die bedeutendsten Industrieansiedlungen untersuchen, von Markneukirchen über Aue/Schwarzenberg, Annaberg, Olbernhau bis Altenberg. Ein landschaftlich schöner, gebirgiger Landstrich mit den bekannten Sommerfrischen und Wintersportgebieten Johanngeorgenstadt, Oberwiesenthal und

Altenberg, aber eben auch einer dem Ortsfremden nicht bekannten, vielseitigen Industrie.
Mittendrin der Uranbergbau in Aue/Schlema und Johanngeorgenstadt, von der russischen Wismut AG mit einer Landschaftszerstörung unglaublichen Ausmaßes betrieben. Mit Milliardensummen hat die Bundesrepublik nach 1990 begonnen, diese verwüsteten Landstriche – auch diejenigen in Thüringen – zu sanieren. Dieses Großvorhaben ist fast vollendet. Das neu entstandene Bad Schlema als Nachfolger des früheren Oberschlema (man warb mit: Stärkstes Radiumbad der Welt) legt davon Zeugnis ab.

Die Betrachtung des Grenzstreifens wollen wir im Vogtland bei den Kurorten Bad Elster und Bad Brambach beziehungsweise dem Musikwinkel und der „Hauptstadt" Plauen beginnen.
Das bereits 1122 erstmals als slawische Siedlung „vicus Plawe" erwähnte Plauen hat eine lange Tradition in der Textilverarbeitung. Im Mittelalter war sie das Zentrum der „Schleiermacher" für die Länder des Orients, dann folgten gute und schlechte Jahrzehnte mit Garnspinnen, Weben und Kattundrucken. Die Gefahren gingen stets von der Einseitigkeit der Branche und dem technischen Fortschritt aus. Um 1800 legten die ersten englischen Spinnmaschinen die in und um Plauen ansässige Handspinnerei lahm, 50 Jahre später war die – wie in Eibenstock – auch hier betriebene Handstickerei von den in der Schweiz entwickelten ersten Handstickmaschinen bedroht.
In dieser Lage brachte ein für die damalige Zeit üblicher „Technologietransfer" den großen Aufschwung. Wie etwa die rheinischen Stahlindustriellen Krupp, Hoesch, Mayer (Bochumer Verein) und andere die Geheimnisse der englischen Gussstahlherstellung ausspionierten und auch manch andere deutsche Maschinenfabrik auf ausländischen Technologien aufgebaut wurde, so „beschaffte" der Sachse Albert Voigt 1857 zwei Handstrickmaschinen aus der Schweiz, deren Ausfuhr verboten war. Die Aufstellung dieser Maschinen in Plauen schaffte noch keinen durchgreifenden Umschwung. Aber Voigt verwertete seine in der Schweiz erworbenen Kenntnisse und gründete 1860 in Kändler (bei Limbach) eine Maschinenbauwerkstatt für Stickmaschinen. Im ersten Jahr wurden 25 dieser großen Handstickmaschinen gebaut, drei Jahre später waren es bereits 100.

Der Betrieb nahm wie fast die meisten Gründungen im schon stark industrialisierten Sachsen einen großartigen Aufstieg. 1867 zog Voigt nach Chemnitz-Kappel, über seine Maschinenfabrik Kappel AG werden wir noch sprechen. Voigt aber veranlasste ungewollt auch die Gründung seiner schärfsten Konkurrenz. Mit den ersten Stickmaschinen kam der Schweizer J. C. Dietrich nach Kändler und wurde technischer Leiter in Voigts Fabrik. Doch 1881 wagte er den Schritt in die Selbstständigkeit und gründete mit H. Dietrich, ebenfalls bei Voigt tätig, die „J. C. & H. Dietrich Stickmaschinenfabrik" in Plauen.

Vogtländische Maschinenfabrik AG (Vomag) VEB Plamag/MAN Plamag Plauen

Aus dieser Gründung entstand die nach Hartmann-Chemnitz zweitgrößte Maschinenfabrik Sachsens. Die Gründung stand unter einem guten Stern. Der Konstrukteur Robert Zahn erfand bei Voigt in Kappel 1883 die Schiffchenstickmaschine, welche wie eine Nähmaschine mit einem zweiten Faden hinter der Stoffbahn arbeitete. Zahn gab diese Erfindung an die junge Dietrich'sche Fabrik, und diese entwickelte sich in wenigen Jahren zum weltweiten Marktführer. 1895 erfolgte die Umwandlung in die Vogtländische Maschinenfabrik AG (Vomag). Erst 1896 trat Zahn – vermutlich wegen der Konkurrenzklausel – in die Vomag ein, und unter seiner Leitung entstanden bis zu 13 Meter lange Großstickmaschinen, die in alle Industriestaaten exportiert wurden. Der große Wurf aber gelang 1910. Zahn „automatisierte" seine Schiffchenstickmaschine, und die Vomag nutzte die Gunst der Stunde. Allein 1911 wurden in sieben Monaten 2000 dieser wie ein feines mechanisches Uhrwerk laufenden Großmaschinen gebaut. Mit dieser Produktion der Zahn-Automaten stieg die Vomag in kurzer Zeit zur weltgrößten Stickmaschinenfabrik auf.

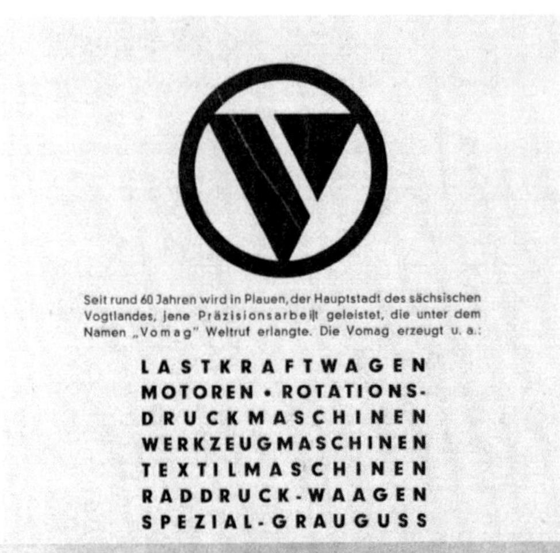

Bild 2: VOMAG A.G. Plauen, im 2. Weltkrieg ein großer Panzer-Hersteller

Daneben verfolgten die Vomag-Techniker mit wachen Augen die Entwicklung der Technik. In dem Bewusstsein, dass der Stickmaschinen-Boom nicht ewig anhalten würde, begann man 1896 mit der Herstellung von Rotationsdruckmaschinen und konnte erfolgreich in die Phalanx der Marktführer einbrechen. Bereits 1906 wurde die 100. Großrotationsmaschine für den Zeitungsdruck geliefert. Die Vomag wurde ab den 1920er Jahren zum größten Rotationsdruckmaschinen-Hersteller Europas.

Ab 1921/22 begann man als Ersatz für den rückläufigen Bedarf an Stickmaschinen mit der Entwicklung von Automatenwebstühlen und konnte auch hier erfolgreich in die Vorherrschaft der Chemnitzer Traditionsfirmen eindringen. Bis 1939 wurden über 10.000 Vollautomatenwebstühle gebaut.

Ihren größten Bekanntheitsgrad erzielte die Vomag durch den Nutzfahrzeugbau. Wie viele deutsche Automobilhersteller begann man in Plauen nach Ausbruch des Ersten Weltkrieges im militärischen Auftrag mit dem Bau von Dreitonnen-Lastwagen. Ab den 1920er Jahren wurden mittlere und schwere Lastwagen mit dem Signet „Vomag" am Kühler ein Begriff auf den Straßen Deutschlands und Europas. Die Plauener Firma war zwar stets der kleinere Bruder gegenüber den Büssing-Werken in Braunschweig, doch Zuverlässigkeit und Innovation zeichneten die Lastwagen und Omnibusse stets aus. Zweimal gewannen Vomag-Lastwagen den russischen Staatswanderpreis vor starker in- und ausländischer Konkurrenz (1923 und 1925). 1924 führte man als erster europäischer Hersteller die Niederrahmenbauart bei Omnibussen ein. Im selben Jahr tauchten die Vomag-Wohnmobile auf. Dem „salonkarosserierten Omnibus", wie eine Fachzeitschrift schrieb, wurde eine große Zukunft vorausgesagt. Diese ersten großen „Caravans" dienten allerdings vorwiegend zu Werbungs- und Verkaufszwecken. Auch der großartige Dresdner Zirkus Sarrasani befuhr die Welt mit Wohn-, Büro- und Packwagen von der Vomag.

Auf dem Omnibussektor setzte die Vomag weiterhin Maßstäbe. 1927 brachte sie zusammen mit der Waggonfabrik Schumann-Werdau den ersten Omnibus mit Ganzstahlaufbau heraus, erst später kopierten Hersteller wie Kässbohrer-Uerdingen diese Bauweise. 1930 entstanden in Plauen, wiederum zusammen mit Schumann-Werdau, die ersten Omnibusse mit Aluminiumbeplankung, 1939 die ersten Gelenkbusse.

Auch in der Motorenentwicklung ging die Vomag eigene und neue

Wege. Da die bekannten und bewährten dieselmotorischen Verbrennungsverfahren in Händen anderer Firmen lagen (Direkteinspritzung bei Deutz und MAN, L'orange-Vorkammer bei Daimler-Benz), griff die Vomag eine Entwicklung der Schweizer Firma Oberhänsli auf und entwickelte das sogenannte Wirbelkammer-Verfahren zur Serienreife. Natürlich wird heute im Nutzfahrzeugbau nur noch die Direkteinspritzung angewandt, aber im Diesel-PKW arbeiteten bis in die 1980er Jahre immer noch viele Wirbelkammer-Motoren. Es dürfte in der Motorenfachwelt kaum noch bekannt sein, dass dieses Kammerverfahren, was sich als einziges neben der Direkteinspritzung lange gehalten hat, in Plauen entwickelt wurde. Den Höhepunkt der Vomag-Fahrzeugentwicklung stellte der im Zuge des Autobahnbaus entworfene „Kontinent-Express" dar. Der überlange, stromlinienförmige Schnellreisebus mit vier Achsen und 350 PS-12-Zylinder-Dieselmotor war das modernste Projekt, das von den deutschen Omnibus-Herstellern vorgestellt wurde. Zur Umsetzung kam es in Plauen nicht mehr. Der Zweite Weltkrieg warf seine Schatten voraus. Holzgas-Fahrzeuge, Wehrmachtsomnibusse und LKW-Einheitsdiesel standen auf dem Programm des Betriebes.

Den Abschluss des Fahrzeugbaues in Plauen bildete die 1944 in einer neu errichteten Panzerhalle aufgenommene hochproduktive Fließfertigung von Panzern, insbesondere des Jagdpanzers IV. Die von der Vomag entworfene und gefertigte letzte Ausbaustufe „Jagdpanzer IV/70" gehörte zu den besten Waffen, die Deutschland gegen Kriegsende noch einsetzen konnte. Die „Quittung" der Alliierten war die Zerstörung der Stadt Plauen zu fast 80 Prozent noch im März und April 1945.

Ausgehend vom eigenen Motorenbau entwickelte die Vomag seit Anfang der 1930er Jahre als weitere Produktgruppe Werkzeugmaschinen, insbesondere Bohrwerke zur Bearbeitung von Motorengehäusen.

Bei Mehrspindelbohrwerken und Maschinen zur Feinstbearbeitung gehörte die Vomag zu den führenden deutschen Unternehmen. Sie war Erstausrüster des 1937/38 neu errichteten VW-Werkes in Wolfsburg – erst 1970/71 wurden die letzten Vomag-Maschinen in Wolfsburg ausgesondert.

1945 verschonte die Besatzungsmacht auch die Vomag nicht. Sie

wurde restlos demontiert und der Maschinenpark in die Sowjetunion verbracht. Die Fabrikhallen und Werksanlagen wurden leergeräumt, das traditionsreiche Werk wurde dem Erdboden gleichgemacht – ausradiert.
Damit ist die Vomag ein weiteres Beispiel für die große Dezimierung des mitteldeutschen Industriepotentials. Keine andere Nutzfahrzeugfabrik Deutschlands wurde zerschlagen. Büssing konnte schon im Mai 1945 die Produktion in beschränktem Umfang fortsetzen und bis Jahresende mehr als 1.000 Lastwagen bauen. „Ossis von 1945" aus den Büssing-Zweigwerken Leipzig, Berlin und Elbing kamen nach Braunschweig. In den Folgejahren stiegen die Produktionszahlen stetig an, schon 1949 konnte der bekannte Siebentonner 7000 S ins Programm aufgenommen werden. Ebenso produzierte Daimler-Benz noch 1945 mehr als 1.000 Lastwagen. Auch Ford-Köln und MAN Augsburg konnten 1945 wieder Lastwagen herstellen, ebenso wenige Jahre später Henschel-Kassel und viele andere Lastwagen- und Aufbautenhersteller. Krupp-Essen hatte seine Krawa-Kraftwagenfabrik bereits 1944 nach Bamberg verlegt und firmierte dort unter Südwerke GmbH. Ab 1946 ließ der Alliierte Kontrollrat die Lastwagenproduktion wieder zu. Hier besonders haben Ingenieure und Facharbeiter der Vomag, die in Plauen ihr Lebenswerk im Gegensatz zu ihren Kollegen in den drei Westzonen nicht fortsetzen durften, die Nachkriegs-Kruppfahrzeuge mit geschaffen. Auch in anderen Bereichen des westdeutschen Maschinen- und Fahrzeugbaues haben Fachleute aus der Vomag ihren Teil zum westdeutschen Wirtschaftswunder beigetragen.

Bei den Krupp-Südwerken sollen Vomag-Konstrukteure den Schwerlastwagen Krupp Titan entwickelt haben.
Ob die Vomag unter marktwirtschaftlichen Bedingungen heute noch eigenständig Lastwagen bauen könnte, ist fraglich. Vielleicht wäre ihr Automobilbau in einem der drei bis vier großen Hersteller in Deutschland aufgegangen. Auch der Büssing-Löwe verschwand ja unter dem Dach der MAN. Dass sie aber mit ihrem Textil-, Druck- und Werkzeugmaschinenbau von 1945 an eine der großen deutschen Maschinenfabriken geblieben und eine noch größere in Europa geworden wäre, steht außer Frage.

Zu DDR-Zeiten lebte bei Horch-Zwickau und Schumann-Werdau eine gewisse Vomag-Tradition fort. Mit den Typen H3A, H6 und S4000 entstanden in der Nachkriegszeit entsprechende, zwar schwerfällige, aber robuste Lastwagen. Der Druck- und Werkzeugmaschinenbau wurde als Plamag und Wema Plauen fortgesetzt. Auch hier lag der Schwerpunkt bei den Ostmärkten, wobei aber die Plamag einen erheblichen Export in westliche Länder verzeichnen konnte. Spitzenunternehmen wie zu Vomag-Zeiten sind sie unter volkseigener Regie nicht wieder geworden.

Für den VEB Plamag waren außerhalb des alten Vomag-Geländes neue Werkhallen entstanden, hier konnte durchaus auf hohem Niveau entwickelt und gefertigt werden.

1990 gelang trotz dieser modernen Basis ein Fortbestehen aus eigener Kraft, zum Beispiel durch ein MBO, nicht.

Die Druckmaschinensparte der MAN setzte als MAN Plamag Druckmaschinen AG die Tradition fort. Das wurde zunächst ein erfolgreicher Weg, mit MAN Roland kamen gemeinsam entwickelte Druckmaschinen auf den Markt. Doch mehrere Krisen im Druckmaschinengeschäft trafen den Betrieb in Plauen besonders hart. Die Konzernmutter MAN hielt natürlich zuerst ihre westdeutschen Betriebe am Leben, und so ging in mehreren Stufen diese große Maschinenbautradition in Plauen zu Ende. Natürlich begleitet von heftigen Protesten der westdeutschen MAN-Mitarbeiter, als Vorschläge zum Erhalt des Plauener Betriebes und ein eventueller Umzug einiger Mitarbeiter nach Plauen zur Diskussion standen.

Auch die neue Werkzeugmaschinenfabrik Vogtland GmbH versuchte nach 1990, die 100-jährige Tradition der Vomag und der Wema Plauen fortzuführen, davon eine „Vogtland automotive GmbH“ speziell für den Automobilbau.

Nach mehrfachen Strukturwandeln gehört dieser im Werkzeugmaschinenbau versierte Betrieb zur GLOBAL RETOOL GROUP America LLC, einem Firmenverbund mit zwei Werken in Deutschland und zwei Betrieben in China. Davon ist die WEMA Vogtland Technology GmbH der wichtigste Betrieb für Maschinenreparaturen, Umbauten, Ergänzungen und allen Maßnahmen, gebrauchte Maschinen aufzuarbeiten und zu modernisieren. So ist zumindest ein Rudiment der großen Tradition erhalten geblieben.

Auch die Vomag-Omnibusfertigung sollte nach 1990 durch die Auwärter GmbH aus Stuttgart (Neoplan) neue Impulse erhalten. Das lief ab 1991 sehr erfolgreich, von den circa 5.000 komfortablen Neoplan Skyliner Doppeldeckern ist ein großer Teil in Plauen gebaut worden. Doch Neoplan verlagerte weiter, und nun nutzte die MAN-Fahrzeugsparte die Werkstätten zu Sonderaufbauten und Umrüstungen im „MAN Bus Modification Center Plauen".

Ein Exilbetrieb der Vomag AG wurde vom alten Vorstand in München gegründet. Ein erfolgreicher Aufbau einer westdeutschen Vomag AG gelang nicht. Es hatte in den Jahren 1938 bis 1945 die Panzer- und Militärfahrzeugfertigung im Vordergrund gestanden, nicht die früher bedeutenden Textil- und Druckmaschinenbereiche. Hier hätte man nach 1945 wieder anknüpfen müssen, hier bestand Nachholebedarf. Doch alle technischen Dokumentationen lagen in Plauen.

Die Vomag-Geschichte wollen wir mit einigen kritischen Bemerkungen abschließen. Dass sich 1990 die MAN-Fachleute über den hohen Entwicklungsstand der Plamag-Druckmaschinen wunderten, haben wir schon erwähnt (siehe Punkt eins). Aber dass als Gipfel der Unkenntnis und Ignoranz im großen Buch „Hundert Jahre Dieselmotor" (Frankh-Kosmos-Verlag, Stuttgart, 1993) die Vomag mit keiner Silbe erwähnt wird, macht sprachlos. Das Buch, herausgegeben von der „Forschungsvereinigung Verbrennungskraftmaschinen e. V. und der Fachgemeinschaft Kraftmaschinen im VDMA, beide Frankfurt/Main" kennt die Vomag, ihre Motoren- und Fahrzeugentwicklungen nicht. Weder im Text, noch im Personen- und Sachregister gibt es einen Hinweis zur Vomag und ihren entscheidenden Beitrag zum Dieselmotor, wir haben es bereits erwähnt: das Wirbelkammer-Verfahren. Dabei gibt es über 50 Quellen mit Angaben zur Vomag, von „Allgemeine Automobilzeitung" (1915-1942), „Das Lastauto" (1924-943) bis „Die Motorschau" (1937-1943).

Unter der Überschrift „Der Schwerölmotor" heißt es dort über die Einführung des Dieselmotors:

„Die Vomag kam dem Kundenwunsch anfangs mit dem Einbau von 70/80-PS-Deutz-Sechszylinder- (Benz-Patent) und 80-PS-Junkers-Dreizylinder-Aggregaten (Zweitakt-Gegenkolben) entgegen. Sie hatte sich erst relativ spät zum Bau eigener Diesel-Motoren entschie-

den. Dafür erwarben die Plauener 1930 die Lizenz auf das Wirbelkammer-System (Vorkammer mit Verdampfer DRP 481 152) des Schweizers Oberhänsli, Lochau bei Bregenz. Die Vomag passte die Oberhänsli-Konstruktion ihrem eigenen Motorkonzept an und überließ der Firma F. Oberhänsli & Cie., Maschinenfabrik Bregenz am Bodensee, im Gegenzug den Lizenzbau und Vertrieb dieser Entwicklung außerhalb Deutschlands unter dem Namen ‚Oberhänsli'.

1931 stellte die Vomag die ersten eigenen 80/85-PS-Vierzylinder-Dieselmotoren, System ‚Oberhänsli' (4 R 3080) mit Bosch-Ausrüstung auf der Internationalen Automobilausstellung in Berlin (19. Februar bis 1. März) in ihrem 5-t-LKW 5 Cz vor. Die Fachzeitschrift ‚Das Lastauto' beschreibt die Merkmale dieses mit besonders geringen Drücken arbeitenden Motors: ‚Ein Motor, der auf den ersten Blick ähnliche Konstruktionsprinzipien wie die Glühkopfmaschine (allerdings ohne deren Nachteile) zu besitzen scheint, ist der Vierzylinder-Rohölmotor der Vomag, der nach den Lizenzen von Oberhänsli & Co. gebaut wird. Auf einem Aluminiumkurbelgehäuse befinden sich die parallel zusammengegossenen Zylinderblöcke mit abnehmbaren Köpfen. Der Brennstoff wird mittels einer Bosch-Pumpe von oben durch eine Düse in einen seitlich dem Verbrennungsraum vorgelagerten, kugeligen, von Gasen völlig umspülten Verbrennungsraum eingespritzt. Die Verbrennung erfolgt unter dem vereinigten Einfluss der Verdichtungswärme und der Wandtemperatur des auf Rotglut gehaltenen Verdampfereinsatzes. Zum Zwecke des Anlassens ist eine Glühspirale angebracht.'"

Zwei Jahre später schrieb eine andere Zeitschrift:

„Während auf der Berliner Ausstellung 1931 der Dieselmotor nur für zweiachsige 5-t-Wagen gezeigt wurde, erstreckte sich jetzt das Verwendungsgebiet vom 2-t-Lieferwagen bis zum schweren dreiachsigen Omnibus und Lastkraftwagen."

Ab 1933 waren also alle Vomag-Fahrzeuge, auch die schweren Dreiachs-LKW und Dreiachs-Omnibusse, mit Vomag-Wirbelkammerdieseln ausgestattet, der größte Motor mit 14,3 l Hubraum leistete 150 PS.

Motoren und Fahrzeuge der Vomag AG galten als solide Werkarbeit aus einer großen Maschinenfabrik, nicht billig, aber zuverlässig. Mit Bezug auf die komplizierten Stickmaschinen, Werkzeugmaschinen und Automaten-Webstühle sollten auch die Fahrzeuge „Maschinen von feinster Präzision“ sein. Von alldem wussten die Experten des Buches „100 Jahre Dieselmotor“ 1993 nichts. Wie wird wohl deutsche Technikgeschichte in 30 oder 50 Jahren aussehen?

Musikinstrumentenbau in Markneukirchen und Klingenthal

Entlang des Elstergebirges, hart an der tschechischen Grenze, liegt das vermutlich weltweit größte Zentrum des Instrumentenbaues.

Aus Graslitz, der böhmischen Musikantenstadt, und anderen deutsch-böhmischen Orten kamen bereits ab 1650 die ersten Instrumentenbauer ins Vogtland. Verstärkt in den Jahren nach 1800 begann in Markneukirchen der Geigenbau, ja selbst eine Aktiengesellschaft für Geigenindustrie, die eine billige Massenfertigung anstrebte, wurde hier gegründet.

Zur gleichen Zeit entstanden Firmen für Metallblasinstrumente, wobei von Trompeten über Flügelhörner bis zu Saxophonen jede Art von Blasinstrumenten hergestellt wurde.

In Klingenthal hatte sich seit etwa 1830 eine Industrie für Zungeninstrumente etabliert. Es begann mit der Mundharmonika, der ab etwa 1850 die Ziehharmonika folgte. Die Firma Herold und andere Firmen leiteten eine Massenfertigung von Harmonikas in einem bis dahin nicht gekannten Ausmaß ein. Bereits ab den 1860er Jahren wurden über 200.000 Harmonikas jährlich gefertigt. Es entstanden gut eingerichtete Fabriken, welche im Laufe der Zeit die Harmonika zum großen Piano-Akkordeon entwickelten. Annoncen von Meinel & Herold, A. L. Meinel, C. H. Meinel, C. W. Meinel, Langhammer und anderen Klingenthaler Firmen fehlten in den Jahren bis 1945 in keiner der vielen illustrierten Zeitschriften. Auch eine Firma Horch hat hier bis 1948 große Akkordeons gebaut. In Klingenthal sind weit mehr Akkordeons gebaut worden als zum Beispiel bei Hohner in Trossingen.

In Carlsfeld hatte sich eine besondere Spezialität herausgebildet und lange erhalten. Die Firma Arnold begann um 1850 mit der Herstellung des Bandoneons, eines der Vorläufer unserer heutigen Akkordeons. Später spezialisierten sich zwei Familienbetriebe namens Arnold auf dieses Musikinstrument und lieferten bis in die Jahre des Zweiten Weltkrieges hinein diese Instrumente in alle Welt, allein nach Südamerika circa 30.000 Stück. Noch heute sollen die Tangospieler Argentiniens mit Arnold-Instrumenten aus Carlsfeld musizieren. Eine weitere Spezialität waren die Mundharmonikas der Firma C. A. Seydel. Auch diese Instrumente sind hunderttausendfach in alle Welt geliefert worden und besonders als „Seydel Blues Solist" in Amerika die Harmonika der Landarbeiter und Baumwollpflücker geworden. Heute produziert wieder die 1847 gegründete Stammfirma als C. A. Seydel Söhne GmbH solche Instrumente.

Der Musikwinkel des Vogtlands ist in Deutschland das bedeutendste Zentrum des Instrumentenbaues gewesen. Außer großen Kirchenorgeln und Klavieren ist hier alles produziert worden, womit man Musik machen kann. Auch die 21 Vermögensmillionäre der Vorkriegszeit – vorwiegend die großen Fabrikanten und Verleger – zeugen von der Wirtschaftskraft dieses Gewerbezweiges. Einen guten Einblick in den 200-jährigen Instrumentenbau gibt das Musikinstrumenten-Museum in Markneukirchen.

In der DDR-Zeit wurde – eine der wenigen Ausnahmen – keine durchgängige Verstaatlichung der oft kleinen Familienbetriebe oder Handwerksmeister vorgenommen. Hier wusste man Tradition und Können dieser Kunsthandwerker, oft spezialisiert auf einzelne Elemente wie den Geigenbogen oder bestimmte Blasinstrumente, zu schätzen. So konnten sich viele weltbekannte Solisten „ihr Instrument" in Markneukirchen bauen lassen. Das ist auch über die politische Wende 1989 so geblieben.

Die großen Harmonika-Firmen in Klingenthal wurden 1945/48 brutal enteignet (Nazi- und Kriegsverbrecher?) und vom Selbmann-Ministerium, unterstützt von örtlichen SED-Genossen, neu zusammengewürfelt. Die Mundharmonika-Hersteller kamen zum „VEB Mundharmonikawerke Vermona", die Akkordeon-Betriebe zum „VEB Klingenthaler Harmonikawerke". Unter dem Markenzeichen „Weltmeister" lieferten die Harmonikawerke aufgrund der 100-ährigen Tradition Akkordeons in guter Qualität in alle Welt, natürlich vorwiegend in die osteuropäischen Länder mit dem Hauptanteil

Sowjetunion.
In den Jahren nach der politischen Wende lief ein Kapitel Treuhandgeschichte auch in Klingenthal ab. Westdeutsche „Investoren“, darunter ein Mitglied des Trossinger Unternehmens Hohner und ein Instrumentenhändler Messner, kauften den gut ausgerüsteten Betrieb für ein Spottgeld von der Treuhand, erhielten über zwei Millionen DM Sanierungszuschuss und bluteten den Harmona GmbH genannten Betrieb auch dadurch aus, dass der Instrumentenhändler die Erzeugnisse des Betriebes nicht mehr vertrieb. Das Geschäft herunterzufahren, die Zuschüsse zu kassieren sowie die Bestände und Einrichtungen anders zu verwerten waren vermutlich das Ziel. „Der Kokon ist abgespult“, schrieb der „Spiegel“ in einem Beitrag.
Seit nun über 20 Jahren läuft dieser Instrumentenbau auf Sparflamme mit ständigem Auf und Ab. Eine Harmona GmbH von 1995 lief auch nicht gut und immer wieder gibt es Anfänge mit den verbliebenen Facharbeitern.
Doch wie in den vielen anderen Beispielen – zuletzt die Waschmaschinen – hat die marxistische Ideologie mit der einseitigen Massenproduktion den Charakter der vormaligen Einzelbetriebe zerstört, die oft persönlichen Beziehungen zu Musikalienhändlern in aller Welt waren erloschen.
Die zahlreichen Familienbetriebe für Geigen und Zubehör, welche unter großen Schwierigkeiten 40 Jahre DDR überstanden haben, bestehen immer noch und bauen wieder auf.

Bürsten- und Eisenindustrie Stützengrün/Schönheide Wella-Werk Rothenkirchen/Hünfeld/Darmstadt/Stickerei-Industrie Eibenstock

Wenn wir auf dem Grenzstreifen in Richtung Osten weitergehen und uns etwas in nördlicher Richtung bewegen, kommen wir an einen Industriekern mit bedeutender Ausstrahlung. Ein Kreis von circa sieben Kilometern Durchmesser um den Mittelpunkt Stützengrün umfasst die Orte Rothenkirchen, Schönheide und Wernesgrün. Im Punkt eins – die sechs Kernbereiche – ist bereits erwähnt, dass in den

drei erstgenannten Orten Stützengrün, Rothenkirchen und Schönheide über 80 Betriebe der Bürsten- und Pinselindustrie arbeiteten. Daneben ist Schönheide mit dem „Schönheiderhammer" der Familien Edler von Querfurth der Sitz eines Eisenwerkes gewesen, wo seit 1566 Eisenguss, Bleche und Stabeisen erzeugt wurden. Dieses Hammerwerk gehörte mit dem circa 15 km entfernten, noch größeren „Auerhammer" zur „Erzgebirgischen Blechcompagnie", die circa 20 solcher Eisen- und Blechwerke entlang des sächsisch-böhmischen Grenzstreifens umfasste.
Im Schönheiderhammer wurde – inspiriert durch die Bergakademie Freiberg – seit den 1860er Jahren sogenannter Temperguss gefertigt, ein durch besondere Glühverfahren erzeugter Grauguss mit verringerter Bruchempfindlichkeit
Nach 1945 enteignet, wurde weiterhin diese spezielle Technologie in der volkseigenen Gießerei betrieben und sie konnte auch nach 1990 fortgeführt werden. Als ES Automobilguss GmbH Schönheide hat sie 2016 für Aufsehen gesorgt, weil der Eigentümer, die Prevent GmbH, die Auslieferung wichtiger Gussteile an den VW-Konzern stoppte. Für uns Außenstehende ist es schwer einzuschätzen: Ist der Druck von VW auf Prevent als Zulieferer zu stark geworden oder hat der Zulieferer unter Ausnutzung einer Alleinstellung höhere Forderungen gestellt? Das hat sich, mit Arbeitsplatzverlusten auch für andere Preventbetriebe, wieder eingespielt.

Aus dem kleinen Sieben-Kilometer-Kreis stammt auch der im Osten entstandene, heute weltweit strahlende Stern: Wella Rothenkirchen. Aus dem „Böhmischen", wie es in Sachsen heißt, sollen die Vorfahren des Franz Ströher eingewandert sein, der 1880 in diesem unscheinbaren Rothenkirchen sein Friseurgeschäft gründete. Er brachte Neuheiten in die Damenfrisur, aber 1925 die durchschlagenden Innovationen: Dauerwellapparat und Trockenhaube.
Das schlug deutschlandweit ein, 1930 erfolgte die Gründung der Franz Ströher AG in Rothenkirchen, ein weiterer Produktionsbetrieb entstand später in Thüringen.

Die Abbildung zeigt das Markenzeichen der 1930/40er Jahre und nennt den Geschäftsbetrieb.

4 519391 St 20359

25/3 1938. **Franz Ströher A.-G.**, Rothenkirchen i. V. 29/2 1940.
Geschäftsbetrieb: Fabrik für Friseurbedarf. Waren: Trockengeräte für Friseure, Dauerwellapparate und Heizkörper hierzu. (GK. 4)

[40. 269]

Bild 3: Wella-Werk, bereits in den 1930er Jahren eine Kapitalgesellschaft in Sachsen

In den Kriegsjahren ab 1942/43 musste auf Anweisung die Herstellung der Friseurgeräte eingestellt und eine andere Produktion übernommen werden – kein kleiner oder großer Unternehmer konnte sich hier verweigern, der NS-Staat war in den „totalen Krieg“ eingetreten. Nach 1945 fiel natürlich auch ein Friseurbedarf-Hersteller der Enteignung anheim. Als Kriegsverbrecher galt eben auch, wer bedeutend und weltbekannt war. Die Familien Ströher, nun die Söhne Karl und Georg Ströher, schätzten die Situation realistisch ein. Im SED-Staat gab es keine Chance, den Betrieb als Familienunternehmen weiterzuführen und auszubauen. Man verließ Rothenkirchen und begann in Hünfeld, später in Darmstadt, neu – wie in allen Fällen zum Nachteil des mitteldeutschen Wirtschaftspotentials und zum Vorteil des westdeutschen.

1950 entstand die neue Wella AG Darmstadt, den weiteren Weg müssen wir hier nicht beschreiben. Aus dem vogtländischen, zum gehobenen Mittelstand gehörenden Betrieb entstand ein Weltkonzern.

In der DDR wurde aus „Wella“ der VEB Londa, der zusammen mit anderen Firmen des Kosmetik-Kombinats Haarkosmetik für die DDR und die „Bruderstaaten“ herstellte. Besonders die Haarfärbemittel waren hier im Land und von Moskau über Prag sowie Budapest bis Sofia und Bukarest bei den Frauen begehrt.

Die Wella AG übernahm bereits 1990 ihr ehemaliges Stammhaus in Rothenkirchen und investierte über 20 Millionen DM in das Werk. Hier blieb die Produktion von Haarpflegemitteln auch über die mehrfachen Eigentümerwechsel erhalten. Heute arbeiten rund 300 Mitarbeiter in der HFC Prestige Manufacturing Germany GmbH.

Im Jahr 2003 ging laut offiziellen Berichten die Wella AG für über sechs Milliarden Euro an den Kosmetik-Riesen Procter & Gamble, der sie 2016 an die Coty Inc., beide US-Konzerne, weiterverkaufte.

Von den Wella-Erben hat die Tochter von Karl Ströher, Doktor Erika Pohl-Ströher, in den letzten Jahren für Aufsehen in Sachsen gesorgt. 1919 in Wurzen (bei Leipzig), nicht in dem Rothenkirchen näheren Zwickau oder Chemnitz, geboren, erlebte sie als junge Frau von 26 Jahren den Rauswurf der Eltern aus dem Unternehmen. Sie studierte Biologie und Chemie, Hessen und die Schweiz prägten ihren Lebensweg. Erst in späteren Jahren soll sie zur Sammlerin

geworden sein von Mineralien und Volkskunst, vorwiegend der erzgebirgischen.
Nach offizieller Darstellung betrug ihr Anteil an der Wella AG 23 Prozent, wofür der Verkaufserlös im Jahr 2003 circa 820 Millionen Euro betrug.

In den Jahren 2003/2004 hat die nun über 80 Jahre alte Seniorin mehrere Projekte in Sachsen auf den Weg gebracht. Ihre umfangreiche Mineraliensammlung stellte sie als Dauerleihgabe der Bergakademie Freiberg zur Verfügung. Diese ist als „Terra Mineralia“ im Schloss Freudenstein/Freiberg 2008 in prachtvoll ausgestalteten Räumen eröffnet worden.
In der Bergstadt Annaberg-Buchholz wurde die Gaststätte „Erzhammer“ mit einem Neubau erweitert, um 2010 die große Volkskunstsammlung mit zum Teil über 150 Jahre alten Exponaten aufzunehmen und sie unter dem Namen „Manufaktur der Träume“ stilgerecht zu präsentieren.
Auch für die Ortsgeschichte von Rothenkirchen einschließlich des Wella-Werkes sind von Frau Pohl-Ströher umfangreiche Geldbeträge bereitgestellt worden. Sie wurde für ihr Engagement zur Ehrensenatorin der Bergakademie Freiberg ernannt und mit dem Sächsischen Verdienstorden ausgezeichnet.
Es wird Erinnerung an ihre Jugendzeit und Dank an die sächsische Heimat gewesen sein, hier hatte der Aufbau des späteren Weltkonzerns begonnen. Der Exilbetrieb Wella dürfte der spektakulärste Fall von den zigtausend Exilbetrieben sein.
Im Jahr 2016 ist Frau Pohl-Ströher in ihrer Schweizer Heimat im Alter von 97 Jahren verstorben.
Doch noch weitere bekannte Gewerbe waren und sind in diesem Sieben-Kilometer-Kreis zu Hause. Die wasserreiche Gegend – von der Grenzregion um Carlsfeld und Johanngeorgenstadt fließt viel Wasser herunter – bot sich zum Bierbrauen an. In Wernesgrün wuchsen von mehreren Brauereien die Firmen der Familie Günnel und Männel zu bekannten Biermarken heran, Ursprung 1439. Kein besseres Lokal und kein Landgasthof in Sachsen und den angrenzenden Ländern, wo nicht die großen Firmenschilder beider Brauereien die Eingänge schmückten. So lief der Vertrieb der Wernesgrüner Biere

recht gut trotz der nahen tschechischen und bayerischen Konkurrenz (Kulmbach).

Doch dem Marxismus war auch Bierbrauen in Familienhänden ein Gräuel, und so wurden die Wernesgrüner Brauer zu Nazi- und Kriegsverbrechern erklärt und enteignet. Zuerst die größere Firma der Familie Günnel, während die kleinere als Wernesgrüner Brauerei KG, vormals C. G. Männel, bis 1972 bescheiden leben durfte. Ab 1974 entstand der VEB Exportbierbrauerei Wernesgrün. „Wernesgrüner" und „Radeberger" wurden in der DDR zu „Bückware", auch Zweitwährung, um zum Beispiel dem Wartburg-Verkäufer mit einem Kasten Bier den Zuschlag zum Verkauf abzuringen.

Seit 2002 gehört die Wernesgrüner Brauerei zur Bitburger Gruppe.

Von oben genanntem Schönheide nur etwa vier Kilometer entfernt liegt Eibenstock. Der Übergang vom Vogtland ins Erzgebirge ist fließend, Schönheide kann schon Erzgebirge sein, die alte „Churfürstlich Sächsische Freye Bergstadt" Eibenstock ist es auf alle Fälle. Der Ort wurde durch die Stickerei weltbekannt. Ausgehend vom Tambourieren (Handstickerei), welches eine Clara Angermann in den 1770er Jahren in Eibenstock bekannt machte, ergriff die so wirkungsvolle Textilarbeit nach und nach den ganzen Ort. Um 1850 wurden die ersten großen Handstickmaschinen mit bereits 500 Nadeln aufgestellt, aber der große Durchbruch trat in den 1880er Jahren ein, als mit den „Schiffchenstickmaschinen" aus der Plauener Vomag eine enorme Leistungssteigerung möglich wurde. Der Ort lieferte bis zum Ersten Weltkrieg drei Viertel des Weltbedarfs an Stickereierzeugnissen vom kleinsten Besatz bis zur größten Vereinsfahne. Die USA als eines der größten Abnehmerländer unterhielten (wie in Plauen und Annaberg) ein Konsulat in Eibenstock. Die Perlstickerei wurde in Deutschland nur hier betrieben, insgesamt circa 50 Stickereibetriebe arbeiteten in den Jahren bis 1914.

Auch in den Jahren 1920-1940 lieferte die Stickereibranche große Mengen an Stickwaren, in der DDR entstanden Produktionsgenossenschaften (PGH) aus Zusammenschlüssen von Handwerksbetrieben. Eine „Sticktex" lieferte zum Beispiel Tausende bestickte Schuhoberteile oder andere Besatzartikel. 1972 wurden die PGHs in volkseigene Betriebe umgewandelt.

Viele Handwerksbetriebe gaben auf.
Nach 1990 konnten wenige Betriebe die Tradition fortführen und den Maschinenpark erneuern. Den vormals führenden Stickerei-Maschinenbau im Vogtland und in Chemnitz gibt es nicht mehr, moderne Stickautomaten kommen heute aus der Schweiz oder anderen westeuropäischen Ländern.
Das Stickereimuseum in Eibenstock gibt heute mit Vorführung großer historischer Maschinen einen guten Überblick über die Entwicklung dieses Gewerbes. Ein Unikat ist die hier vorhandene große automatische Stickmaschine der Maschinenfabrik Chemnitz-Kappel (Zahn-Automat), gekoppelt mit einer Kartenschlagmaschine zur Herstellung der Lochkarten.

Deutschlands große „Blechecke", das Gebiet Aue-Schwarzenberg Wismut AG – Wismut GmbH

Im Nachkriegsdeutschland bekannt geworden ist das Gebiet in erster Linie durch die „Sowjetisch-deutsche Aktiengesellschaft Wismut" (SDAG Wismut). Ferner kannten und kennen die Fußballanhänger im gesamten Deutschland die Veilchen aus dem Erzgebirge, die frühere Mannschaft Wismut Aue und den heutigen FC Erzgebirge Aue.
Es ist schließlich auch das Gebiet, das Stefan Heym in seinem Roman „Republik Schwarzenberg" beschreibt. Tatsächlich war der Landstrich von Mai bis Juli 1945 von den Siegermächten nicht besetzt worden. Die Amerikaner waren in Zwickau, die Russen bei Annaberg stehengeblieben.
Über die Wismut AG und die daraus 1991 entstandene bundeseigene Wismut GmbH ist inzwischen viel berichtet worden.
Der Anfang liegt 500 Jahre zurück. Für die Ableitung der Grubenwässer aus dem Schneeberg-Schlemaer Silber-, später auch Eisen- und Kupferbergbau, wurden bereits mit Beginn des Bergbaus Entwässerungsschächte gebaut, besonders aber im Jahr 1500 ein sehr tiefer Entwässerungsstollen angelegt, der als Markus-Semmler-Stollen zur Keimzelle eines bedeutenden Radiumbades wurde. Planmäßige Untersuchungen durch die Bergakademie Freiberg bereits vor und während des Ersten Weltkrieges ergaben Radonkonzentrati-

onen bei einzelnen Quellen bis zu 13.500 ME (1 ME = 13,5 Becquerel).

Bild 4: Kurhotel des Radiumbades Oberschlema in den 1930er Jahren

Mit solch extrem hohen Radonkonzentrationen konnte sich das 1918 gegründete Radiumbad Oberschlema als das stärkste seiner Art in der Welt nennen. Infolge der ansteigenden Besucherzahlen wurden die Bade- und Hotelanlagen ständig erweitert und mit höchstem Komfort ausgestattet – Oberschlema war ein Kurort für gutbetuchte Gäste geworden und hatte mit dem „Sächsischen Bäderzug" Berlin–Bad Elster/Bad Brambach durch Abzweig in Werdau direkte Verbindung zur Hauptstadt. Die damals gut funktionierende Reichsbahn schaffte die Verbindung Berlin–Oberschlema in vier Stunden. Die Zahl der Kurgäste stieg bis 1940 stetig an, und nach einem Tiefstand 1945 konnte der Kurbetrieb 1946 wieder aufgenommen werden.

Geologen in der sowjetischen Militärverwaltung hatten bald herausgefunden, welcher Goldschatz ihnen hier in die Hände gefallen war, und es begann ein beispielloser Raubbau. Direkt unter dem Kurbad im Bereich der stärksten Radonquellen fand man hochangereichertes Erz (Uranpechblende) in Flözen bis 40 Zentimeter Stärke. Zuerst wie im Mittelalter mit Schlägel und Eisen, bald mit Pressluftwerkzeugen, wurde der Abbau betrieben und das Erz sofort in die Sowjetunion abtransportiert. Das gesamte Kurviertel, erst 15 Jahre vorher erneuert, wurde abgerissen, die Parkanlagen verwüstet und zum Aufschütten der Halden benutzt. Innerhalb weniger Jahre war aus dem gepflegten Kurbad ein wüster Flecken mit primitiven Bretterbuden und Fördertürmen geworden, alles mit einem grauen Staubschleier bedeckt. Da die Erzgänge bis in oberflächennahe Schichten reichten, kam es zu Einbrüchen und Bodensenkungen auch unter der Ortsmitte von Oberschlema, Straßen und Plätze senkten sich bis zu sechs Metern ab. Wegen der Einsturzgefahr wurde die Bevölkerung umgesiedelt, der Ort abgerissen und Oberschlema von der Landkarte gestrichen. Aus den beiden Orten Oberschlema und dem an der Bahnstrecke Aue–Zwickau gelegenen Niederschlema entstand das heutige Schlema. Allein aus Oberschlema sind circa 7.500 Tonnen Uran von deutschen Arbeitern für die Besatzungsmacht gewonnen worden. In Niederschlema wurde noch bis 1990 Uranerz abgebaut.

Die Sowjetunion hat in der von ihr kontrollierten DDR natürlich alles aufspüren lassen, wo möglicherweise Uran zu finden war. In den relevanten Gebieten wurden kilometerweit Schürfgräben quer durch Felder und Gärten gezogen. Schließlich wurden aus weiteren

Orten, auch aus den uranhaltigen Steinkohlenflözen des Freitaler Revieres und aus dem thüringischen Ronneburg, Uran gewonnen. Noch 1990 haben diese Lagerstätten 3.000 Tonnen Uran erzeugt. Insgesamt hat die SDAG Wismut bis 1990 220.000 Tonnen Uran gewonnen und liegt damit an dritter Stelle der Welturanproduktion, aber fast gleichauf mit dem zweitgrößten Erzeuger Kanada (240.000 Tonnen). Die erste Stelle nehmen die USA mit 334.000 Tonnen ein. Was wäre es für eine Einnahmequelle gewesen, wenn in diesen Jahren der Konfrontation zwischen den Großmächten ein wirklich souveräner Staat diesen Atomwaffengrundstoff hätte frei verkaufen können! Es gibt keine verlässlichen Zahlen darüber, ob die Sowjetunion je einen Rubel für das Uran bezahlt hat. Natürlich spielt auch hier berechtigter Reparationsanspruch eine Rolle. Die Argumentation zu DDR-Zeiten lief aber stets darauf hinaus, dass mit diesem Uran das atomare Gleichgewicht hergestellt worden war und der „Frieden“ gesichert wurde.

Vor dieser schlimmen Wismutzeit aber, von der metallurgischen Basis im Mittelalter her und bis in die DDR-Zeit reichend, ist die Region eine der wirtschaftlich stärksten in Deutschland gewesen. Sie schließt südwestlich über Schneeberg hinaus noch Eibenstock, östlich Annaberg-Buchholz, ein. Neben dem Freiberger Gebiet und dem osterzgebirgischen Altenberger Raum ist es das größte zusammenhängende Kerngebiet des erzgebirgischen Bergbaus. Nirgendwo sonst waren die Hammerwerke, Erzwäschen und Schmelzhütten so zahlreich und so dicht beieinander, noch heute tragen viele Ortschaften den „hammer“ im Ortsnamen. Hier bestand die schon genannte „Erzgebirgische Blechcompagnie“ und die heutige Ferien-straße „Silberstraße“ führt, von Zwickau kommend, über Schneeberg, Aue, Schwarzenberg und Annaberg durch das alte Bergbaugebiet.

Das landschaftlich schöne Mittelgebirge ist inzwischen auch touristisch wieder gut erschlossen; seit 1990 sind viele Straßen und Anlagen erneuert, die Landgasthöfe, Einkehrstätten und Museen wieder eröffnet – das Erzgebirge ist erneut Reiseland geworden. In allen Abhandlungen wird die für ein Mittelgebirge untypisch hohe Bevölkerungsdichte hervorgehoben, sie ist Folge des Bergbaus und der damit entstandenen eisen- und buntmetallverarbeitenden Industrie.

Es begann mit der Verarbeitung von Eisen- und Buntmetallblechen zu Hausrat wie Töpfen, Kannen und Eimern, wobei der Begriff des „Klempners“ schon am Ende des 18. Jahrhunderts auftaucht. Auch das „Feuerverzinnen“ von Hausgeräten wurde bereits angewandt. Eine ganz besondere Spezialität war die Löffelmacherei in den Orten um Schwarzenberg: Sachsenfeld, Beierfeld, Bernsbach, Raschau, Pöhla und anderen. Bereits ab 1710 wurden in Beierfeld Löffel aus starkem Blech vorgeschnitten, so dass billigere Blechlöffel in großen Stückzahlen neben den teueren geschmiedeten Löffeln gefertigt werden konnten. Die Löffelindustrie brachte der Region einen starken wirtschaftlichen Aufschwung. Um 1800 wurden jährlich etwa zwei Millionen Löffel produziert und besonders über die Leipziger Messe in alle Welt verkauft. 1814 heißt es in einem zeitgenössischen Bericht (Ortschronik Beierfeld):

„In diesem dicht besiedelten Tal, welches gemeinhin ‚Die Rasche‘ genannt wird, ist eine Industrie und ein unverdrossener Fleiß, ein Durcheinanderleben und -handeln, wovon der Niederländer auf dem Dorfe sich keinen Begriff machen kann, solange er nicht hierher oder nach Pöhl und Schönheide oder nach Beierfeld kommt; denn diese vier Oerter möchten es wohl allen anderen im Gebirge zuvortun.“

Mit „Die Rasche“ ist vermutlich der Ort Raschau gemeint. Vom Erzgebirge ausgewanderte Handwerker haben die Löffelmacherei auch in Böhmen, Schlesien, Preußen und Württemberg angesiedelt, doch blieb der erzgebirgische Raum das Zentrum dieser Industrie. Nach etwa 200 Jahren ging das noch sehr handwerklich betriebene Löffelgeschäft verhältnismäßig rasch zu Ende. Ein Graveur Wiemer erfand eine Besteckwalze und Alfred Krupp in Essen – um 1840 ist Krupp noch ein größerer Handwerksbetrieb – kopierte und verbesserte diese bedeutende Erfindung. Mit diesen Besteckwalzen begann die Massenfabrikation der Besteckindustrie, Krupp selbst gründete mit Partnern die Berndorffer Metallwarenfabrik (Österreich), die sein Bruder Hermann leitete. Ins Erzgebirge kehrte die moderne Besteckfabrikation aber auch zurück, als August Wellner in Aue 1854 mit der Besteckherstellung aus Neusilber begann.

Das Ende des „Löffelfiebers“ hatte in der Region den wirtschaftlichen Aufstieg jedoch nicht oder nur kurz unterbrochen, da nun verstärkt die Blechwarenindustrie an Boden gewann. Alle Hausgeräte, zusammengefasst als Blech-, Lackier- und Emaillierwaren, wurden in Handarbeit geklempnert, das heißt, in unzähligen mittleren und kleinen Familienbetrieben in schon erheblichen Stückzahlen produziert und in den deutschen Ländern vertrieben. Der große Durchbruch aber, der die erzgebirgische Blechwarenindustrie zur größten in der Welt gemacht hat, ist Erdmann Kircheis und anderen Firmen in diesem Gebiet zu verdanken.

Erdmann Kircheis/VEB Blema/Gebr. Leonhardt Blema Kircheis GmbH/Aue/Soutronic Essen

1861, als in Sachsen die allgemeine Gewerbefreiheit eingeführt wurde, gründete der aus Aue stammende Kircheis mit einem Arbeiter einen Gewerbebetrieb, den er schon bald selbstbewusst Maschinenfabrik nannte. Er begann mit der bis heute fast unverändert gebliebenen Sickenmaschine, die er zunächst bei den Blechklempnern des Erzgebirges einführte.

Schon zwei Jahre später fertigten zehn Mitarbeiter auch Abkantbänke und Maschinenscheren, und nach sechs Jahren erhielt Kircheis 1867 eine Bronzemedaille auf der Industrieausstellung in Chemnitz. 1873 wurde ihm die große Fortschrittsmedaille auf der Weltausstellung in Wien für seine bahnbrechenden Konstruktionen von Blechbearbeitungsmaschinen zuerkannt – die Medal for improverments.

Zwei Meilensteine haben das Kircheiswerk weltbekannt gemacht. In einem Bericht „Aue als Industriestadt" des Chronisten Doktor S. Sieber heißt es:

„Mit der Geschichte und Entwicklung der ‚Ziehpressen' ist der Name des Vaters der Blechbearbeitungsmaschinen, Erdmann Kircheis, eng verknüpft. Im Jahre 1878 stellte er erste Versuche mit dem ‚Ziehen' der Bleche an und ließ sich die erste Ziehpresse patentieren, womit ihm das Erstrecht auch auf diesem Gebiet gesichert war. Anfänglich dienten diese Ziehpressen nur zur Herstellung kleinerer Blechdosen oder ähnlicher Gegenstände; mit der Zeit wurden aber höhere Anforderungen gestellt und immer größere Leistungen ver-

langt, und so entstanden die verschiedensten Konstruktionen einarmiger, doppelarmiger, doppellageriger und automatisch arbeitender Ziehpressen.

Auch noch eine ganz besondere neue Gruppe nützlicher Blechbearbeitungsmaschinen hat Kircheis geschaffen: die Maschinen, Werkzeuge und Apparate zur Herstellung und zum luftdichten Verschließen von Konservendosen. Nach jahrelangen, im Verein mit Fachmännern vorgenommenen Versuchen gelang es Kircheis Anfang der 1880er Jahre, eine Maschine zu konstruieren zur völlig mühelosen Erzeugung eines sauberen, hermetischen Doppelfalzverschlusses der Deckel und Böden an Konservendosen. Diese wurde von Sachverständigen in Holland und Frankreich – damals den Ländern der größten Konservenindustrien – geprüft und hinsichtlich der an sie gestellten Bedingungen als, eine wirklich rationell, zuverlässig und betriebssicher arbeitende Maschine' befunden. Sie wurde Kircheis patentiert und ihm damit die Priorität gesichert, gleichwohl die später konstruierte, automatisch arbeitende Verschlussmaschine für eine solche für ovale, vier- und vielkantige Dosen. Zu diesen verschiedenen Verschlussmaschinen kamen die originell konstruierten, zum Teil auch patentierten Vorbereitungsmaschinen."

Die Firma unterhielt Filialen in den meisten Hauptstädten Europas und weitere Niederlassungen in der ganzen Welt. Kircheis war bis zur Zeit des Ersten Weltkrieges die bedeutendste und kreativste Maschinenfabrik für Blechbearbeitungsmaschinen der verschiedensten Art. Keine andere Maschinenfabrik der Welt hat einen Industriezweig derart vielseitig auf- und ausgebaut, keine hat innerhalb von 50 Jahren nach Firmengründung 50 Ausstellungspreise erhalten, davon zwischen 1900 und 1911 als Einzelfirma fünfmal den „Grand Prix" und zehn andere Gold- und Silbermedaillen. In Fachkreisen galt Kircheis als Institution. Mit über hundert in- und ausländischen Grundsatzpatenten waren fast alle Verfahren der maschinellen Blechverarbeitung geistiges Eigentum des Kirchwerkes.

Bilder 5: Teil der Kircheis-Werke Aue, heute Leonhardt Group

List of Awards:

My machines, the result of long experiences, in some cases new and in others considerably improved, have been awarded the highest prizes for this special branch wherever exhibited and these include following:

Chemnitz	1867	bronze medal,
Altona	1869	silver medal,
Graz	1870	gold medal,
Bielitz-Biala	1871	silver medal,
Vienna	1873	Medal for improvements,
Cassel	1875	1st class diploma,
Dresden	1875	silver medal,
Teplitz	1875	silver medal,
Leipsic	1877	honours diploma,
Vienna	1877	gold medal,
Erfurt	1877	R. P. silver state medal,
"	1877	honours diploma,
Nuremberg	1879	gold medal,
"	1879	2nd state award,
Altona	1881	R P. gold state award,
"	1881	gold medal,
Porto Alegre	1881	gold medal,
Halle	1881	silver medal,
Berlin	1883	1st class award,
Amsterdam	1883	gold medal,
Koenigsberg	1885	silver medal,
Nuremberg	1885	silver medal,
Brussels	1888	2 gold medals,
Melbourne	1888	1st class award,
Hannover	1888	honours diploma,
Munich	1888	R B. state award with the rider: „Awarded for conspicuous talent and original construction of machines for manufacturers of tin goods, ensuring neat and accurate work, also as a mark of recognition of the benefits derived from the introduction of these machines."
Paris	1889	gold and silver medal,
Berlin	1889	silver medal,
Jamaica	1891	gold medal,
Chemnitz	1891	1st class award,
Leipsic	1892	gold medal and honours diploma
Brunswick	1893	gold medal and honours diploma
Freiberg i. S.	1894	R S. silver state medal,
Leipsic	1895	R S. silver state medal,
Dresden	1896	R S. silver state medal,
Munich	1898	R B. stade award with the rider: „Awarded for very prominent efficacy in the construction of machines for manufacturers of tin goods etc."
Paris	1900	Grand Prix,
Leipsic	1901	gold medal,
Berlin	1904	gold medal and honours diploma,
Breslau	1904	gold medal,
Cassel	1905	silver medal,
Plauen i. V.	1905	gold medal and councils Diploma,
Zwickau i. Sa.	1906	gold medal,
Milan	1906	Gran Premio,
Buda-Pest	1907	silver medal and honours diploma,
Weimar	1908	Councils gold medal and diploma from His R. H. the Grand Duke of Saxon-Weimar,
Stuttgart	1910	The Grand Duke's Sax.-Weim. silver state medal and diploma,
Brussels	1910	Grand Prix,
Budapest	1911	gold medal,
Turin	1911	2 Gran Premi.

Several personal distinctions and honours.

Besides these many testimonials from numerous customers, competent specialists, technical and state administrations are to hand.

Man muss sich die „List of Awards“ einmal genauer ansehen. Fast jährlich hat Kircheis auf Ausstellungen in den europäischen Großstädten Medaillen erhalten. Das war eine große Werbung für den sächsischen Präzisions-Maschinenbau insgesamt und natürlich für den Unternehmer-Ingenieur Kircheis die Anerkennung als „Vater“ dieser Maschinengattung Blechbearbeitung. Es dürfte einmalig in der Geschichte der großen Weltausstellungen sein, dass eine Einzelfirma fünf Grand Prix erhält, im Jahr 1911 doppelt. Es wäre eine Forschungsaufgabe, einmal die Literatur über die Weltausstellungen zu durchforsten. Welche Maschinen sind es gewesen, für die Kircheis zum Beispiel 1910 in Brüssel und 1911 in Turin diese hohen Auszeichnungen bekommen hat? 1911 feierte Kircheis das 50-jährige Jubiläum. Das Unternehmen hätte aufgrund dieses Potentials eine der größten Maschinenfabriken Deutschlands werden können, in den meisten Jahren überstieg die Nachfrage aus dem In- und Ausland weit die Produktionskapazität. Den Weg zur großen Aktiengesellschaft hat Kircheis nicht beschritten, die Personengesellschaft wurde später (1935) in eine Kommanditgesellschaft umgewandelt. Der Gründer Carl Erdmann Kircheis (1830-1894) war früh verstorben, als Firmeneigner führten die Tochter Pauline und der Schwiegersohn Wilhelm Röll (1850-1926) das Unternehmen fort. Wilhelm Röll ist der richtige Mann am richtigen Ort gewesen, unter seiner Leitung wurden die weiteren Entwicklungsleistungen des Kircheiswerkes errungen.

Es konnte sich mit Recht „Engineering Works“ nennen und generierte aus seinen Ingenieurleistungen eine wohl einmalige Palette von Blechbearbeitungsmaschinen, wie die Bilder zeigen. „Blechemballagen billiger herstellen“, unter diesem Slogan hat Kircheis weltweit die Massenfertigung von Dosen und anderen Blechbehältnissen eingeleitet. 300 Zargen (Dosenmäntel) konnten auf dem Falz- und Lötautomaten LX 300 pro Minute hergestellt werden, die doppelte Anzahl Dosendeckel lief aus den MPC-Kurbelpressen zu den Anrollmaschinen.
Komplette Kircheis-Maschinenzüge für die massenweise Herstellung von Cremedosen arbeiteten in fast allen deutschen und ausländischen Kosmetikfirmen.

ERDMANN KIRCHEIS

Engineering Works and Foundry

AUE (Erzgeb.) SAXONY

KIRCHEIS
Kurzhub-Schnellläuferpresse
vor dem Automuseum Sinsheim

KIRCHEIS
Exzenterpresse vor dem Museum
Tobiashammer in Ohrdruf / Thür.

KIRCHEIS

SHEET METAL WORKING MACHINERY

Auch in den Kriegsjahren 1939/45 standen automatisch arbeitende Fertigungslinien für Konservendosen im Produktionsprogramm, Konservenessen war ein wichtiges Nahrungsmittel für die Millionen Soldaten in Europa.

1945 setzten unter russischer Aufsicht die Demontagen der wichtigsten Auer Betriebe ein, beim Volksentscheid 1946 verblieben neben den enteigneten Betrieben (Liste A) sieben unter der Zwangsverwaltung der SMAD (Liste C), ohne, wie es heißt, *„hierdurch der Gesamtwirtschaft des Landes Sachsen verlorenzugehen“*. Von den sieben Betrieben

1. Erdmann Kircheis KG, Maschinenfabrik
2. Ernst Hecker AG, Metallwarenfabrik
3. Hiltmann & Lorenz AG, Maschinenfabrik
4. F. A. Lange AG, Metallwerke
5. August Wellner Söhne AG, Metallwarenfabrik
6. Ernst Gessner AG, Textilmaschinenfabrik
7. Sächs. Blaufarbenwerks-Verein, Metallerzeugung [81]

waren die meisten international bekannte Mittelständler, oft noch von der Gründergeneration geführte Aktiengesellschaften mit zum Teil mehreren tausend Mitarbeitern, insgesamt wichtige Repräsentanten der Industriestadt Aue und des Landes Sachsen.

Das Kircheiswerk wurde nicht demontiert. Die russischen Techniker der SMAD hatten sicher erkannt, dass sie einen solchen komplizierten Maschinenbau nie wieder zum Laufen bringen und mit Reparationsleistungen in Form von kompletten Dosenlinien mehr profitieren würden. So gingen dutzendweise Dosenlinien, insbesondere für ovale und eckige Fischkonserven, ins fernöstliche Russland bis nach Kamtschatka. Auslandsmonteure berichteten nach ihrer Rückkehr, dass dort auch amerikanische Dosenlinien arbeiten, teilweise störungsanfälliger, aber mit höherer Stückleistung.

Die russischen Techniker hatten durchaus einen Blick für moderne Technologie.

Bei Kircheis gab es noch viele ältere Anlagen, die Schmiede war uralt, ein großer Dampfhammer von Hartmann/Chemnitz und mehrere Lufthämmer standen zur Verfügung. In der Montagehalle arbeitete eine übergroße Maschine von Billeter & Klunz für die Bearbeitung von mehreren großen Maschinengestellen in einer Aufspannung. In der MS-Halle standen viele Drehmaschinen der Eigenmarke Kircheis und ältere Werkzeugmaschinen der bekannten Chemnitzer Firmen. Auch dieses Mittelmaß in der Fertigung dürfte ein Grund gewesen sein, die Anlagen nicht nach Russland zu transportieren.

Aus dem VEB Kircheiswerk entstanden 1948 der VEB Nagema Aue als Teilbetrieb der VVB Nagema Dresden und im weiteren Zuordnungs-Karussell 1951 der VEB Blema, nun zum VVB WMW Werkzeugmaschinen Karl-Marx-Stadt gehörend. Erst 1970 stand dieses Karussell still, die Blema Aue war im VE Kombinat Umformtechnik Erfurt angekommen. Die Auer SED-Genossen der ersten Stunde hatten natürlich auch die übliche „Bilderstürmerei" durchgeführt. Am Hauptgebäude A aus den 1890er Jahren wurden die großen Buchstaben Erdmann Kircheis abgeschlagen, die kleineren Buchstaben Maschinenfabrik und Eisengießerei blieben bestehen. Die Erdmann-Kircheis-Straße wurde umbenannt, in der bescheidenen Villa neben dem Werk führten die Genossen nun Versammlungen und Schulungen durch. Der Gründer des *vormals „größten und leistungsfähigsten Blechbearbeitungsmaschinen-Herstellers des Kontinents"* [82] war den Marxisten keinen Pfifferling wert. Die heutigen Linken sind von solchen Positionen nicht weit entfernt.

Das „Kircheis-Gen" steckte noch in vielen Mitarbeitern aus den 1920/30er Jahren, und so gingen die Blema-Maschinen in großen Stückzahlen in Ostblock- und Entwicklungsländer, aber auch nach Westeuropa. Ein Entwicklungs- und Versuchszentrum entstand an anderer Stelle, und die Zusammenarbeit mit Fach- und Hochschulen wirkte sich positiv auf die Maschinenentwicklung aus. Die Maschinensysteme entsprachen durchaus dem internationalen Stand. Bis 1989/90 hat die Blema Aue Dosenlinien gefertigt und auch auf Messen ausgestellt. Die Vorführung eines solchen verketteten Maschinensystems, durch welches die Dosenteile mit hoher Geschwindigkeit laufen, war stets ein Anziehungspunkt für Besucher. Das Signet der Firma bestand aus einem stilisierten Pressenrahmen mit der Aufschrift „Aue". Doch zu durchschlagenden Neuerungen im Sinne der früheren Pioniererfindungen von Kircheis ist es nicht gekommen. Zu den vielen Sondermaschinen, die die Firma gebaut hat, gehörten auch die Pressen, auf welcher im VEB Sachsenring Zwickau die circa vier Millionen Duroplastkarosserien für den Trabant gefertigt wurden.

Ab 1927 führte Gerhard Röll, der zweite Sohn von Wilhelm Röll, das Kircheiswerk, und dieser Enkel des Firmengründers ging 1947/48 nach Essen und gründete mit Krupp die Exilfirma Kircheis-Krupp GmbH. Die Firmierung unter „Kircheis-Krupp“ hat Krupp wegen des weltweiten Images von Kircheis in den Anfangsjahren sicher gern gesehen. 20/30 Jahre später liefen die gemeinsamen Verträge wie in vielen anderen Fällen auch hier aus, das Know-how war übertragen an die Krupp Maschinentechnik GmbH Essen (Geschäftsbereich Packungstechnik). Das Produktionsprofil blieb in den Grundzügen das Kircheisprogramm der 1930/40er Jahre:
„Einzelmaschinen und komplette Linien für die Herstellung dreiteiliger Dosen, tiefgezogener Dosen (DRD) und abgestreckter Dosen (DWI); komplettes Scherenprogramm: Einzel- und Doppelscheren; automatische Weiterverarbeitung durch Trenn-, Neck-, Bördel-, Sicken-, Verschließ-, Lackier-, Prüf- und Palettierautomaten; Aufreißdeckel-Herstellungsanlagen; Transportanlagen; Tiefziehpressen wahlweise mit Streifen- oder Bandvorschub; Hochleistungs-Tiefziehpressen für die Verarbeitung von Bändern und Tafeln; zugeschnitten auf die unterschiedlichsten Kundenbedürfnisse; komplettes Scrollscherenprogramm; automatische Übergabevorrichtungen zu den Stanzautomaten; Deckel-Stanzautomaten für Streifen-, Tafel- und Coilverarbeitung.“ (aus „Wer liefert was“)

Ob Gerhard Röll und den mit ihm nach Essen gegangenen Ingenieuren und Facharbeitern genügend technische Unterlagen zur Verfügung standen oder ob man, wie zum Beispiel von Reinecker-Chemnitz bekannt, durch Reparaturarbeiten an vorhandenen Anlagen neue Dokumentationen erarbeiten musste, ist nicht mehr bekannt. Es wäre noch in Archiven der Nachfolgefirmen zu erkunden.

Zu allen übrigen Know-how-Transfers floss nun auch auf diesem speziellen Gebiet bester sächsischer Maschinenbau „in den Westen“, hier nach NRW. Heute ist die Branche dort fest etabliert, die Krupp Packungstechnik ging über Zwischenstufen an die Schweizer Soudronic Holding, die in der Automobilbranche, aber auch in den Metallverpackungen tätig ist. Hier schließt sich der Kreis zum früheren Standort in Aue.

Nach 1990 wurde die Blema Aue vom VE Kombinat Erfurt gelöst. Warum ein MBO der Führungsmannschaft bei den guten Kontakten in die halbe Welt nicht zustande kam, bleibt offen. Westdeutschen Managern gelang mit einer „Topos metal bodyforming GmbH“ kein Neubeginn, 1995 kam es zur Gesamtvollstreckung. Das äußerliche Zeichen dieses „Managements“ war der Abriss der Kircheis-Villa neben dem Werk.

Seit 1997 gibt es einen Neuanfang durch die Gebr. Leonhardt KG – Blema Kircheis, die zur Leonhardt Group gehört. Diese von drei Brüdern Leonhardt gegründete Group ist ein schnell gewachsenes Unternehmen und umfasst neben der Blema-Kircheis-Fabrik Autohäuser, Tourismus- und Beteiligungsgesellschaften. Sie ist auch mit circa 25 Prozent an der Schweizer Soudronic Holding beteiligt, und so ist tatsächlich zwischen Aue, Essen und der Schweizer Gesellschaft ein Verbund entstanden. In Aue werden wieder Dosenherstellungs- und Verschließautomaten, Transfer- und Siegelmaschinen in Fortführung des Kircheis-Slogans gefertigt. Die Stückleistungen reichen heute von 300 bis 1.200 Teilen pro Minute bei dreiteiligen Dosen für Dosengrößen von 70 Gramm bis 1 Kilogramm. Größere Behälter bis zu 5 Kilogramm beziehungsweise ovale und rechteckige Dosen werden mit Leistungen von 50 bis 200 Stück pro Minute produziert.

2011 konnte das Jubiläum „150 Jahre Kircheiswerk“ gefeiert werden. In Kenntnis der Kircheis-Geschichte für den erzgebirgischen Raum, der nachfolgend genannten weiteren Gründungen von Firmen, der Fachschule, der vielen historischen Kircheis-Pressen vor und in Museen von Hamburg bis Sinsheim, in Sachsen und Thüringen, hatte ich bereits 2009 der Stadt Aue eine umfassende Würdigung vorgeschlagen. Es sollte ein großes, vielleicht internationales Kolloquium für das Jahr 2011 vorbereitet werden, Firmen und Fachexperten der Umformtechnik, der Blech- und Metallverarbeitung einbezogen werden. Natürlich auch die Fachschule Iserlohn, die durch Flucht

1947/48 aus der Auer Fachschule entstanden war. Auch bei der Firma Gebr. Leonhardt wurde angefragt. Im Ergebnis kam eine solche Veranstaltung mit einem deutschlandweiten, sicher auch internationalen, Echo in Presse und Fernsehen nicht zustande. Es wäre bekannt gemacht worden, dass in jedem modernen Presswerk der großen Autokonzerne, von Japan und China über Europa bis Amerika die Kircheis-Erfindung „Tiefziehen“ Tag um Tag tausendfach Anwendung findet. Auch weitere Pionierarbeiten, wie die sogenannte Hilo-Stufenpresse, hätten die entsprechende Würdigung für die heutige moderne Umformtechnik finden können.
Schließlich wäre die Stadt Aue, heute am meisten durch den Fußballclub FC Erzgebirge bekannt, in einen weltweiten Focus gerückt worden; man hätte Fachexperten aus Japan, China, USA nach Aue einladen, historische Maschinen zeigen, möglicherweise Geschäfte anbahnen können. Das wäre 2011 ein „So geht Sachsen“ gewesen. Es ist dazu trotz weiterer Unterstützung nicht gekommen. Stattdessen fand am 30. Juni 2011 eine Festveranstaltung im Kulturhaus Aue mit circa 500 geladenen Gästen statt. Eine gute und umfassende Darstellung der Historie, auch mit Maschinen der neuen Generation von der Nachfolgefirma Gebr. Leonhardt – aber insgesamt mit einer begrenzten öffentlichen Wirkung.

Eine Veröffentlichung dieser Veranstaltung verdient hervorgehoben zu werden. Sie zeigt eine „Bestrafungsliste“ von Kircheisarbeitern in den Jahren 1923/24. Es belegt auch die grassierende Inflation am Jahresende 1923. Während der Hobler Seuschel am 28. Oktober 1923 100 Millionen Mark Strafe wegen vorzeitigen Verlassens des Arbeitsplatzes erhielt, steigerten sich die Strafen nur Wochen später ins Unermessliche:

14. November 1923: 20 Milliarden Mark für Gräßler wegen Pfuscherei.

19. Dezember 1923: 200 Milliarden Mark für Dähn wegen Rauchens.

1924 trat die Konsolidierung der Mark in Kraft, die Strafen sanken auf Mark- und Pfennigbeträge:

11. März 1924: 2 Mark für Roßberg wegen Unpünktlichkeit.

15. April 1924: 0,50 Mark für Purkart wegen vorzeitigen Waschens.

19. November 1924: 1,50 Mark für Gräßler wegen Pfuscherei.
Unterzeichnet ist diese Liste von W. Röll jr., also dem älteren Sohn von Wilhelm Röll, der bereits ab 1910/11 maßgeblich die Firma mit führte. Solche Strafen hätte man im englischen Manchester oder bei Hartmann in Chemnitz in den 1850er Jahren vermutet.

Aber noch 1923/24 in der Weimarer Republik, im SPD-regierten Sachsen? Man wollte eben eine streng disziplinierte Arbeiterschaft und hatte sie auch herangezogen.
Auf der anderen Seite gab es hier eine Unterstützungskasse für Notfälle, Speisesaal und andere Vorzüge für die „gutwillige" Belegschaft. Als ob mittelalterliche Verhältnisse bis heute in Spuren nachwirken. Dort war jede „Murmelung", also jede Meinungsäußerung gegen die Bergherren, verdächtig. Heute liegt die Arbeitslosigkeit im Erzgebirge (Landkreis Annaberg) seit Jahren bei 4-5 Prozent, deutlich tiefer als im übrigen Sachsen. Man will Arbeit haben, um jeden Preis, ordnet sich unter. Das lockt Gewerbebetriebe.
Die Pionierarbeiten von Kircheis lösten im Erzgebirge ein „Blechfieber" aus – ähnlich manchem Textilrausch in Sachsen, Thüringen oder Westfalen, oder dem Kugellagerfieber im Raum Schweinfurt, nachdem der „Kugelfischer" Friedrich Fischer präzise Stahlkugeln herstellen konnte. Jetzt waren die Blechklempner in der Lage, mit verbesserten Hilfsmaschinen und den ersten Exzenter- und Ziehpressen zur Massenherstellung von Blechwaren überzugehen. Kircheis konnte den sprunghaft angestiegenen Maschinenbedarf nicht decken, zumal eine rege Auslandsnachfrage einsetzte. So entstand in und um Aue eine Reihe weiterer Maschinenfabriken für Pressen, Scheren und Sondermaschinen der Blechformgebung; aber auch im Werkzeugbau (Schnitte, Stanzen, Zieh- und Prägewerkzeuge) wurden viele Neuentwicklungen geschaffen.

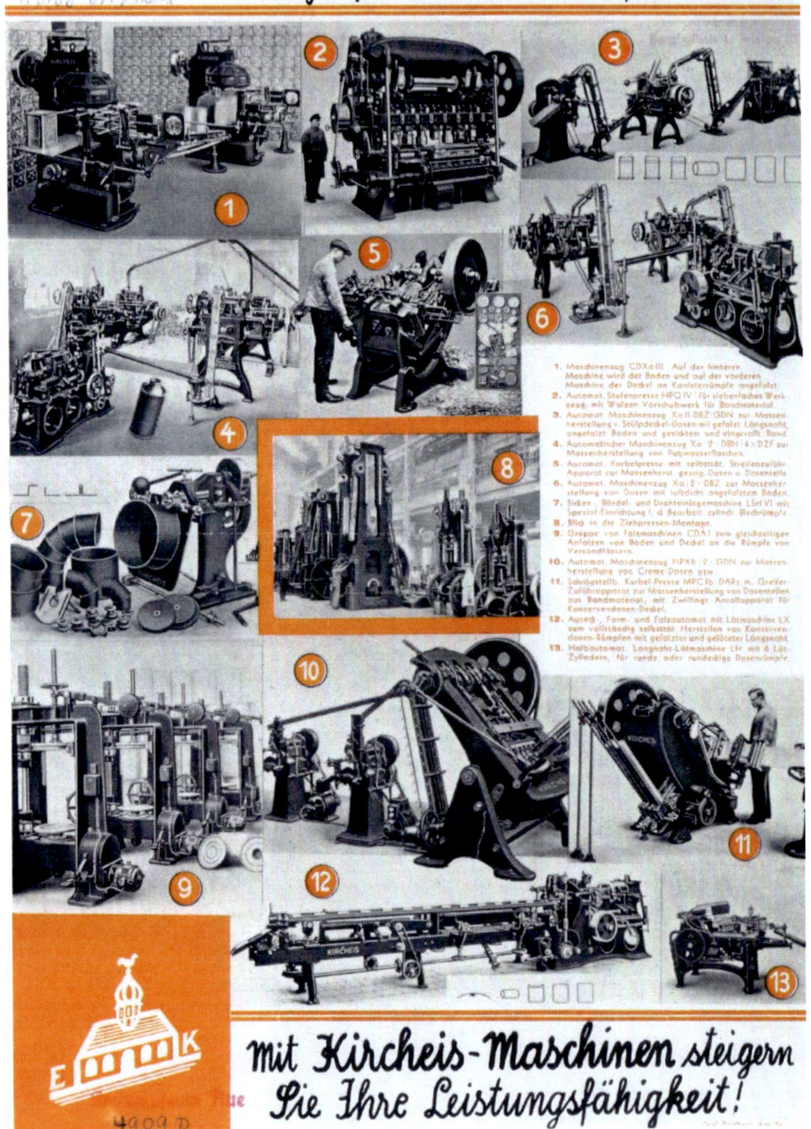
Kircheis-Einrichtungen für rationelle Massenfabrikation
1. Maschinenzug CDXa III. Auf der hinteren Maschine wird der Boden und auf der vorderen Maschine der Deckel an Kanisterrümpfe angefalzt.
2. Automat. Stufenpresse HPQ IV für siebenfaches Werkzeug, mit Walzen-Vorschubwerk für Bandmaterial.
3. Automat. Maschinenzug Xa II-DBZ/GDN zur Massenherstellung v. Stülpdeckel-Dosen mit gefalzt. Längsnaht, angefalzt. Boden und gesicktem und eingerollt. Rand.
4. Automatischer Maschinenzug Xa/2-DBN/4×DZF zur Massenherstellung von Putzwasserflaschen.
5. Automat. Kurbelpresse mit selbsttät. Streifenzuführ-Apparat zur Massenherst. gezog. Dosen u. Dosenteile.
6. Automat. Maschinenzug Xa/2-DBZ zur Massenherstellung von Dosen mit luftdicht angefalztem Boden.
7. Sicken-, Bördel- und Drahteinlegemaschine LSrf VI mit Spezial-Einrichtung f. d. Bearbeit. zylindr. Blechrümpfe.
8. Blick in die Ziehpressen-Montage.
9. Gruppe von Falzmaschinen CDA I zum gleichzeitigen Anfalzen von Boden und Deckel an die Rümpfe von Versandfässern.
10. Automat. Maschinenzug HPXb/2-GDN zur Massenherstellung von Creme-Dosen usw.
11. Schrägstellb. Kurbel-Presse MPC Ib DARz m. Greifer-Zuführapparat zur Massenherstellung von Dosenteilen aus Bandmaterial, mit Zwillings-Anrollapparat für Konservendosen-Deckel.
12. Auseck-, Form- und Falzautomat mit Lötmaschine LX zum vollständig selbsttät. Herstellen von Konservendosen-Rümpfen mit gefalzter und gelöteter Längsnaht.
13. Halbautomat. Langnaht-Lötmaschine LH mit 6 Löt-Zylindern, für runde oder rundeckige Dosenrümpfe.
KIRCHEIS
Mit Kircheis-Maschinen steigern Sie Ihre Leistungsfähigkeit!

Hiltmann & Lorenz AG/Betrieb für Bergbauausrüstungen (BBA)/Aue

Unter den Maschinenfabriken erreichte die 1879 gegründete Firma Hiltmann & Lorenz nahezu die gleichgroße weltweite Bedeutung wie Kircheis. Unter dem Markennamen „Hilo" spezialisierte sich die Firma auf schwere und schwerste Pressen und Scheren und wurde hier Marktführer. In dem oben genannten Bericht heißt es:
„Die schweren Blech- und Metallbearbeitungsmaschinen dienen der gesamten Blech-, Metall- und Elektroindustrie sowie der Kalt- und Warmpresserei. Es werden gebaut Friktionspressen und Friktions-Schmiedepressen bis zu einer Spindelstärke von 450 mm, doppelständrige Exzenterpressen aller Art bis zu einer Druckleistung von 1.250 Tonnen, automatische Pressen mit Revolverapparat oder selbsttätigem Walzentransportapparat und sonstige Spezialpressen. Neu aufgenommen wurde die automatische Spezialpresse ‚Hilo', mit 5-, 6- oder 8-fachem Werkzeug arbeitend. Ihre Bedeutung besteht darin, dass nur die Blechscheibe in die Maschine eingelegt zu werden braucht, während alles andere die Maschine selbst besorgt, so dass die Teile, die früher 5-, 6- und 8-mal durch die Hand mussten, heute mit einem Druck fertig werden. Weiter fertigt die Firma Pressen zum Prägen, Schneiden und so weiter für alle Metalle und Zwecke, Motortafelscheren bis 3.500 mm Messerlänge und für Blechstärken bis zu 45 mm, Exzenter-, Kurbel- und Ziehpressen in jeder Größe und für alle Zwecke, Lochstanzen und Exzenterscheren bis 1.500 mm Ausladung und für Bleche bis zu 45 mm Stärke, Perforiermaschinen für zu lochende Bleche in allen Größen, Original-, Decoupier-, Ausbau- und Lochmaschinen, Schnitt-, Stanz- und Ziehwerkzeuge für alle Blechwaren und massiv gepresste Artikel aus Eisen, Stahl, Messing und Kupfer…".
Die hier genannte automatische Spezialpresse Hilo ist nichts Geringeres als die Stufenpresse oder der heute sogenannte Stufenumformautomat. Die Firma, seit 1910 Hiltmann & Lorenz AG, führte damit als erste diese bedeutende Neuerung im Maschinenbau ein und lieferte solche Maschinen in alle Länder. Außer Deutschland und Europa waren vor allem Japan und die USA – beide Länder an Hochtechnologie und Massenfertigung stark interessiert – Abnehmer von

Hilo-Stufenpressen. Bei Ford Detroit wurden erstmals Radkappen auf einer schweren Hilo-Stufenpresse gefertigt und die Maschine wegen ihrer überragend hohen Stückleistung auf der Weltausstellung in New York vorgeführt. Seit den 1920er Jahren spezialisierte sich die Hilo AG zugleich stärker auf schwere Karosseriepressen für die Autoindustrie – die Vorläufer und Vorbilder der heutigen Transfer- und Breitziehpressen sind bei der Hilo AG in Aue entstanden.

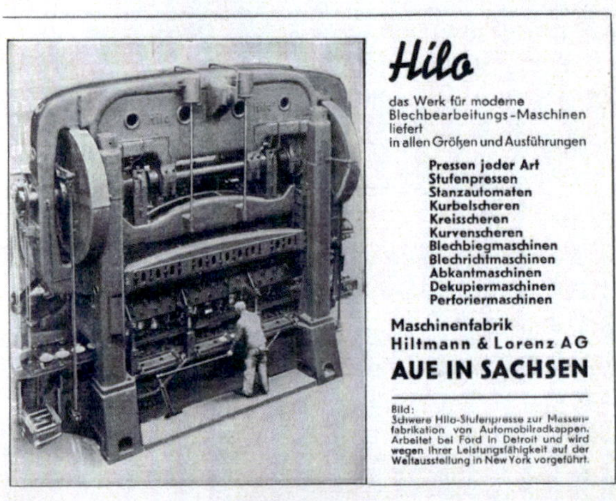

Bild 6: Kopfbau der Hiltmann & Lorenz AG, Aue

Die mit modernsten Werkzeugmaschinen ausgerüstete Hilo AG war einer der ersten Auer Betriebe, welcher 1945 radikal demontiert wurde. Die Hilo-Maschinenbauer mussten zuerst Eisenbahnwaggons reparieren, um dann ihren Maschinenpark herauszureißen und zu verladen – der zum Tod Verurteilte muss seinen Galgen selbst zimmern. Ins Exil sind die Besitzer des Unternehmens nicht gegangen, der enteignete Mitinhaber Lorenz arbeitete noch in den 1950er Jahren als Berufsschullehrer in Aue. Die Betriebsanlage von mehr als 50.000 Quadratmeter wurde von der SDAG Wismut übernommen und zum Maschinenbau- und Reparaturbetrieb für bergbautechnische Ausrüstungen umgestaltet. Einer der größten und kreativsten Herstellbetriebe schwerer Umformpressen war erloschen. Aus dem Wismutbetrieb Werk 512 entstand in den 1960er Jahren der Betrieb für Bergbauausrüstungen (BBA). Er entwickelte für die Wismut Bergbaumaschinen, wie Bohrgeräte, Kipplader und anderes, später auch solche Geräte für den Braunkohlentagebau und den Kalibergbau. 1990 gelang es nicht, den Betrieb auf dem freien Markt zu etablieren. Zu unbekannt in der europäischen Branche für solche Anlagen, zu wenig Spitzenerzeugnisse. So erfolgte 1992 die Löschung, über 2.000 Mitarbeiter wurden freigestellt.

Bernhard Hiltmann OHG/AWEBA GmbH/Aue

Bei der Pionierfirma Kircheis hatte eine Reihe späterer Gründer diesen Maschinenbau kennengelernt und bald gemerkt, dass Kircheis den riesig gewachsenen Bedarf an Maschinen für Blechbearbeitung gar nicht decken konnte und vermutlich auch nicht wollte – sie blieb die Engineering Works. Auch der Bruder des Hilo-Gründers Gustav Hiltmann, Bernhard Hiltmann, beide aus Brandenburg zugewandert, arbeitete zunächst als Schlosser bei Kircheis und gründete 1882 seine Firma für Werkzeugbau. Damit entstand eine der ersten Spezialfirmen, die im Schnitt- und Stanzenbau zahlreiche Innovationen hervorbrachte, wie Komplettwerkzeuge zum Schneiden, Lochen, Ziehen in einem Arbeitshub, Werkzeuge für Kunststoffe und Druckgusserzeugnisse (Kokillen).

Die Hiltmann OHG Aue hatte sich zu einer der modernsten Fabriken

für Werkzeugbau entwickelt und lieferte über Deutschland hinaus in viele europäische Länder. Mit circa 300 Mitarbeitern verkörperte der Betrieb den Typ des klassischen sächsischen Mittelstandes.
Als ein Zulieferer für Rüstungsbetriebe, unter anderem für die Auto Union Chemnitz, erfolgte 1946 die Bestrafung durch Enteignung und nach dem üblichen Zuordnungsspiel von der ABUS Halle über Gera zur WMW Karl-Marx-Stadt landete der nun VEB Auer Werkzeugbau (AWEBA) genannte Betrieb im Kombinat Umformtechnik Erfurt. Die AWEBA wurde zum führenden Werkzeugbauer der DDR ausgebaut, nach 1972 kamen mehrere bisher halbstaatliche Betriebe hinzu. Schon in diesen Jahren wurden komplette Werkzeugsätze für die Blechfertigung von Elektromotoren eine Spezialität von AWEBA. In den 1980er Jahren wurden auch die Beziehungen zwischen AWEBA und Blema (Kircheis) vertieft, beide Betriebe gehörten inzwischen zum Kombinat Umformtechnik. Nach 1990 konnte die modern ausgerüstete AWEBA GmbH im freien Markt integriert werden, diesen Werkzeugbau können nicht viele, er ist eine auf langer Tradition fußende Technologie. Investoren schufen eine AWEBA-Gruppe, 600 Mitarbeiter mit viel Facharbeiter- und Ingenieurwissen generierten in den letzten Jahren rund 60 Millionen € Umsatz jährlich. Das rief die große Schuler AG auf den Plan, sie erwarb 2016 die AWEBA-Gruppe. Die Schuler AG in Göppingen ist der Kopf des weltweit tätigen Schuler-Konzerns, der erst in den letzten 30 Jahren zu dieser Größe angewachsen ist.
Louis Schuler hatte 1839 mit einer Schlosserei begonnen. Nach eigener heutiger Darstellung soll die Firma 1879 die ersten Exzenter- und Ziehpressen, 1900 die ersten Transfer-Pressen gebaut haben. Das ist zu bezweifeln, Tiefziehen und Stufen(Transfer)-Presse sind Entwicklungen der Auer Unternehmen Kircheis und Hilo. Insgesamt war das Erzgebirge das Zentrum dieses Maschinenbaues.
Mit Kircheis, Hiltmann & Lorenz (Hilo), Schorler & Steubler und Bernhard Hiltmann in Aue, Gebr. Götz in Lauter, der Zwickauer Maschinenfabrik in Niederschlema, der ESEM in Schwarzenberg und Hunderten Schnitt- und Stanzenbaufirmen in den umliegenden Ortschaften ist die Region die Geburtsstätte des modernen Blechbearbeitungsmaschinenbaues gewesen. In keinem anderen Gebiet Deutschlands und des Auslands gab es eine ähnlich starke Konzent-

ration derartiger Unternehmen und auch keine so früh etablierte Ausbildungs- und Forschungsstätte wie die Deutsche Fachschule für Metallbearbeitung in Aue.

In anderen Gebieten Deutschlands standen dieser Phalanx im Wesentlichen gegenüber: die Firmen Louis Schuler in Göppingen, Henry Pels in Erfurt, Karl Kneusel in Zeulenroda, Rieck & Melzian in Hamburg und die Maschinenfabrik Weingarten.

Schuler und Kircheis sind etwa gleich starke Unternehmen gewesen, in den 1920er Jahren inserierten sie mit Mitarbeiterzahlen von 1.000 bis 1.500. Kircheis war der erheblich breiter aufgestellte und innovativere Betrieb, über den Blechpressenbau hinaus vor allem durch seine für Massenfertigung tauglichen Emballagen-Maschinen.

Nun ist Schuler an dem Ort seiner vormals großen Konkurrenten angekommen. Sicher haben sich die Manager, sofern sie noch gestandene Württemberger sind, in Aue die Stätten der früheren Werke angesehen, das Hilowerk, die Fachschule, die Leonhardt Group, Wellner-Werk und andere. Und sich vermutlich auch Gedanken darüber gemacht, wie es zu einem solchen Niedergang ihrer vormals großen Mitbewerber kommen konnte. Nicht die Demontagen sind es gewesen, bei welchen tausendfach auch veraltete Maschinen nach Russland verfrachtet wurden, sondern der Rauswurf der Firmeneigner in Verbindung mit dem starren DDR-Leitungssystem haben zur Nagelprobe 1990 geführt – von den circa 20 kleineren und größeren Mittelständlern (auch als AG) haben nur die AWEBA, die Leonhardt Group (Kircheis), die Nickelhütte, das Metallwerk Auerhammer und die Wäschefabrik Curt Bauer GmbH überlebt und sich ihre Marktposition erkämpft.

Blaufarbenwerk/Nickelhütte Aue GmbH/Auerhammer/F.A. Lange Metallwerke AG/Auerhammer Metallwerk GmbH/Aue

Die Nickelhütte hat eine lange Geschichte und geht auf das bereits 1635 gegründete Blaufarbenwerk Niederpfannenstiel zurück. Darüber gibt es eine ausführliche Literatur. Beim Verhütten von Kobalterzen wurden Blaufarben gewonnen, und diese Farbenherstellung

hatte dem Werk jahrhundertelang eine herausragende Position gesichert. Zeitweise war sie in Händen des Kurfürsten Friedrich August II. (dem Starken); die 1717 gegründete Betriebskrankenkasse war die erste in Deutschland.
Ein starker Einschnitt entstand durch SDAG Wismut, die ab 1948 eine Anlage zur Urangewinnung errichtete und dazu das halbe Werk mit Bretterwänden, Wachmännern mit Hunden und Wachtürmen absperrte. Auf den riesigen Abfallmaterial-Kegeln wuchs auch nach Jahren kein Grashalm. Ständig standen offene Güterwagen mit großen Keramiktonnen im Werk.
Aus den restlichen Betriebsteilen entstand der VEB Nickelhütte Aue, die Nickelproduktion war eine zweite Produktlinie von Anbeginn an gewesen. Anstelle der Blaufarbenproduktion wurden Nickel und Nickelverbindungen für die DDR-Wirtschaft erzeugt. 1957 erhielt die volkseigene Wirtschaft den Wismutbetrieb zurück und setzte die Nickelproduktion fort.

1990 wurde die Produktion beendet, die schon vorher unrentable Metallerzeugung und der mangelhafte Umweltschutz erzwangen die Stilllegung. Ein MBO der eigenen Führungsmannschaft gelang nicht – ob die Treuhand Zuschüsse versprach, ist sicher nur Insidern bekannt und wäre zu ergründen.
So erwarb 1991 die S. Jakob Metallwerke GmbH & Co. KG aus Ennepetal den nun Nickelhütte Aue GmbH genannten Betrieb und produziert mit circa 400 Mitarbeitern Fluorit- und Flussspat-Erzeugnisse, beteiligt sich auch an Neuaufschlüssen von alten Erzlagerstätten im oberen Erzgebirge. Auch Sportvereine der Stadt Aue werden von der Nickelhütte unterstützt, unter anderem die Skispringer.

Dr. Geitners Argentanfabrik
F. A. Lange,
Aufschrift für Drahtnachrichten:
Lange Auerhammer-Aueerzgebirge.
Auerhammer
b. Aue i. Erzgebirge.
(Gegründet i. Jahre 1824)
Fernsprecher:
Amt Aue, Nr. 28.
F. A. L.
Schutzmarke.
ERZEUGNISSE:
Saxonin, Nickelin, Argentan, Neusilber, Neubronze, Phosphorbronze, Aluminiumbronze, Criso, Rein-Nickel, Rein-Aluminium.

F. A. L.
Bronze / Tombak / Messing
Kupfer / Zinklegierungen
Neusilber
Kupfernickel / Reinnickel
in Blechen, Bändern, Drähten, Stangen
Druck-u. Tiefziehbleche, Besteckbleche,
hochfeste Kupferlegierungen Sicufal,
Plattierte Bleche / Rostfreie Stahlbleche
nickelfreies Widerstandsmaterial
WM 50, blank und oxydiert

Spezialitäten:

Federharte Neusilber- und Bronzebleche und -bänder für die Radio- und elektrotechnische Branche in Sonderqualitäten, hervorragend bewährt. Anoden. Spezialitäten für Dreh- und Bohrzwecke. Kupferbleche für Apparatebau und Tiefziehzwecke, kupferne Lokomotiv-Feuerbuchsen, Lötkolben.

F. A. LANGE
Metallwerke Aktiengesellschaft
Aue i. Sa.-Auerhammer

Bild 7: F. A. Lange, ein sächsischer eigentümergeführter Spitzenbetrieb der europäischen Buntmetallindustrie bis 1945. Danach SED-gesteuerter VEB, Verlust der internationalen Stellung und Exportfähigkeit, nach 1990 Teilbetrieb westdeutscher Unternehmen.

Die F. A. Lange AG ist eng mit der Geschichte des „Auerhammers" verbunden. Dieses Hammerwerk, im Auer Talkessel an der Zwickauer Mulde bereits 1537 gegründet, war das größte und bedeutendste der Region und zugleich der „Erzgebirgischen Blechcompagnie". Fast 300 Jahre lang dröhnten im Auer Tal die Hämmer und Pochwerke und stellten Eisen- und Buntmetallerzeugnisse her. 1828 erwarb Dr. med. Ernst Geitner die stillgelegte Hammeranlage, um sein „Argentan" oder „Neusilber" herzustellen.

Geitner gewann zunächst aus der „Nickelspeise", einem Abfallprodukt des benachbarten Blaufarbenwerkes, reines Nickel und schuf aus einer Legierung von circa 20 Prozent Nickel, 25 Prozent Zink und 55 Prozent Kupfer sein Neusilber. 1823 stellte er diese Legierung zum ersten Mal her und erhielt ein „Privileg" der sächsischen Regierung. Als Silberersatz war dieses Neusilber von großer Bedeutung und im „Elbeblatt polytechnischen Inhalts" vom April 1824 heißt es:

„Diese Erfindung wird für alle Verarbeiter der Metalle eine Epoche werden, auf welcher der bescheidene Erfinder weniger Wert legt, als wir glauben, was sie verdient, indem wir sie für höchst wichtig halten und Sachsen gratulieren, dass von hier aus ein Chemiker den Chinesen ihr Geheimnis entziffert hat."

In den Folgejahren entstanden besonders in Berlin und Wien Neusilber-Firmen, die Geitners Werk in Auerhammer bald überflügelt hatten. Geitner selbst war in erster Linie Chemiker und Forscher und nicht Unternehmer. Nach Geitners Tod 1852 übernahm sein Schwiegersohn Franz Adolph Lange zunächst in Erbengemeinschaft, ab 1857 als Alleininhaber die Neusilber-Fabrik. F. A. Lange entwickelte das Werk innerhalb von 20 Jahren zu einem Großbetrieb für Buntmetallerzeugnisse jeder Art.

Als „Dr. Geitners Argentanfabrik F. A. Lange Auerhammer" fertigte man Bleche, Drähte und andere Halbzeuge aus Neusilber, Kupfer, Messing, Bronzen und weiteren geschützten Legierungen. Besonders die Uhren- und Musikinstrumentenbranche Europas bezog ab den 1870er Jahren ihre Halbzeuge aus Auerhammer. Niederlassungen entstanden in Klingenthal, Trossingen, Berlin, Prag, Wien, Paris und Biel (Schweiz). Im Jahr 1873 erwarb Lange den Königlich-Sächsischen Kupferhammer in Olbernhau-Grünthal. Diese bereits 1491 gegründete Saigerhütte hatten die sächsischen Kurfürsten in ihren Besitz gebracht, da bei der Kupfergewinnung in erheblichem Maße auch Silber gewonnen wurde. Als „F. A. Lange Kupferhammer Grünthal" lieferte man vorwiegend Dachkupferbleche, Bleche für die Brauindustrie, Feuerbuchsplatten für Lokomotiven und andere Halb- und Fertigerzeugnisse. Später kamen große Mengen Kupfermaterial für die Elektromotorenindustrie hinzu. Mit Grünthaler Dachkupfer wurden im In- und Ausland viele Kirchen, Schlösser und Repräsentationsbauten gedeckt, allein 28 in Leipzig, 23 in Dresden, vier in Berlin, 44 in München, 13 in Stuttgart.

Der Kauf des Kupferhammers wirft ein Licht auf die durchaus modernen Methoden der königlichen Finanzverwaltung. Die Forderung des Staates betrug 150.000 Taler. Auf die Ausschreibung reagierten außer F. A. Lange zwei weitere Bewerber aus Berlin und Halberstadt. Lange bot zunächst 100.000 Taler, die anderen 110.000 beziehungsweise 120.000 Taler. Lange erhöhte auf 135.000 Taler und erhielt bei der Versteigerung im Januar 1873 den Zuschlag, „auch, weil er Landeskind" war. Weil die Barmittel nicht ausreichten, wurde ein großer Teil der Kaufsumme gestundet mit 5 Prozent Zinsen bis 1880. Doch die Probleme blieben.

„Die erhofften Betriebsergebnisse, mit denen man die Kredite zurückzahlen wollte, blieben aus. Lange bat deshalb um eine Senkung des Zinsflusses. Diese wurde vom Finanzministerium abgelehnt. Man gestand ihm lediglich eine Verlängerung der Rückzahlung um drei Jahre zu. Als auch dann das Unternehmen noch nicht in der Lage war, die Restsumme zu begleichen, übernahm die Allgemeine Deutsche Creditanstalt in Leipzig (ADCA) die restliche Summe als Bankenkredit." [83]

Das Dekret von König Johann vom Jahresanfang 1873 zum Verkauf des Betriebes dürfte mit zu den letzten Amtshandlungen gehört haben, denn im Oktober 1873 war er verstorben.

F. A. Lange war der Typ des risikoreichen Unternehmers in dieser Phase der Hochindustrialisierung, der Betrieb hatte sich im Buntmetallmarkt positioniert:

„Die Produktionspalette der Halbfertigfabrikate wurde systematisch erweitert. In einem Werbeprospekt aus dem Jahre 1879 wies der Betrieb besonders auf seine Spitzenqualitäten an Kupferdrähten und Drahtseilen für Blitzableiter hin, bei der man fast konkurrenzlos sei. Alle Münzstätten in Deutschland bezeichneten das gold- und silberlegierte Feinkupfer als hervorragend geeigneten Zuschlag für Gold- und Silbermünzen. Erfolge gab es auch mit den Feinkupferplatten für die Gold-Plattier-Fabrikation. Damit konnte man sich gegen die Konkurrenz auf dem französischen Markt behaupten. Ganze Waggonladungen mit Messing- und Tombak-Drähten gingen in die französischen Drahtwebereien im Elsass." [83]

Als Franz Adolph Lange 1898 verstarb, konnte sein Sohn und Nachfolger Gustav Albert Lange ein gesundes Unternehmen mit den Betrieben in Auerhammer und Olbernhau fortführen.

Die Krisenjahre 1929/30 gingen auch an diesem – für die damalige Zeit – Großbetrieb mit über 1.500 Beschäftigten nicht spurlos vorüber. Man musste fremdes Kapital aufnehmen, und ab 1931 wurde die Firma Aktiengesellschaft unter dem Namen „F. A. Lange Metallwerke AG Aue". Zwei Jahre später begann auch hier der Einstieg in die Rüstungsproduktion, und für alle deutschen Munitionsfabriken lieferte man nun – seit den 1880er Jahren im Programm – Patronen und Zündhütchenbleche, aber auch Halbzeug in Form von Hülsen und Scheiben. Mit der wachsenden Rohstoffknappheit in den Kriegsjahren wurden im Stammwerk Aue die Forschungsarbeiten erheblich verstärkt und besonders neue Aluminiumlegierungen als Ersatz für Bronzen und Neusilber entwickelt. Die Firma konnte noch in den Kriegsjahren eine Reihe von Patenten für neuartige Metall-Legierungen erhalten. Man wollte für die Nachkriegszeit vorsorgen und den Ruf als eines der kreativsten Metallwerke Europas festigen. Doch dazu kam es nicht mehr. Mit Einmarsch der Roten Armee wurde der Betrieb unter Sequester gestellt.

Auch die F. A. Lange Metallwerke AG musste dann im Auftrag der Besatzungsmacht von den eigenen Arbeitern demontiert werden, danach wurde das geplünderte Areal zum Volkseigentum erklärt. Das Stammwerk Aue hieß von da an VEB Halbzeugwerk Auerhammer, das Zweigwerk Grünthal erhielt den Namen VEB Blechwalzwerk Olbernhau. Die Betriebe haben ihren Versorgungsauftrag für die DDR-Wirtschaft erfüllt. An ihre früheren Spitzenpositionen haben sie nicht anschließen können, der Ruf von F. A. Lange war für immer erloschen. Produziert wurden Sonderwerkstoffe, besonders für elektrische und später elektronische Geräte, sowie Thermobimetalle für die verschiedensten Anwendungen. Das Hauptziel bestand in der „Störfreimachung", das heißt Verzicht auf Importe aus westlichen Ländern, auch zum Zweck der Einsparung von „harter Währung".

Der Rundgang der Zuordnungen ist auch hier bezeichnend:
Zuerst zur VVB Eisen und Stahl Leipzig,
dann zur VVB Buntmetalle Hettstedt,
dann zum VE Mansfeldkombinat Wilhelm Pieck,

schließlich zum VE Bergbau- und Hüttenkombinat Freiberg.

1990 entstand der Treuhandbetrieb Auerhammer Metallwerk GmbH, der 1992 von der Deutschen Nickel-Werke AG aus Schwerte übernommen wurde. Seit 2014 ist diese GmbH Tochter der Wickeder Westfalenstahl GmbH. Sie fertigt weiterhin als Hauptprodukt Thermobimetalle und andere Kaltwalzerzeugnisse und erwirtschaftet über 40 Millionen Euro Umsatz pro Jahr.

Wäschefabrik Gantenberg AG/Aue/Herrenwäschefabrik Gebr. Simon/Vereinigte Wäschefabriken AG/Aue/S. Wolle OHG/Curt Bauer GmbH/Aue

In dieser vom Maschinenbau und der Metallerzeugung geprägten freien Kreisstadt Aue bestand auch eine erhebliche Textilindustrie, von welcher ein Teil überlebt hat. Bereits 1874 gründete F. W. Gantenberg eine Wäschefabrik, die 1914 zur Aktiengesellschaft umgewandelt wurde und über 1.000 Mitarbeiter sowie viele Heimarbeiter beschäftigte. Herrenhemden und weitere Wäschestücke wurden produziert. In den 1930er Jahren ging die AG in Konkurs, ein Teil der Produktion wurde von anderer Seite fortgeführt.

Die Herrenwäschefabrik Gebr. Simon AG entwickelte sich ab 1877 zu einem noch größeren Unternehmen mit bis zu 2.000, in Spitzenzeiten 2.700, Beschäftigten in mehreren Teilbetrieben und Filialen. Der Firmenname geht auf die Bank Gebr. Simon in Osnabrück zurück, das Unternehmen leitete ein Johannes Caßler aus Hannover. Man hatte wahrscheinlich, wie heute wieder, das bevölkerungsreiche Erzgebirge als Landstrich mit billigen Arbeitskräften erkannt. Gebr. Simon exportierte als vermutlich größte deutsche Wäschefabrik Herren- und Sporthemden sowie Nachtwäsche in alle europäischen Länder.

1933 wurden die jüdischen Aktionäre enteignet und die Firma in „Vereinigte Wäschefabriken AG" umbenannt. Sie setzte ihre Wäscheproduktion fort, auch im beschränkten Maß bis 1945.

1945 wurde der Betrieb nicht enteignet und auch nicht demontiert. Er durfte die Hemdenfertigung für die Sowjetarmee und den zivilen Sektor fortsetzen.

Der weitere Weg der Verdrängung der privaten Gesellschafter entsprach der DDR-Taktik, wie wir sie schon bei anderen Fällen, zum Beispiel Schönherr-Chemnitz, gesehen haben. Der private Teil hatte nicht die Mittel zum Investieren, die DDR-Staatsbank erhöhte ihre Anteile durch weitere notwendige Investitionen. 1969 ging der Betrieb als „Werk 3 Aue" in das VE Wäschekombinat Lößnitz ein. 1990 lief die Produktion aus.

Eine Besonderheit, heute zum Lächeln einladend, soll geschildert werden:

„Neben der bereits genannten Fertigung bestand auf dem Gelände des Werkes 3 in Aue eine eigene Abteilung, die sogenannte ‚Lohnveredlung'. Aus Fernost, vorrangig aus China, wurden Hemden eingeführt, umetikettiert, in bereitgestellte Verpackungen konfektioniert und in erster Linie in das NSW, vor allem in die BRD, ausgeliefert. Diese Geschäfte – auch unter kommerzieller Produktion bei Insidern bekannt – standen unter strengster Vertraulichkeit und sind mit der Kommerziellen Koordinierung (KoKo) in Verbindung zu bringen. Diese Produktion nahm eine absolute Sonderstellung ein und unterstand der Kombinatsleitung direkt. Da es sich hier ausschließlich um Export in das NSW handelte – eine für die damalige Zeit äußerst wichtige Deviseneinnahme – bestand auch die Möglichkeit, alle wichtigen Produktionsanlagen aus dem NSW zu beziehen.

In den 80er Jahren wurde im Auer Werk mit hocheffektiven NSW-Importmaschinen produziert, die Fertigung der Lohnveredlung um eine Produktionsstätte in Schlema erweitert und ausgebaut.

Exportiert wurde hauptsächlich in die UdSSR (Rasno-Versand) und die BRD (Versandhäuser Otto, Quelle, Neckermann), nur ca. 25 Prozent der Gesamtproduktion waren für die DDR bestimmt." [84]

Es sind vermutlich effektive Verpackungsmaschinen eingeführt worden, um den Bürgern der BRD ein billig produziertes China-Hemd in sehr schöner Verpackung präsentieren zu können. Dieser Herr Schalck-Golodkowski war eben ein mit allen Wassern gewaschener Manager.

Die Curt Bauer GmbH hat eine der Firma Gebr. Simon ähnliche Geschichte, vermutlich war der Weg der Gebr. Simon ein Vorbild. 1882 wurde unter dem Namen von Samuel Wolle die „S. Wolle OHG" in Aue gegründet. Der Betriebsleiter, später Prokurist und Teilhaber, wurde der aus Aue gebürtige Alwin Bauer. Das Unternehmen wuchs rasch, erwarb einen zweiten Betrieb in Ostsachsen und beschäftigte in den Jahren 1912/14 rund 1.000 Mitarbeiter, wie in den anderen Textilbetrieben überwiegend Frauen.

1920 wurde die OHG zur S. Wolle KG, 1926 zur S. Wolle GmbH

umgewandelt. Bereits vorher war die Familie Bauer alleiniger Inhaber der S. Wolle GmbH geworden. Erst 1933 erhielt die Firma den Namen Curt Bauer GmbH und blieb bis 1945 ein wichtiger Textilbetrieb, der auch kriegswichtige Artikel produzieren musste. Curt Bauer war dem NS-Regime ein widerspenstiger Betriebsführer, lehnte sich gegen die Behandlung von Kriegsgefangenen auf und wurde in Haft genommen. Da ihm das Todesurteil durch den Volksgerichtshof drohte, beging er 1944 Suizid. Seine Witwe und die Söhne führten den Betrieb auch in der DDR mit Staatsbeteiligung als Curt Bauer KG fort, bis er 1972 der Enteignung anheimfiel. Der VEB Damastweberei Aue blieb ein wichtiger Exportbetrieb mit Lieferung in viele westliche Länder und wurde dementsprechend modern ausgestattet. Diese Erfolge sind auch der weiteren Betriebsleitung durch die Familie Bauer zu verdanken.

1990 erfolgte die Reprivatisierung. Seitdem haben die Geschäftsführer Gert und Michael Bauer ein mittelständisches Unternehmen für Tisch- und Bettwäsche, sogenannte Objekttextilien (für Hotels, Flugzeuge) und andere Erzeugnisse aufgebaut. Circa 75 Prozent der Erzeugnisse gehen in den weltweiten Export. Auszeichnungen, wie der Sächsische Designpreis und der New Product Award (USA), belegen den fortschrittlichen Charakter der Curt Bauer GmbH.

So ist zumindest ein Stern der vormals großen Auer Textilindustrie wieder zum Leuchten gebracht worden. Von den erloschenen Auer Unternehmen haben wir die Hiltmann & Lorenz AG bereits genannt. Zwei weitere, deren Auslöschung letztlich auch der marxistischen Enteignungspolitik geschuldet ist, sind die Ernst Gessner AG und die bedeutendste Besteckfabrik Europas, vermutlich der Welt: August Wellner Söhne AG.

Ernst Gessner AG/VEB Textima Aue/Kannegießer Aue GmbH

Ernst Gessner (1826-1897) stammte aus dem Aue benachbarten Lößnitz, wo die Familie eine Tuchmacherei betrieb. Folglich wurde er Tuchmacher, ging auf Wanderschaft, besuchte die großen Tuchmacher-Zentren in Sachsen und Böhmen und gründete 1849/50 sein Unternehmen, wo zunächst Tuche hergestellt wurden. Zugleich begann Gessner mit einem Maschinenbau für die Stoff-Nachbehandlung, die „Gewebeveredlung“. Ein großer Wurf gelang mit der Gessner-Doppelrauhmaschine im Jahr 1853, die umgehend zu Hunderten an die Tuchfabriken in Deutschland und Europa verkauft werden konnte. Auf der Weltausstellung 1855 in Paris wurde diese Gessner-Maschine mit einem Diplom ausgezeichnet, rief natürlich sofort Nachahmer auf den Plan. Die noch nicht für alle deutschen Länder einheitliche Patentgesetzgebung (erst ab 1877) erschwerte den Schutz einer solchen Erfindung erheblich.

In den Folgejahren schuf die Firma eine Vielzahl von Maschinen zur Gewebebehandlung, wie Wasch- und Trockenmaschinen, Langscher- und Dekatiermaschinen, Industriemangeln und andere Anlagen für die Nachbehandlung der Gewebe. Aber auch auf dem Spinnereimaschinenbau hat Gessner Bahnbrechendes geschaffen, sein sogenannter „Florteiler für Vorspinnkrempeln“ war eine bedeutende Neuerung für die Spinnerei. Als Ernst Gessner 1897 starb, exportierte sein Unternehmen komplette Spinnerei- und Ausrüstungsanlagen in alle Länder Europas und den amerikanischen Kontinent. Nach dem Ersten Weltkrieg konnte man den Umsatzeinbruch im Auslandsgeschäft in wenigen Jahren wieder ausgleichen und durch einen Betriebsneubau den Exportanteil weiter erhöhen. Seit 1921 Aktiengesellschaft, war die Firma Gessner zwar nur eine mittelständische Firma im Vergleich zu den großen Chemnitzer Textilmaschinenbetrieben, gehörte aber bis 1945 zu den kreativsten Unternehmen der Branche.

In den Kriegsjahren 1940/45 erfolgte die Herstellung von Rüstungsteilen innerhalb eines Marineprogramms, wofür auch Kriegsgefangene eingesetzt wurden. 1945 wurden die besten Maschinen für den Abtransport nach Russland demontiert, der Betrieb blieb in Liste C zunächst unter Zwangsverwaltung. Ab 1948 entstand im üblichen Procedere der VEB Textilmaschinenbau Aue, der später ins VE Kombinat Textima eingebunden wurde. Bis in die 1960er Jahre bestand der Maschinenpark aus wenigen, von der Demontage verschonten Maschinen und Restmaschinen aus Chemnitzer Betrieben, erst später kamen moderne Anlagen zum Einsatz. Die Fortsetzung des Gessner-Programmes mit Kratzenrauhmaschinen und

Großmuldenmangeln in ständig verbesserter Ausgestaltung führten zu einem erheblichen Exportgeschäft in viele südamerikanische und afrikanische Staaten, aber auch in alle Ostblockländer. In Großwäschereien, Krankenhäusern und anderen Einrichtungen rüstete die Textima Aue komplette Mangelstraßen ein. Auf die neu entwickelten Heißmuldenmangeln erhielt der Betrieb noch 1988/89 Goldmedaillen auf der Leipziger Messe.

1990 bot der Betrieb nicht das Erscheinungsbild einer modernen Industrieanlage. Ein Höhepunkt volkseigenen Wirtschaftens bestand in der Wärmeversorgung großer Betriebsteile durch eine ausgediente Lokomotive bis in die Jahre 1987/88. Die Stadt Aue liegt in einem Talkessel. Nach drei Seiten steigt das Gelände stark an, lediglich der Zufluss der Zwickauer Mulde aus Richtung Eibenstock liegt in leicht ansteigendem Gelände. Was für ein Kombinat, welches für eine solche Wirtschaftseinheit keine Mittel und Bilanzen für den Umweltschutz hat. Die Reprivatisierungen des Betriebes sind fehlgeschlagen. Heute besteht auf dem Areal ein großer Simmel-Einkaufsmarkt, die Hallenwände zieren großformatige Bilder mit Gessner-Textilmaschinen. Ein großes Wandrelief von Ernst Gessner am Fußgängereingang von der Wettiner Straße her ist verschwunden. Hier wie in anderen Fällen wäre der Stadtverwaltung Aue ein würdigerer Umgang mit ihren Industriepionieren zu empfehlen.

Der Textima-Mangelbau hat als einziger Zweig die Tradition bewahrt. Die Kannegießer Aue GmbH setzt im Gewerbegebiet Schneeberg/Bad Schlema diese Produktion fort.

Sächsische Metallwarenfabrik August Wellner Söhne AG Aue/C.F. Hutschenreuter & Co Aue

Diese weltbekannten Unternehmen hat nach 1990 das gleiche Schicksal getroffen wie das vorstehend genannte Werk von Gessner: Es sind nur kleine Restbetriebe geblieben. Was Wellner bis in die 1940er Jahre darstellte, zeigt eine Werbeschrift der Firma:

„Wellner. Die legendäre Besteckmarke aus der Welt der Grand Hotels und Luxusdampfer

In den lebensfrohen Jugendjahren unseres Jahrhunderts glichen die

Hotels Prunkschlössern, und die Speisesäle waren Paläste des Genusses. Für die feine Gesellschaft, die hier tafelte, galt Silberbesteck von Wellner als untrügliches Kennzeichen für ein Haus der allerersten Kategorie. Und so dinierte man im Grand Hotel am Lido von Venedig ebenso mit Wellner-Bestecken wie im Hotel Baur au Lac in Zürich, im Kempinski in Berlin oder im märchenhaften Luxus des Hotels Mena House bei den Pyramiden von Gizeh. Vor allem die Schweizer Hotellerie ... setzte auf Wellner. Im Kurhaus Davos, im Maloja Palast Hotel in St. Moritz, im Schlosshotel von Pontresina oder im Grand Hotel Adelboden: Man speiste mit Wellner. In Italien, der traditionellen Heimat des Designs und der Lebenskunst, hatte Wellner besonders viele Freunde. In San Remo, Rapallo, in den Grand Hotels von Genua, Neapel, Siena, Viareggio, Perugia, in den noblen Kurorten von Montecatini bis Salsomaggiore – überall genoss man die Freuden der Tafel mit dem großen Besteck aus Germanien. Welch ein Kompliment. Auch auf den großen Luxusdampfern gehörte Wellner zum guten Ton. Die schwelgerische Pracht dieser ‚Grand Hotels der Meere' mit ihren Palmengärten, Marmorschwimmbädern, Salons und Ballsälen war kaum zu übertreffen. Die Speisesäle hatten Weltruf als Gourmet-Tempel, allen voran das ‚Ritz-Carlton-Restaurant' an Bord des Hapag-Liners ‚Imperator'. Hier wie auf Italiens schwimmenden Palästen, der ‚Saturnia' und der ‚Vulcania', tafelte man mit den besten Gläsern, dem besten Porzellan – und Besteck von Wellner. Viele dieser Bestecke wurden übrigens von weltberühmten Künstlern und Designern wie Peter Behrens oder dem Jugendstil-Genie Joseph Maria Olbrich entworfen."

Die Wellner-Betriebe entstanden auch aus der Auflösung des Auerhammers. Durch die Neusilber-Erfindung von Geitner erfolgte einerseits die Gründung der F. A. Lange Metallwerke AG, andererseits entstanden die Silberwaren- und Besteckfabriken der Familien Wellner. Zwei Söhne des nach Aue zugewanderten Stammvaters Christian Wellner, Carl August Wellner (1824-1909) und Christian Gottlieb Wellner (1831-1914) sowie der Schwiegersohn Carl Friedrich Hutschenreuter (1817-1874) teilten die ererbten Werkstätten und errichteten drei Silberwaren- und Besteckfabriken. Sie lagen, aus dem alten Auer Hammerwerk entstanden, entsprechend dicht beieinander. Durch diesen Industriezweig rückte Aue über Maschinenbau und Textilgewerbe hinaus zu einer bedeutenden Industriestadt des Erzgebirges auf.

Bild 8: Wellner AG, in den 1930er Jahren mit ca. 6000 Mitarbeitern in Aue und den Zweigwerken

Die Besteckfabrik von August Wellner überflügelte bald die anderen Betriebe und hatte das Verkaufsrecht für alle Erzeugnisse einem Leipziger Kaufmann übertragen. Um sich von dieser Fessel zu lösen, erfolgte 1892 die Neugründung als „August Wellner Söhne“ mit den Gesellschaftern Albin und Paul Wellner und der Schwester Marie Wellner. Später trat ihr Mann Paul Gaedt in die Firma ein. Dieser hatte in der Berndorfer Besteckfabrik von Krupp die modernsten Technologien kennengelernt und brachte neuen Schwung in den Wellner-Betrieb. In den Jahren nach der Jahrhundertwende entwickelte sich die Besteckfabrik von August Wellner zur größten in Deutschland, 1913 erfolgte die Gründung der August Wellner Söhne AG (AWS), Paul Gaedt wurde Generaldirektor.

Bei Einschränkungen durch den Ersten Weltkrieg erreichte AWS danach ab 1924 bis 1940 – unterbrochen durch die Krisenjahre 1930/32 – einen Höhepunkt in Produktion und Absatz. Mit circa 6.000 Mitarbeitern in Aue und den Zweigwerken in den umliegenden Ortschaften, Erweiterung der Anlagen durch weitere Walzwerke, Drahtzieherei und anderes, Bau des großen Verwaltungsgebäudes, entstand ein Großbetrieb, der zu den leistungsfähigsten in Deutschland gehörte. Der Betrieb des Christian Wellner, zunächst unter dem Warenzeichen GOWE-ALPACCA auch ein erfolgreicher Besteckhersteller, wurde in den 1920er Jahren in die AWS eingegliedert. Auch weitere Firmen, wie der Maschinen- und Kühlschrankhersteller Druidenau sowie Grundstücke und eine Siedlungsgesellschaft kamen unter der Führung von Paul Gaedt zur großen AWS. In mehr als 40 Ländern weltweit gab es Niederlassungen von AWS, in allen deutschen Großstädten „Wellner-Geschäfte“.

In den Kriegsjahren 1940/45 musste die Besteckproduktion stark eingeschränkt werden, die für Massenfertigung vorhandenen Anlagen wurden auf Munition umgestellt. 1945 begann die Demontage der weitläufigen Anlagen, und mit dem Abtransport wurden rund 100 Mitarbeiter zwangsweise zum Wiederaufbau einer Besteckfabrik in Russland verpflichtet.

Nach der Enteignung entstand der VEB Auer Besteck- und Silberwarenwerke, nun mit dem Kürzel ABS statt AWS. Der große Schriftzug „August Wellner Söhne AG“ an der Brücke zwischen Verwaltungsbau und Fabrik wurde abgerissen. Mit Wellner-Know-how startete man zunächst erfolgreich, konnte versilberte Bestecke auch international vertreiben und auch Auszeichnungen erhalten. Wie in vielen Fällen, die wir bereits genannt haben, waren die ersten 20 Jahre die erfolgreichsten. Ab den 1970er Jahren begann der Kombinatswahn mit dem VE Kombinat Besteck- und Schneidwaren (vier Betriebe), später erweitert zum VE Kombinat Haushaltwaren mit zehn Betrieben, dem nun auch Emaillebetriebe angeschlossen wurden. Alle betrieblichen Probleme der DDR-weit verstreuten Werke mussten nun vom Stammbetrieb ABS Aue betreut und gelöst werden – die Bürokratie wurde vervielfacht.

Der dritte Besteckhersteller aus den 1860er Gründungsjahren, die C. F. Hutschenreuter & Co entging 1945 ebenfalls nicht der Demontage, konnte aber als privater, später halbstaatlicher Betrieb eine Besteckproduktion wieder aufbauen, die früheren internationalen Beziehungen fortsetzen. Er fertigte wieder ALPACCA-Bestecke, auch in versilberter Ausführung, und exportierte einen erheblichen Anteil in alle westeuropäischen Länder, belieferte auch die Interhotels der DDR und Gästehäuser. Der zum Teil privat geführte Betrieb setzte die Auer Tradition fort – bis zur Enteignung 1972. Danach lief diese Qualitätsproduktion aus, mit dem Anschluss an den großen volkseigenen ABS wurde aus Hutschenreuter ein Zulieferer von Massenware. So entstand insgesamt aus dem großen VEB Auer Besteck- und Silberwarenwerke, dazu noch des Stammbetriebes des Kombinates Haushaltwaren, ein Massenhersteller von Bestecken aller Art einschließlich einer Mindermenge Sonderausführungen, wie ABS rostfrei mit Porzellan. Von Silber war nichts geblieben, im Großen und Ganzen war der Betrieb auf die Stufe von Fernostware gesunken.

1990 entstand der Treuhandbetrieb Auer Besteck- und Silberwaren GmbH, ging 1993 an den „Großinvestor“ Hillebrand, der Betriebe, Hotels und Schlösser von der Treuhand im Dutzend erwarb. Er wollte großspurig 22 Millionen DM in eine neue „Wellner Besteck- und Silberwaren GmbH Aue“ investieren (die Stadt Aue gab sechs Millionen DM dazu) und schon 1995/96 einen Umsatz von circa 20 Millionen DM erreichen. Es wurde nichts daraus, 1995 kam die endgültige Auflösung.

1999 wurde Hillebrand wegen Veruntreuung angeklagt.

Heute produziert eine Wellner ABS GmbH in der benachbarten Bergstadt Schneeberg in einem bescheidenen Umfang Bestecke der vormals weltbekannten Marke.

Nun stehen sie da, die großen, stillgelegten Areale von Wellner und Hutschenreuter. Man muss einmal vom Hotel „Blauer Engel" (Markt) die Wettiner Straße entlanggehen. Nach wenigen Metern liegen rechts der Simmel-Markt (Gessner-Fabrik), nach wenigen hundert Metern rechts der mächtige Wellner-Verwaltungsbau, dahinter und daneben der große Fabrikbau mit den Wellner-Warenzeichen Elefant, Würfel und Zwerge; links liegt das Werk Hutschenreuter. Auf engstem Raum heute Arbeitsstätten für wenige hundert Beschäftigte, vormals für mehrere tausend. Im Wellner-Verwaltungsbau befinden sich ein Teil des Landratsamtes Annaberg und weitere Gewerbe, von der Wellner-Fabrik wird der große Kopfbau renoviert, ein großer Teil ist abgerissen worden. Im Werk Hutschenreuter sind das Kreisarchiv Aue und weitere Betriebe angesiedelt.

Hier drängt sich der Vergleich mit den heute großen Wellner-Konkurrenten Württemberger Metallwarenfabrik AG Geislingen a. d. Steige (WMF) auf.

Ein Jahr vor August Wellner in Aue, 1853, hatte Daniel Straub in Geislingen die Metallwarenfabrik Straub & Sohn gegründet, 1880 wurde sie zur Württembergischen Metallwarenfabrik AG mit Hilfe der Württembergischen Vereinsbank umgewandelt. Hinter diesem Bankhaus stand der Rechtsanwalt und Investor Kilian Steiner, später Kilian von Steiner (1833-1903). Er stammte aus einer jüdischen Familie in Laupheim, hatte in diesem süddeutschen Raum viele industrielle Gründungen auf den Weg gebracht, aber auch oft seinen Einfluss beziehungsweise den der Vereinsbank maßgeblich durchgesetzt. So drängte er die Gebr. Mauser aus ihrer Gewehrfabrik in Oberndorf/Neckar, und auch in der Daimler Motorengesellschaft AG Stuttgart erreichte Steiner sofort die Zweidrittel-Mehrheit. Daimler ließ sich überrumpeln und musste bald nach der Gründung 1880 feststellen:

„Nach dem Vorausgange meiner Einlage im Realwerte von Mk. 227 091 in die Gesellschaft, wofür ich lediglich nur Mk. 200 000 in

Aktien der neuen Gesellschaft erhielt, haben die übrigen Teilnehmer zur Ausdehnung des Geschäftes und zu Neuanschaffungen Mk. 400 000 ihrerseits eingelegt, wofür sie Mk. 400 000 in Aktien zum Nominalwerte erhielten; damit sind dieselben ohne jede Vergütung an mich, überhaupt ohne jedes Entgelt, in den Genuss aller meiner Vorarbeiten seit acht Jahren, meiner wertvollen Patente in Deutschland, Österreich-Ungarn, England und Kolonien, Italien, Spanien, Russland, der Schweiz und in den skandinavischen Ländern getreten, in gleicher Weise, ebenfalls ohne Entschädigung, an den Resultaten meiner während acht Jahren geleisteten Patentauslagen, Personal- und Geschäfts-Organisations-Kosten gratis teilnehmend.“ [85]

Die Streitigkeiten hielten bis zum Tod von Gottlieb Daimler im Jahr 1900 an.

Daimler hatte auch in den Jahren 1863-1865 in der WMF Geislingen mitgearbeitet. Seine Vorstellungen für Motorfahrzeuge fanden hier aber keine Gegenliebe, deshalb schied er wieder aus.

Die WMF AG entwickelte sich auch zu einer bedeutenden Besteck- und Metallwarenfabrik, in den Jahren um 1900 beschäftigte sie wie Wellner circa 3.000 Mitarbeiter. **Aber eine Luxusmarke ähnlich Wellner ist sie nicht geworden** und erst nach 1945, als durch marxistisches Wirtschaften die Weltmarke Wellner demontiert wurde, konnte WMF zum führenden deutschen Hersteller aufsteigen. Heute ist die Produktpalette von WMF riesig groß, der Betrieb ein Global Player geworden. Nach Presseberichten ist er 2016 für 1,5 Mrd. Euro an die französische SEB WMF-Gruppe gegangen.

Und auch hier kann man eine Vision beschreiben, wenn nach 1945 – wie in den Westzonen – eine Marktwirtschaft erhalten geblieben wäre. Der Ruf von Wellner oder F. A. Lange Metallwerke hatten doch wegen der sechs Kriegsjahre nicht gelitten, der Nachholbedarf aber war riesig geworden. Der Trend zu größeren Einheiten wäre auch von der Auer Industrie erfasst worden. Vielleicht hätten die drei ursprünglichen Besteckfabriken vom Wellner-Clan sowie die F. A. Lange Metallwerke und das Blaufarbenwerk – alle mit dem ursprünglichen Auerhammer verknüpft – eine **„Besteck- und Me-**

tallwerke Aktiengesellschaft Aue AG“ gegründet, eine weltweit tätige Group mit zwanzig- bis dreißigtausend Mitarbeitern. Der gute Ruf und das Know-how waren vorhanden und wären weiter gewachsen, über die bienenfleißigen Mitarbeiter und ihr Fachwissen im dicht besiedelten Erzgebirge brauchte sich niemand Sorgen zu machen.

Doch auch bei den Maschinenbauern wäre der Schritt zu größeren Einheiten erfolgt. So wie die Schuler AG mit der Übernahme der Maschinenfabrik Weingarten ihren großen Aufbau begann, so hätte der Zusammenschluss der Werke Kircheis, Hiltmann & Lorenz (Hilo), Bernhard Hiltmann (AWEBA) in Aue, Gebr. Götz in Lauter und der Esem in Schwarzenberg eine **„Vereinigte Pressen- und Emballagenfabrik AG Aue“** geschaffen, die vermutlich weltweit größte Group des Blechbearbeitungsmaschinenbaues mit vielen Zweigbetrieben und Niederlassungen. Wer will daran zweifeln, dass nicht bei bereits europaweiter Präsenz der einzelnen Betriebe eine solche Einheit in einer global agierenden Wirtschaft entstanden wäre?

Solche Überlegungen gehören schon zu einer Analyse der Wirtschaft in den neuen Bundesländern, wo durch den Marxismus in 40 Jahren organisierter Verantwortungslosigkeit der Anschluss an die Wirtschaft der anderen Industrieländer abrupt unterbrochen wurde.

Die Kompetenz dieses Maschinen- und Werkzeugbaues in Aue und Umgebung wurde auch durch die Fachschule begründet. Erdmann Kircheis als Nestor und mehrfacher Preisträger auf Fachausstellungen hatte bereits 1875 die Gründung einer Fachschule für Blecharbeiter angeregt, zwei Jahre später konnte sie eröffnet werden:

„Gründung, Aufsicht, Zweck und Ziele der Schule
Abteilung A: Metallbearbeitungsschule
Am 1. Oktober 1877 wurde die Schule durch den ‚Verein zur Errichtung und Unterhaltung einer Deutschen Fachschule für Blecharbeiter und Installateure‘ eröffnet. Durch Verfügung des Königl.-Sächs. Ministeriums des Innern vom 2. Mai 1912 führt die Schule jetzt die Bezeichnung ‚Deutsche Fachschule für Metallbearbeitung und Installation zu Aue i. Sa‘.

Der Vorstand besteht aus zwei Mitgliedern, und zwar dem Vorsit-

zenden und einem Stellvertreter. Diese und 16 weitere Mitglieder bilden den Verwaltungsrat des Vereins. Der Verwaltungsrat wählt aus seiner Mitte den Vorsitzenden, der zugleich Vereinsvorsitzender ist, und seinen Stellvertreter.
Abteilung B: Installationsschule.
(Gas- und Wasser-Installation, Heizungs- und Lüftungs-Technik).
An die dreisemestrige Hauptanstalt, welche eine tunlichst vielseitige Ausbildung der Schüler auf allen Gebieten des Blechbearbeitungs- und Installationsgewerbes bezweckt, ist seit Oktober 1903 beziehungsweise 1907 die zweisemestrige Installations-Schule angegliedert, die den Zweck verfolgt, solchen jungen Leuten, welche sich speziell oder ausschließlich dem Installations-Gewerbe widmen wollen, eine dahingehende Spezialausbildung auf den Gebieten der Gas- und Wasserinstallation sowie der Heizungs- und Lüftungstechnik in zwei Halbjahren zu vermitteln. Ferner werden auch die elektrischen Stark- und Schwachstromanlagen im Unterricht behandelt, so dass die Schüler auch auf diesem Gebiete sich die unbedingt notwendigen Kenntnisse und Fertigkeiten aneignen können.
Die günstige Lage der Stadt am Kreuzungspunkte der Eisenbahnlinien Chemnitz–Adorf und Zwickau–Schwarzenberg–Annaberg, im Zentrum einer hochausgebildeten Industrie, als: Eisenhüttenwerke, Eisengießereien und Walzwerke, Emaillieranstalten und Stanzwerke, Messing-, Tombak- und Neusilber-Walzwerke, Drahtziehereien, Blechwaren- und Metallbearbeitungsmaschinen-Fabriken und so weiter bietet dem Studierenden beste Voraussetzungen für einen erfolgreichen Abschluss.“ (aus Fachkalendern für Blechbearbeitung der 1930er Jahre)
Dem Verwaltungsrat stand in den 1920er Jahren der Chef des Kircheis-Werkes, Wilhelm Röll, vor, auch die gesamte maschinelle Einrichtung der Werkstätten hatte Kircheis gestiftet.
Bis 1945 ist die Fachschule die wichtigste Ausbildungsstätte für Blechumformung gewesen, ab 1940 blieben die vorher zahlreichen ausländischen Studenten weg. Auch diese Bildungseinrichtung ging 1946 ins westdeutsche Exil, sie ist die Fachschule für Technik in Iserlohn geworden. Wie die meisten Exilfirmen hielten auch solche Einrichtungen Kontakt zu „ihrem“ Mitteldeutschland. Absolventen der Auer Fachschule aus den Vorkriegsjahren wurden zu besonderen

Anlässen nach Iserlohn eingeladen und machten als reiseberechtigte Rentner davon gern Gebrauch.
In den 1950er Jahren entstand in den Auer Fachschulgebäuden eine Gewerbliche Berufsschule für Metall- und Bauberufe, später eine Betriebsberufsschule für die Bekleidungsindustrie. Heute sind hier und im gegenüberliegenden Hilo-Werk Bildungseinrichtungen unter dem Namen Erdmann Kircheis installiert.

Erzgebirgische Schnittwerkzeug- und Maschinenfabrik Schwarzenberg (ESEM)/Volkswagen AG (Porsche)/Schwarzenberg

Diese ESEM wurde 1898 als Schlosserei in Schwarzenberg-Sachsenfeld gegründet und bereits 1904 nach Beierfeld als „Erzgebirgische Schnitt- und Stanzenfabrik Wutzler & Goßweiler" verlegt, nach dem Ort also, wo bereits seit den 1700er Jahren die Blechwaren- und Löffelindustrie zu Hause war. Karl Goßweiler stammte aus Wien. Er verlegte seine Geschäftstätigkeit bewusst ins Erzgebirge, denn er hatte das Potenzial dieser Region richtig eingeschätzt. Dieser österreichische Kaufmann blieb die treibende Kraft in der Firma, die bereits 1906 in die „Erzgebirgische Schnittwerkzeug- und Maschinenfabrik GmbH" umgewandelt und 1907/08 nach Schwarzenberg verlegt wurde. In wenigen Jahren entstand hier der führende Werkzeugbau Deutschlands mit den Attributen:

- moderne Werkzeugmaschinen
- Arbeiterausschuss, eine Art Betriebsgewerkschaft
- Spitzenstundenlöhne bis zu 60 Pfennigen
- eigene Betriebsberufsschule seit 1908

Schon vor dem Ersten Weltkrieg genoss die ESEM einen guten Ruf weit über Sachsen hinaus und zog junge Schlosser aufgrund der hohen Löhne, aber auch wegen der zu erwerbenden Fachkenntnisse an; hier konnte man an der Herstellung moderner Zieh- und Prägewerkzeuge teilhaben. Wie bei den Maschinenfabriken in Aue haben manche dieser „Zugewanderten" eigene Werkstätten und Fabriken für Haushaltgeräte/Metallwaren in den erzgebirgischen „Blechorten" gegründet.

Nach der Wirtschaftsreform 1924 konnte die ESEM im Werkzeugbau für die Autoindustrie und namentlich im Großwerkzeugbau die führende Stellung einnehmen. Wieder einmal ging von den USA der Trend zur Ganzstahl-/Blech-Karosserie aus, für die Massenherstellung von Karosserieteilen lohnten sich die komplexen und teuren Großwerkzeuge. Für alle deutschen und viele europäischen Autofirmen lieferte in den Folgejahren der Schwarzenberger Betrieb die Großwerkzeuge, oft zusammen mit den Pressenfirmen Hilo und Kircheis.
Für das Volkswagenprojekt von Ferdinand Porsche und seiner utopisch anmutenden Vorstellung eines Großziehteiles aus Dach, Windlauf und Heckpartie mit Fenster kam nur der erfahrenste Werkzeugbau in Frage: Die ESEM, sie konnte nach kurzer Entwicklungszeit ihr „Meisterstück" schaffen und die ersten 100 Dächer zusammen mit den Werkzeugen 1938 in Wolfsburg übergeben.
Im gleichen Jahr erfolgte ein Eigentümerwechsel. Der Kaufmann Friedrich Volk aus Frankfurt/M., der in Sachsen für mehrere Maschinenbaufirmen als Vertreter und Händler fungierte, erwarb die ESEM und führte den Betrieb in der NS-Zeit nach dem bekannten Prinzip „Führer und Gefolgschaft". Der Leistungsdruck und die Plackerei beim Bearbeiten der Großwerkzeuge waren noch größer geworden.
Mit Einmarsch der Sowjettruppen Ende Juni 1945 endeten die besetzungslose Zeit und zugleich die „Republik Schwarzenberg", in allen Betrieben kam die Produktion zum Stillstand. Im August begannen die Demontagearbeiten, alle funktionsfähigen Werkzeugmaschinen einschließlich der modernen Kopierfräsmaschinen und Lehrenbohrwerke wurden in Kisten verpackt und vom Bahnhof Schwarzenberg aus ins Ungewisse verfrachtet – wie in vielen anderen Fällen werden die wenigsten Anlagen wieder zum Einsatz gekommen sein.
Der Betrieb Friedrich Volk wurde in die Liste C eingestuft, verblieb also unter sowjetischer Kontrolle, wurde aber im üblichen Verfahren enteignet. Zugleich begann eine Behelfsproduktion einfacher Geräte. Inzwischen hatten aber die Offiziere der SMAD erkannt, welches Goldstück sie in Händen hielten. Hier konnte man Karosserien entwerfen und die Werkzeuge anfertigen.

Bilder 9: Maschinenfabrik ESEM, heute Volkswagen AG (Porsche), Schwarzenberg

Musterraum der ESEM in den 1930er Jahren und ESEM-Ziehwerkzeuge im VW-Presswerk Wolfsburg 1956

Das „Sowjetische Konstruktions- und Versuchsbüro“, das heißt die Fachleute der ESEM sowie herbeigeholte Konstrukteure der Auto Union, entwarf ab 1946 den PKW „Moskwitsch“ und ließ die Werkzeuge fertigen. Dazu wurden Maschinen, unter anderem vom (noch) BMW-Werk Eisenach, nach Schwarzenberg geholt. Schließlich gab bereits 1947 die SMAD-Zentrale in Berlin den Befehl beziehungsweise Auftrag, Karosseriewerkzeuge im Wert von fast einer Million Reichsmark zu fertigen. Damit konnte aus dem Vorkriegs-Opel Kadett die Moskwitsch(= Sohn von Moskau)-Baureihe beginnen. Dem Typ 403 folgten mit veränderten Karosserieformen die Typen 407, 408, 412, 2138, 2140, wobei alle Typen als mehr oder weniger geschätzte Importfahrzeuge in der DDR liefen. Alle Großwerkzeuge lieferte die ESEM, sie blieb auch der Werkzeugbauer für die meisten anderen russischen PKW- und LKW-Typen. Hier im Land begann die Werkzeugfertigung für den DKW F9, EMW 340 und Wartburg aus Eisenach sowie alle weiteren Fahrzeuge von Robur Zittau, P 70 und Trabant aus Zwickau sowie alle Zweiradfahrzeuge aus Zschopau und Suhl. Die Zuordnung des Betriebes zur WMW Chemnitz seit 1948 hatte für eine stetige Erweiterung des Maschinenparks gesorgt.

Das Meisterstück VW-Käfer-Werkzeug erzielte in den 1950er Jahren nochmals erhebliches Aufsehen. Als in Wolfsburg der Käfer „lief und lief“, wurden aufgrund des Werkzeugverschleißes neue Werkzeuge benötigt. VW ließ sie in England fertigen, und diese lieferten keine einwandfreien Ziehteile. Es waren fast 20 Jahre mit großen Umbrüchen vergangen. In der BRD war das „Wirtschaftswunder“ – hauptsächlich dank der vielen tausend Exilfirmen aus Mitteldeutschland, Böhmen und Schlesien – in vollem Gang, in der DDR hatte eine unvergleichlich stärkere Vernichtungs- und Enteignungswelle eine Lähmung auf allen Gebieten hervorgerufen. Man merkte, aus der Ostzone kommt nicht mehr viel Gutes und Gescheites. Das mögen auch die Verantwortlichen von VW gedacht haben. Trotzdem versuchte man nach dem Fehlschlag mit englischen Werkzeugen die Anfrage bei der ESEM, und der Betrieb erklärte sich zur Fertigung neuer Käfer-Werkzeuge bereit. Versierte Werkzeugmacher haben in Wolfsburg die Werkzeuge eingebaut und den Probebetrieb gestartet. Die nächsten zigtausend Dächer konnten gefertigt werden. VW blieb Kunde in Schwarzenberg, und auch das war DDR-Praxis: Westexport zuerst, dann erst kamen das eigene Land und der Ostblock. Natürlich Werkzeuge für die Fahrzeugindustrie und wo sonst noch in der DDR schwierige Blechteile zu fertigen waren, aber wie bereits gesagt, auch bei Skoda, Tatra, Jawa und Liaz (ČSSR), FSO in Warschau und in allen russischen Autowerken standen ESEM-Werkzeuge in den Pressenanlagen.

In das Zuordnungskarussell der DDR-Wirtschaft wurde natürlich auch die ESEM einbezogen:

- 1948 VEB WMW ESEM Erzgebirgische Schnittwerkzeug- und Maschinenfabrik
- 1952 VEB Formenbau, Betrieb der VVB Leichtmaschinenbau Halle
- 1954 VEB Formenbau, zurück zur WMW Karl-Marx-Stadt
- 1956 VEB Formenbau, Betrieb der VVB Automobilbau Karl-Marx-Stadt
- 1970 VEB Formenbau, Betrieb des VE Kombinates Umformtechnik Erfurt

Hier stand ein Werkzeugbauer endlich am richtigen Ort.

Aus dem Pressen- und Scherenbau Henry Pels der 1930er Jahre war das VE Kombinat Umformtechnik geworden und es bemühte sich, im europäischen Maschinenmarkt einen Platz zu finden. ESEM-Werkzeuge dienten, besonders im Ostblock, oft als „Bückware“. Wer ESEM wollte, sollte auch Erfurt-Pressen kaufen.

Der VEB Formenbau war entsprechend der großen Auftragslage ausgebaut worden. Die besten Werkzeugmaschinen des Kombinates Werkzeugmaschinen und Werkzeuge (WMW), aber auch BRD-Maschinen, kamen zum Einsatz. Da die räumlichen Verhältnisse in dieser Schwarzenberger Tallage keine großflächigen Erweiterungen erlaubten, erwarb man eine große Halle am Oberbecken des Pumpspeicherwerkes Markersbach und konnte dort Großbearbeitungsmaschinen und Pressen installieren. Dieses Pumpspeicherwerk ist ein Millionen teures Staatsprojekt unter persönlicher Obhut von Honecker gewesen. In die obererzgebirgischen Berge bei Markersbach, etwa acht Kilometer von Schwarzenberg der B 101 folgend, wurde ein Kavernenkraftwerk errichtet, das heißt in das Felsmassiv eine riesige Halle bergmännisch aufgefahren. Die Talsperre Markersbach diente als Unterbecken, ein Oberbecken wurde in 850 Meter Höhe mit einem 60 Meter hohen Damm angelegt. Die Turbinenhalle ist mit sechs modernen Turbinen/Generator-Sätzen ausgerüstet und kann 1.050 MW Strom erzeugen. Sie ist die zweitgrößte derartige Anlage Deutschlands. Heute wird die Anlage von der Vattenfall Europe AG betrieben. Über das Interesse der DDR-Oberen an diesem Objekt gab es in den 1970er Jahren in der Region viele Diskussionen und Mutmaßungen. Energieversorgung für das obere Erzgebirge ja, aber warum das Staatsinteresse? In einem eigens geschaffenen Ferienobjekt neben dem Unterbecken war Honecker mehrfach zu Besuch. Die große Kaverne im Bergmassiv als atomsicherer Unterstand im Kriegsfall? Weit weg von Berlin und auch für die Spitzengenossen der SED-Bezirksleitungen Karl-Marx-Stadt und Dresden?

Die politische Wende 1989/90 traf den VEB Formenbau aufgrund der starken Ostorientierung hart, der Umsatz ging 1991/92 um 50 Prozent zurück. Kurzarbeit war angesagt. Doch ein Betrieb mit einem solchen Know-how geht nicht zugrunde. Aus mehreren Bewerbern erwarb 1993 von der Treuhandanstalt Berlin die KUKA Schweißanlagen und Roboter GmbH Augsburg die Formenbau GmbH Schwarzenberg. Der nun „KUKA Werkzeugbau Schwarzenberg GmbH“ (KWS) genannte Betrieb hat sich seinen internationalen Ruf der Vorkriegszeit wieder erworben. Über 60 Mio. DM an Investitionen für Großmaschinen, Pressen und ingenieurtechnischer Ausrüstung allein bis 1998 gewährleisten höchsten technischen Stand. Ein Fachpersonal von über 500 Mitarbeitern fertigt wieder Großwerkzeuge für alle deutschen, aber auch ausländischen Autofabriken. Die Beziehungen zu VW blieben eng, keine Bodengruppe oder Tür von VW- oder Audi-Fahrzeugen, die nicht aus KWS-Werkzeugen von den Pressen fiel.

Für 1995 erhielt der Betrieb den VALUE TO THE CUSTOMER AWARD des Volkswagen -Konzerns, unterzeichnet von Dr. F. Piëch und J. I. Lopez de Arriortua.

Doch nichts steht felsenfest in unserer globalisierten Welt. Vom Verkauf der KUKA Augsburg an chinesische Investoren wurde zum

Glück der Schwarzenberger Betrieb ausgenommen. Er ging nicht direkt an den VW-Konzern, aber doch zum großen Familienverbund: „Porsche Werkzeugbau GmbH Schwarzenberg“ heißt der Betrieb seit 2015 mit Betriebsteilen in der Slowakei und in China. Öffentlich wird strengste Vertraulichkeit bei Werkzeugprojekten von fremden Auftraggebern zugesichert. Bei KUKA gab es hier keine Probleme, der Schweißroboter-Hersteller war ein neutraler Zulieferer. Ob aber nun BMW oder Daimler ihre neuesten Kreationen mit dem Porsche-Werkzeugbau beraten, bleibt offen.

2018 konnten 120 Jahre Werkzeugbau in Schwarzenberg nun als Porschebetrieb gefeiert werden. Bereits zum 100-jährigen Jubiläum 1998 gab es eine Festschrift unter KUKA-Regie und dem Titel: „100 Jahre Werkzeugbau – ein Unternehmen schreibt Geschichte der Umformtechnik in Deutschland“. Zwei Jahre vorher, 1996, wurden ein neuer Fabrikanbau für Großmaschinen und eine Pressenstraße eingeweiht:

„Unter Anwesenheit des sächsischen Ministerpräsidenten Prof. Dr. Biedenkopf sowie Vertretern aller deutschen Automobilhersteller konnte die neue Fabrik mit einem feierlichen Akt eingeweiht werden. Damit war in Schwarzenberg eine der modernsten Fabrikanlagen zur Herstellung von Werkzeugen entstanden.“ [86]

Wermutstropfen bleiben: Der Sitz des Betriebes ist Stuttgart, also bei der Porsche-Zentrale, und der Betriebsstandort ist Schwarzenberg. Das gleiche Muster hatten wir beim Radeberger KWD-Karosseriewerk gesehen, wo der Firmensitz bei der Schnellecke Group in Wolfsburg ist, aber ausschließlich in Radeberg gearbeitet wird.

Es ist eben das Schicksal der neuen Bundesländer: Die vormals großen Betriebe und AGs hat der Kommunismus vertrieben oder zerstört, deshalb bleiben diese Landstriche arm und Anhängsel der – erst nach 1945 – reich gewordenen Westländer. Daran werden auch die ständigen Reden unserer Politiker nichts Grundsätzliches ändern können.

Krauss-Werke/CAWI Stanztechnik GmbH/Schwarzenberg

Der Firmeninhaber Friedrich Emil Krauss (1895-1977) besaß den Ruf eines besonderen Unternehmers. 1919, im Alter von 24 Jahren, übernahm er die kaufmännische Leitung des väterlichen Betriebes, nach dem Tod des Vaters 1927 die Leitung des gesamten Werkes. Die Firma Louis Krauss, noch in Schwarzenberg-Neuwelt, leitete 1906 die durchschlagende Innovation des Wäschewaschens ein: Eine mit Wäsche gefüllte, gelochte Metalltrommel dreht sich in der heißen Waschlauge. Zunächst noch mit Handkurbel und Kohlefeuerung entstand daraus in den 1920er Jahren die erste und beste Metallwaschmaschine der Welt: Turna-Krauss, später natürlich mit Elektro-Antrieb und Elektroheizung. Auch die Wäscheschleuder ist eine Krauss-Entwicklung. Die Firma besaß eine umfangreiche Versuchswerkstatt und ein physikalisch-chemisches Labor – der Waschprozess sollte wissenschaftlich untersucht werden.

F. E. Krauss: *„Ich liebte mein Handwerk und wünschte in jede Waschwanne oder jede Wärmflasche wie ein alter Klempnermeister die Marke als Gütestempel eingeschlagen, wie es bei den Handwerkern vergangener Zeiten Brauch war. Es gelang, die Ware zur Markenware zu erheben. Ich führte die Kraussmarke ein.*

Jahrzehntelang fabrizierten wir die meisten Volksbadewannen und Metallwaschmaschinen Deutschlands. Unser Erfolg, der ganze Aufstieg von etwa 200 bis zu etwa 900 Beschäftigten, beruhte auf der Qualität der Ware, die wir mit handwerklicher Sorgfalt verfolgten, und auf der Tüchtigkeit und Zuverlässigkeit meiner erzgebirgischen Mitarbeiter. Mit ihnen zu arbeiten war das Glück meines Lebens! Dank des väterlichen Erbes gelangen mir viele Erfindungen, schon 1937 waren es 500 Patente.

Die Krauss-Werke waren die Firma mit den meisten Schutzrechten ihrer Branche. Unsere wichtigsten Patente dürften gewesen sein: Patente über den Explosionsschutz von Motorradtanks, die Waschmaschinen- und Wäscheschleuder-Patente.

Schließlich beruhte der Erfolg auch auf unserer Werbung. Schon damals druckten wir Prospekte in Auflagen bis zu einer Million. Sie standen meist im Zeichen der Volkshygiene und begannen beispielsweise: ‚Bade dich gesund‘ oder ‚Wäsche muss gekocht werden‘.“ [87]

Das Werk wurde ein NS-Musterbetrieb und natürlich in die Rüstungswirtschaft einbezogen, Krauss selbst hatte den Betrieb für die Fertigung schwieriger Tiefziehteile, wie Motor-Ölwannen, Karosserieteile, Benzinkanister und andere, angeboten. So kamen auch Fremdarbeiter, vorwiegend russische Kriegsgefangene, ins Werk.
Die andere Seite von F. E. Krauss war die kulturelle/politische. Sehr früh begann er mit Privatdrucken und Sonderschriften, insgesamt circa 40 Stück, darunter auch Werbeschriften, wie „Spaziergang durch eine Badewannenfabrik“ und „Krauss ins Haus“. Und natürlich beförderte er das erzgebirgische Brauchtum, eine starke Verbundenheit zur erzgebirgischen Heimat bewahrte er sich bis ans Lebensende. Er verfasste Texte zu erzgebirgischen Liedern, ließ die große, sieben Meter hohe Pyramide für die Stadt bauen und arrangierte Weihnachtsfeiern sowie Streitsingen in seiner Krausshalle, einer großen, festlich ausgestalteten Maschinenhalle.
Ein Höhepunkt im Jahr 1937 waren „50 Jahre Krausswerke“ und die „Feierohmdschau“, die über Schwarzenberg und Sachsen hinaus in anderen Ländern das Erzgebirge als Heimat- und Weihnachtsland bekannt machte. „Das Leben sei ein Lobpreis auf die Heimat“ ist der Titel des Buches von der Tochter Käte Fischer-Krauss [87] und trifft den Charakter von F. E. Krauss sicher sehr gut.
Am Sonnenhang oberhalb des Werkes ließ er sich 1929/30 das „Holzhaus Krauss“ bauen und empfing bekannte Künstler und Kulturschaffende der 1930/40er Jahre.
1940 übernahm F. E. Krauss den Vorsitz des Landesverbandes Sächsischer Heimatschutz, dessen Vorsitzender Professor Oskar Seyffert gestorben war. Er übernahm die Schulden dieses Verbandes und versuchte, eine zu starke Einflussnahme der sächsischen Gauleitung zu verhindern. Natürlich ging der „Betriebsführer Krauss“ eine enge Verbindung zum NS-Staat ein, mehr als viele andere Unternehmer in Sachsen und Deutschland.

Bilder 10: Die Ur-Krauss, noch mit Handkurbel und Kohlefeuerung

Krauss warb für den Badewannenabsatz mit:
„Millionen baden in der Krauss, hast du auch eine Krauss zuhaus?“
CAWI Stanztechnik im ehem. Krausswerk (unten)

Die anderen sahen zuerst die einsetzende wirtschaftliche Verbesserung ihrer Betriebe. Die starke Exportwirtschaft Sachsens hatte unter den Verhältnissen der 1930/32er Jahre besonders zu leiden. Noch im

März 1933 betrug die Anzahl der Arbeitslosen fast 700.000, wenige Jahre später war sie auf circa 15 Prozent davon gesunken.

Doch F. E. Krauss ging weiter, er suchte die Bekanntschaft mit Sachsens mächtigstem Mann, Gauleiter Mutschmann. Dieser trat wiederholt in der Krausshalle bei Veranstaltungen und Preisverleihungen auf. Auch mit Reden und Aufsätzen positionierte sich Krauss als überzeugter Nationalsozialist. 1937 besuchte er mit Freunden das (noch) tschechische Egerland, um in Böhmisch-Wiesenthal bei Bastlern und Schnitzern Weihnachtsberge anzuschauen.

Beim Einmarsch der deutschen Wehrmacht war er dabei:

„Ein knappes Jahr später stand ein Spähwagen vor dem Schlagbaum von Breitenbach. Ein junger Leutnant schaute heraus. Er stand droben wie der Inbegriff der deutschen Jugend, so sicher und so froh. Der Schlagbaum wurde gehoben. Wir gingen ein Stückchen mit, viele gingen mit, die nicht zu halten waren. Wir sahen die Tränen der Freude, sahen, wie das Erleben die Frauen und Männer überwältigte. Wir sahen Weinende an die Geschütze fassen, ob es auch wahr wäre.

Wir wissen's genau: diese Weihnacht wird im ganzen Gebirge, dessen Kamm für das deutsche Volk nie eine Grenze war, festlicher und inniger gefeiert werden denn je zuvor, die Weihnacht im Jahr des großen Glückes, dem ersten Jahr Großdeutschlands! Am Tage des Einzugs hatten die Befreiten Tausende von Kerzen angezündet – wie mag es zu Weihnachten leuchten, zu aller Erzgebirger glücklichstem Fest.

Wir wollen heim ins Reich, hieß es in einem Aufruf Konrad Henleins – nun sind sie daheim, derham. Weihnachten ist das Fest der Liebe und der Hoffnung – sie werden nur so leuchten, die Fenster der kleinen Häuser auf sicherem deutschen Boden. Es wird jeder Leuchter brennen und jede Pyramide laufen. Alles, was in den verschnürten Schachteln lag, wird aufgebaut sein und glänzen. Welch ein Glück, ein Erzgebirgler zu sein, der für seine Heimatliebe und Weihnachtsfreude den rechten Ausdruck findet. ‚Wos soll ich sogn', sagt der Gebirgler, ‚guck dir menn Barg a*!' – und strahlt selbst übers ganze Gesicht.“* Friedrich E. Krauss [88]

Im März 1945 feierte F. E. Krauss den 50. Geburtstag, er erhielt aus dem Anlass den Titel Dr.-Ing. e. h. der TH Dresden.

1945 blieben der Landkreis Schwarzenberg, weitere Kreise und 23 Städte/Gemeinden vom 12. Mai bis 25. Juni noch besetzungsfrei. Die in dieser Zeit von Kommunisten initiierte „Freie Republik Schwarzenberg“ war keineswegs frei, sondern es wurden in erster Linie die Absetzung der amtierenden Bürgermeister und Landräte sowie Terror gegen das Bürgertum betrieben. Lenore Lobeck hat in ihrem Buch „Die Schwarzenberg-Utopie“ diese Verhältnisse sehr detailliert untersucht. [27]

Auch Stefan Heym hat in seinem Roman „Schwarzenberg“ (1948) die Verhältnisse verkürzt beschrieben. Der nun amtierende Bürgermeister Irmisch und der von der SED beherrschte Stadtrat setzten (seit 1946) die SED-Politik konsequent fort einschließlich der Enteignungen und Ausweisungen. F. E. Krauss war im August 1945 verhaftet worden, Irmisch wurde Treuhänder in den nun „verwaisten“ Krausswerken und betrieb auch die zahlreichen Ausweisungen aus Schwarzenberg, darunter fielen auch die Krausstöchter. Obwohl Krauss keine Landwirtschaft betrieb, wurde die „Bodenreform“ vorgeschoben:

Stadtrat
Schwarzenberg/Erzgeb. Schwarzenberg, am 14. Februar 1947

Fräulein
Käthe Krauß

Schwarzenberg

Auf Grund einer Verordnung vom 10. September 1945 und der dazu ergangenen Anweisung der Landesverwaltung vom 26. September 1945 sind die Familienangehörigen der nach der Bodenreform enteigneten Wirtschaften zu entfernen.
Diese Anweisung ist sofort durchzuführen.
Da Sie unter diese Verordnung fallen, werden Sie hiermit aufgefordert, die Stadt Schwarzenberg bis **spätestens heute abend, 18 Uhr**, zu verlassen und die Stadt nicht mehr zu betreten.
Sie sind berechtigt, Ihre Leibwäsche und sonstige Kleidungsstücke sowie Lebensmittel mitzunehmen.

Alle anderen Gegenstände sind zurückzulassen.
Die von Ihnen bewohnten Zimmer werden polizeilich geschlossen.
Alle Schlüssel für diese Zimmer sind der Polizei zu übergeben.
Anbei erhalten Sie eine Zuweisung für die Stadt Schneeberg als neuen Wohnsitz.

Rückseite:

Diese Bescheinigung ist dem dortigen Wohnungs- bzw. Meldeamt bei Ihrem Eintreffen vorzulegen.
Bei Verstoß gegen umstehende Anweisung haben Sie mit Bestrafung zu rechnen.

Stempel: Stadt Schwarzenberg Erzgebirge
Bürgermeister
mit Wappen gez.: Irmisch

Über die Haftzeit von F. E. Krauss in Bautzen berichtet die Tochter Irmgard, dass der Vater im August im Sommeranzug verhaftet wurde und man ihm warme Sachen schicken wollte. Sie erreichte das über den Kommandanten des Gefängnisses Schloss Osterstein Zwickau, der zusicherte, das Paket nach Bautzen mitzugeben. Krauss berichtete später:

„Wir standen wie täglich auf dem Appellplatz. Wie viele waren es wohl? Allein im Saal D, wo ich Saalkommandant war, in diesem früheren Arbeitssaal, hatte man in 3-stöckigen Betten 400 Männer untergebracht.

Als wir da standen, kam ein russischer Offizier, nichts Neues. Aber eins fiel auf. Er trug eine Schachtel. Komisch, dass er einen Pappkarton in der Hand hatte. Ich wurde nach vorn gerufen, und als ich dort war, gefragt: ‚Wie sehen Sie denn aus?'

Ich war nur mit Lumpen bekleidet. Aus dem Sack Trikotlappen, wie sie dort in der Gefängnisbäckerei zum Putzen genommen wurden, hatte ich mir einige Stücke Wäsche herausgesucht, die mich einigermaßen bedeckten. Mein Anzug war mir nämlich gestohlen worden.

‚Ich habe für Sie etwas mitgebracht. Das ist für Sie', ließ er mich über den Dolmetscher wissen, nachdem ich ihm erklärt hatte, warum ich so aussehe. Er gab mir die Pappschachtel, und ich sah plötzlich meinen Namen darauf stehen und mein Geburtsdatum, ganz groß geschrieben, und das war die Schrift meiner Tochter Irmgard.

Was war da drin? Meine alte dunkelblaue Skihose mit Stegen und Bändern unten an den Füßen, sie hat mich dann viele Jahre bekleidet und gewärmt. Eine gestrickte graue Wolljacke, Handschuhe und Socken. Vielleicht auch Unterwäsche und ein Hemd, das weiß ich nicht mehr.

Es war für mich wie ein Wunder – wie es in all den Haftjahren, auch für andere Männer, so etwas wie eine Hilfe vom Himmel gegeben hat." [87]

Es war auch jede Solidarität unter den Häftlingen verloren gegangen – eine Folge der unmenschlichen Haftverhältnisse. Wie Tieren war jedem nur das eigene Überleben wichtig. Der Häftling Krasting, von dem wir noch berichten werden, hatte keinen Esslöffel und kein Gefäß für die Wassersuppe. Das kümmerte die Mithäftlinge nicht, so konnten ihre Portionen eben größer sein!

F. E. Krauss wurde 1950 in das Gefängnis Waldheim verlegt und dort das Urteil von 12 Jahren Haft ausgesprochen mit der Begründung, dass er Fremdarbeiter in den Kriegsjahren beschäftigt hatte (Waldheimer Prozesse). Dabei war von diesen die Behandlung in den Krausswerken den Umständen entsprechend gut beurteilt worden, Krauss hat sie am Bahnhof Schwarzenberg verabschiedet. Als gelernter Klempner und Blecharbeiter konnte er in den Werkstätten arbeiten. Die letzte Zeit wurde er in Berlin-Schönhausen als konstruktiver Blecharbeiter bei der Entwicklung eines Rennwagens eingesetzt.

F. E. Krauss kam nach neun Jahren Haft 1954 frei – sicher eine Folge des Arbeiteraufstandes 1953, wo es zu vielen anderen Entlassungen und auch zum Beispiel der Rückgabe der SAG-Betriebe an die DDR gekommen war.

Er ging nach Baden-Baden, wo seine Lebensgefährtin Maria Hochhut wieder wohnte, gründete ein Ingenieurbüro, entwickelte wieder Waschmaschinen. Frühere Geschäftsfreunde halfen aus, spendeten eine Büroeinrichtung, einen PKW. Doch der Aufbau eines eigenen Waschmaschinenbetriebes scheiterte an Krediten. Die alten Reichspatente waren abgelaufen und konnten nicht mehr zur Kapitalisierung dienen. Wie in anderen Fällen auch hatte sich der Altbundespräsident Theodor Heuss um Unterstützung bemüht.

So wurde der „Exilfabrikant" Industrieberater bei den großen Buderus'schen Eisenwerken Wetzlar, eigenverantwortlich mit Konstruktionsbüro und Versuchswerkstatt. Er schuf mit seinen Männern wieder Waschautomaten. Erst 1973 ging er mit 78 Jahren in den endgültigen Ruhestand und starb 1977 in Stuttgart.

Die Stadt Schwarzenberg hat E. F. Krauss viel zu verdanken, ihn jedoch bis zuletzt wie einen räudigen Hund behandelt.

Die große Krauss-Pyramide stellt man gern zur Weihnachtszeit auf, schmückt sich mit dem Museum im Schloss. Es stammt vorwiegend aus dem Krauss-Nachlass. Schließlich besaß die Stadt über viele Jahrzehnte einen hohen Bekanntheitsgrad durch die „Krauss-Ware", das kulturelle Schaffen von F. E. Krauss sowie hohe Steuereinkünfte. Aber nein, die Stadtverwaltung blieb ihrer stalinistischen Gesinnung bis 1990 treu.

1975 wollte der 80-jährige Krauss noch einmal seine Heimatstadt, das Grab der Eltern, einige Bekannte besuchen. Mit einem Begleiter reiste er nach Chemnitz (Karl-Marx-Stadt), wollte als normaler Bundesbürger (vermutlich) im Chemnitzer Hof übernachten. Der ausgefüllte Meldeschein reichte aus, dass die SED-Genossen in Schwarzenberg erfuhren, wer zu Besuch kommen wollte. Ein 80-jähriger Rentner, früher ein großer „kapitalistischer Ausbeuter"! Vielleicht wollte er einen Umsturz inszenieren! So wurden Krauss und seine Begleitung am gleichen Tag als „unerwünschte Personen" ausgewiesen. Doch die Tragödie war noch nicht zu Ende. Der Wunsch des später Verstorbenen, die Urne im elterlichen Familiengrab in Schwarzenberg beizusetzen, wurde abgelehnt. Die Kirche hatte also auch im eigenen Bereich, dem Friedhof, keine Rechte mehr. Die Urne konnte erst nach 1990 in die Heimatstadt gebracht werden.

In Schwarzenberg wurden die, wie bereits erwähnt, als „verwaist" bezeichneten Krausswerke nach „rechtskräftiger" Enteignung als VEB Waschgerätewerk fortgeführt. Die alte Belegschaft, täglich aus

den Nachbarorten bis Markersbach und Rittersgrün herbeiströmend, sprach noch vom Krausswerk, auch viele Jahre später. Das Schicksal vom „Friedrich Emil" wurde durchweg bedauert und missbilligt, die meistens neu eingesetzten SED-Funktionäre stießen mit ihren Parolen vom neuen Aufbruch ohne Kapitalisten und Ausbeuter auf vielfache Ablehnung.
Die Produktion lief aufgrund der demontierten Anlagen sehr langsam an, Geräte für Haushalt und Landwirtschaft wurden produziert. In den 1950er Jahren wurde gemäß der Krauss'schen Betriebsorganisation die Waschmaschinenproduktion wieder zügig aufgenommen. In der Stanzerei stampften wieder eine große doppelständrige Hilo-Ziehpresse und Exzenterpressen der bekannten Auer Hersteller. Neben den Waschmaschinen spielte die Fertigung von Motorradtanks nach den Krauss-Patenten eine wesentliche Rolle. Die Entwicklung des Schall-Waschgerätes „Waschbär" (ursprünglich von Bosch–Stuttgart entwickelt) setzte sich aus verschiedenen Gründen nicht durch (es soll von schwangeren Frauen zur Abtreibung eingesetzt worden sein).
Recht bald hatten die DDR-Planungsbehörden in Berlin erkannt, dass man mit dem Know-how des ehemaligen Krausswerkes nahezu ein Alleinstellungsmerkmal besaß. Krauss hatte bis 1945 mit seiner „Kraussware" in Deutschland und halb Europa die führende Rolle gespielt. Nun konnte man zumindest für die DDR und die befreundeten Ostländer auf das Monopol einer vollwertigen, modernen Metallwaschmaschine aufbauen. Das Werk wurde erweitert auf ein Produktionsvolumen von circa 500.000 Maschinen/Jahr, wovon etwa 20 Prozent in die Ostländer exportiert wurden. Ein Höhepunkt der frühen DDR-Waschkultur entstand mit der WM 66. Ab 1966 kam diese Einfach-Maschine in den Handel, mit Wellrad-Antrieb im Boden, ohne Abflusshahn, ohne Wasseranschluss und ohne Temperaturregler. Man konnte sie auch als Einkochapparat und als Heißwasserspeicher beziehungsweise Wärmebad verwenden.

1969 entstand mit Einbeziehung weiterer Betriebe der Großbetrieb Waschgerätewerk, 1970 das VE Kombinat „Monsator" Haushaltgeräte, unter anderem mit „dkk" Scharfenstein (Kühlschränke) und Gasgerätewerk Dessau. Die weiteren Entwicklungen führten zu halb-

und vollautomatischen Maschinen, aber stets war der Zwang zu einer höheren Stückzahl entscheidend.

Eine Wirtschaftschronik der Stadt Schwarzenberg nennt die Produktionszahlen:

1965	(Juni)	1. Million
1969	(August)	2. Million
1973	(April)	3. Million
1976	(Februar)	4. Million
1978	(August)	5. Million
1980	(November)	6. Million
1982	(Dezember)	7. Million
1988	(November)	8. Million

In den Jahren 1976 bis 1982 wurden stets in circa 2,5 Jahren eine Million Maschinen produziert, also in 750 Arbeitstagen (300 Arbeitstage/Jahr). Das sind pro Arbeitstag circa 1.300 Maschinen. Erst ab 1982 dauerte es sechs Jahre bis zur nächsten, der achten Million. Hier war der Export, auch zu Billigpreisen ins andere Deutschland, aber auch nach Holland und Belgien, bereits rückläufig.

Nach 1990 schleppte sich das Sterben der Waschgerätewerk GmbH bis 1999 hin. Der Versuch, 1991 eine Lizenzproduktion von Siemens aufzunehmen, scheiterte. Es zeigte aber auch das technische Niveau der eigenen Produkte. Ausgliederung bestimmter Bereiche, Aufteilung in drei Betriebe – Entwicklung, Vertrieb/Service, Produktion – und der Zusammenschluss zur Foron Hausgeräte GmbH mit dem dkk-Kühlschrankwerk hielten den Niedergang nicht auf. Mit dem Jahr 2000 ging nach circa 110 Jahren Schwarzenberger Waschmaschinen diese Tradition zu Ende. 60 Jahre Krausswerke mit den besten Metallwaschmaschinen und vielen Patenten, 50 Jahre Ausrichtung auf Masse statt Klasse/Differenzierung und jäher Absturz. Ein Vergleich zum Kamerawerk Pentagon Dresden bietet sich zwangsläufig an. Eine Ironie der Geschichte, dass gerade der Betrieb zugrunde ging, welcher der Welt das beste Waschverfahren – die gelochte Wäschetrommel dreht sich in der heißen Lauge – geschenkt hat.

Natürlich gab es massive Störversuche der Wettbewerber, hier und

noch stärker bei den Foron-Kühlschrankbauern. Harter Wettbewerb mit oft nicht legalen Mitteln ist eben auch ein Merkmal der Marktwirtschaft.
Wir dürfen mit Gewissheit davon ausgehen, dass ein Pionier der Waschmaschine wie F. E. Krauss und seine Nachfolger dem Trend der Entwicklung gefolgt wären und rechtzeitig neue Entwicklungen vorgestellt sowie – vielleicht, wie alle kreativen Unternehmer – sich auf neue Produkte orientiert hätten.
Die Kunststoff/Plaste-Entwicklung war angelaufen, von Plaste-Kinderbadewannen hatte Krauss schon gesprochen. Welche Möglichkeiten, vom Bad über die Küche, von Möbelbeschlägen bis zum Herdbereich – seine Werbeschrift „Krauss ins Haus" wäre über Wasser und Waschen hinaus für den gesamten Haushalt von Bedeutung gewesen!

Natürlich hilft heute jede Diskussion über „hätte und wäre" nicht weiter. Aber es ist wieder ein Mosaikstein zur Verständigung Ost–West:

- Der Kommunismus hat einen vormaligen Marktführer in den Ruin gefahren, „wüst gefallen", sagt Professor Abelshauser.
- Nun konnten die westdeutschen und ausländischen Wettbewerber, wie Miele und die anderen, die Krauss-Technik kopieren und unerhört ausbauen.
- Und der Bundesbürger von Kiel bis Stuttgart und München kann sich wieder einmal auf die Brust schlagen: Wir sind die Erfinder und Entwickler, hier ist und war die moderne Technik zu Hause, nicht im Osten, wo vermutlich viel einfache, grobschlächtige Technik vorherrschte.

Heute arbeitet eine CAWI Stanztechnik GmbH im ehemaligen Krausswerk. Sie ist eine von vier Standorten dieser CAWI-Gruppe. 200 Beschäftigte fertigen „Metallstanz- und -ziehteile sowie Schweiß- und Montagebaugruppen für die Auto-, Elektro- und Haushaltgeräteindustrie". Ein eigener Werkzeugbau mit dem Schwerpunkt Autoindustrie wird erwähnt. Also wieder ein Lohnfertiger ohne eigenes Produkt, die Zentrale anderenorts, eine verlängerte Werkbank.

CAWI liegt nur circa 2 Kilometer vom ESEM Werkzeugbau, jetzt Porsche, entfernt. Wenn der Moloch Volkswagen in seinem Porsche Werkzeugbau einmal an Kapazitätsgrenzen stößt, wird man sicher zuerst nach dem benachbarten CAWI-Werk schielen.

Doch die Krauss-Geschichte ist noch nicht zu Ende. 60 Jahre nach der Freien Republik Schwarzenberg, 2005, werden die Fragen und Probleme dieser 1945er Jahre nochmals aufgegriffen und diskutiert. Voran die Zeitung Freie Presse Chemnitz, die am 24. Juni 2005 diesem Thema eine volle Seite widmete. Aus den Fragen „Was war?“, „Was hätte sein können?“ klingen die Antworten wie eine Entschuldigung, dass die SED-Genossen dieses ersten Aktionsausschusses jahrelang in KZs gesessen hätten und von ihnen nun keine Milde zu erwarten gewesen wäre. Das stimmt nur teilweise. Gerade die Hauptakteure, wie der amtierende Bürgermeister Willy Irmisch sowie Willy Krause und Max Krause, arbeiteten bis 1945 oder waren arbeitsunfähig, zum Teil auch vom Kriegsdienst verschont („wehrunwürdig“, uk-gestellt). Sie hatten aber zeitweilige Gefängnisstrafen in den 1920/30er Jahren erhalten, in diesen Jahren wegen der aktiven Teilnahme/Führerschaft an den Unruhen und Gewaltaufrufen in Sachsen. Lenore Lobeck hat in den Archiven die Fakten gefunden:
„Am 29. März 1920 berichtete die Amtshauptmannschaft Schwarzenberg, dass der Vollzugsrat für Schwarzenberg besonders radikalen Charakter‘ angenommen habe. Ein Ausschuss von zwölf Mann erpresste im ‚Kampf gegen die Reaktion‘ von der Amtshauptmannschaft Gewehre ‚zur Bewaffnung des Proletariats‘, und es kam unter anderem zu tätlichen Angriffen auf den Amtsgerichtsvorstand.
Eine führende Rolle spielte dabei der damals als Lehrer in Schwarzenberg tätige Kommunist Ernst Schneller. Der Schwarzenberger Aktionsausschuss, später Vollzugsrat, setzte sich unter Vorsitz von Willy Krause aus Mitgliedern der USPD, KPD und SPD zusammen. Diese gaben am 17. März 1920 im Schwarzenberger Tageblatt bekannt, dass der Aktionsausschuss ‚im Bereich der Industrie Schwarzenberg die politische und vollziehende Macht übernommen‘ hat. Jede andere Behörde sei dem Aktionsausschuss unterstellt und habe dessen Anweisungen Folge zu leisten. ‚Eine Arbeiterwehr ist gebildet worden.‘ Die Bevölkerung wurde zur Waffenabgabe aufgefordert.

‚Plünderer, auf frischer Tat ertappt, werden an Ort und Stelle erschossen.' Gegenrevolutionäre Bestrebungen würden ‚rücksichtslos geahndet'. ... Nur Anordnungen von Personen mit einem ‚Arbeiterrat' gestempelten Ausweis haben Gültigkeit.

Ende März 1921 rief Ernst Schneller zum Generalstreik auf, um die Arbeitskämpfe in Mitteldeutschland zu unterstützen. Das Ziel sei, die Räterepublik auszurufen. Ein großer Teil der Arbeiter hatte sich aber gegen den Streik ausgesprochen. Mit Drohungen gegen die Arbeitswilligen und mit der Zerstörung von Wasserkraft- oder Produktionsanlagen erzwangen die kommunistischen Anführer etliche Betriebsstilllegungen im Landkreis. Die fehlende Unterstützung seitens der Arbeiterschaft bewog Schneller dazu, den Streik wieder abzubrechen mit der Begründung, die SPD habe den Streik verraten." [27]

Noch rabiater war der Terrorist Max Hölz im vogtländischen Falkenstein vorgegangen. Als Anführer einer „Roten Garde" ließ Hölz „in seinem Heimatort Falkenstein alle Beamten im Gerichtsgebäude zusammenrufen. Nach eigener Beschreibung spielte sich dann Folgendes ab: *‚Ich erklärte ihnen, jetzt habe die Arbeiterschaft die Macht in den Händen. Sie brauche die bürgerlichen Gesetze nicht, die nur gemacht seien, um die Arbeiter ihren Unterdrückern botmäßig (veraltete Form für untertänig) zu erhalten. Wir machen uns unsere Gesetze selbst.' Daraufhin ließ Hölz alle Akten und Bücher verbrennen. Angeblich brannte der riesige Aktenberg ganze drei Tage und Nächte. In seiner spektakulärsten Aktion gelang es Hölz später, mit einer Gruppe von fünfzig Mitstreitern vierundzwanzig Kameraden aus dem Gefängnis in Plauen zu befreien, ohne dass dabei jemandem ein Haar gekrümmt worden wäre."* [21]

Die SPD-geführte Reichsregierung ließ aufgrund dieser Ereignisse die Reichswehr in Sachsen einrücken, und diese beendete die Revolten mit nicht zimperlichen Maßnahmen.

Diese Fakten muss man berücksichtigen, wenn man die Geschichte der Freien Republik Schwarzenberg bewerten will. Da war nichts „frei". Der Aktionsausschuss erzwang zuerst die Ernennung des Bürgermeisters Irmisch.

L. Lobeck: *„Damit war der Weg für die Besetzung weiterer Schlüsselstellen in der städtischen Verwaltung geebnet, und Bürgermeister*

Irmisch nahm erste Entlassungen und Neueinstellungen vor. Die Mitglieder des Aktionsausschusses stellten die noch tätigen städtischen Polizeibeamten unter ihre Aufsicht. Sie brachten das Amtsgerichtsgefängnis unter ihre Kontrolle und führten eigenmächtig Verhaftungen durch. Sie beschlagnahmten Lebensmittel und Gebrauchsgüter in Betrieben und bei Privatpersonen, wobei nicht von einer ausschließlich gemeinnützigen Verwendung der konfiszierten Güter ausgegangen werden kann. Unter dem Vorwand der Entnazifizierung richteten sich ihre Angriffe von Anfang an gegen bürgerlichen Kreisen zugerechnete Personen." [27]
Der vorläufig letzte Akt der Krauss-Geschichte spielte sich im Jahr 2008 ab. Die Freie Presse berichtete:

Erzgebirgsensemble sieht sich Vorwürfen und Drohungen ausgesetzt
Veranstaltung zu Friedrich Emil Krauß als Förderer der Volkskult abgesagt

Das Erzgebirgsensemble Aue wollte mit anderen Mitwirkenden am 10. Juni im Kulturhaus Aue an den Schwarzenberger Fabrikanten Friedrich Emil Krauß als Förderer der erzgebirgischen Volkskultur erinnern. Jetzt sah sich Steffen Kindt, Chef des Ensembles, zur Absage der Veranstaltung gezwungen. Über Hintergründe sprach Frank Nestler mit dem Kulturwissenschaftler.

Freie Presse: Warum die Absage? War die Kartennachfrage zu gering?
Steffen Kindt: Nein. Wir hätten sicher volles Haus gehabt. Die Absage hat keine wirtschaftlichen Gründe.
Freie Presse: Sondern politische?
Kindt: Vor allem. Das reicht bis zu Drohkulissen, die gegen mich und das Ensemble aufgebaut werden. Wir wollen ein Stück Regionalgeschichte, die sich zum Teil in der Nazizeit abgespielt hat, aber bis heute das Leben der Menschen im Erzgebirge nachhaltig durchzieht und bestimmt, sachlich aufarbeiten. Angesichts aktuell-politischer Ereignisse in Deutschland und speziell in Sachsen ist zu befürchten, dass unser Anliegen zum jetzigen Zeitpunkt verkannt oder sogar bewusst falsch interpretiert werden kann.

Freie Presse: Weil der Fabrikant Krauß unter anderem auch nationalsozialistischer Kulturfunktionär war?
Kindt: Zum Beispiel. Dabei war immer klar, dass wir nicht vorhatten, diese Rolle von Krauß auszublenden oder zu beschönigen. Sie sollte aber auch nicht im Mittelpunkt stehen. Es ging uns um einen Beitrag zum differenzierten Aufarbeiten der Krauß-Biographie. Wir wollten entstauben, nicht glorifizieren. Man kann doch die so oft geforderte Aufarbeitung des regionalen kulturellen Erbes nicht bewältigen, indem es totgeschwiegen wird.
Freie Presse: Sie erwähnten politische Drohkulissen. Wie sehen die aus?
Kindt: Es formiert sich massiver politischer Druck linksgerichteter Kräfte, die, ohne zu hinterfragen, Leute in die braune Ecke stellen. Einige von uns eingeladene Zeitzeugen wurden bereits eingeschüchtert. Und es gibt auch ernst zu nehmende Hinweise, was beabsichtigte Störungen der Veranstaltungen im Kulturhaus angeht. Als Ausrichter habe ich zum Schutz der Zeitzeugen, der Mitwirkenden und Gäste die Veranstaltung abgesagt.
Freie Presse: Haben denn Veranstaltungsgegner mit Ihnen gesprochen?
Kindt: Vertreter der Linkspartei sind scheinbar nicht in der Lage, ihre Einwände im Gespräch mit dem Veranstalter zu formulieren und mit ihren Argumenten und Fakten zu Krauß offensiv und sachlich die Veranstaltung zu bereichern. Andere Parteienvertreter haben das Anliegen der Veranstaltung hinterfragt und der geplanten differenzierten Betrachtung zugestimmt.

Der Leser mag sich ein Urteil bilden. Neun Jahre schlimme Lagerhaft reichen Kreisen der Linkspartei nicht aus, diesen F. E. Krauss sachlich zu beurteilen, Vergleiche anzustellen, abzuwägen. Abgrundtiefer Hass gegen das Bürgertum, früher und zum Teil eben noch heute. Bürgerliche Kreise, Unternehmer, Geschäftsleute, Freischaffende, Künstler, gleich in welchem Bundesland, sollten sich darüber Gedanken machen.

Pressspanfabrik Untersachsenfeld GmbH/Schwarzenberg

Zu ergänzen ist, dass auch der Erzgebirgsraum Schwarzenberg/Raschau/Antonsthal einen erheblichen Beitrag zu Sachsens Papierbranche geliefert hat und wieder liefert. Bereits seit 1868, also wenige Jahre nach dem ersten Keller-Holzschliff, betrieb eine Firma Gebr. Freitag in mehreren Orten eine große Pappen- und Kartonagen-Fabrikation, die in den DDR-Jahren wie üblich als VEB weitergeführt wurde. Nach 1990 entstand eine neue Kartonagen Schwarzenberg GmbH, die Vollpappen und Faltschachteln für circa 200 Abnehmer bereitstellt.

Eine besondere Papierspezialität dieser Gegend ist die Herstellung von Pressspan, das ist eine feine, hochglänzende Spezialpappe, die besonders als Isolierwerkstoff in der Elektroindustrie eingesetzt wird. Seit den 1890er Jahren lieferte eine „Preßspanfabrik Untersachsenfeld AG" große Mengen Isolier-Pressspan an die deutschen Elektrofirmen, unter anderem an die Siemens AG. Der Betrieb konnte sich bis 1972 als halbstaatliche KG erhalten, nach Zerschlagung aller halbstaatlichen Unternehmen 1972 wurde er anderen Betrieben zugeordnet. 1992 entstand durch ein MBO die Pressspanfabrik Untersachsenfeld GmbH. Die jährliche Produktionsmenge von 4.000 Tonnen Pressspan, Hartpappen und Flachdichtungen ist erheblich. Die Tradition dieser Papierproduktion ist begründet durch den Reichtum an Holz und Wasser dieses Erzgebirgsraumes, für den ansonsten der Bergbau und die Blechverarbeitung typisch sind.

Emaillierwerke Gebr. Gnüchtel AG/Gebr. Götz Maschinenfabrik/Metallwarenfabrik Schneider & Korb/Lauter-Bernsbach

Auch die „Städtchen" Lauter und Beierfeld, heute vernünftigerweise mit den Nachbarorten zu Lauter-Bernsbach und Grünhain-Beierfeld zusammengelegt, sind typische sächsische Beispiele für kleine Ortschaften mit bedeutender Industrie. In Lauter gründete bereits 1838 eine Familie Gnüchtel einen Blechwarenbetrieb, aus welchem ab

1898 die „Sächs. Emaillier- und Stanzwerke vorm. Gebr. Gnüchtel AG“ hervorgingen. Ein für die überwiegend eigentümergeführte Industrie in Sachsen und auch für den Ort Lauter großes Unternehmen mit einem europaweiten Export dieser Emaillierwaren. Kriegsschäden hatten diese Orte im südlichen Sachsen nur in sehr geringem Maße erlitten, und so konnte nach Enteignung der Unternehmerfamilien ein VEB Schwerter Emaille die Produktion von emailliertem Haushaltgeschirr fortsetzen. Nach 1990 konnte das Werk die große Gnüchtel-Tradition nicht erhalten, und so steht der große Betrieb als Industrieruine im Ort. Immerhin setzt ein Omeras GmbH genannter Betrieb die Emailliertradition in Lauter fort. Unter dem Slogan „Surfaces in Emaill“ werden großflächige Paneele verschiedener Art, unter anderem für Gebäudeverkleidungen, gefertigt.

Ein ebenfalls international anerkanntes Unternehmen war die „Gebr. Götz Maschinenfabrik“. Sie lieferte die gesamte Palette an Blechbearbeitungsmaschinen wie Zieh- und Exzenterpressen, aber auch Drück- und Planierbänke, Schweißnahtglättmaschinen und andere Sondermaschinen.
Die Spezialität waren schwere Exzenterpressen und die Firma rühmte sich, die besten Exzenterpressen der Welt zu bauen. Gebr. Götz war bevorzugt der Ausrüster der vielen hundert kleineren und kleinsten Blechwarenhersteller, und jeder konnte für seinen Milchtopf oder seine Backform eine spezielle Presse erhalten. Die Firma war auch eine der ersten in Deutschland, welche hydraulische Pressen herstellte. Der Betrieb wurde natürlich 1945 demontiert und später von der Blema Aue als Produktonsstätte genutzt.
In dem nordöstlich an Lauter angrenzenden Bernsbach ist die „Metallwarenfabrik Schneider & Korb“ der größte Blechwarenhersteller gewesen. Mit „SUK“ und einem Autokotflügel im Firmenzeichen spezialisierte sich die Firma auf die Fertigung großer Kotfügel für die Wagen der Luxusklasse sowie alle anderen Karosserieziehteile. SUK war Zulieferer für Horch-Zwickau und die anderen sächsischen Autowerke, aber auch weitere deutsche Fahrzeugfirmen haben ihre Pressteile aus Bernsbach bezogen. Auch die Karosserie der ersten Bauserie des DKW-Front F1 wurde bei Schneider & Korb entworfen und gefertigt.

Bild 11: Gebr. Götz, Hersteller der klassischen Exzenter- und Ziehpressen, Sondermaschinen und moderner hydraulischer Pressen – ein kreativer sächsischer Mittelständler bis zur Vernichtung 1945 durch Demontage und Enteignung.

Nach dem Zweiten Weltkrieg demontiert – die Fabrikwände wurden zum Teil aufgebrochen, um die schweren Ziehpressen schneller herausreißen zu können – wurde der Betrieb als VEB Blechformwerke Erzgebirge wieder eingerichtet und belieferte die Fahrzeugindustrie der DDR von Zittau bis Zwickau und Zschopau. Ab den 1990er Jahren hieß die Firma „Blechformwerke Erzgebirge Bernsbach GmbH", und dass der alte Schneider & Korb-Geist noch vorhanden ist, zeigt die 1996 erhaltene Auszeichnung: Von den 30.000 für General Motors weltweit tätigen Lieferanten wurden 173 als „Lieferant des Jahres 1996" ausgezeichnet. Als einziges mitteldeutsches Unternehmen gehörte der Bernsbacher Betrieb dazu.

Feuerhandwerk Hermann Nier/Kaiser/Leifheit Beierfeld/Nassau/Diez

Das an Schwarzenberg angrenzende Beierfeld ist einer der typischen Industrieorte des Aue/Schwarzenberger Raumes. Durch fränkische Siedler um 1208 gegründet, wurde die Eisen- und Blechverarbeitung/Verzinnung bereits um 1580 betrieben, und ab 1700 gab die Löffelmacherei der Industrialisierung den ersten Auftrieb. Bei circa 5.000 Einwohnern hatten sich in den 1920er Jahren circa 90 Gewerbebetriebe gebildet, die Haushalt- und Blechwaren jeder Art herstellten. In einer Abhandlung über Sachsen in diesen Jahren nach dem Ersten Weltkrieg heißt es: *„Die Planlosigkeit im Städtebau war in vielen sächsischen Ortschaften mit ihrer kunterbunten Mischung aus Fabrik-, Wohn-, Geschäfts- und Wirtschaftsgebäuden zu erkennen, wie ein Wanderer durch die Kleinstadt Beierfeld (Erzgebirge) feststellte: ‚Regellos würfeln sich moderne Fabriken, uralte Bauerngüter, kitschige Ladenhäuser, ärmliche Arbeiterwohnungen durcheinander. Bunte Mauern, grelle Plakate wetteifern; zerstanztes, verrostetes Blech liegt in wirren Haufen im Fabrikhofe; an jedes Klempnerhäuschen ist ein dreifenstriges Hinterhaus als putzige Kleinfabrik angelötet; winklige Gärten schieben sich scheu in den Wirrwarr.'"* [21]

Trotzdem brachten die Jahre nach Überwindung der großen Inflation, also ab 1924, einen Aufschwung auf allen Gebieten. Die Wohnungsnot ging zurück, der Bestand an Kraftfahrzeugen nahm sprunghaft zu. Zwischen 1921 und 1927 stiegen in Sachsen die Zulassungen (PKW und Motorräder) von 10.000 auf 66.000 an. Der Freistaat

Sachsen lag auch hier infolge seiner großen Industrie- und Bevölkerungsdichte an der Spitze des Deutschen Reiches.
Beierfeld hatte sich seit den 1870er Jahren zum Hauptort der erzgebirgischen Blechwarenindustrie entwickelt.

Bereits 1871 wurden laut Ortschronik aus Weiß- und Schwarzblech hergestellt: Backformen, Botanisiertrommeln, Durchschläge, Gemäße, Gießkannen, Heber, Kaffeemaschinen, Kannen, Kocher, Trichter, Schaufeln, Klappern, Töpfe, Laternen, Tüllen, Leuchter, Milchkrüge, Melkgelten, Schreibzeuge, Näpfe, Büchsen, Teller, Waagschalen, Waschbeckeneimer, Zuckerdosen, Kaffeetrommeln, Ascheeimer, Bratröhren, Öfen, Ofenrohre, Reinigungstüren, Kuchenbleche, Tiegel, Militärfeldkessel und Kinderspielwaren.

1898 begann die Firma Albert Frank aus München, die Großabnehmer von Blecherzeugnissen aus Beierfeld war, hier ein eigenes Werk für Blechwaren und Sturmlaternen aufzubauen. Als „Frankonia AG" produzierte die Firma eine sehr breite Palette von Metallwaren, auch in kunstgewerblicher Ausführung wie Rauchtische und Lampen. Besonders aber spezialisierte sie sich ab etwa 1900 auf das Zubehör der anwachsenden Fahrzeugindustrie. Zunächst Fahrradteile (Felgen, Schutzbleche, Beleuchtung), bald aber auch Autozubehör wurden an viele der neu gegründeten Autofirmen geliefert.

In einem Bericht über die Berliner Automobilausstellung 1907 heißt es: *„Die Firma Albert Frank, Beierfeld in Sachsen, stellt auf ihrem äußerst geschmackvoll dekorierten Stand die rühmlichst bekannten Frankonia-Beleuchtungsgegenstände aus. Es sind dort sehr elegante, neue Modelle von Scheinwerfern zu finden, und ist vor allem die Konstruktion der Scheinwerfer mit aplanatischen Spiegeln hervorzuheben, wodurch ein bisher unerreichter Lichteffekt erzielt wird. Als ganz besondere Neuheit finden wir auf diesem Stand Metallkarosserien in verschiedenen Typen. So befindet sich daselbst eine große viersitzige Karosserie in Roi des Belges auf Adlerchassis, ferner als Gegenstück eine zweisitzige Karosserie auf Piccolochassis. Nicht nur in Luxuskarosserien bietet genannte Firma etwas Neues, sondern auch auf dem Gebiet der Lieferungswagen für jeden Zweck Geeignetes. Die Metallkarosserien werden in allen gangbaren Typen für jedes Chassis passend gefertigt. Besonders wichtige Vorteile sind gegenüber den der Holzkarosserien, dass erstere leichter und stabi-*

ler als letztere sind. Weiter sind hervorzuheben die bekannten Frankoniakotflügel, welche nicht nur zur Zierde der Wagen gereichen, sondern auch insofern praktisch sind, als die Insassen der Wagen vor Schmutz geschützt werden. Nicht zu vergessen sind die Motorhauben, Spritzwände, flache Kotschützer. Benzinkästen usw.“ (Allgem. Automobil-Zeitung Nr. 50, 1907, S. 93).

Die ersten serienmäßigen Metallkarosserien sind also im erzgebirgischen Beierfeld entstanden – man wird es heute in Stuttgart, München oder Wolfsburg nicht glauben wollen.

Neben den vielen kleinen Familienbetrieben erreichten einige Firmen mit bis zu 500 Mitarbeitern eine größere Bedeutung im In- und Auslandsgeschäft:

- Nier & Ehmer, die unter der Firmenmarke „Nirona“ Zulieferer für fast alle deutschen Fahrradhersteller (Felgen, Schutzbleche, Beleuchtung) war, aber auch Autozubehör, wie Scheinwerfer, Schneeketten herstellte.
- Hutzler & Pretzfelder, ein Massenhersteller der üblichen Weiß-und-Schwarz-Blechartikel, besonders aber von Aluminiumwaren. Die Firma lieferte zum Beispiel einen Satz Aluminiumtöpfe (drei Stück) für 1,50 RM portofrei an alle Bahnstationen Deutschlands.
- Fröhlich & Wolter, 1878 als Blechwarenfabrik gegründet, später spezialisiert auf Sturmlaternen, wobei jedoch eine breite Palette verschiedener Artikel, wie Gießkannen, Wärmflaschen, Fruchtpressen, Kartoffelreiben und andere beibehalten wurde.
- W. F. Kaiser, 1919 als Handelsbetrieb für Blechwaren gegründet, daneben betrieb Kaiser eine eigene kleinere Produktion von Haushaltsmetallwaren, insbesondere Backformen, Backbleche und ähnliche Artikel.

Kaiser und eine Reihe weiterer Zwischenhändler und „Grossisten“ übernahmen – wie auch in der Textilbranche üblich – den Verkauf der Waren, insbesondere von den Klein- und Mittelbetrieben. Durch Kaiser wurden ab Mitte der 1920er Jahre dauerhafte Beziehungen zu den großen Warenhäusern, wie Kaufhof, Hermann Tietz (Hertie), Woolworth und andere hergestellt. Was in Deutschland und Europa in den Warenhäusern und Hausgerätegeschäften an Metallwaren angeboten wurde, stammte zu etwa 70 Prozent aus dem Raum Aue-Schwarzenberg und hiervon zu einem ganz erheblichen Teil aus Beierfeld.

Eine besondere Rolle spielte in einer solchen auf Massenfertigung ausgerichteten Industrie die Kriegsproduktion. Welche Rolle die Beierfelder Industrie bereits im Ersten Weltkrieg eingenommen hatte, beschreibt die Ortschronik:

„Nachdem die Fabrikation auf Heereslieferungen umgestellt worden war, setzte eine lebhafte Tätigkeit ein, die während des ganzen Krieges in steigendem Maße anhielt, so daß einige Firmen die letzten Jahre hindurch ununterbrochen Tag und Nacht arbeiteten. Um nur einige Beispiele zu nennen, lieferte Frankonia (Höchstzahl der Belegschaft 1.450) 300.000 Trinkbecher, 1 Million Feldkessel, 3 Millionen Seitengewehrscheiden, 1,5 Millionen Tournisterkästen, ferner Riesenmengen von Handgranaten (Rekordleistung 30.000 Stück an einem Tag), Kochgeschirre, Kartuschen, Wasserkästen, Geschoßhülsen usw. Firma Hermann Nier war die besteingerichtete Handgranaten-Fabrik Deutschlands; sie stellte die Geschosse von der Platte weg bis zur Füllung fertig her. Rekordleistung 120.000 Stück in einer Woche. Ferner wurden Feldflaschen, Kochgeschirre, Schanzkörbe, Ersatzpatronenhülsen u. a. mehr fabriziert. Die Belegschaft stieg auf 1.200 Personen, Tag und Nacht arbeitend. Nier & Ehmer lieferte erste Helme, täglich bis zu 3.000 Stück, und zwar von der Platte weg bis fertig zum Aufsetzen, lackiert und mit Schweißleder und Kinnriemen versehen. Dann widmete sich diese Firma der Herstellung von Gasmasken, einem besonders schwierigen Präzisionsartikel, in dem sie mit an der Spitze der Kriegsindustrie Deutschlands stand; ferner wurden Zünderteile u. a. produziert.“ [Beyer, G.: Ortschronik Beierfeld, 1923]

Die Kriegsproduktion war so bedeutend, dass der Bahnhof Beierfeld zu den in Sachsen unter Sonderbefehl stehenden Einrichtungen (zusammen mit Leipzig und Chemnitz) gehörte.

Die Firma Nier, 1900/1901 gegründet, hatte die Spitzenposition eingenommen als Spezialfabrik für Sturmlaternen. Unter der Fabrikmarke „Feuerhand“ fertigte Nier ab den 1920er Jahren täglich bis zu 70.000 Laternen in voll verzinnter Ausführung und bester Qualität.

›FEUERHAND‹-WERK

HERMANN NIER

Bilder 12: Feuerhand-Werk Nier Beierfeld, weltgrößter Produzent von Sturmlaternen, 98% Export, vor allem nach Fernost.

„FEUERHAND"
ist weltbekannt!
„FEUERHAND"-Sturmlaternen tragen den Ruhm deutscher Wertarbeit in alle Länder der Erde. Sie führen am Weltmarkt. Solcher Erfolg ist nur möglich bei vorbildlicher Güte und Leistung.
Wie draußen in der Welt, so leuchten „FEUERHAND"-Sturmlaternen allnächtlich zu Hunderttausenden, ja Millionen im deutschen Vaterlande auf Baustellen, an Sperrschranken, an Fuhrwerken und Fahrrädern, auf den Höfen und in den Ställen unserer Bauern und Siedler, nie versagend, immer zuverlässig.
„FEUERHAND"-STURMLATERNEN
HERMANN NIER, BEIERFELD i./SA.
SPEZIALFABRIK FÜR STURMLATERNEN.

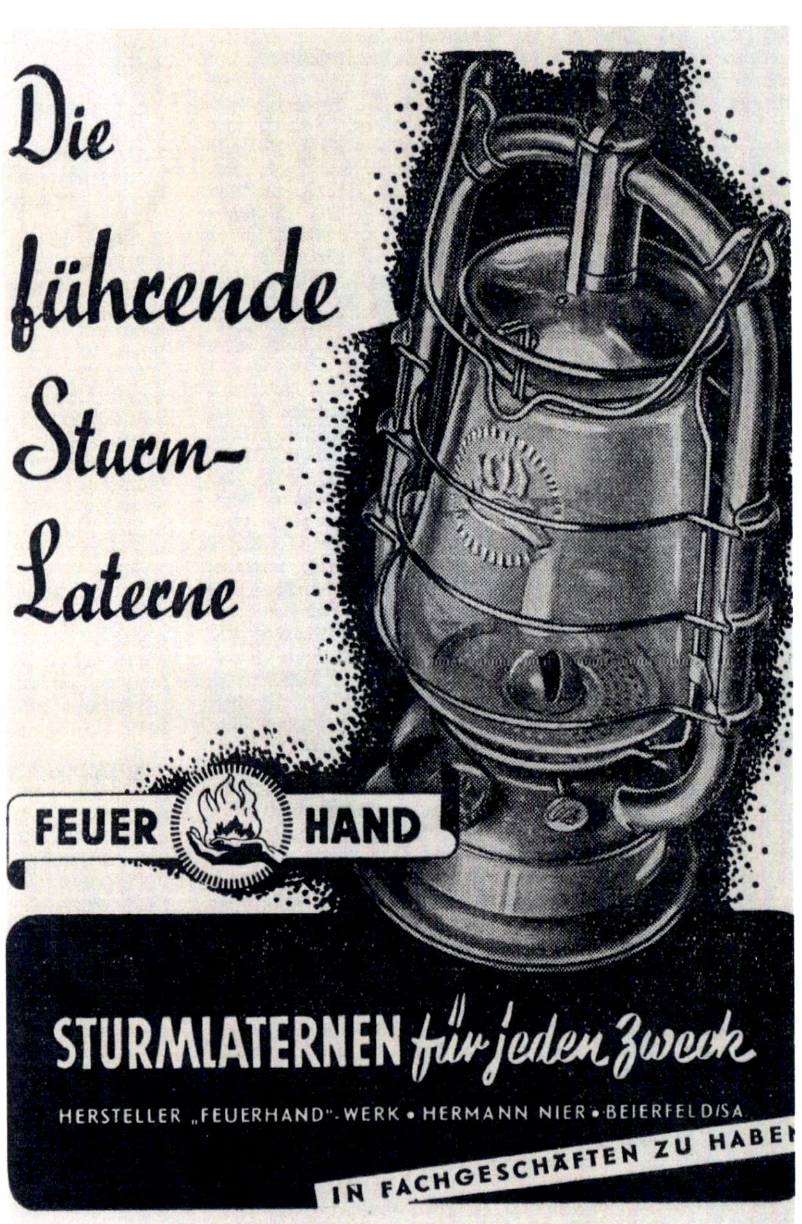
Die führende Sturm-Laterne
FEUER HAND
STURMLATERNEN für jeden Zweck
HERSTELLER „FEUERHAND"-WERK • HERMANN NIER • BEIERFELD/SA.
IN FACHGESCHÄFTEN ZU HABEN

Die Firma wurde zur weltgrößten Fabrik für diese Petroleumleuchten, der Exportanteil betrug 98 Prozent, besonders nach China, Indien und andere Länder in Fernost. Das Werk war mit besten Spezialmaschinen ausgerüstet (unter anderem Schweizer Lehrenbohrwerke im Werkzeugbau). Die Betriebsorganisation übertraf weit andere Fabriken. Nier-Beierfeld zählte zu den produktivsten Fabriken in Deutschland; es wird Mühe kosten, für 1930er Jahre in Bayern oder Württemberg eine ähnliche Hochleistungsfabrik zu finden. Auch logistisch ging Nier neue Wege. Spezielle Zugmaschinen von Krauss Maffei-München und Dutzende flache und gedeckte Anhänger von der Waggon- und Fahrzeugfabrik Schumann-Werdau bewältigten in dem bergigen und im Winter schneereichen Gelände (der Bahnhof Beierfeld liegt 670 Meter hoch) die Transporte der Rohstoffe und der Massen an Fertigwaren. Die Stahlhandelsfirma Otto Wolff hatte am Bahnhof Beierfeld eine Lagerhalle für Feinbleche und andere Halbzeuge eingerichtet, sie konnte die gesamte blechverarbeitende Region versorgen. Die wöchentlich benötigte, fast eine halbe Million Glaszylinder wurde aus den Lausitzer Glasbetrieben in und um Weißwasser bezogen.

Durch die Firma Nier war die Sturmlaterne zum Massenprodukt geworden. Immerhin besteht eine solche Laterne aus einer Vielzahl präzis gefertigter Blechteile, und nur durch einen hohen Automatisierungsgrad konnte bei guter Qualität ein niedriger Preis erzielt werden. Noch heute ist durch den Nier'schen Fertigungsstandard ein solches Erzeugnis nicht teurer als ein Mittagessen. Auch vertraglich sicherte sich Nier seine führende Position. So durfte zum Beispiel die Hilo AG in Aue ihre mit Nier speziell für die Laternenproduktion entwickelten Hochleistungs-Stufenpressen nicht an andere in- oder ausländische Laternenhersteller liefern, natürlich auch nicht an die Firma Fröhlich & Wolter, die mit einer Tagesleistung von 7.000 Stück zweitgrößter Laternenhersteller Beierfelds war.

Nach dem Tod des Firmengründers Hermann Nier 1921 wurde der Betrieb von den drei Söhnen geleitet, wobei der ältere Bruno Nier die Führung übernahm. Die „Niers“ ließen sich Villen am Ortsrand bauen und grenzten sich vom kleinen Mann und eigenen Arbeiter deutlich ab. Die circa 700 Beschäftigten verdienten überdurchschnittlich gut bei sehr hohem Leistungsdruck in allen Bereichen. Die Arbeit im

Feuerhandwerk war Fordismus im besten Sinne Henry Fords. *„Wir machen jeden restlos verantwortlich“*, und *„Wer mit unseren Methoden nicht einverstanden ist, muss gehen.“* [22] Eine solche auf Massenfertigung ausgerichtete Fabrik kann auch in der Kriegswirtschaft große Mengen produzieren. So war in beiden Weltkriegen die Firma Nier der Hauptlieferant von Handgranaten; wegen der ständig steigenden Forderungen der Wehrmacht wurde die Laternenproduktion 1943 eingestellt. Natürlich hat Nier wie alle größeren Firmen auch russische Zwangsarbeiter beschäftigt, unter primitiven und harten Bedingungen, aber ohne Gewaltexzesse, wie sie aus anderen sächsischen Betrieben bekannt geworden sind.

Nach Kriegsende hofften auch die Gebr. Nier auf die mögliche Wiederaufnahme der Friedensproduktion. Durch gute Beziehungen zur noch bestehenden Ministerialbürokratie in Dresden stand die Firma Nier nicht auf der Liste A der zu enteignenden Betriebe. Das forderte den Widerspruch einiger Beierfelder Kommunisten heraus, und so verfügte das Selbmann-Ministerium die Enteignung. Bruno Nier als Seniorchef wurde im Lager Bautzen II inhaftiert und ist hier 1950, 70 Jahre alt, verstorben. Die „Nier-Villen“ wurden zu Klubhäusern und Kindergärten umgestaltet. Der Abtransport des Maschinenparkes, insbesondere der besten Werkzeug- und Prüfmaschinen, erfolgte sofort per LKW, alle restlichen Maschinen per Eisenbahn nach Russland. Die Brüder Woldemar und Kurt Nier gingen in den Westen und begannen ab 1947 zunächst in Lüdenscheid, ab 1949 in Hohenlockstedt, wieder mit der Laternenproduktion. Als Hermann Nier OHG fertigte man unter dem bekannten Warenzeichen „Feuerhand“ wieder Sturmlaternen, preiswert und in bester Qualität. 1989 erfolgte die Umwandlung in eine GmbH und ab 1993 hat eine REC Im- und Export GmbH-Hohenlockstedt das Feuerhandwerk übernommen.

Im alten Stammwerk entstand ein VEB Sturmlaternenwerk Beierfeld, es durfte das Warenzeichen „Feuerhand“ – wie in den vielen anderen Fällen des Streites um die Warenzeichen – nicht mehr führen. Es verkaufte die nachgebauten Nier-Laternen durchaus erfolgreich, erstaunlicherweise sind solche Leuchten immer noch gefragt. Bald mit anderen VEB MEWA-Betrieben (Metallwaren) zusammengelegt, haben diese die Jahre nach 1990 nicht überlebt, zum Teil sind sie wieder einzeln privatisiert worden. Und so steht es da, das große Feuerhandwerk mitten im Ort, zum Teil Gewerbepark einschließlich einer Kabel Journal GmbH, aber ausgelöscht als einer der vormals produktivsten Industriestandorte Sachsens. Nur eine Werkstraße „An der Sturmlaterne“ erinnert noch an die große Tradition. Einen späten Kontakt gab es zu „800 Jahre Beierfeld“ im Jahre 2008. Die REC GmbH fertigte eine begrenzte Anzahl Sturmlaternen mit eingeprägtem „800 Jahre Beierfeld“ am Laternenbassin.

Auch andere Beierfelder Unternehmer hatten in der Erkenntnis, unter dem Marxismus keine Perspektive zu haben, das Erzgebirge verlassen und haben mit Transfer ihres fast 100-jährigen Könnens in der jungen BRD ihre Betriebe neu aufgebaut.

Einen besonders steilen Aufstieg hat die Firma W. F. Kaiser genommen. Die Schwiegersöhne von Kaiser bauten das Beierfelder Know-how in Haushaltswaren in großartiger Weise aus.

Der eine, Sondermann, führte den Namen Kaiser weiter, begann 1945 in Witten/Ruhr nach dem Kaiserschen Vorkriegskatalog wieder mit Blechwaren, insbesondere Backformen, siedelte 1954 nach Nassau/Lahn über und war bereits wieder führend in der Fertigung von „Blechwaren für den Haushalt“. Da die räumlichen Verhältnisse keine weitere Ausdehnung zuließen, ging F. W. Kaiser & Co. 1963 nach Diez/Lahn und stieg innerhalb weniger Jahre zum Marktführer für Backformen und Zubehör auf. Heute umfasst das Firmenareal in Diez 42.000 Quadratmeter. Mit dem Firmensignet „original Kaiser Backform“ ist die Firma über die deutschen Bundesländer hinaus in 88 Auslandsmärkten vertreten und unterhält Zweigwerke in den USA, Italien und Polen. 1994 feierte Kaiser – von der Firmengründung 1919 in Beierfeld an gerechnet – 75 Jahre Kaiser Backformen.

Der zweite, Leifheit, spaltete sich von Kaiser ab, blieb in Nassau und errichtete, mit einem Teppichkehrer beginnend, ein Imperium für Haushaltswaren jeder Art. Die ständig erweiterte Produktpalette für die Hausfrau und den Haushalt scheint auch in Zukunft unerschöpflich zu sein.

Aktion! Für Kaisers professionellste Backform-Serie der Welt.

Neue, noch bessere Produktshows werden jeden Backmüden begeistern. Gelungene, schmackhafte Kuchen machen Freude, bringen Anerkennung und machen Spaß auf mehr. Ein lustiger geübter Auftritt. Schnell, sicher, immer perfekt.

Bild 13: W. F. Kaiser Beierfeld / Erzgeb., als Exilfirma in Diez / Lahn der große Backformen- und Zubehörhersteller.

Selbstverständlich waren es Werkzeugmacher und Meister aus Beierfeld und den umliegenden Ortschaften, die bei beiden Firmen mit ihrem Können und ihren Ideen den Aufbau maßgeblich mit eingeleitet haben. F. W. Kaiser & Co. hat nun auch in Sachsen wieder zwei Vertretungen (Bad Muskau und Frankenberg). Nach Beierfeld ist man nicht wieder zurückgekehrt. Hätte man nicht hier – als Referenz an den Ursprung – die Vertretung für das südwestliche Sachsen einrichten können?

Eine weitere Beierfelder Firma, die Teesiebfabrik Hermann Zenker, heute als H. Zenker & Co. KG in Aichach, gehört ebenfalls zu den Exilfirmen aus dem Erzgebirge.

Rückblickend kann man festhalten:

Ab den 1920er Jahren erlebte die gesamte Metallwarenbranche des erzgebirgischen Raums eine neue Blütezeit. Die vielen Fabriken in den Blechorten, zu denen auch Grünhain (Bing-Werke) sowie Elterlein und Scheibenberg im Osten, der Raum Schönheide im Westen, gehörten, überschütteten die deutschen und europäischen Länder mit Blechwaren jeder Art und zu niedrigsten Preisen. Die Bedingungen waren gut, man hatte alles Notwendige vor Ort. Die Maschinenfabriken lieferten Pressen und Spezialmaschinen für alles, was gezogen, gestanzt, profiliert oder gerollt werden sollte. Hunderte kleiner und mittlerer Werkzeugschlossereien bauten Ziehwerkzeuge, Schnitte und Stanzen, und schließlich war eine gute und – als einer der durchaus wichtigsten Faktoren – gutwillige und bescheidene Arbeiterschaft vorhanden.

Das Erzgebirge der Vorkriegszeit war nicht mehr das Armenhaus wie im 17. und 18. Jahrhundert, die starke Industrialisierung und die damit verbundenen vielen Kleingewerbe hatten einen beachtlichen Wohlstand geschaffen. Die schönen Rathäuser und Kirchen, die Gründerzeitvillen und Fabrikbauten, die erst in den Kriegsjahren und besonders in der DDR-Zeit nach und nach verfielen, legen davon Zeugnis ab. Unverhältnismäßig rasch war bei einer solchen bescheidenen Arbeiterschaft der Reichtum der Fabrikbesitzer gewachsen. Wie bei den Auer, Zwickauer oder Chemnitzer Unternehmerfamilien war auch in den Blechorten Reichtum entstanden. Wie bereits erwähnt, besaßen die drei Söhne des Firmengründers Hermann Nier schöne Villen in parkähnlichen Gärten mit Tennisplätzen und allem erdenklichen Luxus. Man fuhr, wie es sich für mehrfache Millionäre gehörte, die neuesten Kompressor-Mercedes oder großen Horch-Wagen und traf sich mit Seinesgleichen im Chemnitzer Hof in Chemnitz, dem Radiumbad Oberschlema oder dem Café Pupp im nur 40 km entfernten Karlsbad.

Der Zweite Weltkrieg beendete auch hier diese wirtschaftliche Blütezeit, brachte zunächst aber große Rüstungsaufträge und entsprechende Kriegsgewinne. Für die Beierfelder Industrie war es die Fortsetzung der schon genannten Kriegsproduktion des Ersten Weltkriegs auf einer höheren Stufe, das heißt einer ins unermessliche gesteigerten Produktion an Kriegsgerät. Zeitzeugen bestätigen wie im Ersten Weltkrieg ein „ununterbrochen Tag und Nacht arbeitend“ nicht nur bei Nier, sondern auch in den meisten anderen Metallwarenfabriken. Und diese wahnsinnige Kriegsproduktionsmaschine lief bis 1945, durch keinen feindlichen Bombenabwurf gestört.

Die große Zäsur kam 1945. Laut Zeitzeugen müssen die russischen Ingenieure überrascht gewesen sein, in dieser insgesamt ländlichen Umgebung eine solch moderne und hoch effektive Industrie vorzufinden. Chemnitz und Aue waren ihnen bekannt, schließlich hatten Firmen wie J. E. Reinecker, Wanderer, Schubert & Salzer und auch Hilo, Kircheis und Gebr. Götz in den dreißiger Jahren, ja eigentlich bis Kriegsbeginn 1939 jahrelang große Aufträge aus Russland gehabt und viele Maschinen in die im industriellen Aufbruch befindliche Sowjetunion geliefert. Aber diese auf große Massenfertigung ausgelegte Metallwaren- und Kriegsindustrie kannten sie nicht. Entsprechend war die Reaktion: Restlose Zerschlagung dieses Industriepotentials, und das in einer Eile, als ob man sich der andauernden Besetzung dieses Landstrichs nicht sicher wäre.

Der Schriftsteller Stefan Heym hat in seinem Roman „Republik Schwarzenberg“ diese Verhältnisse in den ersten Nachkriegsjahren beschrieben.

Insgesamt ist es ein Vorgeschmack auf den – man darf schon sagen – ungeheuren Technologie-Transfer Ost–West. Aus einem kleinen Ort im südwestlichen Sachsen (er besaß nicht einmal Stadtrecht) wanderten vier Betriebe in die junge Bundesrepublik ab – Nier, Kaiser, Leifheit, Zenker – Betriebe, die heute selbstverständlich als altbekannte westdeutsche Unternehmen für Haushaltstechnik wahrgenommen werden. Niemand und nichts erinnert an diese Ursprünge, bis auf die Friedhöfe, wo die vormaligen Gründer beerdigt sind.

Bei allen Gelegenheiten beklagen Politiker den immer noch bestehenden Unterschied zwischen Ost und West. Dieser Unterschied wird bleiben. Zu tief ist der Aderlass im Osten durch radikale Demontagen und marxistische Enteignungspolitik, zu hoch ist der Zuwachs im Westen durch ostdeutsche Technologie in den Nachkriegsjahren. Dabei ist das Ausbluten dieses Ortes Beierfeld, des ehemals größten Blechdorfes Deutschlands, nur ein Pünktchen im großen Technologie-Transfer Ost–West.

Und doch ist vieles neu entstanden, die Tradition zum Teil wiederbelebt worden. In den Blechorten produzieren sogenannte KMU, also kleine und mittelständische Unternehmen nach EU-Definition, wieder Metallprodukte, wie Briefkästen, Hausgeräte, Gießkannen, Wassereimer und anderes in erheblichen Mengen. Zusammen mit größeren Maschinen- und Werkzeugbaufirmen, Stanzwerken, Gravieranstalten hat diese „Blechecke Deutschlands“ die politische Wende besser überstanden als andere Landstriche, wie Mittelsachsen oder die Oberlausitz, wo die Textilindustrie sehr stark schrumpfte. Die Arbeitslosenquote liegt zurzeit in dem erzgebirgischen Raum (Landkreis Annaberg) zwischen 4 und 5 Prozent. Im übrigen Sachsen stehen bedeutend höhere Werte gegenüber.

Die tschechische Seite des Grenzgebietes

Auf der tschechischen, bis 1918 österreichischen, Seite erstreckt sich das Egerland von Eger (Cheb) über Karlsbad, Kaaden (Kadan‘) und Komotau (Chomutov), Brüx (Most) bis Teplitz-Schönau (Teplice), mittendrin das St. Joachimsthal (Jachymov). Eigentlich überflüssig zu erwähnen, dass hier Europas Urangewinnung begann (Marie und Pierre Curie), aber auch der Joachimsthaler aus der damaligen österreichischen Münze zum Taler und über Spanien zum amerikanischen Dollar wurde. Ein Blick auf die Landkarte zeigt das Egerland als ein ausgesprochen dicht besiedeltes Gebiet, besonders um Eger, Franzensbad, Kaaden, Reichenberg und Teplitz existiert eine Fülle von Ortschaften, ganz ähnlich dem dicht besiedelten Südsachsen.

Das Egerland ist ein Teil des Sudetenlandes, was verschiedene Randgebiete von Böhmen und Mähren umfasst. Bis 1945 war es überwiegend von Deutschen besiedelt. Auch in der großen Geschäfts- und Industriestadt Aussig (Usti nad Labem) lebten zum Beispiel 35.000 Deutsche und 9.000 Tschechen (1930). Gablonz, die Weltstadt der Glas- und Kristallwaren, liegt ebenfalls im sudetendeutschen Gebiet und hatte bei 34.000 Einwohnern nur 5.600 tschechische Bürger. In der Glas- und Schmuckwarenindustrie in und um Gablonz gab es circa 100.000 Beschäftigte in den Glashütten, Steinschleifereien und Schmuckwerkstätten. Das Zentrum dieses, dem ostsächsischen Raum um Zittau benachbarten Gebietes, umfasst die Städte Reichenberg (Liberec), Warnsdorf (Varnsdorf) und Schluckenau (Sluknov). Ein wirtschaftlich sehr starkes Gebiet, dem Zittauer Textilzentrum bis Spremberg, Ebersbach und Neugersdorf ebenbürtig. Als verwaltungstechnisches und kulturelles Zentrum hatte sich Reichenberg herausgebildet, auch hier war die Textilindustrie dominierend. Allein die Textilbetriebe der Familien Liebieg beschäftigten 7.000 Arbeiter. Auch Warnsdorf – als nordböhmisches Manchester bezeichnet – hatte eine umfangreiche Textilbranche. Europas größter Strumpfhersteller Julius Kunert mit 5.000 Beschäftigten war hier bis 1945 ansässig. Eine deutsche Stadt mit 20.000 Deutschen und 1.600 Tschechen.

Es gibt eine umfangreiche Literatur über die deutsch-böhmischen Verhältnisse vom Mittelalter bis in unsere Tage, auch zu den Gewaltexzessen an den Deutschböhmen und deren Vertreibung nach 1945. Hier interessieren uns die aus den Sudetenländern vertriebenen Exilbetriebe, die vorwiegend im angrenzenden Bayern eine neue Heimat gefunden haben. Von den vielen hundert Exilunternehmen, die dem Freistaat Bayern zur heutigen Wirtschaftskraft verholfen haben, wollen wir nur einige nennen.

Von Gablonz sind derart viele Glasbetriebe in das bayerische Kaufbeuren abgewandert, dass 1947 bereits 82 Betriebe wieder Glas- und Schmuckwaren herstellten. Seit 1952 heißt die nun bayerische Glasstadt Kaufbeuren-Neugablonz. Die Kunert-Strumpfwerke gelten heute als bayerischer Traditionsbetrieb auf der Julius-Kunert-Straße in Immenstadt/Allgäu. Die Julius-Kunert-Stiftung gibt es ebenfalls dort. Auch die Glasdynastie Riedel blickt auf eine über 250-jährige Geschichte in Nordböhmen zurück. 1945 enteignet und rausgeworfen, beginnt Riedel zuerst in Kufstein (Österreich), baut aber dann, inzwischen in 9./10. Generation, die großen Werke in Weiden und Amberg auf.

Eisenwerk Wittigsthal/Johanngeorgenstadt/E. C. Flader Jöhstadt

Weitere Orte des Grenzgebietes sind Jöhstadt/Johanngeorgenstadt und Weipert. Kaum einen Kilometer von der tschechischen Grenze entfernt liegt das Eisenwerk Wittigsthal/Johanngeorgenstadt. Das Erzgebirge besaß auch erhebliche Eisenerzvorkommen. Frühe Unternehmer aus der österreichischen/kaiserlichen Bergstadt Platten (Horní Blatná), nur acht Kilometer von Wittigsthal entfernt, gründeten bereits 1651 das Eisenwerk. Eisenguss für Bergbau und Maschinen, eigener Maschinenbau, aber auch eine Kohleofenproduktion hielten das Werk über die Jahrhunderte in Gang. Nach 1945 blieb das Werk in der DDR zunächst halbstaatlich und forcierte eine Badeofenfertigung stufenweise auf 60.000 Stück/Jahr. Der emaillierte Kohlebadeofen mit dem Abziehbild „Wittigsthal“ gehörte zur Standardausrüstung der DDR-Wohnung. Auch nach 1990 blieb in bescheidenem Maße die Badeofenproduktion im Programm. Doch damit wäre der Standort nicht zu halten gewesen. Investoren aus dem schwäbischen Raum übernahmen 1992 Wittigsthal und erweiterten das Produktionsprofil auf Wasser- und Wärmezähler und andere Erzeugnisse der Sanitär- und Heizungstechnik. Johanngeorgenstadt ist einer der Hauptorte der Wismut AG für den Abbau der Uranpechblende gewesen. In reichlich zehn Jahren (1946-1958) überschwemmten Tausende „Wismutkumpel“ das beschauliche Städtchen, in welchem nach Ende des ursprünglichen Erzbergbaues Handschuhmacher, Bauern, Kleingewerbe ihr Auskommen hatten. Heute ist die Wittigsthal GmbH mit circa zehn Mio. Euro Umsatz der große Arbeitgeber hoch oben im erzgebirgischen Grenzgebiet.

Ebenfalls im Grenzbereich zu Tschechien, in Jöhstadt, ist die Pumpen- und Feuerlöschgeräte Fabrik E. C. Flader zu Hause. Bereits 1860 gegründet, war Flader ein Begriff für Feuerwehrpumpen und leichte tragbare Feuerlöschgeräte. Zu DDR-Zeiten in das Kombinat Pumpen und Verdichter eingebunden, lief die Produktion mit einer Massenfertigung weiter, wie in allen diesen Fällen besonders für die Ostblockländer. Durch ein MBO ab 1997 konnte der gute technische Stand gehalten und ständig verbessert werden – 70 Prozent der Pumpensysteme gehen heute in den Export.

Bild 14: Grenz- und vormalige Industriestadt Weipert auf dem Erzgebirgskamm.

Dem Grenzort Jöhstadt direkt gegenüber liegt das deutsch-böhmische Weipert, heute das tschechische Vejprty. Eine mittelgroße Stadt mit ca. 12.000 Einwohnern, darunter nur 700 Tschechen (1930). Aus der vormaligen Bergstadt entwickelte sich auf dem Erzgebirgskamm in 800 Meter Höhe ein industriell geprägter Ort mit Fabriken für Maschinen, Holzwaren, Posamenten, Schuhen und anderem, darunter vier Gewehrfabriken.

Weipert war auch Bahnstation der Erzgebirgsquerbahn von Flöha über Annaberg, Bärenstein und Weipert nach Komotau (Chomutov). Fünf solche den Erzgebirgskamm überschreitende Querbahnen hatten bis 1945 Sachsen und Böhmen verbunden.

In Weiperter Zeitungen inserierten auch Bankfilialen und der Likörhersteller Becher (Karlsbad), aber auch die Prager Zeitung Bohemia. Ihr Reporter Egon Erwin Kisch war der erste Sensationsreporter, besonders in den Jahren vor dem Ersten Weltkrieg wurde Kisch zum Beispiel durch den Fall „Oberst Redl“ weltbekannt. Seine Reportagen vermittelten ein eindrucksvolles Bild über das schwierige Verhältnis zwischen Deutschen und Tschechen in der Königlich Kaiserischen österreichisch-ungarischen Monarchie. In der Bohemia galt als Hauptregel: Wir muten unseren Lesern kein tschechisches Wort zu. In Prag gab es streng getrennte Institutionen. Zwei Technische Hochschulen, zwei Theater, des Weiteren jeweils getrennte Museen, Kultureinrichtungen, Sportvereine. Mit der Vertreibung der Deutschen nach 1945 sank die Einwohnerzahl in Vejprty drastisch; durch Wiederansiedlung leben dort heute circa 4.000 Tschechen.

DKW-Konzern J. S. Rasmussen/Zöblitz/Rasmussen GmbH/Maintal/Hessen

Auch in Zöblitz, nur zehn Kilometer von der tschechischen Grenze entfernt, produziert wieder ein Metallwerk Zöblitz GmbH als Nachfolger des VEB-Betriebes. Der Ursprungsbetrieb aber ist im Exil: Als der Gründer des DKW-Konzerns, J. S. Rasmussen, sein Hauptwerk des Motorradbaues in Zschopau 1932 in Chemnitzer Auto-Union einbrachte, verblieben in seinem Besitz unter anderem die Metallwerke Zöblitz, geleitet von seinem Sohn Ove Rasmussen. Die Ermeto-Verschraubung, die jedem Ingenieur bekannte klassische Verbindung der Industriehydraulik, wurde hier entwickelt. 1945 enteignet und ausgeplündert, begann Ove Rasmussen mit der Rasmussen GmbH neu in Maintal/Hessen. 1.600 Mitarbeiter erwirtschaften 250 Mio. € Umsatz, Hauptprodukt sind die bekannten Norma-Schlauchschellen.

Annaberg-Buchholz und Marienberg liegen ebenfalls in dem circa 15 Kilometer breiten Grenzstreifen. Sie sind zwar schon größere Städte, also nicht die typischen kleinen Gemeinden mit bedeutender Industrie. Wie vorstehend genannt in Zöblitz, hatte Rasmussen auch in Annaberg 1926 einen Zweigbetrieb als Leichtmetallgießerei gegründet; sie lieferte alle wesentlichen Aluminiumteile für die DKW-Motorräder. Dies setzte sich auch in den Jahren der volkseigenen Wirtschaft bis 1990 fort. Es gehört zu den guten Beispielen der deutschen Einheit, dass bereits 1992 die weltweit agierende Handtmann-Gruppe aus Biberach den Annaberger Betrieb übernommen hat. Heute werden hier jährlich circa 10.000 Tonnen Alu-Druckgusserzeugnisse auf modernsten Maschinen gefertigt.

In Marienberg ist heute die international in der Federnbranche tätige Scherdel-Gruppe der wichtige Arbeitgeber. Die Scherdel Marienberg GmbH liefert Industriefedern jeder Art, Stanzteile und andere Metallwaren.

Der Ursprung lag auch hier im DKW-Konzern des J. S. Rasmussen. Dieser hatte in einem Kreis von zehn bis 20 Kilometer um das Hauptwerk Zschopau (1927/28 größte Motorradfabrik der Welt) 16 Teilbetriebe geschaffen, davon die Wichtigsten in Frankenberg und Hainichen (FRAMO-Kleintransporter), Annaberg, Zöblitz, Marienberg und Scharfenstein, wo Kühlschränke, aber auch stationäre Motoren (nach Junkers-Lizenz) produziert wurden. Auch die Erla-Eisenwerke bei Schwarzenberg, wo Rasmussen einen Leichtflugzeugbau mit DKW-Motor begann (Erla-Flugzeugbau), gehörten zum Rasmussen-Konzern. Er beschäftigte 15.000 Mitarbeiter, Rasmussen hat diesen Erzgebirgsgrenzraum maßgeblich industrialisiert. Er stammte aus Dänemark, kam mittellos nach Deutschland, lernte die Grundlagen des Ingenieurs auf dem bekannten Technikum Mittweida/Sa. Über seinen Werdegang gibt es inzwischen einige Publikationen, im wohl umfangreichsten Buch über die Chemnitzer Auto Union heißt es zu Rasmussen einleitend:

„Aus kleinsten Anfängen ist es dem Dänen Jörgen Skafte Rasmussen gelungen, in Sachsen ein Firmenimperium aufzubauen. Die bekannteste und erfolgreichste Investition gelang ihm mit den Zschopauer-Motorenwerken, bekannt als DKW." [19]

Für die DDR-Ideologen gehörte die marxistische Schulung auch der Kinder zur Staatsdoktrin. In einer Kinderbuchreihe „Die kleinen Trompeter-Bücher" heißt der Band 92 von 1981 „MZ-Geschichten". Er berichtet über das Motorradwerk Zschopau und die Vorgeschichte:

„Die Fabrik in der Schlucht gehörte Herrn Jörgen Skafte Rasmussen, einem Mann aus Dänemark. Vor diesen Mann traten wir hin. Er sah genau so aus, wie ich mir Männer aus Dänemark vorgestellt hatte: groß, vierschrötig, blond, kantiges Gesicht, eine Seefahrergestalt. Herr Rasmussen war allerdings nur ein einziges Mal zur See gefahren, eine Stunde lang auf einem Fährschiff von Dänemark nach Deutschland, mit sehr viel Geld im Gepäck, so dass er studieren und diese Fabrik kaufen konnte. Er war ein schlauer Mann. Er verstand es, aus Geld noch mehr Geld zu machen." [20]

In diesem Stil geht es weiter mit Herrn Rasmussen, der mit der Zigarre im Mund und seinem großen Schäferhund in der Fabrik umherging und die Leute anschnauzte. Diese Hetzschrift in 4. Auflage aus einem Kinderbuchverlag bemerkt ausdrücklich: „Für Leser von 9 Jahren an."

Die Wirklichkeit sah anders aus. Die Anfänge sind bekannt, im Ersten Weltkrieg will Rasmussen Dampfkraftwagen bauen, daher das Warenzeichen DKW. Ab 1919/22 die Hinwendung zum Zweitaktmotor, über Fahrradhilfsmotor und Leichtmotorrad entstehen neue, sehr gute Motorradbaureihen, Stationär- und PKW-Motoren. Rasmussen ist Visionär und Firmenpatriarch der 1920er Jahre, vermutlich der letzten Generation, die Entscheidungen allein treffen und oft auch falsch entscheiden. 1927 kauft er die Motoren und Einrichtungen der US-Firma Rickenbacker, die Motoren werden kein Erfolg. 1928 erwirbt er die Schüttoff-Motorradfabrik in Chemnitz, im gleichen Jahr die Audi-Werke in Zwickau. Am Ende der 1930er Jahre zwingt die Wirtschaftskrise zur Konzentration. Alle Werke sind bei der Sächsischen Staatsbank Dresden hochverschuldet; sie führt 1932 die Firmen Zschopauer Motorenwerke AG J. S. Rasmussen (mit Audi AG Zwickau) und Horch AG Zwickau zur Fusion, die Autosparte der Wanderer AG Chemnitz wird zugekauft – die Auto Union AG mit den VIER RINGEN als Warenzeichen entsteht. Das werden wir noch ausführlich betrachten.

Rasmussen ist zuständig für die Technik. Es kommt bald zu Differenzen in der Führungsmannschaft. Die Vision Rasmussens vom großen Konzern wieder unter seiner Führung geht nicht auf. Der Streit weitet sich aus und führt zum Prozess zwischen Rasmussen und der Auto-Union AG. Diese repräsentiert mit den vier Werken und den vielen Zubehörbetrieben einen wichtigen Teil der sächsischen Wirtschaft. Der NS-Staat baut ab 1933 auch auf das hier vorhandene Rüstungspotenzial. Hitler wird eingeschaltet, er soll eine großzügige Abfindung Rasmussens empfohlen haben. So scheidet dieser mit der Summe von 1,6 Mio. RM aus der Auto Union aus. Er verlässt sein Anwesen in Zschopau und kauft sich in Sacrow bei Berlin ein gutes Wassergrundstück. Nach 1945 geht er nach Dänemark zurück. Die neue, nun westdeutsche Auto Union schenkt ihm zum 75. Geburtstag 1953 einen DKW-Wagen. 1964 ist dieser dänisch/sächsische Industriepionier im Alter von 86 Jahren gestorben.

Wenn man einen Vergleich zu anderen Zeitgenossen von Rasmussen ziehen will, fällt zuerst die Wahl auf Ernst Sachs. Der gleiche schwere Anfang mit der kugelgelagerten Fahrradnabe, dann die Gründung der Schweinfurter Kugellager-Werke Fichtel & Sachs 1895, und schon 1903 das Goldstück: Die Torpedo-Freilaufnabe mit Rücktrittbremse – bald millionenfach in Europas Fahrrädern in Funktion. Sachs ist auch ein guter Werbestratege, vermutlich ist der Dresdner Odol-König sein Vorbild. Wie dieser in vielen Zeitungen nur mit dem Wort „Odol“ wirbt, lässt Sachs „Torpedo in Sicht“ inserieren, ohne Näheres mitzuteilen. Mit Rasmussen verbindet Sachs der Habitus des Firmenpatriarchen und der Zweitaktmotor. Auch Sachs lässt Einbaumotoren entwickeln, sie werden neben dem KFZ-Zubehör wie Kupplungen und Stoßdämpfer zu einem wichtigen Geschäftsfeld. Beide Industriepioniere kannten sich gut. Die weiteren Lebenswege verliefen allerdings sehr unterschiedlich. Rasmussen, inzwischen auch Dr.-Ing. h. c. der TH Dresden, muss seinen Wirkungskreis verlassen, erhält durch die neue Auto Union eine späte Anerkennung und erreicht ein gesegnetes Alter. Ernst Sachs ist der industrielle König von Schweinfurt, regiert mit harter Hand auch bei der Unterdrückung von Streiks. Doch 1932, im Alter von 65 Jahren, verstirbt er nach kurzer schwerer Krankheit. Der Sohn Willy und die Enkel profitieren vom Erfolg der Sachs-Fabriken. Willy Sachs ist in der NS-Zeit gut bekannt mit den NS-Größen Frankens und dem SS-Reichsführer Himmler, er wird zum SS-Obersturmführer ernannt. Natürlich läuft die Rüstungsproduktion bei Sachs auf Hochtouren. Nach 1945 erhält er bald – wie die meisten Industrieführer der Bundesrepublik – einen entlastenden „Persilschein", der Werk(Wieder)-Aufbau wird fortgeführt. Doch der inzwischen beleibte und zuckerkranke Firmenchef leidet zunehmend unter Depressionen, 1958, im Alter von 62 Jahren, erschießt er sich. Seine Söhne Ernst Wilhelm und Gunter finanzieren mit dem ererbten Vermögen einen aufwändigen Lebensstil. Doch Ernst Wilhelm kommt 1974 bei einem Ski-Unfall ums Leben. Gunter Sachs wird der europaweit bekannte Playboy, seine Geschichten füllen jahrelang die bunten Zeitschriften. Als ob doch die Gene des Vaters nachwirken, wählt auch dieser Sachs 2011 den Freitod.

Damit wollen wir die Betrachtung des Grenzstreifens Sachsen-Böhmen abschließen und, wie eingangs gesagt, von Pirna aus die Dresdner, mittelsächsische und Leipziger Industrielandschaft betrachten.

Kunstseidenwerke Fr. Küttner AG/VEB Sächsisches Kunstseidenwerk Siegfried Rädel Pirna

In Sehma, einem bescheidenen erzgebirgischen Städtchen nahe Annaberg, hatte ein bedeutender Industriebetrieb seinen Ursprung. Bereits 1820 erwarb ein Friedrich Christian Küttner eine kleine Garnmanufaktur, aus der 50 Jahre später ein gut florierender Betrieb für Garnherstellung mit Bleicherei/Färberei entstanden war.

Von den nachfolgenden Generationen haben Friedrich Richard Küttner und dessen jüngster Sohn Hugo Richard Küttner die Firmengeschichte maßgeblich geprägt.
Aber nicht Küttner-Sehma, sondern Küttner-Pirna wurde ein weltweit geachteter Begriff für Kunstseide, diese neue chemische, vom französischen Chemiker Chardonnet entwickelte Textilfaser.
In Pirna wollen wir konkret die Bewertung der Firmen des Dresdner Raumes beginnen, und das Auf und Ab der Firma Küttner ist ein Beispiel für eine – leider vergangene – sächsische Industriegeschichte.

Ein neues, sehr fundiertes Buch mit dem Titel „Kunstseide aus Pirna – ein Unternehmen in Deutschlands Zeitläufen“ [23] zeigt den Werdegang der Küttner-Werke von den Anfängen in Sehma über alle Zeitläufe bis zum tragischen Ende 1994. Zunächst befremdet der Buchtitel. In der Einleitung wird der entscheidende Beitrag Hugo R. Küttners für die Entwicklung der Kunstfaserindustrie in Deutschland betont, und die vorliegende Schrift soll seine Lebensarbeit würdigen. Warum dann aber weder auf dem Buchdeckel noch auf dem Buchrücken der Name Küttner zu finden ist, befremdet den Leser schon. Zumal auch die Autoren Müller und Treitschke nicht auf Küttner hinweisen. Man muss erst mit dem Lesen beginnen, um zu erfahren, dass Georg-Heinrich Treitschke (Hamburg) ein Enkel Hugo R. Küttners ist und deshalb Mitautor geworden war.
Diese Buchgestaltung ist ungewöhnlich und sollte nicht die Regel werden. Ein Buch zum Beispiel über den Chemnitzer Lokomotivbauer Richard Hartmann heißt nicht etwa „Lokomotiven aus Chemnitz“, sondern „Mythos Hartmann“ mit guten, auf Hartmann bezogenen Abbildungen auf den Buchdeckeln.

Aber es liegt im Trend der hiesigen, besonders der in der DDR-Zeit ausgebildeten Geschichtsexperten, den Arbeiter und die ominöse „Arbeiterklasse“ in den Vordergrund zu rücken und den Unternehmer als zwar notwendig, aber doch mehr als Beiwerk und natürlich auch als Kapitalist und Ausbeuter zu sehen.

Bild 15: Fr. Küttner AG Pirna, eine Pionierfirma der Kunstseiden-Entwicklung. Nach Demontage und Enteignung als VEB übermäßig ausgelastet, Erneuerung und Umweltschutz vernachlässigt. 1990 abgewirtschafteter Zustand, 1994 abgerissen.

Gerade der Lebensweg dieses Hugo R. Küttners lässt fragen, ob dieses Leben ein guter Weg war – der Beginn in Pirna, die schweren Anfangsjahre, die Patentstreitigkeiten, der Kampf mit den großen Konkurrenten, unter anderem Vereinigte Glanzstoff-Fabriken AG

(VGF), die Angriffe der Kommunisten in den 1920er Jahren („Die rote Spinne“ Betriebszeitung der Küttner-Proleten), die Schulden, die Querelen in der NS-Zeit (Inhaftierung) und letztlich der plötzliche Herztod am 8. Mai 1945 auf dem Körnerplatz in Dresden, als er in Sorge um das Werk von der Villa auf der Stübelallee in Dresden mit dem Fahrrad nach Pirna hetzte.

Wäre sein Leben nicht ruhiger und friedvoller verlaufen, wenn er der Mittelständler in Sehma geblieben wäre und diesen Betrieb maßvoll ausgebaut hätte? Sicher, man war – gemessen an den mittelständischen Verhältnissen in Sachsen – reich geworden. Die 1920 veranstaltete 100-Jahr-Feier vereinigte in der Pirnaer Villa die Küttner-Familie und leitende Direktoren, die Belegschaft dankte den Firmeneignern mit 500 Rosen. Alles hatte begonnen, als Küttner 1909/10 sofort nach dem neuen Viskoseverfahren produzierte und *„die erste für die Textilindustrie brauchbare Viskoseseide Deutschlands auf den Markt brachte“* [23]. Die Wettbewerber zogen sofort nach, insbesondere die VGF, aber die Küttner OHG lieferte immerhin 20 Prozent der deutschen Kunstseidenproduktion.

Hugo R. Küttner, inzwischen selbst Fachmann, verstand es, Experten heranzuziehen und der Firma durch zahlreiche Patente eine führende Stellung im Entwicklungsprozess zu erhalten. Auch durch Warenzeichen, wie „Küttner Kasema“ oder „Küttner Zellvag“, Letzteres für die neu entwickelte Kupferkunstseide, konnte sich die Fa. Küttner AG im weltweiten, immer schärferen Konkurrenzkampf behaupten.

Inzwischen war die Firma Küttner 1927 eine Aktiengesellschaft mit 4.500 Mitarbeitern geworden, die Produktionsmenge betrug über 3.000 Tonnen pro Jahr.

In der NS-Zeit gab es große Differenzen zwischen Küttner, der kein Parteigenosse war, und der Mutschmann-Regierung in Dresden, die mit zeitweiser Inhaftierung und dem Verbot, das Werk zu betreten, ihren Höhepunkt erreichten. Trotzdem war die Küttner AG auch in den Kriegsjahren erheblich ausgebaut worden. Die höchsten Produktionsmengen wurden 1943/44 mit rund 10.000 Tonnen/Jahr erreicht, also mehr als das Dreifache von 1927/28. Insgesamt hat das Küttnerwerk von 1910 bis 1944 rund 100.000 Tonnen Viskoseseide erzeugt.

In den Maitagen 1945 setzte die Demontage des Küttnerwerkes ein, das Gewicht der demontierten Maschinen und Anlagen wurde auf 20.000 Tonnen geschätzt. Im Gegensatz zu den vielen Maschinen aus mitteldeutschen Firmen, die in Russland nie wieder zum Einsatz kamen (Autoindustrie, Werkzeugmaschinen), fanden Zeitzeugen in den 1970er Jahren in verschiedenen russischen Städten Spinnmaschinen mit dem Firmenschild „Fa. Küttner AG“ noch im Einsatz. Natürlich kam das Küttnerwerk auf die Liste A der zu enteignenden Betriebe; vom 2. August 1946 stammt das Schreiben der Landesverwaltung Sachsen, „dass die Betriebe von aktiven Nazis und Kriegsverbrechern enteignet werden“ und der Betrieb Fa. Küttner AG dazugehört. Dass Küttner kein aktiver Nazi und im Werk nicht mehr der Chef des Hauses war, ging im Machtrausch der Stalinisten unter. Trotz dieses Demontage-Raubbaues mit einstürzenden Hallendächern, aufgebrochenen Fabrikwänden und anderen Schäden gelang eine erstaunlich schnelle Neuproduktion von Viskoseseide. Am Jahresende 1947 beschäftigte das Werk bereits 1.000 Mitarbeiter. Sehr bald wurde auch das Pirnaer Werk in die zentrale Wirtschaftslenkung einbezogen, eine „VVB Kunstfaser“ leitete alle Chemiebetriebe der Ostzone. Völlig neu aufgebaut wurden Anlagen für Kordseide, um der Reifenindustrie das in den Westländern schon eingeführte neue Verstärkungsmaterial bereitzustellen. Bereits 1952 konnte eine Tagesproduktion von acht Tonnen Kordseide erreicht werden.

Wie in vielen anderen Fällen gestalteten sich die 1950/60er Jahre als die besten der DDR-Wirtschaft. Es war eine Aufbruchstimmung vorhanden, viele Facharbeiter, Techniker, leitende Angestellte aus der Vorkriegszeit beflügelten den Aufbau. Die SED hatte noch nicht alle Leitungsfunktionen rigoros besetzt, noch herrschte – trotz aller verbrecherischer Maßnahmen der SED-Justiz gegen das Bürgertum und sogenannte Saboteure – eine positive Grundstimmung.

1951 erhielt das Küttnerwerk den Namen „Sächsisches Kunstseidenwerk Siegfried Rädel“. Dieser KPD-Funktionär saß zeitweise im Betriebsrat des Küttnerwerkes und war später als Mitglied des Zentralkomitees der KPD bis 1933 im Reichstag. Nach Aufenthalten in der Schweiz und Frankreich wurde er 1942 ausgeliefert und 1943 in Plötzensee hingerichtet.

Mit dem in den 1960er Jahren anlaufenden Chemie-Programm kam nochmals ein Aufschwung in die Chemiefaserbetriebe der DDR, die 1970 zum „Chemiefaserkombinat Wilhelm Pieck“ in Schwarza (Thüringen) zusammengeschlossen wurden. Nun kam es auf die Masse an, worunter die Qualität insbesondere der Reifenkordseide, aber auch die strapazierten Anlagen, stark zu leiden hatten. Die Gesamtkapazität hatte der VEB-Betrieb wieder auf das Dreifache gesteigert. Während Küttner bis 1944 die schon genannten 100.000 Tonnen aller Seidensorten erzeugt hatte, produzierte der Volkseigene Betrieb S. Rädel von 1945 bis 1987 rund 330.000 Tonnen Viskoseseide. Damit verbunden lief ein horrender Verschleiß der Maschinen und des gesamten Areals ab, einschließlich der Umweltbelastung in und rund um Pirna, die den schlimmen Verhältnissen in Leuna/Bitterfeld durchaus ähnlich waren.

Nach 1990 versuchte eine neue „Sächsische Kunstseiden GmbH Pirna“ mit einem Sanierungsprogramm – teilweise Stilllegung, reduzierte Produktionsmengen – eine Fortführung zu erreichen. Die Bayer AG zeigte Interesse an bestimmten Produktionsverfahren, gab aber wieder auf. Der Aufwand für eine gesamte Sanierung/Erneuerung wurde auf über 70 Millionen DM geschätzt.

Am 10. 1. 1992 erwarben die Gebr. Dalmia aus Kuala Lumpur für eine DM den Pirnaer Betrieb, verpflichteten sich zu 85 Mio. DM Investitionen und eine Beschäftigungsgarantie für 700 Mitarbeiter. Die Treuhand wollte 15 Mio. DM zuschießen. Aus Kuala Lumpur kam auch 1993 noch kein Geld, stattdessen sollte die Treuhand zuerst sechs Mio. DM auf asiatische Banken überweisen. So platzte dieses Geschäft, und der Fall Kunstseide Pirna erschien deutschlandweit in den Schlagzeilen. Michael Jürgs listet in seinem Buch über die Treuhandanstalt auch Pirna auf. [24] In Wirtschaftskreisen sei bereits vor dem Deal bekannt gewesen, dass die Fa. Dalmia *„zwar viele Tochterfirmen auf fernen Inseln auflisten kann, aber kaum Eigenkapital besitzt“*. So ging mit Jahresbeginn 1994 die Kunstseide Pirna in Liquidation, circa 500 Mitarbeiter werden in einer Arbeitsbeschaffungsmaßnahme vorwiegend mit Abbrucharbeiten beschäftigt. Heute haben sich auf dem Gelände andere Gewerbe angesiedelt, unter anderem die FEP Fahrzeugelektrik Pirna GmbH, welche auf 30.000 Quadratmeter großen Anlagen Steckverbindungen und Kunststoffteile für die Autoindustrie produziert.

Pirna hatte mit seinem Traditionsbetrieb kein Glück. Gefehlt hat ein mittelständischer Unternehmer, der sachlich und vernünftig Bilanz zog, eine Marktlücke fand oder erkannte und spezielle Kunstseiden oder verwandte Produkte produzieren wollte, auch den großen Erfahrungsschatz der Mitarbeiter nutzte.
Hier erinnert nichts mehr an die Tradition seit 1820, an die Firma, welche, wie oben gesagt, "die erste Viskoseseide in Deutschland auf den Markt brachte". In Sehma, dem Ursprungsort der Küttners, gibt es ein mit "Küttner-Stiftung" beschriftetes Gemeindehaus.
Für Hugo R. Küttner war sein überraschender Tod am 08. Mai 1945 vielleicht ein gnädiges Schicksal, ganz sicher wäre er als Namensgeber und Hauptaktionär in Bautzen II inhaftiert worden, mit sehr geringen Überlebenschancen.

Sächsische Gußstahl-Werke Döhlen AG/VEB Edelstahlwerke Freital GmbH/BGH Edelstahl Freital

Freital, Industriestadt am anderen Ende des großen Wirtschaftsraumes Pirna–Heidenau–Dresden–Freital–Freiberg. Die Stadt von Dresden-Plauen aus im Tal des Weißeritz-Flusses, im ehemaligen Landschaftspark Plauenscher Grund. Eine Stadt des vielschichtigen Maschinenbaues, erst 1921 aus mehreren Orten zusammengeschlossen, mit mehreren Freital-Bahnhöfen der Sachsenmagistrale Görlitz–Dresden–Chemnitz–Plauen. Aus dem idyllischen Landschaftspark, gerühmt von den Dichtern der Romantik, wurde durch den Kohlebergbau, die Stahl- und die Maschinenbauindustrie ein „Tal der Arbeit“. In Stadtansichten der 1920er Jahre dominierten Fabrikschornsteine, in über 700 Betrieben mit circa 12.000 Beschäftigten wurden Verpackungsmaschinen, Drehbänke, Glas und Leder und vor allem Steinkohle und Stahl erzeugt. Die Entdeckung der Kohlelager führte 1806 zur Gründung des Königlichen Steinkohlenwerkes und 1819 zu den Burgker Werken des Freiherrn Dathe von Burgk (Museen Schloss Burgk). Seit 1855 lieferten die Sächsischen Gussstahl-Werke Döhlen AG aus Freital-Döhlen Bau- und Konstruktionsstähle, Federstähle, Gewehrlaufstähle, Stahlflaschen, Weichenanlagen – kurz, alle Sonderstähle höchster Güte und Ausführung.

Bild 16: Letzte Reminizenz an ein vormals großes Hüttenwerk.

Seit über 80 Jahren

zuverlässig und bewährt

S. M. und Elektro-Stahlwerk mit Walzwerken, Hammerwerk Blankzieherei, Preßwerk und Weichenbauanstalt

Schienen — auch verschleißfeste Schienen
Laschen · Hakenplatten · Klemmplatten

Weichen
Zungenvorrichtungen · Herzstücke · Herzstückspitzen
Gleiskreuzungen

Vollständige Weichenanlagen
Sämtliche Weichen-Einzelteile

Stahlflaschen jeder Art
und in Qualitäten für höchste Beanspruchungen

Hülsenpuffer

Bau- und Konstruktionsstahl
legiert und unlegiert
für den Automobilbau, Flugzeugbau, Motoren- und allgemeinen Maschinenbau
in gewalzter, gezogener und geschmiedeter Ausführung
geglüht und vergütet

Federstahl jeder Art

Gewehrlaufstahl
in gewalzter oder geschmiedeter Ausführung

Wellen blank und präzis gezogen
nach Feinpassung

Hochleistungsautomatenstähle Marke Lardo

Sächsische Gußstahl-Werke Döhlen
AKTIENGESELLSCHAFT
FREITAL i. Sa.

Bild 17: BGH Edelstahl Freital GmbH, basierend auf fast 200 Jahren Stahlherstellung.

1945 enteignet, wurde das Döhlen-Stahlwerk als VEB Edelstahlwerk Freital zum Hauptwerk für Konstruktionsstähle des DDR-Maschinen- und Fahrzeugbaues ausgerüstet. Wieder in großen Dimensionen bis zum Stahlexport zu Dumping-Preisen in westliche Länder. Und 1989/90 die gleichen Verhältnisse wie in Pirna oder Hunderten anderen Betrieben. Kein Bedarf für solche Stahlmengen, große Umweltbelastung, verschlissene Anlagen - und wohin mit 4.000 Beschäftigten?
Die großen rheinischen Stahlkonzerne winken ab (es gibt schon zu viel Stahl), die superschlaue Unternehmensberatung Roland Berger empfiehlt die Liquidation.
Aber der Chef der Siegener Boschgotthardshütte (BGH), Rüdiger Winterhager, erkennt das Potential. Freital hat ausgezeichnete Stahlfachleute, sie produzieren gute und spezielle Edelstähle, und es gibt keine beengten räumlichen Verhältnisse (wie in Siegen). Und so entsteht das kleine Freitaler Wunder: Die BGH Edelstahl Freital GmbH, das heißt der Sitz des Unternehmens wird nach Freital verlegt mit den Standorten Lugau, Leuna, Siegen. Man wächst und investiert unter dem Motto: „Wissen um Edelstahl, seine Herstellung und seine Verwendung, gewachsen in langer Tradition, verbindet unsere Werke und Mitarbeiter. Wir bieten ein nahezu komplettes Programm an Edelstahlprodukten."

Kübler & Niethammer Papierfabrik Kriebstein AG/VEB Papierfabrik Kriebstein

Sachsen konnte sich mit Recht „Heimat des Papiers" nennen. Rund ein Viertel der gesamten deutschen Vorkriegsproduktion von Papier und Pappen lieferten sächsische Werke. Es hat nur bedingt damit zu tun, dass dieser Friedrich Gottlob Keller aus Hainichen bei Freiberg 1844 den weltweit ersten Holzschliff herstellte, worauf er ein Jahr später das „Privilegium auf ein eigentümliches Verfahren, durch einen zusammenhängenden Prozess Lohextract und Rindenpapiere aus den Rinden der Nadelhölzer zu erzeugen", erhielt.
Er war ein Erfinder und Bastler, hatte jedoch nicht Mittel und Ge-

schick, daraus den rasch einsetzenden Siegeszug des Holzschliffpapiers mitzugestalten.

Nun setzte ein eigenartiges Wechselspiel zwischen Sachsen und Württemberg ein. Der aus Heidenheim/Brenz gebürtige Heinrich Voelter, Leiter der Fischer Papierfabrik in Bautzen, erwarb das „Privilegium“ von Keller und begann, zurück in Heidenheim, zusammen mit dem Maschinenbauer J. M. Voith, die ersten großen Holzschleifmaschinen und alle anderen Anlagen für das neue, zum Massenprodukt werdende „Keller-Papier“ zu entwickeln. Voith Heidenheim und Voith St. Pölten (Österreich) wurden die ersten großen Hersteller von kompletten Papier-Produktionsanlagen, und heute ist die Sparte Voith Paper mit 7.700 Mitarbeitern weltweit tätig.

Also von Sachsen nach Württemberg zurück. Aber zur gleichen Zeit legten zwei Württemberger in Sachsen den Grundstein für eine große Papierfabrik. 1856 begannen die Heidenheimer Kübler und Niethammer in einer Kriebsteiner Mühle an der Zschopau die Papierproduktion.

Bereits in den 1890er Jahren fertigte die Kübler & Niethammer AG jährlich 25.000 Tonnen Papier und entwickelte sich bis 1945 zu Deutschlands größter Papierfabrik, zehn Standorte waren in die AG integriert.

Der Erfinder F. G. Keller hat den Siegeszug seines Papiers noch erlebt, ohne daran teilzuhaben. Er bastelte und verarmte zugleich, mit Mühe konnte er sein Anwesen in Krippen (bei Bad Schandau) erhalten. Als sein Schicksal bekannt wurde, ermöglichten große Verleger und Fabrikanten einen Ehrensold; vom sächsischen Staat erhielt er das Ritterkreuz II. Klasse. Keller starb 1895 im Alter von 79 Jahren.

Durch ihn angestoßen, wird Papier zum Massen- und Kulturgut. Ab den 1850er Jahren erlebt die Welt eine Invasion an neuen Entwicklungen, Erfindungen, Produkten und deren bisher nicht bekannte Massenerzeugung. Eisenbahnen, Elektromaschinen, Kraftwagen, Sprengstoffe, Arzneimittel und eben Papier erobern in wenigen Jahren alle Länder. Die großen Verlagshäuser und Druckereien, die Flut an Zeitschriften wären ohne das nun preiswerte Papier nicht in so wenigen Jahren entstanden. Hier drängt sich der Vergleich mit einem anderen, ähnlich schnell zum Massenerzeugnis gewordenen Produkt auf: Stahl.

Bei der Eisenverschmelzung aus Eisenerz und Holzkohle/Koks enthält das gewonnene Roheisen viel Kohlenstoff. Als Gusseisen wurde es vom Mittelalter her als spröder, gut gießbarer Werkstoff viel eingesetzt. Doch zunehmend verlangten der Maschinenbau und die rasch wachsenden Dampfmaschinen- und Eisenbahnindustrie einen schmied- und verformbaren Werkstoff: Stahl, das heißt Flussstahl, Weicheisen. Wie so oft im 19. Jahrhundert gingen die Engländer voran. Mit „Puddeln" und „Herdfrischen in Tiegeln", das heißt das Roheisen unter Feuer halten und Rühren wurde der Kohlenstoff ausgetrieben und Stahl erzeugt. Wie Keller beim Papier hatte der Brite Henry Bessemer 1855 die alles entscheidende Idee: Druckluft in das Roheisen blasen. In der „Bessemerbirne" (Konverter) wird durch Luftdüsen im Boden Druckluft zugeführt, wobei durch den Oxidationsprozess des Kohlenstoffes genügend Eigenwärme entwickelt wird, eine zusätzliche Befeuerung ist nicht notwendig. Urplötzlich wurde durch das „Windfrischen" Stahl der billige, schnell erzeugbare Massenwerkstoff.

Während der „Tiegelstahl" pro Tonne in England der 1860er Jahre 50 bis 60 englische Pfund kostete, sank der Preis durch „Bessemern" auf drei englische Pfund.

Bessemer gründete ein eigenes Stahlwerk in Sheffield, wurde aber nicht einer der Superreichen wie zum Beispiel Alfred Nobel, der durch das Dynamit und die zahlreichen Nobel-Fabriken den Grundstein für den Nobelpreis legen konnte. Um 1865/70 erzeugte England mit circa 100.000 Tonnen Bessemerstahl noch die Hauptmenge, nach Ablauf des Bessemer-Patentes 1869 lagen zur Jahrhundertwende die USA mit 9 Mio. Tonnen schon an der Spitze, an zweiter Stelle konnte sich Deutschland mit 5 Mio. Tonnen platzieren, England erzeugte „nur" 2 Mio. Tonnen.

Natürlich blieb die Stahlveredelung nicht stehen. Weitere Verfahren kamen hinzu, das Siemens-Martin-Verfahren insbesondere für die Schrottverschmelzung und der Elektro-Lichtbogenofen.

Doch zurück zum Papier. Eine so große und leistungsstarke Papierfabrik wie die Kübler & Niethammer AG geriet natürlich 1945/46 sofort ins Fadenkreuz der Stalinisten. Dabei spielte es – wie in den Tausenden anderen Fällen – eine untergeordnete Rolle, ob man Kanonen, Brot oder eben Papier produzierte. So etwas musste man enteignen, zerschlagen und in den Selbmann'schen Wirtschafts-Kuddelmuddel einbeziehen. Der nachfolgende VEB Papierfabrik Kriebstein fertigte auch Toilettenartikel, doch im Ergebnis bekamen die DDR-Bürger in den 1980er Jahren Papiertaschentücher kaum noch zu kaufen, aber auch kein Stofftaschentuch.

Die Nachfahren der früheren Eigentümer hatten ihr großes sächsisches Werk nicht vergessen. So kauften sie bereits im Juli 1990 den Betrieb zurück, und nach entsprechender Modernisierung der auf Verschleiß gefahrenen Anlagen, neuer Abwasser-, Luft- und Energiesysteme produziert heute die Kübler & Niethammer Papierfabrik Kriebstein AG wieder Papier. Unter dem Markenzeichen „Kriebcoat" fertigten 130 Mitarbeiter jährlich 100.000 Tonnen Papier verschiedener Art. Wieder einmal hat sich zusammengefunden, was zusammengehört; die unrentable, umweltzerstörende Produktionsweise des Marxismus-Leninismus ist Geschichte geworden.

Die Stadt Heidenau ist nach Pirna elbabwärts der nächste bedeutende Industrieort in dem großen Dresdner Wirtschaftsraum. Wir folgen der S-Bahnlinie S1 des Verkehrsverbundes Oberelbe (VVO). Sie führt von Schmilka-Hirschmühle, direkt an der tschechischen Grenze, über Bad Schandau, Pirna, Heidenau zum Hauptbahnhof Dresden, weiter nach Radebeul und endet über Meißen hinaus in Meißen-Triebischtal. Dazwischen liegen eine Reihe Dresdner Stadtteil-Bahnhöfe.

Wie Freital ist auch Heidenau aus mehreren Bauerndörfern entstanden, besonders aus „Heidenowe" (Heidenau), Mügeln und Gommern, die an der Einmündung der Müglitz in die Elbe durch sorbische Stämme gegründet wurden. Erst 1920 entstand aus diesen Ortschaften das heutige Heidenau. Doch schon ab den 1870er Jahren setzte eine bedeutende Industrialisierung ein. Dabei ist auffallend, dass viele in Dresden gegründete Betriebe ihren Sitz nach Heidenau verlegt haben. Dort gab es noch Freiräume, und die in Dresden entstandenen Unternehmen wollten sich großzügig erweitern. Auch behördliche Zwänge im Königlich-Sächsischen Dresden waren oft hinderlich.

Krause & Baumann AG/VEB Vereinigte Papierfabriken Heidenau/US-Konzern Glatfelter/Heidenau

Zum größten Heidenauer Unternehmen entwickelte sich eine bereits 1816 in Dresden von T. Krause und R. Baumann gegründete „Buntpapierfabrik". 1902 nach Heidenau auf 200.000 Quadratmeter elbnahem Gelände neu errichtet und 1912 zur AG umgewandelt, wurde die „Dresdner Chromo- und Kunstdruck-Papierfabrik Krause & Baumann AG" ein weltweit agierendes Unternehmen der Papierbranche. Mit rund 1.500 Mitarbeitern lieferte der Betrieb vor allem Papiere für alle Kunstdruckbereiche, also hochwertige Papiere für Illustrations-, Offset- und Tiefdruck. 1937 erwarb die schlesische „Feldmühle Papier- und Zellstoffwerke AG" Stettin das Heidenauer Werk, die bebaute Fläche erreichte 170.000 Quadratmeter, also fast das gesamte Firmenareal.

Nach 1945 erfolgten die Enteignung und Demontage auch dieses Betriebes. Erst in den 1950er Jahren begann die Papierindustrie wieder in größerem Umfang zu produzieren. Die Zentralverwaltung der Zellstoff-, Papier- und Pappenindustrie der DDR wurde in Heidenau etabliert. Die spätere Vereinigung Volkseigener Betriebe (VVB) der Branche vereinigte 1972 (Enteignung der letzten halbstaatlichen Betriebe) rund 100 Unternehmen, nun aber mit Sitz in Leipzig. Auch das spätere Kombinat Verpackung als Leitunternehmen aller Verpackungshersteller entstand in Leipzig. Das übliche Hick-Hack der Mittag'schen Wirtschaftsführung.

Solche in die Augen springende Druckeffekte

sind nur auf Kunstdruckpapier zu erzielen. Wählen also auch Sie für Ihre Drucke nur Kunstdruckpapiere und zwar die guten Fabrikate der

Dresdner Chromo- & Kunstdruck-Papierfabrik
KRAUSE & BAUMANN A.-G. HEIDENAU BEZ. DRESDEN

Bild 18: Krause & Baumann AG, das größte deutsche Werk für alle Sonderpapiere der Kunstdruckbranche und verwandten Bereiche bis 1945.

Bereits 1951 war in Pirna ein Institut für Zellstoff und Papier entstanden (IZP). Im Ergebnis musste trotzdem eingeschätzt werden: *„In den 1970er Jahren war die Entwicklung dadurch gekennzeichnet, dass die vorherrschende Materialknappheit zu einer ständigen Abmagerung des Fonds für Verpackungen führte. Als Folge der permanenten Unterschätzung der Notwendigkeit der Verpackung und deren Gestaltung waren nicht nur die Waren für den Binnenmarkt, sondern auch Exportartikel aus DDR-Produktion überwiegend mangelhaft verpackt. Die Zunahme von Warenschäden und das oftmals schlechte Erscheinungsbild der Packungen verursachten Imagever-*

luste im westlichen Ausland. Schließlich wurde erkannt, dass man sich dem internationalen Wettbewerb stellen und neben guten Waren auch bessere Verpackungen anbieten musste. Zur Verbesserung der Situation wurde 1975 ein Ministerratsbeschluss verabschiedet, der eine hohe Qualität der Verpackungsgestaltung zum Ziel hatte.“ [32] Der Ministerrat der DDR beschloss also, die Verpackungen zu verbessern. Wie hatten es doch die Politiker der Bundesrepublik in dieser Beziehung einfacher! Weder Kanzler Kiesinger noch Ministerpräsident Albrecht mussten sich darum kümmern, ob zum Beispiel Bahlsen-Hannover seine Kekse in guter Verpackung verkaufen konnte. Das zu tun war ureigenes Anliegen der Keksfabrik, wenn sie auf dem Markt bestehen wollte. Dabei konnte sie auf eine leistungsfähige Verpackungsmittelindustrie zurückgreifen, gerade auf Firmen, die im Osten enteignet und rausgeworfen wurden und sich im Westen neu gegründet hatten: Hänsel, Loesch, Gebr. Bindler, Gäbel, die alle aus dem Dresdner Raum kamen.

Der VEB Vereinigte Papierfabriken Heidenau wurde in den 1970er Jahren der Hauptproduzent von Tapetenrohpapier, ein Produkt, was neben Tapetenvliesen auch noch nach den 1989/90er Jahren einen großen Teil der Produktpalette bestimmte.
Nach der politischen Wende gab es verschiedene Ansätze zur Fortführung des Heidenauer Großbetriebes, er endete in einer „Dresden Papier AG, Werk Heidenau“, zugehörig der kanadischen Fortress Paper Ltd. Doch 2013 erwarb der US-Konzern Glatfelter, der elf Standorte weltweit betreibt, den Betrieb. Mit einer jährlichen Produktion von circa 37.000 Tonnen Rohpapier und Tapetenvlies ist in Heidenau zumindest ein Abglanz der großen Papiertradition erhalten geblieben.

Hoesch-Zellulosefabriken Pirna/Heidenau

Auch Hoesch-Heidenau/Pirna war ein Begriff der Zellstoff- und Papierbranche. Bereits 1876 erwarb die Familie Hoesch, die zu den Gründern der westfälischen Montanindustrie gehörte, die Königsteiner Papierfabrik. Hugo Hoesch entwickelte sich zu einem erfolgreichen, auch im Verband der Papierfabriken tätigen Unternehmer. Ab 1912 durfte er sich Hugo von Hoesch nennen. Der Adelstitel vom sächsischen Königshof für einen Unternehmer war einer der wenigen Sonderfälle, die zum Beispiel Karl August Lingner oder der Nähmaschinenfabrikant Bruno Naumann nicht erreicht hatten. Die Vliespapierfabrik Hugo Hoesch und die Sulfit-Zellulosefabriken Hoesch & Co. in Pirna und Heidenau gehörten bis 1945 zu dem großen Verband der Papierproduzenten im Raum Pirna und Heidenau. Im Königsteiner Betrieb wurde bis 1944 Banknotenpapier hergestellt. Nach der Demontage 1945/46 und dem Abtransport der wichtigsten Maschinen begann 1947/48 der VEB Feinpapierfabrik Königstein mit dem gleichen Produktionsprofil. Bereits 1991 erwarb das Leipziger Exilunternehmen Giesecke & Devrient, heute der große „Traditionsbetrieb“ in München, über die bayerische Papierfabrik Louisenthal das Königsteiner Werk. Hier steht heute eine der modernsten Produktionsanlagen für Wertdruckpapier.

Rockstroh-Werke AG Heidenau

Der Papierbranche gleichwertig, international noch bekannter waren die Heidenauer Rockstroh Werke AG. Es begann 1887, als ein Max Rockstroh in Dresden mit dem Bau von Druckmaschinen begann (Rockstroh & Schneider). Tiegeldruckpressen hießen die Maschinen, die auch die kleinen Druckereien aufstellen und mit wenig Aufwand betreiben konnten. Rockstroh hatte spät begonnen, wie die nachfolgende Aufstellung zeigt. Doch die Familie Rockstroh verstand es, durch eine weitsichtige Unternehmensführung bis zur Jahrhundertwende eine Fabrik auf 65.000 Quadratmetern für 750 Mitarbeiter zu schaffen. 1899 wurde die Firma nach Heidenau verlegt, und mit dem Slogan „Die ganze Welt ist unser Feld“ begann mit dem Warenzeichen „VICTORIA Heidenau“ der große Schritt in den europäischen Markt. Zweigniederlassungen entstanden in Leipzig und Berlin, aber auch in Hamburg, Wien, Zürich, ferner ein fast weltweites Vertreternetz, auch bis New York.

Der VICTORIA-Tiegel wurde ein Begriff für diese Druckmaschinen und viele Patente in alle Kulturstaaten sicherten die Rockstroh-

Konstruktionen ab.
Nach dem Ersten Weltkrieg, wie fast in allen deutschen Fabriken hatten im Krieg Rüstungsprodukte im Vordergrund gestanden, wurden der große Hochbau errichtet und die Firma in Rockstroh-Werke AG umbenannt.
Das Heidenauer Werk blieb in den 1930er Jahren einer der führenden Druckmaschinenhersteller, besonders bei Tiegeldruckpressen. Das Bild zeigt die auch öffentlich geführte Auseinandersetzung mit der Schnellpressenfabrik AG Heidelberg.
Der VICTORIA-Parallelgang-Tiegel scheint Vorzüge gegenüber dem Heidelberger Klapptiegel gehabt zu haben, aber dieses Bild zeigt mehr. In Heidenau – 2015 deutschlandweit wegen der Proteste gegen Flüchtlingsunterkünfte in die Schlagzeilen gekommen – bestand eine der leistungsfähigsten Maschinenfabriken der Drucktechnik, ebenbürtig den großen Heidelbergern, vielleicht besser. Man wird es dort mit ungläubigem Staunen vernehmen, ja es fast als „Gotteslästerung“ empfinden, dass irgendwo im dumpfen Sachsen ein ihnen gleichwertiger Produzent gewesen sein soll. Zeitzeugen sind nicht mehr da, höchstens in den Archiven der Heidelberger werden sich noch Unterlagen zu den Patentprozessen der beiden Firmen finden lassen.
Über eines dürfte es keine Unklarheit geben: Eine nicht vom Kommunismus ruinierte Rockstroh AG hätte auch nach 1945 den Heidelbergern das Leben schwer gemacht – wie in den Tausenden anderen Fällen zwischen Ost- und Westbetrieben, wo der VEB Ostbetrieb kein ernsthafter Wettbewerber blieb. Wer heute auf der B 172 von Dresden nach Pirna fährt, wundert sich über das große Möbelhaus in Heidenau. Es ist der Rockstroh-Hochbau.

HERKULES mit geöffnetem Druckkopf.

Bilder 19: Rockstroh-Werke AG Heidenau, ein bis 1945 weltweit bekannter Hersteller von Druckmaschinen, ebenbürtig der Heidelberg AG. Als VEB 1992 erloschen.

DAS DRUCKSYSTEM DER ZUKUNFT

ZUGSTANGE

ODER

KNIEHEBEL?

ROCKSTROH-WERKE A.G. HEIDENAU

Unsere Broschüre *„Eine Erwiderung"* war eine sachliche Abwehr der unwahren Behauptungen der Schnellpressenfabrik A.G. Heidelberg in der von ihr herausgegebenen Schrift „Zugstange oder Kniehebel".

Die Antwort auf unsere Broschüre ist durchaus in der für Heidelberg typischen Weise erfolgt, wie schon der Titel beweist.

Wenn die Schnellpressenfabrik A.G. Heidelberg auf unsere Ausführungen, welche die spontane Zustimmung der Fachwelt gefunden haben und die auch an Deutlichkeit nichts zu wünschen übrig ließen, uns mit einem unsachlichen Verschleierungsmanöver antwortet, so beweist sie nur, daß sie nicht gewillt ist, einen zweiten Prozeß wegen unlauteren Wettbewerbes zu verlieren

Damit schließen wir bis auf weiteres die *öffentliche* Behandlung der Angelegenheit.

ROCKSTROH-WERKE A.G. HEIDENAU

Schematischer Vergleich zwischen dem

1. Parallelgang des Tiegels der Victoria

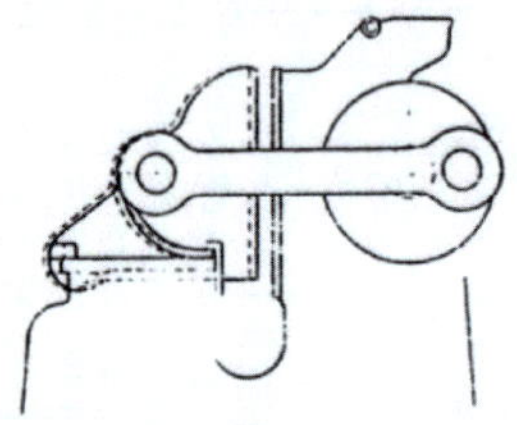

Abb. 1

Diese Parallelgangtiegel bauen wir seit mehr als 45 Jahren in 5 verschiedenen Größen und Stärken für die Papierformate bis

mm	260×355	295×400	300×460	360×490	390×545
	Kobold	Merkur	Victoria A	Victoria B	Victoria C u. D

Auch alle unsere Automaten sind nach diesem System gebaut bei dem es keine Rolle spielt, ob der Aufzug stark oder schwach ist. Die Parallelgang-Tiegeldruckpressen „Victoria" sind zur Herstellung einfacher Akzidenzen, feinster Qualitätsarbeiten, Drei- und Vierfarbendrucken geschaffen und durch ihre Konstruktion und Bauart auch zum **Stanzen von Faltschachteln und zum Prägen vorteilhaft zu verwenden**

14

Parallelgangtiegel und dem Klapptiegel

2. Bewegung des Klapptiegels ohne Zugstangen wenn keine Form in der Maschine ist.

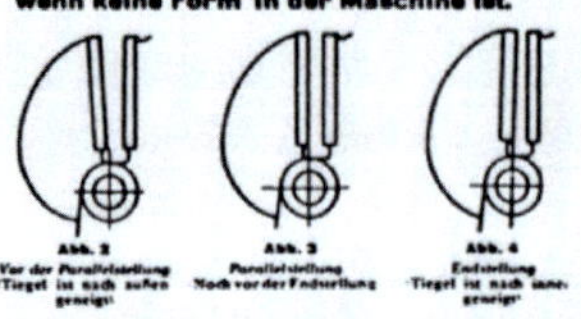

Abb. 2 · Abb. 3 · Abb. 4

3. Stellung des Klapptiegels bei verschieden starkem Drucke

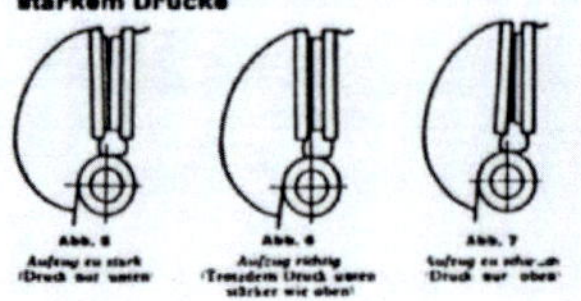

Abb. 5 · Abb. 6 · Abb. 7

Es fällt nicht schwer zu entscheiden, ob man einem Parallelgangtiegel oder einem Klapptiegel den Vorzug geben soll

Rockstroh-Werke A.G. Heidenau

15

Streitschrift zwischen der Heidelberg AG und der Rockstroh AG.

Doch nach 1945 ging es durchaus erst einmal weiter. In den 1960er Jahren stellte der 1946 in VEB Polygraph Druckmaschinenwerk Victoria umbenannte Betrieb weiterentwickelte Maschinen vor. Die neuen Zylinder-Automaten Victoria-Front erhielten nicht nur Messegold in Leipzig, sondern erregten Aufsehen 1954 in Paris. Die Maschinen wurden in 35 Länder exportiert. Das Victoria-Programm umfasste bis in die 1970er Jahre:

- Tiegeldruckpressen mit automatischem Bogenanleger
- vollautomatische Schnellpressen Victoria-Front
- Buchdruck-Schnellpressen
- Hochdruck-Bogenrotationsmaschinen
- Wertpapier-Prägemaschinen
- Herkules-Prägepressen

Die gegen Ende der 1970er Jahre einsetzende Stagnation auch bei Victoria lag im Trend der DDR-Wirtschaft. Überall die Produktion „auf Teufel komm raus" zu Lasten der Qualität und der Anlagen, ein rapides Absinken der Exportchancen. Dazu der rigorose Führungsstil des allgewaltigen Günter Mittag.

Dass dieser die Kombinatsdirektoren wie dumme Schulbuben behandelte, war bekannt und gefürchtet, es setzte sich unter den Betriebschefs fort. Die bekanntesten Fälle waren Carl Zeiss Jena und Pentacon Dresden. Darüber werden wir noch sprechen.

Der VEB Victoria wurde dem noch exportträchtigen VEB Planeta Radebeul einverleibt. Der heute zur KBA-Gruppe in Würzburg gehörende Radebeuler Betrieb ließ noch bis 1992 in Heidenau produzieren. Dann ging eine 100-jährige, große Tradition (1887-1985) im Heidenauer Druckmaschinenbau zu Ende.

Die Familie Rockstroh als Großaktionär hatte kein besonderes soziales Engagement gezeigt, immerhin gab es eine Rockstroh-Siedlung, und insgesamt standen circa 1.000 Personen in Lohn und Brot unter normalen Bedingungen. Im DDR-Jargon liest sich das anders. Zunächst räumte man ein: *„So schaffte er (Rockstroh, d. V.) sich nicht nur in Deutschland, sondern in ganz Europa eine Monopolstellung und stellte im In- und Ausland die wichtigsten Funktionsteile unter Patentschutz."* *Aber dann: „Was war die Quelle dieses ständig wachsenden Rockstroh-Besitzes? War es das Talent oder waren es*

die Fähigkeiten des Unternehmers? Nein: einfache, nackte Ausbeutung! Jeden Pfennig, jede Mark, die Rockstroh investierte bei der Erweiterung seines Grundbesitzes, beim Bau neuer Werkhallen, beim Kauf neuer Maschinen, jeden Pfennig, jede Mark, die er mit seinen Bekannten und Verwandten verprasste, presste er aus seinen Arbeitern heraus."
Das war der Stil der DDR-Geschichtswissenschaftler, der auch zur Rechtfertigung der brutalen Enteignung diente.

Die deutschen Maschinenbaubetriebe der polygraphischen Industrie im Vergleich:

Betrieb	Gründungsjahr	
Koenig & Bauer AG, Würzburg	1817	(West)
Maschinenfabrik Augsburg-Nürnberg AG	1840	(West)
Maschinenfabrik Johannisberg GmbH, Geisenheim	1846	(West)
Schnellpressenfabrik AG, Heidelberg	1850	(West)
Schnellpressenfabrik Frankenthal, Albert & Cie.	1860	(West)
Leipziger Schnellpressenfabrik AG vorm. Schmiers, Werner & Stein, Leipzig	1868	(Ost)
Faber & Schleicher AG, Offenbach	1871	(West)
Schnellpressenfabrik Bohn & Herber, Würzburg	1873	(West)
I. G. Mailänder Schnellpressenfabrik, Cannstadt	1876	(West)
Schelter & Giesecke, Leipzig	1880	(Ost)
Vogtländische Maschinenfabrik GmbH, Plauen	1881	(Ost)
Karl Krause, Leipzig	1883	(Ost)
Rockstroh-Werke AG, Dresden-Heidenau	1887	(Ost)
Kleim & Ungerer, Leipzig	1891	(Ost)

Steinmesse & Stollberg GmbH, Nürnberg	1892	(West)
Johne-Werke, Bautzen	1896	(Ost)
Dresden-Leipziger Schnellpressenfabrik AG, Coswig-Dresden	1898	(Ost)
Georg Spieß, Maschinenfabrik, Leipzig	1900	(Ost)
Ariston-Elka-Maschinenfabrik AG, Dresden	1900	(Ost)

Den neun West-Betrieben stehen zehn Ost-Betriebe gegenüber. Der Wettbewerb war hart. Das ging bis zu mobilen Vorführungen der Druckmaschinen. Sie wurden auf Lastwagen montiert und bei den Druckereien betriebsfähig vorgeführt.

I. M. Lehmann Maschinenfabrik/Petzholdt Heidenauer Maschinenfabrik AG/Dresden

Johann Martin Lehmann, ein aus Norddeutschland eingewanderter Handwerksgeselle, gründete 1834 in Dresden seine „Maschinenfabrik“, zunächst für kleinere Vorrichtungen und Geräte der „süßen Branche“. Konditorei- und Schokoladenerzeugnisse waren im gut situierten, bürgerlichen Sachsen zunehmend gefragt und die Schokoladen-/Kakaobearbeitung eine besondere Herausforderung. Hier hatte J. M. Lehmann sehr bald sein Arbeitsgebiet gefunden und die Lehmann-Walzwerke für Schokolade, aber auch Farben und Seifen, erreichten ab den 1860/70er Jahren eine führende Position auf dem europäischen Markt. Dies setzte sich auch unter Louis Bernhard Lehmann fort. Auch der dritte Lehmann, Franz Bernhard, garantierte für die Erfolgsserie der Lehmann-Maschinen. „Mein Feld die Welt“ titulierte die Firma in den 1920/30er Jahren. Conchieren ist der besondere Rühr- und Knetvorgang bei der Schokoladenzubereitung, und die Lehmann-Conche war bei den meisten Schokoladenfirmen im Einsatz. J. M. Lehmann galt weltweit als der bedeutendste Hersteller derartiger Mischmaschinen für pastöse Stoffe.

Wie so viele andere Firmen hatte auch Lehmann in Heidenau ein

Zweigwerk errichtet. Das Werk in Dresden-Löbtau erlitt 1945 starke Bombenschäden, die restliche Zerstörung erfolgte durch die Reparationen. Auch das Werk Heidenau wurde restlos ausgeräumt. Wie in den anderen Fällen dürften die speziellen Lehmann-Walzwerke in Russland nie wieder zum Einsatz gekommen sein.
Der Rest des Lehmann-Werkes wurde 1947 enteignet und dem „Nagema-Kombinat" zugeordnet.
Zum dritten Lehmann, Franz Bernhard, erfuhr ich Näheres in einem Dresdner Restaurant. In den 1960er Jahren konnte man manchen Zeitzeugen aus den 1930er Jahren, der Blütezeit der Industriestadt Dresden, kennenlernen. Im Gaststättenkomplex am Postplatz, von den Dresdnern „Fresswürfel" genannt, kam ich mit einer resoluten, gut gekleideten Dresdner Dame ins Gespräch. Sie war von Mitte der 1930er Jahre bis 1945 die Privatsekretärin von Franz Bernhard Lehmann gewesen und berichtete mit Stolz, dass sie oft die wichtigste Post in seine Villa auf der Stübelallee bringen musste und dort auch seine kostbaren Sammlungen bewundern konnte. Ihr oblagen auch die Zusammenstellungen der Geschäftsunterlagen, wenn Franz Bernhard Lehmann seine jährliche Geschäftsreise zur Zweigfirma auf der „Albert Ballin" der HAPAG nach Südamerika antrat.
In der Bombennacht 1945 wurde die Lehmann-Villa schwer getroffen (wie viele auf der Stübelallee, gerade die vom Gauleiter Mutschmann nicht). Franz Bernhard Lehmann blieb unversehrt und ging zu Bekannten nach Radebeul.
Noch im Jahr der Enteignung, 1947, verließ der inzwischen 67-jährige Lehmann Dresden und gründete in Aalen/Württemberg die neue Maschinenfabrik F. B. Lehmann. Doch bereits 1949 verstarb der letzte Vertreter dieser Dresdner Maschinenbaugeneration, und die Firma ging an eine Schweizer Holding. Der Ingenieurspiegel 3/2010 berichtet über einen Lehmann-„5-roll-refiner", eine Neuheit mit fünf Walzen, fünf Motoren und fünf Frequenzurichtern, *„die eine absolut flexible, stufenlos regelbare Einstellung der einzelnen Friktionen zwischen den Walzen erlaubt"*.

Wieder einmal einer von Hunderten Fällen „Sächsisches Know-how" im heutigen Wirtschafts-Musterländle Baden-Württemberg.
Der überragende technische Stand von Lehmann blieb im Werk

Heidenau nach 1945 zum großen Teil erhalten. In dem nun in die „Nagema“ eingebundenen „VEB Schokoladen-, Seifen- und Farbenmaschinenwerke Heidenau“ kam es dank des ausgezeichneten Facharbeiterstammes relativ schnell zur Produktion von bewährten und neuen Maschinentypen. Die „Nagema Heidenau“ belieferte vorwiegend die RGW-Länder, aber ein Drittel der Produktion verließ Heidenau gegen „harte Devisen“.

Bild 20: J. M. Lehmann, die vormals führende Fabrik für Mischprozesse, insbes. Schokoladen, durchlief eine fast 200-jährige Firmengeschichte und gehört heute zur Hamburg Dresdner Maschinenfabriken GmbH.

So war der Betrieb auch 1990 gut aufgestellt. Von der Treuhand aus erfolgte schon 1992 die Privatisierung, der Export zog an, die schon zur DDR-Zeit entwickelten Konti-Conchen verkauften sich gut. 1993 erfolgte die Übernahme der Petzholdt Maschinenfabrik Frankfurt/M., ein „Heimkehrer aus Freital". Aus dieser GmbH entstand schließlich 1995 die „Petzholdt Heidenauer Maschinenfabrik AG". Sie liefert das gesamte Programm von Röstern, Entschalungsanlagen, Mühlen, Mischern, Conchen und Walzwerken für die Kakao- und Schokoladenproduktion, aber auch Rühr- und Walzwerke für Farben und Seifen in über 50 Länder. Das ist wieder Sachsen!
Heute gehört der Betrieb zur "Hamburg Dresdner Maschinenfabriken GmbH", die in Dresden neu aufgebaut hat.

Chemische Fabrik Helfenberg AG Dresden/Altana Wevelinghoven

Von Heidenau der Elbe in Richtung Dresden folgend, erreicht man bald die Stadtgrenze der Landeshauptstadt. Schon vor Pillnitz wird diese erreicht, und nach Schloss und Park Pillnitz zweigt im Ortsteil Niederpoyritz rechtselbisch der Helfenberger Grund aus dem Elbtal in Richtung Ort und Schloss Schönfeld ab (heute gut restauriertes Schloss mit Zauberervorführungen).

In diesem Grund hatten sich aus dem mittelalterlichen Rittergut Helfenberg eine Mühle und Papierfabrik entwickelt. Der Chemiker Eugen Dietrich machte daraus in den 1870er Jahren die „Chemische Fabrik Helfenberg", einen mittelständischen, international tätigen Betrieb. Neben Heftpflaster und Brausepulver entwickelte der Unternehmer ständig neue pharmazeutische Produkte. Durch eine Fachzeitschrift „Helfenberger Annalen" wurde Dietrich auch international bekannt. Bereits zur Jahrhundertwende in die Helfenberg AG umgewandelt, expandierte der Pharmabetrieb in Europa und auch bis New York. In den 1920er Jahren wurde die Papier- beziehungsweise Tapetentradition fortgeführt und mit dem Aufkauf weiterer Tapetenfabriken war ein gut fundierter, von den Söhnen Dietrichs geleiteter Betrieb entstanden. Der Kahlschlag der Enteignung betraf natürlich auch Helfenberg. Schon aus ihrem marxistischen Verständnis heraus ließen die Dresdner Stalinisten einen solchen gut laufenden, eigentümergeführten Betrieb nicht bestehen. Die Dietrichs hatten Glück durch ihre „Westkontakte“ aus früheren Jahren. Sie verlegten 1953 die Helfenberg AG in ihr Rhenania-Werk für Tapetenfarben in Wevelinghoven, was sie bereits 1921 erworben hatten. Heute gehört Helfenberg zum Altana-Konzern, in welchem die Familie Quandt die maßgebende Rolle spielt. Günther Quandt war in den 1920er Jahren einer der Unternehmer und Spekulanten, wie Stinnes oder Flick, die fast wahllos Betriebe auf- und wieder verkauften. Einen sehr umfangreichen Überblick über die Quandt-Geschichte vermittelt das Buch von R. Jungbluth [25].

In Helfenberg lief die übernommene Produktion nur noch bis 1955, Neues kam nicht mehr hinzu, der unternehmerische Schwung war weg. Danach ließ der VEB Pentacon Kamerateile in den Räumen bis 1990 fertigen, wo auch Pentacon in Liquidation ging. So starben im „realen Sozialismus“ Unternehmen.

Mühlenbauanstalt Gebr. Seck Dresden

Wir springen auf die linke, also die Altstädter Elbseite nach Zschachwitz (S1-Bahn-Station). Hier war 1873 die Maschinenfabrik und Mühlenbauanstalt Gebr. Seck entstanden, ein mittelständischer, sehr erfolgreicher Betrieb für Getreideverarbeitung, Mahlwerke, Mühleneinrichtungen. Auch hier kommt nochmals Günther Quandt ins Spiel. Er hatte Anfang der 1920er Jahre die „Mühlenbauanstalt vorm. Gebr. Seck“ Dresden-Zschachwitz im Visier, um sich einzukaufen, die Mehrheit zu erreichen. Doch der attraktive Mühlenbau, der mit neuartigen Walzenstühlen das Getreidemahlen auf eine neue Stufe stellte, war auch von anderen Kapitalgruppen umworben. Quandt gab auf, und so ging der Betrieb 1925 an die „MIAG“ Mühlenbau und Industrie AG Braunschweig. Dort waren insgesamt vier Maschinenfabriken/Mühlenbauer vereinigt. So lief der Mühlenbau in Dresden weiter bis in den Zweiten Weltkrieg hinein. Die MIAG wurde Rüstungsbetrieb, in Dresden-Zschachwitz wurden Panzer produziert, über 1.000 Zwangsarbeiter eingesetzt.

1945 ging der MIAG der Dresdner Betrieb natürlich verloren. Das

Werk wurde wie fast alle größeren Betriebe demontiert, zum Teil gesprengt. Danach setzte ein VEB Mühlenbau von 1948 bis 1990 die Produktion fort. Warum dieser nun volkseigene Mühlenbau mit circa 1.500 Mitarbeitern und als Generallieferant von Großmühlen in Länder wie Ägypten, Syrien und die Ostblockstaaten letzten Endes nicht überlebte und die vormals erfolgreiche Tradition aus den 1930er Jahren nicht fortsetzen konnte, ist im vorliegenden Buch nicht schlüssig zu beantworten.

Der Fall reiht sich ein in die Tausende ähnlicher Schicksale nach 1990. Die Mühlenbau Dresden GmbH als Treuhandbetrieb ging an die WIRTH Mühlenbau GmbH aus Österreich, die den Betrieb 1996 auflöste.

Hönsch & Co. Gewächshausbau/Metallbau GmbH/Dresden

Wir dringen von Osten her weiter in das Stadtgebiet Dresden ein und können uns wieder an den S1-Bahnstationen orientieren. Die Station Zschachwitz haben wir gerade verlassen und sind jetzt an der Station Niedersedlitz angekommen. Auch dieses, aus „sedlica" (= Siedlung) um 1350 entstandene Bauerndorf wurde erst um 1870 zum Industriestandort. Plattenwerk, Mühlen, Kamerawerk, Malzfabrik und viele weitere mittelständische Betriebe sind wie üblich bunt gemischt. Herausragend und europaweit bekannt war die 1895 gegründete Firma Höntsch & Co., ein Betrieb für Gewächshäuser, Wintergärten, Heizungsanlagen. Höntsch lieferte große klimatisierte Wintergarten-Anlagen an die Königshäuser und den Geldadel in viele europäische Länder, aber auch nach China und Nordamerika. Auch standardisierte Gewächshäuser mit dem bekannten Höntsch-Heizkessel wurden zu Tausenden vertrieben. Mit der Gründung der Höntsch AG 1931 schied der Gründer Georg Höntsch aus, er verstarb 1945. Nach der Enteignung und dem üblichen Wirrwarr wurde der Betrieb dem Metallleichtbaukombinat, Werk Dresden, zugeordnet. Seit 1991 setzt eine MBM Metallbau Dresden GmbH vorwiegend den Glasdach- und Fassadenbau fort.

Kelle & Hildebrandt OHG/SBS Unternehmensgruppe/Dresden

Die Unternehmer Kelle und Hildebrandt gründeten 1874 einen Betrieb als Eisengießerei und Stahlbau, der als OHG, später GmbH, bis 1945 von den Hildebrandt-Erben geführt wurde. Das umfangreiche Produktionsprogramm erstreckte sich von Stahlhochbau, Gießerei, Dachkonstruktion, Aufzügen bis zu gusseisernen Straßenlaternen, die mit der Aufschrift „Kelle & Hildebrandt“ vereinzelt noch heute in Dresden zu finden sind. Nach 1900 stieg K & H in den Theaterbau ein, also komplette Bühneneinrichtungen für die großen Theater der Welt, hier gehörte die Firma zu den Wichtigsten im Weltmaßstab. Im Zweiten Weltkrieg wurde K & H ein Rüstungsbetrieb bis zur Fertigung von U-Boot-Sektionen, die auf der Elbe nach Hamburg transportiert wurden.

1946 wurden die Hildebrandts natürlich rausgeworfen und der Betrieb der SAG-Gruppe zugeordnet, die direkt der russischen Militärverwaltung unterstanden. Erst 1948 setzte das volkseigene „Ringelspiel“ ein: Als VEB Sächsischer Brücken- und Stahlhochbau (SBS) zuerst bei der ABUS, Bergbauausrüstungen Halle, dann zum VEB Stahlhochbau Leipzig und schließlich im großen Kombinat TAKRAF, in dem 26 Betriebe der Verlade- und Transportbranche vereinigt waren (Kern der TAKRAF: Bleichert Leipzig, bis 1945 weltgrößter Hersteller von Industrie- und Personenseilbahnen).
Nach 1990 wurde die Gießerei- und Aufzugssparte aus dem Niedersedlitzer Betrieb ausgegliedert, und durch ein MBO entstand die SBS Unternehmensgruppe mit vier SBS-Firmen. Der Bühnenbau für Europas Theater ist dabei eines der wichtigsten Geschäftsfelder.

Kelle & Hildebrandt G.m.b.H.

Niedersedlitz-Dresden

Gegründet 1874

Stahlhoch- und Brückenbau
Theaterbühnenbau / Feineisenbau
Eisengießerei für Maschinenguß
und Beschleusungsteile
Hammerwerk für Freiform- und Gesenkschmiedestücke
Fahrzeugbau / Weichenbau / Feldbahnen
Blecharbeiten / I-Träger-Lager

Bild 21: Anzeige der Kelle & Hildebrandt GmbH aus den 1930 / 40er Jahren. Durch ein MBO entstand nach 1990 die SBS-Unternehmensgruppe mit dem Theaterbühnenbau als eine wichtige Säule.

Sachsenwerk Licht und Kraft AG/VEM Sachsenwerk GmbH Dresden

Diese Aktiengesellschaft in Dresden-Niedersedlitz geht auf eine 1882 gegründete Werkstatt von O. L. Kummer zurück, die schon 1889 nach Niedersedlitz verlegt wurde. Kummer wollte – ähnlich wie Siemens in Berlin – die Elektrifizierung flächendeckend auf den Weg bringen und gründete 1894 eine AG Elektrizitätswerke, die um 1900 schon 2.000 Mitarbeiter beschäftigte. In mehreren Städten, unter anderem Teplitz-Schönau, Danzig, Köln sollten E-Werke entstehen. Doch Kummer hatte sich übernommen, er war als zukünftiger Chef eines großen Elektrokonzerns nicht geeignet, die AG E-Werke ging 1901 in Konkurs.

Aus dem großen Fundus entstand 1903 die Sachsenwerk Licht- und Kraft AG, sie wurde einer der großen Hersteller elektrischer Maschinen und Anlagen in Deutschland. Noch vor Siemens brachte das Sachsenwerk 1936 eine Elektromotorenreihe heraus, die Massenfertigung von E-Motoren setzte ein. Daneben lieferte der Betrieb große E-Maschinen für Elektroloks, noch größere für Wasserkraftwerke, Schiffsantriebe, Walzwerke und viele elektrische Sonderantriebe. Im Zweiten Weltkrieg war er natürlich einer der großen Dresdner Rüstungsbetriebe mit 5.000 Beschäftigten.

Bereits 1920 hatte man in der Bier- und Küchenstadt Radeberg (Eschebach-Küchen) einen Elektrobetrieb übernommen, von hier lieferte das Sachsenwerk elektrische Hausgeräte und den großen Rundfunkempfänger „Olympia“ - eine Referenz an die Olympiade 1936 in Berlin.

1945 wurde dieser – wie alle außerhalb des Dresdner Zentrums von Bombenschäden verschonte Betrieb – der sowjetischen Verwaltung unterstellt, als SAG-Betrieb gehörte er zum russischen Industrieverband „Kabel“.

Nach dem Volksaufstand 1953 erfolgte die Rückgabe an die DDR und der übliche Weg vom VEB Elektromaschinenbau Sachsenwerk zum „VEM“ genannten Kombinat Elektromaschinenbau, wobei das Sachsenwerk der sogenannte Stammbetrieb wurde. Dieses Kombinat E-Maschinenbau mit circa 30.000 Mitarbeitern spielte tatsächlich ganz vorn mit. In Berichten des Autors Harald Müller (2006) zu „120

Jahre Elektromaschinenbau in Dresden“ heißt es:

„Schon Anfang der 60er Jahre wurden bei uns alle Neuentwicklungen per Rechentechnik optimiert. Damit waren wir allen Konkurrenten überlegen. Mit Drehstrom-Niederspannungs-Asynchronmotoren waren wir schon damals im Masse-Leistungs-Verhältnis die unerreicht Besten in der Welt. Auf diesem Gebiet hechelte uns die westliche Konkurrenz chancenlos hinterher. Alle Herstellungsprozesse wurden organisatorisch völlig neu geordnet und auf höchstes technisches Niveau gebracht. Bei Drehstrom-Asynchron-Maschinen bis 100 kW oder bei den Fertigungsstätten für Getriebemotoren lagen Seriengröße, Fertigungsniveau und Effizienz deutlich über dem europäischen Maßstab. Die komplizierte Fertigung hochwertiger Spezialantriebe für Schienenfahrzeuge, Schiffe und Werkzeugmaschinen hatte Spitzenniveau. Mit seinem Direktexport in 45 Länder – darunter viele westeuropäische – und dem indirekten Export über Anlagen und Maschinen in mehr als 100 Länder demonstrierte der VEM Elektromaschinenbau damals seine Rolle als leistungsstarker Elektromotorenproduzent.“ [32]

Mit dem „damals“ waren die 20 Jahre zurückliegenden „Wendejahre“ 1989/90 gemeint. Warum sich bei dieser wirtschaftlichen Stärke und den Kontakten in alle Welt keine Personen aus der Führungsmannschaft zu einem MBO fanden oder das Land Sachsen nicht zunächst die Regie übernahm, ist nicht recht zu erklären. Natürlich fanden die riesigen Mengen E-Motoren in der Marktwirtschaft keinen Absatz mehr, zum Beispiel waren insgesamt 18.000 Bahnmotoren an die Lokomotivenfabrik LEW Hennigsdorf geliefert worden. Das – und vieles andere – stagnierte nun fast völlig. Trotzdem hätte man einen Teil der alten sowie auch neue Kunden in der nun offenen Weltwirtschaft finden müssen. Ein großes Hindernis entstand dadurch, dass die größeren Betriebe, die bei der DDR-Staatsbank mit Krediten belastet waren, diese nun in D-Mark zu begleichen hatten. Sie wurden zwar halbiert, belasteten aber den Neuanfang erheblich. So aber dümpelten die Privatisierungsversuche recht und schlecht dahin, bis der Investor Adolf Merkle den VEM Elektromaschinenbau 1997 übernahm.

Merkle, 1934 in Dresden geboren, wuchs im deutschsprachigen, bis 1938 tschechoslowakischen Aussig auf, wo sein Vater Ludwig

Merkle einen Pharmahandel betrieb. 1945 vor dem neuen stalinistischen Regime in Prag rechtzeitig geflohen, baute die Familie Merkle in Blaubeuren (bei Ulm) ein Pharmaunternehmen auf. Adolf Merkle arbeitete sich zu einem der reichsten Unternehmer Deutschlands hoch.

1996 wurde das Engagement für seine Geburtsstadt Dresden konkret, das Interesse galt dem Arzneimittelwerk Dresden und dem VEM. Das Erstere nahm er nicht, aber aus dem VEM Elektromaschinenbau formte er die VEM Gruppe mit sieben Betrieben:

– VEM Sachsenwerk GmbH Dresden
– VEM motors GmbH Wernigerode (Thüringen)
– VEM motors Thurm (bei Zwickau)
– VEM transrech GmbH Dresden
– Keulahütte GmbH Krauschwitz (bei Bad Muskau, Gießerei)
– Betriebe in Most (Tschechien), Piestany (Slowakei)

Diese Gruppe beschäftigt rund 1.500 Mitarbeiter und deckt die gesamte Bandbreite der E-Maschinen ab. Hauptwerk ist natürlich die Sachsenwerk GmbH in Dresden mit 650 Mitarbeitern.

Wenige Kilometer vom alten Sachsenwerk an der früheren Hennigsdorfer Straße entfernt sind die imposanten Hallen des neuen Sachsenwerkes an der Pirnaer Landstraße entstanden. Das Altwerk ist heute Gewerbepark und die Hennigsdorfer Straße in „Straße des 17. Juni“ umbenannt. 1953 zogen die Sachsenwerker und auch die Arbeiter des benachbarten Kelle & Hildebrandt-Werkes als Hauptakteure des Aufstandes über diese Straße zum Dresdner Postplatz. Dort erinnert heute eine aufragende Panzerkette an den Arbeiteraufstand.

Die Merkle-Holding hat auch mit der VEM Vermögensverwaltungs-GmbH in Dresden eine Zentrale für ihre Finanzen und Beteiligungen geschaffen, von denen Heidelberg Cement, Phönix Pharmagroßhandel, Ratiopharm, Zollern-Maschinenbau und nun die VEM-Gruppe die Wichtigsten sind. Doch in der Finanzkrise 2008/2009 erlitt auch das Merkle-Imperium starke Einbrüche. Im Einzelnen ist wenig bekannt geworden, doch Merkle sollte sich von „Filetstücken“ trennen und Macht einbüßen.

Bild 22: Das alte und das neue Sachsenwerk (Merkle Gruppe).

So wählte er im Jahr 2009 einen spektakulären Freitod, vielleicht auch als Affront zu seiner Familie. In Dresden wurde sein Tod mit

Bestürzung aufgenommen, auch von der Landesregierung. Der für Sachsen wichtige Unternehmer hatte 2004 den Sächsischen Verdienstorden erhalten. Die Arbeit in den VEM-Betrieben war, wie sich auch Jahre später zeigte, ohne Schaden geblieben. Alle Betriebe sind gut beschäftigt, wenn auch zum Beispiel 2016 die Einbrüche im Russland-Geschäft die Bilanz verhagelten.

Dresdner Gardinen- und Spitzenmanufaktur AG/Dresden/Bobinet GmbH/Trier/Hille Werke AG/Mikromat GmbH/Dresden/HüllerHille/ Ludwigsburg/Kerb-Konus-Gesellschaft/Dresden/Kerb Konus/Amberg

Die nächste S1-Bahnstation stadteinwärts ist Dobritz, eine um 1380 als Doberwicz entstandene bäuerliche Ansiedlung. Wie in den anderen Vororten Dresdens setzte auch hier etwa 1870 eine rasche Industrialisierung ein. Wir stoßen hier auf drei zum Teil weltbekannte Unternehmen, die, von der Besatzungsmacht und von den Stalinisten um Selbmann forciert, enteignet wurden und deshalb in der Bundesrepublik ihre Betriebe aufbauten. Direkt am Bahnkörper erhebt sich das mächtige Gebäudeensemble der ehemaligen Dresdner Gardinen- und Spitzenmanufaktur AG (Dregus).

Die Entwicklung des Bobinettülls hatte – wie fast alles in der Textilindustrie – seinen Ursprung in England. Tüll und Spitze waren seit den 1860er Jahren von England aus als Gardinen und Vorhänge in Mode gekommen und im vogtländischen Plauen, wo die Stickmaschinenindustrie in Deutschland begann, legten britische Unternehmer auch den Grundstein für dic Tüllgardinen- und Bobinettechnik. In Dresden-Johannstadt, in den Gebäuden des später berühmten Karosseriewerkes Gläser, bestand bereits eine Textilfabrik. Dessen Inhaber Georg Marwitz wurde der maßgebliche Initiator für diese neuartige Gardinenproduktion. Man war in eine Marktlücke gestoßen. Produktion, Absatz und Gewinn hatten sich innerhalb von zehn Jahren so erhöht, dass die Dregus AG 1890 die neue, modern ausgestattete Fabrik in Dobritz in Betrieb nehmen konnte. In den 1920er Jahren fanden 3.000 Männer und Frauen Arbeit und guten Verdienst bei der Dregus, wenn auch Krisenjahre nicht spurlos vorübergingen. Georg Marwitz, vom Dresdner Hof zum Geheimen Commerzienrat ernannt, schuf auch die Basis für preiswerte Wohnungen seiner Mitarbeiter. Es entstand schon vor dem Ersten Weltkrieg die Marwitz-Siedlung (heutige Georg-Marwitz-Straße). Wannenbäder gab es nicht nur im Betrieb, sondern auch in den Wohnungen der Marwitz-Siedlung. Georg Marwitz starb 1923. Mit der Stabilisierung der Währung ab 1924 stieg die Dregus AG zum größten Bobinetproduzenten der Welt auf.

Im Zweiten Weltkrieg mussten natürlich bei Einschränkung der textilen Produkte artfremde Rüstungsgüter übernommen werden. 1945 verfügte die Besatzungsmacht zunächst die Fortführung der Gardinenproduktion, ausnahmslos als Lieferung nach Russland.

Dann aber erfolgte 1946 die restlose Demontage des Betriebes, ein Leerräumen der Maschinenhallen und Abtransport der gesamten Maschinentechnik nach Russland. Dabei ist eine Strategie der Besatzungsmacht insgesamt zu erkennen, ob hier oder bei der Küttner-Firma, der Chemnitzer Auto Union, der Strumpfindustrie rund um Oberlungwitz, den „Junkers-Flugzeugwerken“ in Dessau oder vielen anderen Werken: Man holte die Fachleute wieder in die Betriebe, ließ Produktion und F/E-Arbeit so gut wie möglich wieder anlaufen, Pläne und Maschinenlisten aufstellen – dann aber die radikale Demontage mit der Verpflichtung der wichtigsten Facharbeiter und Ingenieure nach Russland. Die Deutschen sollten die Produktion in Russland wieder zum Laufen bringen. Das ging in den wenigsten Fällen positiv aus. Meistens blieben die Maschinen auf den Bahn- oder Fabrikhöfen liegen. Laut Fachleuten, die später in Russland arbeiteten, lagen Teile zum Beispiel von Umformpressen verrostet umher, durch die großen Zahnräder waren inzwischen meterhohe Birken gewachsen.

Dresdner Gardinen- & Spitzen-Manufactur A.G.

Dresden-Dobritz

Bild 23: Eingangsfront und Rückseite der großen Gardinen- und Spitzen-Manufaktur.

1946 entstand der VEB Dresdner Gardinen- und Spitzenmanufaktur, 1953 erfolgte der Zusammenschluss mit anderen Betrieben, 1970 war er im Kombinat Deko Plauen, Plauener Spitze Werk Dresden, angekommen. Die Produktion setzte – wie in allen diesen VEBs – auf große Mengen, auch im Export in westeuropäische Länder, bis 1989/90 viele Märkte wegbrachen.

Im Treuhandbetrieb Dresdner Spitzen GmbH von 1990 ging es stufenweise abwärts statt aufwärts, bis 1995 die westdeutschen Unternehmer Manfred und Sascha Schröder den Betrieb übernahmen. Nun wurde zuerst durchgehend renoviert und der Maschinenpark erneuert. Seitdem wurden Schritt für Schritt neue „Spitzen"-Produkte entwickelt und weltweit vertrieben. Die schon zur DDR-Zeit praktizierte Zusammenarbeit mit den Textilinstituten der TU Dresden wird auch hier erfolgreich fortgesetzt.

Wie in den Tausenden anderen Fällen erhielt die junge Bundesrepublik auch hier die Technologie, die sie bisher nicht hatte. Im Begleitbuch zur Ausstellung „Aufbau West – Neubeginn zwischen Vertreibung und Wirtschaftswunder", die 2005/06 im Westfälischen Industriemuseum Zeche Zollern II/IV Dortmund stattfand, heißt es im Abschnitt Textilindustrie:

„Englische Technik aus Sachsen:

In Trier gründete Dr. Arthur R. Sadofski 1950 die Deutsche Bobinet GmbH. Sadofski war 1923 in die Dresdner Gardinen- und Spitzenmanufaktur AG eingetreten und ab 1939 Vorstandsvorsitzender. 1948 ging er als Reaktion auf die politische Entwicklung in der sowjetischen Zone in den Westen. Mit der Neugründung brachte er als Erster die bis dahin nur im Osten vorhandene Tüllgardinenherstellung auf sogenannten Bobinetwebmaschinen und mit ihr die Tradition der großen Bobinetwebereien Mitteldeutschlands in den Westen. Da es an Fachkräften fehlte, wurden Spezialisten aus Sachsen, dem Sudetenland und Österreich in Trier angesiedelt, die dann Einheimische in die neue Technik einarbeiteten. Das Trierer Werk war somit ein typischer Flüchtlingsbetrieb. 1960 hatte es über 800 Beschäftigte. Die Bobinetsparte wurde, bedingt durch Geschmacks- und Stilwandel, Anfang der 1990er Jahre aufgegeben. Die Firma ist heute Teil des österreichischen Textilkonzerns ‚Eybl' und produziert heute

Bezugsstoffe für die Autoindustrie.“ [26]
Die zweite bedeutende Industrieansiedlung in Dresden-Dobritz sind die Hille-Werke. Es überrascht zunächst, dass der Dresdner Raum so stark im Werkzeugmaschinenbau vertreten ist – im Wesentlichen ist dies das Chemnitzer Gebiet.

Ein Moritz Hille begann 1869 mit feinmechanischen Geräten, ging 1885 zur Produktion von Gasmotoren über, später auch Lastkraftwagen.
Doch Bohrmaschinen, Bohrwerke, Feinbohr- und Honmaschinen, Lehrenbohrwerke, Schleifmaschinen, kurz Präzisionswerkzeugmaschinen wurden das Arbeitsfeld der 1918 in Hille-Werke AG umbenannten Firma. Ab den 1920er Jahren gehörte Hille zu den ca. zehn europäischen Firmen dieses hochwertigen Maschinenbaues, vertreten z. B. durch mehrere Schweizer Firmen, Lindner – Berlin, Vomag – Plauen, Gehring – Naumburg. Vor und nach der AG-Gründung hatten die Hille-Eigner verschiedene Werke übernommen, aus Dresden, Meißen, Chemnitz, Tharandt, Berggießhübel. Hille-Maschinen, wie Vielspindelbohrmaschinen, Gewinde- und Sondermaschinen, Lehrenbohrwerke, besaßen schon die neuesten Technologien wie Hartverchromen und Maschinenbetthärten. In vielen Motoren- und Getriebewerken Deutschlands stand das Markenzeichen „Hille-Werke“ an den Maschinen.
Und dieser im Krieg fast über die Leistungsgrenze hinaus ausgeschöpfte Maschinenbaubetrieb fiel nun der Demontage und den Dresdner Stalinisten anheim. Ein Schlachtfeld für das Ministerium Selbmann, nun konnte man „Tabula rasa“ machen, auch mit den Teilbetrieben aus den anderen Orten.

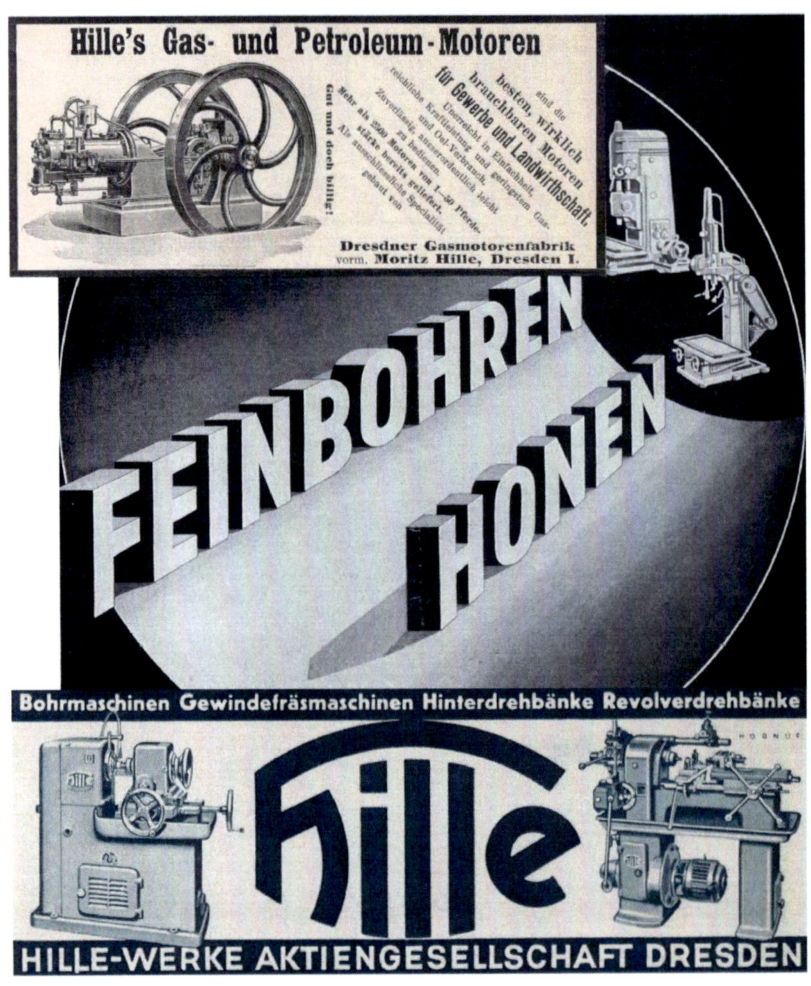

Bilder 24: Hille-Werke AG, bis in die 1940er Jahre eine der bekanntesten Fabriken für Präzisionsmaschinen, als Mikromat in den 2000er Jahren wieder auferstanden.

Ein Schlachtfeld auch für die neuen kommunistischen Machthaber in diesen Kleinstädten. Die Bürgermeister und ihre Clique regierten: *„Den XY werfen wir aus der Villa, du, Franz, nimmst die Mahagoni-Möbel, ich den großen Horch – was der Fischer in Dresden macht,* *können wir auch.“* Lenore Lobeck beschreibt es für das erzgebirgische Schwarzenberg:

„Viele Beispiele belegen, dass die Schwarzenberger Kommunisten, aus der neuen selbst erteilten Machtposition heraus, Besitz von willkürlich bürgerlichen Kreisen zugeordneten Personen beschlagnahmten. Rückgabe oder Entschädigungen wurden abgewehrt, egal ob es sich um das Auto der Familie Hänichen, Schreibtische, Teppiche, Möbel, Grundbesitz oder um die medizinische Einrichtung einer Arztpraxis handelte. Für ihr Vorgehen erhielten sie mit dem Rundschreiben des Vizepräsidenten der Landesverwaltung Sachsen Kurt Fischer vom 25. Oktober 1945 über die Beschlagnahme von Vermögen nationalsozialistischer Organisationen, flüchtiger SS- und Gestapo-Leute und ‚ähnlichen Gesindels‘ Rückendeckung. Oblag es dabei doch den örtlichen Machthabern zu bestimmen, wer für sie zum ‚ähnlichen Gesindel‘ zählte.“ [27]

So entstand aus den noch völlig intakten Mittelstandsbetrieben der oben genannten Orte mit ihren Spezialmaschinen für Gewindeschleifen, Keilnutenziehen, Polieren und der Hille AG 1946/48 ein VEB WMW Allemannie Dresden und ein VEB WMW Hille Dresden und daraus 1952 der VEB WMW Feinstmaschinenwerk.

Der Name Hille wurde auf Druck der alten Eigner gelöscht. 1959 erhielt der gesamte Verband den Namen VEB Mikromat. Die Facharbeiter und Ingenieure vom alten Schlag in Dresden und den auswärtigen Betrieben waren es, die „den Laden aufbauten“ und Mikromat wieder zu internationalem Ruf verhalfen. 1972 kamen weitere, bisher halbstaatliche Betriebe dazu. Das Werk mit circa 2.400 Mitarbeitern gehörte nun zum VE Kombinat WMW Fritz Heckert, Karl-Marx-Stadt. Es exportierte Koordinaten-Bohr- und Fräsmaschinen, ebensolche Schleifmaschinen, Dreh- und Sondermaschinen in über 60 Länder, darunter viele westliche.

Die Hille-Eigner hatten natürlich erfolglos gegen die Enteignung protestiert und sich deshalb Anfang der 1950er Jahre der Bundesrepublik zugewandt. Sie brachten in die Ludwigsburger Firma Hüller ihre Kompetenz im Präzisionsmaschinenbau ein, und so wurde die

Hüller-Hille GmbH ein erfolgreicher Produzent von modernen Bearbeitungszentren, die ja keine klassischen Dreh- oder Fräsmaschinen mehr sind, sondern gekapselte Mehrachsmaschinen mit Werkzeugmagazinen und angetriebenen Werkzeugen, von denen die komplett bearbeiteten Werkstücke wie in einer Waffelbäckerei aus der Maschine fallen.

MIKROMAT

MIKROMAT - Präzisionsportale erreichen durch verlängerte Achswege in Kombination mit einem im Detail durchdachten Kopf- und Spindelverlängerungssystem einen maximalen Bearbeitungsraum bei minimaler Maschinengröße. Die Technologien Bohren und Fräsen sowie Schleifen sind dabei vollständig integrierbar.

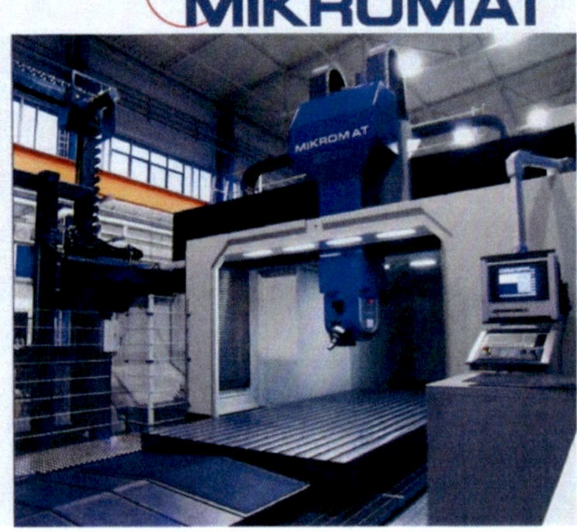

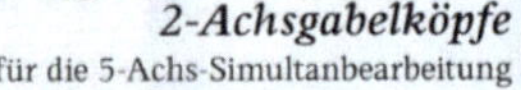

2-Achsgabelköpfe
für die 5-Achs-Simultanbearbeitung

Auch in manchen mittelständischen Betrieben der neuen Bundesländer steht „Hüller-Hille“ an den Bearbeitungszentren.
In den heutigen Zeiten der Globalisierung macht der Wandel vor keiner Tradition Halt und so ist die Hüller-Hille GmbH in das Visier der taiwanischen Fair Friend Group (FFG) geraten.

In Dresden-Dobritz hatte der VEB Mikromat ein neues repräsentatives Verwaltungsgebäude an der Mügelner Straße errichtet, diagonal gegenüber der großen Gardinenmanufaktur. Zum jetzigen Zeitpunkt steht es leer da, es wird zum Verkauf angeboten. 1990 entstand der Treuhandbetrieb Mikromat GmbH, danach folgten mehrere Privatisierungsversuche, die erfolglos blieben. Erst 2005 kam durch die Bautzner Unternehmer Warnatsch und Dr. Hermsdorf ein erfolgreicher Neubeginn zustande und die neue Mikromat GmbH mit dem Firmensitz in der Niedersedlitzer Straße ist ein Hersteller von großen Präzisionswerkzeugmaschinen, das sind Bohr-/Fräs-Portalmaschinen mit Genauigkeiten im µ-Bereich, also Tausendstel Millimeter. Entstanden aus 150-jähriger Tradition, die in der DDR fortgeführt wurde, halten die Maschinen jedem Vergleich im weltweiten Maßstab stand. Die Tabelle zeigt das heutige Mikromat-Lieferprogramm:

Verfahren	Bezeichnung	Bearbeitungsbereich	Genauigkeit
Präzisions-Bohren und Fräsen	MIKROMAT BkoW 1000	X = 1200 Y = 1000 Z = 900	+/- 0,003
	MIKROMAT 12V 5D	X = 2200 Y = 2150 Z = 900	+/- 0,003
	MIKROMAT 12V	X = 2700 Y = 1900 Z = 1050	+/- 0,003
	MIKROMAT 20V	X = 5200 Y = 3400 Z = 1250	+/- 0,003
	MIKROMAT 20V	X = 5700 Y = 3400 Z = 1250	+/- 0,003
	MIKROMAT 40VF	X = 14700 Y =	+/- 0,003

		4600 Z = 2100	
Schleifen	MIKROMAT 60 SC	X = 1000 Y = 800 Z = 550	IT 4
	MIKROMAT 10G	Ø 340 x 1000	IT 4
Messen	MMZ - G	X = 3000 Y = 6000 Z = 2000 + 700	

Auf der größten Maschine Mikromat 40VF beträgt der Verfahrweg in x-Richtung 14.700 Millimeter, also 14,7 Meter, und dabei wird eine Genauigkeit von +/- 0,003, also drei Tausendstel Millimeter, eingehalten. Diese Maschine wiegt 220.000 kg und hat einen Platzbedarf von 19,7 x 10 x 9 Meter. Das ist wieder bester sächsischer Maschinenbau.

Der dritte Betrieb aus Dresden-Dobritz, der in der Bundesrepublik neu gründete, ist die Kerb-Konus-Gesellschaft Dr. Carl Eibes & Co. Der Rechtsanwalt Dr. Bernhard Eibes errichtete 1925 aufgrund eines Patentes für Kerbstifte/Kerbnägel ein Unternehmen, was nach zwei Jahren seinem Sohn Dr. Carl Eibes übertragen wurde. Diese Kerbstifte, nur Pfennigartikel, führten sich im Maschinen- und Stahlbau so gut ein, dass die Kerb-Konus-Produkte weltweit zu Millionen Absatz fanden. Um die Fertigung zu erweitern und einem Totalausfall der auch kriegswichtigen Produkte im bombenbedrohten Dresden vorzubeugen, wurde 1944/45 eine weitere Produktionsstätte in Schnaittenbach (bei Weiden/Oberpfalz) errichtet. In Dresden 1946 enteignet, ging die Familie Eibes in die Bundesrepublik, zunächst nach Bielefeld, 1949 in den Zweigbetrieb Schnaittenbach. Aufgrund der großen Nachfrage wurde ein neuer Betrieb 1970 in Amberg errichtet und in den 1990er Jahren nochmals erweitert.

Diese „Kerpin"-Erzeugnisse, inzwischen auch für Verstärkungen in Kunststoffteilen, werden in allen Industriestaaten eingesetzt. Die Firma sagt über sich: „Kerb-Konus ist ältester und weltweit bedeutendster Hersteller von gekerbten Verbindungselementen." In Dresden setzte der nun volkseigene Betrieb die Produktion für den DDR-

Maschinen- und Anlagenbau fort, bis er 1990 erlosch.
Die drei Unternehmen Gardinenmanufaktur, Hille-Werke und Kerb-Konus konnten sich in Dresden-Dobritz fast einander zurufen, so dicht lagen sie zusammen. Drei Exilbetriebe vom Stadtrand Dresdens, die den sich ihrer Wirtschaftskraft immer wieder rühmenden „Südstaaten“ Baden-Württemberg und Bayern auf die Sprünge geholfen haben.

Schleifscheibenfabrik Dr. jur. Prym KG Dresden/Aachen

Die nächste S1-Bahnstation nach Dresden-Dobritz ist Dresden-Reick. Hier wollen wir die vielen weiteren Industrieansiedlungen nicht betrachten, sondern uns auf einen Betrieb beschränken.
In Dresden-Reick fällt, auch von der Größe der Betriebsanlage und der Verwahrlosung der Gebäude am Ende der 1980er Jahre her, das Schleifscheibenwerk ins Auge. Dieser 1922 als „Schleifscheibenfabrik Dresden-Reick Dr. jur. Prym KG“ gegründete Betrieb entwickelte sich zu einem großen, europaweit tätigen Schleifkörper-Hersteller. 1945 demontiert und 1946 enteignet, wurde der Betrieb wieder eingerichtet und mit weiteren Werken als VEB Schleifkörper Union dem VE Werkzeugmaschinenkombinat 7. Oktober Berlin zugeordnet. Mit circa 600 Mitarbeitern produzierte man unter anderem moderne Hochgeschwindigkeits-Schleifkörper und superharte Scheiben, auch mit einem erheblichen Exportanteil in die sogenannten NSW-Länder. Und wie in vielen anderen Fällen in einem nachgerade ruinösen Zustand der Produktionsgebäude. 1990 hatten erste Privatisierungen der Treuhand keinen Erfolg, erst 1996 ging der Betrieb an die Hermes Schleifmittel Unternehmensgruppe Hamburg. Ein Teil der großen verwahrlosten Betriebsanlagen wurde an andere Firmen verkauft und erst in den Jahren nach 2000 stückweise saniert. In Aachen entstand nach 1945 der ursprüngliche Dr.-Prym-Betrieb als neue Schleifscheibenfabrik.
Aufgrund des rückläufigen Bedarfs an Schleifscheiben will die Hermes Hamburg den Betrieb in Dresden aufgeben.

Kelterei Donath Dresden Lockwitz/Erding (Bayern)

Wir verlassen die S1-Bahnlinie und springen nach Südosten zurück in den Lockwitzgrund. Durch diesen schönen Landstrich bahnt sich der Lockwitzbach vom Osterzgebirge her seinen Weg durch den Osten Dresdens bis zur Elbe. Hier entstand keine riesige Industrieanlage, aber ein schon deutschlandweit bekanntes Markenprodukt: der Fruchtsaft.

Die Familie Donath betrieb in Dresden-Laubegast ein Tanz- und Ausflugslokal. Als „Donaths Neue Welt“ war es eine der bekanntesten großen Gaststätten, die wie Bärenschenke, Blumensäle, Reichskrone, „Z bleibt Z“ (Zschertnitz) und die vielen anderen Lokale Dresdens Gastlichkeit berühmt gemacht hatten. Die Zeitschrift „Reformhaus Kurier“ 12/2009 bringt die „Saftgeschichte“ auf den Punkt:

„In Dresden-Laubegast stand die Wiege der deutschen Fruchtsaftindustrie. Alten Quellen zufolge war es ein Impfschaden, der Emil Donath auf die Heilkräfte der Natur aufmerksam machte: Auf ärztlichen Rat überwand er seine Schwächezustände mit einer ‚Früchtekur‘. In Erinnerung daran versuchte er später, die Inhaltsstoffe der Früchte auch in der kalten Jahreszeit ohne chemische Konservierungsstoffe zu erhalten. Donath studierte die Schriften von Louis Pasteur und begann, alkoholfreie Fruchtsäfte herzustellen. 1893 meldete er das Gewerbe an und vertrieb seine Säfte schon früh über deutsche Reformhäuser. Nach dem Zweiten Weltkrieg verließ Emil Donaths Sohn Fritz Dresden und gründete bei München einen neuen Keltereibetrieb. Er entschied sich, nicht einfach an das Alte anzuknüpfen. Die wilden Sanddornvorkommen in den Auen der Bayrischen Gebirgsflüsse brachten die Idee: Fritz entwickelte Donaths Sanddorn Vollfrucht, das erste ‚wohlschmeckende Sanddornerzeugnis‘. Bis heute gibt es die Marke Donath exklusiv im Reformhaus.“

Die Kelterei war bereits 1906 nach Dresden-Lockwitz verlegt worden und auch dort ein beliebtes Ausflugslokal. 1946 als Keltereibetrieb enteignet (Nazi- und Kriegsverbrecher?), ging Fritz Donath nach Bayern und baute den Betrieb neu auf. In der DDR wurde der nun VEB Kelterei Lockwitzgrund genannte Betrieb ausgebaut; mit circa 500 Mitarbeitern kamen jährlich rund 30.000 Tonnen Obst in die Fruchtpressen. Dazu trugen auch eine Reihe 1972 zwangsverstaatlichter und eingebundener Privatbetriebe bei.

Nach 1990 erfuhr die zur GmbH umgewandelte Kelterei das Schicksal der meisten DDR-Betriebe. Die Produktion auf Masse ausgerichtet zu Lasten der Qualität, der Maschinenpark nicht auf einem neuen Stand. Der Donath-Enkel Dietrich Donath versuchte 1991 einen Neuanfang, gab aber 1994 wieder auf. So ist der Name Donath in Dresden erloschen.

In die Keltereianlagen im Lockwitzgrund, zum Teil noch im schlechten Erhaltungszustand der vormaligen volkseigenen Produktion, sind andere Gewerbe eingezogen, unter anderem medizinische Einrichtungen. Am schönen Hauptgebäude aus Donaths Zeiten, erst 2016 im klassischen Stil restauriert, prangt in großen Buchstaben „VEB Kelterei Lockwitzgrund". „Kelterei Donath" hätte es heißen müssen mit einem Hinweis auf genau 40 Jahre Donath-Kelterei (1906-1946).

In den zur Betriebsanlage gehörenden Kellern, in das angrenzende Bergmassiv bei der Gründung der Kelterei getrieben, sind heute ein Salz-Gesundheitsstollen und ein Weinlager eingerichtet.

Der Markenname „Lockwitzgrund" ist zumindest erhalten geblieben, die Lausitzer Früchteverarbeitungs GmbH in Sohland/Spree hat ihn erworben und vertreibt hierunter Fruchtsäfte verschiedener Art.

In Bayern gilt Donath inzwischen als Traditionsmarke, in Anzeigen verweist man gern auf das Gründungsjahr 1893 – ohne natürlich den Ursprung in Dresden zu erwähnen – und betont: *„Älteste deutsche Saft-Kelterei."*

Bei Reformhauskunden ist Donath ein Begriff für Säfte aller Art, aber auch für die verschiedensten Getreideprodukte geworden.

Auch andere mitteldeutsche Marken aus dem Lebensmittelbereich sind durch den Kommunismus/Stalinismus gelöscht worden. Hier nur drei Beispiele, insgesamt dürften es mehrere hundert gewesen sein!

Molkerei Gebr. Pfund Dresden

Pfund's condens. Milch
in Blechdosen mit Patentöffner.
Dresdner Molkerei Gebrüder Pfund, Dresden u. London

Bild 25: Anzeige für Pfund's Kondensmilch in einer illustrierten Zeitschrift von 1894. Dresden, Bautzner Straße 79: Molkerei Gebrüder Pfund, ein mit Zierkacheln von Villeroy & Boch Dresden ausgekleidetes Ladengeschäft mit Imbiss und Gaststätte.

Ab 1880 führten die Pfunds eine neue Qualität der Milchverarbeitung ein. Die nur sechs Jahre später entwickelte „Kondensmilch" wurde zum Verkaufsschlager, Pfunds Kondensmilch war in allen deutschen Ländern und den europäischen Großstädten zu haben. In Dresden-Neustadt entstand auf dem Areal Bautzner Straße/Briesnitzstraße ein Firmenkomplex mit Milchwerk, Wäscherei, Druckerei. 450 Mitarbeiter beschäftigte der Mittelstandsbetrieb, einer, wie er für Sachsen typisch war. Er überlebte den Ersten Weltkrieg, die 1920er Jahre (Inflation) und den Zwei-

ten Weltkrieg als Familienunternehmen, aber nicht den realen Sozialismus.
In den ersten Nachkriegsjahren durften die noch privaten Molkereien Dresdens einschließlich Pfunds Molkerei und diejenigen des Umlandes die Versorgung sicherstellen, doch bereits 1953 wurden ein Teil dieser Molkereien enteignet und der VEB Dresdner Milchwerke gegründet. Mit dem 1972 erfolgten K.-o.- Schlag gegen den Rest der noch verbliebenen Privatwirtschaft insgesamt wurden auch die letzten Milchbetriebe dem VEB zugeordnet, als einer der letzten in diesem ablaufenden Gewaltprozess 1974 die Pfunds. Geblieben sind eine Gaststätte und der „schönste Milchladen der Welt“ auf der Bautzener Straße 79, ein mit Zierkacheln des Dresdner Villeroy & Boch-Werkes ausgestatteter Verkaufsladen.

Gebr. Hörmann AG Dresden

Die Gebr. Hörmann AG mit 500 Mitarbeitern hatte sich als Marke für Waffelgebäck etabliert, sie war Deutschlands größtes Unternehmen dieser Branche und betrieb auch eine umfangreiche Werbung. Nach 1945 enteignet, wurde die Waffelbäckerei mit anderen Betrieben zum Volkseigenen Betrieb vereinigt. Die internationale Präsenz und die Marke Hörmann wurden damit ausgelöscht.

Hultsch-Zwieback Neukirch/Hultsch GmbH Weilburg

Mit dem „Hultsch-Zwieback“, diesem kleinen ovalen Gebäckstück, sind bis 1945 Generationen deutscher Kinder aufgewachsen. Auch für Kranke und Genesende war es ein gutes diätetisches Nahrungsmittel. „Ärztlich empfohlen“ stand auf den großen Blechdosen der Fa. Max Hultsch aus Neukirch/Lausitz, bereits 1696 gegründet. Also vor mehr als 300 Jahren bereits Backwaren hergestellt, in den Zeiten des sächsischen Kurfürsten August II. („der Starke“) entstanden, die schlesischen Kriege des preußischen Friedrichs II. („der Große“) überlebt, die beiden Weltkriege durchgestanden, aber dann im „Marxismus-Leninismus“ mit Zwieback zum „Kriegsverbrecher“ gewor-

den, enteignet und rausgeworfen.
In Weilburg/Lahn gründete sich die Max Hultsch GmbH & Co. als Exilbetrieb neu, mit „Knabbergebäck“ und Salzstangen setzte der ostsächsische Betrieb seine Tradition im „Westen“ fort. Als „Neukircher Zwieback“ kam das Gebäck in der DDR in den Handel, seit 1990/91 produziert die Neukircher Zwieback GmbH verschiedene Sorten Zwieback.

Ernemann AG/Zeiss Ikon AG/Mimosa AG Dresden/Zeiss Ikon Stuttgart

Wir wenden uns wieder links von der S1-Bahnlinie dem Ortsteil Striesen zu. Als Bauerndorf Stresen mit über 70 Gehöften um 1350 entstanden, hatten sich bis in die 1870er Jahre große Kunst- und Handelsgärtnereien angesiedelt, die ihre Züchtungen von Rhododendren, Eriken, Azaleen und anderen deutschlandweit verkauften. Ein Blick auf den Stadtplan zeigt Striesen als das größte zusammenhängende Wohn- und Industriegebiet Dresdens, vom Volkspark Großer Garten bis hinüber zum Waldpark und dem Villenort Blasewitz in Elbnähe. Hier stehen sie noch, die Villen des großbürgerlichen Dresdens, von der Goetheallee über den Schillerplatz und die Wägnerstraße bis zum Johannesfriedhof. Reiche Fabrikanten nicht nur aus Sachsen, Künstler, Bankdirektoren, Privatiers aus ganz Europa hatten sich in Dresden niedergelassen.

Als Mittelpunkt Striesens kann der Pohlandplatz gelten, und hier stoßen wir auf diejenige Industrie, die wohl Dresden am meisten in der Welt bekannt gemacht hat: die Photoindustrie. Es gibt inzwischen eine Vielzahl von Publikationen zum Entstehen und Vergehen dieses Industriezweiges. Allein Heinrich Ernemann, dem unehelichen Kind einer Magd aus Gernroda im Eichsfeld, widmet der Autor Peter Göllner ein umfangreiches Buch und schreibt einleitend:
„Ernemann – das ist nicht nur faszinierende Foto- und Kinotechnik aus der Frühzeit der Dresdner Kameraindustrie. Es ist zwangsläufig auch die außergewöhnliche Geschichte des Firmengründers Heinrich Ernemann, der mit der Übernahme einer kleinen

Hinterhofwerkstatt den Grundstein zu einem Unternehmen legte, das auf dem Höhepunkt seines Erfolges über 3.300 Mitarbeiter beschäftigte und zu den größten seiner Branche in Europa zählte. " [28]

Bilder 26: Anzeige der Zeiss Ikon AG aus den 1930er Jahren und Ernemannwerk (Rückseite) im heutigen Zustand (2020).

In Dresden hatten sich von den 1880er Jahren an mehr als ein Dutzend Kamerafabriken gegründet, davon die meisten als kleinere Betriebe für Spezialkameras und Sonderausrüstungen. Von den drei großen, Wünsche AG, Hüttig AG und Ernemann AG, die schon Kapitalgesellschaften waren, schlossen sich die beiden Erstgenannten und ein Zeiss-Betrieb Palmos 1909 zur ICA AG Dresden zusammen. Die Zeiss-Stiftung Jena, das große Jenaer Zeisswerk eingeschlossen, hatte diese Fusion vorangetrieben, um den Absatz von Kamera-Objektiven zu sichern und zu erweitern. Nach dem Ersten Weltkrieg kam es in den Jahren 1925/26 zu Absatzproblemen und Preiskämpfen in der Fotobranche insgesamt, und nach anfänglichem Zögern schloss sich auch Ernemann den Überlegungen zum Zusammenschluss an. Wiederum Zeiss übernahm die führende Rolle, und 1926 entstand aus der ICA AG, Ernemann AG (beide Dresden), Goerz AG (Berlin) und Contessa Nettel AG (Stuttgart) die Zeiss Ikon AG Dresden, wobei der Name aus Zeiss und I(CA) und Con(tessa) gebildet wurde. Mit 53 Prozent Aktienanteil bestimmte also die Zeiss-Stiftung die Firmenpolitik in Dresden. Dass Ernemann die Streichung seines Namens in der neuen Firmenbezeichnung zuließ, ist schon befremdlich, wird aber in keiner der einschlägigen Schriften kritisch erwähnt. Schließlich war Ernemann der größte und bekannteste Kamerahersteller in Dresden (auch durch eine weltweite Werbung) und hatte eine eigene optische Abteilung zur Fertigung von Kameraobjektiven aufgebaut. Die neuen Verträge legten nun fest, dass Zeiss-Ikon kein optisches Glas, keine Brillen, keine Feldstecher, auch nicht für militärische Zwecke, fertigen durfte. Ob und wie der Commerzienrat und Generaldirektor der Ernemann-Werke AG, Heinrich Ernemann, diesen Einschnitt verkraftet hatte, ist nicht bekannt. Bei der Fusion 1926 war er 76 Jahre alt und gesundheitlich angeschlagen. Zwei Jahre später war er in seinem Landhaus in Hartha (bei Tharandt) gestorben. Sein 1918 bis 1923 errichtetes neues Hauptwerk mit dem bekannten Ernemann-Turm avancierte zum Hauptsitz der neuen Zeiss-Ikon AG, sie wurde Europas größter Konzern der Fotobranche mit mehr als 12.000 Beschäftigten. Im Konzern begann eine Typenbereinigung der Apparate und 1931/33 entstand ein neuer Kameratyp: Die Contax, die Antwort auf die 1925 erschienene Leica der Leitz-Werke Wetzlar, *„eine bis dahin nicht vorhan-*

dene Vielfalt an Zubehör für unterschiedliche Wissenschaftsgebiete, eine elitäre Glorliole, die in der Vorkriegszeit über den Namen Zeiss Ikon auf die anderen Kameras abstrahlte“. [29] Der weltweite Exportanteil lag bei 70 bis 80 Prozent. Natürlich setzte 1937/38 auch eine Rüstungsproduktion ein für Zielfernrohre, Zünder, Bombenzielgeräte.

Mit Heim- und Kinoprojektoren hatte Ernemann bereits ab 1900 begonnen. Kino, eine Wortschöpfung Ernemanns für seine ersten Heimkinos (Ernemann-Kino 1903), wurde der Begriff für die Lichtspieltheater, die – anfangs in recht einfacher Form – wie „Pilze aus dem Boden wuchsen“. Der Junior Alexander Ernemann wurde der Schöpfer der Kinoprojektoren; 1909 stellte die Firma den Stahlprojektor „Imperator“ vor – der Urtyp von technisch ausgereiften Kinomaschinen, von dem bis 1921 10.000 Stück in Europas Lichtspielhäusern liefen. Selbst in Paris konnte der Imperator die Geräte der einheimischen Firma Pathé verdrängen, in 28 Boulevardkinos liefen 22 Ernemann-Geräte. Diese Imperatoren basierten auf einem klassischen Maschinenbau mit besten Stahlwerkstoffen, Schmier- und Kühlsystemen, Zahnrädern für die Zwischentriebe.

Diese Fachkinoprojektoren wurden – neben den Heimkinogeräten – ein wichtiges Geschäftsfeld von Ernemann und auch von Zeiss Ikon, 1937 gekrönt von der Bildtonmaschine Ernemann E VII B, die damals und viele Jahre später den Weltstand verkörperte. Die Ernemann-Projektoren der Kieler Firma Anschütz haben den Namen des Dresdner Pioniers bis in die jüngste Zeit fortgetragen.

Auch die Herstellung von Filmmaterial und Fotopapieren festigte Dresdens Ruf als die Fotohauptstadt Europas. Etwa zwei Drittel aller fotografischen Produkte kamen aus Dresden (Kameras, Filme, Fotopapiere, Zubehör). Die 1913 gegründete Mimosa AG Dresden vereinigte eine Reihe kleiner hiesiger und auswärtiger Firmen für fotochemische Erzeugnisse; mit circa 800 Mitarbeitern war sie der Hauptlieferant derartiger Produkte. 1939 erzeugte die Mimosa acht Millionen Quadratmeter Fotopapier und 150.000 Quadratmeter Film. In den Kriegsjahren wurden diese Mengen auf ein Mehrfaches gesteigert. [30]

1945:
Die Rote Armee zog am 7./8. Mai in Dresden ein. Die verheerenden Luftangriffe lagen zwei Monate zurück, nur langsam kehrte der Alltag im Zentrum der zerstörten Stadt zurück. Von den Zeiss-Ikon-Betrieben war nur das Ica-Kamerawerk schwer getroffen, das Ernemann-Werk nur zu 10 Prozent (Fensterscheiben). Die einzelnen Stufen der Enteignung/Entmachtung, die Verhältnisse bei Zeiss-Jena und die einzelnen Stufen des neuen VEB-Kamerawerkes können hier nur zusammengefasst werden. Die genannte Literatur gibt ausführlich Auskunft.

Alexander Ernemann und weitere Vorstandsmitglieder hatten bereits Dresden verlassen. Zeiss-Jena, inzwischen mit 70 Prozent Hauptaktionär bei Zeiss Ikon, versuchte mit Bezug auf die liberale Zeiss-Stiftung die Enteignung ihres Dresdner Betriebes zu verhindern und wurde von dem kommissarisch eingesetzten Betriebsleiter Doktor Falkenstein unterstützt.

Ende Mai 1945:
Die sowjetische Militärkommission (spätere SMA) forderte die sofortige Produktion von Kinoprojektoren für Russland.

Ende Juni 1945:
Die Kommission beschloss die totale Demontage aller Zeiss-Ikon-Werke. 1.000 Mitarbeiter räumten und verluden alle Einrichtungen einschließlich der Küchen, Feuerlöscher und andere Gegenstände. Zielort Kiew.

ZEISS IKON AG. · DRESDEN

Lieber Arbeitskamerad!

Am 7. Mai 1945 sind durch den Einmarsch der Roten Armee unsere Werke zu einem jähen Stillstand gekommen. Die seit Ende Juni einsetzende Räumungsaktion hat uns infolge der Entfernung der Maschinen und sonstigen Betriebsmittel die Möglichkeit einer baldigen Wiederingangsetzung der Werke genommen.

Wir sehen uns deshalb leider gezwungen, mit Genehmigung der Landesverwaltung Sachsen das bisherige Arbeitsverhältnis zu kündigen. Wir haben diese Kündigung unseren Gefolgschaftsmitgliedern durch Anschlag in unseren Werken zur Kenntnis gebracht und betrachten das Arbeitsverhältnis mit dem erfolgten Anschlag als gelöst.

Ob den einzelnen Gefolgschaftsmitgliedern für die Zwischenzeit noch Ansprüche auf Lohn oder Gehalt zustehen, bleibt einer etwaigen gesetzlichen Regelung vorbehalten.

In dem Augenblick, wo die erfolgreiche Vergangenheit der Firma einen so traurigen Abschluß gefunden hat, denken wir im Sinne der bei uns hochgehaltenen Betriebsgemeinschaft an die langjährige Mitarbeit unserer vielen Gefolgschaftsmitglieder, die in dem Werk mehr als eine Arbeitsstätte sahen und die all die Jahre ihr Bestes hergaben, damit das Ganze sich bis zu seiner letzten Höhe fortentwickeln konnte. Wir danken aus bewegtem Herzen allen Gefolgschaftsmitgliedern für ihre jahrelange Treue. Zum Schluß möchten wir die Hoffnung aussprechen, daß es den unermüdlichen Anstrengungen der Geschäftsleitung gelingen möge, nach und nach wieder eine größere Anzahl unserer bewährten Mitarbeiter bei uns am Wiederaufbau tätig zu sehen.

Dresden, den 23. Juli 1945

ZEISS IKON AG.
Kommissarische Leitung
Dr. Falkenstein

Juli 1945:
Die Mitarbeiter wurden pro forma entlassen (Bild).
Bis 1947/48:
Notproduktion von Haushaltgeräten, aber schon erster Produktionsbeginn von Foto- und Kinogeräten auf beschlagnahmten, aber nicht

abtransportierten Maschinen. Wie überall in der sowjetischen Zone gab es viele widersprüchliche Verhältnisse und Anordnungen der sowjetischen Dienststellen.

30. Oktober 1945:

Zwangsverwaltung der Zeiss Ikon AG durch die SMA (Sequester).

30. Juni 1946:

Volksentscheid zur Enteignung, Umwandlung in Volkseigene Betriebe (VEB), SMA-Bestätigung 1948.

Von 1948 bis 1958:

– Vier verschiedene Namen des Betriebes:
– Mechanik Zeiss Ikon VEB Dresden
– OPTIK Zeiss Ikon VEB Dresden, VVB Optik Jena
– VEB Mechanik Zeiss Ikon Dresden
– VEB Zeiss Ikon Dresden

Die Aktionärsversammlung der Zeiss Ikon AG beschloss im Stuttgarter Contessa-Werk die Sitzverlegung von Dresden nach Stuttgart. Die Verlegung geschah im Zusammenhang mit der Sitzverlegung der Zeiss-Stiftung von Jena nach Oberkochen. Die Prozesse um den Namen Zeiss Ikon und die Markenrechte der einzelnen Apparate gewannen die übersiedelten Firmeneigner, gingen damit für die DDR-Seite verloren. Ab 1958 hieß der Dresdner Betrieb „VEB Kinowerke Dresden".

Als ob sich in den Kriegsjahren Innovationskraft aufgestaut hätte, waren die ersten Jahre danach von einem Freisetzen gekennzeichnet – hier wie in vielen anderen Fällen waren die ersten 15 bis 20 Jahre der DDR-Wirtschaft die besten. Einen Rückstand gegenüber der Bundesrepublik gab es nicht. Es waren die Facharbeiter der alten Zeiss Ikon AG, die nun auch im VEB weiterentwickelte und neue Erzeugnisse vorstellte, neue Kinomaschinen D1 und D2, neue Fotoapparate und Zentralverschlüsse unter anderem. 1953 war der Warenwert von 6,7 Mio. Mark zwar recht bescheiden, aber davon gingen für 4,4 Mio. Foto- und Kinoapparate ins westliche Ausland, das sind über 60 Prozent.

35 Jahre später zeigte die marxistisch-sozialistische Planwirtschaft ihr Unvermögen, Schritt zu halten im weltwirtschaftlichen Maßstab.

Selbst wenn man in den 35 Zwischenjahren die großen Veränderungen in der Welt einräumt – das explosionsartige Anwachsen der fernöstlichen Wirtschaften, den „Kalten Krieg" der Weltsysteme unter anderem – war das die Bankrotterklärung dieses DDR-Wirtschaftssystemes. Und es ist nicht dem grundsoliden Facharbeiter und Techniker anzulasten.

Die weiteren Stufen des Betriebsauf- und -abbaues können wir wieder zusammenfassen:
Ab 1959:
Der VEB Kinowerke und vier weitere bereits enteignete Betriebe wurden zum VEB Kamera- und Kinowerke zusammengeschlossen. Der schon bei Zeiss Ikon tätige Siegfried Böhm, neuer Technischer Direktor und Schöpfer der „Praktica", warnte vor der entstehenden japanischen Konkurrenz. Er war maßgeblich am hohen Stand der Praktica-Entwicklung/-Fertigung beteiligt, wurde aber 1981 von seiner Funktion entbunden. Ein Verschleiß führender Techniker setzte ein, Hauptvorwurf stets: Beschlüsse der SED nicht umgesetzt, Hauptaufgabe des Sozialismus nicht verstanden und anderes.
Ab 1964:
Neuer Name: VEB Pentacon Dresden, wobei das „con" an die Contax erinnern sollte, die man nicht mehr bauen durfte. Es wurden neue Praktica-Modelle vorgestellt, mit der Praktica PL konnten sehr hohe Verschlusszeiten erreicht werden. Durch hohe Rationalisierung konnte alle 90 Sekunden eine Kamera montiert werden. Man war stolz auf die in Europa höchste Leistung, aber wie auf anderen Gebieten drohte die DDR-Wirtschaft auch hier in dem Hype – Exportieren, was auch zu billigsten Preisen exportfähig ist – zu erstarren.
Ab 1968:
Aus VEB Pentacon wurde VE Kombinat Pentacon, der VEB Feinoptisches Werk Görlitz (bis 1945 die sehr bekannte Meyer Optik) und das Ihagee-Kamerawerk AG i. V. wurden einbezogen. Die Praktica-Kamerafamilie wurde weiter ausgebaut, immer noch gaben Oberingenieur S. Böhm und sein Kollektiv die technische Richtung vor, 1973 erhielten sie den Nationalpreis II. Klasse.
Ab 1980:
Es kamen weitere mittlere und kleine, besonders nach 1972 enteig-

nete, Betriebe zum Kombinat. Inzwischen waren es „14 Fertigungsstätten und 41 Verwaltungsstellen sowie Lager“. [30]
1985:
Das VE Kombinat Pentagon wurde aufgelöst und in den VE Kombinat Carl Zeiss Jena eingegliedert. Die Analogie zu 1926 ist nicht zu übersehen, Zeiss bestimmte die Firmenpolitik in Dresden. Nur diesmal war es kein neuer Aufbruch, sondern ein Abgesang, in Jena und in Dresden brachen die künstlich aufgeblähten Strukturen zusammen.
1989/90:
Im Dezember 1989 stand das Fließband der Praktica-Reihe, auf der seit 1969 ca. 9 Mio. Stück produziert wurden, still. Von Vorläufern abgesehen, hatte Ernemann als der bedeutendste Pionier 1889, also genau 100 Jahre vorher, mit dem Kamerabau begonnen.
Bis Oktober 1990 kämpfte eine neue Führungsmannschaft um den Erhalt eines Rumpfbetriebes und der vorhandenen Anlagen. Aller Ballast und alle überflüssigen Kostenträger wurden abgestoßen (Betriebsgruppen SED, FDJ, Kampfgruppen, Kindergärten, Ferienheime und andere) und das Konzept einer neuen Praktica im mittleren Preissegment vorgestellt. Von 5.700 Mitarbeitern sollten 1.000 erhalten bleiben. Pentacon Dresden war der letzte große Kamerahersteller Deutschlands, der Anteil am Kamera-Weltmarkt war erheblich. Die deutschen und ausländischen Fachhändler sprachen sich für den Erhalt von Pentacon Dresden aus. Doch die Treuhandanstalt schätzte das Risiko als zu hoch ein. Und so verkündete sie am 2. Oktober 1990, am Tag der „Photokina-Messe“ 1990 in Köln, die stille Liquidation von Pentacon. In der Begründung wurden nochmals alle erschwerenden Faktoren aufgeführt, wie die vielen kleinen Betriebsteile, die hohe Fertigungstiefe bis 90 Prozent und andere – alles Gründe, die schnell abzustellen gewesen wären und zum Teil bereits erfolgt waren. Aber die Treuhand wollte – aus welchen Gründen auch immer – die erste große Liquidation in der ostdeutschen Wirtschaft gerade am Vorabend des 3. Oktober 1990. Am 30. Juni 1991 war der Treuhandbetrieb Pentacon Dresden i. L. endgültig stillgelegt. Von den verschiedenen Nachfolgefirmen, unter anderem die Präzis Werkzeugbau GmbH (aus dem Pentacon-Werkzeugbau), war nur die Pentacon Foto- und Feinwerktechnik Dresden GmbH geblieben, welche die Praktica in Fernost bis 2014 fertigen ließ, aber auch ande-

re feinmechanische Erzeugnisse herstellte.

Inzwischen ist viel Ärger bei den alten „Pentaconianern" verraucht, die Stadt Dresden hat das Ernemann-Werk in die „Technischen Sammlungen Dresden" umgestaltet. Ein technisches Museum am Pohlandplatz, in welchem die Geschichte der ehemaligen Fotohauptstadt Europas sehr gut dargestellt wird. Leider bewirbt die Stadt dieses Museum zu wenig, eine Stätte, die viele Besucher über die andere, die technische Seite der Kunststadt Dresden hervorragend unterrichtet.

Zu ergänzen bleibt, dass die schon genannte Mimosa AG ebenfalls enteignet wurde. Der nun VEB Mimosa Dresden genannte Betrieb musste 1957 in VEB Photopapierwerk umbenannt werden und wurde Hauptproduzent von Schwarz-Weiß-Fotopapier. Im Westen entstand bereits 1950 die neue Mimosa AG in Kiel. In Dresden scheiterte die 1990 versuchte Reprivatisierung des Photopapierwerkes bereits 1991.

Jasmatzi AG Dresden/Greiling AG Dresden/Philip Morris GmbH Dresden

Neben der Photoindustrie war und ist Dresden-Striesen auch der Hauptstandort der Dresdner Tabakindustrie. Die wichtigsten und großen Unternehmen, wie Jasmatzi, Kosmos, Union, Monopol, Lande, Haus Bergmann, schließen auf den Straßendreieck Kipsdorfer/Glashütter/Lauensteiner und Gottleubaer Straße an den Striesener Friedhof an und grenzen an der Junghansstraße direkt an die Photoindustrie (Ernemannwerk).

Den Grundstein legte 1862 der aus Petersburg stammende J. Huppmann mit der Zigarettenfabrik Laferme, die anfangs ein noch recht bescheidener Handwerksbetrieb war. Doch das starke Anwachsen der Industrie nach dem deutsch-französischen Krieg 1870/71 ließ auch das Heer der Arbeiter und Angestellten ebenso stark anwachsen, und hier wurde der Glimmstengel – neben dem Bier – zum Suchtmittel ersten Ranges. Um 1900 hatte Dresden mit 41 Zigarettenfabriken etwa 90 Prozent aller deutschlandweiten Betriebe. Kosmos (1886) und Jasmatzi (1897) waren die frühesten unter den großen Betrieben, die anderen folgten nach 1900 bis in die 1920er Jahre. In diesen Jahren hatte ein erbitterter Preiskampf eingesetzt, der viele kleine Betriebe zur Aufgabe zwang. Zugleich setzte eine Firma zu einer regelrechten „Kaufoffensive“ an: Reemtsma. Ein Bernhard Reemtsma, der aus Ostfriesland stammte und in Erfurt einen Gemischtwarenhandel betrieb, hatte 1910 die kleine Zigarettenfabrik „Dixi“ übernommen. 1919 zur Firma B. Reemtsma & Söhne umgewandelt, wurde sie 1921 Aktiengesellschaft und zog nach Hamburg-Bahrenfeld um. Der weitere Aufstieg gestaltete sich in den 1920er Jahren im Wechsel von Auf und Ab durchaus kritisch, aber die Söhne des 1925 verstorbenen Bernhard Reemtsma entwickelten sich zu „mit allen Wassern gewaschenen“ Managern. Sie hießen alle mit dem von ihrer Mutter herrührenden zweiten Vornamen Fürchtegott (F.), demnach Hermann F. Reemtsma (1892-1961), Philipp F. Reemtsma (1893- 1959) und Alwin F. Reemtsma (1895-1970).

Dresden als Tabakhauptstadt hatten die Reemtsmas schon früh im Visier. Vater Bernhard ließ seinen ältesten Sohn Hermann F. 1913 eine kaufmännische Lehre bei der Zigarettenfabrik Yenidze in Dresden beginnen, sicher imponierte beiden der ungewöhnliche, hochmoderne Betrieb. Der Unternehmer Hugo Zietz hatte 1909 die Fabrik im Stil einer Moschee errichten lassen, das schlanke, den Bau überragende Minarett diente als Fabrikschornstein. Mit 1.700 Beschäftigten war die Yenidze das wohl am besten organisierte Werk der Branche – „Salem Aleikum“ und „Salem Gold“ hießen die bekanntesten Marken.

Der zweitgeborene Philipp F. Reemtsma erwies sich bald als der gewiefte Taktiker beim Aufkauf der Konkurrenten, wobei – wie üblich im Geschäftsleben – vieles im Geheimen ablief. Der erste große Deal gelang durch einen Interessentenvertrag zwischen der Reemtsma AG und der Jasmatzi AG, wobei die niederländische Tochterfirma von Jasmatzi, N. V. Caland, die Hauptrolle spielte. Diese kaufte sich auch bei der Yenidze ein, worauf 1929 der branchengrößte Konzern Reemtsma–Jasmatzi–Yenidze entstand. Doch

Philipp F. Reemtsma wollte mehr. Die Greiling AG, im Besitz des ebenfalls sehr selbstbewussten Richard Greiling (nicht in Striesen, sondern auf der Nossener Straße in Nähe der Universelle ansässig), war das nächste Stück aus dem großen Dresdner „Tabakkuchen", was Reemtsma herausbrechen wollte. Hier konnte er aber nur eine Beteiligung erreichen. 1930 fiel mit der Dresdner Bulgaria GmbH ein weiterer Dresdner Hersteller an Reemtsma. Innerhalb weniger Jahre hatten die Gebr. Reemtsma fast alle Großen der Zigarettenbranche, insbesondere die Dresdner, ihrer Eigenständigkeit beraubt. Das blieb nicht ohne Widerspruch in der Fachpresse und der Öffentlichkeit, aber auch das konnte das Brüdertrio mit allen Mitteln abwehren. Insgesamt ein Vorläufer der Wirtschaftskrimis, wie sie heute auf dem internationalen Parkett ablaufen.

1929 wurde aus der Reemtsma AG die Reemtsma GmbH, eine große GmbH in den Händen der Gebr. Reemtsma und einiger Gesellschafter aus den erworbenen Firmen, unter anderen E. F. Gütschow von Jasmatzi.

Im Reichs-Branchen-Adressbuch von 1933 [31], tauchen unter „Zigarettenhersteller Dresden" die von Reemtsma erworbenen Firmen nicht mehr auf, insgesamt aber noch 19 Dresdner Zigarettenfirmen, unter anderen Kosmos, Eckstein, Haus Bergmann und auch die Greiling AG. Mit 19 Betrieben blieb Dresden bis 1945 neben der Fotohauptstadt auch die Tabakhauptstadt Deutschlands.

1945 verloren die Reemtsmas alle ostdeutschen Werke. Die Brüder wurden in Hamburg vom britischen Militär verhaftet, aber wie fast alle großen Industrieführer der BRD wieder freigelassen. Ihre Werke und Vermögen erhielten sie, wenn auch meist mit Abstrichen und Auflagen, zurück. Die H. F. & Ph. F. Reemtsma Cigarettenfabriken GmbH & Co. KG blühten wieder auf. Die Gründer Hermann F. und Philipp F. Reemtsma starben 1961 beziehungsweise 1959. Haupterbe wurde der 1952 geborene Sohn von Philipp F. Reemtsma, Jan Philipp F. Reemtsma. Dieser wollte kein „Zigarettenkönig" werden, er hatte künstlerische und sozialkritische Ambitionen.

Bild 27: Die 1909 von Hugo Zietz gegründete Yenidze, das modernste und ungewöhnlichste Werk der Branche.

So gingen 53 Prozent der Reemtsma-Anteile für 400 Mio. DM an die Kaffee-Unternehmer Herz (Tchibo). Jan Philipp Reemtsma gründete 1984 das Hamburger Institut für Sozialforschung, was am ehesten durch die Wanderausstellung „Vernichtungskrieg. Verbrechen der Wehrmacht 1941 bis 1944“ bekannt wurde und nicht nur wegen einiger falscher Bilder Proteste in vielen Städten auslöste. Das Institut mit den drei Arbeitsbereichen „Die Gesellschaft der Bundesrepublik“, „Nation und Gesellschaft“ sowie „Theorie und Geschichte der Gewalt“ ist eine seriöse und unabhängige Einrichtung, Gefälligkeitsgutachten und wohlfeile Ergebenheitsbekundungen sind hier nicht zu erwarten.
In Dresden fielen die großen Fabriken 1946 natürlich der Enteignung anheim, auch mit Zigaretten konnte man „Kriegsverbrecher und Rüstungsgewinnler“ werden. Nach Zwischenstufen der landeseigenen Verwaltung entstand 1970 der VEB Vereinigte Zigarettenfabriken Dresden und wurde 1978 dem VE Kombinat Tabak Berlin zugeordnet. 1982 zurück, im Kampf unter- und gegeneinander gewannen die Dresdner, das VE Kombinat Tabak kam wieder nach Dresden, und die Vereinigten Zigarettenfabriken wurden der sogenannte Stammbetrieb.
Nach 1990 wurde vieles bereinigt und stillgelegt, die Philipp Morris GmbH betreibt nun unter „F6 Cigarettenfabrik GmbH & Co. KG“ zwei Werke in Dresden: Werk I auf der Gottleubaer Straße, Werk II auf der Glashütter Straße. Klassische, große und repräsentative Fabrikbauten der 1920er Jahre, sie wurden nach 1990 sehr gut restauriert. Werk I zieht sich mit langer Front auch auf der Junghansstraße bis an das Ernemannwerk hin, gegenüber die „König-Friedrich-August-Häuser“, eine vom letzten sächsischen König initiierte Wohnsiedlung. Die Werke produzieren die Zigarettenmarken F6 und einige Auslaufmarken wie Karo, vorwiegend aber Feinschnitttabak für die Pfeifenraucher und Selbstdreher. Man muss es einmal ablaufen, das Straßendreieck von der Schandauer Straße an bis an den Striesener Friedhof, diese gelungene Symbiose von Wohnsiedlung und mächtigen Fabrikgebäuden. Gebäude, die sich gut gegliedert und mit Schmuckelementen einfügen in das Stadtgebiet – nichts dort von unendlich langen Glas- und Blechfronten der heutigen Industriebauten.

Hopf & Feilgenhauer Dresden/Feilgenhauer Gelsenkirchen

Die Bärensteiner Straße ist die östliche Grenze dieses Gebietes, und direkt neben den Tabakfabriken hatte ein bedeutendes Bekleidungswerk sein Domizil: Hopf & Feilgenhauer. In dem schönen klassischen Gebäudeensemble hatten weit über 1.000 vorwiegend weibliche Mitarbeiter Arbeit gefunden. Für Selbmann und seine Konsorten 1946 natürlich kein Grund, einen solchen Textilbetrieb zu verschonen: Was heißt hier Volksentscheid und Kriegsverbrecher, für uns sind alle Unternehmer Verbrecher, gleich, ob sie Maschinen, Fruchtsaft, Zwieback oder Kleiderschürzen herstellen – wir schlagen diese bürgerliche Gesellschaft kurz und klein!

Bild 28: Gebäudekomplex Hopf & Feilgenhauer in Dresden-Striesen, Bärensteiner Straße. Ein sächsischer mittelständischer Betrieb der Bekleidungsbranche. Enteignet und rausgeworfen, machte Feilgenhauer Gelsenkirchen zu einem Zentrum der Textilindustrie. Ost-West-Transfer!
Ein Sachse baut die junge Bundesrepublik mit auf – ein Beispiel von Tausenden.

So entstand aus Feilgenhauer der VEB Herrenmode Dresden, dem in den Folgejahren über zehn weitere ebenfalls enteignete Betriebe, vorwiegend aus dem ostsächsischen Raum, angeschlossen wurden. 1969 kam der VEB Herrenmode zum VE Textilkombinat Cottbus, und schon in den 1970er Jahren begann in dem Betrieb die Lohnfertigung für westdeutsche Handelshäuser, unter anderem für C & A. Dies steigerte sich in den 1980er Jahren derart, dass fast die Hälfte der Produktion in das NSW ging. Dazu wurde an die Feilgenhauer-Eckgebäude auf der Glashütter Straße eine lange Front im kalten Industriestil angebaut. Insgesamt beschäftigte der Betrieb über 4.000 Mitarbeiter. Mit der Eingliederung der Herrenmode in das VE Cottbuser Textilkombinat im Jahr 1969 wurde mit „20 Jahren DDR" auch die Einführung des „Präsent 20" gefeiert, ein Großrundstrick-Gewebe auch für Herrenanzüge. Das ergab durchaus tragbare und ziemlich knitterfreie Anzüge, setzte sich aber nicht durch und wurde nach immerhin fünf Millionen Stück Mitte der 1970er Jahre wieder aufgegeben. Nach 1990 – der Leser wird es schon voraussehen – gab es keinen Absatz für eine solche aufgeblähte Struktur und Massenproduktion. Eine Dresdner Herrenmode GmbH bestand nur bis 1992, auch die wieder ausgegliederten Teilbetriebe überlebten zum großen Teil nicht. Heute sieht man den aufwändig restaurierten Feilgenhauer-Gebäuden ihre schöne Architektur erst richtig an, Gewerbe verschiedenster Art sind eingezogen, im großen und kalten DDR-Anbau steht vieles leer.

Die Textilbranche ist eben seit vielen Jahren im Wandel und im Abwandern aus Europa, auch aus Deutschland. Aber im Nachkriegsdeutschland war sie noch stark und erst wieder im Aufbau. Und hier hat gerade Feilgenhauer für einen erheblichen Ost-West-Transfer gesorgt, ja Feilgenhauer stand spektakulär für den Erfolg der mitteldeutschen Flüchtlingsbetriebe. In den Zeitschriften „Textilwirtschaft" und „Neue Textilzeitung" der Jahre 1951/55 heißt es:

„In Gelsenkirchen war es Harald Feilgenhauer, der mit seinen ‚amerikanischen Methoden' für manche in der Branche als Vorbild galt. Angeregt durch Studienreisen in die USA baute er nach der Enteignung des väterlichen Betriebes in Dresden zusammen mit seinen Eltern in Gelsenkirchen bis 1950 einen der modernsten mittelständischen Betriebe mit rund 1.000 Beschäftigten auf. In der Be-

kleidungsunion Feilgenhauer fand die Produktion nun in großen Fabriksälen statt, deren Zuschnitt, Farbe und Gestaltung die Arbeitsbereitschaft unterstützen sollten."
Und an anderer Stelle: *„Die Ruhrkohle-Großstadt ist ein gewichtiges Zentrum der Bekleidungsindustrie geworden. Wo – in einem ausgebrannten Warenhaus – vor wenigen Monaten noch Trümmerhaufen lagen, sausen heute vollautomatische Nähmaschinen in endloser Reihe und stoßen in einer für den Laien unvorstellbar kurzen Zeit Feilgenhauer-Modelle am Fließband aus, etwa 3.000 ‚Erica'-Mäntel, 5.000 Mädchenkleider ‚Vroni' oder 7.000 andere Entwürfe." [26]*
1972 wurde die Bekleidungsunion Feilgenhauer von einem anderen Textilkonzern übernommen.
Insgesamt sind in den meisten der nach Tausenden zu zählenden Fällen die Namen der Sächsischen/Thüringer/Anhaltinischen/Brandenburger/Berliner Gründer verschwunden. Sie waren in die Jahre gekommen, hatten verkauft, sich auf ihr Altenteil zurückgezogen. Darunter gab es durchaus eine erhebliche Anzahl von Millionären, die in die Schweiz oder in andere bevorzugte Wohnorte übersiedelten. Sie hatten schwere Jahre durchlebt. Im Osten der Rauswurf und die Hetze der Kommunisten, die oft abenteuerliche Flucht, das Auf und Ab des Neubeginns im Westen – das alles zerrte an den Nerven und der Gesundheit. Auch mit Vorwürfen an die Politiker der Bundesrepublik sparte man nicht. Harald Feilgenhauer soll mit harschen Worten das Hinnehmen der rigorosen ostdeutschen Enteignungspolitik beklagt haben und unter anderem auch Martin Mende (Radio Mende Dresden – Nordmende Bremen) habe in klassischem Sächsisch den Politikern „die Leviten gelesen".
Heute, über 70 Jahre nach diesem großen Wirtschaftstransfer Ost–West, ist es umso schwerer geworden, die Ursprünge, die Gründungen und Gründer zu erforschen, und es gibt durchaus Bestrebungen in Ost und West, eine Aufklärung nicht für erforderlich zu halten.

Loesch/Gäbel/Hänsel Dresden/VEB Verpackungsmaschinenbau/Theegarten/PACTEC GmbH & Co. KG Dresden/LoeschPack Forchheim/Hänsel Hannover

Der klassische Werkzeugmaschinenbau hatte im Dresdner Raum keine herausragende Position. Hille war natürlich groß und vielseitig, eine Reihe weiterer kleiner Mittelständler fertigte in Dresden und dem Umland Sägen, Schleifmaschinen (Wehoma – Tharandt) und Drehbänke. Solche Maschinen en masse lieferten gleich zwei Firmen: Fischer & Co aus Freital und Dolze & Slotta aus Coswig. Jahresstückzahlen 2.400 beziehungsweise 1.200, wobei der Slotta-Betrieb auch die schwierigen Räummaschinen baute. Der Exportanteil lag bei beiden Firmen über 50 Prozent, er ging in alle europäischen Länder, auch nach Südamerika und Asien. Bei Fischer mit 2.400 Maschinen im Jahr waren das bei 300 Arbeitstagen acht Stück am Tag – die Arbeit im sächsischen Mittelstand war hart, sehr hart. Dabei war der Chemnitzer Raum das eigentliche Zentrum für Drehmaschinen, die sogenannte „Chemnitzer Drehbank" galt als die bekannteste Maschine in Europa.

Sachsen war eben – bis 1945 – der Exportweltmeister für Maschinen. Dies erst recht für die Maschinengattung, die wir jetzt betrachten wollen: Verpackungsmaschinen. Verpacken hängt natürlich direkt mit dem Erzeugen zusammen, wie bei den Maschinen für die Herstellung von Süßwaren, Schokoladen, Zigaretten. Es ist schwierig, in einer Kurzfassung die Anfänge und den Auf- und Abstieg dieses Präzisionsmaschinenbaues darzustellen.

Ebenso schwierig muss es für das Selbmann-Ministerium 1945/46 gewesen sein, Entscheidungen zu treffen, ob und wie man die Betriebe zerschlagen will, auflöst oder neu ordnet. Die Inhaber waren die klassischen Mittelständler, gewachsen aus kleinsten Anfängen, oft in Kapitalnot, ein Auf und Ab in den Anfangsjahren. Später natürlich selbstbewusste Unternehmer, durch die internationalen Erfolge auch zu Wohlstand gekommen, wohl kaum Millionäre. Der Betrieb sauber und ordentlich bis zum Schrottplatz, das Haus, auch die schon größere Villa, im gepflegten Garten daneben. Alles Tun und Denken dreht sich um die Fabrik: Wo stehen wir, was macht die

Konkurrenz, woher drohen uns geschäftliche Gefahren?

So Otto Hänsel, gebürtig aus Wurzen, kaufmännisch ausgebildet. In jungen Jahren war er in England tätig, lernte dort die Verpackungsmaschinen kennen und erkannte, dass Deutschland und besonders Dresden mit seiner Süßwarenindustrie zwar an erster Stelle steht, aber viele Verpackungsmaschinen importierte. So entstand 1915 die Firma Otto Hänsel, Freital-Dresden, mit dem Programm zum maschinellen Verpacken von Bonbons, Karamellen, Tabletten, Würfeln, Schokoladen und anderem. Zugleich entwickelte Hänsel ein maschinentaugliches Wachspapier in Zusammenarbeit mit der Papierindustrie. Damit konnte er ein komplettes System anbieten, und Hänsel-Einwickelmaschinen liefen weltweit in den einschlägigen Verarbeitungsbetrieben – bis in die Kriegsjahre 1940/41 hinein.

Auch Max Loesch ist ein Gründer im Dresdner Maschinenbau gewesen, 1919 entstanden. Die LU-Baureihe (Loesch Universal) war ein Meilenstein der Verpackungsbranche, man konnte die Grundmaschine für verschiedene Erzeugnisse und Einschlagarten umrüsten und von Schokoladentafeln über Suppenwürfel bis Kaugummi viele derartige Erzeugnisse einpacken.

Die Firma Richard Gäbel, bereits 1890 entstanden, gehörte ebenfalls zu den circa fünf wichtigsten Werken für Verpackungsmaschinen. Eine Zusammenarbeit mit der Firma Loesch führte zur Gäbel-Loesch-Anlage, einem absoluten Spitzenerzeugnis der Verpackungstechnik, welches auf der Weltausstellung in Brüssel 1935 eine Goldmedaille erhielt. Kurzum, der Dresdner Raum stand im Weltmaßstab an der Spitze der Verpackungstechnik, eingeschlossen natürlich die Universelle mit ihren Tabakmaschinen. Befördert wurde dieser Dresdner und insgesamt sächsische Feinmaschinenbau durch die TH Dresden, besonders durch Professor Ewald Sachsenberg. Erstmalig entstanden unter seiner Führung wissenschaftlich untermauerte Versuchsfelder, unter anderem auch für solche Verarbeitungsmaschinen (Verpackungsprüffeld 1928).

Die Sonderausstellung des Stadtmuseums Dresden „Schokoladenstadt Dresden“ 2013/14 haben wir oben schon betrachtet (mit den Bemerkungen zum „Abwandern“ wichtiger Firmen) [15], aber das Industriemuseum Chemnitz hatte bereits 2011/12 eine Sonderausstellung „Das süße Herz Deutschlands, Sachsens Schokoladenseite“ veranstaltet. Dort sind alle sächsischen Schokoladen-, Zuckerwaren- und Gebäckhersteller genannt, von A (Annaberg, Karlsbader Oblaten Emil Langer) bis Z (Zwickau, Oswald Singer Dauerbackwaren) circa 100 Firmen. [33] Warum die Dresdner etwa ein Jahr nach Chemnitz eine ähnliche Ausstellung mit einem ebenfalls umfangreichen Begleitbuch durchführten, ist nicht schlüssig zu erklären. Vermutlich sahen sich die Dresdner Experten, insbesondere der WIMAD e. V. zur Erforschung der Verpackungsmittel-Industrie, in der Chemnitzer Ausstellung nicht genügend repräsentiert.

Insgesamt belegen beide Ausstellungen durch umfangreiche Recherchen den hohen Stand des Verpackungsmaschinenbaues im Raum Dresden.

Die Loesch-Maschinen LU 2-4 und die LP 2 mit bis zu zehn Einschlagarten, unter anderem Dreh-, Körbchen-, Säckcheneinschlag, Spitzfaltung, die Loesch-Gäbel-Anlagen, die Maschinen von Hänsel und Gebr. Bindler, allesamt auch getriebetechnische Höchstleistungen, bestimmten bis 1945 das viel zitierte Weltniveau.

Neben dem schon genannten Verpackungsprüffeld von Professor Sachsenberg schufen die Professoren der TH Dresden viele Grundlagen solcher Maschinen. Die erste Professur für Getriebelehre an den deutschen Hochschulen wurde 1923 an der TH Dresden geschaffen, die Professoren Hermann Alt, Karl Kutzbach und Willibald Lichtenheld begründeten die „Dresdner Schule für Getriebelehre“. Die Konstrukteure erhielten hier aus erster Hand die Grundlagen für die vielfältigen Kurvenscheiben-, Koppel- und Hebelgetriebe.

1945 erfolgte wie überall die Demontage der Betriebe. Sehr wahrscheinlich ist dabei den russischen Militärtechnikern nicht bewusst gewesen, welchen komplizierten Maschinenbau sie wahllos einpacken und abtransportieren ließen. Aber die Befehle kamen aus der Zentralverwaltung Berlin.

Klöckner Hänsel **GmbH**
Lister Damm 19, 30163 Hannover, Tel. 0511/6267-0

Bild 29: Stammhaus der Firma Otto Hänsel in Freital-Dresden, ab 1948 Klöckner Hänsel in Hannover. Heute heißt die Firma Hänsel Processing GmbH und ist „ein weltweit tätiges Unternehmen für Anlagen der Süßwarenbranche“.

In den Betrieben wurde danach, so gut wie es möglich war, Ordnung geschaffen, Ersatzproduktion begonnen, auf eine Wiederaufnahme ihres Maschinenbaues noch unter der Leitung der Eigentümer gehofft. Diese hatten sich natürlich dem Diktat der Kriegsproduktion unterordnen müssen, aber keiner dieser Mittelständler fühlte sich als Kriegsverbrecher oder Rüstungsgewinnler. Nun traten, von ihrem Enteignungswahn durchdrungen, die Selbmann-Genossen auf den Plan und setzten das Enteignungsspiel in Gang. Ein Strukturschema zeigt, wie von 1946 bis 1948 die Betriebe zusammengewürfelt, wieder geteilt und mit anderer Unterstellung neu zusammengefasst wurden. In der Hauptlinie entstand aus der Firma Loesch der VEB Schokoladen- und Verpackungsmaschinenfabrik Dresden (Schokopack), der letztlich im VE Kombinat Nagema als VEB Verpackungsmaschinen Dresden (VMB) aufging. [33] Der VMB war dabei der sogenannte Stammbetrieb, eingeschlossen die schon genannte Tabakuni (das volkseigene Rudiment der großen Universelle) und weitere enteignete Betriebe wie Hänsel, VEB MANAG, VEB Spezima, VEB Seelig & Hille, die ihrerseits aus kleineren, nun volkseigenen Betrieben, zusammengeführt wurden. Ein richtiges „Schlachtfeld der Enteignungen", da mussten auch gute Handwerksbetriebe ihr Leben lassen. Insgesamt eine Mammutaufgabe für das Selbmann-Ministerium, dort, sowie in den SED-Betriebsleitungen und auch der SED-Bezirksleitung Dresden war man sicher stolz auf diese „Leistung". Interessant sind auch hier die Kommentare zu dieser „Enteignungsleistung". Im Begleitbuch zur Chemnitzer Ausstellung heißt es:

„Am 30. Juni 1946 fand der Volksentscheid über die Enteignung der Nazi- und Kriegsverbrecher statt. Die Mehrheit der Belegschaften der Verpackungsmaschinenfabriken entschied sich für die Enteignung. Von Juli 1946 bis Juli 1948 kam es zur Gründung der Volkseigenen Betriebe VEB Schokoladen- und Verpackungsmaschinenfabrik Dresden (vormals Spezialmaschinenfabrik Max Loesch), VEB Spezima Dresden (vorher Spezialmaschinenfabrik Ernst Bernstein) und VEB NAGEMA Spezialmaschinen Dresden (früher Maschinenfabrik Richard Gäbel), der schließlich in VEB Manag-Werk Dresden umbenannt wurde." [33] Was mag den Autor, Herrn Jörg Behle,

Diplomingenieur für Maschinenbau und Mitarbeiter des WIMAD e. V., 2011 zu einem solchen Passus bewogen haben?
Die Mitarbeiter dieser Mittelstandsbetriebe sollen sich für die Enteignung entschieden haben? Die Betriebe, meistens erst Anfang der 1920er Jahre gegründet, die älteren Arbeiter wie so oft noch auf Du und Du mit dem Chef, manche vielleicht als Lehrling 1920/21 begonnen, andere gerade aus dem Krieg heimgekehrt.
Wir haben es oben schon erwähnt, und in mehreren Schriften ist es ausführlich dargestellt, wie die Stalinisten um Fischer und Selbmann diesen Volksentscheid manipuliert haben und wer zum Nazi- und Kriegsverbrecher willkürlich abgestempelt wurde. Es ist schlicht und einfach Geschichtsfälschung, 2011 einen solchen Passus zu formulieren.

Mit dem Stammbetrieb VEB Verpackungsmaschinenbau (VMB) innerhalb des VE Kombinates Nagema, fußend auf den Mittelständlern wie Loesch, Hänsel, Gäbel und andere entstanden leistungsfähige Einschlagmaschinen für die Süßwarenbranche. Mit 3.500 Mitarbeitern galt der VMB *„als weltweit die erfolgreichste Firma auf dem Gebiet des Süßwaren-Verpackungsmaschinenbaues und konnte etwa zu 70 % den Bedarf in der Welt an diesen Maschinen decken. Es konnten fantastische Verkaufsstückzahlen mit guten Erlösen erreicht werden. Dazu trugen auch die Auslandsmessen wie die ‚Interpack' in Düsseldorf bei. Dort war die Nagema einer der größten Aussteller. Auf der Leipziger Messe nahm die Nagema eine ganze Halle in Anspruch. Mit guten Vertretern in der BRD, in Holland, in den USA und in anderen westlichen Ländern konnte sich Nagema auch gegen anfänglich erhebliche Widerstände durchsetzen."* [32]
Von diesem leistungsfähigen Unternehmen, gut bekannt und vernetzt in der westlichen Marktwirtschaft, hätte man doch 1989/90 einen guten Übergang in den freien Markt erwarten können. Nach Einschätzungen in [32; 33] gab es hochmoderne Fließbandmontagen, einen zentralen Musterbau, auch ein großer Neubau war in Dresden-Reick entstanden. Und der Genosse Dipl.-Ökonom Rolf Grupe, ein wichtiger Mann in den höheren SED-Kreisen Dresdens, war Betriebsdirektor des Stammbetriebes Verpackungsmaschinenbau und zugleich Generaldirektor des VE Kombinates Nagema. Aber eine

Nagema AG entstand nicht. Wie in mehreren anderen Fällen stürzte auch hier der großartig auftretende Betrieb wie ein Kartenhaus zusammen. War die Fließbandmontage der Maschinen doch überzogen, hatte die Qualität darunter gelitten? Eine Pactec GmbH Dresden versuchte, den Nagema-Maschinenbau fortzusetzen. Aber es musste erst die Kölner Firma Theegarten kommen, um ab 1994 unter Theegarten-Pactec GmbH & Co KG einen stetigen Wiederaufbau der großen Dresdner Verpackungsmaschinentradition einzuleiten. Bereits 1997 war der Firmensitz nach Dresden verlegt worden, sicher hatten das fundierte Ingenieurwissen und die Verbindung zur TU Dresden den Umzug befördert. Auch mehrere kleinere Firmen für Verpackungen entstanden nach 1990. Insgesamt aber hatte wie in anderen Zweigen das VEB-System auch dieses große Standbein der Dresdner Industrie abgewirtschaftet. Die hier enteigneten Maschinenbauer und auch Schokoladenfirmen hatten im Westen neu begonnen, die meisten ihren Weg erfolgreich fortgesetzt, die großen Markennamen mitgenommen.

Wenigstens einen im Osten gebauten, heute im Westen besonders hell strahlenden Leuchtturm wollen wir nennen: LoeschPack, die von Mitarbeitern der Firma Loesch, Dresden Zwickauer Straße, in Forchheim (Oberfranken) 1949 gegründete Exilfirma. Seit 1982 gehört LoeschPack zur Piepenbrock Unternehmensgruppe. Inzwischen ist der Betrieb mehrfach erweitert worden und sagt über sich:
„1999 entwickelte das Unternehmen die Hochleistungsfalteinschlagmaschine GW für Kaugummi. Im Zuge der Weiterentwicklung des Maschinenprogramms im Bereich Backwarenverpackung lieferte LoeschPack 2001 die weltweit größte Trayloading-Verpackungsanlage für Cookies und Biscuits mit einer Leistung von etwa 9.000 Artikeln pro Minute. 2003 ergänzte das Unternehmen sein Produktionsprogramm durch eine weitere Falteinschlagmaschine für Schokoladenriegel. Im Leistungsbereich von bis zu 600 Artikeln pro Minute werden Schokoladen in ein oder zwei Hüllstoffe verpackt. Zum gleichen Zeitpunkt wurde die neue Falteinschlagmaschine LHW-1 präsentiert, die dragierte Kaugummikissen in ein oder zwei Hüllstoffe verpackt, im Leistungsbereich von bis zu 400 Stangen pro Minute. Loesch Verpackungstechnik ist ein international operierendes Un-

ternehmen mit einem Exportanteil von etwa 90 %, das durch ein Netz von Tochtergesellschaften und Vertretungen weltweit agiert. Es bestehen neben den Tochtergesellschaften PPT LLC (SC) USA, LoeschPack Russland, LoeschPack Ukraine, Hastamat & LoeschPack Frankreich und HSS Philippinen noch etwa 50 Vertretungen." Wieder ein Plus für Bayern und ein Minus für Sachsen! Ihr hättet eben auch mehr tüfteln sollen und fleißiger sein müssen, haben die Bayern und Württemberger den Sachsen und Thüringern nach 1990 gesagt, weil sie über die mitteldeutschen Verhältnisse vor und nach 1945 nur mangelhaft informiert waren. Zukünftige Generationen werden völlig ohne solche rückbesinnende Informationen aufwachsen. Für sie bleiben die neuen Bundesländer schlechthin das Dunkel-Deutschland mit der Ansicht, etwas Rechtes und Gescheites sei bis auf wenige Ausnahmen von dort nicht gekommen.

Hartwig & Vogel AG Dresden und andere Schokoladenhersteller/Kant-Hartwig & Vogel AG Einbeck

Die Dresdner Schokoladenindustrie haben wir schon beim Begleitbuch „Schokoladenstadt Dresden" [15] erwähnt. Das dort genannte „Abwandern" von den bedeutenden Firmen des Verpackungsmaschinenbaues wird nun auch bei den Schokoladenfirmen aufgelistet. Zunächst wird der Enteignungsprozess sachlich beschrieben, hier zeigt sich wieder, wie Mittelständler willkürlich zu Nazi- und Kriegsverbrechern abgestempelt wurden.

„Die spätere als VEB Tell und schließlich als Werk I bezeichnete Fabrik Hartwig & Vogel wurde zum Stammwerk der künftigen VEB Dresdner Süßwarenfabriken Elbflorenz. Nach und nach wurden alle Dresdner Unternehmen, sofern sie nicht stillgelegt wurden, in anderen Kombinaten aufgingen oder aufgaben, diesem Verbund angeschlossen. Den Anfang machten die in der Nachkriegszeit enteigneten Firmen Hartwig & Vogel (Werk I), Gerling & Rockstroh (Gero) Dresden (Werk II), Schokoladen- und Nährmittelfabrik Dr. med. Sperber Dresden (Werk III) und Kosa-Schokoladenfabrik Rolle Nie-

deroderwitz.

Bild 30: Hartwig & Vogel AG, bis 1945 das größte Dresdner Werk der Schokoladenindustrie und weltweit ein führender Hersteller in dieser Branche.
Im „Westen“ unter Kant-Hartwig & Vogel AG neu entstanden, ist der Tell-Apfel als Markenzeichen geblieben. Das Dresdner Werk war stark bombardiert, danach demontiert und enteignet. Als Werk 1 der VEB Elbflorenz-Süßwarenfabriken musste der abgewirtschaftete Betrieb 1990 abgebrochen werden.
Heute steht das World Trade Center auf diesem Platz.

Es folgten die Fabriken Bruno Clauß und J. G. Kynast, die 1953 enteignet und geschlossen (Clauß) oder eingegliedert (Kynast) wurden. 1972 wurden die Komplementäre Riedel & Engelmann, Schwerter Schokoladenfabrik (Würzburger Straße) und Schokoladen- und Marzipanfabrik Vadossi in Radebeul-Kötzschenbroda (Kötitzer Straße) verstaatlicht und als Werk Schwerter beziehungsweise Vadossi dem VEB Elbflorenz angeschlossen. Die Anton Reiche KG gelangte zum Kombinat Nagema. Nachdem bereits in den 1950er Jahren Richard Selbmann aus dem Handelsregister verschwunden war, folgten in den 1970er Jahren die letzten Betriebe mit staatlicher Beteiligung, darunter die Schokoladen- und Zuckerwarenfabrik Exquisit (Inh. Elsbeth Löser), die Emerka Bonbon- und Schokoladenfabrik Lindenau & Ulbrich in Dresden-Niedersedlitz, die Schokoladenfabrik Wilhelm Schildener in Dresden-Zschieren und das frühere Kakao- und Schokoladen-Werk Wilhelm Jentzsch in der Großenhainer Straße.

Die Flucht und Abwanderung der früheren Inhaber war mit einem Verlust an unternehmerischer Erfahrung verbunden, die kaum auszugleichen war. Petzold & Aulhorn eröffneten in Hamburg ein neues Unternehmen. Die früheren Inhaber der Schokoladenfabrik Falkenpflug aus Döbeln und die aus Dresden übergesiedelte Familie Rüger, die in Heidelberg ein neues Unternehmen eröffnet hatte, errichteten gemeinsam in Karlsruhe eine Produktionsstätte, ehe die Firmen 1967 zu Farüchoc fusionierten. Die früheren Eigentümer der Schokoladenfabrik Kant in Wittenberg an der Elbe taten sich mit denen von Hartwig & Vogel zusammen und gründeten in Einbeck die Kant-Hartwig & Vogel AG. Franz Bernhard Lehmann eröffnete 1947 in Wasseralfingen (heute Aalen) ein Maschinenbauunternehmen, das noch heute im Spektrum des früheren Weltmarktführers J. M. Lehmann tätig ist. Alfred und Anton Reiche mussten 1951 fliehen, als ihnen Buntmetallschmuggel vorgeworfen wurde. In Hamburg bauten sie mit der früheren Vertriebsfirma den Marktführer für Schokoladenformen in der Nachkriegsära auf.

Das DDR-Wirtschaftssystem war nicht geeignet, im internationalen Wettbewerb zu bestehen." [15]

M. Kreutzkamm

Königl. Hoflieferant

Dresden-A.

14 Altmarkt 14

Conditorei und Café

Bestellungs- und Versandhaus ersten Ranges

Reich assortierte Konditoreibüfetts

Vornehm eingerichtetes Café Part. und I. Etage

In- und ausländische illustrierte Zeitungen

ff. Weine ▫ Kalte Küche ▫ Echte Biere

Während des ganzen Jahres

Versand Dresdner Christstollen und Baumkuchen

Fernsprecher 21409 und 21699

Bild 31: Café Kreutzkamm in den 1930er Jahren und Kreutzkamm heute Altmarkt / Wilsdruffer Straße (unten).

Wir wollen Dresden neben den Titeln Foto- und Tabakhauptstadt nicht noch zur Schokoladenhauptstadt erheben, aber bedeutend war ihr Anteil an Deutschlands Kakao- und Schokoladenerzeugung schon. Bereits vor dem Ersten Weltkrieg besaß Dresden 28 derartige Betriebe, und die Hartwig & Vogel AG mit 2.000 Mitarbeitern einschließlich einer weltweiten Reklame durfte sich der bedeutendste Betrieb der Branche nennen. Der große Konkurrent war Stollwerck in Köln, doch im Verband der Schokoladenfabrikanten arbeitete man zusammen, und der Vorsitz wechselte mehrfach zwischen den Vertretern der Dresdner und Kölner Firmen.

Das Café Kreutzkamm hält einen Teil der Dresdner Schokoladentradition aufrecht und geht auf die 1825 gegründete Konditorei in Dresden zurück. Sie entwickelte sich zum „Hoflieferanten“ des sächsischen Königshauses und bot eine Palette exquisiter Backwaren, Pralinen, Lebkuchen, Stollen an, auch als Versandware. Das Café und der gesamte Gebäudekomplex auf der Südseite des Altmarktes neben dem Warenhaus Renner fielen den Luftangriffen im Februar 1945 zum Opfer. In München entstand in den 1950er Jahren das Café neu; nach 1990 kehrten die Kreutzkamm-Nachfahren zurück. Als Backhaus GmbH ist ein Neubau in Nähe des Universitätsklinikums entstanden und das neue Café Kreutzkamm empfiehlt sich in der Altmarktgalerie (Einkaufszentrum) Ecke Wilsdruffer Straße mit vorzüglichen Konditoreiwaren. Der Hinweis „gegründet 1825 in Dresden“ fehlt nicht.

Das Begleitbuch zur Chemnitzer Ausstellung [33] führt mit den circa 100 Herstellern der süßen Branche auch einige große, europaweit bekannte Betriebe auf, besonders aus dem Leipziger Raum. Da sind die Henze Schokoladen- und Zuckerwaren AG in Eilenburg zu nennen sowie die Delitzscher Schokoladenfabrik AG vorm Gebr. Böhme im nördlich von Leipzig gelegenen Delitzsch. Nach 1945 waren diese Betriebe die Basis des VEB Vereinigte Süßwarenwerke Delitzsch/Halle. In der Stadt Halle selbst hat die „Halloren Schokoladenfabrik AG“ eine Erfolgsgeschichte – wie etwa die Rotkäppchen-Sektkellerei in Freyburg/Unstrut – geschrieben. Auf 1804 geht der Ursprung zurück und ab den 1850er Jahren wurden Mignon-Pralinen hergestellt. Das Unternehmen konnte sich zu Recht „Deutschlands älteste Schokoladenfabrik“ nennen. Die spätere Mignon Schokoladenwerke AG musste im Zweiten Weltkrieg Rüstungsgüter fertigen. 1950 enteignet, entstand aus dem Werk und den vorstehend genannten Betrieben das VE Süßwarenkombinat Halle. Der spätere Markenname „Halloren“ geht auf den bedeutenden Industriezweig der Salzverarbeitung in Halle zurück.

Ab 1992 ist durch verschiedene Investoren der Treuhandbetrieb stufenweise aufgebaut worden, hat andere Betriebe aufgekauft (Mozartkugeln) und ist seit 2007 Aktiengesellschaft. Mit weiteren Aufkäufen und Wechseln der Anteilseigner ist der bei erfolgreichen Firmen oft übliche Wirbel im Unternehmen nicht ausgeblieben, aber mit Umsätzen von über 120 Millionen Euro wird die Schokoladengeschichte in Halle sicher erfolgreich weitergeführt.

In der östlich von Leipzig gelegenen, bedeutenden Industriestadt Wurzen fallen dem Bahnreisenden nach dem Bahnhof die wuchtigen Fabrikgebäude der „Wurzener Kunstmühlenwerke und Biscuitfabriken AG, vorm F. Krietsch“, ins Auge. Wer einen so großen Gebäudekomplex errichtete, musste eine sichere Absatzbasis für seine Erzeugnisse haben. Drei große Bereiche gehörten zum Krietsch-Imperium. Die Mühlenwerke für Roggen, Weizen, Grieß, Hülsenfrüchte, die Keks- und Zwiebackwerke und die Nudelfabrik. Ein großer Brocken für die Stalinisten, die daraus den „VEB Nahrungsmittelkombinat Albert Kuntz“ machten. Auch hier konnten die führenden Leiter dieses „volkseigenen“ Großbetriebes 1990 das Werk nicht in die Marktwirtschaft führen, etwa als MBO. So ging das über 100 Jahre alte Industriesymbol Wurzens in fremde Hände. Den Keks- und Gebäckbereich übernahm die Griesson-de Beukelaer-Gruppe, den Nährmittelbereich die Getreide AG Rendsburg. Als Wurzener Nahrungsmittel GmbH lieferte letztere Reis, Grieß, Graupen und anderes in die Kaufhallen.

Für Leipzig selbst listet die genannte Ausstellung [33] von den circa 100 sächsischen Herstellern 18 Betriebe auf, darunter die bereits 1821 gegründete Firma von Wilhelm Felsche. Nach der Enteignung 1952 als VEB Süßwarenfabrik Felsche fortgeführt, wurde nach Löschung des Namens Felsche aus dem Betrieb der VEB Goldeck Schokoladenfabrik. Nach 1990 entstand aus dem Felsche-Anwesen ein Wohnpark. Auch die Firma Riquet & Co. überlebte wie die vielen anderen weder Sozialismus noch Marktwirtschaft, und so dürfte das heutige Café Riquet im Zentrum Leipzigs der Rest von Leipzigs Schokoladenbranche sein.

Je mehr man diesen großen Bereich der Nahrungs- und Genussmittelwirtschaft und angeschlossen zum Beispiel die Verpackungsmittel überblickt, umso stärker empfindet man Abscheu vor dem rücksichtslosen Handeln der Stalinisten in den Nachkriegsjahren.
Auch der größere Bäckereibetrieb und der Suppenwürfelhersteller wurden zum Kriegsverbrecher erklärt. Die Bescheide hatten einen fast gleichen Aufbau:

Landesverwaltung Sachsen
- Wirtschaft und Arbeit -

Datum

Firma XYZ
(Anschrift)
Das sächsische Volk hat durch Volksentscheid am 30. Juni 1946 entschieden, dass die Betriebe von aktiven Nazis und Kriegsverbrechern enteignet werden.
Unter diese Enteignung fällt auch Ihr Betrieb:
Firma XYZ
Ab 1. Juli 1946 wird vorstehender Betrieb in die Verwaltung des Bundeslandes Sachsen überführt.
Vom gleichen Zeitpunkt an übernimmt die Geschäfte ein von der Landesverwaltung Sachsen bestellter Bevollmächtigter.
Selbmann *Landesverwaltung Sachsen*
Vizepräsident *K. Fischer*

In manchen dieser Bescheide fehlt das Signum K. Fischer.
Selbmann (1899-1975) und Fischer (1900-1950) haben den von ihnen maßgeblich inszenierten Wirtschaftsterror nicht sehr lange über-

lebt, zumindest Fischer nicht. Aber diese Bescheide sind gleichsam die Todesurteile für den Marxismus-Leninismus in Deutschland gewesen, eine langsam wirkende, erst nach 40 Jahren zum Tode führende „Giftspritze".

In diesem Zusammenhang ist ein Blick auf die anderen Länder der sowjetisch besetzten Zone interessant. In keinem dieser Länder fand ein „Volksentscheid" wie in Sachsen statt. Im benachbarten Thüringen, ähnlich wie Sachsen mit einer kleinteiligen Wirtschaftsstruktur, den unendlich vielen Glasbläsern, Spielzeugwerkstätten, Werkzeug- und Büchsenmachern (Waffen), fiel die Wirtschaft deshalb nicht weniger einer Vernichtung der privatwirtschaftlichen Existenzen anheim. Eine Zusammenfassung von Armin Owzar [34] zeigt dies an vielen Beispielen. So schlug die Thüringer KPD-Leitung in einem Schreiben vom 18. November 1945 vor, *„in größerem Rahmen müsse dann ‚im gleichen Sinne die gesamte Wirtschaft der sowjetisch besetzten Zone, Deutschlands erfasst werden, um die Aufnahme Deutschlands in den Verband der sozialistischen Sowjetrepubliken nach dem Beispiel Estlands, Lettlands usw. vorzubereiten'. Ein solcher Plan schoss über die in Moskau und Berlin entwickelten Konzepte weit hinaus, nicht zuletzt wegen der hier anvisierten Auflösung der deutschen (Teil-)Nation."*

Die Aufnahme Deutschlands in den Verband der Sowjetrepubliken, ein russisches Reich bis an die französische Grenze – den Hessen, Bayern und Schwaben müsste ob solcher Vorstellungen heute noch ein Schauer über den Rücken laufen. Natürlich wollten die Stalinisten in Moskau und Berlin behutsam und stufenweise vorgehen, aber das Endziel eines Sowjetdeutschlands war schon der große Plan, von vielen Kommunisten auch in Westdeutschland befürwortet.

Das Wirken dieses Kurt Fischer in Sachsen haben wir schon kurz erwähnt, das Buch von Schmeitzner/Richter [10] gibt umfassend Auskunft. In Dresden war es nach 1990 im Zuge der Straßenumbenennungen eine der ersten Maßnahmen, den Namen Fischer zu tilgen. Aus dem Dr.-Kurt-Fischer-Platz und der Dr.-Kurt-Fischer-Allee, der Grenzlinie zur Albertstadt/Kasernenstadt, wurden der Olbrichtplatz und die Stauffenbergallee.

Seidel & Naumann AG/Clemens Müller AG/VEB Schreibmaschinenwerk/Robotron Erika GmbH Dresden

Wenn wir uns nun einem weiteren Zweig der feinmechanischen Industrie Dresdens zuwenden, den Näh- und Schreibmaschinen, so müssen wir auch hier feststellen, dass diese Betriebe – wie fast alle unter kommunistisch-volkseigener Regie – den Eintritt in den freien Markt nicht überlebt haben. Dies nicht, weil der „Westen" auch diese Betriebe „platt machte", sondern weil die 40 Jahre lange Abschottung zu einer Art „Inzucht" in der volkseigenen Wirtschaft geführt hat. Im Ergebnis konnte die „Königin unter den Kleinschreibmaschinen, die Erika" für nur 80 DM auf den westlichen Märkten verkauft werden, die Herstellungskosten lagen beim Dreifachen dieses Verkaufspreises. Wie konnte es so weit kommen?

Doch mit den Nähmaschinen hatte alles begonnen. Von Vorläufern abgesehen, ist es der Amerikaner Merritt Singer (1811-1875) gewesen, der die beste Maschine entwickelte und die Singer Manufacturing Company, New York, produzierte in den 1880er Jahren schon jährlich 20.000 Maschinen. Singer expandierte rasch in die europäischen Länder, 1903 nach Wittenberge. Der Dresdner Clemens Müller (1828-1902) hatte in den 1850er Jahren bei Singer in New York gearbeitet und gründete, in Dresden zurück, 1855 die erste deutsche Fabrik für Nähmaschinen. Die Firma Clemens Müller wuchs rasch, 20 Jahre nach der Gründung waren 100.000 Maschinen ausgeliefert. 1894 konnte auf „bisherige Produktion 700.000 Stück" verwiesen werden.

Der zweite große deutsche Hersteller, Adam Opel in Rüsselsheim, begann erst 1862 mit Nähmaschinen, produzierte circa 20.000 Stück pro Jahr und gab 1911 die Nähmaschinen zugunsten der Fahrräder und Autos auf. Clemens Müller war damit der Begründer der deutschen Nähmaschinenindustrie und seine Firma in den 1880/90er Jahren Europas größter Hersteller mit einer Jahresleistung von ca. 80.000 Maschinen (Marken Original Saxonia, Stella und andere). Wie Müller die Patente der Singer Company umgehen konnte, wäre nur von ausgewiesenen Experten zu klären.

Bild 32: Bis in die 1940er Jahre blieb diese AG eines der besten deutschen Werke der feinmechanischen Industrie – die Schöpfung des genialen Bruno Naumann. Nach 40 Jahren DDR-Wirtschaft alle Spitzenpositionen verloren, „wüst gefallen", 1992 erloschen.

Auch die Singer'sche Konstruktion fußte auf der Entwicklung des Amerikaners Elias Howe, der von Singer erhebliche Lizenzgebühren beziehen konnte. Clemens Müller hatte sich davon befreit und lieferte seine Nähmaschinen über Europa hinaus auch nach Amerika.

1909 wurde die Produktion von Schreibmaschinen aufgenommen, und auch hier konnten die Maschinen unter den Markennamen Urania, Perkeo und andere europaweit vertrieben werden. 1918 zur Clemens Müller AG umgewandelt, gehörte die Firma bis 1945 zu den in Sachsen üblichen, auch als Aktiengesellschaft nur mittelgroßen Betrieben mit 1.000 bis 2.000 Mitarbeitern – ein wirtschaftlich gesundes Unternehmen, das jedem Vergleich im europäischen oder weltweiten Maßstab standhielt. Im Zweiten Weltkrieg mussten über 50 Prozent der Produktionskapazität für Rüstungsgüter bereitgestellt werden.

Ein auf gleicher Augenhöhe agierender, in der öffentlichen Wahrnehmung noch stärkerer Mitbewerber war die Seidel & Naumann AG. Der gebürtige Dresdner Bruno Naumann entstammte wie die unzähligen Gründer in aller Welt einfachen Verhältnissen und begann 1868 mit einer bescheidenen feinmechanischen Werkstatt. Die Nähmaschinen lagen im Trend der Zeit, und wahrscheinlich spornten die frühen Erfolge von C. Müller auch Naumann an, sich ebenfalls mit Nähmaschinen zu befassen. Ein Risiko zu einer Zeit, da C. Müller schon ein bekannter Hersteller war. Doch Naumann begann sehr selbstbewusst zunächst eine andere amerikanische Maschine zu modifizieren und hatte erste Erfolge. Nur zwei Jahre nach dem Start wurde mit dem Teilhaber Emil Seidel die Seidel & Naumann OHG gegründet und eine Lizenz der Singer Company erworben. Um 1880 hatte „S & N“ die Produktionshöhe von C. Müller erreicht. Jährlich stiegen die Stückzahlen in beiden Firmen, der Wettbewerb lief hart, aber relativ fair ab. Naumann führte rasch amerikanische Verfahren der Massenfertigung von Nähmaschinenteilen ein, die Firma entwickelte eigene Fräsmaschinen, Lehren, Kontrollsysteme. Bereits 1886 entstand die „AG vorm. Seidel & Naumann“, der frühere Teilhaber Seidel war bereits 1876 mit dem Zehnfachen seiner Einlage von 15.000 Mark ausgeschieden. Wohl keine deutsche Firma wuchs so rasant wie S & N, der Hauptaktionär Naumann lebte seinen Gründerrausch voll aus. 1884 wurde die mächtige neue Fabrikanlage auf der Hamburger Straße bezogen, die Zahl der Mitarbeiter hatte 2.000 überschritten. Zum 25-jährigen Betriebsjubiläum 1893 war mit insgesamt 750.000 Nähmaschinen die Firma Clemens Müller bereits überholt.

Naumann regte laufend neue Produkte an. Motorräder (Naumanns Germania Motor-Zweirad) nach Lizenz von Laurin & Klement (heute Skoda), Musikautomaten, Geschwindigkeitsmesser für Automobile und Lokomotiven, Fahrräder und Schreibmaschinen wurden erprobt, als Versuchsmuster angeboten und beworben. Nicht aus allen Versuchen konnten erfolgreiche Produkte entwickelt werden, aber aus den zwei Letztgenannten umso mehr: Fahrräder und Schreibmaschinen. Bereits 1887 tauchten die ersten „Germania"-Fahrräder auf Dresdens Straßen auf, und 1894 wurden bereits 12.000 Fahrräder in den Handel gebracht, zehn Jahre später 30.000. In den Jahren um die Jahrhundertwende war das Fahrrad zum Massenartikel geworden, zahlreiche Billigmarken wurden angeboten. Naumann regte deshalb die Gründung des Vereins deutscher Fahrradfabrikanten an, dem er als Vorsitzender vorstand. Mitglieder des Vereins waren die Hersteller der guten Markenräder, unter anderem G. Winklhofer von den Wanderer-Werken Chemnitz.

Wie die Fahrräder als zweite, wurden die Schreibmaschinen zur dritten Säule von S & N. Der umtriebige Naumann sah die Schreibmaschine auch als zukünftiges Massenprodukt an und scheute sich nicht, wieder mit einer Lizenzproduktion zu beginnen. Wie bei den Nähmaschinen stand eine amerikanische Maschine am Anfang, die ersten Maschinen mit dem Markennamen Naumanns „Ideal A" wurden im Jahr 1900 angeboten. Der Firmenchef war „stückzahlbesessen" – wie Henry Ford in USA –, und rasant stiegen die Mengen: 1903 mit dem Modell A auf 10.000, 1906 auf 30.000, 1912 auf 100.000, wobei die verbesserten Modelle die Bezeichnungen „Ideal B, C, D" erhielten. Diese Besessenheit hatte er auch auf seine Führungsriege übertragen, denn 1903 war er unerwartet verstorben.

In den 1920/30er Jahren wurden, dem Trend anderer Firmen folgend, rechnende Schreibmaschinen und Buchungsmaschinen produziert. Mit der 1912 entwickelten Kleinschreibmaschine „Erika" hatte S & N einen besonderen „Schlager" herausgebracht. Anfangs wieder mit amerikanischer Lizenz, folgten der „Erika 1" weitere Modelle bis zur „Erika 5", wobei durch mehrere Patente des Konstrukteurs Paul Käppler die ursprüngliche Lizenzkonstruktion weit übertroffen werden konnte. Die „Erika" wurde die führende Kleinschreibmaschine, weitere Modelle mit verbesserten Eigenschaften kamen hinzu. Wie alle anderen S & N-Erzeugnisse wurde auch die „Erika“ umfangreich beworben, hier mit dem Slogan „Hinweg mit Tint’ und Feder – mit Erika schreibt jeder!“.

Am Ende der 1930er Jahre hatte sich die Dresdner AG, vormals Seidel & Naumann, als eines der führenden deutschen Werke der feinmechanischen Industrie etabliert. Mit Millionen Stückzahlen von Nähmaschinen, Schreib-, Rechen- und Buchungsmaschinen war S & N ein Begriff für deutsche Wertarbeit und Arbeitgeber für über 4.000 Beschäftigte geworden. Mit den wirtschaftlichen Erfolgen trat Naumann in die großbürgerliche Elite Dresdens ein. Zum Titel Geheimer Kommerzienrat kam der Kauf der Villa Stockhausen 1891 (das Mittlere der Elbschlösser) und zwei Jahre später der Erwerb der Standesherrschaft Königsbrück (nördlich von Dresden). Sein besonderes Interesse galt dem Pferdesport. Er unterhielt Rennställe in Dresden und Berlin, seine Pferde gewannen mehrfach hohe Auszeichnungen. Er war Logenmitglied, interessierte sich für Musik und alte Sprachen. Seine erste Frau war bereits 1880 verstorben, mit seiner zweiten Frau verlegte er seinen Wohnsitz nach Berlin. Die Wochentage gehörten dem Werksalltag, wo er die maßgeblichen Entscheidungen allein traf und stets voller neuer Ideen auf deren rasche Umsetzung gedrängt haben soll. Als ob er geahnt hätte, dass ihm nur eine Lebenszeit von 59 Jahren blieb. Seine Enkelin Erika (1907-2000) hat er nicht mehr erlebt. Die Firma stellte 1910 Antrag auf den Markenschutz für die „Erika“-Schreibmaschine.

Eine Episode ist die Verbindung von Naumann zum Odolkönig Lingner. Dieser trat nach seinem gescheiterten Studienaufenthalt (Musik) in Paris als mittelloser junger Mann 1885 bei S & N als Werbefachmann ein, wo seine modernen Werbetexte aber keinen großen Anklang fanden. 1888 gab Lingner diese Stelle wieder auf und gründete seine erste Firma Lingner & Kraft. 18 Jahre später, 1906, war Lingner durch das Odol vermutlich ebenso vermögend wie Naumann. Von dessen Sohn, nun der erbliche Standesherr Doktor Walther Naumann zu Königsbrück, kaufte Lingner dieses „Villa Stockhausen“ genannte Schloss, was seitdem als Lingnerschloss bekannt ist. Einen guten, gestrafften Überblick über Naumanns Werk gibt die Schrift „Die Seidel & Naumann Story“. [35]

Dresden – die Foto-, Tabak- und Schokoladenhauptstadt und nun vielleicht noch die Näh- und Schreibmaschinenhauptstadt? Schreibmaschinen nicht, aber in keiner anderen Stadt dürften so viele Nähmaschinen gefertigt worden sein. In den Hauptjahren des Nähmaschinenbooms, zwischen 1880 und 1940, gehörte bei Millionen deutscher Frauen die Nähmaschine zum ordentlichen Hausstand. Wenn bei Clemens Müller rund 100.000 Maschinen und bei Seidel & Naumann etwa 150.000 Maschinen pro Jahr hergestellt wurden, sind das 250.000 Maschinen pro Jahr und bei 300 Arbeitstagen über 800 Nähmaschinen an einem Tag.

S & N war natürlich auch in die Rüstungsproduktion im Zweiten Weltkrieg eingebunden. Der „Reichsminister für Bewaffnung und Munition" Albert Speer griff mehrfach in das Rüstungsprogramm Dresdens ein, legte fest, wer was zu produzieren hatte.

1945 trat die große Zäsur auch in den Werken Müller und S & N ein. Das große Werk der Clemens Müller AG auf der Großenhainer Straße (in Nähe des Bahnhofes Dresden-Neustadt) hatte starke Bombenschäden erlitten und auch der riesige Gebäudekomplex von S & N auf der Hamburger Straße (in Nähe der Flügelwegbrücke) war stark betroffen. Hier hatte es bereits bei einem Luftangriff am 7. Oktober 1944 59 Tote gegeben, darunter sechs Belgier und zwei Franzosen, also im Werk beschäftigte Kriegsgefangene. Eine Gedenktafel am Gebäude Hamburger Straße 15 erinnert an diesen Angriff, von dem „unser Werk" betroffen wurde. Sie ist also noch von der Aktiengesellschaft S & N verfasst und angebracht worden.

Nach Einrücken der Sowjetarmee setzten die Demontagen ein. Das Heft Nr. 28 der „Dresdner Hefte" mit dem Titel „Steiler Aufstieg – freier Fall (Dresdens Industriegeschichte nach 1945)" [36] zitiert Victor Klemperer, der in seinen „Tagebüchern" die Situation in Dresden im Juni 1945, also vier Wochen nach Kriegsende, beschreibt:

„Sie [die Sowjets] schlachten rücksichtslos das letzte Vieh der Bauern, unser deutscher Viehbestand wurde ausgerottet. Ebenso unbarmherzig und nur auf ihren eigenen Wiederaufbau bedacht, sollen – das hörte ich von verschiedenen Seiten gleichartig – die Russen auch auf anderen Gebieten vorgehen: sie verpflanzen ganze Fabri-

ken mit allen Maschinen nach Russland, sie reißen auf wichtigsten Bahnstrecken die Schienen heraus, die ebenfalls nach Russland wandern. Sie sind die erbarmungslosen Sieger.“
Und an anderer Stelle: *„Die Russen als Sieger, die Unsicherheit der Zustände: sie verkleinern [das Kraftwerk] Hirschfelde, es fehlt Stunden über Stunden an Strom, sie bauen das Sachsenwerk aus, Koch & Sterzel usw. usw. Fabrik auf Fabrik wandert nach Polen und Russland. Auch die Linkesten beginnen ängstlich zu werden.“*

Beide Betriebe standen 1945 vor dem Aus. Verschleiß durch die Rüstungsproduktion, Bombenschäden, Demontagen und nun die Enteignung dieser geplünderten Betriebsstätten. Die Eigentümer versuchten natürlich, Ordnung zu schaffen, Ersatzproduktion einzuleiten, schon wieder – bei S & N – Nähmaschinen mit vorher ausgelagerten Teilen zu produzieren. Doch diese beiden großen Brocken der Dresdner Industrie ließen sich die Stalinisten nicht entgehen, im Zeitraum 1946-1951 entstand der VEB Mechanik Schreibmaschinenwerke Dresden als Zusammenschluss der beiden Aktiengesellschaften. Und so ging es weiter. Die Nähmaschinen „Naumann“ blieben die erfolgreichen Produkte mit Export auch in die BRD. Doch 1960/61 erfolgte die erste Bereinigung, die Nähmaschinen wurden nur noch im VEB Nähmaschinenwerke Wittenberge (vormals Singer) produziert, zunächst auch als „Naumann“ im Handel angeboten. Zugleich wurde das Clemens-Müller-Werk als VEB Reglerwerk ausgegliedert. Hier war nur die lange Werksfront entlang der Großenhainer Straße instand gesetzt und eine neue Produktion von Messumformern, Stellungsreglern und das pneumatische Steuerungssystem DRELOPA (Dresdner Logik Bausteine) begonnen worden. Dieses auf Druckluft basierende Regelsystem ermöglichte Schaltzeiten im Millisekundenbereich bei einer Schaltfrequenz bis 250 Hz. Es ersetzte die bekannten Relaissteuerungen und wurde mit gutem Erfolg in westliche Länder, besonders aber in die RGW-Länder (Ostblock) exportiert.

Die Neugründung des VEB Reglerwerk und die Ausgliederung der Nähmaschinen waren durchaus richtige Schritte, auch die Angliederung weiterer Betriebsteile. Doch dann ab 1970 begann das DDRtypische Ringelspiel der Zuordnung mit viel Verlust der betrieblichen Kompetenzen, Bürokratie statt Forschungs-/Entwicklungsarbeit, Verlust der Exportleistung:

1970 VE Kombinat Mess- und Regelungstechnik Dessau
1979 Elektroapparatewerke Berlin
1984 VEB EAW Elektronik Dresden

Hier hatte man bereits den Anschluss an die Mikroelektronik mit speicherbaren Steuerungen verloren, 1990 brach der Absatz zusammen, und 1991 erfolgte die Liquidation.

Danach wurde die Gebäudefront entlang der Großenhainer Straße abgerissen, auf der großen Brachfläche hat sich zuerst das Porsche-Autohaus angesiedelt. Aber inzwischen ist es stillgelegt und auf der restlichen Fläche ein NEO Neustadt Projekt entstanden.

Der Industriepionier Clemens Müller war der SED-geführten Stadt Dresden natürlich höchstens als Kapitalist und Ausbeuter der Erwähnung wert. Nach der Zeitenwende wurden 1997 eine Werkstraße im Industriegelände (Königsbrücker Straße) in Clemens-Müller-Straße umbenannt und das repräsentative Grabmal auf dem Alten Annenfriedhof (an der Chemnitzer Straße) sehr gut renoviert.

Bei S & N fertigte man, noch als Aktiengesellschaft und trotz der Demontagen, 1945 bereits wieder circa 5.000 Schreibmaschinen, 800 Facharbeiter waren beschäftigt. Ein Vorgeschmack darauf, wie eine fortlebende Aktiengesellschaft S & N das Werk wieder aufgebaut hätte. Nach der Enteignung 1946 hieß der Betrieb „VEB Mechanik, vorm. Seidel & Naumann". 1955 erschien die letzte Neuentwicklung bei Naumann, circa 36.000 Maschinen verließen das Werk, das ab 1958 „VEB Schreib- und Nähmaschinenwerke Dresden" hieß. Und weiter ging die Zuordnung – bis zum Ende:

1960 VEB Schreibmaschinenwerk Dresden
1969 VE Kombinat Zentronik
1978 VEB Robotron-Schreibmaschinenwerk
1984 VE Kombinat Robotron
1990 robotron Erika GmbH
1992 Liquidation

1960 lief auch die Produktion der klassischen Naumann-Ideal-

Schreibmaschine aus. Damit war auch der Markenname „Naumann-Ideal“, seit 1900 ein Qualitätsbegriff für Millionen Schreibmaschinen, erloschen. Nun stand nur noch die „Erika“ im Mittelpunkt des ab 1978 Robotron-Schreibmaschinenwerk genannten Betriebes. Mit Robotron, diesem DDR-weiten Großbetrieb der Rechen- und Computertechnik, zog ein ungeheurer Verwaltungs- und Bürokratieaufwand in das Werk ein. Die „Erika“ blieb das letzte Zugpferd der Dresdner Schreibmaschinentradition, die Modellreihen gingen von E 5, E 8 der 1940er Jahre bis zu E 170/173 in den Jahren 1988/89. Aber trotz Fließband- und später Nestfertigung wurde der Abstand zum westlichen Markt immer größer. Auch die Einführung elektronischer Komponenten und Entwicklung von Plottern brachten keine durchschlagenden Erfolge. So blieb es bei Lieferungen der „Erika“ in zahlreichen Ausführungen, wie Breitwagen mit arabischen und hebräischen Buchstaben, Dokumentenmaschinen, vorwiegend an die westdeutschen Handelshäuser: An Quelle als „Privileg“ und „Irene“, an Herti als „Präsident“, an Karstadt als „Ursula“. Das einst stolze, weltbekannte Naumannwerk war auf die Stufe der ostasiatischen Konkurrenz mit Billigstpreisen zurückgefallen. Die Großkunden bestimmten den Preis, und so entstanden die schon genannten circa 80 DM. Abgewirtschaftet, ob Schreib- oder Nähmaschinen, 40 Jahre vorher noch ein Begriff für deutsche Qualitätsarbeit.

Das Heft „Die Seidel & Naumann Story“ [35] zeigt unter anderem den Brief eines Bremer Nähmaschinenhauses von 1949 an die Firma „Mechanik, vorm. Seidel & Naumann“:

„Ich darf Ihnen weiter mitteilen, dass mein neu errichtetes Bürohaus im Zentrum am 1. 7. 1949 bezogen wird und auch für Sie ein repräsentatives Ausstellungslokal wäre. Also wie gesagt, ich würde mich freuen, den ersten Laster wieder holen zu können.“

Ein Fachhändler bot Ausstellungsflächen an. Es war die Zeit des Interzonenhandels, die junge DDR erzielte gute Erlöse mit den im Westen noch gut bekannten Marken, wie Naumann, Zeiss Ikon, Glashütte und andere. Doch das ging nicht lange so weiter, im Westen dominierten bald die eigenen Unternehmen einschließlich der Exilfirmen, die die vertriebenen Eigentümer nach und nach zu Tausenden gründeten. Und im Osten war der stalinistische Überlegenheitstaumel noch in voller Blüte. Bald würde auch am Bremer Nähmaschinenhaus „VEB Volkseigene Handelsorganisation“ stehen.

Nach der Liquidation erwarb ein bayerischer Investor das große S & N-Areal, führte eine nur mäßige Instandsetzung durch und vermietete den überwiegenden Teil der Räume an die Stadt Dresden. Diese richtete darin ihr „Technisches Rathaus“ ein, wobei die Miethöhe und auch Altlasten aus der Schreibmaschinenära (Galvanikreststoffe) immer wieder zu öffentlichen Diskussionen führten. Schließlich ging das Technische Rathaus in andere Gebäude, unter anderem das World Trade Center. 2015 bot sich für die Stadt das S & N-Areal als Flüchtlingsunterkunft an, und nun ist die lange Gebäudefront mit einem stabilen Stahlgitterzaun abgesichert, der oben nach außen abgewinkelt ist. Der Eingang wird von einem privaten Sicherheitsdienst bewacht.

Die genannte Nr. 128 der Dresdner Hefte [36] nennt unter anderem über 100 zentral geleitete Kombinate, und zu Robotron sagt der Autor G. Barkleit:

„Robotron stehe für die Unmöglichkeit, auf dem Gebiet neuer Industrien jemals wettbewerbsfähig zu werden.“

Trotzdem wird in den Vorbemerkungen des Heftes die These von einer 70-jährigen Erfolgsgeschichte der Dresdner Industrie, also 1945-2015, in den Raum gestellt und zur Diskussion darüber aufgerufen. Nach Darlegung der tatsächlichen Verhältnisse kann es nur eine Schlussfolgerung geben: Es war insgesamt keine Erfolgsgeschichte. Die kommunistisch-staatlich geführten Betriebe sind bei den ersten Berührungen mit der freien Marktwirtschaft zusammengebrochen. Unzureichende Produktivität, Verwahrlosung der Anlagen und eine beispiellose Umweltzerstörung waren bis auf wenige Ausnahmen die Kennzeichen dieser „volkseigenen“ Betriebe. Nach der politischen Wende gibt es für das gesamte DDR-Gebiet vielleicht 200 Unternehmen, die durch MBO und eigene Kraft den Eintritt in die Marktwirtschaft geschafft haben. Im Dresdner Raum können wir sie an zwei Händen abzählen, wie die SBS-Unternehmensgruppe, Mikromat, Heidenauer Maschinenfabrik und andere. Für die Mehrzahl der Betriebe aber mussten westdeutsche oder ausländische Investoren, Unternehmer oder Altunternehmer, gründen oder anstoßen, wobei vielen Investoren erst nach und nach das Licht aufging: Das war ein alter, weltbekannter Traditionsbetrieb, das haben wir nicht gewusst; die Anlagen sind im Zustand schlecht, aber groß und ausbaufähig, die Facharbeiter und Ingenieure sehr gut und leistungswillig.

Erst auf diesem Weg sind nach 1990 einige Erfolgsgeschichten geschrieben worden. Die Mikrochipbranche ist ebenso eine späte Erfolgsgeschichte trotz allem Auf und Ab der letzten Jahre. Der schon erwähnte Professor Hartmann schuf die Basis in den 1960er Jahren, daraus entstand das „Zentrum Mikroelektronik Dresden“ (ZMD). Die hier tätigen Fachspezialisten bewogen die Amerikaner und Siemens, sich zu engagieren und – mit erheblicher Hilfe des Staates – die großen Chipfabriken im Norden Dresdens aufzubauen. Einen gestrafften Überblick über dieses „Silicon Saxony“ gibt der Wirtschaftsjournalist Georg Moeritz in [36].

Die heutige Fritz-Löffler-Straße beginnt am Hauptbahnhof und ist ein Teil der Nord-Süd-Achse durch die Stadt. Im weiteren Verlauf tangiert sie das weiträumige TU-Gelände und bildet die B 170 in Richtung Altenberg und die E 55 in Richtung Tschechische Republik. An der Kreuzung Reichenbachstraße stehen links die Russisch-orthodoxe Kirche und die frühere Russische Botschaft, heute Sitz des Landeskirchenamtes und des Landesbischofs. Rechts, hinter dem Hauptbahnhof beginnend, lag das „Schweizer Viertel“ mit Villen und großen repräsentativen Anlagen. Davon ist nur ein Rest übrig geblieben, zusammen mit dem stark bombardierten Hauptbahnhof war auch diese Gegend stark getroffen. Das ganze Gebiet dieser „Südvorstadt“ erstreckt sich bis Dresden-Plauen. Uns interessiert das wenige Kilometer vom Hauptbahnhof entfernte Areal der Chemnitzer und Zwickauer Straße. Beide Straßen verlaufen nahezu parallel vom Stadtinneren nach Dresden-Plauen. Die Zwickauer Straße liegt tiefer auf dem Eisenbahnniveau der schon genannten Sachsenmagistrale.
Die möglichen Gleisanschlüsse begünstigten die Industrieansiedlungen, und so war das Gebiet Zwickauer/Chemnitzer Straße einschließlich der abschüssigen Querstraßen, wie Hahneberg-straße, Glauchauer Straße und andere, ein stadtnaher Industriebezirk, gemischt mit Wohnhausfronten im Plauener Bereich. Als wichtigster

Betrieb galt die schon genannte „Universelle“, und sie war den Alliierten als großer Rüstungsbetrieb durchaus bekannt. Das ganze Gebiet einschließlich der Gleisanlagen fiel 1945 dem Bombardement anheim, große Teile der Straßenzüge bestanden aus einer Lückenreihe von Ruinen und noch bestehenden, zum Teil ausgebrannten Fabriken und Wohnhäusern.

Koch & Sterzel AG/Siemens GmbH/Highvolt GmbH Prüftechnik GmbH Dresden

Die Ingenieure Franz J. Koch (1872-1941) und Kurt A. Sterzel (1876 -1960), beide aus Chemnitz gebürtig, gründeten 1904 in der Zwickauer Straße 42 die Firma „Koch & Sterzel“ für den Bau von Röntgengeräten, Gleichrichtern, Transformatoren und andere elektrische Apparate. Die Weltsensation der Röntgenstrahlen, diese zufällige Entdeckung von Wilhelm C. Röntgen 1895, war also keine zehn Jahre alt, als die beiden jungen Unternehmer sich dieser neuen Technik zuwandten. Sie brachten eigene Patente ein, erhielten mäßige Kredite eines kleinen Dresdner Bankhauses und wuchsen als Pioniere rasch in den Markt der Röntgengeräte hinein. Nur sieben Jahre nach der Gründung boten „Koch & Sterzel“ an [37]:

- Röntgeneinrichtungen für Diagnostik und Therapie sowohl mit Funkeninduktor und Primär-Unterbrecher als auch mit Hochspannungstransformator und mechanischem Hochspannungsgleichrichter (Transverter-Röntgeneinrichtungen)
- Spezialröntgeneinrichtungen für Zahnärzte und Dermatologen
- Gleichrichter- und Umformersysteme mit Schalt- und Reguliereinrichtungen
- Dunkelkammer- und Strahlenschutzzubehör
- Apparate zur Behandlung mit Hochfrequenzströmen

Die Firma wurde ein bedeutender Hersteller von Röntgenapparaten auf dem europäischen Markt mit vielen Vertretungen und Verkaufsstellen. 30 Typen von Röntgengeräten und eine Vielzahl von elektromedizinischen Apparaten (Kurzwelle, Reizstrom) belegten die Bandbreite der K & S-Erzeugnisse.

Das weite Geschäftsfeld der Transformatoren einschließlich der

Messtechnik wuchs ebenso rasch. Das stark industrialisierte Sachsen expandierte auch auf dem Energiemarkt. In den Boomjahren nach 1900 arbeiteten bereits über 100 der neuen „Elektrizitätswerke" für die Versorgung der Industrie und der Stadtbevölkerung; eine Pionierleistung war die erste europäische 100 kV-Freileitung zwischen den Stahlwerken Gröditz und Lauchhammer. „Koch & Sterzel" spielte auch hier an vorderster Front mit. Starkstrom-Öltransformatoren, Geräte zur stufenlosen Spannungsregelung, große Prüftransformatoren wurden auf der Basis von über 150 Patenten und Gebrauchsmusteranmeldungen entwickelt und auf den Markt gebracht. Damit konnte man auch gegenüber den Riesen der Elektrobranche, wie AEG und Siemens, bestehen, wobei *„Patentauseinandersetzungen mit Großfirmen der Elektrobranche an der Tagesordnung waren"*. [37]

1920 gründeten beide Unternehmerfamilien die Koch & Sterzel AG, im gleichen Zeitraum wurde der neue Standort in Dresden-Übigau stufenweise bezogen, hier wurde das große Transformatorenwerk errichtet. Neue Produkte wie große Schubtransformatoren konnten über Europa hinaus nach Russland und die USA geliefert werden. Für das Werk in Übigau standen laufend Erweiterungen an, Stoßspannungs-Prüfanlagen, Strom- und Spannungswandler ergänzten das Produktionsprogramm.

Die Nachfrage nach dem „Koch & Sterzel-Querloch-Stromwandler" konnte nur durch eine Lizenzvergabe an AEG, Siemens und andere Firmen gelöst werden.

1945 begann der wilde Raubbau der Siegermacht, wie in den vielen anderen Fällen hektisch und planlos. Röntgengeräte und Trafoanlagen gehörten getrennten russischen Verwaltungen an. Von über 90 Prozent der demontierten Anlagen, auf dem Bahnhof Radebeul-Ost zum Abtransport bereitstehend, mussten große Teile zurückgeholt werden, weil die Sowjets sofort Röntgengeräte in beträchtlicher Stückzahl haben wollten. So kam das Röntgenwerk, nicht mehr am ursprünglichen Standort Zwickauer Straße, sondern in Übigau, bald wieder in Gang.

Röntgeneinrichtungen, elektromedizin. Apparate,
Leistungs- und Regel-Transformatoren,
Strom- und Spannungswandler,
Prüfanlagen, Eicheinrichtungen

Bild 33: K & S, ein Pionierunternehmen der Elektro- und Medizintechnik, ging nach sehr erfolgreichen 40 Jahren (1904 – 1945) unter Führung der Eigentümer und fast 50 Jahren VEB-Wirtschaft (1946 – 1991) zugrunde. Seitdem ein Siemensbetrieb.

Unabhängig davon lief der Enteignungsprozess ab, die Eigentümer Koch und Sterzel wurden als Kriegsverbrecher gebrandmarkt, das Betriebsvermögen eingezogen. Franz J. Koch war bereits 1941 verstorben, die Vernichtung seines Lebenswerkes musste er nicht mehr erleben. Kurt A. Sterzel ging nach Bayern und ist 1960 in Hof im Alter von 84 Jahren verstorben.

Wir haben in mehreren Fällen des wirtschaftlichen DDR-Auf- und Abschwunges die ersten 20/25 Jahre als die positiven Aufbaujahre kennengelernt, ob Kunstseide Pirna, Mühlenwerke Gebr. Seck, Druckmaschinen Victoria und andere. Dieser Verlauf scheint für die Mehrzahl der Unternehmen fast gesetzmäßigen Charakter zu haben. Dies trifft auch für das ab 1948 nun Transformatoren- und Röntgenwerk (VEB TuR) genannte Unternehmen zu. Es entstand ein Großbetrieb mit in Dresden 3.500 Mitarbeitern, weiteren 2.000 in den Zweigbetrieben. Für die Volksröntgenuntersuchungen der 1950/60er Jahre, in mobilen Lastzügen in Stadt und Land durchgeführt, lieferte TuR die Geräte, aber auch Tausende für Arztpraxen, Polikliniken, Ostblockländer. Dabei deckten Röntgen- und Therapiegeräte nur 30 Prozent des Produktionsumfanges ab. Die Hauptproduktion umfasste:
- Leistungs-, Hochstrom- und Schubtransformatoren
-Hochspannungsprüfanlagen für Wechsel-, Gleich-, Stoß- und Pulsationsspannungen
- Messwandler für Nieder- und Mittelspannung

Dazu wurden auf dem 34 Hektar großen Areal mehrere Neubauten errichtet, unter anderem 1952/54 die 30 Meter hohe Montagehalle für Hochspannungs-Prüfanlagen. Mit dem VEB TuR war ein exportträchtiger Großbetrieb entstanden. Doch dem Aufbau folgten der Abbau und der Ausverkauf. Zuletzt war TuR beim VE Kombinat Automatisierungsanlagenbau Berlin gelandet, dort fielen die Entscheidungen im Hick-Hack der führenden Genossen. Der Insider Werner Hütter schrieb in der Sächsischen Zeitung vom 19. Januar 2006 zu Höhepunkt und Niedergang des TuR:
„Es war wohl weltweit einmalig, dass ein einziger Elektrobetrieb eine Produktpalette vom implantierbaren Herzschrittmacher mit 0,4 Volt Betriebsspannung bis zur weltgrößten Stoßspannungs-Prüfanlage für 7.000.000 Volt abdeckte. Das waren nicht ‚Trödel und Ramsch', wie Spötter frozzelten, sondern in der überwiegenden

Mehrheit weltmarktfähige Produkte, oft wirkliche technische Spitzenleistungen.

Vier Nationalpreise, mehr als 30 Goldmedaillen Leipziger Messen und ein Exportanteil am Umsatz von mehr als 60 Prozent sprechen dafür. Auch technologisch gab es Spitzenleistungen. So verfügte TuR seit den 70er Jahren über die leistungsstärkste und produktivste Fertigung von Messwandlern beider deutscher Staaten.

Die Geschichte des Transformatoren- und Röntgenwerkes, dem in den 70er Jahren der Name ‚Hermann Matern' verliehen wurde, spiegelt natürlich die Geschichte der DDR wider. Nach einer Aufbauphase in den ersten beiden Nachkriegsjahrzehnten und einem – allerdings gescheiterten – Versuch, in den 70er Jahren moderne Management- und Marketing-Methoden einzuführen, gab es in den 80er Jahren parallel zum politischen Verfall der DDR auch einen ökonomischen Abschwung – verkleistert durch eine zunehmend beschönigende Statistik.

Der im Betrieb reichlich erarbeitete Gewinn wurde nahezu vollständig an den Staatshaushalt abgeführt, so dass die erlaubten Investitionen nicht einmal mehr den Verschleiß der Gebäude und Anlagen deckten. Wichtige Materialien und nahezu alle Ausrüstungen gab es nur noch auf Bezugsscheine, Bilanzanteile genannt.

Im Transformatoren- und Röntgenwerk Dresden sowie in Zweigbetrieben in Hohen Neuendorf bei Berlin, in Gera, Halle und Plauen arbeiteten am Ende der DDR-Ära 5.400 Menschen. Für sie war TuR ihr Lebensmittelpunkt. Es gab Kinderkrippe, Kindergarten und Kinderferienlager, Poliklinik und Kulturhaus, Sportstätten, Ferienheime, eine Lebensmittelverkaufsstelle, Sparkasse und Bücherei, Lehrwerkstatt, Betriebsakademie und Wohnungsbaugenossenschaft."

Wie in allen Großbetrieben also auch hier die allseitige Umsorgung der Werktätigen. Niedrige Preise in den Ferienheimen, aber auch Anstellen beim Mittagessen und – ob Arbeitsalltag oder Ferientag – man war immer von denselben Gesichtern umgeben.

1991 ging der Treuhandbetrieb TuR an die Siemens AG, welche als „Siemens Energie- und Medizintechnik GmbH" die Röntgensysteme, den Trafobetrieb und die Hochspannungsprüftechnik fortsetzte. Doch der gute Wille und die *„komplette Überleitung des technischen Sie-*

mens-Know-hows, der Datenverarbeitungsstützung und der entsprechenden Fertigungsverfahren und -einrichtungen an den Standort Dresden" [37] reichten auf längere Sicht nicht. Der Konzern Siemens mit allein 22 Trafowerken in aller Welt litt unter Überkapazitäten, und so war die Euphorie von 1991/1994 bald verflogen. Aus den Schlussworten des Autors Werner Hütter sprach der Frust des DDR-Bürgers:

„Mit der neuen Zeit kamen die Investoren. Die Treuhand verkaufte 1991 das 34 Hektar große Grundstück samt allen Gebäuden an die Siemens AG. 1993 wurde die Fertigung von Mitteltransformatoren nach Portugal verlagert, 1994 der Wandlerbetrieb hinausgedrängt, 1995 der Prüfanlagenbau verkauft und 2001 der Röntgenbetrieb endgültig geschlossen.

Heute arbeiten kaum zweihundert Menschen am alten Standort an den traditionellen Produkten. Dafür finden sich auf dem Gelände – Technopark genannt – ein Mode-Kaufhaus, ein Großmarkt, ein Bürogebäude und allerlei Geschäfte."

Welcher andere Weg wäre denn geblieben? 1989 betrug der Exportanteil in die westlichen Industrieländer noch lächerliche 2 Prozent, in die Entwicklungsländer 35 Prozent, der Rest ging in den Ostblock. Abgewirtschaftet, keine Erfolgsgeschichte dieses einstigen VE-Vorzeigebetriebes: Wo war der Versuch der führenden Genossen geblieben, mit einem MBO, kleiner Mannschaft und patentierter Kernkompetenz im Trafogeschäft neu zu beginnen? Aktuell wird wieder von Arbeitsplatz-Streichungen in den drei Siemens-Trafowerken Nürnberg, Kirchheim und Dresden gesprochen, die asiatische Konkurrenz setzt auch hier den klassischen Industrieländern massiv zu.

Hoffen wir, dass das Siemens Transformatorenwerk Dresden und damit die K & S-Tradition erhalten bleibt, welche auch in der **„Highvolt Prüftechnik Dresden GmbH"** weiterlebt. Sie setzt die Hochspannungsprüf- und Messtechnik seit 1995 auf neuer Basis fort. Mit 250 Mitarbeitern ist die Firma in 50 Ländern vertreten, wobei ein neues, wachsendes Aufgabengebiet die Prüfung der Meereskabel von Off-Shore-Windanlagen ist. Ständige Innovationen in Verbindung mit Kundenaufträgen, enge Kontakte zur Hochschullandschaft und ein unbändiger Aufbauwille der Geschäftsführer Bergmann (TuR) und Nick (Maschinenfabrik Reinhausen) lassen an die Gründer Koch und Sterzel von 1904 erinnern.

Als weithin sichtbares Zeichen der Dresdner Elektro-Tradition bleibt die 30 Meter hohe, zu DDR-Zeiten gebaute Hochspannungshalle, auch von der Autobahn A 4 nach Überqueren der Elbe, ins Auge fallend. Die Großbuchstaben SIEMENS an allen vier Seiten dieser Halle werden manche alte Trafowerker als „Gotteslästerung“ empfinden, aber Alternativen zum Zusammenbruch auch dieses DDR-Betriebes hat es 1990/91 nicht gegeben.

T. Bienert Hofmühle Dresden

In Dresden-Plauen trifft die Zwickauer Straße direkt auf die Bienertmühle. Bienert und Lingner, das sind die zwei besonderen Unternehmer, die mit den einfachsten Dingen des täglichen Lebens – Mehl/Brot und Mundwasser – vielfache Millionäre geworden sind. Die Startbedingungen waren ähnlich, die späteren Fabriken nahe beieinander, die Lebenswege aber sehr unterschiedlich.

In Eschdorf, einem Bauerndorf im Osten Dresdens circa 15 Kilometer vom Stadtzentrum Dresden entfernt, wurde dieser Traugott Gottlieb Bienert (1813-1894) als Sohn eines Müllers geboren. Die Mühle verschuldet, unendliche Plackerei, wenn in heißen Sommern das Mühlenrad stillstand oder im Winter vereist war. Traugott Bienert – schlicht und einfach T. Bienert wird die große Firma später heißen – war neun Jahre alt, als der Vater starb. Die Mutter versuchte, den Mühlenbetrieb fortzusetzen, Traugott als Ältester von vier Kindern übernahm bald die Regie, schloss eine Bäckerei der Mühle an, verbesserte die Mahlqualität. Das waren keine unbeschwerten Jugendjahre, das war nackter Existenzkampf. Er erlangte die „Concession“ zum Brotverkauf nach Dresden und schrieb in seinen Erinnerungen:

„Das Brodgeschäft nach Dresden entwickelte sich günstig. An jedem der drei Wochenmarkttage konnte ich eine zweispännige Fuhre verkaufen. Später mußte ein zweites Geschirr angeschafft, und auch noch ein Lohngeschirr gemiethet werden. Die Arbeit aber, welche auf mir lastete, war keine geringe. An den Markttagen mußte ich

stets Nachts um zwölf Uhr aufstehen, um das Brod zu verladen. Schon um zwei Uhr wurde von Eschdorf aufgebrochen, denn wir hatten vier Stunden Wegs nach Dresden und um sechs Uhr mußten wir auf dem Markte sein. Es konnte nicht in Betracht kommen, was für Wetter war, denn das Brod war fertig und mußte zum Verkaufe gebracht werden. Manchmal bin ich im Winter mit neun Pferden ausgerückt, um mit den Wagen durch die Schneewehen zu kommen und außerdem mußte ich noch viele Leute mitnehmen, um die schlechtesten Stellen des Wegs durch Ausschaufeln passierbar zu machen. Sehr froh war ich, wenn ich bei Glatteis den Berg unterhalb des Weißen Hirsches glücklich im Rücken hatte.

Trotz dieser anstrengenden Thätigkeit machte mir das Geschäft viel Freude. Ich war jung und wußte, daß ich nur auf diesem Wege etwas verdienen und mir für die Zukunft eine bessere Existenz schaffen konnte.

Obwohl ich von kaufmännischer Buchführung noch keinen Begriff hatte, so war mir doch viel daran gelegen, immer klar über den Stand des Geschäftes zu sein. Zu diesem Zwecke nahmen wir vierteljährlich eine Art Inventur auf. Es wurde das lebende und todte Inventar abgeschätzt, die Vorräthe an Getreide, Mehl, Kleie u.s.w. wurden durchgewogen resp. gemessen und zu den Marktpreisen eingesetzt, ferner Schulden und Forderungen aufgestellt, sowie die außerordentlichen Ausgaben und Einnahmen in Ansatz gebracht. Aus diesen Ausgaben und Einnahmen konnte ich mit Genugthuung ersehen, daß das Geschäft vorwärts ging, und Johanni 1843 konnte ich mit meinem Bruder sieben Tausend Thaler theilen.“ [Erinnerungen an mein Leben, Leipzig 1886]

51 Jahre nach dieser Bilanz von 1843, nach seinem Tod 1894, standen die Söhne und Haupterben Theodor (1857-1935) und Erwin (1859-1930) mit jeweils neun Millionen Goldmark in den Büchern. Zur Familie des „Hofmüllers“, wie er schlechthin genannt wurde, gehörten auch drei erwachsene Töchter, die alle ihr Vermögen und ihren großbürgerlichen Lebensstil dem väterlichen Imperium verdankten.

1882 vom sächsischen König Albert zum „Commerzienrath“ ernannt, hatte Bienert den Aufstieg seiner Großfamilie begleitet, aber auch auf die Verbindungen zu anderen großbürgerlichen Kreisen geachtet. Gefreut haben dürfte ihn die 1875 geschlossene Ehe seiner mittleren Tochter Minna mit Friedrich Dierig, einem Spross der Firma Christian Dierig in Langenbielau/Schlesien. Die Dierigs werden in Gerhart Hauptmanns „Die Weber" als Ausbeuter und harte Arbeitgeber geschildert, spätere Schriften der Firma Dierig sprechen mehr von der Verteidigung, welche die Dierig'schen Weber gegen die anstürmenden Arbeiter aus benachbarten Ortschaften leisteten. Die Firma Dierig – nicht zu verwechseln mit der schon erwähnten Firma Liebieg aus dem Reichenberger Raum – war eine der größten Webereien Schlesiens und hatte auch in deutschen Städten Zweigbetriebe, so in Augsburg, Berlin, Frankenberg/Sa. Nach 1945 wurde der Firmensitz nach Augsburg verlegt und hat in den ersten Jahrzehnten der wieder aufblühenden Textilbranche ebenfalls den Freistaat Bayern auf seinem Weg zum Industriestaat befördert.

Wie konnte man mit Mehl und Brot zu einem der reichsten Männer Sachsens werden? Bienert setzte seinen bis 1843 verfolgten Weg konsequent fort. Verbesserungen der Mühlentechnik, Einschaltung in den Getreide- und Mehlhandel sowie das Aufgreifen neuer Ideen und Verfahren für die grundsätzlichen Vorgänge Mahlen, Kneten und Backen verschafften ihm einen entscheidenden Vorsprung. Wo in Deutschland und Europa, insbesondere Frankreich, neue Maschinen und Öfen bekannt wurden, war Bienert vor Ort. Er kaufte Anlagen, erprobte und verbesserte die Systeme. 1852 pachtete er die Hofmühle in Dresden-Plauen, 20 Jahre später konnte er sie mit eigenen Mitteln kaufen – der nun entstehende Großbetrieb der Mühlen- und Bäckereibranche blieb trotz allen großen Investitionen in Händen des Einzelkaufmanns Traugott Bienert.

Die Buchreihe Dresdner Hefte widmet der Familie Bienert mit Nr. 116 ein ganzes Heft [38]. Zitiert wird aus einem Bericht eines Ingenieurs, der 50 Jahre lang (1879-1929) bei Bienerts den Bäckereibetrieb leitete:

„Die Arbeitsverhältnisse in der Bäckerei haben sich in den verflossenen 50 Jahren grundsätzlich geändert. 1879 wurden die Hülfsarbeiten noch von den in der Mühle wohnenden Bäckmädchen verrichtet, die ebenso wie die Bäcker 12stündigen Tag- und Nachtdienst hatten. Die soziale Gesetzgebung hat die weiblichen Arbeits-

kräfte aus dem Kokereibetrieb gewiesen, die Nachtarbeit beseitigt und die 24stündige Backzeit mit 2 je 12stündigen Schichten auf eine 16stündige Backzeit mit 2 je 8stündigen Schichten beschränkt, womit die Leistung der Öfen verhältnismäßig gesunken ist."

Eine 12-stündige Arbeitszeit in den 1870/80er Jahren war für Bienert selbst die Normalität, auch wenn er an seine Jugendjahre dachte. Mit der sozialen Gesetzgebung sind sicher die von Bismarck initiierten einheitlichen Reichsgesetze der 1890er Jahre gemeint, die nun auch für Sachsen verbindlich waren.

Der Dresdner Vorort Plauen profitierte in hohem Maß von Bienert. Gas- und moderne Wasserversorgung, zuerst für den Betrieb, aber auch für die Gemeinde, Grundstücke für zwei Schulen sowie das repräsentative Rathaus belegen Bienerts Wirken für sein Plauen. Eine eigene Kranken- und Rentenversicherung sowie die Bienert-Stiftung galten als vorbildlich für Sachsen und Deutschland.

Die Söhne Theodor und Erwin setzten gemeinsam den Aufbau des Betriebes fort. Von Streitigkeiten untereinander, in vielen Fällen durch die Familien verursacht, ist nichts bekannt geworden. Als ihre größte Investition konnte 1913 die Hafenmühle in Friedrichstadt (in Nähe des Dresdner Elbhafens) in Betrieb genommen werden. Sie war sehr wahrscheinlich zu ihrer Zeit die modernste Mühlenanlage Deutschlands und hat dem Großbetrieb T. Bienert einen weiteren Schub gegeben.

Es ist ein Verdienst des Dresdner Heftes Nr. 116, auch einmal die kulturelle und familiäre Seite eines hiesigen Großindustriellen zu beleuchten. Im Allgemeinen gehen die west- und ostdeutschen Fachexperten hier nicht in die Tiefe. Von westdeutscher Seite heißt es, ja, es gab einige tausend Industriebetriebe, auch im 19. Jahrhundert beginnend, aber aus gesamtdeutscher Sicht scheint das nicht sehr bedeutend gewesen zu sein. Der Osten war von jeher mehr grau und dunkel, hell leuchtend das dreimal größere Westdeutschland.

Bild 34: Bienert Mühlenkomplex in Dresden-Plauen und die neue Dresdner Mühle in der Bienertschen Hafenmühle von 1913 (unten).

Bei Bienert haben wir die Verbindung der Bienert-Tochter Minna zu den schlesischen Dierigs bereits erwähnt, aber die Verbindungen waren noch enger. Die beiden Bienert-Söhne Theodor und Erwin waren verheiratet mit den Töchtern des Langenbielauer Textilunternehmers Suckert. Der Hofmüller konnte auch diese Verbindungen seiner Söhne noch erleben: Theodor Bienert hatte 1887 Berta Suckert, Erwin Bienert 1888 Ida Suckert geheiratet. Diese Ida Bienert wurde die große Kunstsammlerin, ihr Dresdner Salon einer der europaweit bekannten Zentren der zeitgenössischen Kultur bis in die 1930er Jahre hinein. Die Bienert-Millionen ermöglichten der späteren Mutter von vier Kindern, bedeutende Werke von Picasso, Chagall, Kandinsky und besonders Klee zu erwerben.

Der Salon Ida Bienert und ihre Sammlung passten gut in die Kunststadt Dresden, zumindest bis in die Jahre der beginnenden nationalsozialistischen Diktatur.

Von den Leitern der Firma Bienert waren der jüngere Erwin bereits 1930, Theodor 1935 verstorben. Die Nachfolge traten Erwin Bienerts Sohn Friedrich und ein Schwiegersohn von Theodor Bienert an. So ging der Großbetrieb T. Bienert, inzwischen auch eine maßgebliche Größe im deutschen Getreidehandel, in die 1930er Jahre und die Kriegsjahre ab 1939 hinein. Der 1891 geborene Friedrich Bienert, von seiner kunstbeflissenen Mutter Ida auch im Geist der 1920er Jahre erzogen, zeigte viel Sympathie für die linken Bewegungen dieser Jahre, verkehrte mit linksliberalen Künstlern, war Mitglied im Kreis „Freunde des neuen Rußland“. Dazu trug sicher seine Ehe mit der Tänzerin Gret Palucca bei, die aber nur von 1924 bis 1930 bestand. Selbstverständlich hatte der wohlhabende Friedrich Bienert den Aufbau der Tanzschule Palucca finanziert. Wie mancher andere bürgerlich-liberale Geschäftsmann stand dieser Bienert-Enkel dem Nationalsozialismus ablehnend gegenüber, er war durch seine Bekanntschaften mit linken und jüdischen Künstlern verdächtig und stand unter Beobachtung der NS-Führung – ähnlich wie Küttner in Pirna.

Bei den Luftangriffen am 13./14. Februar hatten die Mühlengebäude in Plauen und die Hafenmühle einzelne Bombentreffer erhalten, doch der Betrieb konnte bald mit verringerter Kapazität fortgeführt werden.

Nach Einmarsch der Sowjetarmee hielt diese die Mühle besetzt und sorgte in erster Linie für die Versorgung ihrer Mannschaften, lieferte aber auch von auswärtigen Stellen Getreide an. Die linksliberale Vergangenheit von Friedrich Bienert, seine Probleme mit dem NS-System und die wieder angelaufene Versorgung der Bevölkerung in und um Dresden mit Mehl und Bienertbrot waren maßgebliche Gründe, dass die Bienert'schen Mühlen 1948 an Friedrich Bienert und die anderen Anteilseigner zurückgegeben wurden. Es ist einer der wenigen Fälle, wo sich die Stalinisten nicht durchsetzen konnten und nach heftigen Streitereien klein bei geben mussten. Sicher spielte ein Wohlwollen des örtlichen russischen Militärs eine Rolle für eine solche Entscheidung, aber die wieder eingespielte Backwarenversorgung dank Bienert dürfte ein ebenso triftiger Grund gewesen sein.

Seit 1956 führte die DDR eine Staatsbeteiligung an privaten Unternehmen ein (BSB-Betrieb mit staatlicher Beteiligung). Dies war einer der wenigen vernünftigen Schritte, welche die Ulbricht-Regierung beschlossen hatte. In den Betrieben, meist in Form einer Kommanditgesellschaft, konnten die Unternehmer relativ frei arbeiten, der Staat gab gegen Beteiligung Kredite, übte natürlich auch bestimmte Kontrollfunktionen aus.

1958 entstand ein solcher Betrieb als BSB T. Bienert Mühlen und Brotfabrik. Die Betriebsgewinne wurden den Anteilen entsprechend ausgeschüttet, für die nicht mehr in der DDR lebenden Anteilseigner auf Sperrkonten gehalten. Friedrich Bienert war bereits 1952 nach Westdeutschland gegangen und 1969 verstorben. Er hatte noch in den 1950er Jahren „in einem alten Opel mit doppeltem Boden“ (H.-P. Lühr, Dresdner Hefte Nr. 116) die umfangreiche, europaweit bekannte Bienert-Kunstsammlung illegal aus Dresden bringen können und lebte in den Folgejahren vom Verkauf einiger Bilder. Eine legale Ausfuhr wäre nie erlaubt worden und so war der Besitz der Kunstsammlung der letzte Rest eines vormals großen Erbes.

Mit der Liquidierung der BSB-Betriebe 1972 wurde aus den Bienertmühlen der „VEB Dresdner Mühlen und Brotwerke“ (innerhalb des VE Backwarenkombinates Dresden). Die Brotproduktion lief voll weiter, Brot war billig und wurde auch viel verschwendet. Die Anlagen in Dresden-Plauen liefen 24 Stunden und voll auf Verschleiß, außen wie innen, frische Farbe hatten die Räume und Fassaden vermutlich zuletzt in den 1930er Jahren gesehen. Nach 1990 führten die verschiedenen Neugründungen zu keinem Erfolg, die Produktion im Mühlenkomplex Plauen wurde stillgelegt. Um den Verfall dieses bedeutenden Industriedenkmals aufzuhalten, gründete der Freistaat Sachsen 2005 die „Stiftung Hofmühle Dresden". Inzwischen sind die Gebäude weitgehend saniert und gewerblich genutzt. Ferner ist ein „Museum Hofmühle Dresden" in einem der Bienert'schen Mühlenhäuser eingerichtet. Die Besucher können zwischen Vitrinen, Schautafeln, den Mahlkästen, riesigen Antriebsrädern mit Flachriemen und meterlangen Wellensystemen spazieren gehen.

In einem der Mühlenböden wird eine umfangreiche Sammlung von Blechformen der früheren Anton Reiche Schokoladenformen & Blechemballagen-Fabrik AG gezeigt. Die Firma auf der Zwickauer Straße war weltweit der Marktführer für Schokoladenformen, fast ausnahmslos haben die Firmen, ob Lindt, Sprüngli, Stollwerck, Ritter, Waldbaur und natürlich die Dresdner Betriebe, ihre Blechformen bei Anton Reiche fertigen lassen. Von Anton Reiche war auch das Farbdrucken auf Blech in die Massenfertigung eingeführt worden. Diese Sammlung von mehreren tausend Formen und Blechbehältnissen hat die Urenkelin von Anton Reiche, Frau Monika Tinhofer, Wien, geschaffen und als Dauerleihgabe dem Museum Hofmühle zur Verfügung gestellt. Dass auch die Familien Reiche aufgrund der Enteignung Dresden verlassen hatten und in Hamburg „mit der früheren Vertriebsfirma den Marktführer für Schokoladenformen wieder aufbauten", hatten wir bereits erwähnt.

Wie die Bienert-Geschichte letztlich doch einen vernünftigen Abschluss gefunden hat, beschreibt der Autor Doktor Riess bereits im erwähnten Heft Nr. 116 unter „Was aus dem Brotimperium wurde". Der Anstoß kam von einem Alteigentümer und westdeutschen Investoren. In Freital, nur wenige Kilometer von Dresden-Plauen in den Plauen'schen Grund hinein, bestand vom Mittelalter her eine Wassermühle an der Weißeritz, die 1876 ein Richard Eger erwarb. Diese Egermühle wurde im Laufe der Zeit modernisiert und konnte sich trotz der Nachbarschaft zur großen Bienertmühle behaupten. Freital war ab den 1920er Jahren die große Industriestadt geworden, der Bedarf an Mehl- und Backerzeugnissen riesig. 1954 wurde die Egermühle enteignet, die Familie Eger rausgeworfen. Günther Eger ging nach Düsseldorf, wurde Obermüller in der Plange-Mühle. Er suchte natürlich 1990 seine Heimatstadt und sein Anwesen auf und auf diesem Wege wurde über Eger und Plange der Wehrhahn-Gruppe das Dresden-Freitaler Mühlengeschehen vorgestellt. Dort soll man überrascht gewesen sein, mit der Hafenmühle eine solche schon vor 100 Jahren von der Anlage her moderne Mühle vorzufinden.

Die im Mühlen- und Lebensmittelbereich erfolgreich tätige Wehrhahn-Gruppe erwarb Hafen- und Egermühle einschließlich einer Riesaer Mühle. Nach entsprechender Rekonstruktion und der Kooperation mit Agrargenossenschaften und Brotbetrieben werden die drei Bereiche Getreide – Mühle – Brot unter dem Slogan „Sachsens Ährenwort" gemeinsam vermarktet – Traugott Bienert lässt grüßen. Der Autor Riess schließt seinen Beitrag mit folgenden Worten ab:
„2013 wurden der 100. Geburtstag der Hafenmühle und das zwanzigjährige Bestehen des Qualitätsprogramms ‚Sachsens Ährenwort' mit einem Festprogramm und einem ‚Tag der offenen Tür' gefeiert. Mehr als 10.000 Gäste besuchten die Dresdner Mühle und konnten die modernen Produktionsanlagen in dem historischen Gebäude besichtigen. Die Dresdner Mühle steht wirtschaftlich unverändert auf einer soliden Basis und ist fest in die Wirtschaft der Region eingebunden. Das mustergültig sanierte Bauwerk ist weithin sichtbar. Das von Lossow und Kühne entworfene Gebäude war eines der ersten Stahlbetonbauten in Europa. Der innovative Mut der Familie Bienert schuf damals ein architektonisches Wahrzeichen Dresdens, das noch heute alle Reisenden begrüßt, die sich von Norden der Stadt nähern."

Bienert war wirklich eine Insel im Meer der stalinistischen Enteignungen. Ansonsten hatten die Selbmann-Genossen auch hier flächendeckend bis in kleine Ortschaften gewütet. Das ganze Ausmaß im Bezirk Dresden zeigt die Struktur des VE Backwarenkombinates Dresden, wie sie in [32] angegeben ist:

Betriebe
Betrieb Dresden
Rationalisierungsmittel Dresden
Betrieb Bischofswerda
Betrieb Görlitz
Betrieb Pirna
Betrieb Riesa
Betrieb Naroma Dresden

Unterstellung Rat des Bezirkes Dresden

Geschichte

1967 Gründung des Backwarenkombinates

1968 Eingliederung des VEB Koba Dresden, VEB Bako Radebeul, VEB Kondifei Riesa, VEB Kondifei Großenhain, VEB Bako Meißen, VEB Tortino Pirna, VEB Lebensmittelbetriebe Freital, Betriebsteil Konditoreiwarenproduktion, VEB Feinback Bischofswerda, VEB Bäckerei und Konditorei Sebnitz (bis 1971), VEB Lebensmittelbetriebe Bautzen, Betriebsteil Konditorei-warenproduktion, VEB Feinback Görlitz, VEB Feinback Löbau

1971 Eingliederung des Betriebs Großschönau, vorm. VEB Hako Großschönau mit den Betrieben Zittau und Seifhennersdorf

1973 Eingliederung des VEB Rammenauer Pumpernickel und VEB Backwaren Schirgiswalde

1974 Eingliederung des VEB Speiseeis Meißen, VEB Speiseeis Ruppendorf, VEB Dresdner Kühlstengel

1975 Eingliederung des VEB Dresdner Mühlen und Brotwerke, Betriebsteil Brot, und des VEB Freitaler Mühlenwerke, Betriebsteil Ottendorf-Okrilla

1976 Eingliederung des VEB Drezima Dresden, VEB Kühlraumtüren und des VEB Naroma

1990 Auflösung des Kombinates

Die 1975 „eingegliederten" Betriebe VEB Dresdner Mühlen und Brotwerke sind die Bienertmühle und der VEB Freitaler Mühlenwerke die Egermühle. Es ist bezeichnend, dass schon vor der Gründung dieses Kombinates 1967 die vielen kleinen VEBs bestanden, also bereits in den 1950/1960er Jahren der größere Bäcker mit vielleicht 10 Gesellen enteignet wurde. Er mag mit drei Uhr früh in der Backstube gewesen sein, er war Ausbeuter, hatte Privatbesitz an Produktionsmitteln – seinen Backofen, seine Knetmaschinen, seine Mehlmulden – und damit im Sozialismus/Kommunismus keine Existenzberechtigung mehr. Dabei konnte er von Glück sprechen, wenn er im eigenen Haus wohnen bleiben durfte. Sein Schicksal hing stark von den neuen örtlichen SED-Machthabern ab. Eine Alternative war die Flucht nach Westdeutschland, die tausendfach vollzogen wurde.

Lingner-Werke AG Dresden/Lingner & Fischer Bühl/GlaxoSmithKline Brentford (GB)

Karl August Lingner war sehr wahrscheinlich der Unternehmer mit dem schnellsten Aufstieg vom Handlungsgehilfen zum Großbürger und Millionär. 1892 kaufte er die ersten mehreren hundert Liter Spiritus, fünf Jahre später lief die Odol-Produktion bereits auf solcher Höhe, dass Lingner im Schweizer Viertel, Leubnitzer Straße 30, eine Villa erwarb und nach seinen Wünschen umgestalten ließ:

„Bald wird Wilhelm Kreis (1873-1955) das Haus umbauen. Es sei der erste Auftrag seines Lebens gewesen, wird der späterhin berühmte ‚Halbmoderne' sagen.

Ein enormes Gehäuse für einen einzelnen Menschen und durch Kreis plakativen Saalanbau noch stark vergrößert, Festsaal mit Wintergarten, Musiksaal, Speisezimmer mit Wandverkleidung von Villeroy & Boch, ein wuchtiger Arbeitsraum (viel Täfelung, Bücher, eine Standuhr, elektrisches Licht), Salon, Billardzimmer, modernsachliche Ankleide, fortschrittliche Toiletten-Einrichtungen ff.

Wilhelm Kreis lässt schöne Ornamente machen, verwendet Saalburger Marmor, und da und dort prunkt ein großes ‚L'. Hinter der Villa ein Park mit persischem Häuschen und Kegelbahn. Insgesamt ein

Ort für Geselligkeit und Genuss, Lingner lässt alles darauf zuschneiden, ein Familienhaus wird es nicht. Man sieht schon die ersten Stucks hängen, lauscht der privaten Konzertdarbietung. Denn in den Musiksaal kommt eine Orgel, von Jehmlich, mit fünfzig klingenden Registern. Der angebliche Konservatorist von Paris – es sind seither erst ein gutes Dutzend Jahre vergangen – erfüllt sich seinen Künstlertraum." [39]

Dieses Buch des Schweizer Schriftstellers Walter A. Büchi ist eine brillant geschriebene Biographie des „Odolkönigs". Büchi berichtet von der Herkunft Lingners aus dem Magdeburger Armenviertel am Elbhafen, sucht in Paris vergeblich nach einem Musikstudenten C. A. Lingner, streift die Episode des Korrespondenten Lingner bei Seidel & Naumann 1885/88 und geht ausführlich auf die erste Firma „Lingner & Kraft", Dresden, ein. Der Werbestratege wird schon hier sichtbar. Ein Luffa-Schwamm am gebogenen Holzstiel wird zum „Wasch-Frottier-Apparat", ein Dochtputzer für Petroleumlampen heißt „Lingner & Kraft's Pracht-Dochtputzer", ein Stiefelzieher „Famos".

Doch der inzwischen 30-jährige kleine Fabrikant wollte mehr. Im Trend der Zeit lag die Gesundheitspflege. Die fehlende Hygiene in den rasch gewachsenen Arbeiterwohnungen der Großstädte führte immer wieder zu Epidemien. Louis Pasteur, Robert Koch und andere hatten den Kampf gegen Bakterien und Bazillen bereits begonnen. Auch für die Mund- und Zahnpflege gab es bereits einige „Pulver und Wässerchen", aber der richtige Werbefeldzug und die besondere „Aufmachung" eines neuen Produktes fehlten. Wann Lingner den Chemiker Doktor Richard Seifert kennengelernt hatte, liegt im Dunklen. Fest steht, dass dieser in der „Chemischen Fabrik von Heyden" tätige Fachmann das Rezept für das Odol erarbeitet hatte.

Über die großen chemischen Betriebe Dresdens beziehungsweise Radebeuls werden wir noch zu sprechen haben, der große Wurf bei „von Heyden" war die Salicylsäure. Dessen Phenylester, das Salol, hatte ebenfalls antiseptische Wirkung. Salol, ätherische Öle und Alkohol in geheim gehaltener Mischung ergaben das Odol, das Zahnöl – zusammengesetzt aus dem griechischen odeus für Zähne und dem lateinischen oleum für Öl. Die Flasche, diese „Seitenhalsflasche", hatte ebenfalls den Anblick des Außergewöhnlichen, vermutlich

Laborflaschen nachempfunden. Es bleibt offen, ob sie als *„eine der bedeutendsten Designschöpfungen der Markenartikelindustrie"* [39] von Lingner selbst stammte. Die Firma hieß nun „Dresdner Chemisches Laboratorium" und wuchs schnell an. W. A. Büchi beschreibt treffend die Aufbaujahre:

„Die Bestellungen werden rasch zahlreicher, die Mitarbeiter ebenfalls und die Verhältnisse immer enger. Bereits 1894 zieht man auf den Freiberger Platz 17 um.

Das Ur-Odol wird sozusagen handwerklich hergestellt. Die Beschaffung der Flaschen und der Verschluss sind anfänglich nicht befriedigend gelöst, und das aufgeklebte Etikett wird noch mehrfach geändert werden.

Der Fabrikant dürfte überrascht gewesen sein, welch eine Lawine er losgetreten hatte, und eines schönen Tages muss ihm klar geworden sein: Er hat eine Goldader aufgetan. Leidenschaftlich legt er sich ins Zeug, kniet sich mit Tüftlergeist in sämtliche Probleme, jagt Lösungen nach, ist Tag und Nacht im Einsatz, wohnt auch gleich im selben Haus, bangt um das Fabrikationsgeheimnis, pariert mit Seiferts Hilfe die ersten Angriffe. Es ist die Zeit der angespannten Nerven, der Selbstausbeutung und der Konkurrenzangst, Fakten, welche meist in der fabelhaften Erfolgsgeschichte verschwinden." [39]

Die Finanzierung des Phänomens Lingner ist trotz allem mit vielen Zweifeln verbunden.

Die 1/1 Flasche Odol kostete von Anfang an 1,50 Mark mit der Bemerkung „(mehrere Monate ausreichend)". Das war in den 1890er Jahren relativ viel Geld, eine „seidene Cravatte" von MEY & EDLICH, Leipzig-Plagwitz, hatte den gleichen Preis; ein Herrenschirm, bester schwarzer Zanella, brauner Krückengriff auf Malaccarohr, kostete 5,- Mark.

1894 waren Firma und Wohnung Lingners noch im gleichen Haus, 1897 ließ er die Villa Leubnitzer Straße 30 – für wie viele hunderttausend? – umbauen. Das Wachstum der Firma verschlingt viel Geld in Dresden und im böhmischen Köglitz, später Bodenbach (Podmokly). Mit diesem ersten ausländischen Zweigbetrieb beginnt die Erschließung der Auslandsmärkte. Ebenfalls 1897 erwirbt Lingner die stillgelegte Klavierfabrik Apollo auf der Nossener Straße, eine der Verbindungsstraßen zwischen Chemnitzer und Zwickauer Straße. Heute findet man das Eckgrundstück Nossener Straße/Zwickauer Straße, wo die Lingner-Werke aus der ehemaligen Klavierfabrik entstanden waren, nicht mehr. An die Stelle der Nossener Straße ist die das Eisenbahngelände einschließlich der Zwickauer Straße überspannende neue Nossener Brücke getreten. In den 1960er Jahren als „Brücke der Jugend“ erbaut, hat diese nach 1990 ihren alten Namen zurückerhalten.

Schlaglichtartig wird ein Detail der Lingnerschen Finanzierungen sichtbar. Die leer stehende Fabrik Apollo erwarb Lingner von der Dresdner Bank für rund 350.000 Mark, sie war für die Bank mit 250.000 Mark belastet. Er zahlte nur rund 100.000 Mark in bar, arbeitete also zumindest in den ersten Jahren mit viel fremdem Geld.

Der Biographie von W. A. Büchi von 2006 folgte 2015 eine große Luxus-Ausgabe des gleichen Autors, nun wurden ausführlicher die Lebens- und Wohnverhältnisse, die gesellschaftlichen Aktivitäten Lingners, der Aufbau des Schlosses Tarasp im Schweizer Engadin dargestellt. Aber das ausführlichste Quellenstudium, unendlich viele Recherchen aus den Staats- und Stadtarchiven Dresden, Leipzig, Magdeburg, dem Archiv des Deutschen Hygiene-Museums, aus Adressbüchern und weiterer medizinhistorischer Literatur, hat der Autor Ulf-Norbert Funke vorgelegt [40]. Das kleine Heft von 142 Seiten, für 5,- Euro erhältlich, fußt auf der Dissertation von Funke an der TU Dresden. Es ist mit Sicherheit die gründlichste Darlegung der historischen Fakten über Lingner und zu dessen 80. Todesjahr 1996 erschienen. Nicht von ungefähr steht das Heft von Funke an erster Stelle der Literaturauswahl im zehn Jahre später erschienenen Buch von W. A. Büchi.

Die rasche Ausbreitung der Lingnerbetriebe ab Anfang der 1900er Jahre erfolgte zum Teil schon vor der Umwandlung in die Lingner-Werke AG von 1912; sie schloss nahezu alle europäischen Länder, aber auch die südamerikanischen Staaten ein. Ein Vergleich mit Alfred Nobel und seinen weltweiten Gründungen drängt sich hier auf. Natürlich operierte Lingner zwei Stockwerke tiefer als Nobel, Dynamit musste auch nicht so intensiv beworben werden wie ein Mundwasser, aber in beiden Fällen waren die Investitionskosten bis zu einer Produktionsaufnahme niedrig. Das Odol zu mischen ging rasch, die größten Aufwände verursachten die Flasche, das Abfüllen, der Versand und die Werbung. Das Herstellen des Dynamits ging ebenso rasch, diese Mischung des porösen Kieselgurs (als Absorptionsmittel) mit dem hoch explosiven Nitroglycerin erfolgte anfangs in barackenähnlichen Gebäuden. Am gefährlichsten war die Herstellung des Nitroglycerins, schon wegen der Explosionsgefahr, aber in den flachen, langen Schuppen konnte nicht viel einstürzen. Frauen saßen in langen Reihen an Holztischen und formten und verpackten die Dynamit-Würste. Werbung war gar nicht erforderlich. Der Berg- und Tunnelbau, besonders der Eisenbahnbau ab den 1850er Jahren, verbrauchten riesige Mengen. Wurden 1867 elf Tonnen erzeugt, war die Herstellung zehn Jahre später auf 5.000 Tonnen gestiegen, 15 Fabriken weltweit hatte Nobel gegründet.

Welcher Aufwand dagegen für die Gründung zum Beispiel einer Maschinen- oder Automobilfabrik, bevor erste Produkte verkauft werden konnten: Werkzeugmaschinen, Gießerei, Blechbearbeitung, Facharbeiter, Zulieferer und andere.

Im Ergebnis kann man sagen, dass die Gewinnspannen in beiden Fällen horrend waren und daher der schnelle Reichtum entstand. Bei Lingner kann man nur mutmaßen, dass die Herstellungskosten des Odols pro Flasche bei etwa 0,50 Mark gelegen haben dürften, vielleicht um 0,25 Mark für allgemeine Betriebskosten plus Werbung erhöht. Mit 0,75 Mark Gewinn (vor Steuern) dürfte der schnelle Reichtum des K. A. Lingner innerhalb von circa zehn Jahren am ehesten zu begründen sein. Und er wollte diesen Aufstieg auch zeigen.

1906 hatte er nicht nur das schon erwähnte Lingnerschloss gekauft, sondern auf der Seefahrtschau „Kieler Woche“ seine neue Jacht „Tarasp“ vorgestellt. Hier wollte Lingner dem Kaiser Wilhelm II. imponieren, Aufmerksamkeit in den höchsten Kreisen erreichen. Dabei ging es auch um den Adelstitel. Wenn schon in Dresden „nur“ der Geheime Kommerzienrat erreicht wurde, vielleicht konnte vom Kaiser und preußischen König der Ritterschlag kommen? Es wurde nichts daraus, der neureiche Lingner bekam in Berlin den anrüchigen Odolgeschmack nicht los.

An gemeinnützigen Einrichtungen der Stadt Dresden hatte sich der Odolfabrikant in vielfacher Weise beteiligt (Kinder- und Säuglingsklinik, Schulzahnklinik, Desinfektionsschule und andere), aber das Sächsische Serumwerk und die Internationale Hygieneausstellung sind besonders mit Lingner verbunden. Mit Hilfe des Seruminstitutes der Universität Bern wurde 1911 das Serumwerk gegründet, Lingner wurde Vorsitzender des Aufsichtsrates. Das Werk auf der Zirkusstraße hat mit der Herstellung von Seren und Impfstoffen beide Weltkriege und die DDR überstanden und gehört zurzeit zu GlaxoSmith-Kline. Es ist stark ausgebaut worden und der letzte noch aktive Betrieb aus den Gründungen von Lingner.

Im Mai 1911 wurde die Internationale Hygieneausstellung eröffnet, der Initiator Lingner war 50 geworden. Auf circa 400.000 Quadratmetern rund um das heutige Hygienemuseum hatten alle europäischen Länder, aber auch Russland und Südamerika, in eigenen Pavillons den Stand und auch Mangel ihrer Gesundheits- und Hygienepflege dargestellt. Über fünf Millionen Besucher wurden in der sechsmonatigen Gesundheitsschau gezählt, dies war auch ein Prestigegewinn für Dresden und Sachsen. Die Ausstellung wurde *„nicht zuletzt durch neuartige Methoden der Wissensvermittlung zu einem großen Erfolg. Leicht verständliche Bildtafeln, meisterhafte natürliche Präparate, wirklichkeitsgetreue Moulagen, wissenschaftlich einwandfreie anatomische Modelle sowie von den Besuchern selbst zu bedienende mechanische Apparate brachten ihnen die nicht immer leicht verständliche Materie nahe.“* [40] Lingner hatte den Gipfel seines Schaffens erreicht. Vom sächsischen König den Titel „Exzellenz“, den Dr. h. c. von der Universität Bern, von vielen europäischen Staaten ihre höchsten Auszeichnungen. 1913 wurde in Nachfolge der Ausstellung der „Verein für das Nationale Hygiene-Museum“ gegründet, wiederum Lingner zum Vorsitzenden gewählt. Zum Geschäftsführer wurde Georg Seiring berufen, der bereits viele Jahre als Privatsekretär Lingners tätig war.

Im Vorfeld der Ausstellung gab es viele Irritationen. Bereits seit 1906 betrieb Lingner die Vorbereitungen, aber die Stadt Dresden und ihre Finanzbehörden verhielten sich reserviert. Auch die Gegner des

„Neureichen“ schlugen zu. Alles nur Reklame für sich und seine Firmen. Lingner drohte aufzugeben, der Autor Büchi beschreibt die Stimmung:

Bild 35: Linger-Villa in Dresden-Südvorstadt, Leubnitzer Straße 30, und Blick auf das Lingnerscher Serumwerk von 1911. Der Konzern Glaxo Smith Kline hat mit einem riesigen Glaskasten das alte Serumwerk vollständig umbaut, inmitten von Wohnhäusern aus der DDR-Zeit (Grunaer Straße / Zirkusstraße). Eine große Einfahrt erlaubt einen Blick auf das alte Serumwerk. Links unten erkennt man das schöne Eingangsportal.

„Deprimiert kehrte er Mitte November von der Grundsteinlegung des Deutschen Museums zurück. Zum Neidischwerden! Das war kein

üblicher Festakt, sondern ein Feiertag für ganz München. Der Kaiser persönlich schwang den Hammer. ‚Schamvoll und wehmütig habe ich dort bei den zahlreichen Festlichkeiten (...) abseits gestanden und traurige Vergleiche angestellt zwischen Bayern und Sachsen, zwischen München und dem viel reicheren Dresden. Wie eisig hat man unsere Ideen hier entgegengenommen und wie lange hat man uns warten lassen', schreibt er an Oberbürgermeister Beutler – welcher sich umgehend dagegen verwahrt, dass er Sachsen ‚grau in grau' zeichnet und Bayern idealisiert." [39]

Das viel reichere Dresden gegenüber München, es ist so bis 1945 gewesen. Beide Städte mit circa 600.000 Einwohnern, beide Städte gegen Kriegsende 1944/45 stark zerstört, das Zentrum Dresdens sicher stärker, aber die maßgebliche Industrie lag im Umfeld. Erst der Kommunismus hat Dresden und seine exportstarke Industrie abgewirtschaftet, heute sind die Städte in ihrem Habitus nicht mehr vergleichbar.

Der Bau des National Hygienemuseums, wie es ab 1913 geplant wurde, konnte erst 1927/30 erfolgen und erhielt die Bezeichnung „Deutsches Hygiene-Museum". Der Architekt Wilhelm Kreis (1873-1955) hatte seinen ersten großen Auftrag von Lingner erhalten, das Haus Leubnitzer Straße 30 zur großartigen Villa auszubauen. Kreis war später in Deutschland ein Stararchitekt geworden, er hatte ab 1900 circa 50 Bismarcktürme in den größten Städten entworfen, dazu Rat- und Kaufhäuser, und 1902 wurde er als Professor an die Kunstgewerbeschule Dresden berufen. Ob die frühere Verbindung zu Lingner zu dem Auftrag für das Hygiene-Museum geführt hatte, liegt nahe, zumal Kreis in Dresden wirkte. Es war das Museum für das gesamte Deutschland und es hätte – die DDR-Zeit ausgenommen – nach 1990 wieder das gesamte deutsche Zentralmuseum werden müssen. Hier ist die Pionierarbeit geleistet worden, hier sind die Weltsensationen „Gläserne Frau" und weitere durchsichtige Präparate entstanden, hier waren die Fachleute zu Hause. Doch die Entscheidungen sind gegen Dresden gefallen. Der Autor Funke nennt die Gründe:

„Das Fortbestehen des Deutschen Hygiene-Museums Dresden bis in die heutigen Tage beweist dessen ungebrochene Anziehungskraft und die Weitsicht seines Schöpfers. Mit der Wiedervereinigung beider

deutscher Staaten im Oktober 1990 wurde allerdings der Charakter des Museums, entgegen den Vorstellungen Lingners, verändert. Eine ehemals nationale Zentrale der Gesundheitserziehung wurde zu einer freistaatlich-sächsischen Einrichtung zurückgestuft, da andernfalls die Position der Bundeszentrale für gesundheitliche Aufklärung (1967 in Köln gegründet) bedroht gewesen wäre. Der Vorgänger dieser Einrichtung, das Deutsche Gesundheitsmuseum-Zentralinstitut für Gesundheitserziehung, wurde 1947 unter Leitung von Seiring mit Hilfe ehemaliger Mitarbeiter des Deutschen Hygiene-Museums gegründet. Bei der derzeitigen Suche nach Standorten für die Ansiedlung von Bundesbehörden in den fünf neuen Bundesländern erscheint es unverständlich, dass das Deutsche Hygiene-Museum in Dresden als historisch gewachsene und international anerkannte ‚Bundesbehörde' für öffentliche Gesundheitserziehung keine Beachtung gefunden hat." [40]

Die Suche nach Standorten für Bundesbehörden nennt Funke aus der Sicht von 1996. Heute, 20 Jahre später, ist diese Suche in den neuen Bundesländern wieder aktuell. Die Bundeszentrale für gesundheitliche Aufklärung müsste ohne Wenn und Aber im vereinten Deutschland das traditionsreiche Hygiene-Museum Dresden werden.

Im Übrigen ist der in Köln 1947 geplante Bau eines neuen Gesundheitsmuseums sicher von Seiring initiiert, aber wieder von Wilhelm Kreis entworfen worden. Er war in den Kriegsjahren für Speer und Hitler tätig, entwarf die NS-Großbauten in Berlin, in Dresden das sogenannte „Gauhaus" auf dem geplanten Adolf-Hitler-Platz.

Lingner – der Autor Funke nennt ihn einen „gemeinnützigen Großindustriellen" – ist in Dresden nicht vergessen worden. Hygienemuseum und Lingnerschloss mit Odolarchiv und ständiger Ausstellung erinnern an den „Odolkönig"; das Areal um das Museum heißt zurzeit Lingnerstadt, es ist an eine hessische Investorengruppe verkauft worden. Hier entsteht ein neues Wohngebiet, fraglich, ob es mit dem Namen Lingner verbunden bleibt.

Die Lingner-Werke AG blieben auch nach Lingners Tod 1916 der große Odol-Produzent mit einem weltweiten Export. Von der Enteignung bedroht, ging die Firma 1949/50 als Lingner & Fischer GmbH nach Bühl in Baden-Württemberg und baute das Odol-

Geschäft wieder auf. Heute steht der Global Player GlaxoSmithKline auf den Odol-Seitenhalsflaschen – derjenige, welcher im Lingnerschen Serumwerk Impfstoffe herstellt und auch Zahnpasten vertreibt, zum Beispiel Odol-med 3.

Leowerke/Heinsius von Mayenburg Verwaltungsgesellschaft mbH/Leowerke Frankfurt/M./Dental-Kosmetik GmbH Dresden

Das Stichwort Zahnpasta führt zu Chlorodont, ein weltweiter Begriff für eine Paste zur mechanischen Zahnreinigung. Die Leo-Werke in Dresden, von seinem Gründer Ottomar Heinsius von Mayenburg nach seiner Löwenapotheke benannt, nahmen wie die Lingner-Werke einen unerhört raschen Aufstieg. 1907 begonnen, wurde der Laborbetrieb bald zu eng, und 1917 begann die Massenfertigung im Werk Königsbrücker/Katharinenstraße. Mitte der 1920er Jahre stellten die Leo-Werke täglich 150.000 Metalltuben Chlorodont her, der größte Hersteller Europas hatte sich etabliert.

Mit 27 ausländischen Niederlassungen, eigenen Kreideabbau- und Kräuterbetrieben standen die Leo-Werke auf gleicher Höhe wie die Lingner-Werke. Auch die Werbung betrieben beide Unternehmen in gleicher extensiver Art und Weise. Lingner und der nur vier Jahre jüngere von Mayenburg (geb. 1865) haben sich gut gekannt, die erste große Werbung für Chlorodont fand 1911 auf der Hygiene-Ausstellung statt.

Bild 36: Werbung der Leo-Werke (v. Mayenburg Verwaltungs GmbH) für ihr Hauptprodukt Chlorodont.

Über persönliche Beziehungen oder Kontroversen zwischen beiden Großbürgern Dresdens ist nichts bekannt geworden. Einen aufwändigen Lebensstil betrieben beide, auch von Mayenburg bewohnte mit seiner Familie schlossähnliche Anwesen, Schloss Eckberg (das rechte von der Elbe aus gesehen), Schloss Kuckuckstein (Osterzgebirge) und Schloss Roseneck (am Wörthersee). Hier auch war von Mayenburg 1932, also im Alter von 67 Jahren, verstorben. Er war im Vergleich zu Lingner im Auftreten bescheiden, ein Blumenliebhaber und Kunstsammler.

Nach seinem Tod führte die „Heinsius v. Mayenburg Verwaltungsgesellschaft mbH“ die Leo-Werke fort, und diese blieben bis 1939/40 der sehr wahrscheinlich weltgrößte Hersteller von Zahnpasta und anderen Produkten, die Mitarbeiterzahl betrug 1.500. In den Kriegsjahren wurde mit Einschränkungen und bei Verlust der ausländischen Zulieferbetriebe die Hauptproduktion fortgeführt. 1945 blieben die Leo-Werke zunächst im Besitz der Verwaltungsgesellschaft, die Besatzungsmacht verlangte sofort große Lieferungen von Zahnpasta. 1950 verlegte die Verwaltungsgesellschaft aufgrund massiver Einschränkungen durch die Selbmann-Behörde den Sitz der Leo-Werke nach Frankfurt/M. Erst danach erfolgten die Enteignung und Gründung des VEB Elbe-Chemie Dresden. Aus dem Rest des stark zerbombten Lingner-Werkes, weiteren kleineren Herstellern und den Leo-Werken entstand ein Großbetrieb für Mundpflegemittel, der mit circa 140 Millionen Tuben pro Jahr vermutlich Deutschlands größter Hersteller war. Die Zahnpasten mit den Markennamen Rot-Weiß, Elkadent, El-ce-med und andere, auch die Kinderzahnpasta Putzi, versorgten auch die Ostblockstaaten, besonders nach Russland gingen große Lastzüge. Auch ein Mundwasser wurde nicht mehr in weißer Seitenhalsflasche, sondern in blauer Flasche mit verjüngtem Hals angeboten. In diesem nun „volkseigenen“ Chemiebetrieb arbeiteten noch viele ältere Leo- und Lingner-Beschäftigte und, als ob der alte Schwung erhalten geblieben war, erzielte der Dresdner Betrieb die besten Planzahlen im Berliner Kosmetikkombinat. Versorgungsprobleme gab es hier nicht.

1989/90 sanken die Produktionszahlen rapide ab, der DDR-Bürger wollte erst einmal die „Westpasten“ testen, der Ostblock konnte nicht mehr bezahlen. Wie in allen diesen Betrieben der Treuhandanstalt tauchten auch bei Elbe-Chemie Manager der verschiedensten Art auf. Einer wollte eine Champagner-Zahnpasta entwickelt haben, ein halbes Jahr später wurde er als Betrüger entlarvt. Die an bescheidene Zahlen gewohnten Buchhalter trauten ihren Augen nicht bei den monatlichen Abrechnungen der Manager, natürlich liefen solche Zahlen durch die Belegschaft.

Zu solchen Überraschungen kam im Sommer 1990 eine ganz große: In das Büro der Chefsekretärin Frau Braun traten zwei ältere Damen und stellten sich als Erben der von Mayenburg'schen Familie vor. Geschichten von „früher" waren von den älteren Kollegen oft erzählt worden, wie zum Beispiel die vom Betrieb organisierten gemeinschaftlichen Eheschließungen in der Frauenkirche, die Mitarbeit der Familie in den Büros, das wöchentliche Schmücken der Büro- und Fabrikfenster mit frischen Blumen von der Gärtnerei des Schlosses Eckberg und anderes. Jetzt waren sie wieder hier, und nun ging alles recht schnell. Die Enteignung der Leo-Werke war erst nach 1949 erfolgt. Es ist heute noch umstritten, ob die Sowjetunion unter Gorbatschow in den 2-plus-4-Verhandlungen zur deutschen Einheit darauf bestanden hat, die Enteignungen in der DDR im Zeitraum 1945 bis 1949 nicht rückgängig zu machen.

Udo Madaus, dessen Schicksal wir bereits betrachtet haben, ist einer der Wortführer in diesem Streit. Er führte in seinem Kampf um die früheren Vermögenswerte Folgendes ins Feld: Der britische Historiker Norman Stone hatte auf einer Konferenz im Juli 1994 Gorbatschow die Frage gestellt:

„Sagen Sie bitte, ist es wahr oder nicht, dass die UdSSR im Verlaufe der Verhandlungen über die Vereinigung Deutschlands das Verbot einer Restitution (einer Rückgabe von Eigentum, das den Bürgern in diesem Zeitraum konfisziert wurde) zur unabänderlichen Bedingung gemacht hat? Ist es wahr, dass gerade Sie auf dem Verbot derartiger Restitutionen in der Zukunft bestanden?"

Antwort Gorbatschow:

„Nein, das ist nicht so. Auf meiner Ebene als Präsident der UdSSR ist diese Frage nicht behandelt worden, und umso weniger konnte auch die Rede von einer Alternative sein: entweder ein Restitutionsverbot oder der Große Vertrag.

Es war eine große intellektuelle Arbeit, durchdrungen von hohem Verantwortungsgefühl, damit der Prozess der Verhandlungen nicht zu einem Eingriff in die Kompetenzen des deutschen Volkes führte. Es geht um circa 45.000 strafrechtlich bedenkliche und Menschenrecht verletzende Vorgänge, Einzelschicksale, Familientragödien in den Jahren 1945-1949. In diesen Jahren wurden in der SBZ die Eigentümer – nicht wenige unter Anwendung von brutaler Gewalt – ihrer Vermögenswerte beraubt, um – wie es in der Sprache der damaligen Machthaber hieß – Volkseigentum zu bilden." [41]

Diese offiziellen Zahlen sind laut den gestellten Restitutionsanträgen weitaus höher, sie sollen etwa im Bereich von einer Million liegen. Madaus und andere werfen der Bundesregierung unter Helmut Kohl und besonders dem damaligen Präsidenten des Bundesverfassungsgerichtes, Roman Herzog, Hehlerei vor. Man habe die Vermögenswerte an sich genommen (gleichsam wie ein Dieb), um sie dann weiterzuverkaufen. Die Verfahren – bis zum Europäischen Gerichtshof – sind immer noch nicht abgeschlossen.

Für die Leo-Werke/Mayenburg spielten diese Probleme keine Rolle. Die Enteignung war, wie bereits erwähnt, erst nach 1949 erfolgt. So erhielten die Mayenburg-Erben die Leo-Werke und das Schloss Eckberg zurück und verkauften das Ganze 1992 an die Argenta Immobiliengesellschaft, München. Für den Argenta-Chef Doktor Röschinger soll es bei der Besichtigung von Schloss Eckberg „Liebe auf den ersten Blick" gewesen sein; verständlich, wenn man von den Schlossterrassen auf die Elbe und die Silhouette Dresdens blickt. Das Schloss ist heute ein gut geführtes, natürlich nicht billiges Hotel. Wer außer den Kulturstätten im Zentrum Dresdens Geschichte und Gegenwart der drei Elbschlösser genießen möchte, ist im Schloss Eckberg gut aufgehoben. Die Argenta führt auch die Produktion der Pflegemittel im ursprünglichen Leo-Areal in der Katharinenstraße fort. In der **Dental-Kosmetik GmbH** werden täglich 300.000 Tuben Zahnpasta und 30.000 Flaschen Mundwasser produziert, circa 60 Prozent gehen in den Export. Der Betrieb ist mit sehr modernen Anlagen ausgerüstet, die Leertuben werden zugeliefert.

Insgesamt muss man feststellen, dass die Nachkriegsjahre auch hier eine verkehrte Welt geschaffen hatten. Ein halbes Jahrhundert waren Odol und Chlorodont – und damit auch ihr Standort Dresden – weltweit „in aller Munde“. Das nächste halbe Jahrhundert blieben sie im großen Teil der Welt präsent, aber im Ursprungsort Dresden und dem kleineren (östlichen) Teil der Welt nicht mehr. Ein Trost, dass wenigstens nach rund 100 Jahren die Erinnerungen an Leben und Wirken von Lingner und von Mayenburg wieder aufgefrischt und dauernd erhalten bleiben, sei es im Lingnerschloss, dem Hygiene-Museum oder in den Betrieben. Diese beiden Unternehmer haben zusammen mit den anderen industriellen Gründern in Dresden, Leipzig, Chemnitz, Plauen, Bautzen, Görlitz und den vielen Kleinstädten bewirkt, dass Sachsen *„laut Volkszählung vom 1. Januar 1900 mit etwa 4,2 Millionen Einwohnern und knapp 15.000 Quadratkilometern einen zwar geringeren Umfang hatte als das Großherzogtum Baden, jedoch mit Blick auf die Industrialisierung in Deutschland seit Jahrzehnten die Führung übernommen hatte. Die Bevölkerungsdichte im Königreich Sachsen war, nach Belgien, die höchste in Europa, das Land besaß das dichteste Eisenbahn- und Straßennetz im Reich, florierende Textil-, Metall- und Montanindustrien, Handelszentren, Kulturmetropolen und Bildungseinrichtungen von internationalem Rang und bot mit alledem das dynamische Bild eines aufstrebenden, in voller Entwicklung von einer Agrar- zu einer Industriegesellschaft begriffenen Staatswesens.“* [42]

Der Leser mag selbst beurteilen, wo ein solches Land heute stehen würde, wenn es nicht durch 40 Jahre kommunistische Herrschaft in den Ruin geführt worden wäre.

In der chemischen Industrie im Osten Deutschlands hatten bedeutende Unternehmen ihren Standort, sie zählten von der Kreativität her zu den besten deutschen Betrieben und konnten sich im Vorkriegsdeutschland durchaus mit den anderen Chemiebetrieben vergleichen lassen.

Die in Westdeutschland 1865 von F. Engelhorn gegründete Badische Anilin- und Sodafabrik (BASF) in Ludwigshafen und die 1863 entstandene Friedrich Bayer & Co. in Wuppertal wurden zur etwa gleichen Zeit bedeutende Chemiebetriebe. Der Aufstieg der BASF ist eng mit dem Namen Carl Bosch verknüpft, ein Neffe des Stuttgarters Robert Bosch.

Das Haber-Bosch-Verfahren zur Herstellung von Ammoniak leitete die Ära der Stickstoffdünger ein und schuf zugleich die Basis für Sprengstoffe. Als Chef der BASF forcierte Carl Bosch auch den Aufbau des Ammoniakwerkes beim Dorf Leuna nahe Merseburg, wo ab 1917 für die letzten zwei Jahre des Ersten Weltkrieges die Produktion des BASF-Werkes erweitert und zugleich der Grundstein für die Chemieregion Merseburg/Leuna bis Bitterfeld/Wolfen gelegt wurde.

Die 1925 gegründete „Interessengemeinschaft Farbenindustrie" (IG Farben) war zunächst nicht der Moloch, wie er später im Zusammenhang mit KZ-Lagern und Giftgasprodukten bekannt wurde, sondern diente der Zusammenarbeit bei der Produktion von Farben und anderen Erzeugnissen. Die Initiative ging wieder von den beiden Firmen BASF und Bayer aus. Der Gründervater Carl Bosch hatte später nichts mehr mit der unseligen Rolle der IG Farben im Zweiten Weltkrieg zu tun. Er verhielt sich sehr distanziert zum NS-Regime und musste bereits 1935 vom Vorstand der IG Farben zurücktreten. Der Nobelpreisträger (1931) verstarb 1940 im Alter von 66 Jahren.

In Sachsen entstanden im Zuge der Industrialisierung ab Mitte des 19. Jahrhunderts viele mittelständische Chemiebetriebe, die sich überwiegend über 100 Jahre bis zum Kriegsende 1945 erhalten hatten. In Dresden und Radebeul wuchsen drei Firmen zu beachtlicher Größe und internationalem Ansehen heran:

Drogerie- und Färbewaren-Handlung Gehe & Comp., 1835 gegründet/Salicylsäurefabrik Dr. F. von Heyden, 1874 gegründet/Dr. Madaus und Co., 1919 gegründet

Von der Firma Madaus haben wir schon im Zusammenhang mit dem „Kampf" von Udo Madaus um die Rückgabe seiner Vermögenswerte in Radebeul und Dresden berichtet [16]. Aufgrund der Enteignung hatte das Unternehmen als Madaus KG in Köln neu begonnen, später entstand daraus die Madaus AG. Ab 2007 erfolgten mehrere Umwandlungen, seit 2014 gehört die Madaus-Gruppe zum schwedischen Pharmakonzern MEDE.

Auch über die Firma Gehe & Co. haben wir bereits bei der Besprechung des Buches „Der geänderte Canaletto-Blick" das Wesentliche erfahren. Die heutige Celesio AG sitzt wie die erste Gehe-Niederlassung von 1922 in Stuttgart. Mit 46.000 Mitarbeitern erwirtschaftet dieser Pharma-Großhändler über 20 Milliarden Euro Umsatz. In Dresden ist heute zumindest eines der 20 deutschen Gehe-Arzneiverteilzentren ansässig. Im April 2010 wurde in einer Festveranstaltung an die Gründung vor 175 Jahren erinnert. Der Gründer Franz Ludwig Gehe war 1882 im Alter von 72 Jahren in Dresden gestorben und setzte zum Haupterben seinen Neffen Doktor Luboldt ein, der als Chemiker bereits Jahre vorher die technische Leitung übernommen hatte. Die 1903 gegründete Gehe AG hatte zehn deutsche Niederlassungen und 95 ausländische Vertretungen. Ein gesunder Betrieb des Dresdner Mittelstandes – bis 1945.

Bild 37: Die Firma Madaus beginnt nach dem Rauswurf aus Radebeul in den Gebäuden des ehem. Flughafens Köln-Merheim. Stark erweitert werden mit Beginn der 1960er Jahre über 1000 Mitarbeiter beschäftigt, auf 27 Hektar werden Arzneipflanzen kultiviert. In 60 Länder exportiert Madaus seine Arzneimittel, im bayrischen Wasserburg entsteht 1976 ein modernes Werk für Ampullen. Ein großer Ost-West-Transfer! Madaus-Fabrikgebäude (Rückseite) am Bahnhof Radebeul-Ost, heute Wohnbauten (unten).

Chemische Fabrik von Heyden A.-G.

RADEBEUL-DRESDEN

Bild 38: Der bescheidene Eingang der großen Dr. F. von Heyden AG auf der Leipziger Straße in Radebeul. Dahinter erstrecken sich bis in Elbnähe die Fabrikbauten.

Auch über die Firma Dr. F. von Heyden haben wir berichtet, unter anderem bei der Herstellung des Mundwassers Odol. Die Salicylsäure war eine Entwicklung des Professor Hermann Kolbe, der an der Universität Leipzig eines der größten Chemielabore schuf. 1873 kam der Kontakt zwischen Professor Kolbe und Friedrich von Heyden zustande, welcher in Dresden ein größeres Anwesen und die nötigen finanziellen Mittel besaß. Salicylsäure als Mittel gegen Rheumatismus und Fieber, aber auch als Konservierungsstoff und Tiermedizin eroberte sehr rasch den Markt. Vier Jahre nach der Firmengründung 1874 produzierte von Heyden bereits 25 Tonnen. Das war ein Meilenstein in der Arzneimittel-Geschichte. Im Buch über die „Geschichte des Arzneimittelwerkes Dresden" heißt es:

„Es ist hervorzuheben, dass in der hier beschriebenen Fabrik die erste in industriellem Maßstab betriebene Arzneimittelsynthese der Welt verwirklicht wurde.

Versuche potentieller Konkurrenzfirmen in Belgien, London, Darmstadt und Berlin, die Heyden'schen Patente anzugreifen, konnten in energisch geführten Prozessen abgewehrt werden, wodurch aber gleichzeitig der Name von Heyden in der Fachwelt sehr bekannt wurde, was wiederum zu den wirtschaftlichen Erfolgen der Salicylsäurefabrikation beitrug. Mit mehreren Prozessgegnern kamen übrigens später Lizenzverträge zustande." [42]

Patentschutz hatte man in allen deutschen Bundesländern (ab 1877 das deutsche Reichspatent als Zusammenfassung) sowie in neun europäischen Ländern und den USA erreicht. Zu den Lizenznehmern gehörte auch die Firma Bayer. Als abgewandeltes Produkt brachte von Heyden 1897 Acetylsalicylsäure unter dem Markennamen Acetylin in den Handel, zum etwa gleichen Zeitpunkt startete Bayer mit dem gleichen Wirkstoff sein Aspirin. Wer sich heute Aspirin von der Bayer Vital GmbH, Leverkusen, kauft, nimmt immer noch eine Tablette mit dem ursprünglich in Dresden/Radebeul entwickelten Wirkstoff Acetylsalicylsäure in den Mund.

Als „Chemische Fabrik von Heyden Aktiengesellschaft" startete der Betrieb ab 1900 eine Produktoffensive für den Einsatz der Salicylsäure, aber auch darüber weit hinaus. In einer Abhandlung von 1908 beschreibt sich von Heyden in folgender Weise:

„Mit der Entdeckung der energischen antiseptischen und antizymo-

tischen Eigenschaften der Salicylsäure entwickelte sich ihre sehr erfolgreiche Anwendung in der praktischen Medizin zunächst als ungiftiges Wundantiseptikum und bald danach als Antipyretikum und ganz besonders als Spezifikum gegen Gelenkrheumatismus, dem man bisher machtlos gegenübergestanden hatte.

Im Laufe der Jahre ist die Zahl der Mittel des Arzneischatzes, deren Hauptbestandteil oder Grundstoff Salicylsäure ist, ein sehr großer geworden.

Auch die Tierheilkunde bedient sich der Salicylpräparate in ausgedehntem Maße; zum Beispiel enthalten fast alle gegen den gefürchteten Rotlauf der Schweine angepriesenen Mittel als wirksamen Bestandteil die Salicylsäure.

Als Antizymotikum und Konservierungsmittel, zur Verhütung der Gärung und des Verderbens von Getränken und Nahrungsmitteln, ist die Salicylsäure in allgemeiner Verwendung.

Bei der Herstellung von Farbstoffen für die Textilindustrie, von Riechstoffen und zu vielen anderen technischen Zwecken findet die Salicylsäure eine umfangreiche Verwendung.

Obgleich sich im Laufe der Zeit andere Unternehmungen mit der Darstellung von Salicylsäure beschäftigt haben, ist die von Heyden'sche Fabrik noch heute die weitaus größte und leistungsfähigste Herstellerin des Artikels; ihre Marke ist die maßgebende im internationalen Handelsverkehr.

Im Jahre 1885 ging die Fabrik dazu über, in ihren wissenschaftlichen Laboratorien Arzneistoffe, deren Heilwirkung durch gleichzeitige Giftwirkung beeinträchtigt wird, in ungiftige Stoffe unbeschadet der Heilkraft umzuwandeln.

Es wurden zunächst als entgiftete Arzneistoffe der Medizin zur Verfügung gestellt: die Salole, die Carbonate, die Wismutphenole. Die Salole dienen zur Bekämpfung von Rheumatismus, zur Desinfektion des Darms (Diarrhoe, Dysenterie), zur Desinfektion der Blase, äußerlich gegen Ekzem und andere Hautkrankheiten; die Carbonate Duotal oder Guajacolcarbonat und Creosotal oder Kreosotcarbonat als ausgezeichnete Mittel gegen die Anfangsstadien der Tuberkulose, Lungenentzündung, Bronchitis, Keuchhusten und alle Erkrankungen der Atmungsorgane; die Wismutphenole, darunter besonders das Xeroform, als Wundstreumittel.

Außer diesen Arzneimitteln gingen seitdem noch viele neue Heilmittel aus der Chemischen Fabrik von Heyden hervor, die zum Teil gleich der Salicylsäure, den Salolen und Carbonaten eine epochemachende Bereicherung des Arzneischatzes gebildet haben und heute in dem Rezeptschatz eines Arztes nicht fehlen dürfen, so zum Beispiel die Silberpräparate, deren bekanntestes, das Collargol (colloidales Silber), bei Wochenbettfieber und allen septischen Erkrankungen die beste Hilfe gewährt.

Nebenbei beschäftigte sich die Fabrik mit der Darstellung von Desinfektionsmitteln, von Zwischenprodukten für die Farbstoffindustrie und von anderen chemischen Produkten, welche in mannigfachen Zweigen der Technik Verwendung finden.

Einen großen Teil der für ihre Fabrikationen nötigen Hilfsstoffe stellt sich die Chemische Fabrik von Heyden in besonderen Betrieben selbst her, darunter Schwefelsäure, Salpetersäure, Chlor, Chlorkalk, Ätzkali, Kaliumpermanganat. Eine Abteilung zur Erzeugung chemischer Produkte mittels Elektrolyse ist in stets wachsendem Ausbau begriffen.

Als in Radebeul eine weitere Vergrößerung des Fabrikgebietes unmöglich wurde, erwarb man im Jahre 1899 das Rittergut Grödel mit großen Fabrikterrains zwischen der Elbe und der Eisenbahnstation Weißig, auf welchen ausgedehnte Neuanlagen seitdem errichtet worden sind. Außerdem gehört zu dem Unternehmen seit 1900 eine Fabrik in Garfield (USA) und seit 1903 eine Fabrik in Nidau (Schweiz).

Die Fabrikterrains umfassen einen Flächenraum von circa 80 Hektar, wozu noch das Rittergut Grödel mit circa 330 Ackern kommt.

Die Anlagen bestehen aus 187 in massivem Ziegelmauerwerk solide ausgeführten, bis zu fünf Stockwerke haltenden Gebäuden.

24 Schienenstränge in einer Gesamtlänge von circa 10 Kilometern, auf denen fünf eigene Lokomotiven und eine große Anzahl eigener Waggons laufen, vermitteln den Verkehr auf den zwischen den Gebäuden liegenden Straßen einerseits, den anliegenden Eisenbahnstationen und einer zur Fabrik Weißig gehörigen elektrisch betriebenen Ausschiffungsanlage andererseits.

Die Fabrik verfügt über eine Buchbinderei und Kartonagenfabrik. Besonders große Werkstätten für Mechaniker, Rohrschlosser,

Bleilöter, Kupferschmiede, Klempner, Tischler, Zimmerer, Elektrotechniker sorgen für dauernde Instandhaltung der umfangreichen Anlagen.
Die Verwaltung der nunmehr seit 34 Jahren bestehenden Werke setzt sich zurzeit aus folgenden Herren zusammen:

Aufsichtsrat.

Dr. Friedrich von Heyden, Vorsitzender.
Justizrat Dr. Thürmer, stellvertr. Vorsitzender.
Geh. Hofrat Professor Dr. von Meyer.
Geh. Kommerzienrat Generalkonsul Arnstädt.
Geh. Finanzrat Dr. Jencke.

Vorstand (Direktion)	***Prokuristen.***
Professor Dr. R. Seifert.	*O. Schiele.*
R. Vorländer.	*M. Prater.*
A. von Heyden.	*R. Edlich.*
	R. Tittes.
	R. Friebe.

Außer den drei Direktoren sind 142 Beamte und 1.080 Arbeiter angestellt. Von den Beamten sind 92 Kaufleute, 39 Chemiker und elf Maschinen- und Bauingenieure resp. Techniker.
88 auswärtige Verkaufsfilialen und Agenturen leiten die Erzeugnisse der Chemischen Fabrik von Heyden in alle Weltteile.“

Die neuen „Fabrikterrains“ bei Weißig sind die am Ort Nünchritz gelegenen Anlagen, sie wurden in den 1930/40er Jahren weiter ausgebaut. Bis April 1945 lief das Chemieprogramm der von Heyden AG eingeschränkt weiter, viele Erzeugnisse dienten natürlich als Grundstoffe der Kriegsproduktion und der militärischen Verwendung.
Im Mai 1945 besetzte die Sowjetarmee das Werk, ließ die Produktion in den nachfolgenden Tagen fortsetzen und Bestandslisten von den Anlagen, Fertigerzeugnissen und Rohstoffen aufstellen. Ab Juni 1945 begann – das gleiche Muster wie in vielen anderen Betrieben – der Abbau.

„Die Demontage erfolgte so gründlich, dass in den Radebeuler Produktionsbetrieben und Laboratorien, in der Bibliothek und in der Packerei nicht ein Kessel, ein Heizkörper, eine Rohrleitung, ein Lichtschalter oder ein Buch mehr vorhanden waren. Hinzu kamen circa 20 Waggons Arzneifertigwaren und 30 Waggons Rohstoffe." [42]

Nach der Enteignung 1948 hieß der Betrieb zunächst VEB Chemische Fabrik von Heyden, erst 1958 Chemische Werke Radebeul, nachdem die AG den Firmensitz nach München verlegt und das Warenzeichen „von Heyden" dem Ostbetrieb untersagt hatte.

Der VEB Arzneimittelwerk Dresden wurde 1951 nur aus den enteigneten Betrieben Gehe, Madaus und Wecusta (Spezialbetrieb für technische Öle und Fette) gebildet. Erst 1961 erfolgte der Zusammenschluss mit der ehemaligen F. von Heyden AG zum großen VEB Arzneimittelwerk Dresden (AWD).

Nun erfolgte – wie in anderen Industriezweigen – über etwa zwei Jahrzehnte eine Phase der Stabilisierung und des Aufbaues. Etwa 3.000 Patente und Warenzeichen zeugten von einer guten Pharmazie-Forschung, es führte aber teilweise dazu, dass wegen mangelnder Kapazität nur beschränkt beliefert werden konnte. Auch durch die Bildung von zwei Kombinaten AWD und Jenapharm 1970 entstand nicht der große Aufbruch, erst recht nicht durch den Gewaltschritt des Ministers Mittag: VE Pharmazeutisches Kombinat GERMED 1979 mit dem AWD als Stammbetrieb, das hieß Unterordnung des Jenaer Betriebes.

Die Probleme begannen schon in diesen Jahren:

„Auch nach der Kombinatsbildung ergaben sich Schwierigkeiten besonders mit der nicht bedarfsgerechten Bereitstellung geplanter Wirkstoffe aus NSW-Importen sowie bestimmter Verpackungsmittel, wie Tuben und Gläser. Darüber hinaus war selbst der dringendste Bedarf an Ersatzteilen und Ausrüstungen nicht gedeckt, zum Beispiel bei Rührmaschinen und Behältern nur zu 50 Prozent, bei Verpackungsmaschinen zu 33 Prozent."

Und auch vorher war die Lage nicht gut:

„Insgesamt waren die Investitionsmöglichkeiten auch 1967 und 1968 nicht besser als in den Vorjahren, so dass der Endausbau im

Werkteil Leipziger Straße immer noch nicht abgeschlossen werden konnte. Auch hinsichtlich des Importes von Ausrüstungen und Anlagen berichteten die Direktoren für Technik und für Produktion über die unverändert schwierige Lage. Diese hatte dazu geführt, dass Produktionserhöhungen im Wesentlichen nur noch durch Rationalisierungsmaßnahmen, Kleinmechanisierungen und Verfahrensänderungen möglich waren. Die eigenen Betriebshandwerker waren dadurch weitgehend gebunden, was zu Defekten bei den Wartungs- und Pflegearbeiten – und damit zunehmendem Verschleiß – führte.“ [42]

Wie hieß es doch bei der von Heyden AG 1908: „Besonders große Werkstätten für… sorgen für eine dauernde Instandhaltung der umfangreichen Anlagen.“ Es blieb der marxistischen Produktionsweise vorbehalten, dies über Bord zu werfen.

In den 1980er Jahren zeichnete sich ein weiterer Niedergang statt Aufbau ab:

„1982 erhielt das AWD die Auflage, bis Ende 1983 ein neues Heizhaus zu bauen, weil ab 1984 kein Heizöl mehr verfügbar wäre. Die Mittel in Höhe von 50 Mio. Mark gingen für produktive Investitionen verloren.“ [42]

Und trotz mancher Fortschritte bei Einzelprojekten wurde die Gesamtsituation zunehmend schlechter:

„Im Widerspruch zu dieser partiellen Modernisierung stand der Verschleiß der Anlagen und Gebäude im AWD insgesamt, der 1986 eine Quote von 39,3 Prozent erreicht hatte. Diese Zahl stieg auf 44,2 Prozent im Jahre 1989. Dem Instandhaltungsbedarf von circa 43 Mio. Mark stand ein Aufkommen in Höhe von etwa 75 Prozent gegenüber. Dies wirkte sich unter anderem so aus, dass 1987 die fermentative Produktion von Mutterkornalkaloiden wegen nicht beherrschbarer Instabilitäten eingestellt wurde, 1988 auch die von Griseofulvin. Die für den Erhalt der betreffenden Anlagen erforderlichen 2 Mio. VM waren ursprünglich für das Jahr 1987 genehmigt worden, wurden aber dann vom Ministerium gestrichen.

Die Lage hinsichtlich der Investitionen war 1988 durch Reduktionen, Streichungen und Verschiebungen von zunächst bestätigten

Vorhaben gekennzeichnet. Die seit mehr als zehn Jahren immer wieder hinausgeschobene wichtigste Umweltschutzmaßnahme, die Abwasservorbehandlungsanlage, wurde vom Ministerium wiederum nicht in den ‚Plan der Vorbereitungen' eingeordnet. Das AWD-Konzept für weitere Umweltschutz-Maßnahmen (unter anderem Verbrennung fester und flüssiger Abprodukte, Rekonstruktion der Abluftabsorptionsanlage, Nassoxidation des Abwassers) wurde weiter vertagt.

Auch die 1987 bestätigt gewesene Investition ‚Anlage für kleintonnagige biotechnologische Produkte' wurde 1988 abgesetzt, obwohl die Forschungsarbeiten zu alpha-Interferon und Cyclosporin A weit fortgeschritten waren und somit Teile des Biotechnologieprogramms der DDR gefährdet wurden und der Ausfall bedeutender Produktionswerte drohte.

Die ebenfalls erneut verschobene Investition zur Erweiterung und Modernisierung der Zentralstelle für Produktentoxikologie war Anlass für ein Schreiben der Kombinatsleitung an den Ministerrat und an das Zentralkomitee der SED, in dem mit geradezu verzweifelter Offenheit davon gesprochen wird, dass katastrophale Folgen und volkswirtschaftliche Verluste zu erwarten sind, die niemand verantworten könne.

Die Kombinatsleitung befand sich in einer permanenten Konfliktsituation, die sich 1988/89 durch verschärfte Kontrollmaßnahmen von Partei- und Staatsorganen immer unerträglicher gestaltete und zuspitzte. Durch Tagesrapporte und erteilte Sondervollmachten wurde der Druck auf die verantwortlichen Leiter erhöht. Wider besseres Wissen und gegen den fachlichen Verstand mussten Entscheidungen getroffen und befolgt werden, damit ‚es weiterging'. Ausnahmegenehmigungen für Abweichungen von Qualitätsnormen und gesetzlichen Bestimmungen des Umweltschutzes waren an der Tagesordnung, um Defekte bei der Auslieferung der Fertigerzeugnisse zu senken und um Produktionseinstellungen und Verluste weitestgehend zu vermeiden. Anhaltend belastend war die betriebliche Situation durch fehlendes Personal und Material aller Art in den ausführenden Bereichen, insbesondere von Produktion und Technik. Durch ‚planmäßige' Sonderschichten nachts und an den Wochenenden wurden Planrückstände abgebaut. In den Werkstätten wurde Schrott aufgearbeitet, um Reparaturmaterial zu gewinnen. Der Improvisation waren keine Grenzen gesetzt. Verständlicherweise waren Arbeitsmoral und Motivation großer Teile der Belegschaft rückläufig und niedrig.“ [42]

Die einst weltbekannte, vormals zu den Spitzenfirmen der pharmazeutischen Industrie gehörende „F. von Heyden AG“ abgewirtschaftet, keine Erfolgsgeschichte durch eine realsozialistische Arbeitsweise, eine weitere Bankrotterklärung für den Marxismus.

Nach 1990 versuchte die Treuhand den potentiellen Käufer zu finden. Zahlreiche Firmen bekundeten Interesse, schließlich ging der Betrieb 1991 an die ASTA Medica AG, eine Tochter der Degussa AG, Frankfurt/M. Als große Belastung stellten sich die vielfältigen Umweltprobleme heraus, das volkseigene AWD war schließlich einer der Hauptverschmutzer der Elbe gewesen. Und 3.000 Mitarbeiter konnten nicht gehalten werden.

In den 1990er Jahren kam es insgesamt in der europäischen Pharmaindustrie zu vielfältigen Wandlungen. Dies betraf nun auch die Standorte Radebeul und Dresden. Durch Strukturveränderungen bei Degussa wurde das nun AWD pharma GmbH genannte Unternehmen 2001 an den kroatischen Konzern PLIVA verkauft. Doch die Umwandlungen gingen weiter, so dass 2017 in Radebeul eine Arevipharma arbeitet und sich inzwischen durch den Investor Stringmann etabliert hat. In Dresden produziert der italienische Menarini-Konzern auf dem alten Gehe-Gelände unter „Menarini von Heyden“ Arzneimittel. Darüber haben wir schon berichtet. Es ist die letzte Reverenz an den Traditionsnamen von Heyden.

So müssen wir unsere Negativ-Berichterstattung leider auch für die nicht unbedeutend gewesene Pharma-Industrie im Raum Dresden fortführen. Gehe AG und Madaus AG wurden als Exilbetriebe in der jungen Bundesrepublik zu wichtigen Akteuren des westdeutschen Wirtschaftswunders. Die ursprünglichen Stammbetriebe erfuhren nach einer anfänglichen Aufbauphase – als ob der Geist der AGs und ihrer Gründer nachwirkte – einen beispiellosen Niedergang und standen 1990 hoffnungslos veraltet der Marktwirtschaft gegenüber. Ein MBO gelang nicht, das große AWD musste im Sinne des Wortes verhökert werden. Wer war bereit, Millionen für den völlig missachteten Umweltschutz einzusetzen? Wer traute sich zu, mit einem alten (neuen) Arzneimittelwerk auf dem übersättigten Weltmarkt wieder Geld zu verdienen?

Der große Teilbetrieb Nünchritz der von Heyden AG war nach 1945 als VEB Chemiewerk Nünchritz fortgeführt worden. Hier begann die Silicon-Chemie, die auf den Dresdner Professor Richard Müller (1903-1999) zurückgeht. Mit der sogenannten Müller-Rochow-Synthese aus den 1940er Jahren wurden hier die Grundlagen für die weltweit einsetzende Silicon-Kleb-/Dichtmassen-Produktion gelegt. Auch auf diesen Meilenstein der chemischen Industrie konnte der volkseigene Betrieb nach 1990 nicht weiter aufbauen und, wie es erforderlich gewesen wäre, großzügig erweitern. Erst die **Wacker Chemie AG, München**, die 1998 den Standort in Nünchritz, nun auf dem Friedrich-von-Heyden-Platz 1, übernahm, schuf eine Werksanlage von 130 Hektar (von Heyden hatte 1900 mit 80 Hektar begonnen). Mit 1.500 Mitarbeitern ist Nünchritz der größte Chemiestandort Sachsens. Neben einer großen „Kartuschen-Abfüllanlage für Silicon-Kleb- und Dichtmassen“ produziert die Wacker AG jährlich 15.000 Tonnen hochreines polykristallines Silicium für die Solarindustrie, ferner Kieselsäuren und andere Silicon-Produkte. Etwa 1,5 Mrd. Euro sind in den nun fast 20 Jahre bestehenden Betrieb investiert worden.

Ein Rest des VEB Chemiewerkes Nünchritz lebt seit 1991 als Nünchritz GmbH & Co. KG fort. Bereits von 1965 an hatte die Produktion von PTFE-Produkten begonnen, und dies wird in der KG fortgesetzt, 1996/97 konnte ein neues Firmengelände bezogen werden.

Bombastus-Werke AG Freital/Teehaus GmbH Radebeul/APOGEPHA GmbH Dresden

So ist zumindest ein Teil der Chemieindustrie Sachsens erhalten geblieben beziehungsweise wieder aufgestanden. Eine Vielzahl kleinerer Pharmabetriebe ist auf den verschiedenen Gebieten tätig, natürlich die Teekanne in Radebeul und die Bombastus-Werke AG in Freital. Sie haben den Marxismus schneller überwunden als die großen Betriebe. Die Teekanne, 1888 von Seelig & Hille in Dresden gegründet, ging als Exilfirma 1945 nach Düsseldorf. Sie ist 1990/91 nicht nach Radebeul zurückgekehrt, sondern lediglich eine Teehaus GmbH als Tochter der Unternehmensgruppe Teekanne produziert seitdem in Radebeul.

Ein anderes Beispiel ist die APOGEPHA Arzneimittel GmbH Dresden. Aus einer Apotheker-Genossenschaft hervorgegangen, spezialisierte sich die Firma bald auf urologische Produkte. Nach 1945 als OHG weitergeführt, entstand in den 1960er Jahren der halbstaatliche Betrieb Apogepha KG und 1972 durch „erzwungene Freiwilligkeit" der VEB Apogepha. Der Leiter blieb der Sohn des Firmengründers Christian Starke.

„1974 fusionierte der VEB Apogepha mit weiteren volkseigenen Dresdner Pharmabetrieben, die zuvor ebenfalls aus privaten beziehungsweise halbstaatlichen Unternehmen hervorgegangen waren. Zur gleichen Zeit hatten sich für Starke die Widersprüche zwischen seiner Einstellung, die vom unternehmerischen Denken eines Familienbetriebes geprägt war, und dem Schlendrian von Genossen und Funktionären, die Vorschriften machten und sich ohne Fachverstand einmischten, derart zugespitzt, dass er seine Funktion als Betriebsleiter zur Disposition stellte. Fortan übernahm Christian Starke die Leitung der Forschung und Entwicklung bei Apogepha." [43]

1990/91 erfolgte die Reprivatisierung durch die früheren Eigentümer, und inzwischen ist die Apogepha mit 150 Mitarbeitern und über 30 Millionen Jahresumsatz ein europaweit tätiger Betrieb auf dem Gebiet urologischer Arzneimittel.

Villeroy & Boch AG Dresden/Mettlach (Saarland)

Direkt gegenüber dem Pharmahersteller Menarini von Heyden zweigt am Beginn der Leipziger Straße links die Eisenbahnstraße ab. Sie umschließt in einem Bogen das weiträumige Gelände des alten Leipziger Bahnhofs. Es ist der Rest des Bahnhofs der ersten Ferneisenbahn Europas.

Wir wollen an ein weiteres, hinter diesem Bahnhofsareal gelegenes Werk der Dresdner Industrie erinnern, die Bahnhofsgeschichte aber kurz streifen. Die sonst so auf Kunst und Stadtgeschichte bedachte Stadt Dresden lässt dieses Denkmal verkommen und zusammenstürzen.

Bild 39: Dem Verfall preisgegebene Gebäude des alten Leipziger Bahnhofs in Dresden (Zustand 2019 / 2020).

Nicht zur 100- oder 150-Jahrfeier und auch nicht zur 175-Jahrfeier 2014 hatte man eine Sanierung durchgeführt oder zumindest vorbereitet, auch keinen Schutz über die einbrechenden Dächer errichtet und so weiter. Die Bahnsteige sind noch vorhanden, die dazwischen tiefer liegenden Gleisanlagen vermüllt. Am langen Hauptgebäude sind noch die aus Ziegel gemauerten Rundbögen vorhanden, das Dach teilweise eingebrochen, das Ganze dem Wetter seit vielen Jahren ausgesetzt. Was könnte es für ein Denkmal der Eisenbahngeschichte sein – Europas erster Bahnhof von 1838/39 für eine Ferneisenbahn! Ein Anziehungspunkt für Eisenbahnfreunde aus aller Welt und die erste in Deutschland gebaute Lokomotive, die Saxonia, müsste hier ihren Stammplatz haben. Eine Aufgabe auch jetzt noch für die Stadt, den Freistaat und auch die Bundesbahn. Die Globus-

Märkte hatten das Areal gekauft und wollten mit der Errichtung eines großen Einkaufsmarktes auch die alten Bahnhofsanlagen restaurieren. Doch das Projekt scheiterte 2016/17 am derzeit regierenden rot-grün-roten Stadtrat. Abgesehen davon, ob an dieser Stelle ein großer Einkaufsmarkt vonnöten ist, sind bei diesem Stadtrat durchaus Tendenzen einer DDR-typischen „proletarischen Bedarfswirtschaft“ (Adenauer) erkennbar. Wer als Investor zu großspurig auftritt oder irgendwie den SPD- und Linken-Genossen nicht sympathisch ist, hat keine guten Karten zurzeit in Dresden. Da gibt es manche Gründe zum Nein-Sagen, natürlich den Umweltschutz, das Weiterbetreiben von sogenannten „Kreativwirtschaften“ und anderes. Es betrifft zum Beispiel auch die sonntäglichen Ladenöffnungszeiten in der Adventszeit, wo die Linken und Grünen mit Hinweis auf die in der Bibel genannte Sonntagsruhe nur ein Minimum zulassen. Am Bahnhofsgelände ist das große Bauschild der Globusmärkte wieder verschwunden, es bleibt Abbruchgelände mit Parkplätzen für Autovermieter und andere, die Gebäude (außerhalb des alten 1838er Bahnhofs) werden durch einige Firmen vorwiegend als Lager genutzt.

Vielleicht haben die Globus-Märkte das Gebiet auch wieder verkauft. Es ist ein „Filetstück“ in unmittelbarer Nähe des jetzigen Bahnhofs Dresden-Neustadt, ein guter Anschluss besteht zur Autobahn A4 von der Hansastraße/Radeburger Straße zur Anschlussstelle Dresden-Nord. Auf jeden Fall ist viel Platz an einer verkehrsreichen Stelle mit geringer umliegender Wohnbebauung. Seit 2019 gibt es neue Planungen für dieses Gebiet.

Doch wir wollen an eine Firma erinnern, welche nur circa 100 Meter weiter an der Leipziger Straße ein großes Werk bis 1948 betrieben hatte: Villeroy & Boch. Was die beiden Unternehmer bewog, neben ihrem Standort im saarländischen Mettlach einen zweiten großen Betrieb bereits 1856 in Dresden zu gründen, waren nach Aussage der Firma der weißbrennende Ton (aus der Nähe von Meißen), die Elbe für den Schiffstransport der Rohstoffe, der nahe Bahnhof Dresden-Neustadt und natürlich die Erschließung des gesamten ostdeutschen Marktes.

Bild 40: Villeroy & Boch AG, das große Werk des saarländischen Mutterhauses aus Mettlach in Dresden. Wie in vielen anderen Fällen: Wer groß und bedeutend war, wurde enteignet, ob Kriegsverbrecher oder nicht. Der VEB Sanitärporzellan stand 1990 abgewirtschaftet da, keine Chancen auf dem freien Markt zu bestehen. Nach dem Abriss der Anlage ist in 30 Jahren ein wilder Wald gewachsen.

Die im damaligen Neudorf (heute Leipziger Vorstadt/Pieschen) betriebene Steingutfabrik war zeitweise größer als das Stammwerk in Mettlach, bis zu 1.000 Mitarbeiter produzierten Steingutgeschirr als

Massenware, aber in kleinerem Umfang auch Vasen, Krüge, Dosen und andere Geschirrstücke in durchaus künstlerisch anspruchsvoller Gestaltung. Dazu zählten auch Fliesen, wie sie zum Beispiel Pfunds Molkerei für ihren Milchladen im 1891 neu eröffneten Geschäftshaus bezogen hatte. Den heute noch bei Pfund in der Bautzner Straße Nr. 79 vorhandenen „schönsten Milchladen der Welt" haben wir schon erwähnt.

Es ist die letzte Reverenz an das durchaus bedeutende sächsische Werk der großen Villeroy & Boch AG, die heute mit zwei großen Bereichen – Tischkultur und Bad/Wellness – europaweit tätig ist. Dresden ist nicht mehr dabei, natürlich wurde die Steingutfirma den „Kriegsverbrechern" zugeordnet und 1948 enteignet. Der Betrieb setzte als VEB Sanitärporzellan die Produktion fort, Wasch- und Klosettbecken standen auf dem Programm. Überaltert und abgewirtschaftet, nach 1990 nicht fähig, Produkte auf dem offenen Markt anzubieten, war auch dieses Unternehmen nach circa 100 Jahren erfolgreicher Tätigkeit in Dresden vom Marxismus ruiniert. Wer heute mit den Straßenbahnlinien 4 und 9 in Richtung Pieschen die Leipziger Straße entlangfährt, erlebt nach dem Eisenbahngelände/Tankstelle rechts einen wild gewachsenen „Wald" bis zur Haltestelle Alter Schlachthof. In diesem Areal befand sich das Werk Villeroy & Boch, die Einfahrten und Gebäudebruchteile sind noch zu erkennen.

Turbinenfabrik Brückner, Kanis & Co KG Dresden/AEG-Kanis/TGM Kanis/Nürnberg

Vom Bahnhof Dresden-Neustadt beziehungsweise Albertplatz liegt, circa 3 Kilometer die Königsbrücker Straße entlang, ein Industriegelände, entstanden aus dem Arsenal, der Produktions- und Lagerstätte für Waffen und Munition. Die Anlage war zusammen mit der Kasernenstadt unter König Albert in den Jahren 1873-1877 errichtet worden. Daraus entstand oberhalb der Stauffenbergallee ein circa 2 Kilometer langes Industriegebiet, östlich an die Dresdner Heide anschließend. Direkt an der Stauffenbergallee liegt das neu gestaltete Militärhistorische Museum der Bundesrepublik, entstanden aus dem Armeemuseum der DDR.

Ab den 1920er Jahren bildete sich hier ein Mischgebiet der verschiedensten Gewerbe, vom Knöpfe- und Kolbenringhersteller bis zum Teilbetrieb der Sachsenwerk AG, in deren Großhalle später der DDR-Flugzeugbau die ersten Flugzeugrümpfe fertigte.

Wir wollen nur an zwei Betriebe erinnern, die im Vorkriegsdeutschland ein gesunder Mittelstand gewesen sind, als Exilbetriebe in der frühen Bundesrepublik den Aufbau mitgestaltet haben, in den DDR-Jahren recht und schlecht weiterarbeiteten, aber den Anschluss an den freien Markt 1990 nicht schafften.

Da ist zuerst die Turbinenfabrik Brückner, Kanis & Co KG zu nennen. 1924 durch Übernahme eines vorhandenen Turbinenherstellers gegründet, wurde Brückner-Kanis ein bedeutender Lieferant von mittelgroßen und kleinen Dampfturbinen mit einem vielfältigen Einsatzspektrum. Wo Dampf zur Verfügung stand, konnten mit Dampfturbinen die Nebenantriebe bestückt werden, von Kesselspeisepumpen in Kraftwerken und Dampfschiffen bis zu Kleinturbinen für Dampflokomotiven. Damit hatte sich die Firma einen europaweit festen Kundenstamm aufgebaut, war in den Kriegsjahren 1940-1945 natürlich in Rüstungsprojekte eingebunden.

1945/48 wurden die Betriebsanlagen demontiert und nach Russland abtransportiert, danach das Werk als VEB EKM Turbinenfabrik neu eingerichtet (EKM = Energie- und Kraftmaschinenbau). Es erfolgte in den ersten Jahren eine Aufbauphase, direkt an der Königsbrücker Straße wurde ein neues Büro- und Verwaltungshochhaus errichtet. Mit circa 1.000 Mitarbeitern lieferte die Firma folgende Haupterzeugnisse, das Programm bis 1945 ist nochmals mit angeführt:

bis 1945: *Dampfturbinen für kleinere und mittlere Leistungen zum Antrieb von Pumpen, Gebläsen und Stromerzeugern, auch auf Schiffen der Kriegsmarine; Turbopumpen und Verdichter für die Luftwaffe*

bis 1961: *Klein- und Mitteldruckdampfturbinen, Turbogeneratoren für Dampflokomotien, Kleindampfturbinen für Milchzerstäuberanlagen ab 1955:* *Strömungsgetriebe und Strömungswendegetriebe, Strömungskupplungen, Kupplungsregelgetriebe, Strömungswandler, Konsumgüterproduktion* [32]

Man ging also schon Mitte der 1950er Jahre vom Dampf zunehmend ab, begann mit dem neuen Arbeitsgebiet Strömungsmaschinen (Föttinger-Kupplungen/Getriebe), die für das Bauprogramm der DDR-Diesellokomotiven wichtige Baugruppen waren.
1967 erfolgte der Zusammenschluss mit dem Entwicklungsbau Pirna des volkseigenen Flugzeugbaues. Über die Luftfahrt-Gasturbinen werden wir noch an anderer Stelle berichten. Nun war ein großes Werk mit mehreren tausend Mitarbeitern entstanden, das Arbeitsgebiet mit Strömungsgetrieben und den völlig neuen Erzeugnissen Gasturbine hätte ein Aufbauprogramm für 50 Jahre und mehr werden können. Dabei hatte die Gasturbinen-Enwicklung, von Junkers-Dessau ausgehend, einen Vorsprung im europäischen Maßstab.

Das Werk hieß nun VEB Strömungsmaschinen mit Sitz in Pirna, eingebunden im Kombinat Kraftwerksanlagenbau Berlin.
Und nun, 1990: Das Aus auf Raten. Hatte der Streit der führenden Genossen um Macht und Posten in Dresden, Pirna und Berlin alles übertüncht, war die sachlich-fachliche Arbeit zur Nebensache geworden trotz des guten Ingenieur- und Facharbeiterstammes, trotz des modernen Maschinenparkes? Die 1990 erfolgte Umwandlung zur Strömungsmaschinen GmbH wurde fortgesetzt durch eine Strömungsmaschinen Industrietechnik GmbH. Doch 1995 wurde die Insolvenz eingeleitet, ein Jahr später der Geschäftsbetrieb beendet. Sächsische und westdeutsche Mittelständler kauften den guten Maschinenpark billig auf, und die Pirnaer Facharbeiter sahen mit feuchten Augen zu, wie die Maschinen abgeholt wurden.
Das gesamte Plateau Pirna-Sonnenstein wurde damals völlig neu gestaltet.

Der aus Plauen gebürtige Paul Kanis hatte an der TH Dresden Maschinenbau studiert. Mitte der 1930er Jahre übernahm er allein die Leitung von Brückner-Kanis. Wie vorstehend genannt, war die Firma stark in kriegswichtige Projekte eingebunden – wie alle leistungsfähigen Maschinen- und Anlagenbauer in Deutschland.

Bild 41: Das Projekt Zeitenströmung hat eine alte Industrieanlage völlig neu gestaltet alle Gebäude vorbildlich restauriert. So auch die Gebäude der bis 1945 bestehenden Firma Brückner, Kanis & Co. So findet man die Dreherei, das Verwaltungsgebäude, den Speisesaal und andere Anlagen dieses vormals sächsischen Mittelständlers, der ab den 1950er Jahren die Bundesrepublik mit aufgebaut hat.

Bei der Enteignung und Demontage seines Betriebes 1945 hatte Kanis gerade das 50. Lebensjahr überschritten. Was macht ein solcher kreativer Kopf, der urplötzlich seines Lebenswerkes beraubt ist? Sich als mittelloser Frührentner weiterhin von den Stalinisten beschimpfen, vielleicht inhaftieren zu lassen? Kanis verließ mit seinen besten Ingenieuren 1947 Dresden und verlegte seinen Schwerpunkt auf Entwicklung und Fertigung von Industrie-Gasturbinen. Durch die Verbindung mit der AEG zur AEG-Kanis GmbH geworden, verlor der Unternehmer Kanis zwar die Führerschaft im Unternehmen, doch zusammen mit der AEG realisierte die Firma bis in die 1980er Jahre Millionenaufträge, ja insgesamt weit über eine Milliarde, in aller Welt. In den Hauptwerken Nürnberg und Essen – an beiden Standorten hatte Kanis begonnen – wurden vorwiegend Gasturbinen, aber auch Dampfturbinen, gefertigt. Die Krise der großen AEG betraf auch die Turbinenfabrik. In den 1980er Jahren übernahm die Asea Brown Boveri AG (ABB) die Dampfturbinensparte von AEG-Kanis, der Gasturbinenbereich ging an andere Konzerne. Somit ist im großen Turbinengeschäft der Name Kanis verschwunden, aber in der kleineren Firma TGM Kanis Turbinen GmbH, Nürnberg, lebt er fort. Sie befasst sich wieder mit Dampfturbinen, also mit den Maschinen, mit denen die Firma Brückner-Kanis in den 1920er Jahren in der Dresdner Neustadt begonnen hatte. Wenn sich die Zeiten auch geändert haben, in den bundesdeutschen Aufbaujahren 1950-1980 hat der sächsische Ingenieur und Unternehmer Paul Kanis Industriebetriebe und Tausende Arbeitsplätze geschaffen und zur Wirtschaftskraft der Bundesrepublik erheblich beigetragen.

Vom Werk Dresden erhielt das neue Militärhistorische Museum einen Teil der Turbinenwerkshallen, um seine Ausstellungsflächen zu erweitern. Auf dem restlichen großen Gelände startete 2005 die B & E Vermögensverwaltung GmbH das Projekt „Zeitenströmung“. Das direkt an der Straßenbahnhaltestelle Heeresbäckerei/Stadtarchiv (Linien 7 und 8) für die Turbinenfabrik 1957 erbaute Hochhaus dient als Verwaltungs- und Bürohaus, in den Gebäuden sind Gewerbe, wie Auto-Klassiker-Handel, Triumpf-Motorradhandel, Ausstellungshallen, Gaststätten und anderes entstanden. Die Straßen und Plätze heißen Horch-Boulevard, Wanderergasse, Cadillac-Carrée, eine große Mauer mit herabfallender Wasserwand Niagaraplatz. Alle Gebäude sind ausführlich beschriftet, viele waren als Artillerie-Werkstätten der Königlich-Sächsischen Armee ab 1875 errichtet und 1920 aufgegeben worden. Auch die nachfolgende Nutzung ab 1924 ist verzeichnet, und so steht man vor dem Verwaltungsgebäude, der Kantine, der Dreherei und anderen Hallen der Brückner, Kanis & Co. KG. Und man steht betroffen da bei den Gedanken, wie ein solcher Mittelständler aufgebaut hat, im Reigen der deutschen Maschinenbauer präsent war, wie die Nachfolger in ihrem Wahn, durch Zerschlagung der Eigentumsverhältnisse alles besser machen zu können, scheiterten und wie derselbe Unternehmer unter normalen Verhältnissen „im Westen“ wieder Tausende Arbeitsplätze schuf. Mit dem Projekt „Zeitenströmung“ ist ein Teil der Dresdner Industriekultur hervorragend gestaltet worden. Ein Wermutstropfen bleibt: Diesem Paul Kanis hätte ein Platz, eine Stelle gewidmet werden müssen. Das Gelände stand für Artillerie und Turbinenbau, nicht für Automobilbau. Eine Kanone, eine Kanis-Turbine wären Objekte für die Freiflächen gewesen.

Hermann Mende & Co Dresden/Nordmende Bremen

Auch der zweite Betrieb aus dem Dresdner Industriegelände hat das Leben der Bundesrepublik in den Aufbaujahren erheblich bereichert, aber auf einem anderen Gebiet: Radio und Fernsehen. Weniger als circa 800 Meter oberhalb von Brückner-Kanis, im Gebiet der – neu benannten – Hermann-Mende-, Werner-Hartmann- und Melitta-Bentz-Straße war 1923 die Firma Hermann Mende & Co GmbH als Fabrik für elektrotechnische Artikel gegründet worden. Sie entwickelte sich bald zur Pionierfirma der Radiotechnik, besonders durch den Cheftechniker und Erfinder Ullrich Günther. In wenigen Jahren entstand eine Vielzahl von Neuentwicklungen, und durch Übergang auf ein Fließbandsystem stiegen die Stückzahlen von über 100.000 (1931) auf die Millionengrenze (1937). Geräte wie Super Mende gingen mit hohen Stückzahlen auch in den weltweiten Export. Mende entwickelte auch die ersten tragbaren Batteriegeräte. Insgesamt produzierte hier im Dresdner Norden Mende & Co als damals größter Hersteller Deutschlands hochwertige Rundfunk-Apparate. Für die Musikhörer wurde mit „Wer Musik liebt, wählt Mende" geworben.

Martin Mende setzte den Betriebsaufbau in den 1930/40er Jahren erfolgreich fort, auch Mende war in Rüstungsprojekte bis 1945 eingebunden. Enteigung und Rauswurf konnten einen solchen kreativen Unternehmer nicht entmutigen. Er erlebte den stalinistischen Terror im Lande, und wie Hunderte seiner Geschäftsfreunde ging Mende 1947 den entscheidenden, nicht risikolosen Schritt. In Bremen gründete er in den Hallen der vormaligen Focke-Wulf-Flugzeugwerke die „Norddeutsche Mende-Rundfunk GmbH" (Nordmende). Und aus diesem Flüchtlingsbetrieb – wir nennen sie Exilbetriebe – entwickelte sich ein bedeutendes Unternehmen der Unterhaltungsbranche. Sie standen in den bundesdeutschen Haushalten der Nachkriegsjahre – die Radios, Plattenspieler, später Fernseher von Nordmende. Dabei dürfen wir davon ausgehen, dass viele frühere Mende-Angestellte aus Dresden der Firma nachgezogen sind, wie in den Tausenden anderen Fällen. Und es wurde sächsisch gesprochen in den Anfangsjahren bei Nordmende wie überall, wo die Exilsachsen mit ihrem Know-how neu gründeten.

Ende der 1970er Jahre verkauften die Söhne von Martin Mende die Mende-Firmen (Produktion und Vertrieb) an den Konzern Thomson-Brandt, der im Laufe der Jahrzehnte viele weitere Wandlungen erfahren hat. So ist der Name Mende auch im „Westen" erloschen. Es bleibt der Beitrag eines Dresdner Unternehmers zum Wirtschaftsaufbau der jungen Bundesrepublik, hier der Bremer Region, die damit einen Teil ihrer einseitigen Wirtschaftsstruktur abbauen konnte.

In Dresden entstand nach der Demontage und Enteignung der VEB Funkwerk Dresden, der bis Anfang der 1960er Jahre noch Radiogeräte produzierte. 1969 wurde aus dem Funkwerk und anderen Einrichtungen der VEB Messelektronik „Otto Schön", zehn Jahre später erfolgte die Eingliederung in das Kombinat Robotron. Die Namen wurden immer länger – VEB Robotron-Messelektronik Otto Schön Dresden – die Effektivität immer geringer. 4.000 Beschäftigte produzierten Dosimeter, Kraft- und Schwingungsmesstechnik und anderes, aber auch militärtechnische Anlagen für Minensuchtechnik, Zieleinrichtungen, strategische Waffen. Dementsprechend war der Betrieb im Militärverbund der Ostblockstaaten stark eingebunden. 1990 liquidiert, entstanden aufgrund des guten Ingenieur- und Facharbeiterstammes mehrere Nachfolgebetriebe, welche die Einzelbereiche, wie Kraft- und Schwingungsmesstechnik, Automatisierungstechnik und anderes erfolgreich in Dresden, aber auch in umliegenden Städten, fortsetzten.

Auf das „Zentrum Mikroelektronik Dresden" (ZMD) des Professor Hartmann ging die gesamte Halbleiter- und Mikrochipbranche der DDR zurück. In der Nachfolge entstand in Dresden mit dem VE Kombinat Robotron ein Großbetrieb mit insgesamt fast 70.000 Mitarbeitern und Teilbetrieben in Karl-Marx-Stadt (Chemnitz), Radeberg, Leipzig, aber auch in Jena, Gera, Sömmerda, Zella-Mehlis und weiteren Ortschaften, wo die Mikrooptik, Büromaschinentechnik, feinmechanische Industrie lange Tradition hatte. In Dresden entstanden fünf Robotronbetriebe: die wir wenigstens beim Namen nennen wollen:

VEB Robotron-Elektronik Dresden (Stammbetrieb, Personalcomputer, Zentraleinheiten, Schreib- und Rechentechnik, eigene Blechverarbeitung)
VEB Robotron-Messelektronik Otto Schön
VEB Robotron-Projekt Dresden (Software, Datenverarbeitungssysteme)
VEB Robotron-Vertrieb Dresden (Zentralbetrieb, Ersatzteilversorgung, Schulungszentrum)
VEB Robotron Zentrum für Forschung und Technik (ZFT) (Rechenzentrum, Spezialwerkstätten, Musterbau, Software-Entwicklung)

Nach 1990 sind alle fünf Robotron-Betriebe aufgelöst worden. Wie bereits genannt, sind aus dem unter 2. genannten Teilbetrieb Messelektronik Otto Schön – dem Ursprung Mende – eine Vielzahl Mittelständler hervorgegangen. Auch aus den vier anderen Werken entstanden Computer-, Software- und Schulungsfirmen, die Robotron Datenbank-Software GmbH in Dresden ist der stärkste dieser Nachfolgebetriebe. 1991 als Einzelunternehmen gegründet, beschäftigt die Firma über 500 Mitarbeiter bei Umsatzwerten von über 40 Millionen

Euro in den letzten Geschäftsjahren. Eine große Mehrzahl der freigesetzten Robotron-Fachleute bildete das Reservoir für die entstehenden Chipfabriken im Norden Dresdens.

Zu den vielen Büchern über die Wirtschaft und ihre Entwicklungen gehört auch die Buchreihe des englischen Autors C. N. Parkinson, der mit Humor und einer Portion Sarkasmus Fehlentwicklungen und Bürokratie beschreibt. Im Buch „Favoriten und Außenseiter" teilt er Firmen in drei Gruppen ein. Eine Gruppe, wo der Putz von der Fassade fällt und die Türen schief hängen, heißt „B. Scheiden & Co" (hierzu gehörten die meisten DDR-Firmen). Eine zweite Gruppe, wo es richtig gut läuft, nennt er „Racker und Schaff GmbH". Und eine dritte Gruppe, die Großen, werden „Stupido-Gigantic AG" genannt. Hier formuliert der Autor eines seiner Wirtschaftsgesetze:
„Die Stupido ist Parkinsons Drittem Gesetz zum Opfer gefallen: Expansion bedeutet Komplexität, und Komplexität bedeutet Verfall. Überall finden sich Anzeichen von Verfall. Betrachten Sie einmal die Gebäude. Zuerst gibt es da den alten Schuppen von 1912 – jetzt ein Museum –, in welchem das Unternehmen begann. Dann kommt das Fabrikgebäude von 1925, geräumig, schrittweise gewachsen und lieblos aneinandergefügt; nicht viel mehr, als den Maschinen ein Dach über dem Kopf zu geben. Dann haben wir dort das Hauptverwaltungsgebäude; 1934 nach dem großen Zusammenschluss erbaut, quillt es über von Marmor und Bronze, Schmiedeeisen und eichenem Schnitzwerk. Auf der gegenüberliegenden Werksstraße die ungeheuren Erweiterungen aus dem Kriegsjahr 1944, die heute lediglich dem Zweck aller nur zeitweilig erforderlichen Gebäude dienen, nämlich fünfzig Jahre lang jenen Platz mit Beschlag zu belegen, der eigentlich für andere Dinge gebraucht würde. Schließlich kommen wir zu dem jüngsten Gebilde, 1960 erbaut, um die neuesten Abteilungen zu beherbergen: Public Relations, Personalführung, kulturelle Aufgaben, Werksfürsorge, Betriebsführungen, Erholung und Sport. Es besteht aus einem Leichtmetall-Rahmen, Holzfaserplatten, Glasfaser, Polyäthylen und Pappe. Was der Besucher für das Resultat eines Rohrbruchs hält, ist der Japanische Garten. Was wie Kalkflecken an den Wänden aussieht, sind die Wandbilder von Sakuma Musashi. Das Gebäude ist nicht allein wegen seiner Leichtbauweise bemer-

kenswert, sondern auch wegen der Schaumstoff-Isolierung und der Warmluftzirkulation. Entworfen von Edgar Schnitzelbaum, Professor an der Hochschule für Architektur in Bruchfast, repräsentiert es in Aufbau und Aussehen die neuesten Trends. Es tut deutlich kund, dass es nicht lange halten wird und auch mit dem Zweck der Fabrik nichts gemein hat. Ob der Stupido-Konzern weitere zwanzig Jahre florieren wird, mag dahingestellt bleiben, aber die Erbauer seines jüngsten Gebäudezuwachses geben ihm ganz offensichtlich nicht mehr als zehn Jahre. " [44]

Natürlich sind es die Ausnahmen bei den großen Firmen, die dem Parkinson-Gesetz zum Opfer gefallen sind, aber es hat sie gegeben und wird sie in Zukunft geben. Robotron mit 70.000 Mitarbeitern war im internationalen Maßstab gesehen noch kein „Großer", aber aufgeblähte Verwaltungen, Überschneidungen der Aufgabenbereiche und fortwährendes Kompetenzgerangel bedingten eine Produktivität auf niedrigstem Niveau. Die ersten Berührungen mit dem freien Markt führten zum Zusammenbruch und zur Bildung kleinerer Strukturen.

Gläser Karosserie GmbH Dresden/KWD Automotive AG und Co KG Wolfsburg

Die Industrialisierung ab Mitte des 19. Jahrhunderts führte in allen Städten Deutschlands zu einer Mischform von Wohn- und Industriebauten. Die großen AGs aus der Gründerzeit 1870/90 hatten natürlich große Freiflächen belegt, aber in den kleinteiligen Wirtschaftsstrukturen, wie sie zum Beispiel für Sachsen, Thüringen, Württemberg und andere typisch waren, lebten Fabriken und Wohnhäuser oft Tür an Tür. Man fragt sich heute, im Zeitalter erhöhter Aggressivität unter den Bürgern, wie dies möglich war. In unmittelbarer Nachbarschaft, besonders stark in den Kriegsjahren, lärmten Pressen und Gebläse Tag und Nacht, lagen Rauchschwaden über den Häusern. Es ging meistens gut, der Umweltschutz hatte noch keinen Stellenwert, eine „grüne Partei" mit überzogenem Schwarzmalen der Gefahren gab es noch nicht.

Auch in Dresden existierte diese Mischform von Wohnen und Arbeiten. Wir wollen ein Beispiel in der Johannstadt betrachten. Dieses Stadtgebiet zählte bis in die 1870er Jahre zur Pirnaischen Vorstadt, und zum Schutz des „Königlichen Großen Gartens“ bestand ein Verbot für Industrieprojekte. Dann aber wurde die Johannstadt ein sehr rasch wachsender Stadtbezirk. Eine Ostend-Gesellschaft bebaute den südlichen Teil bis an den Großen Garten, heute Johannstadt-Süd; die Germania AG schuf die Bebauung des nördlichen Bereiches bis an die Elbe beziehungsweise das Käthe-Kollwitz-Ufer, welches bis 1945 Hindenburgufer hieß. Wenn wir in diesem heutigen Johannstadt-Nord der Pfotenhauerstraße entlang bis an die Kreuzung Arnoldstraße folgen, treffen wir in der Arnoldstraße 16-24 auf eine Firma, die für Autofreunde und Oldtimerliebhaber weltweit ein Begriff ist: Gläser Karosserie.

Mit Kutschen und Schlitten hatte dieser Heinrich Gläser 1864 begonnen und durfte sich später Königlicher Hofwagenbauer nennen. Der Senior hielt nichts von den aufkommenden Automobilen, die er „Stinkkästen“ nannte, und erst nach seinem Tod 1902 begann sein Schwiegersohn und Sozius Emil Heuer mit dem Karosseriebau. Heuer besaß einen Metallbaubetrieb in Radeberg, und nun entstand aus beiden Betrieben der Karosseriebau Gläser, in den 1920/40er Jahren der Marktführer in Mitteldeutschland für Sonderaufbauten und speziell Cabriolets. Im wohl ausführlichsten Buch über die Luxusmarke Horch-Zwickau heißt es:

Bilder 42: Gebäude der Gläser GmbH in der Arnoldstraße 16/24.
Hier sind sie entstanden, die Cabrios der 1920/40er Jahre.
In der NS-Zeit trug die Arnoldstraße den Namen Litzmannstraße.

„Hauptpartner von Horch waren in den 1930er Jahren vor allem Heinrich Gläser in Dresden und Karl Baur in Stuttgart. Hinzu kamen Kleinserien und Einzelstücke von Erhard Wendler in Reutlingen, Gustav Hornig in Meerane, Drauz in Heilbronn und Erdmann & Rossi in Berlin. Vor allem letzteres Unternehmen fertigte für solvente und prominente Kunden Sonderkarosserien nach persönlichen Wünschen. Als Fahrgestelle dienten dafür vorrangig die großen Reihenachtzylinder (850, 853 und 951). Besonders das Pullmancabriolet auf dem Fahrgestell des Typs 951 von Heinrich Gläser mit seinen gigantischen Ausmaßen deutete klar auf den dafür infrage kommenden Kundenkreis. Diese mächtigen Automobile waren nicht nur geräumig, sondern sie verfügten auch über ein luxuriöses Ambiente: eine Fußbodenheizung, verstellbare Sitze und Lehnen, in der Separation ein Reisenecessaire und als Sonderzubehör Klapptisch und Bordbar – sie waren mit ihrem Komfort und der Fahrzeugtechnik Wagen der absoluten Spitzenklasse." [45]

Und an anderer Stelle dieses Buches heißt es: „Hauslieferant für das 780er Sedancabriolet war Gläser" und „auch für das 830 Cabriolet und das 851 Pullman-Cabriolet lieferte ausschließlich Gläser die Serie".

Aber auch andere Autofirmen, von Adler bis Opel, hatten bei Gläser Sonderaufbauten fertigen lassen. Heute dürften noch einige Hundert dieser Oldtimer-Spitzenmodelle weltweit vorhanden sein, natürlich prächtig restauriert und Anlage- und Handelsobjekt für sehr gut betuchte Bürger.

Die Fabrik in der Arnoldstraße 16 bis 24 war dagegen sehr bescheiden und hatte ihre Geschichte. Arnoldstraße 16 ist das zweite Haus in der Häuserfront, eine Toreinfahrt ist noch vorhanden.

Im vorderen Haus an der Kreuzung Pfotenhauerstraße betrieb der Mediziner Doktor Schloßmann seit 1898 *„die weltweit erste stationäre Behandlungsstätte für erkrankte Säuglinge".*

Schloßmann, der seit 1893 im Laboratorium der Chemischen Abteilung der Technischen Hochschule Dresden die Chemie der kindlichen Nahrungsmittel wissenschaftlich untersuchte, verfolgte zwei Ziele: Einerseits analysierten er und seine Mitarbeiter die zur Säuglingsernährung verwendeten Rohstoffe auf ihre hygienische Unbe-

denklichkeit hin, andererseits führte Schloßmann Untersuchungen auf dem Gebiet der Säuglingsernährung und Säuglingskrankheiten durch. Im Ergebnis dieser Untersuchungen stellte das Säuglingsheim Säuglingsfertignahrung ‚fix und fertig zum Gebrauch, und zwar in Einzelportionsflaschen, individuell für jedes Kind geeignet, her. So konnten 1898 mehrere tausend Flaschen zum Selbstkostenpreis von 30 Pfennig pro Tag verkauft werden. Schloßmann forderte und praktizierte als Erster in Deutschland die ausschließliche Ernährung kranker Säuglinge mit Frauenmilch.“ [40]

Später wurde das Säuglingsheim verlegt und vergrößert und 1907 dem Stadtkrankenhaus Johannstadt die Leitung übertragen. Auch Lingner hatte die Einrichtung unterstützt, war ab 1910 Vorsitzender des Vereins Kinderpoliklinik. Hervorgegangen aus der Initiative des Doktor Schloßmann und des Unternehmers Lingner, wurde das – damals – reiche Dresden zum Vorreiter der Säuglingsfürsorge in Deutschland.

Die Werkstätten Gläser erstreckten sich mit Hausnummer 24 bis an die Kreuzung Blumenstraße. Sie waren vor Gläser die Textilfabrik des Georg Marwitz gewesen, der nach 1890 in seine große Gardinen- und Spitzenmanufaktur in Dobritz umzog. Darüber haben wir bereits berichtet.

Die Söhne Emil Heuers führten den Betrieb erfolgreich fort. In den Krisenjahren 1930/32 gab es wie überall große Rückschläge, Georg Heuer schied freiwillig aus dem Leben. Der zweite Sohn Erich Heuer führte die nun „Gläserkarosserie GmbH“ genannte Firma nochmals zu hohem Ansehen, die Jahre 1934/40 war ja die Zeit der großen Cabriolets und Luxuskarossen.

In den Kriegsjahren 1940/45 hatte auch Gläser Rüstungsteile zu fertigen, wie Sonderaufbauten für Wehrmachtsfahrzeuge und Flugzeugteile.

Die Luftangriffe 1945 hatten Dresden-Johannstadt schwer getroffen. Im Teil Nord bestand, beidseitig der Pfotenhauerstraße entlang, vom Sachsenplatz bis zur Arnoldstraße ein Ruinen- und Trümmerfeld. Am Bönischplatz war ein Häuserkomplex stehengeblieben und nach der Arnoldstraße standen noch die typischen Häuserfronten aus den

1890/1900er Jahren, beschädigt, aber wieder instandsetzbar. Vom Sachsenplatz an, gegenüber dem im Stil eines Florentiner Palastes erbauten Gerichtsgebäudes, war im Bereich Elsasser/Elisen-/Florian-Geyer-Straße ein wilder Wald gewachsen, mittendrin eine über Trampelwege erreichbare, noch betriebene Metallwerkstatt. Der Aufbau Dresdens ging eben sehr schleppend voran, auch hier wirkte die Enteignung der zahlreichen mittelständischen Baubetriebe nach. Das Gebiet liegt nur reichlich einen Kilometer vom historischen Stadtzentrum entfernt. Erst in den 1960/70er Jahren erfolgte die Bebauung des Gebietes Johannstadt-Nord.

Horch 855 (1935–1939)

Horch-Oberfahrmeister Albert Dannhäuser in einem mit Gläseraufbau versehenen Typ 855. Bemerkenswert daran die vollständige Umrahmung der Frontscheibe.

Vom Typ 855 sind insgesamt sieben Exemplare gebaut und sowohl im Werk Horch als auch von Erdmann & Rossi sowie von Gläser mit Karosserien versehen worden. Die Heckklappe verbarg keinen Kofferraum, sondern den so genannten Schwiegermuttersitz, der über Trittstufen erreichbar war.

Die Gläser-Karosserien des Typs 855 erkennt man an den innen liegenden Türscharnieren und dem Steinschlagschutz am hinteren Kotflügel. Dieser Wagen war mit der Nummer 855 007 im Hochsommer 1939 ausgeliefert worden und blieb der letzte dieses Typs.

Horch Typ 855 mit Gläser-Karosserie.

Das Gläserwerk war im hinteren Teil (Blumenstraße) stark getroffen, auch das Eckhaus vor Gläser (Säuglingsklinik Doktor Schloßmann) lag in Trümmern. Auf der beräumten Freifläche hatte der enteignete Gläserbetrieb, nun VEB Karosseriewerke Dresden, einen Lagerplatz eingerichtet. Hier standen sie, die vom VEB Automobilwerk Eisenach angelieferten, kompletten Grundfahrzeuge, um zum Wartburg Tourist T aufgebaut zu werden. Und sie standen Wind und Wetter ausgesetzt, „die Zündkerzen baden im Regenwasser" hatte ich 1966 dem Eisenacher Werk mitgeteilt, um auf diese Verhältnisse aufmerksam zu machen. Es hat in Eisenach niemanden interessiert, dort gab es viele andere Probleme. Und schließlich gehörte der VEB Karosseriewerke Dresden (KWD), Sitz Radeberg, Heidestraße, als ein eigenständiger Betrieb zum VE Kombinat Personenkraftwagen Karl-Marx-Stadt (Chemnitz).

Das Radeberger Werk wurde schließlich zum Hauptbetrieb ausgebaut, insgesamt 1.600 Mitarbeiter fertigten neben dem Wartburg Tourist Traktorenkabinen (ZT 300), Langfahrerkabinen (W 50), Verkaufswagen und Wohnanhänger „Bastei". Die Letzteren kamen aus den Standorten Rosenthal (Sächsische Schweiz) und Dresden-Kaitz. In diesem im Süden gelegenen, von der Bundesstraße B 170 umschlossenen Vorort hatte der Handwerksbetrieb Nagetusch die ersten Verkaufs- und Wohnanhänger angeboten. Zur Leipziger Herbstmesse 1958 war der Nagetusch-Wohnanhänger „Brillant" ein Verkaufsschlager, vor allem mit niederländischen Kaufleuten kam ein Exportgeschäft zustande. Es gab Hunderte solcher Fälle, wo pfiffige Mittelständler viel schneller als die schwerfällige volkseigene Industrie Kontakte über die DDR hinaus knüpften. Da war es auch verlockend, sich neben der finanziellen Abwicklung über den DDR-Staatshandel hinaus einige Mittel in Gulden oder D-Mark illegal zu besorgen. Dieser Versuchung war auch Richard Nagetusch erlegen. Er wurde 1970 inhaftiert, später von der Bundesrepublik freigekauft und verstarb im Sommer 1989 im Alter von 85 Jahren in Wiesbaden, hatte die politische Wende also nicht mehr erlebt. Seine Fahrzeuge wurden die Basis für den Wohnanhänger „Bastei", welcher in erheblichen Stückzahlen in den Betrieben Rosenthal und Dresden-Kaitz gefertigt wurde.

Auch Erich Heuer versuchte nach der Enteignung seiner Gläserkarosserie GmbH 1953 einen Neuanfang im „Westen". Nach einem verheißungsvollen Start musste er als Exilbetrieb wieder aufgeben, reihte sich ein in die gescheiterten Neugründungen, denen aber Tausende erfolgreiche Starts in den 1950/60er Jahren gegenüberstanden. Nach 1990 entstand zunächst der Treuhandbetrieb Karosseriewerke Dresden GmbH und 1994 hat der große Automobilzulieferer Schnellecke das Radeberger Werk gekauft. Laut Impressum heißt es KWD Automotive AG & Co. KG, Wolfsburg, arbeitet aber – nun auf der Heinrich-Gläser-Straße – in Radeberg und gehört zur Schnellecke Group AG & Co. KG. Der Betrieb ist also schon vom Namen her ein westdeutscher Ableger. Immerhin, die Werktätigen aus Radeberg und Umgebung haben Arbeit und Verdienst an den großen Karosseriepressen und Schweißanlagen für die Rohbaugruppen – wie vor 100 Jahren bei Gläser und Heuer kann auch Professor Rolf Schnellecke auf den Fleiß der Sachsen aufbauen.
In Dresden-Johannstadt erinnert nichts mehr an die legendäre Karosserieschmiede. In das Gebäude Arnoldstraße 16/18 sind andere Gewerbe eingezogen: Arztpraxen, Gaststätte Triangel, Netto-Markt, Sportcenter, Senioren-Residenz. Der hintere Gebäudetrakt wurde abgebrochen, Haus Nr. 20 ist ein ebenfalls gewerblich genutzter Neubau.

Es gibt in Dresden einige – leider noch zu wenige – Gedenktafeln, gerade dort, wo eine vormals bedeutende Industrie zu Hause war und ausgelöscht wurde. Hier, am Gebäude Arnoldstraße 16, wäre eine solche notwendig. Die Veranstalter der jährlichen Sachsen Classic könnten die Tafel gestalten. Zu diesen Fahrten kommen die Oldtimer-Besitzer aus ganz Europa, vielleicht ist das hier abgebildete letzte Gläser-Cabriolet stets dabei. Die Veranstaltung könnte auch hier, am Geburtsort dieser Wagen, starten.

Ihagee Kamerawerk Steenbergen & Co Dresden

Die Pfotenhauerstraße circa ein Kilometer entlang erreicht man das Universitätsklinikum der TU Dresden, als Stadtkrankenhaus in den

Jahren 1898/1901 mit ursprünglich zehn Kranken- und sechs Wirtschaftsgebäuden auf circa sechs Hektar Land errichtet. Nach 1990 unter Wahrung der alten Gebäudestrukturen gut restauriert und mehrfach erweitert, ist es heute eines der führenden Gesundheitszentren Deutschlands. Das Klinikum schließt an der Fiedler- beziehungsweise Blasewitzer Straße ab, und hier, Blasewitzer Straße 41/43, war auch ein bedeutender Betrieb der Fotobranche ansässig: Ihagee Kamerawerk Steenbergen & Co. Als Mittelständler konnte sich die Ihagee (der Name aus Industrie- und Handelsgesellschaft) auch neben der großen Zeiss Ikon AG und den vielen kleineren Herstellern behaupten, ja sie sorgte 1936 für eine weltweite Sensation auf dem Kameramarkt: „Kine Exakta“, die erste einäugige Kleinbild-Spiegelreflexkamera. Sie gilt als der sehr erfolgreiche Gegenentwurf zur „Leica“ und „Contax“ und ist millionenfach an vielen Stellen „nachempfunden“ worden. Ihr Schöpfer war der bei der Ihagee als „konstruierender Mechaniker“ tätige Karl Nüchterlein, ein Erfinder mit „goldenen Händen“. Das Ihagee-Werk ist nach 1990 abgerissen worden, und 1996 entstand ein Abakus Büropark an dieser Stelle mit drei großen Bürogebäuden. Am mittleren Gebäude Nr. 41 ist die Gedenktafel für Karl Nüchterlein (1904-1945) als Schöpfer der Kine Exakta angebracht. Nüchterlein war aus dem Krieg nicht zurückgekehrt. Die Gedenktafel ist nicht korrekt. Die Ihagee befand sich bis 1945 auf der Schandauer Straße, dort ist 1936 die Wunderkamera entstanden. Erst nach dem Luftangriff 1945 bezog das Werk die Gebäude auf der Blasewitzer Straße.

Die Geschichte der Ihagee lief zunächst parallel zu Zeiss Ikon und Pentagon ab, wir wollen sie kurz streifen. Der Niederländer Johan Steenbergen, zunächst bei Ernemann beschäftigt, gründete 1912 sein Ihagee Kamerawerk, welches trotz der übermächtigen Konkurrenz eine positive Entwicklung nahm. In der NS-Zeit wurde ein deutscher Treuhänder eingesetzt und die Ihagee AG gegründet. Steenbergen verließ 1943 Deutschland. 1945 begann die Produktion der Kine Exakta im Betrieb Blasewitzer Straße. Die Besatzungsmacht wollte sofort 20.000 Apparate haben. Damit blieben Maschinen, Material und Anlagen erhalten, 1946 wurden bereits 400 Mitarbeiter beschäftigt. Der Versuch der Selbmann-Behörde, die Ihagee in die Enteignungen einzubeziehen, scheiterte, weil die niederländische Militärmission Einspruch erhob und sich in einer betriebsinternen Abstimmung 98 Prozent der Mitarbeiter gegen die Enteignung aussprachen. So blieb der Firma der volkseigene „Kuddelmuddel“ mit den ständigen Wechseln der Führungskräfte und den Unterstellungen erspart, dafür standen Innovationen im Vordergrund. 1949 erschien eine Kine Exakta II, 1950 die Exakta Varex.

„Mit dieser Kamera wurde der Weltruf des Ihagee Kamerawerkes begründet, denn die ‚Exakta Varex‘ bewältigte dank ihres umfangreichen Zubehöres jede fotografische Aufgabe. Berühmt wurde sie aber auch, weil international angesehene Wissenschaftler und Expeditionsleiter sie benutzten.“ [30]

1960 verlegte der wieder in Deutschland lebende Hauptaktionär Steenbergen den Sitz der Ihagee nach Frankfurt/M. In technischer Hinsicht sicher kein guter Schritt, bot sich nun in Dresden die Einbeziehung des ungeliebten Konkurrenten in den VEB-Bereich an. Über einen Nutzungsvertrag und die Einbeziehung der Werbe- und Vertriebsabteilung wurde der damals kreativste Betrieb der Dresdner Fotobranche ausgelöscht.

„Auf der Grundlage dieses Vertrages wird die Produktion im Ihagee Kamerawerk AG i. V. am 31. Dezember 1969 eingestellt. Die Betriebsstätten werden ein Bestandteil des VEB PENTAGON DRESDEN und als Objekt 18 bezeichnet.“ [30]

Im „Objekt 18“ hörte jede eigenständige F/E-Arbeit auf, der internationale Ruf der Ihagee und ihre Erzeugnisse, insbesondere der Exakta Varex, gingen verloren und mit Pentagon war auch die Ihagee dem Untergang geweiht.

Willy-Ostner-Werke Dresden/Sulzbach-Rosenberg

An weitere Gedenkzeichen wollen wir erinnern. Es bleibt zu hoffen, dass noch viele der ehemaligen Industriestadt Dresden hinzukommen.

In Dresden-Pieschen wird auf der Bürgerstraße 56 an die Fahrzeugfabrik Willy Ostner erinnert. Unter O. D. – Ostner Dresden – wurden schwere Motorräder in den Jahren 1927-1936 gebaut. „W. Ostner Werke – O. D. Werk Dresden“ steht an der Seitenwand des Stadthauses Nr. 56. Auch das Logo, ein Kopf mit Wellen ähnlich dem Wella-Logo (Kosmetik) und den Buchstaben O. D., ist angebracht. Im geräumigen Hof stehen noch Gebäude der Motorradfabrik. Eingemietet ist ein Elektrogroßhandel, die Vermieterin ist eine Enkelin des früheren Unternehmers Ostner. Hier finden wir wieder eine Produktionsanlage mitten in einem Wohngebiet. Vorn die Bürgerstraße mit der Markuskirche, diagonal gegenüber das schöne Pieschener Rathaus, beidseitig zum Stadthaus Nr. 56 ebenfalls große Wohnhäuser. An der rückwärtigen Seite die Wohnhäuser der Mohnstraße und eine Grundschule. Beschwerden der Anwohner wird es sicher gegeben haben, schließlich muss ein Motorradwerk seine Motoren und Maschinen auch erproben. Ostner produzierte in der Blütezeit des deutschen Motorradbaues, in den 1920/30er Jahren bestanden circa 400 Firmen. Dabei fertigte O. D. sogenannte Konfektionsmaschinen, das heiß Motor, Getriebe und viele andere Teile wurden zugekauft. Ab Mitte der 1930er Jahre verlegte sich Ostner auf den Bau von Liefer-Dreirädern, damals sehr beliebte Fahrzeuge für den städtischen Lieferverkehr. Auch die Universelle Dresden fertigte in den Anfangsjahren solche Fahrzeuge, bevor sie zur Weltfirma im Zigaretten-Maschinenbau aufstieg.

Ostner produzierte auch im Elite-Diamantwerk in Brand-Erbisdorf, nachdem die Firma Opel hier ihre 1928 begonnene Motorradproduktion wieder aufgegeben hatte. Auch der Mittelständler Ostner verließ 1945 Dresden und baute in Sulzbach-Rosenberg eine Fahrzeugfabrik auf – kreative Köpfe wollten weiter eigenständig arbeiten und nicht in einem VEB untergehen. Rex-Lieferwagen wurden bis Mitte der 1950er Jahre gefertigt, danach übernahmen die FAUN-Werke Nürnberg diese Produktionsstätten.

Vereinte Eschebachsche Werke AG Dresden/Eschebach GmbH Rödinghausen

Nur drei Kilometer Luftlinie vom Industriegelände, der früheren Heimat von Brückner–Kanis und Radio-Mende, liegt westwärts der Trachenberger Platz. Hier, in Pieschen-Nord direkt an der S1-Bahnstation Pieschen und damit an der historischen Eisenbahnstrecke Dresden–Leipzig, befinden sich die imposanten Fabrikgebäude der Eschebach-Werke. 600 Meter lang ist das Hauptgebäude. Nach 1990 gut restauriert, ist es das wohl am besten erhaltene Industriedenkmal Dresdens aus den Gründerjahren. Der große Schriftzug „Eschebach-Werke AG" am Hauptportal ist nicht erneuert worden. Warum eigentlich nicht, zum Beispiel mit dem Zusatz „ehem."? Die Exilfirma Eschebach in Rödinghausen (NRW) hätte sicher keine Einwände vorgebracht. Mit Eschebach hat der Marxismus eine weitere Dresdner Weltmarke ausgelöscht – wie Naumann, Zeiss Ikon und andere.

Alles hatte mit dem aus Wittenberg/Anhalt zugewanderten Carl Eschebach begonnen. 1872, nach anderen Quellen 1877 beziehungsweise 1867, als Klempner-Werkstatt gegründet, wurde der Betrieb zügig zur „Blechwaren"-Fabrik ausgebaut. Der Aufstieg Eschebachs ist durchaus mit dem des Bruno Naumann oder des K. A. Lingner vergleichbar. Eisschränke, Küchen- und Badmöbel, Emaillierwaren wurden in solchen Mengen nachgefragt, dass 1886 das große Zweigwerk in Radeberg in Betrieb ging – Guß- und Emaillierwerke Carl Eschebach & Co. Rasant ging es weiter. 1890 Aktiengesellschaft, und 1900 waren die Fabrikbauten in Pieschen, Riesaer Straße, fertig.

War Dresden noch Kulturstadt? Sie war es, aber sie entwickelte sich ab den 1870er Jahren nachgerade explosiv zu einer Industriestadt ersten Ranges. Und die Eschebach AG spielte im Reigen der anderen Industrien ganz vorn mit. In einer Schrift über die Villa Eschebach wird über das Werk in der Riesaer Straße gesagt:
„Eine werbewirksame Attraktion fürs große Publikum war ein langer Mustersaal, über den es hieß: ‚Hier sehen wir in allen denkbaren Ausführungen Gas-, Kohlen- und Spiritusbadeöfen, Badewannen und Badeeinrichtungen aller Art, Lichtbäder, Dampfkastenbäder Heißluftbäder usw., den bekannten Eschebach-Heißwasser-Automaten zur Versorgung einzelner Etagen und ganzer Wohnhäuser mit heißem Wasser, von dessen tadellosem Funktionieren man sich überzeugen kann, ferner Eisschränke für Haushaltungen in den verschiedensten Größen und Ausführungen u. a. m. Wir finden Aufwaschti-

sche für den Haushalt und für Hotels, Waschtoiletten in den mannigfaltigen Ausführungen, Bidets, Zimmerclosets usw. Küchenmöbel aller Gattungen geben davon Zeugnis, daß die Firma sich sowohl in der Zweckmäßigkeit wie in der Ausstattung dem modernen Geschmack anzupassen versteht.'

Vereinigte Eschebach'sche Werke Dresden-N.

Abt. Dr.

Badewannen, Badeöfen, Badegegenstände
Heißwasser-Durchlauf-Automaten „Rubex"
Heißwasser-Vorrats-Automaten „Perfektion"
Kochendwasser-Automaten
Stand- und Wand-Gasbadeöfen mit und ohne Zimmerheizöfen
Schnell-Wassererhitzer
Heißwasser-Anlage „Nostra"
Aufwasch-Tische, Marmor-Waschtische
Anstalts-Waschtische
Klosett-Anlagen, Spülkästen, Bidets
Klosettstühle, Zimmer-Klosetts
Gaskocher, Gas-Brat- und Back-Apparate
Gas-Heizöfen
Haus- und Küchengeräte von Metall
Gas-, Spiritus- und Petroleumkocher
Speiseeismaschinen, Eiskonservatoren
Eiszerkleinerungsmaschinen
Konditorei-, Bäckerei-, Fleischerei- und Molkerei-Geräte
Back- u. Sülzformen, Blech- u. Lackierwaren aller Art
Kaffeemaschinen, Wärmapparate
Einkochapparate „Vewag-Ideal"
Armaturen, Ventilatoren, Laternen
Metallgießerei, Verzinnerei.

Vereinigte Eschebach'sche Werke Dresden-N.

Abt. R I.

Emaillierte Koch- und Haushaltungsgeschirre, einfarbig und dekoriert in schwerer und ganz besonders starker Ausführung
Emaillierte Gegenstände für Gesundheits- und Krankenpflege
Reinaluminium-Koch- u. Haushaltungsgeschirre
Emaillierte Bedarfsartikel für Lichtbildner
Haushaltungsgegenstände für Kohlen- und Gasfeuerung
Geräte für Geflügel- und Kaninchenzucht
Feuerverzinkte Gegenstände für Haus, Hof und Garten
Gießkannen, Aschenurnen
Haushaltungsmaschinen, Messerputzmaschinen
Rührwerke für Hand- und Kraftbetrieb
Eisengießerei, Verzinkerei, Verzinnerei

Abt. R. II.

Eisschränke
Küchenmöbel
Aufwaschtische von Holz
Gartenmöbel von Holz
Schlafzimmermöbel, Kinderzimmermöbel.

Bild 43: Der Komplex Eschebach-Werke AG in Dresden-Pieschen, bis 1945 ein weltweit tätiges Unternehmen im Küchen-, Haushalt- und Sanitärbereich. In Dresden erloschen, im „Westen" als Exilbetrieb erhalten geblieben. Luftbildaufnahme von 1926.

Ein Netz von Vertretungen in wichtigen europäischen Städten – Wien, Paris, London, Barcelona, Konstantinopel – sorgte für die Verbreitung dieser gesuchten Produkte. Eschebach-Küchen waren ein Begriff, jeder deutschen Hausfrau zu Zeiten ein Synonym für Qualität.“ [46]

Der Gründer Carl Eschebach war 1905 überraschend verstorben, die große AG blieb aber bis 1945 der bekannte Produzent im Küchen- und Haushaltbereich, eingeschränkt durch Kriegsproduktion. Nach der 1945/46 erfolgten Demontage zogen andere Gewerbe in die Fabrik in Pieschen ein, in Radeberg lief die Küchenproduktion in einem noch privaten/halbstaatlichen Betrieb weiter.

1972 dem VE Möbelkombinat Dresden-Hellerau angeschlossen, wurden weiterhin Küchenmöbel produziert und auch exportiert. Nach 1990 versuchten westdeutsche Kaufleute eine „Wiederbelebung“ der Eschebach-Tradition in Radeberg, die aber nach mehreren Eigentümer-Wechseln 2004 zum Erliegen kam.

In der Bundesrepublik lebt die Exilfirma Eschebach aktuell wieder auf.

Der „Möbelmarkt“ schreibt am 20. 10. 2014: *„Eine Marke wird wiederbelebt. Spannendes gibt es wieder einmal aus dem Umfeld von Störmer Küchen zu berichten: Die Eschebach GmbH & Co. KG als rechtlich und wirtschaftlich selbständige Einheit übernimmt ab Oktober 2014 im Rahmen eines Asset-Deals die Grundstücke, das Anlagevermögen sowie die Maschinen der ehemaligen Brinkmeier-Fertigung in der Industriestraße 62 in Rödinghausen. Somit wird die 1867 in Dresden gegründete Unternehmung Eschebach als Marke in neuer Produktionsstätte wiederbelebt. Die Herkunft, Kompetenz, Spezialisierung und Historie der Marke sollen dabei in dem neuen Unternehmenslogo hervorgehoben werden: ‚German Kitchen Since 1867‘. Eine übergeordnete Rolle für den Markterfolg im Ausland sieht das Unternehmen in den Komponenten ‚Made in Germany‘ und ‚Markenhistorie‘.“*

In Dresden erinnert auch noch die „Villa Eschebach“ an den Traditionsbetrieb. Dieser „Prunkbau“ am Albertplatz mit Bildergalerie und Palmenhaus konnte der 1905 verstorbene Unternehmer nur wenige Jahre nutzen. 1945 war sie schwer getroffen worden, lag bis 1990 als halbe Ruine brach und nach einer aufwändigen Rekonstruktion wurde sie 1997 von der Volksbank Dresden e. G. als Hauptsitz eröffnet.

Deutsche Werkstätten Hellerau Dresden

Wenn wir vom Sitz der Eschebach-Werke in Pieschen-Nord etwa sechs Kilometer nach Norden gehen, kommen wir nach Hellerau, ein nach einem früheren Gasthaus „Zum letzten Heller" benannter Ortsteil. Über die Flughafen- und Flugzeugbaugeschichte, bis zum DDR-Flugzeugbau 1954-1961, wird im Abschnitt sieben berichtet.
Die Deutschen Werkstätten Hellerau haben den Ortsteil weltbekannt gemacht.

Der im sächsischen Zschopau 1873 geborene Karl Schmidt war als Tischlergeselle in ganz Europa auf Wanderschaft gewesen und hatte in den Industriezentren die licht- und luftlosen Mietskasernen und Hinterhöfe kennengelernt. Ähnlich wie Lingner zog ihn nach verschiedenen anderen Ansätzen die Kunst- und zugleich Industriestadt Dresden an. 1898 eröffnete er mit zwei Gesellen eine Werkstatt für Reformmöbel und kunstgewerbliche Gegenstände und hatte mit seinen neuen Gestaltungsprinzipien einen durchschlagenden Erfolg. Zweckmäßig in der Form, ohne Schnörkel und Beiwerk sollten die Möbel sein, aber auch industriell zu fertigen.
Wenige Jahre später schloss sich Schmidt mit einer ähnlich gearteten Firma in München zusammen, und 1909/10 ging die Firma als „Deutsche Werkstätten für Handwerkskunst" (DWH) nach Hellerau, wo sie 140 Hektar Land erworben hatte. 1913 zur Aktiengesellschaft umgewandelt, verwirklichte Schmidt seinen Jugendtraum von Licht und Luft für die Arbeiter und die Verbindung von handwerklicher Produktion und Kunst. Mit den Architekten Riemerschmid und Tessenow entstanden die Gartenstadt Hellerau sowie das Festspielhaus Hellerau als ein kulturelles Zentrum in Deutschland. Bedeutende Künstler wie Gerhart Hauptmann, Kokoschka, Rilke, G. B. Shaw und andere nahmen an den zahlreichen Veranstaltungen teil.
Die Reformmöbel, die zunehmend natürlich maschinell gefertigt und auch als Maschinenmöbel bezeichnet wurden, verwirklichten

bereits das Prinzip der zerlegbaren Möbel (wie heute Ikea und andere) und nahmen auch schon vor 1914 viele Ideen des 1919 gegründeten Bauhauses Weimar/Dessau vorweg.

In den 1920er/1940er Jahren exportierte die DWH ihre Reformmöbel in viele Länder, erhielt vielfache Auszeichnungen.

Zu Beginn des Zweiten Weltkrieges entwickelte die DWH ein „vergütetes Holz“ mit hoher Festigkeit, geeignet für tragende Bauteile in Anlagen und Fahrzeugen. Auch die „Lastensegler“ der großen Flugzeugfirmen wurden mit dem verleimten Schichtholz ausgestattet. Nach Rüstungsproduktion im Krieg ereilte dieses besondere Unternehmen das Schicksal aller anderen: Demontage, Abtransport des Maschinenparks in die Sowjetunion, Überführung des ausgeräumten Betriebes in Volkseigentum. Karl Schmidt, inzwischen über 70 Jahre alt, wurde rausgeworfen, durfte den Betrieb nicht mehr betreten. 75-jährig starb er 1948, einsam und von den neuen Machthabern wie ein Aussätziger behandelt. Auch innovatives und soziales Unternehmertum, das eine ganze Landschaft verändert hatte und weltweit beispielhaft war, wurde in einen Topf mit anderen „Kapitalisten“ geworfen.

Der ab 1951 zum VEB Deutsche Werkstätten Hellerau umgewandelte Betrieb wurde aus der Schmidt‘schen Tradition heraus der beste Möbelhersteller in der DDR. Eine Sonderabteilung rüstete wieder die Opernhäuser und Regierungsgebäude aus. Die in großen Stückzahlen produzierten „Hellerauer Möbel“ – vorwiegend Spanplatten mit Eschefurnier – gingen in die Hellerauer Möbelgeschäfte in Dresden, Berlin und anderen Städten (mit „Anstellen“, wenn Lieferungen zu erwarten waren), aber auch in den Export. Dass ab den 1970er Jahren der Betrieb das Stammwerk des VE Möbelkombinates Hellerau wurde, haben wir bereits bei der Betrachtung der Rabenauer Stuhlindustrie erwähnt.

DEUTSCHE WERKSTÄTTEN
A.G. HELLERAU
Möbel, Wohnungseinrichtungen, Innenausbau
Hotel-, Sanatorien- und Schiffseinrichtungen

DEWETEX
DEUTSCHE WERKSTÄTTEN
T E X T I L G E S E L L S C H A F T M. B. H.
DRESDEN A, LANGEMARCKSTR. 39
Vorhangstoffe · Teppiche · Bezugsstoffe · Läufer

DEUTSCHE WERKSTÄTTEN
AUSSTELLUNG
DRESDEN A, PRAGER STR. 11

Bild 44: Die heutige Deutsche Werkstätten Hellerau GmbH setzt eine 110-jährige Tradition fort (1910 – 2020).

1990 brach dieses Möbelkombinat zusammen, auch dieses Konglomerat blieb nicht lebensfähig. Ab 1992 hat der Investor Fritz Straub den Betrieb übernommen. Investoren konnten ja bei der Treuhand die Listen mit Betrieben durchblättern, die Mitarbeiter befragen und dann losgehen. Straub erinnert sich in einer MDR-Fernsehsendung 2019:

„Als ich zum ersten Mal den großen Innenhof des in Gestalt einer großen Schraubzwinge gebauten Gebäudeensembles betrat, empfand ich den Charme der Toskana. Ruhe, in der Mitte blühte ein riesiger Baum, der Außenputz der Gebäude stammte vermutlich von 1909. Das war wenig einladend, aber irgendwie verlockend."

Das Fachwissen dieser Tischler und Designer, der Einblick in die Tradition bewogen Straub zur Übernahme dieses Betriebes. Die historischen Gebäude wurden saniert und werden überwiegend als Gewerbepark genutzt, ein neues Produktionsgebäude ist gegenüber dem alten Areal errichtet worden.

Heute ist die **Deutsche Werkstätten Hellerau GmbH** (DWH) einer der führenden Spezialisten für gehobenen und luxuriösen Innenausbau, 240 Spezialisten kleiden Regierungsgebäude, Kirchen (Dresdner Frauenkirche), Schiffe, Jachten, Milliardärsvillen und anderes mit edlen Hölzern aus. Feste Beziehungen bestehen zu den bedeutenden Architekturbüros in England, Frankreich und Russland, zunehmend konnte DWH auch in Fernost Fuß fassen.

Das Festspielhaus diente im Zweiten Weltkrieg als Lazarett, nach 1945 zog die Sowjetarmee ein. Abgeriegelt von der Außenwelt durch die üblichen Blechtore mit Sowjetstern konnte man nur im Vorbeigehen etwas Einblick in die Gartenanlage hinter dem Festspielhaus nehmen. Zunehmend verwildert, wurde sie von den russischen Mannschaften als Sportstätte genutzt. Nach Abzug der Besatzungsmacht wurde diese Kulturstätte sukzessiv erneuert, und hinter dem Begriff „Hellerau" steht wieder ein international anerkanntes Zentrum für künstlerischen Tanz und kulturelle Begegnungen.

Marcolinipalais/Dresdner Presshefen- und Kornspiritusfabrik J. L. Bramsch

Auf der Friedrichstraße, die an der Weißeritzstraße in Nähe des Bahnhofes Dresden-Mitte beginnt und an der Waltherstraße nahe der Bienert'schen Hafenmühle endet, befindet sich eine Reihe von Gebäuden und Anlagen, die einen wesentlichen Teil der Historie Dresdens widerspiegeln. Hier sind auch durch Interessengemeinschaften sehr gute Gedenkorte und -tafeln gestaltet worden. Das herausragende Gebäudeensemble ist das Stadtkrankenhaus Friedrichstadt, heute das Städtische Klinikum Dresden, Standort Friedrichstadt.

Entstanden aus den „kurfürstlichen Lustgärten", erwarb in den 1770er Jahren der Graf Camillo Marcolini das Anwesen, und als „Marcolinipalais" ging es in die jüngere Geschichte ein. Zum Krankenhaus umgestaltet wurde es in den Maikämpfen 1848/49 und in diesen Jahren – 1847/49 – lebte auch der Hofkapellmeister Richard Wagner in dem Palais. Auf einer Gedenktafel wird zugleich vermerkt, dass er hier am „Lohengrin" arbeitete. Anlässlich des 200. Geburtsjahres Wagners 2013 gab es nochmals mehrere ergänzende Bücher zu dem großen Komponisten. Körperlich groß war er nicht und „gesächselt" soll er auch haben, der Leipziger, dessen leiblicher Vater sehr wahrscheinlich der Schauspieler Ludwig Geyer gewesen ist. Von diesem stammt auch die künstlerische und musikalische Begabung, die sich bei dem jungen Richard schon sehr früh zeigte. Die Familie lebte, nachdem das Familienoberhaupt Wagner 1813 gestorben war, seit 1814 in Dresden, wo Geyer als Hofschauspieler tätig war. Auch als Geyer 1821 verstarb, *„hieß Richard weiterhin Geyer. In die Dresdner Kreuzschule wurde er im Dezember 1822 ausdrücklich als ‚Sohn des verstorbenen Hofschauspielers Geyer' aufgenommen, und erst die 1828 erfolgte Übersiedlung nach Leipzig, wo die Taufurkunde vorlag, zwang Richard dazu, sich fortan Wagner zu nennen.*" [47]

Eine weitere Gedenktafel ist dem großen Napoleon I. gewidmet, der im Palais von Juni bis August 1813 wohnte. Die Gedenktafel vermerkt auch, dass hier europäische Geschichte geschrieben wurde. Am 27. Juni fand im „chinesischen Zimmer" ein mehrstündiges Gespräch von Napoleon mit dem österreichischen Fürsten von Metternich statt. Österreich, noch immer Verbündeter Napoleons, wollte mehr Selbstständigkeit und ein Ende des Krieges, der Franzose lehnte alles ab. So wechselte Österreich auf die Seite der Preußen und Russen. Der Rest der Geschichte ist bekannt, in Stichworten: Die Österreicher griffen, von Böhmen kommend, Ende August 1813 das französisch besetzte Dresden an, die südlichen Vororte Mockritz, Kaitz, Strehlen, Räcknitz brannten nieder. Der in russischen Diensten stehende General Moreau wurde tödlich getroffen (Moreau-Denkmal auf der Südhöhe). Es war der letzte, nur mäßig erfolgreiche Kampf Napoleons. Im Oktober 1813, in dem zu Recht als Völkerschlacht bezeichneten Gemetzel in Leipzig, siegte die Allianz der Preußen, Russen und Österreicher. Der sächsische König Friedrich August I. hielt mit nachgerade hündischer Ergebenheit zu Napoleon. Am Ende der Leipziger Schlacht, als die Franzosen flohen und die meisten seiner Truppen schon übergelaufen waren, erwartete er die Monarchen der Sieger in vollem Ordensschmuck. Plötzlich wollte er sich hier anbiedern. Doch er wurde missachtet, für gefangen gesetzt erklärt, unter russischer Eskorte nach Preußen gebracht. Auf dem Wiener Kongress 1814/15 war Sachsen der größte Zankapfel. Der preußische König Friedrich Wilhelm III. wollte das ganze Sachsen, besonders das nun wieder bourbonische Frankreich und Österreich bestanden auf der weiteren Existenz Sachsens. Die Österreicher wollten kein Preußen bis an die böhmisch-sächsische Grenze. Die Bedingungen waren hart. Sachsen verlor im Vertrag vom 22. Mai 1815 60 Prozent des Territoriums und 40 Prozent der Bevölkerung. Ein Teil der Sachsen musste im nun straff militärisch regierten Preußen leben.

„Dagegen kostete es große Mühe, die Bewohner der bis 1815 zu den sächsischen Kurstaaten gehörigen, jetzt an Preußen abgetretenen Landschaften zu gewinnen, die nur mit tiefem Schmerz die Trennung von ihren früheren Landsleuten ertrugen. Namentlich Wittenberg verschmerzte nur sehr schwer den Verlust seiner Universität (1817), obwohl dieselbe bereits vor dem Jahre 1813 tief herabgekommen, obwohl das Verhältnis zwischen ihren Lehrern und den städtischen Behörden damals so feindselig war, daß die Professoren wiederholt in Dresden die Verpflanzung nach einer anderen sächsischen Stadt

beantragt hatten. Erst in der zweiten Hälfte des 19. Jahrhunderts ist der herbe Gegensatz zwischen den sächsischen „Neupreußen", oder auch wohl „Mußpreußen" und den Einwohnern der älteren preußischen Landesteile gänzlich erloschen." [48]

Die anderen Länder im Rheinbund Napoleons, auch die Bayern, hatten sich, oft nur Monate vorher, vom französischen Diktator losgesagt und umgehend die Allianz unterstützt. Sie kamen ungeschoren davon, erhielten zum Teil in diesem Wiener Länderschacher Gebietsteile hinzu und fielen nun genüsslich über die Sachsen her, über dieses franzosenhörige, zu verachtende Volk. Von dieser Zeit an dürfte auch, wenn man schon der raschen wirtschaftlichen Erholung Sachsens Respekt zollen musste, zumindest das „Sächsisch" in Deutschland der Lächerlichkeit preisgegeben worden sein.

Auf das denkwürdige Gespräch Napoleon/Metternich im Juni 1813 zurückkommend kann man diese Gedanken zur Diskussion stellen: Hätte Napoleon eingelenkt, Österreich und die Rheinbundstaaten, also das halbe Deutschland, als echte Partner behandelt, wäre die Geschichte möglicherweise anders verlaufen. Keine Völkerschlacht in Leipzig, keine siegreiche Allianz der noch gar nicht so starken Preußen und Russen. In der Folge kein Aufstieg Preußens zur Großmacht, kein Bismarck und seine rigorose Politik, kein deutsch-österreichischer Krieg 1866, keine „kleindeutsche Lösung" mit Bismarck und Kaiser Wilhelm I., sondern die großdeutsche Lösung zuerst der süddeutschen Staaten mit Sachsen und Thüringen unter Führung Österreichs. In der Folge keine „Urkatastrophe" Erster Weltkrieg, vielleicht schon Anbahnung einer dauerhaften Freundschaft mit dem „Erzfeind" Frankreich.

Gegenüber dem Marcolinipalais/Städtischen Klinikum führt die Straße „Am Bramschkontor" zum Kontorhaus der ehemaligen „Dresdner Presshefen- und Kornspiritusfabrik AG J. L. Bramsch". Diese Firmenbezeichnung und ein großes bronzenes Porträt dieses Johann Ludwig Bramsch befinden sich auf einem zwei Meter hohen Granitstein links auf dieser Straße. Vermerkt ist ferner, dass der Gedenkstein 1920 anlässlich der 100-jährigen Firmengründung und des 50-jährigen Jubiläums der AG-Gründung errichtet wurde.

Bild 45: Die Bramsch AG in den 1920er Jahren und der Bramsch-Gedenkstein am Eingang des Quartier Friedrichstadt e. V. (unten).

Da sind wir schon mittendrin in der Geschichte der Firma Bramsch und auch in der DDR-Geschichte, hier bezüglich ihres Verhältnisses zur Unternehmer- und Industriekultur. Der große Gedenkstein war bei Bauarbeiten auf dem Gelände des VEB Bramsch 1953 einfach entsorgt, vermutlich in eine Baugrube geworfen, worden. Das entsprach der DDR-Doktrin; der im Sozialismus, später im Kommunismus lebende Bürger sollte an die früheren Unternehmer möglichst nicht erinnert werden. Sie galten als die Ausbeuter und Feinde der Arbeiterklasse. Die führende SED-Staatspartei nutzte zwar von diesen Unternehmen die Arbeitsverfahren und Anlagen, die sie mit einem Handstreich, den sie Volksentscheid nannte, an sich genommen hat, aber das waren eben „die Prinzipien der neuen Gesellschaftsordnung".

Dieses Gelände, auf dem 1820/21 ein H. W. Dursthoff die Hefe- und Alkoholherstellung begann, war seit den 1670er Jahren eine „Churfürstliche Menagerie" zur Versorgung des Hofes und ein Sommerpalais gewesen, eine Zeit, als Johann Georg II. in Dresden regierte (1656-1680). Der Großvater von August II. („der Starke") legte schon damals den Grundstein für die Prunksucht und die Bauwut, die der Enkel betreiben konnte.
„Im Vergleich mit anderen europäischen Staaten waren die sächsischen Verhältnisse aber keineswegs besonders negativ auffällig – im Gegenteil. Sachsen hatte zwar durch den Dreißigjährigen Krieg und zahlreiche schwere Seuchen sehr gelitten; da das Land aber spätestens seit dem hohen Mittelalter ein industrielles ‚Innovationszentrum' war, gab es hier wesentlich bessere Voraussetzungen für einen Wiederaufbau als in anderen Regionen des Reiches. Nach Beendigung des Krieges versuchte man, vor allem auf dem Gebiet des Bergbaus an die alten wirtschaftlichen Erfolge anzuknüpfen. Trotz der letztlich zurückgehenden Bedeutung des Bergbaus spielte das Vorhandensein einer technischen Elite, die sich auf diesem anspruchsvollen Gebiet herausgebildet hatte, für Sachsen eine große Rolle. Die sächsischen Hammerwerke erlangten schon bald wieder europäische Bedeutung, was sich in dem 1668 erfolgten Zusammenschluss der Hämmer in der ‚Erzgebirgischen Blechkompagnie' dokumentiert. In den kommenden Jahrzehnten sollte aber vor allem die Textilindustrie wichtig werden. Schon 1666 gab es eine ertragreiche Damastproduktion in der Oberlausitz (Oberschönau).

Es entstanden in diesem Zusammenhang zahlreiche – aus heutiger Sicht – mittelständische Unternehmen, unter anderem neue Blaufarbenwerke. Diese Vielfalt, zu der auch eine ansehnliche Luxusgüterproduktion gehörte, entsprach merkantilistischen Forderungen nach Selbstversorgung und nach exportorientierten Wirtschaften, das heißt, das Geld sollte im Lande gehalten beziehungsweise ins Land gezogen werden. Angesichts der hohen Städtedichte Sachsens spielte dabei der Handel eine große Rolle, der sich zwar nicht nur auf Leipzig und die dortige Messe konzentrierte, aber dort sein unbestrittenes Zentrum hatte. Die in den 1670er Jahren entstandene Leipziger Börse zeigte, dass man vom reinen Warenhandel auch zu einer modernen Finanzwirtschaft überging. Das ab 1678 errichtete Börsengebäude belegt bis heute diese einflussreiche Stellung Sachsens.“ [41]

J. L. Bramsch übernahm 1837 das Unternehmen von Dursthoff und entwickelte daraus die größte Fabrik für Spirituosen aller Art und Hefeerzeugnisse in Sachsen. Dazu rundeten ein landwirtschaftlicher Betrieb, eine Gärtnerei, Ladengeschäfte und zwei Betriebe im grenznahen Böhmen den Bramsch-Komplex ab. Durch den Alkohol, insbesondere den Bramsch-Korn, war der Name Bramsch „in aller Munde“ und im Dresdner Raum legendär. „Kopfarbeit wie Bramschens Ochsen“ sagten die alten Dresdner, wenn schwierige Fragen zu lösen waren.

Die Bramsch AG produzierte in den besten Jahren täglich circa 18.000 Flaschen Korn, auch in den Jahren vor und nach dem Ersten Weltkrieg muss es leistungsfähige Abfüllanlagen und eine gute Logistik gegeben haben. 1946/48 enteignet, setzte der VEB Bramsch die Produktion fort. Es ist einer der zahlreichen Fälle, wo keiner von den Firmeneignern Anspruch auf den Namen Bramsch erhob. Dann benutzte der nun „volkseigene“ Betrieb weiterhin den bekannten Traditionsnamen. Eine Ahnenforschung wollen wir hier nicht betreiben, interessant ist das Verbleiben der Bramsch-Nachkommen schon. Auf dem Matthäusfriedhof – direkt gegenüber dem Bramschgelände – befindet sich das repräsentative Bramsch-Grabmal. Die Grabtafeln nennen neben früher Verstorbenen drei – vermutlich Enkel – aus unserer Zeit:

Kurt Bramsch, gestorben 1945 in Leipzig, Oberstleutnant A. D.

Friedrich Bramsch, gestorben 1955 in Teplitz, Oberstleutnant A. D.
Heinrich Bramsch, gestorben 1961 in München, Oberstleutnant A. D.
Sie hatten demnach beim Militär Karriere gemacht, waren in der Bramsch AG nicht mehr aktiv tätig gewesen und als Erben der vormals großen Firma natürlich leer ausgegangen. Solche Alteigentümer hatten am ehesten mit Diffamierungen und einer Inhaftierung zu rechnen.
Im VEB Bramsch lief die Produktion noch bis 1992, dann – wie bei circa 90 Prozent der volkseigenen Betriebe – erfolgte die Stilllegung: Anlagen veraltet, Umweltschutz missachtet, nicht fähig, auf dem freien Markt zu bestehen. Nach dem Abbruch der alten Fabrikanlage entstand eine Siedlung von Ein- und Mehrfamilienhäusern, eine Bauherrengemeinschaft hat das große Kontorhaus der Bramsch AG von 1905 im Jahr 2009 restauriert und auch hier Wohnungen geschaffen. Bei Baggerarbeiten zu dieser Siedlung wurde der Bramsch-Gedenkstein gefunden und 2012 wieder aufgestellt. Der Verein Quartier Friedrichstadt e. V. hat hier, von der Stadt Dresden unterstützt, ein Stück neues Dresden geschaffen.

Auf der Friedrichstraße Nr. 46 wohnte von 1842 bis zu seinem Tod 1870 der Professor Johann Andreas Schubert, der Nestor der sächsischen Ingenieurwissenschaften (siehe Abschnitt sieben). Dieses Haus bewohnte auch der bekannte Maler Ludwig Richter, daneben in Nummer 44 der Musikdirektor August Röckel. Mit Richard Wagner und weiteren Gleichgesinnten bestand hier ein Kreis von kritischen Köpfen, die vom steifen königlichen Hof mit Argwohn beobachtet wurden.
Das Grabmal von J. A. Schubert liegt auf dem Matthäusfriedhof neben der Bramsch-Grabstätte, und in der Gruft dieser Kirche ist 1736 der große Baumeister Daniel Pöppelmann bestattet worden. Hier ist ein gutes Stück historisches Dresden erhalten geblieben. Matthäuskirche und Friedhof waren für die SED-Chefs der Stadt und des Bezirkes Dresden kein Hindernis, direkt hinter der Kirche an der Vorwerkstraße ein großes Werk für technische Gase errichten zu lassen, einen lärmintensiven Betrieb mit ganz offensichtlicher Störung der Totenruhe.

Nach 1990 ist diese Anlage stillgelegt und abgerissen worden, die derzeit liegende Brachfläche ist sicher mit Altstoffen belastet.
Die Straße „Am Bramschkontor“ führt an der Mauer der Begräbnisstätte „Alter Katholischer Friedhof“ entlang, auch das Bramschkontor von 1905 grenzt direkt an diesen Friedhof. Der sächsische Hof hatte ja seit Kurfürst August II. zum katholischen Glauben gewechselt, und so finden sich hier die Gräber von Persönlichkeiten wie „Weihbischof“, „Hochwürden“, „Geheim Rath“, „Oberhofmeister“, Militärs und vielen katholischen Pfarrern, auch aus unseren Tagen. Begraben ist hier auch der Begründer der deutschen Oper, Carl Maria von Weber. Nach seinem Tod 1826 in London wurde er nach Dresden überführt. Sein Grabmal gestaltete Gottfried Semper, der in diesen 1820/30er Jahren noch der anerkannte, berühmte Baumeister war und erst in den Revolutionstagen 1848/49 wegen Unterstützung der Aufständischen in Ungnade fiel, sogar steckbrieflich verfolgt wurde. Im zu Weber benachbarten Grab ist eine Persönlichkeit aus unseren Tagen bestattet: S. K. H. Dr. Phil. Prinz Albert von Sachsen (1934-2012), Herzog zu Sachsen, Markgraf von Meißen (S. K. H. steht für „Seine Königliche Hoheit“).
Prinz Albert wurde in Bamberg geboren, sein Vater Prinz Friedrich Christian war Sohn des letzten sächsischen Königs Friedrich August III. Prinz Albert studierte Volkswirtschaft, promovierte in München mit dem Thema: „Die Reform der sächsischen Gewerbegesetzgebung 1840-1861.“

Bereits 1961 gründete er die „Studiengruppe für sächsische Geschichte und Kultur e. V.“ in München. Diese Vereinigung ist seit 1990 auch in Sachsen wieder aktiv, im Mittelpunkt der Tagungen in Dresden und München stehen die unterschiedlichsten Themen zur sächsischen Geschichte. Die Studiengruppe war auch eng mit der Bundeslandsmannschaft Sachsen verbunden. Über diese Vereinigung der in die Bundesrepublik übergesiedelten Sachsen ist 2005 eine Dokumentation des Sächsischen Landtages erschienen. Schon bald nach 1945 bildeten sich erste Vereine wie „Dresdner Heimatfreunde in Westdeutschland“, „Dresdner Landsmannschaft ‚Dresdensia“, „Leipziger Landsmannschaft in der Bundesrepublik“ und noch andere. 1954 entstand aus diesen Vereinen die „Bundeslandsmannschaft

Sachsen" mit Sitz in Hamburg. Als erster Vorsitzender wurde Doktor Walther Naumann zu Königsbrück gewählt, der Enkel des Fabrikanten Bruno Naumann. Es gab zahlreiche Orts- und Kreisvereinigungen und 35 „Sachsentage" von 1953 bis 1993, auf denen führende Politiker, wie Konrad Adenauer, Otto von Habsburg, Herbert Wehner und andere die Festreden hielten. Veröffentlichungen und Hefte, wie „Sächsische Heimat" und „Der neue Sachsenspiegel", hielten die Verbindungen zwischen Ost und West aufrecht. Das Ende kam 1993:

„Anfang Oktober ergab ein Überblick: In fünf Landesgruppen existierten noch 21 zum Teil recht lebendige Vereinigungen. Diese Gruppen waren auf der letzten Abgeordnetenversammlung im Oktober vertreten. Eine Weiterarbeit auf Bundesebene ohne finanzielle Unterstützung von öffentlicher oder privater Seite war ohne Aussicht. Unter diesen Umständen beschloss die Abgeordnetenversammlung – man möchte sagen: sang- und klanglos – die Auflösung der Bundeslandsmannschaft zum 31. Dezember 1993. So wurde der 35. Sachsentag in Weikersheim der letzte in einer langen Reihe zum Teil glanzvoller Sachsentreffen. Die Schirmherrschaft hatte nun kein Ministerpräsident wie sonst immer übernommen, sondern der Bürgermeister von Weikersheim." [49]

Aktiengesellschaft für Glasindustrie, vorm. Friedrich Siemens, Dresden

Knapp zwei Kilometer Luftlinie vom Bramsch-Gelände produzierte der große Glashersteller Siemens. Friedrich Siemens, ein Bruder des großen Elektropioniers Werner von Siemens, hatte in seinem Dresdner und später Freitaler Glaswerk die sogenannte Regenerativfeuerung entwickelt, die weltweit in Siemens-Martin-Öfen Anwendung findet. In Dresden-Löbtau, im Straßendreieck Freiberger/Hirschfelder/Löbtauer Straße, lag die Siemens-Glasfabrik. 1888 entstand die „Aktiengesellschaft für Glasindustrie, vormals Friedrich Siemens". Der Gründer starb 1904, auf dem neuen Annenfriedhof an der Kesselsdorfer Straße befindet sich sein großes Grabmal. Die AG für Glasindustrie war eines der großen europäischen Werke für Glasverarbeitung, zusammen mit den österreichischen Betrieben wurden weit über 100 Millionen Flaschen/Jahr produziert. Das Dresdner Werk war die Zentrale der AG, hier liefen mehr als 20 Millionen Flaschen aus den Owen'schen Flaschenblasmaschinen, vorwiegend in grüner und brauner Einfärbung, aber auch Weißglas. Es ist anzunehmen (und wäre zu ergründen), dass auch die Bramsch AG und der VEB Bramsch die Flaschen vom Siemenswerk bezogen haben. 1945 von Bombentreffern stark beschädigt, konnte die Produktion in beschränktem Maß fortgesetzt werden. Die AG Siemens verlegte ihren Sitz in ein westdeutsches, zu Siemens gehörendes Werk. Die Betriebe Dresden und Freital wurden 1946/48 enteignet, und das Zuordnungsspiel begann: VEB Ostglas, VVB (Vereinigung Volkseigener Betriebe) Glas Dresden, VVB Haushaltsglas Weißwasser und schließlich VE Kombinat Lausitzer Glas Weißwasser. Für den Schluss reichen wenige Sätze: 1990 Stilllegung der Produktion, veraltet, nicht lebensfähig, Abbruch der Anlagen. Vom vormals großen Glaswerk und Hauptsitz einer Aktiengesellschaft ist nur eine große Brachfläche geblieben. Das kleinere Freitaler Siemens-Glaswerk hat überlebt und fertigt im Verbund mit der Anlagen-/Dienstleistungsfirma Preiss-Daimler Behälterglas.

Von drei Betrieben war die Löbtauer Industrieinsel bestimmt, natürlich bestand daneben eine Vielzahl an Handwerk und Gewerbe, das Ganze umgeben von Wohnbauten. Das große Siemens-Glaswerk, die Maschinenfabrik von J. M. Lehmann als Marktführer für Schokoladen-Maschinen (Werk II in Heidenau) und das Kupplungswerk lagen dicht beieinander. Siemens und Lehmann waren weltweit bekannte Unternehmen in ihrer Branche und festigten den Ruf Dresdens als bedeutenden Industriestandort. Das Kupplungswerk geht auf mehrere Gründungen aus den 1870/80er Jahren zurück, die 1946 „in Volkseigentum überführt wurden". [32] Die 1887 gegründete Firma Vogel & Schlegel hatte bereits deutschlandweit einen guten Ruf als Hersteller von Wellenkupplungen verschiedenster Art.

Der VEB Kupplungswerk Dresden setzte dieses Produktionsprogramm als Zulieferer des DDR-Maschinenbaues mit circa 1.000 Mitarbeitern fort.

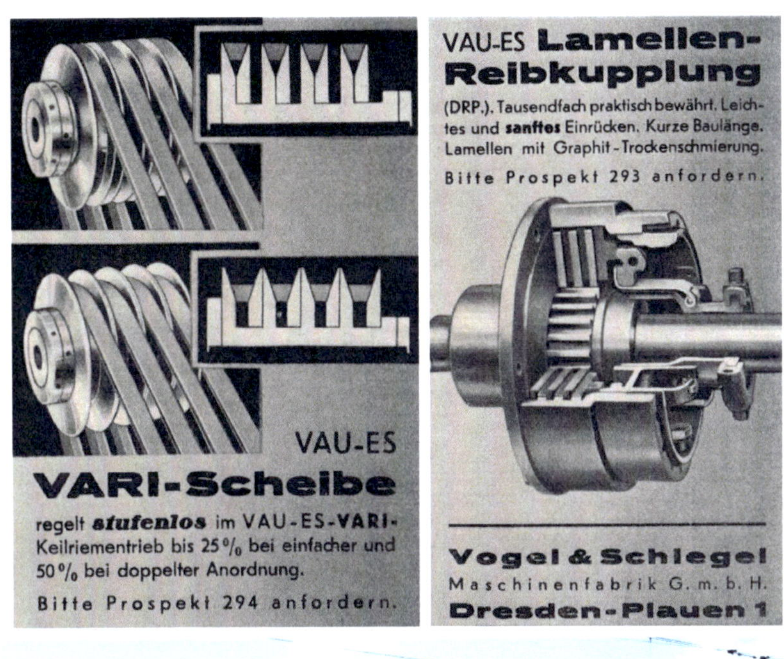

Bild 46: Die Kupplungswerk Dresden GmbH basiert auf langer Tradition aus den 1890er Jahren und bietet heute eine breite Palette mechanischer und hydraulischer Kupplungen an.

Er bot 1990 nicht das ruinöse Bild der übrigen Wirtschaft, und durch ein MBO steht seit 1993 die Firma **Kupplungswerk Dresden**

GmbH als letzter erfolgreicher Produzent auf der Löbtauer Industrie-insel.

Institut für Luft- und Kältetechnik gGmbH Dresden

Ein großer Betrieb der Dresdner Wirtschaft, ausstrahlend bis Sachsen-Anhalt und Thüringen, war das VE Kombinat Luft- und Kältetechnik Dresden. Firmen mit 100-jähriger Tradition, wie die Maschinenfabriken in Halle, Netzschkau und Meißen, Mittelständler für Kühlanlagen und Entstaubungstechnik, insgesamt 15 Betriebe, wurden „zusammengewürfelt". Über 18.000 Mitarbeiter beschäftigte der Großbetrieb, der den Titel „Kombinat der ausgezeichneten Qualitätsarbeit" trug. Trotzdem brach das Kombinat 1990 wie ein Kartenhaus zusammen – leider müssen wir diesen Satz oft schreiben. Von den in eine GmbH umgewandelten Teilbetrieben konnte ein Teil in leistungsfähige Firmen zurückgeführt werden. Die Liquidation des Kombinates zog sich bis 2002 hin.

Bereits 1959 entstand ein VEB Institut für Luft- und Kältetechnik, ILK, also ein Bereich für Forschung und Technik im großen Kombinat. Mit circa 500 Mitarbeitern wurden hier Grundsatzlösungen erarbeitet, unter anderem die Fachzeitschrift „Luft- und Kältetechnik" herausgegeben. Hier wurden Klimageräte, Filter- und Abscheideanlagen, komplette Lüftungssysteme entwickelt. Ein Meilenstein war das ILKA-System (integriertes System luft- und kältetechnischer Ausrüstungen). Durch die gute wissenschaftlich-technische Arbeit, die Verbindungen zur TU Dresden und internationalen Gremien setzt dieses Institut als ILK Dresden gGmbH die Arbeit zu allen Fragen von Luft, Lüftung, Luftreinhaltung, Kältetechnik und verwandten Disziplinen fort. Für eine Flüssigeisentwicklung erhielt das Institut den „Kältepreis 2016".

VEB Maschinen- und Stahlbau/Herrenknecht AG/Dresden/Schwanau

Die Hofmühlenstraße beginnt an der Bienertmühle, folgt stadteinwärts der Weißeritz und geht nach Unterquerung der Nossener Brücke in die Fabrikstraße über. Diese verläuft fast parallel zur Zwickauer Straße, zwischen beiden die Bahnanlagen mit Güterbahnhof und RB-Ausbesserungswerk (heute Eisenbahnmuseum). An der Fabrikstraße stehen die Werkhallen der MSD-Stahlbaufirma. 1946 von den Gründern Hünich und Löwe entstanden, war sie zunächst Reparaturbetrieb für Stahlbauarbeiten im zerstörten Dresden. Auch das gehört zur Zeitenwende nach 1945: Enteignung und Zerschlagung der weltbekannten und wichtigen Betriebe, ob groß oder klein, ob Kriegsindustrie oder nicht – diese Industrie wollte man in die Hand bekommen und glaubte, die Erfolgsgeschichte dieses komplizierten Maschinenbaues, dieser Feinwerk- und Fototechnik, dieser Arzneimittelindustrie, nahtlos mit den neuen, oft branchenfremden SED-Treuhändern/Bevollmächtigten fortsetzen zu können. Auf der anderen Seite das Bestehenlassen einer Privatindustrie, nicht als wichtig eingestuft, aber doch erheblich groß bis zu Handelsbetrieben, Verlagen, Genossenschaften.

Und nun eben auch die Erlaubnis zu Neugründungen, wo dringendes Handeln zur Instandsetzung und Bedarfsdeckung erforderlich war. „Fangt mal an, plagt euch mal, macht mal aus den verbogenen Eisenträgern in den Hausruinen wieder Stahlbauteile." So schufen auch Hünich & Löwe einen erfolgreichen Stahlbaubetrieb, einen Partner der volkseigenen Industrie, der Bauwirtschaft und der Eisenbahn. 1959 erfolgte die Umwandlung in einen halbstaatlichen BSB-Betrieb, und 1972 kam das Ende wie für alle dieser halbstaatlichen Betriebe, insgesamt über 10.000. Als VEB Maschinen- und Stahlbau Dresden blieb der Betrieb ein wichtiger Zulieferer der Bauwirtschaft, wurde der Stammbetrieb des VE Kombinates Baumechanisierung. So galt der Betrieb 1990 als interessant und ausbaufähig für westdeutsche Unternehmer und ging schon 1991 an den Tunnelbau-Spezialisten Herrenknecht AG/Schwanau. Heute ist die MSD Dresden eine „Niederlassung" von Herrenknecht, und mit 80 Mitarbeitern fertigt man Weichen- und Verschiebesysteme für die deutschen und ausländischen Eisenbahnen, aber auch – zwar nicht die riesige Tunnelbohrmaschine – viele Zusatzanlagen zu dieser Tunnelbohrtechnik. Das Gelände der MSD ist weitläufig, zieht sich auf der Fabrikstraße bis an das große Gebäude der ehemaligen Konsumgenossenschaft „Vorwärts“ hin. Auch hier, in den alten Hallen von Hünig & Löwe entstehen die großen, knallgelb lackierten Stahlbauteile. Am Hallenkran zeigt das Firmenschild „Hünich & Löwe“ an, dass schon der damalige Privatbetrieb solche Anlagen gebaut hat. Auch hier ist die Frage berechtigt, warum nicht 1990 die führenden Köpfe des VEB-Betriebes durch ein MBO eigene Wege beschritten haben, wie zum Beispiel das schon genannte SBS-Unternehmen in Niedersedlitz und manche andere. Hier wäre mehr Ermunterung und Unterstützung durch die erste Landesregierung unter Biedenkopf erforderlich gewesen.

Die 12.000 Quadratmeter große, sechs Stockwerke hohe Fabrik des „Vorwärts“-Konsums war in den Jahren 1928/30 errichtet worden – als Fleischerei, Bäckerei, Brennerei und anderes. Ein großes Werk mit der Besonderheit, dass die Fahrzeughalle auf der anderen Straßenseite durch einen Tunnel mit der Fabrik verbunden war. Das gesamte Ensemble, das beim Überqueren der Nossener Brücke sofort in den Blick gerät, steht leer und ist (noch) nicht abbruchreif. Eine Gedenktafel der Arbeitsgruppe „Weißeritzgrünzug“ weist auf diese große Fabrikanlage hin.

Finanz- und Bankwesen in Sachsen

Zur gut aufgestellten Industrie- und Handelswirtschaft im Vorkriegssachsen gehörte auch ein intaktes Finanzwesen. Bis 1945 bestanden im Raum Dresden/Ostsachsen circa 50 Bankhäuser, davon waren die meisten kleinere Häuser in den mittelgroßen Städten wie Freital, Meißen, Radeberg, Riesa, Bautzen und andere. Sie kooperierten mit der örtlichen Industrie, oft bestanden persönliche Beziehungen zwischen den Inhabern, und das Finanz- und Kreditgeschäft lief im Großen und Ganzen förderlich für beide Seiten ab. In Dresden bestanden die folgenden Bankhäuser, die Jahreszahlen geben auch das Ende der betreffenden Bank im Marxismus an:

Deutsche Bank Dresden	1865-1946
Dresdner Bank Dresden	1866-1946
Commerzbank Dresden	1870-1946
Allgem. Deutsche Credit-Anstalt (ADCA) Dresden	1895-1957
Sächsische Staatsbank Dresden	1904-1948
Bankhaus Gebr. Arnhold Dresden	1908-1936

Die Bank Gebr. Arnhold war schon 1936 aufgelöst worden, die jüdischen Eigentümer hatten Deutschland verlassen. Das Bankhaus hatte sich zur größten Privatbank in Sachsen entwickelt und war eines der führenden in Deutschland. Der rasche wirtschaftliche Erfolg erlaubte auch kulturelle und künstlerische Aktivitäten. Besonders Georg Arnhold beteiligte sich an mehreren Stiftungen, gewährte Stipendien und war im Vorstand des Sächsischen Kunstvereins tätig. Als Bankherr und jüdischer Bürger wollte er nicht nur „Kapitalist" sein, sondern bewusst seinen Platz im höheren Bildungsbürgertum Dresdens einnehmen. Dazu gehörten auch ab den 1920er Jahren regelmäßige Salonabende in seinem Haus, zu denen natürlich Dresdner Persönlichkeiten wie Ida Bienert, Gret Palucca, Professoren aus Kunst, Medizin und Wissenschaft, aber auch auswärtige Prominente, wie Gerhart Hauptmann, Walter Gropius, Albert Einstein eingeladen wurden. Selbst der Sport fand Unterstützung. Das 1926 eröffnete Freibad an der Lenné-Straße heißt seitdem Georg-Arnhold-Bad. Außer dieser bleibenden Erinnerung an die Arnholds wird an die Nachfahren mit einer Stele an der Tiergartenstraße erinnert. Sie befindet sich direkt an der Haltestelle Querallee (Linien 9, 13, 75) und beschreibt, dass hier das Bürgerhaus von Lisa und Heinrich Arnhold stand, die von 1920-1936 dort gelebt haben.

Am Gebäudekomplex Altmarkt, Südseite, steht mit großen Buchstaben „Dresdner Bank", dazu das bekannte Dreieck-Logo, alles silberfarbig. Darunter, über dem Eingang der Commerzbank-Filiale, steht nochmals Dresdner Bank, nun aber in Commerzbank-Gelb. Zunächst verwirrend, klärt sich die Sache schnell auf.
Die Oberbürgermeisterin Orosz hatte die Commerzbank gebeten, der Heimatstadt Dresden eine Erinnerung an ihre vormals große Bank zu gewähren. Unbedeutend war es wirklich nicht, dieses 2009 in die

Commerzbank integrierte Bankhaus.

Alles begann mit dem aus Polen zugewanderten Handelsmann Jakob Kaskele in den 1760er Jahren. In Sachsen herrschte in den Jahren 1770/71 eine furchtbare Hungersnot, besonders im Erzgebirge und anderen Landstrichen. Der Kurfürst Friedrich August I., der spätere König Friedrich August I. (von Napoleons Gnaden) mit der überlangen Regierungszeit von 64 Jahren (1763-1827), nahm das Angebot von Kaskele über Getreidelieferungen gern an, der polnische Händler avancierte zum „Churfürstlichen Hofagenten". Geldgeschäfte gehörten dazu, und mit seinem Sohn Michael Kaskele begann der richtige Aufstieg. Das 1866 gegründete Bankhaus Michael Kaskele war damit eine feste Größe im Dresdner Finanz- und Handelsgeschäft und auch der Name hatte sich gewandelt. Kaskele erinnerte zu stark an die in Deutschland zwar erfolgreichen, aber nicht sehr anerkannten Juden aus dem polnischen/russischen Raum. Der Bankier trat mit seiner Familie zum christlichen Glauben über, und aus Kaskele wurde Kaskel. Der Sohn Karl Kaskel setzte den erfolgreichen Aufbau der Bank Kaskel fort, auch gesellschaftlich stieg die Familie noch höher. Als „Sächsischer Geheimer Cammerrath" war Karl Kaskel in den engsten Zirkel des königlichen Finanzwesens berufen worden und 1869, ungewöhnlich und erklärungsbedürftig, erhob ihn der österreichische Kaiser Franz Joseph in den erblichen Adelsstand. Was mag die Bank Michael Kaskel, nun von Karl von Kaskel geführt, für Österreich geleistet haben? Der deutsch-österreichische Krieg 1866 war gerade vorbei, Österreich – und mit ihm wieder einmal Sachsen – hatten verloren. Vielleicht hatte die sächsische Kaskel-Bank Österreich Finanzmittel über einen Geheimvertrag bereitgestellt. Nach dem deutsch-französischen Krieg 1870/71, der seitdem letzten für Deutschland erfolgreichen Auseinandersetzung, floss viel Geld nach Deutschland. Das Gründungsfieber erfasste Industrie und Banken gleichermaßen. 1872 entstand aus dem Bankhaus Michael Kaskel die Dresdner Bank Aktiengesellschaft. Das Gründungskapital betrug 8.000.000 Taler, in der Anzeige so mit den sechs Nullen formuliert. Der erste Vorstandsvorsitzende wurde Eugen Gutmann, der Aufsichtsratsvorsitzende Felix von Kaskel, der Sohn Karl von Kaskels. Der erste Sitz der neuen Bank befand sich im Haus der Bank Michael

Kaskel auf der Wilsdruffer Straße, es wurde 1945 fast vollständig zerstört und – wie die gesamte Straßenfront – abgebrochen.
Heute erinnert eine Gedenktafel am Haus Wilsdruffer Straße 20 (neben der Sushi-Bar) an diesen Gründungsort der Dresdner Bank und an Eugen Gutmann, der den Aufstieg zur Großbank einleitete. Später residierte die Bank im Gebäude Altmarkt/König-Johann-Straße, seit den 1960er Jahren steht dort der Neubau Haus Altmarkt, heute das Hotel Star Inn.

Geld heiratet Geld, hatten wir schon bei den Bienerts festgestellt, hier war die Vermögensexplosion noch um ein Vielfaches größer. 1858, im Alter von 26 Jahren, hatte Felix von Kaskel die Baronin Emma von Oppenheim vom Bankhaus Sal. Oppenheim in Köln geheiratet. Das Ehepaar zählte zu den reichsten Bürgern weit über Sachsen hinaus, hielt Hof im Palais Kaskel-Oppenheim an der Bürgerwiese (wie alle Gebäude dort 1945 vernichtet) und hatte sich – wie die meisten der reichen Unternehmer und Bankiers – ebenfalls in sozialen und kulturellen Projekten stark engagiert, unter anderem mit Bilderankäufen für die Dresdner Museen. Der Begriff vom reichen Dresden hatte schon seine Berechtigung.

Die Verhältnisse nach den 1930er Jahren veränderten alles. Der Sohn des reichen Ehepaares – wie der Großvater wieder ein Karl von Kaskel – verschrieb sich der Kultur und Musik und verkannte die Zeichen der Zeit nach 1933. Als vermögende Person hätte er Deutschland sicher rechtzeitig verlassen können. Er blieb hier, geriet in die Mühlen des NS-Staates und wurde wieder zum Juden erklärt. Die Nürnberger Gesetze 1935:
„Nach dem Reichsbürgergesetz (Jude ist, wer von mindestens drei der Rasse nach jüdischen Großeltern abstammt) kann ein Jude nicht Reichsbürger sein.“ Dabei wurde der frühe Übertritt zum christlichen Glauben nicht anerkannt. Nähere Umstände zu diesem letzten, nun völlig verarmten Kaskel sind nicht bekannt, er soll bis 1943 in einem Berliner „Judenhaus“ gelebt haben.

Die nun völlig in deutschen Händen liegende Dresdner Bank setzte ihren Weg zur Großbank konsequent fort. Juristisch blieb die Bank bis 1946 eine Dresdner Institution, die Geschäftstätigkeit der zahlreichen in- und ausländischen Niederlassungen wurde seit 1884 von der Berliner Zentrale aus gesteuert.

Auf eine besondere Verbindung zur sächsischen Industrie soll hingewiesen werden. Der Vorstand Eugen Gutmann hatte den Aufbau der Bank schon bald nach der Gründung, also in den 1870/80er Jahren, intensiv vorangetrieben. Kleinere Bankhäuser wurden integriert, wichtige Unternehmen der sächsischen Industrie als Kunden gewonnen. Bereits 1877 gelang es, Sachsens größte Maschinen- und Lokomotivfabrik, die Richard Hartmann AG in Chemnitz, als Kunden zu gewinnen. Der Sohn des Firmengründers, Gustav Hartmann (1842 -1910), war Teilhaber und führender Direktor und eine in der sächsischen Wirtschaft anerkannte Persönlichkeit.

„Unternehmer eines solchen Typus waren natürlich auch für die in den 1880er Jahren expandierende Dresdner Bank interessant. Eugen Gutmann interessierte sich für Hartmann aber nicht nur wegen seiner unternehmerischen Fähigkeiten, sondern auch wegen seiner herausragenden Stellung als einer der wichtigen Netzwerkspezialisten in der sächsischen Wirtschaft. Diese Konstellation führte dazu, dass Gustav Hartmann 1884 in den Aufsichtsrat der Dresdner Bank berufen wurde, in dem er bis 1887 Mitglied blieb. Aufgrund seiner bereits bestehenden Geschäftsbeziehungen und persönlichen Kontakte kümmerte sich Gustav Hartmann vor allem um das Industriekundengeschäft mit Firmen aus der Schwerindustrie und dem Maschinenbau. Enge freundschaftliche Kontakte und sogar verwandtschaftliche Beziehungen unterhielt er zum Beispiel mit der Familie Krupp. Friedrich Alfred Krupp ernannte ihn zum persönlichen Testamentsvollstrecker. In dieser Funktion und auf Bitten der Witwe Friedrich Alfreds trieb Gustav Hartmann die Umwandlung des ehemaligen Familienunternehmens in eine Aktiengesellschaft voran, wobei er auch auf das Know-how aus der Dresdner Bank-Zentrale in der Berliner Behrensstraße zurückgreifen konnte. Die Dresdner Bank wurde aufgrund dieser Konstellation nicht nur eine der wichtigsten Bankverbindungen des Krupp-Konzerns, sondern war im Verbund mit Gustav Hartmann an allen großen Kapitaltransaktionen der Essener Waffenschmiede federführend beteiligt. Die besondere Stellung Gustav Hartmanns bei Krupp kam darin zum Ausdruck, dass er von 1903 bis 1909 den Posten des Aufsichtsratsvorsitzenden übernahm.

1903 konnte die Fried. Krupp AG gegründet werden.

Bei Krupp oblag es Hartmann fortan, die Tätigkeit des Aufsichtsra-

tes zu organisieren, Personalangelegenheiten des Direktoriums zu entscheiden, dessen Handeln zu überwachen und Kontakte zur Regierung und den Behörden zu pflegen. " [50]

Ein Sachse steuerte Deutschlands größte Stahl- und Kanonenfabrik, erstaunlich, die Bürger der Stadt Essen werden es nicht glauben wollen. Es zeigt, welche Bedeutung der Chemnitzer Maschinenbau und besonders Hartmann in dieser Zeit, ja bis 1945, hatten. Über den „Mythos" Hartmann wird noch zu sprechen sein. Auch nach der Aufgabe des Lokomotivbaues 1930 blieb die Textilmaschinenfabrik Hartmann bis 1945 ein weltweit tätiger Exportbetrieb, insbesondere für Spinnereimaschinen.

Über die weitere Entwicklung der Dresdner Bank gibt es zahlreiche Veröffentlichungen. Die Inflation 1921/23 und die Wirtschaftskrise 1929 belasteten wie jede andere Bank auch die Dresdner, doch schon 1931 hatte sich die Bank mit einem Kapital von über 200 Millionen Reichsmark weitgehend stabilisiert. In der NS-Zeit war sie voll integriert im Rüstungs- und Auslandsgeschäft, die Dresdner-Bank-Gruppe besaß unter anderem Filialen in Wien, Prag, Posen, Krakau. Beim Nachrücken hinter den Frontlinien war man nicht zurückhaltend. Beim Militär und bei den Bankiers kursierte der Spruch:
„Hinter dem letzten Tank kommt der Mann der Dresdner Bank."

Nach 1945 bemühte sich die Dresdner Bank – wie alle anderen und die Großindustrie auch – um Aufarbeitung der „dunklen Jahre". In den Westzonen und der jungen BRD durften aufgrund der Potsdamer Beschlüsse zunächst nur Teilbanken weiterarbeiten, erst 1957 erfolgte der Zusammenschluss zur neuen Dresdner Bank AG mit Sitz in Frankfurt/M. Nun entstand in nahezu analoger Art und Weise zu den Gründerjahren der Dresdner-Bank-Konzern mit internationalen Beteiligungen und Neugründungen. 1972 konnte die Bank ihr 100-jähriges Jubiläum feiern, statt in Dresden fand die Veranstaltung in Berlin statt.

Bereits am 2. Januar 1990 eröffnete die Dresdner Bank als erstes Bankhaus eine Geschäftsstelle in der Noch-DDR und ihrer Heimatstadt Dresden, im Juli 1990 öffneten 35 Filialen auf dem ehemaligen DDR-Gebiet. Im Jahr 2009 erfolgte der Zusammenschluss mit der Commerzbank, die bereits im Vorkriegs-Sachsen in vielen Städten präsent war und heute auf die Tradition beider Bankhäuser aufbauen kann.

Die Sächsische Staatsbank in Dresden, im Jahr 1904 die jüngste Gründung von den großen Banken, ging aus einer landeseigenen Darlehenskasse in Leipzig hervor. Sie residierte bis zur ihrer Entmachtung 1948 in dem markanten Hochhaus am Albertplatz, danach zog die Verwaltung der Dresdner Verkehrsbetriebe ein. Seit 2015/16 ist daraus der große Simmel-Einkaufsmarkt geworden. Die Bank verwaltete als Landesbank die Landesfinanzen, insbesondere die Gewinne des Landes. Professor F.-L. Kroll hat schon hervorgehoben, dass Sachsen seit den 1870er Jahren bei der Industrialisierung eine Spitzenposition einnahm [41]. In einer anderen Quelle wird von der Tatsache gesprochen, *„dass ein jährlicher Überschuss des Staatshaushaltes von 7 bis 9 Millionen – bei rund 70 Millionen Höhe der Einnahmen und Ausgaben – immer wieder Steuersenkungen gestattete...“* [51]. Diese Verhältnisse setzten sich – die Kriegs- und Inflationsjahre (1914 bis 1923) ausgenommen) – auch in den 1920er Jahren fort. Mindestens bis zur beginnenden Wirtschaftskrise 1929/30 hatte die Sächsische Staatsbank die Industrie maßgeblich mit Krediten unterstützt, Jahre, in denen bis 1928/29 die SPD eine Koalitionsregierung anführte. Ein eklatanter Fall der Staatsbank ergab sich aus ihrem Verhältnis zur sächsischen Autoindustrie in den Jahren 1930/31. Der schon erwähnte Gründer des DKW-Werkes in Zschopau, J. S. Rasmussen, war bei der Staatsbank hoch verschuldet, ebenso die Zwickauer Werke Horch und Audi. Der Finanzexperte Karl Nitsche, verantwortlich für die Lösung der Krise in Sachsens großen Autowerken, erinnert sich:
„Als ich das Zentralbüro übernahm, stand nur der Zusammenschluss der vier sächsischen Personenwagenfabriken auf dem Programm, natürlich unter Einschluss der Zschopauer Motorradfertigung. Zunächst sollte fusioniert werden; aufnehmende Gesellschaft waren die Zschopauer Motorenwerke, in die die Horch-Werke AG und die Audi-Werke AG aufgingen. Alle drei Firmen waren überschuldet und lagen am Boden. Sie versuchten vergebens, mit immer neuem und untragbarem Aufwand größeren Umsatz zu reißen. Voran ging DKW, das dazu auf den Zweitakter für Wagen und Motorräder

allein eingeschworen war. Audi war schon 1925 durch ständige Änderungen am Sechszylinder in größte Schwierigkeiten geraten und musste sich mit den Gläubigern auseinandersetzen. Etwas später ging Audi in den Besitz von Rasmussen über, der den Verfall auch nicht aufhalten konnte. Besonders arg war die Lage bei Horch. Ein Bevollmächtigter der Commerzbank saß im Werk, kontrollierte und verfügte über die eingehenden Gelder. Fast jeden Freitag holte man mit dem schnellen Zwölfzylinder Konsigantionswechsel aus Berlin ab für die Wagen, die man den Händlern überstellt hatte, um die Lohnzahlung sicherzustellen.“ [19]

Alle Banken in Sachsen waren in den Prozess involviert, die Hauptlast trug die Staatsbank. Schließlich konnte durch weitere Beteiligung der Commerzbank, Dresdner Bank und ADAC der neu zu gründenden Auto Union AG ein Aktienkapital von 14,5 Mio. Reichsmark bereitgestellt werden. Der Freistaat Sachsen sollte ferner eine Bürgschaft von sechs Mio. RM übernehmen. Das führte zu heftigen Debatten im Landtag. Die schon damals angewandten Winkelzüge der Regierenden sind auch heute noch üblich:

„Um die Zustimmung des Sächsischen Landtages zu erreichen, waren zwei Wege möglich:

1. Das Parlament beschließt die Bürgschaft, und die Regierung stimmt zu.

2. Die sächsische Landesregierung bewilligt die Bürgschaft und ersucht danach das Parlament um Zustimmung.

Die Regierung saß folglich am längeren Hebel und konnte durch geschicktes Vorgehen den Landtag unter Druck setzen. Im Zweifelsfall hatte er nur noch vollendete Tatsachen zu sanktionieren. So lief das denn auch mit der Sechs-Millionen-Bürgschaft: 1931 stimmte die sächsische Regierung in den weihnachtlichen Parlamentsferien der Bürgschaft für die Auto Union zu. Der Sächsische Landtag wurde dagegen erst im Februar 1932 von dem Beschluss der Regierung unterrichtet.“ [19]

Der Landtag in Dresden hatte in diesen Jahren – wie die anderen Länder auch – weitaus größere Probleme, das Parlament war ernsthaft bedroht. Die NSDAP erreichte bereits 1930 die zweitstärkste Position im Landtag. Sachsen hatte aufgrund seiner hohen Industriedichte die höchste Arbeitslosigkeit in Deutschland. Hitler erreichte bei seinen Reden in Dresden, Leipzig, Chemnitz und Plauen Hunderttausende, erhielt Zustimmung zu seinem Programm der Arbeitsbeschaffung. Das waren nicht nur Rüstung und Autobahnbau. Das Maschinenbau-Sachsen erlebte ab 1934/35 einen ungeheuren Exportboom bis in die USA, Lateinamerika, Russland und Fernost. Der Arbeiter und Ingenieur bei der Auto Union, im Werkzeugmaschinenbau, in den großen Chemnitzer und Plauener Textilmaschinenfabriken, der Textilindustrie insgesamt, der Industrie in den Kleinstädten, hatte wieder Arbeit. *„Wir standen bis zu den Knöcheln in Spänen und Gussdreck"* bekam ich von Schlossern der Firma Esem in Schwarzenberg zu hören, weil sie mit dem Großwerkzeugbau für die Autoindustrie ständig in Verzug geriet.

Da konnte man die Gefahren des NS-Regimes noch nicht erkennen. Arbeit, die Familie, ein bescheidener Wohlstand standen im Vordergrund. Wie sagt es Bertolt Brecht so drastisch: *„Erst kommt das Fressen, dann die Moral."* Daran sollten unsere jüngeren Politologen auch denken, wenn sie leichtfertig über unsere Großväter urteilen: *„Wie konntet ihr Hitler wählen?"*

Wie oben angegeben, wurden bereits 1946 die großen Banken in der sowjetisch besetzten Zone geschlossen. Das sollte hauptsächlich die Großbanken aufgrund ihrer Verflechtung mit dem NS-Regime betreffen, hier aber wurde wieder „tabula rasa" gemacht. Alle Banken, gleich welcher Gesellschaftsform, wurden enteignet und geschlossen, später unter staatlicher Regie, insbesondere als Staatsbank der DDR, neu formiert. Wer Vorlesungen über die neue Zeit nach 1945 gehört hat, kennt den Weg zur erfolgreichen marxistisch-leninistischen Revolution: Zuerst die „Kommandohöhen" besetzen, also Militär, Polizei, Presse, Eisenbahn, Post und auch Banken, notfalls auch mit Gewalt und Totschlag. Als Bezirksdirektion, Notenbank, Sparkasse, auch Genossenschaftsbank, blieb das Bankenwesen in der DDR organisiert, alles lag unter Kontrolle und dem direkten Zugriff des Staates. Im Hauptstaatsarchiv Dresden stehen circa 300 laufende Meter Bankunterlagen.

Im Herbst 2017 begann ein Forschungsprojekt über eine besondere „Aktion Licht" im Jahr 1962:

„An diesem Sonnabend im Januar kamen die Genossen vom Magdeburger MfS schnell zur Sache. Einsatzgruppen aus dem Hause würden nach dem Mittagessen die Bankchefs zu ihren Filialen begleiten, um die dort befindlichen Tresore, Safes und Bankschließfächer einer ‚Inspektion' zu unterziehen, teilten sie den ziemlich verdutzten Gästen mit. Die ‚Aktion Licht' hatte begonnen.

So wie in Magdeburg lief es an diesem Januartag in allen DDR-Bezirken ab. Unter dem harmlosen Tarnbegriff ‚Aktion Licht' wurde ein staatlich organisierter Raubzug vollzogen, der in der Nachkriegsgeschichte Deutschlands einmalig ist. Von der SED befohlen, plünderten Stasi-Offiziere im Jahr 1962 Hunderte seit Kriegsende verschlossene Tresore und Safes, erbrachen Bankschließfächer, deren Besitzer aus der DDR geflohen oder seit dem Krieg verschollen waren, durchsuchten Gewölbe und Keller von Schlössern, Kirchen und Klöstern. Was dort an Kunst- und Wertgegenständen gefunden wurde, ließ die Stasi im Westen verscherbeln und kassierte damit mehrere Millionen D-Mark.

Das Deutsche Zentrum Kulturgutverluste (DZK) in Magdeburg hat dazu ein gemeinsames Forschungsprojekt mit dem Hannah-Arendt-Institut für Totalitarismusforschung an der TU Dresden aufgelegt. Ziel des ambitionierten Vorhabens ist es demnach, einerseits Informationen über Anlass, Ablauf und Akteure der ‚Aktion Licht' zu erhalten. Andererseits sollen Details über Art, Umfang und Schicksal der damals gefundenen Kulturgüter und die Aktenlage zusammengetragen werden, um nachträglich noch die Herkunft des damals geraubten Kulturguts zu ermitteln und Hinweise auf seinen späteren Verbleib zu finden.

Nach dem Ende des auf zwei Jahre angelegten Forschungsprojekts wird das Hannah-Arendt-Institut eine wissenschaftliche Publikation vorlegen." [52]

Auf manchen Gebieten ist der SED-Staat schon mit dem Nationalsozialismus vergleichbar.

Stuhlbau-Industrie Rabenau/Oelsa

Von Dresden aus sind der osterzgebirgische Raum und die Tschechische Republik auf direktem Weg über die Bundesstraße B 170 zu erreichen. Auf halbem Wege zwischen Dresden und dem Wintersportzentrum Altenberg liegt die Kreisstadt Dippoldiswalde.
Wenige Kilometer nach Altenberg ist der Grenzort Zinnwald erreicht, nun folgt der Straßenverlauf mit teilweise erheblichem Gefälle dem Abfall der erzgebirgischen Pultscholle ins Egertal. Die nächste größere Stadt ist der früher bekannte Kurort Teplitz-Schönau (Teplice). Dippoldiswalde und die Stuhlbaustadt Rabenau wollen wir uns näher ansehen, und die Städte sind auch mit der Weißeritztalbahn von Freital aus zu erreichen. Diese Schmalspurbahn ist eine der noch betriebenen Kleinbahnen Sachsens. Ohne in die Eisenbahngeschichte einzutauchen, sollen einige Eckpunkte genannt werden. Bereits 1833, noch Jahre vor der ersten kurzen Eisenbahnfahrt Nürnberg–Fürth (Dezember 1835) wurde im Sächsischen Landtag der Bau der Fernbahn Leipzig–Dresden diskutiert, Anfang 1835 die AG Leipzig-Dresdner-Eisenbahn-Compagnie (LDE) gegründet.
Schon 1839 konnten auch die „kleinen Leute“ mit Sack und Pack in circa drei Stunden zwischen den größten Städten Sachsens verkehren. Neben dem danach schnell wachsenden Eisenbahnnetz im gesamten Deutschland wurde Sachsen auch der Vorreiter bei den Schmalspurbahnen. Die industriell starken Kleinstädte wollten weg vom Pferdefuhrwerk, und LKWs gab es noch nicht. Die Schmalspur von 750 Millimeter verringerte die Kosten erheblich, und von 1881 (erste Bahn Wilkau–Haßlau–Carlsfeld) bis 1909 entstanden neun weitere Bahnstrecken quer durch Sachsen. Dazu wurden auch entsprechende Lokomotiven benötigt.

Bild 47: Das Blanke Armaturenwerk, ein für Sachsen typischer Mittelstandsbetrieb, wurde nach Enteignung und Demontage im Westen aus kleinsten Anfängen heraus neu gegründet und wuchs zu beachtlicher Größe. Der Stammbetrieb im Osten produzierte auch hydraulische Geräte, aber nach 50 Jahren VEB Wirtschaft waren die Geräte nicht mehr marktfähig und der Betrieb abgewirtschaftet.

Der Autor Lothar Weber beschreibt unter dem Titel „Die Nähmaschine“ die Baureihe 99, die noch heute die Traditionszüge zieht [53]. Rund 100 dieser Gelenkmaschinen Bauart Meyer, zuerst als sächs. IV K benannt, lieferte bis 1921 die Sächs. Maschinenfabrik vorm. Hartmann Chemnitz (SMF). Die über 60 Jahre alten Maschinen benötigten in den DDR-Jahren eine durchgreifende Erneuerung. So entstanden im VEB Lokomotivbau Karl Marx Babelsberg Reko-Loks der Baureihe 99, die neben den verbliebenen Hartmann-Maschinen in Sachsen auf den Linien im Einsatz sind:
Radebeul Ost–Moritzburg–Radeburg (Lößnitzgrundbahn, im Volksmund „Lößnitzdackel“)
Cranzahl–Kurort Oberwiesenthal (Fichtelbergbahn)
Zittau–Oybin/Kurort Jonsdorf
Freital–Dippoldiswalde–Kurort Kipsdorf (Weißeritztalbahn)

Die Anlagen der Weißeritztalbahn wurden bei dem Hochwasser 2002 so stark zerstört, dass der Betrieb eingestellt werden musste. Die Bahnstrecke folgt der „Roten Weißeritz“, der Name bedeutet „die Reißende, Stürmische“. In Freital fließt die „Wilde Weißeritz“ hinzu, und die nun vereinigte Weißeritz hatte in Freital und Dresden zur Wasserkatastrophe erheblich beigetragen. Erst 2008 konnte die „Sächsische Dampfeisenbahngesellschaft mbH“ die Teilstrecke bis Dippoldiswalde in Betrieb nehmen, und seit 2017 verkehren die Züge weiter bis Kipsdorf. Am Haltepunkt Rabenau treffen wir auf eine bedeutende Industrie in dieser Stadt, den Stuhlbau. „Seit 400 Jahren Stuhlbau in Rabenau“ überschreibt das Deutsche Stuhlbaumuseum seine Prospekte. Demnach berichten Kirchenbücher über Stuhlbauer bereits in den 1670er Jahren, und der Landvermesser (Hofgeograph) Zürner schrieb 1720:

„Rabenau, hier ist merkwürdig, daß fast alle Einwohner Stuhlmacher sind, die hölzerne Lehnen zu Stühlen machen, auch geflochtene Englische, geschnitzte und andere feine Stühle, schon über 100 Jahre, darunter 100 Dutzend jährlich nach Dreßden, Freyberg, Magdeburg, Berlin und Hamburg geschickt werden ...“

Hieraus entstand, über die Jahrhunderte anwachsend, Deutschlands bedeutendste Sitzmöbelindustrie mit in den 1920er Jahren 18 Fabriken und circa 60 Werkstätten für Stuhlbau, Holzbildhauerei und verwandte Berufe, darunter die Sächs. Holzindustrie-Gesellschaft a. A. (auf Aktien). Einen starken Aufschwung erhielt diese Industrie – sich auch im Nachbarort Oelsa ausbreitend – durch die Bugholztechnologie, das heißt Biegen der Holzteile unter Dampf. Dieses Verfahren hatte der Wiener M. Thonet in den 1870er Jahren eingeführt. „Rabenauer Thonetstühle“ wurden zu Hunderttausenden bis in die 1940er Jahre in alle Welt geliefert, dabei hatten sich Firmen auch auf Sonderausführungen spezialisiert, wie Friseurstühle, Rohrstühle/Schaukelstühle und andere. Die Firma „Ernst Wolff & Cie.“, Stuhl- und Tischfabrik in Oelsa-Rabenau, hatte sich zu einem Großbetrieb entwickelt, der auch die Kinos in den 1920/40er Jahren mit den geläufigen Kinostühlen ausrüstete.

1945 wurden die bestehenden Strukturen aufgelöst, es erfolgten Demontagen des durchaus modernen Maschinenparks und Verhaftungen der Inhaber und führenden Mitarbeiter. 1952/53 entstand aus den größeren Betrieben der VEB Sitzmöbelindustrie Oelsa-Rabenau, 1958 eine Genossenschaft aus den kleineren Werkstätten. Die neuen Strukturen im SED-Staat waren überall gleich, ob hier bei den Sitzmöbeln, der Maschinen-, Haushaltswaren- und Lebensmittelindustrie, den Spielwaren oder Musikinstrumenten (Klingenthal, Markneukirchen). Der Staat setzte eine 100-prozentige Kontrolle und Einflussnahme über das gesamte Gewerbe- und Handelsgeschehen im Land durch.

Die Produktion lief dank der Facharbeiter in diesen Landgemeinden wieder an, auch der massenhafte Export in die Bundesrepublik – zum Nachteil der eigenen Bevölkerung – wieder zu Billigpreisen. 1979 entstand das Kombinat Polstermöbel Oelsa-Rabenau mit der Einordnung zahlreicher weiterer Betriebe und 1986 – im „Mittag'schen Kombinatswahn" – erfolgte die Einbeziehung in das VE Möbelkombinat Dresden-Hellerau.

Aus dem Treuhandbetrieb von 1990 entstand durch ein MBO der vormaligen Leiter 1992 die Polstermöbel Oelsa GmbH mit Sitz in Rabenau, genau an dem Standort, an welchem die 1869 gegründete Sächs. Holzindustrie a. A. begonnen hatte. In Maschinen, Gebäude und Fahrzeuge sind seitdem circa 20 Millionen Euro investiert worden, und so bleibt zumindest ein Teil des vormals großen Stuhlbauzentrums erhalten. Auch eine Reihe von Handwerksbetrieben für Neuanfertigung und Reparatur/Restaurierung von Stühlen, Stuhlflecht- und Drechslerarbeiten gibt es wieder in Rabenau und Oelsa. Das Stuhlbaumuseum zeigt als Besonderheit im Großformat: Auf dem Rabenauer Polstermöbel „Potpourri" sitzen Bundeskanzler Schmidt und SED-Chef Honecker am 11. Dezember 1981 im Schloss Hubertusstock/Werbellinsee einträchtig beieinander.

Blanke Armaturen/VEB Orsta-Hydraulik Dippoldiswalde/Blanke GmbH Bad Godesberg

Mit der Stadt Dippoldiswalde (Dipps als Verkürzung) hat die Weißeritztalbahn die größte Stadt in einer Umgebung von zahlreichen Landgemeinden erreicht. Um 1160/70 gegründet, war die Stadt

Verwaltungszentrum und im früheren Sachsen Amtshauptmannschaft, also die untere Behörde der Landesverwaltung. Ein Schloss, eine Müllerschule (ab 1888), ein Lohgerbermuseum und zahlreiche Gewerbebetriebe gehörten zum Stadtbild. Zum größten Betrieb hatte sich die Firma „Blanke Armaturen“ entwickelt. Sie sagt über sich in Kurzfassung:

Gegründet 1887 in Leipzig, Sachsen, Ostdeutschland.

Gründer: Heinrich Blanke (Großvater). Beginn mit 5 Mitarbeitern.

Die ersten Produkte waren Teile für Motorschmierung und Ölkontrolle, wie Ölaugen, Tropföler, Schmiernippel und anderes Zubehör.

1905: Bau eines größeren Betriebes in Dippoldiswalde, Sachsen, Ostdeutschland.

1910: Ausbau der Fertigung mit halb-automatisierten Maschinen.

1920: Die Produkte werden in Europa, Asien und im Orient vertrieben. Fertigung einer Palette von Schmiergeräten, Ölkontrollgeräten und Sichtkontrollen als Katalogware.

1944: 800 Beschäftigte in Dippoldiswalde, Sachsen.

1945: Gesellschaft unter russischer Kontrolle, Enteignung des gesamten Betriebes und des Privateigentums. Die Familie Blanke musste nach Westdeutschland fliehen, um ihr Leben zu retten. Abtransport aller Maschinen und Einrichtungen nach Sibirien.

1947: Johannes Blanke (Vater) betrieb wieder Geschäfte in zwei Zimmern in Bad Honnef/Bonn.

1948: Heinrich Blanke (Großvater) stirbt im Alter von 88 Jahren.

1948: Kauf eines Areals mit Halle und anderen Gebäuden. Ziel ist wieder die Fertigung von Schmiergeräten, Ölaugen und Niederdruck-Armaturen.

1952: Start der Fertigung von Hochdruck-Armaturen auf eigenen Maschinen. Ende der 1950er Jahre werden Rohrverschraubungen nach DIN 2353 zum Hauptprodukt.

1960er Jahre: Blanke-Produkte werden in ganz Westeuropa verkauft. Die Fertigung wird stark ausgebaut.

1970er Jahre: Vertrieb nach Südafrika, Nordamerika, Arabien und Fernosten.

1982: Johannes Blanke (Vater) stirbt im Alter von 83 Jahren.

1985: Geschäftsführer und Gesellschafter wird Wirtsch.-Ing. Franz Blanke (Sohn).

1986: Umfangreiches Investitionsprogramm mit starker Ausrichtung auf Eigenfertigung.

1987: Große Investitionen in moderne Produktionstechnologie.

1988: Vertrieb in die Vereinigten Staaten, Südamerika und Australien.

1992: Produktionskapazität wird erweitert.

Und so geht es weiter in Nordrhein-Westfalen. Ein Mittelständler aus Sachsen hat seit 1947/48 aus kleinsten Anfängen heraus die Firma, die heutige Blanke Armaturen GmbH & Co KG, Bonn Bad Godesberg wiederaufgebaut, und zehn Jahre später verkauft er seine Erzeugnisse europaweit, bald weltweit.
In Dippoldiswalde fährt man heute in Richtung Ulberndorf an einer großen Industrieruine vorbei, es ist der traurige Rest von Blanke Armaturen. Der hier entstandene VEB Orsta-Hydraulik Dippoldiswalde fertigte Schaltventile, Pumpen und andere hydraulische Bauteile. Er gehörte zum VE Kombinat Orsta-Hydraulik Leipzig, in dem 16 Betriebe mit circa 14.000 Beschäftigten den Bereich Industriehydraulik für die DDR abdeckten. Pittler – Leipzig war der Ursprung, an anderer Stelle ist darüber zu berichten. Die Industriehydraulik ist eine weltweit prosperierte Branche, ob Maschinenbau, Fördertechnik, Baumaschinen. Überall summen die Pumpen und bewegen Hydraulikzylinder die Arbeitsgeräte. Große westdeutsche und viele internationale Firmen beherrschen den Markt, für Orsta-Erzeugnisse mit durchschnittlicher Qualität bestanden nach 1990 keine Marktchancen. Dazu, wie überall, auch in Dipps graue Gebäude, schmutzige Fabrikhöfe, mangelnder Umweltschutz, veraltete Maschinen – wer sollte und wollte von hier aus Hydraulikaggregate fertigen und anbieten, die denen zum Beispiel von Bosch oder Hawe-München zumindest gleichwertig sind. Abgewirtschaftet, chancenlos, das hat hier nichts mit Fehlentscheidungen der Treuhand zu tun. Die Fabrikruine wird bis auf kleinere, nutzbare Teile abgerissen werden müssen.

Der Freistaat Sachsen hat mit seiner Gebietsreform in den 1990er Jahren ganze Arbeit geleistet, wie man an diesem Beispiel erkennt. Zur Großen Kreisstadt Dippoldiswalde gehören 20 Ortsteile mit einer Gesamtfläche von circa 100 Quadratkilomter. Eingeschlossen ist der Ort Reichstädt mit dem Schloss der Adelsfamilie von Schönberg, welche in Sachsen und Böhmen mehrere Herrensitze besaß. In Reichstädt wohnte sie von 1717 bis zur Vertreibung 1945. Seit 2008 haben Mitglieder der Adelsfamilie eine Restaurierung von Schloss und Park begonnen.

An mehreren Stellen des Buches ist auf die schlimmen Verhältnisse in Mitteldeutschland in den ersten Nachkriegsjahren hingewiesen worden. Wie das Zitat von Selbmann – mit Mitteln der Verhaftung und Gewalt die neue Gesellschaftsordnung aufzubauen – umgesetzt wurde, soll am Fall von Wolf-Achim Krasting gezeigt werden. Sein Vater Doktor Karl Krasting arbeitete als Rechtsanwalt und Notar in Dippoldiswalde. Eine bürgerliche Familie mit vier Kindern in – für eine Kleinstadt – gut situierten Verhältnissen. Die Söhne besuchten Gymnasien in Dresden, bis sie am Kriegsende zum Militär einberufen wurden. Wolf-Achim Krasting berichtet:

„Am 8. Mai 1945 trat der Rest meiner Kompanie vom Panzergrenadier-Ersatz-Bataillon 53 aus Naumburg/Saale mit nur noch etwa 50 Mann auf dem Schulhof eines Dorfes in der Lausitz bei Weißwasser an. Hier erfuhren wir nun, dass der größte Teil unserer Kompanie der neu aufgestellten Heeresgruppe unter General Wenk zur Verteidigung Berlins zugeteilt worden sei. Unser Teil der ‚Kompanie Lamm' unterstand nach wie vor dem Feldmarschall Schörner, dessen Heeresgruppe zum Schluss nur noch die Aufgabe hatte, die pausenlosen Angriffe der Sowjets gegen den endlosen Flüchtlingstreck aus Schlesien abzuwehren. Unser Kompanieführer, Leutnant Lamm (22 Jahre), teilte uns nun mit, dass der Krieg zu Ende und verloren ist. Er wünschte uns eine glückliche und gesunde Heimkehr. ‚Kompanie weggetreten!' war das letzte Kommando meiner Militärzeit. Ich war damals 17 Jahre alt. Dienstgrad Panzergrenadier. Ich brauchte ungefähr 15 Tage, um im Schutze der Nacht auf Feld- und Waldwegen von der Niederlausitz nach Dippoldiswalde zu gelangen. Jeder Soldat der aufgelösten Wehrmacht wurde von der Roten Armee festgenommen und in einem der zahlreichen Lager interniert. Schließlich erreichte ich mein Elternhaus. Auf dem Gehweg vor der Rabenauer Straße 27 standen an der Gartenpforte jene zwei Polstersessel, die vordem in unserem Wohn- und Musikzimmer ihren Platz hatten. Merkwürdig, die Pforte war offen und die Klingel an der Gartenpforte und an der Haustür waren außer Funktion. Immer noch in der freudigen Erwartung, endlich wieder daheim zu sein, ging ich um das Haus herum zur Gartenseite und stieg die Treppe zur Terras-

se hinauf. Die Fenster des Wohnzimmers standen weit offen, es war ein herrlicher Tag im Mai. Nun stieg ich frohgemut und arglos durch das Fenster. Und dann geschah es. Eine volle Salve aus einer Kalaschnikoff schlug in den Parkettboden vor meinen Füßen ein. Für mehrere Tage wurde ich im Keller unseres Hauses eingesperrt und streng bewacht. Ich konnte nicht ahnen, dass bereits seit April 1945 die regionale sowjetische Kommandantur mit ihrem Stab unser Haus besetzt hielt und auch die gesamte Rabenauer Straße (27 Häuser!) evakuiert worden war. Ich war im Keller des Hauses in unserer ehemaligen, inzwischen leer geräumten, Speisekammer eingesperrt. Zwei oder drei Tage lang saß oder lag ich auf dem Boden. Essen oder Trinken – Fehlanzeige, außer einem großen Glas gefüllt mit getrockneten Erbsen, die ich zu Erbsenmehl zermahlen und verzehrt hatte. Immer wieder donnerte ich an die Kellertür. Ich wusste, dass zuweilen davor ein russischer Wachmann stand, der sich aber durch meinen lauten Protest nicht stören ließ. Sehr lautstark forderte ich, den Bürgermeister zu holen, um meine Identität zu klären, was aber keiner verstand oder hören wollte. Meine russischen Sprachkenntnisse beschränkten sich auf wenige Redewendungen, die uns beigebracht worden waren, zum Beispiel „ruki werch“ („Hände hoch“)! Schließlich kam ich wieder frei und nicht in Gefangenschaft. Ich fand dann einen Teil der Familie, meine Mutter mit meinen jüngeren Geschwistern Jens und Ute, 15 Kilometer entfernt in Oberkipsdorf im Erzgebirge, wo sie im April 1945 nach der Evakuierung aller Familien mit Kindern aus der Stadt Dippoldiswalde bei Freunden untergekommen waren.

Die örtliche Polizei war aufgelöst und durch kommunistische Aktivisten ersetzt worden, die häufig noch die Rotarmisten bei den Plünderungen und Gewaltaktionen gegen Frauen und Mädchen unterstützten. Meine damals 8-jährige Schwester Ute hat später darüber berichtet.

Unser Vater war seit zehn Monaten im Osten vermisst. Von Karl-Theo, meinem ein Jahr älteren Bruder, hatten wir schon lange kein Lebenszeichen aus der russischen Gefangenschaft erhalten. Aus politischen Gründen wurde Vater – in Abwesenheit – die Zulassung als Anwalt und die Bestellung als Notar entzogen. Alle Spar- und Bankkonten wurden gesperrt. Eine Begründung nach geltendem Recht gab es nicht. Mutter hatte eine Anstellung als Gärtnereigehilfin in der befreundeten Gärtnerei Phillips gefunden und verdiente dort 1,88 Reichsmark pro Stunde. Als Zimmermannslehrling kam ich nur auf 0,85 RM als Stundenlohn plus drei Pfennige „Werkzeuggeld". Unsere monatlichen Einkünfte waren jedenfalls sehr bescheiden und reichten kaum, um die geringen Zuteilungen an Brot, Kartoffeln, Mehl und solchen Dingen zu bezahlen. Unsere Mutter aber war sehr umtriebig und hatte nach wie vor die vielen treuen Freunde in Dipps auf ihrer Seite, die es zum Teil nicht so hart getroffen hatte und die an unserem Schicksal lebhaft Anteil nahmen und halfen, wo immer sie konnten.

Ende Mai 1945 trat ich eine Lehre als Zimmermann bei Baumeister Barsch in Dippoldiswalde an. Er hatte seine Selbstständigkeit behalten dürfen und konnte kleinere Bauprojekte ausführen. Meine Lehrlingsarbeit bestand darin, dass ich Kisten und Verschläge zusammennagelte, in denen die Maschinen und Einrichtungen der ‚Blanke Armaturenfabrik' in Dippoldiswalde als ‚Reparationsleistung' zum Abtransport in die Sowjetunion verpackt wurden.

Der neue kommunistische Bürgermeister Karl H. war in Dippoldiswalde nunmehr der mächtige Mann in der Stadt. Er konnte – mit der Sowjetmacht im Rücken – walten und schalten, wie es ihm beliebte. So beschäftigte er eine Anzahl von ‚Mitarbeitern', und er konfiszierte ‚herrenloses Gut', welches in seinem Machtbereich in reicher Auswahl zur Verfügung stand. Eine Vielzahl von Häusern und Wohnungen stand leer, nachdem die Eigentümer verhaftet, geflüchtet oder sogar umgebracht worden waren. Karl H. konnte einfach zugreifen und verbrachte diese in der Regel sehr wertvollen Objekte – Möbel, Teppiche, Bilder und dergleichen – in verschiedene Einlagerungsstellen. Dieses tat der Bürgermeister, ‚um die Bedürfnisse der Roten Armee zu befriedigen'. So lautete die Rechtfertigung für seine Tätigkeit. In Wirklichkeit betrieb er einen schwunghaften Handel mit diesen Objekten auf eigene Rechnung.

Er bestellte unsere Mutter in das Bürgermeisteramt und erklärte ihr, daß ihr Mann ein großer Verbrecher war, der seine Position in der NSDAP rücksichtslos zu seinen Gunsten auszunutzen verstand. Und er verlangte die Umschreibung eines Grundstückes zugunsten seiner Familie, welches der Vater aus einer Insolvenzmasse heraus gekauft hatte. Weiter sagte er, daß er einen sehr engen Kontakt zur sowjetischen Kommandantur habe und daß er darauf Einfluss nehmen könne, daß eine Entlassung ‚des Krasting' aus der Gefangenschaft vorzeitig erfolgt. Das würde er sofort tun, sobald die Umschreibung im Grundbuchamt erfolgt ist. Die Mutter ließ sich erpressen, was ich erst nachträglich erfuhr. Nun wollte ich beim Bürgermeister H. die Sache nochmals zur Sprache bringen. Er empfing mich mit der Frage: ‚Was wollen Sie?' Ich versuchte, meine Meinung vorzutragen und hatte das Wort ‚Unrecht' ausgesprochen. Damit war die Besprechung, bevor sie anfing, beendet. Der Bürgermeister brüllte mich an und schrie so laut, daß es auch die Leute, die auf dem Flur warteten, hören mußten: ‚Machen Sie, daß Sie rauskommen!' Nun befand auch ich mich in einer aufgewühlten inneren Verfassung. So etwas hatte ich noch nicht erlebt und natürlich auch nicht erwartet. Ich hatte ernsthaft geglaubt, daß ich dem Bürgermeister in einem sachlichen Gespräch unsere äußerst prekäre Situation vortragen und erreichen könnte, daß er uns wenigstens in anderer Weise irgendwie entgegenkommen würde, nachdem er gerade einen solchen ‚Reibach' gemacht hatte.

Es war der 24. August 1945, zwei Tage nach meiner Begegnung mit dem Bürgermeister H. Ich schickte mich an, nach Dresden aufzubrechen und hoffte, eine Fahrgelegenheit zu finden. Da kam aber alles ganz anders als gedacht. Es klingelte an der Haustür, von zwei Männern wurde nach Krasting gefragt. Ich sollte einmal mitkommen, es dauere nicht lange. Aber was sollte ich da? Es vergingen über drei Jahre bis zu meiner Rückkehr.

Ich wurde von den zwei Männern eskortiert. Der eine war ein Politkommissar der Roten Armee und der andere war ein ‚Antifa-Aktivist' aus Dipps. Kurz vor dem Marktplatz, auf der Badergasse, wurde eine Tür zum Kellereingang aufgeschlossen, und da unten wurde ich in einem Raum eingesperrt, in dem sich bereits ein Gefangener befand. Von der Decke hing eine Glühbirne, die uns Tag und Nacht ein schwaches Licht spendete, in der Ecke stand ein Eimer. Mein Mitgefangener rührte sich nicht. Ich sprach ihn an, um zu erfahren, wer er ist und was geschehen war. Er lebte, denn ich konnte sehen, wie sich seine Augen bewegten. Dann zeigte er mit dem Finger auf sein Kinn. Der Unterkiefer war deformiert. Die Gesichtshaut zeigte dunkle Fle-

cken. Er konnte nicht sprechen. Der Mann mußte unbedingt ärztliche Hilfe haben, und ich rief wiederholt und sehr laut. Aber niemand meldete sich. Wie lange mochte dieser Mann schon da gelegen haben? Und wer war er? Ich konnte es nicht von ihm erfahren. Langsam wurde es Nacht, was nur daran zu erkennen war, daß der Tageslichtschimmer vor dem Kellerfenster verschwunden war. Manchmal sah ich zwei Beine vorüberhuschen. Die erste Nacht verging mit irren, gespenstischen Träumen. Ich sah Mutter von der Arbeit nach Hause kommen. Jens und Ute hatten im Küchenherd Feuer angezündet, um ein Abendessen zu bereiten. Dann sah ich auch Vater vor der Haustür stehen. Der Bürgermeister hatte vielleicht doch Wort gehalten?

Am nächsten Morgen erschienen ein Mann und eine Frau. Sie sagten kein Wort und nahmen von meinem Protest keine Notiz. Mein Mitgefangener wurde hochgenommen und abtransportiert. Ich habe auch alle Jahre später nicht erfahren können, wer er war und welches brutale Drama sich hier abgespielt haben mußte. Noch mehrere Tage und Nächte verbrachte ich in diesem Verlies. Morgens bekam ich einen Kanten Brot und Tee in einer Kanne. An meinem 18. Geburtstag wollten mich meine Schwester Ute und Bruder Jens besuchen. Sie hatten meine ‚neue Adresse' von Nachbarn ausfindig gemacht. Ich sah vier Beine am Kellerfenster und glaubte, vertraute Stimmen zu hören. Ute hat darüber berichtet. Viele Jahre später konnte ich Näheres darüber erfahren.

Als Nächstes wurde ich in einer frühen Morgenstunde, noch bei Dunkelheit, abgeholt und über den Marktplatz in Richtung Dippser Schloss abgeführt. Ich fragte meine ‚Begleiter', was man mit mir vorhabe und was das alles zu bedeuten hat. Eine Antwort bekam ich nicht. Am Schloss angekommen, landete ich in einem großen Kellerraum, der offensichtlich bis vor kurzem als Kohlenlager gedient hatte. Kellerfenster waren nicht vorhanden, der Fußboden war noch zum Teil von Kohlengrieß bedeckt. Ganz hinten in diesem großen Raum brannte ein einziges, schwaches Licht. Es war alles sehr gespenstisch. Ich versuchte, mich zunächst in der Dunkelheit zu orientieren. Unter dem Lichtkegel schließlich begegnete ich einem Mitgefangenen. Er hieß Walter Pietsch und hatte eine Autolackierwerkstatt in Dipps aufgebaut. Walter war bereits seit einigen Tagen in diesem

‚Quartier' untergebracht und berichtete, daß auch unser Landrat Leo von Miltitz hier sei. Auch der stadtbekannte Baumeister Arno Nitsche, der unser Haus an der Rabenauer Straße 27 einstmals gebaut hatte, und viele andere bekannte Dippser Bürger waren irgendwo in dem weitläufigen Gemäuer eingesperrt. Sie standen auf der Liste von ‚Volksfeinden', die der russischen Kommandantur vom Bürgermeister und seinen Genossen zwecks Verhaftung vorgelegt worden waren. Zweimal wurde ich nächtens zum Verhör abgeholt. Dieses wurde von einem Politkommissar der Roten Armee durchgeführt. Wir saßen uns an einem Tisch gegenüber. Hinter mir stand eine Kommissarin, die mich immer in den Rücken stieß mit irgendetwas, wenn ich auf die in Russisch gestellten Fragen des Kommissars nicht sofort in gewünschter Weise reagierte. Im zweiten nächtlichen Verhör musste ich das in kyrillischer Schrift verfasste Protokoll unterschreiben, was ich nach anfänglicher Weigerung schließlich auch tat. Walter Pietsch hatte lange protestiert zu unterschreiben und mußte eine üble Misshandlung ertragen. Er bangte um seine Familie und seinen Besitz, die Lackierwerkstatt. Erst nach acht Jahren kam er zurück nach Dipps. Seine Tochter Margot hat mir viele Jahre später aus jenen schrecklichen Jahren berichtet.

Anfang September 1945 kam in den frühen Morgenstunden Bewegung in unseren seitlichen Gebäudeteil des Dippser Schlosses. Es fuhr ein offener sowjetischer Militärlastwagen vor, auf dem etwa 15 Gefangene hochsteigen und an der Bordwand ringsherum am Boden Platz nehmen mußten. Eine russische Wachmannschaft hatte vor der Ausfahrt im Hof Posten bezogen. Walter Pietsch und ich blieben zusammen und saßen nebeneinander an der Rückwand. Ein Rotarmist mit seiner Kalaschnikoff stand an der Rückseite des Führerhauses und hatte uns fest im Blick. Wir waren offenbar alle als hochgefährlich eingestuft worden. Dann ging die Reise los zu einem ungewissen Ziel.

Walter Pietsch entdeckte sehr bald einige bekannte Gesichter aus Dipps. Er sprach den ersten davon an, aber er wurde durch einen lauten, russischen Fluch zurechtgewiesen. Eine Unterhaltung war strengstens untersagt. Dann ging es schweigend weiter. Gespannt verfolgten wir die Ortsschilder und Wegweiser. Nach einigen Stunden Fahrt durch die Lausitz erreichten wir den Bestimmungsort:

Bautzen. Wir durchfuhren das Tor der Justizvollzugsanstalt, die fortan unter dem Begriff ‚Gelbes Elend' eine traurige Berühmtheit erlangen sollte.

Auf der großen Freifläche, die von den fünfstöckigen Gefängnisblöcken umgrenzt wurde, trafen wir auf einige hundert Gefangene. Lebhaft wurde gefragt und berichtet: ‚Wo kommt ihr her, was soll geschehen?' Ich erinnere mich allerdings nur, daß ich mich abseits hielt, weil ich vor Hunger nicht mehr stehen konnte, und mich ins Gras legte. Wir wurden in den ‚Saalbau' geführt, wo wir letztlich im vierten Stock im Saal ‚D' ankamen. Diese sogenannten Säle waren in früheren Zuchthauszeiten mit Maschinen und Einrichtungen als Arbeits- oder Ausbildungsplätze für die Beschäftigung der Strafgefangenen ausgestattet. Im Krieg waren sie durch zwei- oder dreistöckige Holzpritschen ersetzt worden. Ich war froh, einen Platz in einer unteren Etage ergattert zu haben. Später kam ein ‚Essenkommando' mit einem Kübel heißer Wassersuppe an. Es konnten aber nur die Leute versorgt werden, die über ein Gefäß – welcher Art auch immer – verfügten. Ich hatte keines. Im Saal ‚D' befanden sich, nachdem er aufgefüllt war, ungefähr 400 Gefangene im Alter von 15 bis 80 Jahren. Die Russen hatten als ‚Kommandanten' des Saales ‚D' den Fabrikanten Friedrich Emil Krauss aus Schwarzenberg im Erzgebirge bestimmt, der von seinen Landsleuten hoch geschätzt und verehrt wurde. Auch ich hatte ihn in der folgenden Zeit näher kennengelernt und bewundert. Er war eine starke Persönlichkeit und der verantwortliche ‚Vertrauensmann' der Wachmannschaft. Er musste dafür sorgen, dass die strengen Verhaltensregeln eingehalten wurden, die von den Russen angeordnet waren. Man durfte tagsüber nicht auf der Pritsche liegen. Es durften keine Vorträge gehalten werden und vieles mehr. Friedrich Emil Kraus hatte mit großer Vorsicht einen kleinen Männerchor einstudiert, der spät am Abend erklang, vielstimmig und in gedämpfter Lautstärke, wenn keine Wachen mehr zu erwarten waren. Es waren Volkslieder aus dem Erzgebirge, die vor dem Einschlafen tief in das Gemüt eindrangen.

Durch die Vermittlung von F. E. Kraus erhielt ich dann auch einen Blechnapf und einen Holzlöffel aus der Hinterlassenschaft eines verstorbenen Mitgefangenen. Es handelte sich um die untere Hälfte eines Blechbehälters, in dem in Kriegszeiten die Gasmaske aufbe-

wahrt wurde.

Anfang des neuen Jahres 1946 wurden wir zu jeweils einhundert Mann eingeteilt und die vielen eisernen Treppen hinuntergeführt bis in den Keller, wo wir in trübem Licht eine weitläufige Duschanlage vorfanden. Die an der Decke angehängten Rohrleitungen wiesen in regelmäßigen Abständen Bohrungen auf, aus denen das Wasser herauströpfelte. Früher waren an diesen Stellen Brauseköpfe angebracht. Weiter hinten war der Wasserdruck höher, so daß man einen richtigen Wasserstrahl abkriegen konnte. Dort standen die Männer dicht beieinander', und auch ich drängelte mich dazu. ***An diesem unbeschreiblichen Ort, umgeben von zahlreichen vollbärtigen, nackten Männergestalten, begegnete ich unversehens einem altvertrauten, graublauen Augenpaar. Den Mann dazu erkannte ich nicht. Aber diese Augen gehörten, es war unfassbar, sie gehörten meinem Vater!*** *Wir schoben uns aus diesem Männerpulk heraus in eine Ecke. Vater fand zuerst die Sprache wieder: ‚Bist du gesund?', fragte er in großer Besorgnis. ‚Und du?', fragte ich ihn. Dann aber kam der Aufseher mit dem nächsten Schwung von Männern. Wir mussten uns zum Ausgang hin bewegen, und wir wurden getrennt. Ich nahm mein armseliges und dreckiges Bündel Kleidung unter den Arm und verweilte mit all den anderen in einem geheizten Raum vor dem Ausgang. Da konnten wir trocken werden. Handtücher und Kleidung zum Wechseln gab es natürlich nicht. Und da kam Vater plötzlich mit einem russischen Wachmann wieder dazu. Unglaublich, das hatte er irgendwie arrangiert. ‚Das Malinki?', fragte der Russe, und es folgte ein Wortschwall in Russisch, freundlich und fröhlich, als wäre es ein Geburtstagstreffen. Danach hatte ich noch Gelegenheit, einige Minuten mit Vater allein zu sprechen. Er war nur ‚Haut und Knochen' und kreidebleich. Ich mochte gar nicht genau hinsehen. Er aber strahlte einen unbeugsamen Optimismus aus, den ich dankbar aufnahm. Es war das Einzige, was er mir in dieser Situation geben konnte. Aber es war genau das, was auch ich brauchte. ‚Wir halten durch, und ich werde für uns alle wieder sorgen, sobald wir frei sind. Du mußt deine Hände täglich in den Bottich mit Chlorbrühe tauchen, der vor den Latrinen steht, so widerlich das auch ist. Das ist hier das Wichtigste. Ich habe für jeden von euch eine Versicherung zur Finanzierung des Studiums abgeschlossen. Also bleib* *stark.' Das war mein Vater! Er war in dem mittleren Block der Anstalt im oberen Stock eingesperrt, wo sich die Einzelzellen befanden. In einer solchen war er zusammen mit drei weiteren Gefangenen. Das ist heute unvorstellbar! Der Eimer wurde einmal täglich geleert. Vater sagte noch, dass er versuchen werde, am Gitter seines Zellenfensters einen Lappen oder etwas ähnliches festzumachen: ‚Dann siehst du, wo du mich in Gedanken finden kannst.'*

Im Saal ‚D' hatte ich mich mittlerweile mit der prekären Normalität abgefunden. Auf der Holzpritsche standen jedem Gefangenen ungefähr 45 Zentimeter zur Verfügung. Eine Schlafposition war nur in Seitenlage möglich. Der Höhepunkt eines jeden Tages war das Eintreffen der Brote. Es waren Kastenbrote, die einmal längs und einmal quer aufgeschnitten wurden. Die beteiligte Vierergruppe blieb immer die gleiche. Es waren nur zwei Brotmesser im Saal vorhanden. Das Brotschneiden übernahm jeden Tag ein anderer der Gruppe, und auch die Reihenfolge des ersten Zugriffs auf die Brotration rotierte täglich. Der Hunger förderte den Argwohn der Beteiligten, übervorteilt zu werden.

An manchen Tagen wurde die Belegschaft von ‚D' auf den Gefängnishof geführt bei strengster Bewachung. In Reihen zu fünft bewegten wir uns im Kreis. Im Ostflügel entdeckte ich tatsächlich am vergitterten Fenster etwas hängen. Dort oben war mein Vater. Er konnte mich an meinem grünen Jackett aus Dipps erkennen. Ich konnte aber nur ahnen, dass er am Fenster stand, sah ihn aber nicht. Wahrscheinlich war das auch gar nicht möglich, weil ein Gefängnisfenster immer sehr hoch angeordnet ist.

Der Winter 1946 war besonders kalt. Mitte Februar waren wir wieder im Hof angetreten. Ein Wachmann verlas aus einer Liste Namen von Männern, die sich danach auf der anderen Hälfte des Hofes aufstellen mussten. Ich war auch dabei. Keiner wußte, was uns bevorstand. Viele redeten sich ein, daß eine Entlassung erfolgen würde. Dann wurden wir in Marsch gesetzt. Wieder Fünferreihe, alle zehn Meter ein Russe mit Kalaschnikoff. Vor dem Torgebäude war Halt und es wurde erneut gezählt. Und da ereignete sich das Folgende: Mein Name wurde aufgerufen, dreimal, bis ich gewahr wurde und verstand, dass ich gemeint war. Nun meldete ich mich, und der Wachmann, den ich schon vom Duschraum kannte, übergab mir eine kostbare Sofadecke, die aus unserem Wohnzimmer in Dipps stammte. Das sah ich sofort. Ich hüllte mich sogleich in diese Decke und spürte, daß ich nach und nach ‚auftaute'. Das war natürlich ein einmaliges Wohlgefühl. Aber mein lieber Vater hatte ein zu großes Opfer gebracht. Er musste noch fünf Jahre ‚Gelbes Elend' überstehen, was er jedoch zu dieser Zeit nicht wissen konnte. Wir wurden noch einmal gezählt und dann nochmals. Dann wurden wir in Marsch gesetzt. Innerhalb des Torhauses war erneut ein Halt. Die Wache ging jede Reihe durch und ‚filzte' den einen und anderen, der verdächtig erschien. Ich war auch so einer. Die kostbare Sofadecke wurde mir ‚entrissen'. Ich hatte vergeblich versucht, sie festzuhalten. Nun war sie endgültig verloren. Für Vater und für mich.

Es folgte ein langer Marsch in eisiger Kälte, am Bahnhof Bautzen vorbei und über die Gleisanlagen zu einer Reihe von Güterwaggons, die für uns reserviert waren. Dann folgte ein umständliches Revirement der Wachsoldaten in einer Aufstellung, die Fluchtmöglichkeiten unmöglich machten. Inzwischen war es stockdunkel geworden. Die Waggons waren geöffnet, jeweils 50 Mann pro Waggon stiegen ein. Die Inneneinrichtung bestand lediglich aus einem Eimer. Die nächsten zwei Tage waren für mich die schlimmsten, die ich durchstehen musste, zumal wir die tägliche Brotration und die Wassersuppe nicht erhielten. Nach endlosem Rangieren, langen Haltezeiten und wieder Rangieren waren wir nach zwei Tagen an einer offenen Gleisstrecke zum Halten gekommen. Während der Fahrt war angstvoll spekuliert worden, welche Richtung der Zug eingeschlagen hat. Es war stockdunkel und kein Fenster, lediglich eine kleine Öffnung unter dem Dach vorhanden, aus der die eisige Winterluft und ein schwacher Lichtschimmer hereinkamen. Über den Boden hatte sich in weiten Teilen eine Pfütze ausgebreitet, so daß Sitzen oder Liegen nicht möglich waren. Einige von den vielen älteren Leidensgenossen hatten sich trotzdem niedergelegt, sie lagen im Sterben, und wir konnten nicht helfen. Dann kamen wir an. Es wurde in bekannter Weise eine Kolonne gebildet und in Marsch gesetzt. In einiger Entfernung leuchtete uns ein roter Stern entgegen, der hoch über dem Lagertor des ‚Speziallagers Nr. 1 der Sowjetunion' in Mühlberg an der Elbe angebracht war. Hier standen wir noch einige Zeit im Schnee. Ein neuer Zählappell folgte, und die Verlesung der Namensliste ergab nun, daß eine Reihe von Gefangenen fehlte. Diese reglosen Gestalten wurden später auf einer Holzkarre abgeholt.

Es war immer noch dunkel, als wir schließlich in das Lager einrückten und uns die breite Lagerstraße entlangbewegten. Vor der Baracke Nr. 16 war unser Ziel erreicht. Diese war mit Doppelpritschen in bekannter Weise ausgestattet. Ich besetzte einen Platz wieder in der unteren Etage und streckte mich lang. Das allein war eine Wohltat, obgleich die Baracke ungeheizt war. Die Temperatur lag unter Null. Mich befielen sehr bald ein starker Schüttelfrost und hohes Fieber.

Als ich wieder zu mir kam, waren zwei Tage und Nächte vergangen, vielleicht sogar drei. Ich fand mich an einer anderen Stelle wieder. Langsam kam die Erinnerung zurück an die grauenhafte Reise von Bautzen nach Mühlberg. Die Entfernung war nicht länger als 80 Kilometer. Die lange Fahrzeit war bedingt durch unaufhörliches Rangieren mit vielen harten Aufpralls mit anderen Waggons, einmal in der einen Richtung und dann in der anderen, dann wieder endloser Stillstand. Zu jener Zeit hatten die Demontagearbeiten der zweiten Gleisanlage begonnen, die als Reparationsleistung an die Sowjetunion geliefert werden musste.

Die Baracke 16 war inzwischen aufgefüllt worden mit ungefähr 300 Gefangenen. Ein Arzt war von der deutschen Lagerleitung eingesetzt worden. Es entstand so etwas wie eine Kommandostruktur unter einem Barackenältesten. Dazu gehörte auch eine Krankenstation am Ende der Baracke. Dort fand ich mich nun wieder und stellte erstaunt fest, daß ich komplett ‚neu‘ eingekleidet worden war. Bald kam ein Mann zu mir, der als Krankenpfleger bestimmt worden war. Er brachte mir in meiner halben Gasmaskenbüchse einen Schlag Graupensuppe, wässrig, trinkbar und noch heiß. Das war eine Wohltat nach drei langen, üblen Tagen. Er erzählte mir, dass ich von der Baracke nebenan in einer Art Koma mit hohem Fieber hierher transportiert worden war und sodann von meinen alten, stinkenden Klamotten befreit und abgewaschen wurde. Ich erhielt saubere Sachen, die von verstorbenen Mitgefangenen stammten und die in der Lagerwäscherei gereinigt worden waren. Das klingt makaber, ist aber der unsäglichen Situation geschuldet. Von all diesen Wohltaten hatte ich bisher nichts verspürt. Bald kam auch der Arzt zu mir, Herr Dr. med. Fritz Heyne aus Weinböhla. Er sagte zu mir, daß ich mich in einem sehr kritischen Zustand befunden hatte, als ich ihm vorgeführt wurde und dass ich nun gesundheitlich das Schlimmste überstanden hätte. ‚Und Sie kommen aus Dippoldiswalde, da werden Sie auch meinen alten Freund Doktor Back kennen', fragte er mich. Ja natürlich, der war unser Hausarzt. Er hatte mich und meine Geschwister sozusagen ‚mit zur Welt gebracht'. Das war nach langer Zeit ein erster, bescheidener Gruß aus der engeren Heimat und ein Rückblick in alte Zeiten, der mein Gemüt sogleich fühlbar aufhellte. Ich wurde von Doktor. Heyne als sein Arzthelfer in der Baracke 16 bestimmt. Dieser Arzt war eine starke Persönlichkeit, und er konnte einem sehr leidgeplagten Patienten Zuversicht vermitteln, auch dann noch, wenn er gerade eine traurige Diagnose ungeschönt mitgeteilt hatte.

Die Todesrate im ‚Speziallager Nr. 1 des sowjetischen NKWD Mühlberg/Elbe' lag bei 31 Prozent, laut ‚Totenbuch', das mir im Jahre 2008 zugestellt worden ist. Darin ist auch der Tod unseres seinerzeit hochverehrten Dippser Landrates, Leo von Miltitz, vermerkt mit Datum vom 25. Februar 1946. Das war wenige Tage nach Ankunft unseres Transportes im Lager Mühlberg, dem offenbar auch er angehört hatte. Herr von Miltitz entstammte einem historisch bedeutenden Adelsgeschlecht aus Miltitz bei Meißen.

Gegen Ende des Jahres 1946 teilte mir Doktor Heyne mit, daß er von Professor Josef Keller – vormals Dekan der Medizinischen Fakultät der Universität Leipzig, jetzt prominenter Häftling in Mühlberg – unterrichtet worden ist, dass ein medizinisches Labor für das Lager Mühlberg eingerichtet werden soll. Er brauche dafür einen oder zwei medizinisch-technische Laboranten. Eine Latrine im hinteren Bereich des Lagers wurde umfunktioniert. Die drei ‚Zylinder' wurden mit Brettern zugenagelt. Auf diese Weise entstand ein Labortisch, auf dem ein modernes Zeiß-Mikroskop mit Ölimersion seinen Platz fand. Professor Keller war vorher – eskortiert von einem sowjetischen Offizier – in sein Institut nach Leipzig gebracht worden, um dieses Mikroskop und eine Minimalausrüstung des Labors nach Mühlberg zu bringen.

In dieser Zeit lernte ich Christian Baehrecke aus Dresden-Bühlau kennen. Christian war mit 16 Jahren zwei Jahre jünger als ich. Wir hielten enge Freundschaft bis zu unserer Entlassung im September

1948. Christian erlernte danach den Beruf eines Zimmermannes wie ich und wanderte anschließend nach Amerika aus. Später verfasste er seinen Bericht in einem 400 Seiten dicken Buch, welches von seinen neuen amerikanischen Freunden mit großer Spannung und beinahe ungläubig aufgenommen wurde. Fünf Jahre mußte er sich gedulden, bis er seine amerikanische Staatsangehörigkeit nach strenger Prüfung in Sprache und in Geschichte erhalten hatte. Auch seinen Wehrdienst hatte er abzuleisten, den er als Leutnant d. R. verließ. Die Anfangsjahre in Amerika konnte er ausnutzen, um ein Studium in Civil Engineering zu absolvieren. Bald danach war er mit einer eigenen Bauunternehmung erfolgreich tätig, baute ein Haus in Wisconsin, holte seine Sandkastenfreundin Inge aus Dresden und gründete eine Familie. Ende der 1950er Jahre kam von der neu erstandenen Bundeswehr ein deutscher Oberst der Pioniere nach den USA, um sich über Ausrüstungen zu informieren und entsprechende Besuche durchzuführen. Christian wurde als fachlicher Begleiter und Dolmetscher bestimmt und dabei zum Captain d. R. befördert.

An einem sonnigen Tag im September 1948 verlief der Zählappell anders als sonst. Gewöhnlich mußten die Gefangenen jeder Baracke täglich vor Eintritt der Dunkelheit auf der Lagerstraße Aufstellung nehmen. Die sowjetische Wachmannschaft zählte uns wie immer an jedem Tag. Adin, dwa, dri, dschidiri ... konnte ich bald bis einhundert und darüber aufzählen. Es stand offenbar eine größere Entlassungsaktion bevor, und die innere Spannung war bei jedem Einzelnen von uns sehr groß bei der Frage, ob er jetzt wohl auf der richtigen Seite stand. Ich war aufgerufen worden und wurde von Christian getrennt. Wir versprachen uns gegenseitig, wer immer zuerst rauskommt, soll sofort zu Hause bei der anderen Familie Nachricht und Bericht geben.

Dann ging alles ziemlich schnell. Ich war bei der ersten Kolonne. In der Frauenabteilung des Lagers waren in den letzten Wochen aus großen Ballen Sackleinen ‚Anzüge' geschneidert worden in drei Größen. Die alten Klamotten wurden, wie schon einmal, zur Wiederverwendung abgelegt. Wir durchliefen erstmals eine funktionierende Duschanlage und bestiegen nach einer Wartezeit zwecks Trocknung ohne Handtuch die neue ‚Maßkonfektion'. Hemd und Unterzeug gab es nicht. Dann ging es zur Abfertigung. Eine Kommissarin fand mich aus einer Liste heraus und fragte nach meinem Wohnort. Ein Beauftragter der Bahn ermittelte die Fahrstrecke von Neuburxdorf (Mühlberg) nach Dippoldiswalde und zahlte genau auf Mark und Pfennig den Fahrpreis. An meinem neuen Anzug gab es keine Taschen außer einer, die am Jackett oben aufgesetzt war. Dort verstaute ich meine Barschaft sowie den Entlassungsschein und schloss mich der Reihe der Entlassenen für den Transport zum Bahnhof an. Auf dem Bahnsteig waren wir unter einigen Ortsansässigen eine exotisch anmutende ‚Reisegruppe', die große Aufmerksamkeit erregte. Ich kaufte meine Fahrkarte. Dabei mußte ich meinen Entlassungsschein vorzeigen und konnte dadurch offenbar erreichen, dass mein Fahrziel trotz mehrmaligen Umsteigens handschriftlich mit Dippoldiswalde überschrieben wurde. In Hainsberg bestieg ich die Schmalspurbahn. Ich blieb draußen auf dem Perron stehen, um den neugierigen Blicken der Reisenden im Wageninneren zu entgehen. In Malter stieg ich aus, eine Station vor Dipps, und wanderte am Talsperrenufer entlang, die alt vertraute, heimatliche Wanderstrecke nach Hause. Das Wiedersehen war natürlich eine große Freude. Lange lagen wir uns in den Armen. Beruflich hatte ich drei volle Jahre verloren. Ehemalige Schulkameraden vom König-Georg-Gymnasium in Dresden hatten ihr Abitur nachgeholt und befanden sich in Dresden, Leipzig oder im ‚Westen' im Studium. Ich konnte hinsichtlich meines beruflichen Werdeganges noch nichts dergleichen vorweisen außer der Bescheinigung meiner Haftentlassung. Diese wiederum sollte ich bei der neuen kommunistischen Stadtverwaltung besser nicht vorzeigen, wie ich nun öfter erfahren mußte. Bei der Firma Barsch konnte ein neuer Ausbildungsvertrag als Fortsetzung meiner kurzen Anfangszeit als Zimmermannslehrling aus 1945 abgeschlossen werden. Die erste Tätigkeit war der Abriss des historischen Postgutes, das der Familie Flemming gehörte, die inzwischen geflüchtet war. Aus diesem landwirtschaftlichen Areal waren allein neun Neubauernstellen entstanden, und an einigen war ich dann auch beteiligt. Es folgten danach die vielen Enteignungen der wirklich großen Güter, deren Besitzer als Junker diffamiert und vertrieben wurden. Der jährliche Prüfungstermin für Zimmerleute und Maurer stand bevor, und ich wurde zur Prüfung angemeldet. Trotz meiner verkürzten Lehrzeit konnte ich meine Gesellenprüfung mit 'sehr gut' im Zeugnis und als Kreissieger abschließen. Der Betriebsrat der Firma Barsch unterstützte meinen Antrag zum Studium an der Staatsbauschule Dresden mit einer schriftlichen Befürwortung. Aber kurz darauf kam eine formlose Ablehnung, was für mich und die Firma Barsch unverständlich war. Es waren zu dieser Zeit noch Studienplätze frei. 'Da mußt du hinfahren und dich beschweren', meinte der Firmenchef, und das tat ich auch sogleich. Die Sekretärin des Direktors der Bauschule sagte zwar, es sei gerade eine Besprechung, aber versuchen könne ich es. So klopfte ich an und ging rein. An der Tür blieb ich respektvoll stehen, bis sich der Direktor Fritz mir zuwandte. Ich erklärte, dass ich mich um einen Studienplatz beworben hatte, dass meine Bewerbung vom Betriebsrat unterstützt worden ist und daß ich trotzdem abgelehnt worden bin. Warum, wollte ich gern wissen. Der Direktor nahm eine Akte, die schon auf dem Schreibtisch lag, und erklärte: 'Herr Krasting, Sie sind vorbestraft, und eine Zulassung zum Studium ist aus diesem Grunde ausgeschlossen!' Das hatte mich getroffen wie ein Donnerschlag. Ich weiß nicht mehr, was ich geantwortet hatte. Eine weitere Diskussion war der Direktor nicht bereit zu führen. Nun sagte ich wohl, daß ich das nicht hinnehmen kann und daß ich mich beschweren werde. 'Gehen Sie', sagte der Direktor zu mir, und ich soll mich dazu dann ungebührlich geäußert haben. Paul Barsch fragte mich am folgenden Tag, was ich in Dresden gemacht hätte. Es sei eine massive Beschwerde über mich angekommen, politisch untragbar oder so. 'Wolf, du mußt schnellstens weg von hier, jetzt gleich am besten, die holen dich tatsächlich wieder ab, das ist ganz kritisch.'

'Wie kann das denn sein?', fragte ich meinen Chef. Er meinte, daß offenbar eine Rückfrage beim Dippser 'Antifa-Ausschuss' seitens der Staatsbauschule erfolgt war. 'Das machen die so. Du bist auf der schwarzen Liste!' Mir war sehr bald klar, woher der Wind wehte. Das Bürgermeisteramt! Im Büro vom Chef hatten sich mein Polier Hans Liebich und sein jüngerer Bruder Gerhard eingefunden. Sie brachten einen alten, aber stabilen Rucksack mit, in dem sich ein nahezu kompletter Satz von Zimmermannswerkzeug befand. Das stammte aus dem letzten Jahrhundert und war von den Vätern und noch davor über Jahrzehnte benutzt worden, was man leicht erkennen konnte. Gleichwohl war dieses Werkzeug noch gut brauchbar

und sehr wertvoll, weil man nichts dergleichen kaufen konnte. Das waren wirklich gute Freunde, die mir dieses Abschiedsgeschenk gemacht hatten.“

Ein junger Mann von 18 Jahren mit einem solchen Schicksal! Müsste er nicht für sein weiteres Leben gezeichnet sein? Für eine völlig frei erfundene, haltlose „Straftat“ drei Jahre diese Tortur, durch den Bahntransport nach Mühlberg – kein Unterschied zu den KZ-Transporten des NS-Regimes wenige Jahre vorher – am Rand des Todes. Danach als „Vorbestrafter“ behandelt – was hatte der neue marxistische Staat manchen Menschen zugemutet!

Doch der junge Krasting war stärker. Er schlug sich wieder durch zu Bekannten nach Goslar, ging von dort nach Westberlin, fand Arbeit als Zimmermann beim Aufbau des „Kaufhauses des Westens (KdW)“. Diese Tätigkeit setzte er später in Hamburg fort und begann 1951/52 ein Studium der Forst- und Holzwirtschaft in Reinbek bei Hamburg. 1956 schloss er das Studium als Diplom-Holzwirt ab, die Fachrichtung „Tropische Forstwirtschaft“ wurde für seinen späteren Berufsweg entscheidend. Im Auftrag einer US-Firma ging er nach Afrika:

„Ich lebte ab 1957 mitten im tropischen Regenwald und baute mir selbst mit meinen afrikanischen Helfern meinen ‚Bungalow‘, schließlich war ich gelernter Zimmermann. Meine Aufwendungen für den eigenen Hausbau wurden honoriert und meinem Konto in England gutgeschrieben.

Meine berufliche Tätigkeit bestand im Holzeinschlag, im Wege- und Brückenbau für den Transport der schweren Mahagonistämme zum 150 Kilometer entfernten Hafen Takoradi (Ghana) und im Betrieb einer einfachen, mechanischen Werkstatt zum Unterhalt von fünf schweren Mercedes-Benz- und drei Leyland-Lastzügen sowie drei Caterpillar-Raupen-Schleppern. Für diese ‚Forest-Operations‘ standen mir circa 200 ‚Buschmänner‘ zur Verfügung. In erster Linie aber war der Export der Rundholzstämme nach Europa von unserem Harbour-Office in Takoradi zu organisieren. Meine Tätigkeit im tropischen Regenwald entsprach in keiner Weise den Grundsätzen einer nachhaltigen Forstwirtschaft, die mich bei Professor Heske motiviert und begeistert hatten. Ich war ungewollt williger Helfer eines kapitalistischen Raubbaues im Tropenwald. Gleichwohl war ich fasziniert von dieser ungewöhnlichen Aufgabe.“

Schließlich ging er zurück nach Hamburg, konnte seine Tropenholz-Erfahrungen in die Furnier- und Sperrholztechnik einbringen, wurde Geschäftsführer einer neuen „Holzmaschinen GmbH“. 1978 gründete der Holzfachmann unter der „Lignotech GmbH, Beratung und Ausrüstung der Holzindustrie“ seine eigene Firma und realisierte 20 Jahre lang holztechnische Projekte im In- und Ausland, auch in Zusammenarbeit mit der Weltbank.

Privat gehören zur Familie W. A. Krasting drei Söhne, und Hamburg wurde der Lebensmittelpunkt aller Krastings. Der Vater war nach fünf Jahren Haft 1950 entlassen worden und ging nach Dippoldiswalde zurück. Das Verhalten der 1949 entstandenen DDR gegenüber solchen „vorbestraften Bürgerlichen“ hatte sich nicht geändert, die Verlogenheit war eher größer geworden.

Karl Krasting wurde gebeten, in einer Einwohnerversammlung über sich und seine Haft zu sprechen. Seinem Einwand, dass er gerade erst zurück ist und nichts vorbereitet hat, wurde entgegnet: *„Ihre Rede ist schon vorbereitet, Sie brauchen nur vorzulesen.“* Das lehnte er ab und verließ, weitere Repressalien befürchtend, seine Heimatstadt und ging nach Hamburg. Hier erhielt er seine Zulassung als Rechtsanwalt zurück und war als solcher viele Jahre erfolgreich tätig. 1990 ist er, 90 Jahre alt, verstorben und hatte seine Kinder eindringlich gebeten, sich um das Anwesen in Dippoldiswalde zu kümmern und das erlittene Unrecht im nun vereinten Deutschland anzusprechen. Das hat W.-A. Krasting zur Genüge getan, und hier beginnt der Tragödie zweiter Teil: Das Grundstück, auf welchem neben dem Wohnhaus ein Stasi-Gebäude errichtet worden war, wurde bald nach 1990 verkauft, ohne die Familie Krasting einzubeziehen. Die bekannte Regel: Was zwischen 1945 und 1949 enteignet wurde, wird nicht zurückgegeben. Dabei wurden Unterlagen gefunden, welche die Enteignung schon 1946 aufhoben, vorbehaltlich der Zustimmung einer Präsidialkommission in Dresden. Diese ist nicht gefunden worden, und so hat der Streit zumindest um eine Entschädigung bis zum Bundesverwaltungsgericht in Leipzig geführt und ist dort in letzter Instanz 2017 abschlägig entschieden worden. In moralischer Hinsicht fühlen sich alle bundesrepublikanischen Stellen fast 20 Jahre nach der deutschen Einheit zu nichts verpflichtet, das wird mit wenigen

Worten kalt und unpersönlich gesagt. (Alle Zitate entstammen persönlichen Unterlagen von und Gesprächen mit Wolf-Achim Krasting, der hochbetagt in Hamburg lebt.)

Druckguss Heidenau/dgh-Group Heidenau

Dippoldiswalde, Rabenau, Talsperre Malter sind, wie bereits erwähnt, Stationen der Weißeritztalbahn entlang der Roten Weißeritz. Nur etwa zehn Kilometer ostwärts von Dippoldiswalde bahnt sich die Müglitz ihren Weg vom Erzgebirgskamm zur Elbe, in welche sie in Heidenau einmündet. Auch in diesem Müglitztal wurde bereits 1890 die Schmalspurbahn Heidenau–Geising eröffnet, erst 1923 aber die Strecke bis Altenberg, ein Berganstieg mit engen Kurven, erweitert. 1934/35 erfolgte der Umbau auf Normalspur, die Industrie auch in der letzten Grenzecke Sachsens forderte höhere Transportleistungen. Eigens für diese Müglitztalbahn wurde eine neue Reichsbahn-Lokomotive entwickelt; die Baureihe 84 konnte die Anforderungen dieser bergigen Strecke gut bewältigen.

Die Stadt Dohna ist, direkt an Heidenau angrenzend, die erste Stadt im beginnenden Müglitztal, und schon hier sind zwei bedeutende Unternehmen zu Hause. Eine Guss- und Presswerke AG hatte 1921 als eine der ersten in Deutschland mit der Herstellung von Druckguss begonnen. Ein damals neues Verfahren für Aluminiumteile, ein teures Verfahren und deshalb nur für große Stückzahlen geeignet. Die Presswerke AG lief gut, die Eigentümer saßen in Villen im Nobelviertel Dresden/Weißer Hirsch und wurden natürlich 1946 enteignet. Der neu aufgebaute VEB Druckguss Heidenau und die wenigen anderen Druckgussbetriebe waren umworben von vielen Finalproduzenten der DDR. Druckguss ergab saubere und leichte Bauteile, aber Bilanzen, also Bezugsscheine, erhielten nur ausgewählte Betriebe, vorwiegend solche mit hohem NSW-Export, Landesverteidigung und anderem. VEB Druckguss Heidenau stand 1990 nicht verschlissen und abbruchreif da und fand westdeutsche Investoren. Das Kürzel „dgh“ für Druckguss Heidenau blieb erhalten, und so startete der Betrieb dgh erfolgreich in den Markt. 2013 konnte – wie in vielen bedrohten sächsischen Fällen – die Kanzlei Bruno Kübler eine Insolvenz abwenden. Mit ausländischen Investoren entstand die „dgh-Group“, und die moderne Gebäudefront auf der Altenberger Straße ist wieder länger geworden. Viele Fahrzeughersteller, ob Audi, VW oder BMW, beziehen Bauteile aus Heidenau, Zylinderköpfe für BMW-Motorräder sind inzwischen fast Standard-Erzeugnisse aus Heidenau. Zur dgh-Group gehören natürlich ein moderner Werkzeugbau und mehrere weitere deutsche Betriebe.

Am Ende der Stadt Dohna Richtung Altenberg führte die Straße bis 1990 beidseitig durch abbruchreife Gebäude und Anlagen, man fuhr auf etwa 100 Metern wie durch ein Kriegsgebiet. Es waren die Reste eines VEB-Betriebes, welcher aus einem 1903 gegründeten Unternehmen für Fluorerzeugnisse (Fluorwasserstoff, Flusssäure) nach der Enteignung hervorgegangen war. Diese Anlagen konnten nur abgerissen werden, der Abbruch ist noch nicht beendet. Facharbeiter und Erzeugnisse hatten jedoch einen guten Ruf, und so begann bereits 1992 ein bayerischer Investor einen Wiederaufbau neben dem alten Werk. Die neue Fluorchemie Dohna ist in einem Firmenverbund mit Betrieben aus Thüringen und Bayern vereinigt und stellt Fluorerzeugnisse her, die vor allem als Beschichtungsmaterial Anwendung finden.

Weesenstein und Burkhardswalde sind weitere bemerkenswerte Stationen im Müglitztal, die Letztere auch mit einer industriellen Vergangenheit.

Schloss Weesenstein, auf einen Felsvorsprung direkt an der Müglitz um 1300 gegründet, erwarben 1830 die Wettiner, und König Johann (Regierungszeit 1854-1873) hatte hier jährlich mehrere Monate lang seine wissenschaftlichen Studien betrieben. In der Nacht 9/10. August 1854 soll er durch Kurier aus Dresden im Schlafrock die Nachricht erhalten haben, dass sein Bruder König Friedrich August II. in Tirol tödlich verunglückt und er nun König von Sachsen ist. Johann galt als der Wissenschaftler unter den gekrönten Häuptern Europas. Seine Übersetzung von Alighieris „Göttlicher Komödie“ wird noch heute als wegweisend eingestuft.

Das Schloss einschließlich des Parks ist heute vorbildlich restauriert, auch gastronomisch erneuert und ein Besuchermagnet im Müglitztal. In den 1950/60er Jahren konnte man in den Museumsräumen eine

Besonderheit sehen: eine Klappe in der Wand, durch welche dem König das Essen gereicht wurde. Der studierende König wollte nicht abgelenkt werden.

Weesenstein wurde auch bei der Hochwasserkatastrophe 2002 auf tragische Weise weltbekannt. Direkt gegenüber dem hoch liegenden Schloss hatte die mehrere Meter hoch tosende Müglitz mehrere Häuser weggerissen. Das Bild der auf einer Hausmauer viele Stunden ausharrenden Familie war um die Welt gegangen. Umweltbehörde und Talsperrenverwaltung Sachsens hatten versagt. Mutige Anwohner sollen ein starkes Vibrieren der Talsperrenwände beobachtet und nach Dresden gemeldet haben. Die Antwort der Behörde: „Hier regnet es auch!" Erst in den Folgejahren hat der Freistaat aus den Vorgängen gelernt und Millionen in den Hochwasserschutz investiert.

Gössel-Gesundbrunnen Artur Kunz KG Burkhardswalde/Hassia Lichtenau

Mit Burkhardswalde ist ein bedeutender Mineralwasserbetrieb verbunden. Der Naturforscher Gottfried M. Gössel schrieb einer hier gefundenen Quelle eine besondere Heilkraft zu, die er „Margon" (griechisch „Perle") nannte. Gössel-Gesundbrunnen wurde eines der vielen Heilwässer und bis in die Kriegsjahre 1942/43 in Burkhardswalde abgefüllt. Ein Markenzeichen und entsprechende Werbung beflügeln den Erfolg des Produktes. Lingner mit seinem Odol hatte die Werbelawine begonnen, die heute alle Lebensbereiche erfasst hat. In der DDR gab es wenige Beispiele, eines davon hatte Artur Kunz geschaffen. Dieser gehörte in den 1960/70er Jahren im Dresdner Raum zur Gruppe der Unternehmer, die private oder halbstaatliche Betriebe leiteten. Meistens waren sie CDU-Mitglied und stellten schon eine gewisse Connection dar. Im Abschnitt sieben ist dazu Weiteres ausgeführt. Artur Kunz soll in diesen Kreisen oft und gern erzählt haben, dass er „nur mit Hemd und Hose", also mit dem, was er auf dem Leib trug, aus der Gefangenschaft nach Dresden gekommen war. Kunz erwarb von den Gössel-Erben zunächst über Pacht, später durch Kauf den Betrieb und als halbstaatliche „Gössel-Gesundbrunnen Artur Kunz KG" (Warenzeichen „Margonwasser") entstand ein leistungsfähiger DDR-Betrieb. Natürlich half die Connection, das heißt die Beziehung zu anderen Geschäftsfreunden auch zum Beispiel aus dem Anlagenbau, dass in Burkhardswalde hochmoderne Abfüllanlagen liefen. 1972 wurde die Kunz KG in den VEB Margon überführt, Kunz blieb Betriebsdirektor und „Margonwasser prickelnd frisch" avancierte zum führenden Mineralwasser in der DDR, auch bei Mitropa, Interflug und den großen Hotels. 1990 erhielt Artur Kunz den Betrieb zurück und verkaufte ihn weiter. Nach mehreren Zwischenstationen, unter anderem in der Radeberger Gruppe (Dr. Oetker) hat das Unternehmen Hassia Mineralquellen 2005 den Margon-Betrieb übernommen. Nun stand Konzentration im Vordergrund. Hassia hat 2005/2006 den Betrieb in Burkhardswalde geschlossen und liefert Margonwasser aus den Lichtenauer Mineralquellen (bei Chemnitz), die bereits zum Hassia-Konzern gehörten. Dort sollen nach Gutachten ähnliche Mineralwerte enthalten sein.

Glashütter Uhren- und Rechenmaschinen-Industrie Lange & Söhne u. a., Pöthig-Archimedes Glashütte/Diehl-Archimedes Nürnberg

Das Müglitztal aufwärts folgt die Eisenbahn direkt dem Flusslauf, zumindest bis Glashütte. Hier, wo die deutsche „Feinuhrmacherei" begann, wollen wir diese Industrie näher betrachten. Über die Anfänge der Stadt und des Uhrenbaues gibt es ein umfangreiches Schrifttum. Glasverhüttung und Silberbergbau im Zeitraum 1500/1700, daher das frühe Stadtrecht (1506), Rückschläge durch den großen Stadtbrand 1791 und die Kriege in den Jahren Napoleons sind bekannte Fakten. Der Ruf nach Hilfe an die Regierung des Königs Anton (Regierungszeit 1827-1836) veranlasste die Regierungsstellen zu einem öffentlichen Aufruf, geeignete Personen mögen in Glashütte mit Gewerbebetrieben beginnen. Bemerkenswert ist dieser Aufruf zu Start-up-Gründungen schon, weil in diesen Jahren eine Gewerbefreiheit in Sachsen noch nicht bestand. Ob dieser Ferdinand Adolph Lange der einzige Bewerber war, wäre zu ergründen. Bekannt ist, dass Lange erst beim zweiten Anlauf zu einem Vertrag mit dem Staat kam. Ein Kredit von circa 7.000 Talern im Jahr 1845

musste schon ab 1848 bis 1854 zurückgezahlt werden. Lange sollte 15 Lehrlinge zu Uhrmachern drei Jahre lang ausbilden, sie hatten rund drei Taler/Monat Lehrgeld zu zahlen und mussten fünf Jahre bei der Firma Lange bleiben.
F. A. Lange, 1815 in Dresden in bescheidenen Verhältnissen geboren, hatte hier Uhrmacher gelernt und sich schon in jungen Jahren umfassend gebildet. In der Schweiz und Frankreich gab es bereits eine Taschenuhr-Produktion, und Lange erwarb in Frankreich das Know-how bei den besten Spezialisten. In Dresden beziehungsweise Glashütte zurück, begründete Lange den Uhrenbau in Deutschland. Er führte das metrische System ein und entwickelte Messgeräte und spezielle Maschinen. In anderen deutschen Ländern, insbesondere Preußen, wurden ebenfalls Werkstätten für Uhrenfertigung gegründet, die trotz großer finanzieller Mittel nicht zum Erfolg führten.
In einer Fortsetzungsreihe der DDR-Zeitschrift Uhren und Schmuck 1979/80 „Die Entwicklung der Glashütter Uhrenindustrie“ heißt es:
„Umso bewundernswerter ist Langes Mut mit dem von der sächsischen Regierung bewilligten unzureichenden Kredit, einer mehr als bescheidenen Werkstatt und einer branchenfremden Belegschaft seinen Betrieb aufzubauen. Man muss auch fragen, was die zuständigen Regierungsräte gedacht haben, wenn sie glaubten, mit der lächerlichen Summe von 6.700 Talern eine Industrie aufzubauen, die mit im Ausland bereits seit Jahren entwickelten Unternehmen konkurrieren sollte. Wenn man sich vorstellt, dass eine Taschenuhr aus 80 bis 100 Einzelteilen besteht, zu deren Herstellung etwa tausend Arbeitsgänge notwendig sind, so kann man ermessen, wie viel Produktionseinrichtungen gebraucht werden, um rationell arbeiten zu können.“

Und an anderer Stelle:
„Betrachtet man die vielen verschiedenen Ausführungen und bringt sie mit der jährlichen Produktion von etwa 2.000 Uhren in Verbindung, so ist einleuchtend, dass an eine Serienfertigung gar nicht zu denken war. Zu bewundern ist allerdings der Ideenreichtum von F. A. Lange sowie die große Handgeschicklichkeit und das meisterhafte Können seiner Mitarbeiter, die die vielen komplizierten Einzelteile mit primitiven Hilfsmitteln herstellten. Unerwähnt soll auch

nicht bleiben, dass F. A. Lange neben seinen fachlichen Aufgaben in den Jahren von 1848 bis 1866 auch das Amt des Bürgermeisters von Glashütte innehatte. In dieser Funktion erwies er sich als Reformator des Stadtbildes. Der zur Zeit der Gründung dörfliche und ländliche arme Ortscharakter musste der in den Werkstätten erforderlichen Sauberkeit angepasst werden.
Mit den Jahren waren die Produktionsräume zu klein geworden, und der Bau eines Fabrikgebäudes mit Wohnhaus wurde notwendig. Langes Weitblick ist auch hier zu erkennen. Durch die großzügige Bauweise wurden Arbeitsräume geschaffen, die noch heutigen Ansprüchen genügen. Der Neubau ist das jetzige Verwaltungsgebäude des VEB Uhrenwerk Glashütte. Von 1869 bis zu seinem Tode gehörte F. A. Lange auch dem Sächsischen Landtag an."
Die Firma F. A. Lange, ab den 1870er Jahren „A. Lange & Söhne Glashütte in Sachsen" schuf bis in diese Jahre die Glashütter Präzisionstaschenuhr, die weltweit zu den Spitzenerzeugnissen zählte. Eine solche Uhr kostete um 1900/1910 mit Goldgehäuse, Sprungdeckel und Sonderausführung (Repetierwerk, Datum, Mondphasen) über 3.000 Mark in Goldwährung des Deutschen Reiches. Dafür konnte man schon ein einfaches Hausgrundstück erwerben.

Wie stets bei solchen industriellen „Initialzündungen", hier durch Lange, entstanden in Glashütte weitere Uhrenfabriken: Assmann, ein Schwager Langes (1853), Union (1893), Präzisionsuhrenfabrik AG (1904), Nomos (1908). Sehr früh hatte sich auch ein Verlagswesen entwickelt, das heißt eine Zulieferindustrie für spezielle Maschinen und Uhren-Einzelteile. Drehbänke, Fräsmaschinen, Guillochiermaschinen (Gravieren), Messuhren, Uhrenzeiger, Edelsteine wurden in Betrieben, die sich oft „Werkstätte für Präzisions-Mechanik" nannten, hergestellt. Carl Renner & Sohn, Otto Lindig, C. H. Wolf, Robert Mühle & Sohn und andere, insgesamt circa 20 Betriebe lieferten ihre Erzeugnisse auch in alle deutschen Länder – Glashütte war das Zentrum der feinmechanischen Industrie geworden. Folgerichtig wurde auch hier die Deutsche Uhrmacherschule bereits 1878 gegründet, als „Lehranstalt des Zentralverbandes der deutschen Uhrmacher".

Bild 48: Das Deutsche Uhrenmuseum Glashütte und das traditionsreiche Fabrikgebäude der heutigen Lange Uhren GmbH (unten). Die Firma hat inzwischen am Ortseingang von Glashütte einen modernen Glasbau errichtet – für den Besucher soll sicher Glashütte und Lange ein Begriff sein.

Die weitere Entwicklung, besonders nach dem Ersten Weltkrieg,

war von Erfolgen und Rückschlägen gekennzeichnet.
A. Lange & Söhne blieben – zu lange – bei der handwerklichen Tradition, bei Thiel in Ruhla und Gebr. Junghans in Schramberg hatte man stärker auf eine maschinelle Fertigung gesetzt. Eine solche Produktion begann in Glashütte in den 1920er Jahren die „Deutsche Präzisionsuhrenfabrik GmbH (DPUG)“. Hier konnten durch weitgehende Rationalisierung gute, aber billigere Präzisionsuhren hergestellt und zum Beispiel Gehäuse auch an andere Firmen wie Gebr. Junghans geliefert werden. Diese DPUG ging aber nach kurzer erfolgreicher Aufbauphase infolge der Inflation bereits 1925 in Konkurs, und auch die anderen Glashütter Uhrenbetriebe lagen am Boden.
A. Lange & Söhne konnte als Traditionsbetrieb die Krise am besten überstehen und konzentrierte sich in den 1930er Jahren auf die Armbanduhr. Damit hatte bereits die „Uhren-Rohwerke-Fabrik Glashütte AG“ (UroFa) begonnen. Hier konnten zuerst die Fertigungsprobleme überwunden und die Serienproduktion begonnen werden. Durch die starke Automatisierung und die sehr aktiven Zuliefererbetriebe hatte Glashütte mit der Armbanduhr Glashütter Präzision seine Stellung als deutsches Uhrenbau-Zentrum zurückgefunden. Bei Lange lag der Schwerpunkt inzwischen bei Präzisionsuhren für Luft- und Seefahrt, also Fliegeruhren und Marinechronometer, die im Zuge der Aufrüstung Deutschlands in größeren Mengen gebraucht wurden.
Nach 1945 fiel die Uhrenindustrie natürlich der Demontage/des Abtransportes der wichtigsten Maschinen sowie der Halb- und Fertigerzeugnisse anheim. Eine Schrift des Deutschen Uhrenmuseums über das Glashütter Verlagswesen (2014) beinhaltet die Aufstellung von Erzeugnissen der Firma Robert Mühle „eine Kiste, abgeliefert am 2. 7. 1945“. Die Kiste enthielt circa 1.000 Präzisions-Messuhren verschiedenster Art.
Armbanduhren waren ein sehr begehrtes Beuteobjekt der russischen Soldaten, die jüngeren aus den entlegenen Gegenden Russlands hatten vermutlich noch nie eine solche gesehen. Wie der Raubbau mit Hilfe der deutschen SED-Aktivisten ablief, zeigt das Schicksal von Walter Lange (1924-2017). Trotz der Demontagen begann bei A. Lange & Söhne 1945 ein Neuanfang, doch drei Jahre später erlebte der 24-jährige Lange-Urenkel das Ende der großen Tradition. Die

Sächsische Zeitung (Peter Ufer) formuliert in einem Nachruf am 18. Januar 2017 zum Tod des 92-jährigen Walter Lange zutreffend:

„Mit seinem Vater begann der Sohn das Familienunternehmen wieder aufzubauen. Doch nach drei Jahren war Schluss. Am 20. April 1948 wurde das Privatunternehmen enteignet. Lange sah mit an, wie sie den Vater aus dem Büro warfen. ‚So war die Zeit', sagte er später nüchtern. Aber er vergaß nie die Namen jener, die damals das Familienunternehmen beschlagnahmten. Er nannte sie ‚die deutschen Russen'. Lange durfte bleiben. Weil er nicht in die Gewerkschaft eintreten wollte, schickten die Funktionäre ihn in den Uranbergbau. Walter Lange floh noch in derselben Nacht, am 15. November 1948. Wieder ging er weg aus Glashütte. Nicht freiwillig. Damals, so erzählte er allen, die es hören wollten, damals schwor er: ‚Solange dieses System herrscht, komme ich nicht wieder.' Als er weg war, bauten die Uhrmacher im volkseigenen Werk eine Armbanduhr, auf deren Zifferblatt ‚VEB Lange' stand. Ein Sammlerstück, das es nur noch selten gibt. Am 1. Juli 1951 ging die Firma ganz unter, ging in den VEB Glashütter Uhrenbetriebe ein.

Walter Lange beschreibt in seinen Lebenserinnerungen, dass es ihn nach Pforzheim verschlagen hatte. Er stellte dort mit seinem gleichfalls geflüchteten Bruder Uhren her. ‚Wir kauften Kartons mit Teilen für jeweils hundert Uhren, die wir dann am Küchentisch montierten.' Diese Uhren kamen unter dem Namen ‚A. Lange Pforzheim' in den Handel. Im schweizerischen Biel ließen sie später Uhren fertigen, die als ‚Lange vorm. Glashütte' verkauft wurden. Aber für eine richtige Produktion fehlten die Fachleute. Die meisten von ihnen lebten nach wie vor in Sachsen. In Pforzheim arbeitete Lange derweil als Außendienstmitarbeiter für die Schmuckwarenindustrie."

In den VEB Glashütter Uhrenbetriebe (GUB) wurden 1951 die folgenden bereits 1946/48 enteigneten Betriebe zusammengeschlossen:
VEB Lange
VEB Urofa
VEB Messtechnik (vorm. Mühle & Sohn)
VEB Feintechnik (vorm. Gössel & Co)
VEB Liwos (vorm. Otto Lindig)
Alles unterstellt der VVB Mechanik Dresden

Der erste Verwaltungssitz des neuen „GUB" entstand im Lange-Werk, im *„großzügigen Neubau von Lange"* aus den 1870er Jahren. Nicht Dankbarkeit, aber Respekt vor der Leistung der Familie Lange wäre zu erwarten gewesen, einer Familie, deren Gründer auch als Bürgermeister den ärmlichen Dorfcharakter zur sauberen Stadt gewandelt hat. Aber nein, rausgeworfen von den „deutschen Russen", den Stalinisten, mit ihrem abgrundtiefen Hass auf das Bürgertum.

Im „Kombinatswahn" entstand 1967 das Kombinat VE Klement Gottwald Ruhla/Thüringen mit den Betrieben Ruhla, GUB Glashütte und Uhrenwerk Weimar, insgesamt mit circa 8.000 Mitarbeitern. In Ruhla hatten die Gebr. Thiel 1862 eine Maschinen- und Uhrenfabrik aufgebaut, eine der weltweit größten Fabriken für Einfachuhren (mehrere tausend pro Tag). Thiel-Ruhla hatte auch einen guten Ruf im Maschinenbau. Mit dem Thiel'schen Stempelhobler haben Tausende Werkzeugmacher in Europa und weltweit gearbeitet.

Diese volkseigene Uhrenindustrie hatte große Mengen erzeugt mit durchschnittlicher Qualität und Export in die Ostblock- und Entwicklungsländer, aber auch wieder in die Bundesrepublik und andere Staaten zu Billigpreisen. „Meisteranker-Uhren" an die westdeutschen Handelsriesen als einfache Gebrauchsuhren aus dem vormals legendären Glashütte.

Hier wurde 2008 das neue Uhrenmuseum eröffnet. In einem Zeitungsbericht wird der Museumsdirektor R. Reichel zitiert:

„Ohne die vierzigjährige Uhrenproduktion in der DDR würde heute hier nichts mehr ticken. Unsere Uhren waren gut und preiswert."

Nichts mehr ticken ohne 40 Jahre durchschnittliche Uhrenfertigung im sozialistischen Glashütte? Was für eine Fehleinschätzung! Lange, Union, Urofa und die weiteren Firmen einschließlich der Feinmechanik-Zulieferer hätten in Glashütte weitergearbeitet und auf höherer Stufe aufgebaut – wie die Pforzheimer Uhrenfabriken oder Junghans in Schramberg. Ja, so war die Zeit im Osten, wie es Walter Lange nüchtern gesagt hatte. Dann muss man es heute ehrlich nennen. Muss sagen, dass weit über die Potsdamer Beschlüsse hinaus nicht nur Rüstungsmonopole enteignet und zerschlagen wurden, sondern Betriebe bis in das Handwerk hinein. Und dass die treibende Kraft für diesen Terror die deutschen Stalinisten gewesen sind, *„mit*

Mitteln der Verhaftung und Gewalt", wie es der Minister Selbmann formulierte. Auf diese Weise ist der helle Stern Glashütte am Uhrenhimmel ausgelöscht worden. Nach 40 Jahren sprach im Segment der Luxusuhren niemand mehr von Glashütte.

Erst die politische Wende hat Glashütte wieder als Stern erleuchten lassen. 145 Jahre nach der Gründung 1845 durch F. A. Lange begann 1990 am gleichen Tag der Urenkel Walter Lange mit der neuen Lange Uhren GmbH, Glashütte. Zunächst in Händen der Schweizer Les Manufactures Horlogeres (LMH, 90 Prozent), ging die LMH an die Richemont AG. Dabei wurde auch die Marke „A. Lange & Söhne, Glashütte/Sa." neu eingetragen und die 1994 erschienene „Lange 1" trägt dieses Markenzeichen. Den Schweizer Firmen ist dabei die Wortkombination Lange-Glashütte wichtig gewesen, ein Zeichen, dass Glashütter Tradition auch nach 40 verlorenen Jahren wieder auflebt. Darauf bauen auch die weiteren Neugründungen in Glashütte auf.

Die Nomos, bereits 1992 gegründet, konnte 2017 ihr 25-jähriges Bestehen feiern und für inzwischen 300 Mitarbeiter ihre Produktionsgebäude erweitern. Sie begann im Bahnhof Glashütte und der geschäftsführende Gesellschafter Uwe Ahrendt, ein gebürtiger Glashütter, konnte 2014 einen besonderen Erfolg vermelden. Viele Hersteller (außer den Luxusmarken) beziehen das „Assortiment" (das Herzstück Anker, Ankerrad und andere Teile) von großen Zulieferern, besonders von der Swatch-Group. Die Nomos hat ein eigenes Assortiment entwickelt und in die Serienproduktion gebracht, ein im internationalen Maßstab sehr beachteter Meilenstein. Trotzdem ist eine „Nomos" keine Luxusuhr, bei einigen tausend Euro liegen die durchschnittlichen Modelle, das Ende der Fahnenstange sind circa 14.000 Euro.

Außer Glashütte Original mit dem repräsentativen Glasbau gegenüber Nomos setzen Union Glashütte, Tutima, Mühle, Bruno Söhnle und zuletzt Wempe auf den Namen Glashütte, nach und nach wird der Platz in der Stadt knapp. Der Primus ist Lange mit 750 Mitarbeitern und ständigen Neuheiten im Luxusuhrenbereich. Zur Uhrenmesse in Genf im Januar 2018 stellte Lange die „Triple Split" vor mit weltweit einmaligen Merkmalen und „springender Sekunde", Preis 139.000 Euro. Sie soll eine Reverenz an den im Januar 2017 verstor-

benen Walter Lange sein.
Auf dem Faltblatt des schon erwähnten Uhrenmuseums steht „Deutsches Uhrenmuseum Glashütte". Auf der Rückseite des mehrseitigen Prospektes ist zu lesen: *Stiftung „Deutsches Uhrenmuseum Glashütte – Nicolas Hayek"* und *„Eine Stiftung der Stadt Glashütte und der Uhrenmanufaktur Glashütte Original"*. Es gibt also zwei Stiftungen, die eine ehrt mit Hayek den „Mitbegründer und langjährigen Präsidenten der Swatch Group AG sowie dessen Engagement zum Wohle der Stadt und des Standortes Glashütte". Die zweite Stiftung geht von Glashütte Original und dessen Gründer Heinz W. Pfeifer aus, der den VEB GUB von der Treuhand gekauft hatte. Das Museum zeigt auf 1.000 Quadratmeter Ausstellungsfläche einen umfassenden Überblick der Uhrengeschichte, *„auch einen emotionalen und philosophischen Zugang zum Phänomen Zeit"*. Die dunklen Jahre 1945/50 werden mit der Demontage und Reparationslieferungen angesprochen und Beispiele gezeigt. Auch Unternehmermut, Leidenschaft, Geschick der Pioniere stehen wie in allen ostdeutschen Museen im Vordergrund, und sie werden als Gründer und Vorbilder gefeiert. Wie ihre Nachfahren von den Stalinisten nach 1945 behandelt wurden, wird nicht thematisiert, man möchte darüber nicht mehr sprechen. Bewusste Geschichtslücken wie in vielen anderen Museen.

Wenn man nach einem Vergleich zu Lange und Glashütte sucht, stößt man zuerst auf die Schweizer Firma Charles Tissot & Fils in Le Locle. Eine Stadt im Kanton Neuenburg direkt an der Grenze zu Frankreich, in einer abgelegenen, gebirgigen Gegend. In einem „Roman einer Uhrenfabrik" über Tissot heißt es:
„Der Neuenburger Bergbewohner muss sechs Monate im Jahr mitten im Schnee leben; notgedrungen ist er fleißig geworden. Er sitzt und arbeitet stets und denkt nur daran, die Arbeit schneller voranzutreiben, zu teilen und zu vermehren. Flink und erfinderisch strebt er nach allerlei Verbesserungen und Erfindungen." [54]
Dabei war dieser Charles Tissot nicht der Erste in dieser Gegend. Als Gründer der Neuenburger Uhrenindustrie gilt ein Schmied namens Daniel Jeanrichard, der schon 1741 verstarb und dem 1888 in Le Locle ein großes bronzenes Standbild errichtet wurde. Von ihm stammen die Arbeitsmethoden. Dazu heißt es:

- *Er verbessert die bekannten französischen Uhren.*
- *Er bildet Lehrlinge aus.*
- *„Er fördert die Zusammenarbeit mit Mechanikern und Uhrmachern, die sich auf kleine Maschinen, Werkzeuge und verschiedene Bestandteile spezialisiert haben.*
- *Er kauft bis Genf Teile, die in der Gegend nicht hergestellt werden, zum Beispiel Spiralen und Federn."*

F. A. Lange kam Anfang der 1840er Jahre von „Paris über die Schweiz zurück". Es ist anzunehmen, dass er die Neuenburger Uhrenindustrie gesehen hatte und sie ein Vorbild für seine Gründung war.

Interessant sind in den o. g. „Roman" die Erläuterungen zur Gründung der Swatch Group 1998 durch N. G. Hayek und die Klassifizierung der Marken innerhalb dieses großen Konzerns:

- Prestige- und Luxusmarken:
  Breguet, Blancpain, Jaquet Droz, Léon Hatot, Glashütte und Omega
- Oberes Marktsegment:
  Longines, Rado
- Mittleres Marktsegment:
  Tissot, Union, Calvin Klein, Pierre Balmain, Certina, Mido, Hamilton
- Basis-Marktsegment:
  Swatch, Flik Flak

Mit der feinmechanischen Industrie in Glashütte entstand hier auch die moderne Rechenmaschine. Die Stadt *„geht als das erste Produktionszentrum mechanischer Rechenmaschinen Deutschlands in die Geschichte ein"*. Mit diesem Satz ist die Sonderausstellung „Ausgerechnet" überschrieben, die von Juni bis November 2017 stattfand. Ausgerichtet vom Uhrenmuseum und dem Arithmeum der Universität Bonn gibt sie einen guten Überblick zur Entwicklung dieser Maschinen.

Bereits der Philosoph Gottfried W. Leibniz hatte in den 1670er Jahren, noch früher der Mathematiker Pascal, Rechenmaschinen gebaut, jedoch erst erfolgreich wurde der Franzose Thomas, der seine „Arithmomètre“ schon gut verkaufen konnte.

In Glashütte entwickelte C. Dietzschold 1876 die moderne Rechenmaschine, sein Nachfolger A. Burkhardt gründete zwei Jahre später die I. Deutsche Rechenmaschinen-Fabrik.

Das Burkhardt-Arithmometer wurde schon in größeren Stückzahlen in Deutschland und Österreich verkauft – das Rechnen mit Maschinen setzte in den Fabrikbüros ein. In Glashütte entstanden weitere Gründungen, 1920 auch ein Firmenverbund „Vereinigte Werke“, in welchem das Burkhardt-Werk mit anderen Betrieben zusammengeschlossen wurde. Doch in der großen Wirtschaftskrise 1929 gingen die Vereinigten Werke in Konkurs.

Den großen Durchbruch erzielte der Feinmechaniker Reinhold Pöthig, ein früherer Mitarbeiter Burkhardts, mit der „Archimedes Glashütter Rechenmaschinenfabrik Reinhold Pöthig“, im Jahr 1904 gegründet. Die „Archimedes“ wurde zur Weltmarke, fand Eingang in der Industrie, in Banken und Verwaltungen. 1924 entstand ein moderner Fabrikbau, um den Markt in Deutschland, Europa, Amerika, insgesamt in 30 Ländern, zu bedienen. Die Firma beschäftigte in den 1930er Jahren über 400 Mitarbeiter und erhielt weitere Patente auf ihre Neuentwicklungen.

1945 erfolgten die Demontage der modernen Fabrikeinrichtungen und die Enteignung Pöthigs, er durfte jedoch zunächst Betriebsleiter bleiben. Ähnlich wie bei den Uhrenbetrieben (zum Beispiel Lange) ging auch hier der Betrieb 1950 in Volkseigentum über, der Eigentümer Pöthig wurde rausgeworfen, nachdem er fünf Jahre nach Kriegsende die Rückkehr zur Vorkriegsproduktion geschafft hatte. Nun brauchte man Pöthig nicht mehr, und der VEB Archimedes setzte die bisherige Produktion fort.

Pöthig lebte weiter in Glashütte und verstarb 1955, 78 Jahre alt. Aus Altersgründen wollte er sicher nicht mehr eine Neugründung als Exilfirma im „Westen“ beginnen. Aber gewiss ist im Familienkreis erwogen worden, dass man als Unternehmer im kommunistischen Staat keine Zukunft hat, besonders nach dem „Volksentscheid“ 1946 und der damit verbundenen Hetze gegen „Fabrikbesitzer“ und das Bürgertum schlechthin.

Sein Schwiegersohn Ulrich Eichler, seit den 1930er Jahren Ver-

kaufsleiter bei Archimedes, und der Chefentwickler Wilhelm Kiel verließen 1948 Glashütte und begannen in Nidda/Hessen mit der Weiterentwicklung der „Archimedes". 1950/51 gingen die beiden „Exilsachsen" eine Verbindung mit dem Nürnberger Unternehmer Karl Diehl ein, für dessen Metall- und Gussbetrieb Heinrich Diehl Feinmechanik ein Fremdwort war. Doch Diehl erkannte den Markt für dieses sächsische Know-how, und aus dem Gussbetrieb wurde ab 1952 einer der weltweit größten Betriebe für Rechenmaschinen. „Diehl" stand an den Geräten mit dem Zusatz „Archimedes Lizenz". Bis 1965 sind bei Diehl über 60.000 Archimedes-Geräte gefertigt worden – wieder ein Aufbauschub aus Sachsen, hier für das bayerisch-fränkische Nürnberg. Dass der Senior Pöthig die Fortsetzung seines Lebenswerkes, „seiner Archimedes", bei Diehl in Nürnberg mit Interesse verfolgt und sicher manche gute Idee zur Entwicklung beigetragen hat, ist anzunehmen. Bereits seit 1942 Rentner, konnte er bei Besuchen in Nürnberg manche Annehmlichkeit erfahren und wusste sein Werk bei Ulrich Eichler und seiner Tochter Dorothea in guten Händen.
In den 1960er Jahren wurde auch in der DDR die Produktion der Archimedes-Geräte eingestellt. Es begann die Entwicklung der elektronischen Rechner, und der Betrieb wurde in „VEB Rechenelektronik Glashütte" umbenannt. Schließlich ging die Firma in den 1980er Jahren im VE Kombinat Robotron auf und mit diesem Großbetrieb zugrunde.

Druckmaschinenwerk Planeta/KBA Planeta AG Radebeul

Von Dresden aus der Elbe folgend erreichen wir Radebeul und Meißen, die nicht nur Weinbau-Städte, sondern zusammen mit Coswig auch Industriestandorte sind. Die chemische Industrie in Radebeul haben wir bereits betrachtet, auch Planeta erwähnt. Spät, erst 1898, war die „Dresdner Schnellpressenfabrik Josef Hauß" entstanden. Man könnte annehmen, dass zu dieser Zeit das Feld bestellt war und Grundsätzliches nicht mehr geschaffen werden konnte.
Doch weit gefehlt. Vier Jahre nach Firmengründung wurde ein Pla-

netenradantrieb eingeführt und gab der Firma forthin den Namen, 1911 erfolgte die Umsiedlung nach Radebeul, und die Firma wurde Aktiengesellschaft, in den 1930er Jahren lehrte man die alten Pionierfirmen das Fürchten und gab den Weltstand vor: erstmals Zweifarben- und später Vierfarbendruck, 1935 Weltrekord in der Druckleistung: 6.000 Bogen/Stunde.

Im Zweiten Weltkrieg wurde die Planeta Druckmaschinen AG natürlich Rüstungsbetrieb und 1945 erlitt sie das Schicksal aller mitteldeutschen Unternehmen: Demontage des Betriebes, Ausräumen der Werkhallen. Ab 1948 begann der nun VEB Planeta Druckmaschinen genannte Betrieb vom Stand Null aus, aber mit Kopf und Hand der verbliebenen hochspezialisierten Mannschaft, mit einer Wiederaufnahme der Produktion, konnte zehn Jahre später wieder Maschinen in viele Länder exportieren und erreichte auf seinem Spezialgebiet der Bogenoffsetmaschinen wieder eine Spitzenstellung in der Welt. Maschinen in Modulbauweise (1965), Variocontrol-Farbsteuersystem (1982) und immer wieder Rekorde in der Druckleistung sicherten den weltweiten Export der Maschinen und der DDR die begehrten Devisen.
1985 wurden das inzwischen weniger erfolgreiche Victoria-Druckmaschinenwerk Heidenau und das Kartonagen-Werk Dresden dem VEB Planeta zugeordnet. Noch unter der Modrow-Regierung entstand aus dem VEB Planeta die Planeta AG, und die langjährige USA-Niederlassung wurde als 75-prozentige Planeta-Tochter in „Planeta North America Inc." umgewandelt. Ein solcher „Goldfisch" des ehemaligen Kombinates Polygraph fand natürlich seinen Bewerber.

Wenn Sie für unsere Erzeugnisse Interesse haben, dann bitten wir Sie, auch unser Werk im nahen Coswig zu besuchen: Ruf Dresden 70041

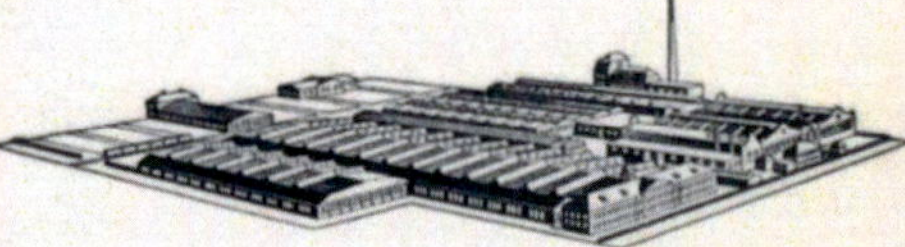

Dresden-Leipziger Schnellpressenfabrik A.-G., Coswig (Bez. Dresden)

Bild 49: Auf dem früheren Planeta-Areal in Radebeul betreibt heute die König & Bauer AG ihr sächsisches Druckmaschinenwerk.

Nicht zuletzt wegen des ähnlichen Produktionsprogrammes erwarb 1991 die König & Bauer-Albert AG (KBA) die Planeta AG und investierte in den Folgejahren 90 Millionen in das Unternehmen. Damit war jedoch nicht eine vollständige Erneuerung des Maschinenparks verbunden. Planeta war schon vorher gut ausgerüstet. Durch die Übernahme von Planeta wurde KBA der drittgrößte Druckmaschinenhersteller der Welt und Bogenoffsetmaschinen werden innerhalb der KBA-Gruppe heute nur noch in Radebeul entwickelt und gefertigt.

Fritz Heinzmann Radebeul/Heinzmann-Gruppe Schönau (Baden-Württemberg)

Im Radebeuler Gerätebau des Fritz Heinzmann war in den 1920er Jahren ein besonderer Drehzahlregler entwickelt worden. Erst damit konnte ein Dieselmotor im Fahrzeug sicher beherrscht werden und die Dieseleinspritzpumpe, die Bosch 1926/27 auf den Markt brachte, erhielt dieses Regelsystem. Robert Bosch soll die generelle Lizenz von Heinzmann für circa 10.000 RM erworben haben. An Millionen Blockeinspritzpumpen der Firma Bosch sind seitdem „Heinzmann-Regler" angeflanscht.

In Radebeul enteignet, hat Heinzmann nach 1945 seinen Betrieb in Schönau im Schwarzwald neu aufgebaut, und als „Fritz Heinzmann GmbH & Co. KG" ist sie gemäß ihrem Werbespruch „Leading in the electronic speed governor world" eine der führenden Firmen auf diesem Gebiet. Die heutige Heinzmann-Gruppe sagt über sich:
„Der Unternehmensverbund gründet sich auf der Heinzmann GmbH & Co. KG und vereint heute die Firmen REGULATEURS EUROPA, HEINZMANN UK, HEINZMANN Shanghai, HEINZMANN Australia, HEINZMANN Automation und CPK Automotive. Gemeinsam verfügt die HEINZMANN Gruppe über fünfzehn weltweite Niederlassungen, davon acht Produktionsstandorte und ein internationales Händlernetz. Das Produktportfolio umfasst Regelungs-, Steuerungs- und Abgasnachbehandlungslösungen für industrielle Verbrennungsmotoren und Turbinen, des Weiteren Automations- und

Monitoring-Systeme, hauptsächlich für den Schifffahrtsbereich. Mit Elektro-Antriebssystemen beweist HEINZMANN gleichzeitig Innovationsstärke und Entwicklungskompetenz bei Motortechnologien der Zukunft.“

Es heißt weiter, dass *„die Firma mit heutigem Sitz in Schönau an anderer Stelle gegründet wurde.“* „Mit heutigem Sitz“ deutet an, dass man von einem anderen Ort gekommen ist. Es war Radebeul, warum nennt man das nicht?

Hier wurde der Heinzmann-Betrieb als VEB Zentrifugal in den VEB KFZ-Zubehörwerke Dresden eingeordnet, er fertigte die Heinzmann-Regler für die Barkas-Werke in Karl-Marx-Stadt und ging mit diesem Betrieb zugrunde. Laut Auskunft des Stadtarchives Radebeul befand sich der Betrieb auf der Güterhof-/Wilhelm-Eichler-Strasse.

Fritz Heinzmann GmbH & Co.
Am Haselbach 1
D-79677 Schönau
Schwarzwald
Tel.: 0 76 73 - 82 08 - 0
Fax: 0 76 73 - 82 08 - 88

HEINZMANN

Bild 50: 100 Jahre Heinzmann. Die Anzeige stammt also von 1997, denn 1897 hatte Heinzmann in Radebeul gegründet. Heute eine bedeutende Group im Musterländle B-W., eine Ruine in Radebeul (2020).

Nach Radebeul in Richtung Meißen kommt die Stadt Coswig, sie war ein besonderer industrieller Schwerpunkt in unmittelbarer Nähe der sächsischen Landeshauptstadt.
In der zweiten Hälfte des 19. Jahrhunderts gab es hier noch große industriell nutzbare Flächen, und die Verkehrsanbindungen waren besonders gut. Der Ort lag sowohl an der 1839 eröffneten ersten deutschen Fernbahnlinie Dresden-Leipzig (Bahnhof Coswig 1841) als auch an der Strecke Dresden-Berlin. Zugleich konnte die Elbe immer stärker als Verkehrsmittel genutzt werden. 26 Betriebe hatten sich hier angesiedelt, wovon einige internationalen Ruf besaßen. Unter kommunistischer Führung ging dieser Ruf verloren, nur wenige Betriebe konnten in der Marktwirtschaft Fuß fassen.

Heinrich Bierling GmbH, Lederwerke Coswig

Die 1835 in Dresden gegründete Gerberei Heinrich Bierling wurde um die Jahrhundertwende nach Coswig verlegt und zu einer der modernsten und größten Gerbereien Deutschlands ausgebaut. Dic Firma entwickelte durch besondere Gerb- und Bearbeitungsverfahren als Weltneuheit das Boxcalf- und das Rindbox-Leder, das unter dem Markenzeichen „Oscaria" in viele Länder geliefert wurde, auch nach Süd- und Nordamerika.

Dem Bierling-Werk mit Kuppelbau und langer Gebäudefront sieht man heute noch den repräsentativen Charakter und den Habitus einer weltweit bekannten Firma an. Das Gebäude steht unter Denkmalschutz, die Firma aber ist tot. Erst 1956 verstaatlicht, wurde der VEB Lederwerke Coswig in der DDR zu *„einem führenden Oberlederhersteller im Kalb- und Mastboxbereich. Artikel für den Orthopädiesektor, Kalbleder für die Gestattungsproduktion, Einsatz im Exquisit- und Lederwarenbereich sowie ein hoher Anteil Kinderschuhlederproduktion brachten dem Unternehmen Anerkennung und ließen es zu einem führenden Boxcalfproduzenten der ehemaligen DDR werden. Die Lederherstellung erfolgte inzwischen in 20 bis 30 Farbnuancen. Mit der Belegschaft feierte die Betriebsleitung 1985 das 150jährige Gründungsjubiläum sowie 30 Jahre Volkseigener Betrieb Lederwerk Coswig.*

Nach dem Zusammenbruch der DDR befand sich das Lederwerk in einer schwierigen Situation. 1990 wurde die Gründung einer gemeinsamen Firma mit dem Lederwerk Stadtilm beschlossen – ‚Thüsa-Leder GmbH‘ (Thüringen-Sachsen). Ziel des Unternehmens war die Nutzung des Potentials von zwei Boxcalfproduzenten zu einem leistungsfähigen Betrieb im Kalbfellbereich. An beiden Standorten befanden sich zu viele Kapazitäten, die nach dem Wegbrechen der Ostmärkte nicht mehr ausgelastet werden konnten.“ [55]

Das Vorhaben scheiterte, und auch der Versuch einer neuen Coswiger Lederwerk GmbH durch ein MBO von zwei Lederwerkern blieb erfolglos. Neue Abwasseranlagen zur Elbe und hohe Aufwendungen zum Erschließen neuer Märkte hätten Millionen gekostet, welche die Treuhand nicht mehr tragen wollte. So endete 1992 rund 160 Jahre Bierling-Tradition.

Hier ist wieder ein Beispiel, wie die Beschränkung auf das Inland und die Ostblockländer den übrigen, weltweiten Markt abgesperrt hat. Das war von der DDR-Führung bewusst und zentral gesteuert, alle Kontakte in die große Welt gingen über den „Deutschen Innen- und Außenhandel“. Die erfolgreichen, bis 1939/40 tätigen Außenhändler aller großen Exportfirmen, wie eben auch Bierling, durften nicht mehr reisen und verhandeln, das staatliche Außenhandelsmonopol vernichtete die vielfältigen Kontakte der einzelnen Unternehmen.

Eisenwerk Coswig AG/Geko-Gruppe Essen

Das 1892 gegründete Eisenwerk Coswig fertigte nach einem besonderen Verfahren Hartgusserzeugnisse und spezialisierte sich nach dem Ersten Weltkrieg auf die Herstellung von Hartgusswalzen. Als „Eisenwerk Coswig AG“ gehörte der Betrieb zur Universelle in Dresden und lieferte neben Maschinenguss für die Universelle Walzen jeder Art und Größe in viele Länder der Welt. Natürlich wurden auch Druckzylinder für die nur wenige Kilometer entfernte „Planeta“ in Radebeul hergestellt.

Nach 1945 wurde das Werk enteignet und demontiert. Später ist es als „VEB Walzengießerei Coswig“ dem VE Rohrkombinat Riesa

angeschlossen worden.
1994/95 hat die GEKO-Gruppe Essen das Unternehmen übernommen und grundlegend modernisiert. Der Betrieb liefert wieder Walzenerzeugnisse jeder Art und natürlich auch wieder Druckzylinder an die KBA Planeta Radebeul. Inzwischen ist er von einer anderen Kapitalgesellschaft übernommen worden.

Maschinenfabrik Pekrun GFC Getriebe Fabrik GmbH Coswig/Pekrun Getriebebau GmbH Iserlohn

Die Firma, 1896 von Hermann Arthur Pekrun gegründet, erwarb sich internationalen Ruf im Getriebebau, insbesondere mit Globoid-Schneckengetrieben. Diese besondere Getriebeart war eine Erfindung der Firma Pekrun und sicherte ihr über viele Jahre eine Monopolstellung für dieses Getriebesystem, auch im Schiffbau. H. A. Pekrun war als ideenreicher Maschinenbauer in Fachkreisen bekannt und unter anderem Mitglied der „Schiffbautechnischen Gesellschaft“. Auch an Pekrun ging der Kelch der Enteignung nicht vorüber; was galt dem SED-Regime der Ingenieur und Maschinenbauer, der sich von kleinsten Anfängen zum weltweit anerkannten Fachmann emporgearbeitet hatte. Der Ausweg war auch hier der Weggang von Coswig und ein Neuanfang in Westdeutschland. Als „Maschinenfabrik Pekrun Getriebebau GmbH“ hat sich die Firma in Iserlohn angesiedelt. Sie und nicht das Coswiger Stammhaus darf den Namen „Pekrun“ führen.
In der DDR setzte das Stammwerk als „VEB Getriebefabrik Coswig“ die Produktion von Schneckengetrieben fort. Nach 1990 übernahm die Werner Riester GmbH die Getriebefabrik, die als „GFC-Getriebefabrik Coswig GmbH“ weiterhin Schneckengetriebe und verwandte Aggregate fertigt.

Kirchbach'sche Werke AG/VEB Cosid-Werke Coswig/Juridwerke Hamburg/RÜTGERS Automotive AG Essen

Als der in Deutschland und Europa bekannteste Coswiger Betrieb kann das 1910 gegründete Unternehmen „Kirchbach'sche Werke AG" gelten, das unter dem Warenzeichen „Jurid" Brems- und Kupplungsbeläge sowie Antriebselemente für die Autoindustrie herstellte. Von Coswig aus belieferte die Firma 90 Prozent des deutschen Marktes und exportierte ihre Erzeugnisse in viele Länder. Sie war nach eigenen Angaben die „größte Spezialfabrik des Kontinents" für derartige Erzeugnisse – nahezu jeder Personen- und Lastkraftwagen in Europa wurde mit Belägen von Kirchbach-Coswig gekuppelt und gebremst.

In den 1930er Jahren entstand neben der Kirchbach AG die Vertriebsgesellschaft Jurid Kirchbach & Co, um den weltweiten Markt effektiver zu steuern. Als Marktführer für Produkte der schnell wachsenden Fahrzeugindustrie lief die Firma prächtig, die Eigner wohnten in Dresden-Weißer Hirsch, Grundstücke in Hanglage bis zur Grundstraße.
1945 wurden die modernen Betriebsanlagen demontiert, die Inhaber rausgeworfen, die Firma zunächst als VEB Jurid weitergeführt. Wie in vielen anderen Fällen nahmen die Kirchbachs ihr Warenzeichen Jurid in die Exilfirma nach Hamburg mit, Jurid blühte im Wirtschaftsboom der jungen Bundesrepublik wieder auf.

In Coswig produzierte der VEB Cosid nun Brems- und Kupplungsbeläge für die Fahrzeugwerke, wurde später mit dem Dichtungshersteller VEB Kautasit zusammengeführt.

JURID

QUALITÄTS-ERZEUGNISSE FÜR
BREMSEN, KUPPLUNGEN UND GELENKE

JURID

ist ein Name und ein Begriff

In ihm verkörpert sich ein Höchstmaß von Güte, Leistung, Zuverlässigkeit und Wirtschaftlichkeit.

Wir erzeugen unter dieser weltbekannten Marke:

Asbest-Bremsbänder, Hydraulic- und Superhydraulic-Brems- und Kupplungsbeläge, Gummigewebescheiben, Seillaschen und Seilscheiben für elastische Gelenke.

Wir sind hierfür die größte Spezialfabrik des Kontinents und verfügen über eine mehr denn 20jährige Praxis.

KIRCHBACH'SCHE WERKE

KIRCHBACH & CO., COSWIG BEZ. DRESDEN

Bild 51: Wie fast alle kreativen und weltweit bekannten mitteldeutschen Unternehmen haben auch die Eigner der Kirchbach'schen Werke ihr Stammhaus nach 1945 verlassen und als Exilfirma „im Westen" neu gegründet.

Im Nachgang zur westlichen Welt kamen ab den 1980er Jahren asbestfreie Produkte für die Betriebe der DDR und der Ostblockländer auf den Markt. Nach 1990 trat der große Absatzeinbruch bei VEB

Cosid ein. Die RÜTGERS AG Essen übernahm den Betrieb und erneuerte ihn gründlich. Nach Abriss alter Gebäude (Asbestentsorgung) wurde das Werk unter COSID in die Reibbelag-Gruppe der RÜTGERS AG einbezogen.

Siemens Elektrowärme GmbH/VEB Elektrowärme Sörnewitz

Der große Siemens-Konzern hatte über seine Beteiligungen in Coswig/Neusörnewitz ein Werk für elektrische Hausgeräte, wie Koch- und Heizgeräte, Bügeleisen und andere betrieben. Diese Siemens Elektrowärme GmbH war ein leistungsstarker Betrieb geworden, auch durch Modernisierung der übernommenen Anlagen und Fließbandarbeit. Mit Kriegsbeginn 1939 erfolgte die Umstellung auf Kriegsproduktion, die bis 1945 – auch mit Hilfe vieler Kriegsgefangener – verstärkt anhielt. 1945/46 demontiert und als Rüstungsbetrieb enteignet, wurde das Werk als VEB Elektrowärme Sörnewitz (EWS) stufenweise wieder auf die Vorkriegsproduktion ausgerichtet. EWS entwickelte sich zum typischen DDR-Betrieb mit circa 2.000 Mitarbeitern und den üblichen Betriebseinrichtungen, wie Berufsschule, Kindergarten, Sportgemeinschaft und anderes. Produkte wie elektrische Kleinküchen, Kochplatten, Grillgeräte und besonders Bügeleisen (regelbar) gingen auch an westdeutsche Handelshäuser.

Und wieder ein DDR-Betrieb als Billig-Produzent, um Devisen zu erwirtschaften.

Nach 1990 endete diese EWS-Massenproduktion, und der Absatz dieser Billigprodukte auf westlichen Märkten, die extensive Produktionsweise hatte zudem Anlagen und Gebäude verschlissen. Eine Nachnutzung erfolgte in verschiedener Weise, die Rekonstruktion der Gebäude kam erst in den 2000er Jahren in Gang.

Carl und Ernst Teichert/Porzellanmanufaktur Meißen

Auch die Stadt Meißen hat neben der weltbekannten Porzellanmanufaktur einen industriellen Hintergrund. Teichert war ein Begriff für Porzellan und Steingut, bereits 1855 hatte Carl Teichert mit Ofenkacheln begonnen, in den 1880er Jahren auch mit Porzellan. Die Brüder Carl und Ernst Teichert schufen zunächst getrennt, ab den 1930er Jahren gemeinsam die bedeutendste Fabrik für farbige Ofenkacheln. Wo in deutschen und europäischen Wohnstuben bis in die 1940er Jahre repräsentative Kachelöfen „gesetzt" wurden, lieferte vorwiegend Teichert-Meißen die Bausteine.
Auch die Jacobi Werk AG, Eisengießerei und Maschinenfabrik, hatte als Betrieb aus den 1830er Jahren die Eisenindustrie in Meißen begründet und wurde später von den Hille-Werken in Dresden übernommen.

Die große Manufaktur ist natürlich früher wie heute das Wahrzeichen der Stadt, aber teures Porzellan gehört nicht mehr zum Statussymbol der jüngeren Generationen. Solches Porzellan (wie zum Beispiel auch teure Teppiche) sind zunehmend schwer zu verkaufen, und ein umtriebiger Geschäftsführer der Manufaktur wollte mit „Meissen" (bewusst Doppel-S) eine Luxusmarke mit auch anderen Artikeln kreieren. Luxuriöse Geschäfte wurden in europäischen Städten, in China und Russland eröffnet und dafür Millionen Euro aufgewendet. Es wurde ein Fehlschlag, der Freistaat Sachsen als Eigentümer der Manufaktur hat die Verluste getragen und auch weitere hohe Finanzmittel bereitgestellt. Nun, mit neuer Geschäftsführung, will man sich wieder auf das Porzellan konzentrieren, ab den 2020er Jahren sollen positive Geschäftszahlen erreicht werden.

Von den heutigen in Meißen arbeitenden Unternehmen ist die UKM-Gruppe bemerkenswert. Aus einem Kleinbetrieb der 1930er Jahre war nach 1945 ein Zweigbetrieb des VEB KFZ-Zubehörwerke Dresden entstanden. Als Hauptprodukt wurden Kolbenbolzen für die DDR-Fahrzeugwerke gefertigt. Nach 1990 entstand durch zwei Beteiligungsgesellschaften die UKM Meißen, die weiterhin Kolbenbolzen, aber auch andere Motorenbauteile für namhafte Auto-Konzerne herstellt. Um die Anbindung zur Autobahn A 4 zu verbessern, gründete UKM in Nähe der Stadt Nossen, in Reinsberg OT Neukirchen, ein Zweigwerk, welches inzwischen der Firmensitz geworden ist. Hier werden auf modernen CNC-Maschinen Präzisionsteile, wie Elemente für Ventilantrieb, Einspritzpumpen und andere produziert, während im Betriebsteil Meißen weiterhin Massen von Kolbenbolzen von den Maschinen rollen.

Marschel Frank Sachs AG (Mafrasa) Böhrigen/Chemnitz

Der Chemnitzer Raum ist am schnellsten über die Autobahn A 4 zu erreichen. Nach dem Dreieck Nossen, wo die A 14 nach Leipzig/Magdeburg abzweigt, liegen links der A 4 die Städte Hainichen und Frankenberg, rechts Nossen, Roßwein, Döbeln und Mittweida. Alle typische sächsische Städte mit großer historischer und industrieller Substanz. Wir wollen zunächst ein kaum noch bekanntes Unternehmen betrachten, welches nach eigenen Aussagen in den 1920/30er Jahren Europas größter Trikotagen-Hersteller war: Marschel Frank Sachs AG. Mit Betrieben in Chemnitz (Marschelwerk und Frankwerk), Böhrigen (Sachswerk) und Zweigbetrieben in Magdeburg und dem erzgebirgischen Zschopautal wurden circa 6.000 Mitarbeiter beschäftigt. Alle Unternehmen, zum Teil in jüdischen Händen, hatten sich zu sehr leistungsstarken Betrieben entwickelt. So wurden zum Beispiel im Marschelwerk täglich 15 Tonnen Kleidungsstücke gefärbt. Ob die Mafrasa AG wirklich Europas größter Betrieb war, ist nicht sicher, denn besonders von den schlesischen Textilunternehmen, wie Kunert und andere, haben wir ja auch von bis zu 7.000 Beschäftigten gehört.

Das Sachswerk der Mafrasa AG lag in Böhrigen, im Striegistal bei Roßwein (Autobahn A 4, Brücken große und kleine Striegis). Über diesen Betrieb ist 2006 ein Buch erschienen, es ist ein detaillierter Einblick in die mittelsächsische Industriegeschichte.

„Das Sachswerk war ein vertikal integrierter Konfektionsbetrieb, in welchem das Rohmaterial Faser alle Fertigungsstufen bis zum Endprodukt Kleidungsstück durchlief. Hergestellt wurden zwar nicht die

famosen Doppel-Schlüpfer, wohl aber Damenunterhemden mit angeschnittenen Trägern und innen angerauhte Unterhosen für Damen. In Weiß und Beige wurden für Herren lange Unterhosen und langärmlige Unterhemden mit Knöpfen gefertigt mit dem Qualitätshinweis ‚echt ägyptisches Mako'. Für den Binnenmarkt, aber auch für den Export nach Spanien und England, stellte man dunkelblaue und braune Trainingsanzüge aus Trikot her, die innen aufgeraut waren und aus einer Bluse und einer Art Pumphose mit Gummiband bestanden. In der Wirkerei standen Rundstühle von etwa 1,20-1,50 Meter Durchmesser, auf denen oben je sechs bis acht Wirkautomaten (‚Malleusen') angebracht waren, die eine Art Schläuche ‚wirkten' – ähnlich einer ‚Strickliesel', doch in anderer Dimension. Der Schlauch wurde in einer bestimmten Länge abgeschnitten und kam dann zum ‚Repassieren', das heißt zu einer Art Fehlerbehebung von Hand. Dann schloss sich die Rauherei an und zuletzt im hinteren Sheddachgebäude beziehungsweise dahinter die Zuschneiderei und die Näherei. Gefärbt wurde im östlichen Seitengebäude des Spinnereihofes." [56]

Über die Wirktechnik, die abweichend vom gewebten Stoff ein nach allen Seiten elastisches Textilmaterial ergibt, wird noch zu sprechen sein. Es war diese Wirktechnik mit allen Sonderverfahren, die den Maschinenbau des Chemnitzer Raumes zum Führenden in der Welt gemacht hat.

Das Sachswerk wurde in den Krisenjahren 1929/32 schwer getroffen, der Absatz im Inland und auch im vorher starken Export ging zurück. Nur durch Einbeziehung der Banken, insbesondere der Deutschen Bank, konnte ein Konkurs abgewendet werden. Mit dem Antritt der NS-Regierung unter dem Reichskanzler Hitler im Januar 1933 setzte der Terror umgehend besonders gegen Juden in führender Position ein. Drei Hauptaktionäre der Mafrasa AG wurden von Stoßtrupps der SA im März 1933 verhaftet und ermordet aufgefunden, der Direktor Hans Sachs soll sich bei der Verhaftung im Nebenzimmer erschossen haben. Die vollständige „Arisierung", intern auch „Entjudung" genannt, zog sich bis 1938 hin. Die Deutsche Bank und weitere Banken formierten aus dem Werk die „Mafrasa Textilwerke AG Chemnitz". Mit deutscher Gründlichkeit wurde von der Deutschen Bank, Zentrale Berlin, in Chemnitz angefragt:

„Für statistische Zwecke bitten wir uns aufzugeben, welche Firmen durch Sie in diesem Jahre arisiert worden sind, und zwar lediglich abgewickelte Arisierungen'. Die Antwort erfolgte genau einen Monat später: ‚Zu obiger Rundfrage teilen wir mit, dass im Jahre 1938 von uns in Zusammenarbeit mit dem Sekretariat der Zentrale die folgenden Firmen arisiert worden sind:
Bachmann & Ladewig Aktiengesellschaft, Chemnitz,
Becker-Werke Aktiengesellschaft, Chemnitz,
Mafrasa Textilwerke A.-G., Chemnitz.
In allen drei Fällen handelt es sich um abgewickelte Arisierungen.
Heil Hitler! Deutsche Bank Filiale Chemnitz'" [56]
Die meisten Nachfahren der jüdischen Mafrasa-Gründer konnten sich ins Ausland retten, nach Südafrika und Südamerika, wo vor allem Uruguay deutsche Juden aufnahm. Wer dennoch in Deutschland verblieben war, fiel in den Kriegsjahren 1942/43 der „Endlösung der Judenfrage" zum Opfer.
Die Mafrasa AG lieferte während des Krieges Unterwäsche und Hemden an die Wehrmacht. Beim Angriff auf Chemnitz am 4. März 1945 wurden große Werksteile stark beschädigt. Nach 1945 in den Enteignungsprozess einbezogen, versuchten 1946 die „Arisierer" der Mafrasa in Verbindung mit der nun als GmbH in jüdischen Händen agierenden Wertheim-Gruppe eine Enteignung zu verhindern. Dies misslang, und die Reste der Mafrasa gingen im VE Kombinat Trikotagen unter. Seit 1995 laufen Bemühungen zur „Wiederbelebung" der Mafrasa AG, Chemnitz.

Großfußwerk/Autoliv/Döbeln

Wenn wir von Böhrigen/Roßwein circa zehn Kilomter in nordwestlicher Richtung nach Döbeln gehen, treffen wir hier auf einen besonderen Metallwaren-Betrieb: Johannes Großfuß. Bereits 1869 gegründet, wurden Ofenschirme, Küchengefäße, Vogelbauer und anderes gefertigt. Warum in der Aufrüstungsphase ab 1934 von den Wehrmacht-Beschaffungsstellen eine solche „Blechfabrik" in die Waffen-Entwicklung einbezogen wurde, müsste aus Archiven ergründet werden. Fest steht, dass der junge, bei Großfuß beschäftigte Ingenieur

Werner Gruner ab 1937 an einem neuen Maschinengewehr tüftelte. Es sollten möglichst viele Blechpressteile verwendet werden. So wurde die Gruner'sche Waffe – wie die Kalaschnikow in Russland – ein sensationeller Erfolg. Nicht die Traditionsfirmen wie Mauser – Oberndorf/Neckar, Rheinmetall – Sömmerda (mit dem Zündnadelgewehr von Dreyse hatten die Preußen 1866 den Krieg gegen Österreich gewonnen) oder Simson – Suhl, sondern eine sächsische Blechfabrik schuf mit dem *„MG 42 eine der besten unter den besten Waffen des Zweiten Weltkrieges und bewies ihre Zuverlässigkeit im heißen Sand von Afrika ebenso wie in den gefrorenen Steppen Rußlands."* [57]

Die Mauser-Werke kopierten die Gruner'sche Konstruktion erst in den Kriegsjahren und etwa 400.000 derartige Waffen sind bei Großfuß, Mauser, Rheinmetall und anderen Werken bis 1945 hergestellt worden.

Auch nach 1945 hat die in Döbeln erfundene Waffe Furore gemacht. Nun in verbesserter Ausführung von den Rheinmetall-Werken (jetzt in Düsseldorf) produziert, wurde sie als MG 1 bei der Bundeswehr eingeführt und auch in anderen Ländern, insbesondere in der Schweiz, hergestellt.

Natürlich ist sächsisches Ingenieur- und Facharbeiterwissen nach Düsseldorf geflossen, Werner Gruner blieb im Land und wurde später Professor für Landmaschinentechnik an der TU Dresden.

Wer glaubt ernsthaft, dass in einem einheitlichen Nachkriegsdeutschland Großfuß-Döbeln seine Waffentechnik aufgegeben und den westdeutschen Werken den Markt überlassen hätte? Selbst auf diesem speziellen Gebiet konnte eine Marktführerschaft der westdeutschen Unternehmen also nur deshalb errungen werden, weil das Werk in Döbeln enteignet und demontiert, als Waffenfabrik ausgelöscht wurde.

Zunächst als VEB Metallbau Döbeln, später als VE Kombinat Schlösser und Beschläge, wurden hier Sicherheitsschlösser und Sicherheitsgurte unter dem Markenzeichen DOBLINA gefertigt, aber auch wieder Waffenteile für die Sowjetarmee.

Bild 52: Kopfbau des Großfußwerkes in Döbeln, wo das berühmte Maschinengewehr MG42 entwickelt und gebaut wurde.
Döbeln: Eine typische sächsische Stadt mit hoher Industriedichte – 25000 Einwohner, sieben Metallfabriken, drei Tuchfabriken, Zuckerfabrik, weitere Hersteller von Haushaltsgeräten, Möbel, Lampen, Silberwaren, Lebensmittel.
Nach 1945 fast alle enteignet, z. T. erloschen, z. T. in volkseigenen Betrieben zusammengeschlossen, nach 1990 davon wenige überlebt.

Nach 1990 sind an diesem Standort, der in den Kriegsjahren auf 60.000 Quadratmeter angewachsen war, Gebäude abgerissen und das markante Großfuß-Hauptgebäude aus den 1930er Jahren saniert worden. Der schwedische Zulieferer Autoliv hatte DOBLINA übernommen, aber 2013 gab er den Betrieb auf. Die Produktion wurde nach Osteuropa verlagert. 2016 quartierte die Stadt Döbeln Flüchtlinge in die Gebäude ein. So ging ein bedeutender Standort deutscher Waffentechnik zugrunde.

Zurzeit wirbt eine Anwaltskanzlei mit Großbuchstaben am Gebäudekopf, weitere Räumlichkeiten werden zur Vermietung angeboten. Die Stadt Döbeln hätte schon in den 1990er Jahren eine Gedenktafel für ihre Firma Großfuß anbringen sollen, schließlich ist Großfuß-Döbeln ein weltweiter Begriff für eine innovative Waffenentwicklung aus den 1930/40er Jahren und hat auch Döbeln entsprechend bekannt gemacht.

Mitteldeutsche Stahlwerke/VEB Stahl- und Walzwerk/Feralpi GmbH/Riesa/Stahlachse Riesa-Zeithain-Gröditz-Lauchhammer

Wir wollen in dieser mittelsächsischen Industrie-Landschaft noch einen Wirtschaftszweig betrachten: Eisen und Stahl. Ein Zweig, der nicht mit den Großen des Ruhrgebietes und des Saarlandes zu vergleichen ist, aber in der Stahlverarbeitung bedeutende Kapazitäten hatte und zum Teil noch hat. Von Meißen die Elbe stromaufwärts ist Riesa ein solcher Standort und von hier kann man eine gerade Stahlachse ziehen: Riesa – Zeithain – Gröditz – Lauchhammer. In Riesa wird die Eisenerzeugung auf die 1670er Jahre datiert, die Zeit also, in welcher die „Erzgebirgische Blechkompagnie“ Stahl und Blech bereits exportierte. 1725 ist das nächste Datum für das Riesaer Stahlwerk, und in diesem Jahr begann auch am anderen Ende dieser Stahlachse die „Eisenzeit“.

Ebenfalls 1725 hatte der Oberhofmarschall Freiherr Woldemar von Löwendahl für seine Gemahlin das Privilegium erlangt, *„die zu ihrem Gute gehörige Lauchmühle in einen Eisenhammer zu verwandeln, in dem der in der Umgegend vorkommende Raseneisenstein* *verhüttet und das daraus gewonnene Eisen weiterverarbeitet werden sollte. Am 25. August desselben Jahres wurde der an den Lauchteichen errichtete Hochofen angeblasen. Das war der Ursprung und Anfang des jetzt in eine Aktiengesellschaft verwandelten großen Eisenwerkes Lauchhammer, das demnach zu den ältesten derartigen Unternehmungen in Deutschland gehört. Das Rohmaterial, der Raseneisenstein, später auch andere Eisenerze, bezog man außer von den Lausitzer Lagerstätten aus dem Kurkreise Wittenberg und aus dem Erzgebirge; den Kalkstein, der das Eisen in Fluss bringen half, aus der Pirnaer Gegend; die zum Schmelzen nötige Holzkohle lieferten die Mückenberger Heide und die nahen Kurfürstlichen Wälder. Alle größeren Lasten wurden zum Lauchhammer und vom Lauchhammer, soweit es möglich war, auf dem Wasserwege befördert, auf dem bei Grödel in die Elbe mündenden Floßgraben und dann auf der Elbe selbst. Bald trat in Lauchhammer zur Eisenerzeugung der Guss von Öfen und eisernen Kochtöpfen. Um die Fortführung und den Ausbau des Werkes erwarb sich die zweite Gemahlin des Freiherrn von Löwendahl, Benedikte Margarete, die größten Verdienste. Bei ihrem Tode im Jahre 1776 vererbte sie ihren ganzen Besitz und damit auch den Lauchhammer an ihr Patenkind, den Kursächsischen Konferenzminister Detlef Carl Grafen von Einsiedel (1737 bis 1810), Herrn auf Wolkenburg an der Mulde. Damit begann die erste Blütezeit des Lauchhammerwerkes.“* [58]

Die Grafen von Einsiedel hatten 1849 das Riesaer Stahlwerk übernommen und besaßen damit die beiden Werke in Lauchhammer und Riesa. Blütezeiten erlebten sie ebenfalls beide und mit dem Beginn in den 1720er Jahren gehörten sie schon zu den Pionieren der Eisenindustrie in Deutschland, vermutlich sogar mit der genannten Blechkompagnie zu den Ersten. Da war im Ruhrgebiet noch nichts los. Es *„bestand die heutige Gegend von Oberhausen tatsächlich immer noch aus größtenteils dünn besiedelter Heide, wurde doch nur am Ufer der Emscher in geringem Umfang Ackerbau betrieben.“* [59]

Die Eisenhütte Gute Hoffnung, als Gutehoffnungshütte eine der Gründerfirmen der heute mächtigen MAN, ist erst 1782 entstanden, von den großen Krupps in Essen war noch nichts zu sehen.

Lauchhammer

Braunkohlenbergbau
Brikettfabrik
Kraftwerk
Kalk- und Dolomit-
werke
Martin- und Elektro-
Stahlwerke
Walzwerke für Form-,
Stab-, Band- und
Universaleisen
Nahtlose und
geschweißte Rohre
Röhrengießerei

Werke in Riesa, Gröditz,
Lauchhammer,
Berlin-Wittenau,
Elbingerode,
Wünschendorf

Bild 53: Anzeige des Lauchhammerwerkes aus den 1930er Jahren.

Riesa und Lauchhammer wurden bedeutende Guss- und Stahlhersteller für den Maschinen- und Eisenbahnbau, natürlich auch vor, in und nach dem Ersten Weltkrieg. Zugleich entwickelte sich Lauchhammer zu einer der größten Gießereien für Eisenkunstguss. Was in Sachsen und den anderen deutschen Ländern an Standbildern, Friedhofsfiguren, Grabplatten, Büsten und anderen Denkmalen in Eisen steht und liegt, wurde in Lauchhammer gegossen. Aber auch in der teuren Bronze wurde in Lauchhammer gegossen. Ein bemerkenswerter Bronzeguss war das Standbild von Richard Hartmann, *„gestiftet vom Direktorium, den Beamten, Vertretern und Arbeitern der Sächsischen Maschinenfabrik vorm. Rich. Hartmann AG".*

Das mächtige Luther-Denkmal in Worms ist ebenfalls in Lauchhammer geschaffen worden, entworfen von keinem Geringeren als Ernst Rietschel, dem großen in Dresden wirkenden Bildhauer. Das mehrere Meter hohe Modell dieses Denkmals befindet sich heute im Kunstgussmuseum Lauchhammer. Dieses in Lauchhammer-Ost 1993 in einer alten Volksschule (später Betriebsberufsschule) gegründete Museum bietet einen sehr guten Überblick über die Eisenguss- und Bronze-Bildhauerei des Lauchhammer-Werkes.

Tausende Modelle aus allen Epochen – 1944/45 noch rechtzeitig eingemauert und so dem Raub entgangen – belegen, dass Lauchhammer die bedeutendste Kunstgießerei in Deutschland, vermutlich weltweit, gewesen ist. Auch das Grabmal von Friedrich A. Krupp in Essen mit dem großen Adler ist in Lauchhammer gegossen worden.

Ab den 1880er Jahren führte der schon genannte Gustav Hartmann von den Chemnitzer Hartmann-Werken auch in Lauchhammer Regie, leitete den Aufsichtsrat. In den 1920er Jahren kam es in der gesamten deutschen Wirtschaft zu Zusammenschlüssen und Übernahmen, einer der großen Akteure war Friedrich Flick. Über diesen Wirtschaftsführer, seine Söhne und seine Manipulationen in der bundesdeutschen Nachkriegswirtschaft ist vieles bekannt. Flick nahm die Methoden mancher, heute „Heuschrecken“ genannten Beteiligungsgesellschaften vorweg. *„Es ändern sich die Bilanzen oder es müssen sich die Köpfe ändern“* war sein Wahlspruch, das hieß Rationalisieren, Gewinn maximieren um jeden Preis.

Bild 54: In Lauchhammer 1837 gebautes großes Gebläse für das Hüttenwerk Halsbrücke (bei Freiberg). Eingang des Kunstgussmuseums Lauchhammer (unten).

In aufgekauften Betrieben zitterten die führenden Personen, wenn sie mit dem sich wortkarg gebenden Flick die Werkhallen durchlaufen mussten.

Über

40 Jahre Waggonbau in Bautzen

schufen ein reichhaltiges Fabrikationsprogramm in Trieb- und Steuerwagen, D-Zug-, Speise-, Schlaf-, Salon- und Personenwagen, Post- und Gepäckwagen, Straßenbahn-, Hoch-, Untergrund- und Schnellbahnwagen, offenen und bedeckten Güterwagen, Großraum- und Spezialwagen aller Art. In Sonderabteilungen stellen wir her: Omnibus- und Spezial-Aufbauten in Holz, Stahl und Leichtmetall, Lastwagen- und Sattelschlepp-Anhänger sowie elektrische Lokomotiven. Außerdem unterhalten wir eine Maschinenbauabteilung und eine Gießerei.

Bild 55: Die Waggon- und Maschinenfabrik AG Bautzen (vor der Einbeziehung in die Linke-Hofmann-Busch AG).

Schon vor Flick hatte es einen großen Zusammenschluss gegeben. Aus der Lauchhammer AG und der Breslauer Linke-Hofmann AG entstand 1922 die Linke-Hofmann-Lauchhammer AG (LHL), ein bedeutender Konzern mit den Werken Linke-Hofmann, Lauchhammer, Burghammer, Gröditz, Riesa und der Waggon- und Maschinenfabrik AG, vorm. Busch, Bautzen.

Flick, der sich bereits in der oberschlesischen Eisenindustrie (OEI) eingekauft hatte, rollte die LHL-Gruppe von unten auf. Über die zweite Führungsebene konnte er ohne Wissen des Generaldirektors Eichberg LHL-Anlagen besichtigen und schließlich mit Hilfe von Banken die Aktienmehrheit bei der LHL-Gruppe erringen. Damit war der Weg zu seiner „Mittelstahl"-Gruppe frei. Mit weiteren Stahlwerken in Brandenburg, Freital (Sachsen), Maxhütte (Rosenberg, Bayern), Unterwellenborn (Thüringen) wurden in den mitteldeutschen Flickbetrieben 85.000 Mitarbeiter beschäftigt, darunter mehrere Tausende Kriegsgefangene und KZ-Häftlinge. Friedrich Flick gehörte schon zu den großen Profiteuren des Hitler-Reiches, saß 1946 auf der Anklagebank in Nürnberg, konnte aber bald einen neuen Aufbau seines Konzerns beginnen.

Nach diesem kurzen Rückblick schließt sich der Kreis in unseren Tagen. Aus Riesa entstand nach der Demontage 1948 der VEB Stahl- und Walzwerk Riesa mit 13.000 Mitarbeitern und den üblichen Versorgungseinrichtungen einschließlich Ferienobjekten an der Ostsee und in Thüringen.

Die extensive Auslastung der Anlagen hatte in der DDR-Zeit seine Spuren hinterlassen, doch die große Werksanlage sollte nicht geschleift, sondern erhalten werden. Eine von der Treuhand initiierte Riesa AG gelang nicht, und so ging Riesa 1991/92 an den italienischen Feralpi-Konzern, die spätere Feralpi Holding S.p.A. Nun wurde Riesa wieder groß. Zur Elbestahlwerke Feralpi GmbH (ESF) kamen 1999 die Elbe-Schrott-Recycling GmbH (ESR) und 2002 die Elbe Drahtwerke Feralpi GmbH (EDF) hinzu. Die Anlagen sind sehr modern. Eine werkseigene Sauerstoff-Anlage erspart den Transport von Flüssigsauerstoff, eigene Dampf- und Stromerzeugung aus der Abwärme des Stahlwerkes verringert die Kosten, und mit circa 600 Mitarbeitern kann sich Feralpi Riesa im hart umkämpften Stahlmarkt vermutlich auch weiterhin behaupten.

Aber kein Licht ohne Schatten. Der Stahlkomplex am Bahnhof Riesa belastet natürlich das Stadtgebiet mit Staub, Schadstoffen (Dioxin) und Lärm. Umweltverbände und Anwohner führen einen ständigen Kampf gegen das Stahlwerk, es hält mit ebenso ständigen Verbesserungen dagegen, betreibt eine umfangreiche Öffentlichkeitsarbeit. Stahlwerke sind saubere Fabriken im Vergleich zu früheren Betrieben, trotzdem gibt es erhebliche Belastungen. Dem Freistaat Sachsen bedeuten 600 Arbeitsplätze einschließlich der Zulieferer, Handwerker und andere viel. So hat er auch der Erweiterung der Kapazitäten im Stahlwerk auf 1,4 Mio. Tonnen/Jahr und im Walzwerk auf 1,2 Mio. Tonnen/Jahr bereits 2014 zugestimmt.

Linke-Hofmann-Busch AG Bautzen/Linke-Hofmann-Busch GmbH/Alstom LHB Salzgitter

Die Linke-Hofmann-Lauchhammer AG wurde mit Einbeziehung der Waggonfabrik Busch in Bautzen in Linke-Hofmann-Busch AG umbenannt (LHB). Lauchhammer ging vorwiegend in den Stahlbau über, was wir noch betrachten werden. Linke-Hofmann und Busch spezialisierten sich auf den Waggonbau und in Bautzen besonders auf Personenzüge, auch in Luxusausführung. Und hier kommt in den vielen Fällen des Ost-West-Transfers nach 1945 ein großer hinzu: In Bautzen von der Demontage betroffen, aber auch von der Enteignung, dem Rauswurf, gegebenenfalls der Verhaftung, gingen die Führungsgruppe und Fachleute aus Werkstatt und Entwicklung nach Salzgitter und gründeten auf der **Linke-Hofmann-Busch-Straße 1** die „Linke-Hofmann-Busch Waggon-Maschinen GmbH".
Aus sächsischem Know-how entstand – an ALSTOM verkauft – der große Hersteller von Eisenbahnzügen, ein bis zwei Züge täglich! In der Fachpresse geben sich die Nachfahren der Bautzner Waggonbauer selbstbewusst:
„ALSTOM Transport Deutschland GmbH
Schienenfahrzeuge aus Salzgitter: attraktiv, wirtschaftlich und umweltfreundlich
Der Standort Salzgitter ist im Alstom-Konzern das internationale Kompetenzzentrum für Regionaltriebzüge und Regionalstadtbahnen

sowie Produktionsstätte für Drehgestelle und Güterwagen. Umfassende Service-Dienstleistungen runden das Angebot des Standorts ab.
Alstom in Salzgitter ist eine der größten Produktionsstätten für Schienenfahrzeuge in Deutschland. Rund 2.200 qualifizierte Mitarbeiterinnen und Mitarbeiter sind dort auf die Entwicklung und Herstellung von qualitativ hochwertigen Schienenfahrzeugen, Komponenten und Dienstleistungen spezialisiert.
‚Made in Salzgitter' – für die Schienen der Welt
„Auf dem 123 Hektar großen Gelände der Alstom Transport Deutschland GmbH produzieren unsere Mitarbeiter Schienenfahrzeuge und Komponenten. Dank unserer fortschrittlichen Fertigungsmethoden bieten wir unseren Kunden marktgerechte Produkte, die auf ihre individuellen Wünsche zugeschnitten werden können. Ein Beispiel ist unsere innovative Stahlleichtbauweise, mit der wir unseren Kunden individuell gestaltete Produkte zu marktgerechten Preisen bieten. Ein bis zwei komplette Züge verlassen täglich unsere Werkhallen; das sind bis zu 400 Einheiten pro Jahr. Hinzu kommen fast 1.000 Drehgestelle jährlich. Auf unserer 1,4 Kilometer langen Teststrecke prüfen wir alle Züge auf Herz und Nieren, bevor sie in Betrieb gehen."
Nur im Straßennamen bleibt hier die Erinnerung an sächsische Industriekultur, in den vielen anderen Fällen ist sie restlos verschwunden.

In Bautzen entstand der VEB Waggonbau Bautzen, eingebunden in das VE Kombinat Schienenfahrzeugbau Berlin, welches vorwiegend alle Ostblockländer belieferte; vor allem in den Weiten Russlands waren Verschleiß und Bedarf ungeheuer groß. Nach 1990 entstand die Deutsche Waggonbau AG (DWA) mit dem Hauptaktionär Treuhandanstalt, mehr als 20 Betriebe (einschließlich der Zulieferer) wurden zusammengefasst. Die Darlegung des weiteren Weges dieser DWA ergäbe ein eigenes Buch – heute sind Bautzen und Görlitz in Händen des kanadischen Bombardier-Konzerns und stehen in unseren Tagen auf wackligen Füßen. Weltweite Überkapazitäten zwingen zur Konzentration, auch für Bautzen und Görlitz wird von Verkleinerung, Komponentenfertigung, Zusammenschluss gesprochen. Und wieder: große Tradition nach 1945 verloren, Verlust für Sachsen, hoher Zuwachs für Niedersachsen.

Mannesmann Rohrwerk Zeithain

Wenn wir auf der genannten „Stahlachse“ von Riesa aus nur circa fünf Kilometer weitergehen, kommen wir nach Zeithain, einem Städtchen mit etwa 6.000 Einwohnern und am ehesten bekannt durch das „Zeithainer Lustlager“. 1730 hatte August II. (der Starke) hier eine Heerschau und Parade mit den üblichen höfischen Festlichkeiten veranstaltet. Ein großer Feldherr war er nicht, der zuckerkranke August, und schon 1733 im Alter von 63 Jahren verstorben. Über 100 Jahre später nutzte die Königlich-Sächsische Armee das Gelände als Truppenübungsplatz und Munitionslager.

Erst in den 1960er Jahren begann das Stahlwerk Riesa eine Rohrfertigung in Zeithain, aber die speziellen nahtlosen Rohre konnte man nicht produzieren. Man brauchte aber auch solche Rohre, und über die übliche „Gestattungsproduktion“ hinaus (Ostbetriebe produzieren West-Markenprodukte) durfte die Mannesmann Röhrenwerke AG aus Mülheim/Ruhr bereits 1978 die Mannesmann Röhrenwerke Sachsen GmbH gründen. 1991 noch Tochterbetrieb der Mülheimer AG, ging im Jahr 2000 mit dem Verkauf der Stahlsparte an den Salzgitter-Konzern auch das Zeithainer Röhrenwerk an Salzgitter. Seit 2018 heißt das Werk „Mannesmann Rohr Sachsen GmbH Zeithain“ und hat in der Rohr-Gruppe von Salzgitter einen beträchtlichen Anteil am Gesamtvolumen. Dieses beträgt 300.000 Tonnen/Jahr und in Zeithain werden 190.000 Tonnen/Jahr sogenanntes Vorrohr hergestellt, also etwa zwei Drittel.

GMH Schmiedewerke Gröditz GmbH

Damit ist Zeithain ein beträchtlicher Meilenstein auf dieser „Stahlachse“, die in gerader Linie nach Gröditz führt. Hier wieder ein Stahlwerk, und als Gründer wird auch Carl Graf von Einsiedel genannt. In den 1780er Jahren entstanden, wurden Schmiede-

Erzeugnisse die Spezialität des Gröditzer Betriebes. Das gesamte 19. Jahrhundert hindurch lieferten die Gröditzer große und größte Schmiedestücke bis zu 20 Tonnen Gewicht – Freiformschmiedestücke. Eine furchtbar schwere Arbeit, das Hantieren mit den glühenden Stahlblöcken an den Dampf- und Lufthämmern, den Ringwalzwerken und Schmiedepressen. Ab den 1920er Jahren gehörte die Gröditzer Schmiede zur Flick-Mittelstahlgruppe. Danach der bekannte Zeitabschnitt aller größeren DDR-Betriebe: Demontage, VEB, 1990 Treuhand und GmbH. 1997 erwarb die Georgsmarienhütte (GMH-Gruppe) den Gröditzer Betrieb.

In Gröditz können heute Schmiedestücke bis 50 Tonnen Gewicht und zum Beispiel große Ringe bis 40 Tonnen, auch Radreifen bis zwei Meter Durchmesser geschmiedet werden. Damit ist Gröditz wieder einer der wenigen Spezialisten für solche riesigen Rohteile des Maschinen- und Anlagenbaues.

Zu Lauchhammer ist zu ergänzen, dass der genannte Kunstgussbetrieb nur eine kleine Abteilung des großen Lauchhammer-Werkes war. Schon früh begann der Maschinenbau, eine 1837 gebaute große Gebläsemaschine für die Staatlichen Hüttenwerke Halsbrücke (bei Freiberg) steht heute als Denkmal in Nähe des Kunstgussmuseums.

In Lauchhammer und auf der hier genannten „Stahlachse“ bis Riesa ist europäische Energiegeschichte geschrieben worden. Für Europa erstmalig wurde 1912 eine Freileitungsanlage für 110.000 Volt Spannung von Lauchhammer über Gröditz nach Riesa in Betrieb genommen. Zu diesem Zeitpunkt war die gesamte nordsächsische Region bis nach Brandenburg hinein ein Energie- und Braunkohlezentrum geworden. Aus den Gräflichen Einsiedel‘schen Werken entstand 1872 die Lauchhammer AG mit Kohlegruben, Brikettfabriken, Stahl- und Maschinenbau. Das ist beste deutsche Industriegeschichte, die weitergeführt über die Jahrhundertwende hinweg zur Linke-Hofmann-Lauchhammer AG und zur Flick-Mittelstahlgruppe geht. Leider zu wenig bekannt, bemüht sich ein „Traditionsverein Braunkohle Lauchhammer e. V.“ um eine Aufarbeitung und Publizierung. Eine Broschüre dieses Vereins „Die erste 110-kV-Anlage Europas“ [61] beschreibt diese Pionierleistung der Energietechnik,

aber auch die umfangreichen Demontagen 1945/46:
„Schon kurz nach dem Einmarsch wurde auf russischen Befehl mit der Demontage der Werksanlagen begonnen. Im Oberhammer mit seinen hochmodernen Betriebseinrichtungen für Maschinen- und Brückenbau wurden sämtliche Maschinen demontiert und die Hallen abgebrochen. Dasselbe war im Eisenwerk mit der großen Eisengießerei und dem modernen Emaillierwerk der Fall.“
Das betraf auch die Anlagen des Kraftwerkes und der Brikettfabrik. Nur sechzehn alte Zweirohrflamm-Dampfkessel und vier Stahlrohrkessel je 14 bar im Kesselhaus II, einige Teile der Schaltanlagen mit einem 15-MVA- und einem 7-MVA-Transformator sowie die Freileitungen wurden nicht demontiert. Im Maschinenhaus III ist die „alte“ 1917/18 montierte 12,5-MW-Maschine erhalten geblieben. Sie sollte die noch vorhandenen Betriebsanlagen mit Energie versorgen. Die Brikettfabrik Lauchhammer wurde vollständig demontiert. In der nachfolgenden Tabelle sind die demontierten Einrichtungen mit den Gebäudenummern (nach Anhang 4) dargestellt:

Gebäudenummer nach Anhang 4	*Bezeichnung der demontierten Einrichtungen*
22	*Sämtliche Turbosätze einschließlich Schutztechnik*
23	*25-MW-Maschine einschließlich Schutztechnik*
25	*Alle fünf 40-bar-Dampfkessel, errichtet zwischen 1939 und 1943*
26	*Drei Steilrohr-Dampfkessel je 40 bar von 1926*
43	*Freilufttransformator 5,5/10 kV oder 5,5/15 kV – genaue Angaben fehlen*
49	*Die gesamte Einrichtung der Brikettfabrik, Trockendienst und Pressenhaus*
50	*Nassdienst komplett*

51	*Das Schalthaus der Brikettfabrik*
52	*Luftfilteranlage*
53	*Schlotenentstaubung*
54 und 55	*Werkstätten*
56 und 57	*Kühlhäuser I und II*
58	*Nachwalzwerk*
59	*Pressen der Pressenhauserweiterung von 1937 – Pressen 16 und 17*
60	*Pressen der Pressenhauserweiterung von 1934 – Pressen 14 und 15"*

Die Aufstellung mit den Gebäudenummern vermittelt einen Eindruck von der Größe des Lauchhammer-Werkes; Hallen abgebrochen bedeutet, dass für das Herausreißen der großen Maschinen die Fabrikwände aufgerissen und wegen fehlender Stabilität die Hallen zum Einsturz gebracht wurden.
Über den Neuaufbau in den Jahren nach 1946 geben weitere Schriften des Traditionsvereines Auskunft. Schon 1948 wurde der gesamte Bereich Braunkohle vom Stahlbaubereich getrennt. Es entstanden in den 1950er Jahren das VE Braunkohlenkombinat Lauchhammer und der VEB Schwermaschinenbau Lauchhammerwerk (Bagger-, Förderbrücken- und Gerätebau), schließlich das Kombinat TAKRAF – Transportanlagen, Krane, Förderanlagen. Hier wurden die riesigen Schaufelradbagger und Förderanlagen für den Braunkohleabbau gefertigt, ein Maschinenbau für die DDR-Wirtschaft als weltweit größter Braunkohle-Verbraucher, aber einseitig ausgerichtet und vom weltweiten Markt isoliert.

Nach 1990 entstand die Schwermaschinenbau Lauchhammer AG (Treuhand), ging 1994 an die MAN-GHH (Gutehoffnungshütte) und 2006 an die italienische Tenova-Gruppe. Schon 1992/93 waren viele Anlagen abgebrochen worden, auch heute sieht der Besucher noch viele „wüst gefallene Flächen", eine Renaturierung wird zeitnah nicht erfolgen. Immerhin hat ein Teil der vormals viele Quadratkilometer großen sächsischen/brandenburgischen Bergbau- und Maschinenbauregion überlebt. Die genannten Traditionsvereine/Museen, zum Teil in das Industriemuseum Chemnitz eingebunden, bewahren mitteldeutsche Industriegeschichte und sollten viel stärkere staatliche Unterstützung erhalten.

Sie ist 40 Kilometer lang, diese „mitteldeutsche Stahlachse“, und belegt die nicht weniger lange Tradition gegenüber Ruhr und Saar, hat aber im Vergleich zu diesen Landstrichen viel stärker unter vernichtenden Demontagen und einer marxistischen Wirtschaftspolitik gelitten. Und trotzdem: Die neue Zeit hat die Tradition wiederbelebt. Zusammen mit weiteren Stahlwerken in Freital, Chemnitz, Pirna, Leipzig, Lippendorf liefern diese Fabriken Halb- und Fertigprodukte, Edelstähle und anderes in beträchtlichen Mengen. Wie überall mussten westdeutsche und ausländische Investoren anstoßen und beginnen; die vormals eigenen mitteldeutschen Gründer gab es nicht mehr. 1945 wurden sie rausgeworfen, waren geflohen oder in Bautzen II umgebracht worden. Natürlich sind viele in den 1980/90er Jahren verstorben. Aber Fachwissen und Fleiß haben überlebt.

Technikum/Ingenieurhochschule Mittweida

Von den rechts der Autobahn A 4 vorstehend betrachteten Städten ist auch Mittweida zu nennen. Als eine mittelalterliche Gründung der Markgrafen zu Meißen gehörte der Ort zur Herrschaft von Ringethal und wurde durch die Textilindustrie zu einer der typischen Industriestädte Sachsens. Von circa 10.000 Einwohnern im Jahr 1880 an verdoppelte sich die Bevölkerung bis in die 1930er Jahre, und diese etwa 20.000 zählende Einwohnerzahl hat sich in den DDR-Jahren erhalten. In unseren Jahren wohnen hier circa 15.000 Bürger, wobei ein Teil Studierende der Hochschule Mittweida sind. Diese Einrichtung konnte 2017 ihr 150-jähriges Bestehen feiern und ist als eine „University of Applied Sciences“ wie in den 1930er Jahren wieder international bekannt. 1867 von Privatpersonen gegründet, gehörte das „Technikum Mittweida“ zu den bekanntesten Ingenieurschulen in Deutschland. Die direkte Verbindung zur Praxis in Vorlesungen,

Übungen und eigenen Werkstätten entsprach dem Bedarf an „Technikern“ in den Maschinenbaubetrieben besser als die umfangreiche Theorie in den Technischen Hochschulen. Die Grundlagen der Festigkeitslehre, der Lagertechnik, der Kinematik sollten vermittelt werden, und dies in wenigen Jahren. Elektrotechnik, Fahrzeug- und Flugzeugbau gehörten schon in den 1900/1910er Jahren zu den Lehrplänen und zog viele ausländische Studenten an. In den DDR-Jahren erhielt die Schule den Status einer Ingenieurhochschule, das Studium konnte als Diplomingenieur abgeschlossen werden. Nach den 1990er Jahren bekam die Lehranstalt erhebliche finanzielle Zuwendungen von ehemaligen Studenten (beziehungsweise deren Nachlässen), die im Ausland große Ingenieure geworden waren. Heute werden, auch von der Hochschule selbst, gern die ehemaligen Studenten August Horch, der DKW-Gründer J. S. Rasmussen und Kurt A. Körber (Universelle – Hauni) genannt.

Hunger-Gruppe Frankenberg/Hunger-Gruppe Lohr/DKW/Barkaswerke Frankenberg, Hainichen

Links von der Autobahn A 4 Richtung Chemnitz treffen wir auf die Städte Hainichen, Frankenberg und Flöha. Die beiden Erstgenannten sind typische mittelsächsische Industriestädte, hervorragend auch hier die Fahrzeugindustrie. In Frankenberg hatte sich nach 1945 ein besonders gravierender Fall eines Ost-West-Transfers vollzogen.

Die heutige Hunger-Gruppe in Lohr/Main mit 14 Teilbetrieben weltweit geht auf die Schmiede des 1925 in Chemnitz geborenen Walter Hunger zurück. In Pflegefamilien, ohne Eltern, wuchs er auf, lernte Schmied, kehrte aus dem Krieg zurück und entwickelte aus einer Schmiede einen Betrieb für Anhänger, Schwerlasttieflader und Mobilhydraulik. Es war ein Aufstieg aus dem Nichts wie derjenige der klassischen Pioniere in Ost und West, wie Bruno Naumann und Traugott Bienert in Dresden, Bosch und Daimler in Stuttgart – aber eben viele Jahre später und nicht so riesengroß. Mitte der 1950er Jahre, zehn Jahre nach der Schmiedewerkstatt, hatte der Privatbetrieb Walter Hunger 1.000 Mitarbeiter in Frankenberg, Chemnitz und Leipzig.

Mit Argwohn betrachtete der marxistische Staat den Aufstieg eines solchen Unternehmens. Exporterfolge seiner Tieflader und Hydraulikanlagen waren willkommen, aber ein selbstbewusster Einzelunternehmer mit einem „Herr-im-Hause-Standpunkt" passte nicht zum sozialistischen Staat. So merkte Hunger bald die „Nadelstiche" – verstärkte, bis ins Kleinliche gehende Steuerprüfungen, Forderung zur Umwandlung in einen staatsbeteiligten Betrieb und anderes – und zog 1958 die Konsequenz. Hunger und wichtige Mitarbeiter gingen ins Exil nach Lohr und durch Unterstützung der Stadt und der Firma Rexroth – eigentlich ein Konkurrent in der Hydraulikbranche – konnte bereits ein Jahr später ein neues Fabrikgebäude der Walter Hunger OHG errichtet werden. Hunger – ein klassischer Fall des Ost-West-Transfers, einer der vielen Aufbauschübe, hier für Hessen!
Wo die Firmengründer noch leben, kommen manche, aber leider zu wenige, in die alte Heimat zurück.
Hunger erhielt 1991 seine Betriebe zurück (weil erst in den 1950er Jahren enteignet), bekam in Frankenberg in einer der ersten Veranstaltungen von früheren Mitarbeitern eine alte Schmiedeschürze umgebunden und von der TU Chemnitz den Titel Dr. Ing. e. h. Für eine neue Hunger GmbH & Co in seiner Heimatstadt ließ er ein repräsentatives Firmengebäude errichten, Fahrzeugbau und Mobilhydraulik stehen auf dem Arbeitsprogramm. Der Träger des Bundesverdienstkreuzes ist 2008 im Alter von 83 Jahren verstorben.

Bild 56: aus der Schmiede der vormaligen Waisenknaben Walter Hunger entstanden ein DDR-Betrieb und die große Hunger-Gruppe in Lohr am Main.

Eine andere Fahrzeugbranche hat die Städte Frankenberg und Hainichen europaweit bekannt gemacht. Den DKW-Konzern und seinen Gründer J. S. Rasmussen haben wir bereits genannt. Nach dem Beginn des Motorradbaues 1922 in Zschopau gründete Rasmussen und Partner bereits 1923 die Metallwerke Frankenberg, um hier Motorradzubehör und Metallteile zu fertigen. Kleine Lieferfahrzeuge, vorwiegend als Dreiräder mit vorn montiertem Motor, waren bereits bekannt. 1927 begann DKW ebenfalls mit solchen Lieferrädern in Frankenberg – der „Framo“ war geboren. Mit den aus dem Hauptwerk Zschopau angelieferten preiswerten Zweitaktmotoren hatten die Fahrzeuge weder Anlasser noch Rückwärtsgang, aber mit einem Preis von 1.100/1.300 Reichsmark waren sie unschlagbar billige Vehikel, die sich gut verkauften. Bald kamen verbesserte Modelle mit Gebläsekühlung, Fahrzeuggetriebe, Anlasser hinzu. Nun war der Schritt nicht weit zum Personenfahrzeug mit geschlossener Kabine. So entstand der Framo-Stromer, ein Dreirad-PKW mit angetriebener Vorderachse und Nachlaufrad. Dieses Experiment war kein Erfolg geworden und auch die Vierradversion als „Piccolo“ nicht. Immerhin kann man in diesem Kleinwagen den Vorläufer der späteren DKW-Fahrzeuge F1/F8 sehen. Das Fahrzeugmuseum Frankenberg/Sa. zeigt wunderschön restaurierte DKW-Fahrzeuge, neben Stromer und Piccolo etwa 15 Modelle von den ersten primitiven Dreirädern bis zum Barkas B 1000 der 1990er Jahre. Zunehmend baute man bei Framo den Transportbereich aus und zog 1933/34 nach Hainichen um, nun als Framo-Werke GmbH Hainichen/Sa. firmierend. Die Kleinlaster mit 750 bis 1000 Kilogramm Nutzlast der Typen Framo V 500/V 501 mit Pritschen- oder Kastenaufbau liefen in Sachsen und deutschlandweit von Hamburg bis Stuttgart, Lastesel für Händler und Gewerbebetriebe. Die hauptsächliche Antriebsquelle war der DKW-2-Zylinder-Zweitakter mit 600 Kubikzentimeter Hubvolumen und 18 PS Leistung. Es gab aber auch Sonderausführungen mit einem Ford-Eifel-PKW-Motor und 34 PS.

Mit der Gründung der Auto Union AG 1932 und der Trennung der Familie Rasmussen von diesem Konzern übernahmen die Söhne die Leitung ihrer Fabriken. Ove Rasmussen und das Metallwerk Zöblitz (nach 1945 als Exilbetrieb Rasmussen GmbH im Maintal/Hessen) haben wir schon genannt, Hans-Werner Rasmussen baute in

Hainichen die Framo-Werke zu einem leistungsstarken Betrieb auf. Ab 1942 musste zunehmend eine Rüstungsproduktion eingerichtet werden, russische Zwangsarbeiter wurden zugewiesen. Das Fahrzeugmuseum Frankenberg zeigt das Protokoll einer Besprechung 1942 im Framo-Werk, wonach „die Fremdarbeiter hart, aber gerecht zu behandeln sind" und leichte und harte Bestrafungen verhängt werden konnten. Zu diesen Bestrafungen gehörte als eine Maßnahme „Essenentzug". Für die Betreuung der Zwangsarbeiter war ein „Beauftragter" zuständig, die Gesamtverantwortung trug mit seiner Unterschrift der Betriebsleiter Hans Rasmussen. Schwere Misshandlungen sind in den Folgejahren – wie in den meisten kleineren Rüstungsbetrieben – nicht vorgekommen.

Sybille Krägel aus Hamburg hat als Tochter von Hans Rasmussen dessen Leidensweg miterlebt. Der Kontakt zu Frau Krägel ergibt Folgendes:

„Unsere Familie wohnte bis 1945 auf der Gottlob-Keller-Straße in Hainichen, in Nähe des Framo-Werkes. Vor dem Einmarsch der Sowjetarmee flohen wir nach Erla bei Schwarzenberg, da das Erla-Werk zu unseren Firmen gehörte (Eisenwerk und Erla-Flugzeugbau) und dieses Gebiet zunächst nicht besetzt war (Freie Republik Schwarzenberg). Mein Vater wollte seinen Betrieb aber nicht im Stich lassen und ging nach Hainichen zurück. Hier wurde er sofort von SED-Leuten denunziert, verhaftet, nach Bautzen II und danach ins NKWD-Vernichtungslager Tost/Oberschlesien (heute Toszek) gebracht. Hier ist er im Alter von 39 Jahren ‚verstorben'. Schlimme Misshandlungen sollen dort an der Tagesordnung gewesen sein. Mein Onkel Ove konnte aus Zöblitz fliehen und im Maintal neu beginnen."

Frau Krägel hält das Gedenken an ihren Vater und das Lager Tost durch jährliche Fahrten mit anderen Hinterbliebenen nach Oberschlesien wach und ist inzwischen zur Ehrenbürgerin der Stadt Toszek ernannt worden.

Wie viele mitteldeutsche Betriebe hatten die Framo-Werke den Krieg unversehrt überlebt, umso gründlicher erfolgte die Demontage durch die Sowjets. Wie wir von anderen Fällen gehört haben (Radebeuler Arzneimittelbetriebe und andere), wurde auch das Framo-Werk gründlich ausgeräumt. Der Autor Günther Wappler beschreibt es:

„Das Framo-Werk in Hainichen hatte zum Glück keine kriegsbedingten Schäden. Die Ersatzteilproduktion lief bis zum 8. Mai 1945. Das Werk war aber auf Grund von Kriegsproduktion zur Demontage vorgesehen, welche am 31. Juli 1945 begann und gründlich erfolgte. Das bedeutete, dass sämtliche Unterlagen, außer zwei Pausen-Sätzen des V 501, sowie 539 Maschinen ihren Weg gen Russland fanden. Da wurde alles eingepackt, selbstverständlich gegen Quittung der Sowjet-Offiziere, fein säuberlich aufgeschrieben. Eine kleine Auswahl: Chassis komplett verpackt mit Führerhaus. Kiste mit Nummernschildern, Benzintanks, drei Kisten allgemeines Werkzeug, Rahmen komplett, Scheiben aller Art, Rad-Zierkappen. Aus den Büros: Projektoren, Filme, Schreibmaschinen und weiteres Büromaterial. Am 2. April 1946 wurde der Betrieb bzw. das, was davon übrig blieb, freigegeben." [60]

Nun begann es mit Bedarfsartikeln, besonders für die Landbevölkerung, Gebrauchsgütern wie Handwagen, aber auch Geschirrwagen für die Neubauern. 1946 im Zuge des „Volksentscheides" enteignet, wurde der Betrieb als IFA Werk Framo Hainichen der Selbmann'schen Struktur zugeordnet und eine bescheidene Fahrzeugfertigung aufgebaut. Zunächst auf Basis der Framo-Fahrzeuge aus den Kriegs- und Vorkriegsjahren begann ab den 1950er Jahren mit dem Typ V 901 die Produktion verbesserter Fahrzeuge, die immer noch aus dem VEB Framo Hainichen kamen. Im Zuge der Neuordnung und ständigen Umstrukturierung der DDR-Wirtschaft entstand 1958 der Großbetrieb VEB Barkas-Werke (Barkas = Blitz).

Diese Barkas-Werke hatten eine Warenhaus-Produktion in Karl-Marx-Stadt: PKW-Motoren für P 70, P 50/60 (Trabant), Industriemotoren, Sonderfahrzeuge, Einspritzpumpen. Im Barkas-Werk Hainichen liefen die Framo-Lieferwagen aus, und mit Einbeziehung verschiedener Entwicklungsstellen entstanden ab Mitte der 1950er Jahre Funktionsmuster eines Barkas B 1000, der ab 1961 in Serie ging. Dieses Lieferfahrzeug für 1.000 Kilogramm Nutzlast entsprach für die 1960/70er Jahre durchaus dem internationalen Stand. Ein modernes Design, selbsttragende Stahlkarosserie, Kurbelachsen mit Drehstabfederung vermittelten fast einen PKW-Fahrkomfort, und in allen Bereichen fand dieses einzige moderne Mehrzweckfahrzeug der DDR Anwendung, als Kranken- und Polizeifahrzeug, Verkaufswagen, Fahrzeug für Feuerwehr, Post, auch Leichenwagen und andere. Die Schwachstelle war der Zweitaktmotor, nach Zerschlagung der Auto Union hatte die DDR keinen modernen Viertaktmotor und auch keine leistungsstarke Zubehörindustrie mehr. So blieb nur der Motor des Wartburgs 311/353 mit 46/50 PS als Alternative mit Mischungsschmierung und Abgasfahne. Trotzdem wurde der B 1000 in beträchtlichen Stückzahlen exportiert in alle Staaten des RGW-Wirtschaftsblockes, wo Abgaswerte keine Rolle spielten, aber auch zu Dumpingpreisen in westliche Länder, wie Niederlande, Belgien, Österreich, Schweden und andere. 1987 konnten 150.000 Stück B 1000 gefeiert werden, das hieß im Produktionszeitraum von 26 Jahren (1961-1987) wurden circa 5.800 Fahrzeuge pro Jahr, also 19 Stück pro Tag bei 300 Jahresarbeitstagen, produziert. Völlig unzureichend für die DDR-Wirtschaft, dazu – wie beim Wartburg und Trabant – eine mangelhafte Ersatzteilwirtschaft.

Mit dem VW-Motorenprogramm ab 1985/88 bekam auch der B 1000 einen solchen VW-Viertaktmotor, dazu weitere Detailverbesserungen. Nun sollte auch der Export wieder verstärkt vorangebracht werden in die reformierten Ostblockländer, aber auch die schon belieferten europäischen Länder. Doch außer der neuen Antriebsquelle hätten viele Komponenten erneuert, nun bei Westfirmen eingekauft werden müssen. Die eigene Zubehörindustrie befand sich *in „einem katastrophalen Zustand“* [60], der zeitnah nicht zu verbessern war. Da treffen wir wieder auf das Grundproblem: Marxistischer Enteignungswahn hatte die eigentümergeführten Mittelstandsbetriebe ruiniert, einseitig auf eine Massenproduktion ausgerichtet, Erneuerung, Investitionen und bauliche Instandsetzung sträflich vernachlässigt. Und so kam das Ende der Barkas B 1000/B 1000-1-Produktion Im Jahr 1991. Alle Versuche im Auftrag der Treuhand, die umfangreichen Fertigungsanlagen nach Ungarn, Ägypten oder Russland zu verkaufen, auch zu Billigpreisen, scheiterten.

Damit war die Fahrzeugregion Zschopau-Frankenberg-Hainichen, einst angestoßen und aufgebaut vom Unternehmer-Ingenieur J. S. Rasmussen, stark entblößt. Dieses wirtschaftliche Vakuum setzte sich in Chemnitz und Zwickau fort, die Zerschlagung der Auto Union 1945/48 mit den Werken Audi, DKW, Horch und Wanderer erwies sich ebenso als eklatanter Fehlgriff der marxistisch geführten Wirtschaft. Über den hieraus entstandenen vermutlich größten Exilbetrieb aus dem Transformationsprozess Ost-West nach 1945, die Audi AG in Ingolstadt und Neckarsulm mit allein derzeit in Ingolstadt über 43.000 Mitarbeitern, wird anschließend berichtet.

E. I. Clauß/VEB Vereinigte Baumwollspinnereien Flöha

Zunächst wollen wir in Flöha, nur zehn Kilometer von Chemnitz entfernt, wieder ein großes Textilunternehmen betrachten, das nach eigenen Aussagen in den 1920/30er Jahren die größte Spinnerei Deutschlands war. Auch die älteste deutsche Baumwollspinnerei soll es gewesen sein, als ursprüngliche Gründerjahre werden 1768 beziehungsweise 1789 genannt. Von dem Gründer B. G. Pflugbeil ging nach mehreren Zwischenschritten der Betrieb an Ernst Iselin Clauß, und als „E. I. Clauß Baumwollspinnerei Plaue" (Ortsteil von Flöha) lieferte die Firma als Qualitätsspinnerei hochwertige Garne an die gesamte Textilindustrie, auch an die besonders hohe Ansprüche stellende Feinstrumpfindustrie des Chemnitzer Raumes.

Bild 57: Die große ehemalige Baumwollspinnerei Flöha. Erste Gebäude sind bereits erneuert (2019 / 2020).

Ab 1890 hieß der Betrieb aufgrund Erbfolge E. I. Clauß Nachf. und war durch fortlaufende Modernisierung bei Maschinen und Gebäuden (gekühlte beziehungsweise erwärmte Luftzuführung in den Spinnereisälen) wohl einer der leistungsfähigsten Textilbetriebe in Deutschland. Der Reingewinn für 1934 wird mit 2,5 Mio. RM angegeben und in einem Zeitungsbericht von 1934 werden *„die im gesamten Betriebe zum Transport des Rohmaterials und der Baumwollabfälle neuzeitlichen Förderbandanlagen sowie die mit Gleisanlagen versehenen, sämtlichen Gebäude des weit ausgedehnten Fabrikkomplexes verbindenden Tunnel bestaunt."* Auch das weist auf einen gut geführten Textilbetrieb hin, der nicht gewebte oder gewirkte Erzeugnisse, sondern den Faden, das Garn, als Hauptprodukt herstellte. Dieser Spinnereimarkt war in Deutschland und besonders in Sachsen heiß umkämpft, und einen so großen Betrieb auf diesem Markt an der Spitze zu halten zeugt von einer erfahrenen Geschäftsführung. Das vorstehende Zitat und einige Fakten sind der Sonderschrift „Plaue bestand im wandel" zu entnehmen, herausgegeben von Ulrike Brummert, Professorin für Romanische Kulturwissenschaften an der TU Chemnitz. Das Zitat entstamme einem „euphorisch und bürgerlich gefärbten Artikel". Was bedeutet „bürgerlich gefärbt"? Was war falsch, wenn eine Firma ihre hervorragende Technik beschreibt? Wo war eine andere Firma, die ihre Gleisanlagen unterirdisch betrieben hatte und schon in den 1920/30er Jahren die Arbeitssäle klimatisierte? Wir haben die Professorin Brummert schon im Abschnitt eins – das Programm Sachsen – erwähnt. Der Passus, die Firmenleitung hätte 1945 *„aufgrund einer z. T. ideologisch verfärbten Sichtweise ihr Leben vor der nahenden sowjetischen Armee retten wollen"* [62], zeugt auch hier von einer – um beim Färben zu bleiben – alten marxistisch gefärbten Sichtweise. Hat die weitgereiste Professorin keine Ahnung von den Verhältnissen in der Ostzone 1945, von Bautzen II und den anderen Lagern? Hundert sind auch sofort „liquidiert" worden, nur ein Beispiel ist der Firmenchef der bekannten Meyer-Optik Görlitz, der von Sowjetsoldaten sofort auf dem Firmenhof erschossen wurde. Bedenklich und bedauerlich, wenn junge Studenten wieder in „marxistisch verfärbter Sichtweise" erzogen werden.

Im Übrigen bestand Plaue den Wandel in die Marktwirtschaft eben nicht. Während des Zweiten Weltkrieges wurde wegen des Mangels an Baumwolle die Produktion eingeschränkt, Räume vermietet. Nach dem Tod der letzten Gesellschafterin namens Clauß führte ihr zweiter Mann, Major a. D. Barfurth, die Firma. Im Mai 1945 stellte die sowjetische Kommandantur in Flöha die Spinnerei Clauß unter Zwangsverwaltung, setzte aber 1946 den Major Barfurth als Treuhänder wieder ein, nachdem er aus den Westzonen zurückgekehrt war. Vermutlich schätzten die Sowjets die fachliche Leistung des Gesellschafters Barfurth, denn bereits in dieser Zeit lieferten die Sowjets Baumwolle an, um aus den erzeugten Garnen Textilien für ihr Land fertigen zu lassen. Die große Fabrik hatte keine Bombenschäden erlitten und war auch nicht demontiert worden. Der Firmeneigner Barfurth engagierte sich im neuen Staat und konnte die Enteignung zunächst verhindern. Wie in vielen anderen Fällen legten die SED-Aktivisten Widerspruch ein, betrieben die übliche Hetze gegen Fabrikbesitzer und Kapitalisten in der Belegschaft und *so „erging der Baumwollspinnerei E. I. Clauß Nachf. am 14. Mai 1947 von der Landesregierung Sachsens der Bescheid, dass die Baumwollspinnerei, neben Fabrikanten-Villa Immenhof rückwirkend zum 1. Juli 1946 für das Land Sachsen enteignet war und fortan unter der Bezeichnung VEB Baumwollspinnerei Plaue firmierte.“* [62]

In diesem Zeitraum sollten Enteignungen eigentlich nicht mehr stattfinden, aber die marxistisch-leninistische Landesregierung Sachsen setzte diese brutalen Eigentumseingriffe bis in die 1950er Jahre fort, das Beispiel Madaus – Radebeul und andere haben wir bereits genannt.

So ging die große Fabrik den üblichen „volkseigenen“ Weg, zunächst als VEB Baumwollspinnerei Flöha im Zusammenschluss mit einigen anderen Betrieben aus der Umgebung. Ab den 1970er Jahren entstanden der VEB Vereinigte Baumwollspinnereien mit 50 Einzelbetrieben quer durch das Land und fast 15.000 Mitarbeitern. Eine Massen-Garnerzeugung für eine Massen-Textilherstellung, um diese Textilien als Massenprodukte zu billigsten Preisen in der Welt zu verschleudern – die DDR-Betriebe als Vorläufer der Billig-Textilfirmen aus Fernost. So gab es auch in Flöha eine extensive Auslastung/Ausbeutung der Maschinen, Anlagen und Menschen.

1990 war das gesamte Areal abgewirtschaftet, „wüst gefallen“, wie es Professor Abelshauser für die DDR-Wirtschaft formulierte, 1994 erfolgte die Stilllegung.

Fahrgäste der Sachsenmagistrale Dresden – Freiberg – Chemnitz erkennen links vom Bahnhof Flöha den großen Gebäudekomplex. Einen Wandel in die Marktwirtschaft hatte es nicht gegeben, aber nun ist ein Wandel in eine neue Verwendung erkennbar. Ein Teil der Gebäude ist erneuert und wird gewerblich genutzt, der größere Teil ist eingerüstet, aber die Erneuerung wird sich noch Jahre hinziehen. Die Stadt Flöha gedenkt ihrer Unternehmerfamilie Clauß in zweifacher Weise. Die Brücke über die direkt am Werk vorbei fließende Flöha heißt „Clauss-Brücke“ (mit Doppel-S) und eine „Claußstraße“ führt in das Werksgelände.

Auto Union AG/VVB IFA-Werke/Chemnitz/Auto Union GmbH/Audi AG/Ingolstadt

Über die Gründung der Auto Union AG 1931/32 ist bereits im Abschnitt Finanz- und Bankwesen in Sachsen berichtet worden. Ausführlich wird der Werdegang der einzelnen Firmen im bereits genannten Buch „Im Zeichen der Vier Ringe“ [19] dargestellt, zusammenfassend ebenfalls im Standardwerk über die DDR-Fahrzeugindustrie „Plaste, Blech und Planwirtschaft“ [63] des Autors Professor P. Kirchberg beschrieben. Sachsen wurde ab den Jahren 1901/04 zum Autoland durch den aus Winningen/Mosel gebürtigen August Horch, der sich vom „Schmiedelehrling zum Autoindustriellen“ emporarbeitete. So heißt der Untertitel der Horch-Biographie „Ich baute Autos“ von 1937 [64]. Als er 1951 im Alter von 83 Jahren verstarb, war vom Autoindustriellen nichts übrig geblieben. Wie Professor Kirchberg in einem Vortrag 2018 berichtete (150 Jahre August Horch, 1868-1951), konnte seine Hinterlassenschaft auf einer DIN-A4-Seite aufgelistet werden.

Dabei gehörte Horch schon zu den deutschen Pionieren des Motoren- und Fahrzeugbaues, wie Benz, Daimler, Maybach, Diesel und Porsche, wobei er trotz allem Auf und Ab in seinem Leben das Ziel – große und starke Autos zu bauen – beharrlich verfolgte. 1899 in Köln mit dem Autobau begonnen, waren die finanziellen Mittel bald verbraucht, und nur mit Investoren aus Plauen und später Zwickau konnte 1904 die A. Horch & Cie Motorwagenwerke AG Zwickau als erster Autohersteller in Sachsen gegründet werden.

Bild 58: Auto Union AG, die gelungene Symbiose der vier Autowerke Audi, DKW, Horch und Wanderer.

Doch schon 1909 schied Horch im Streit aus der Horch AG aus. Er wollte weitere Innovationen, vor allem einen Sechszylindermotor, schaffen, die kaufmännische Seite zuerst Geld verdienen. Horch resignierte nicht und gründete nur Wochen später seine neue Firma: A. Horch Automobilwerke GmbH Zwickau, fast gegenüber dem Horchwerk. Doch die Horch AG verklagte ihn wegen des Namens und erhielt Recht. So musste ein neuer Name gefunden werden. Horch schildert in seiner Biographie, wie es zum lateinischen audi (= horch) gekommen war. Ein Schüler soll es gewesen sein, der den klugen Gedanken in die Diskussion von Horch mit seinen Geldgebern einwarf, nach einer anderen Darstellung könnte es dessen Lateinlehrer gewesen sein. So hatte Zwickau von 1910 an mit der Audi-Automobilwerke GmbH seine zweite Autofabrik, die schon 1914/15 zur Audi AG umfirmiert wurde. Horchs Audi-Wagen waren hervorragend konstruiert und siegten oder belegten vordere Plätze bei vielen Wettfahrten, insbesondere den österreichischen Alpenfahrten 1911 durch Horch selbst und 1912/13/14 mit der Audi-Werksmannschaft. Der 14/35-PS-Audi „Alpensieger“ wurde ein Verkaufsargument.

Was für ein Erfolg und eine Bestätigung seiner Arbeit nur ein Jahr nach der Neugründung. Man hatte eine Spitzenstellung in der stark angewachsenen Autoindustrie erreicht! Horch schildert in der Biographie die Rückkehr im Sommer 1914 ins Werk:

„Wir waren mit unseren Konstruktionen auf guten Wegen, wir konnten heimkehren mit dem wundervollen Gefühl, wieder und nunmehr zum dritten Mal, unseren Arbeitern und Angestellten einen Erfolg mitzubringen, der wiederum vermehrte Arbeit und sicheren Bestand des Werkes verbürgte.

In Zwickau hatten sie es vor Ungeduld nicht ausgehalten, schon in Neudeck in Böhmen kamen uns die ersten Wagen entgegen, und es gab einen Sturm der Begrüßung. Als wir nach Aue ins Erzgebirge kamen, stand auf dem großen Platz im Innern des Städtchens eine riesige Anzahl von Autos, und wiederum gab es eine gewaltige und herzliche Begrüßung, und in einem wahren Triumphzug ging es durch Schneeberg nach Zwickau. Diesmal feierte die ganze Stadt mit uns. Die Straßen waren dicht besetzt mit Menschen, die uns mit ei-

nem Jubelsturm empfingen, Blumen in unsere Wagen warfen und mitzogen zur Fabrik. Als alle Wagen in dem Fabrikhof aufgefahren waren, was gar nicht so leicht war, denn der ganze Hof war voll Menschen, begrüßte uns der Vorsitzende des Aufsichtsrates der Audi-Werke, Herr Kommerzienrat Fikentscher. Ihm folgte der Oberbürgermeister der Stadt Zwickau, der im Namen der Stadt uns begrüßte, dann ein Angestellter der Audi-Werke. Ich dankte in bewegten Worten für die große Ehrung, die uns dargebracht wurde. Wir waren alle sehr bewegt." [64]

Während des Ersten Weltkrieges lieferten beide Autowerke Militärlastwagen, Sonderfahrzeuge und auch Rüstungsgüter. 1920 schied Horch aus der Audi AG aus, blieb aber im Aufsichtsrat und ging nach Berlin. Er wurde Automobil-Sachverständiger, in den 1930er Jahren sogar Präsident des Verbandes. Seine Audi AG glaubte er in guten Händen zu wissen, doch die technische Leitung schuf neue Modelle ohne Rücksicht auf Verkaufserfolge. Die Fahrzeuge Typ K und M boten Neuerungen an (erstmals Linkslenkung und Vierradbremsen), doch sie waren zu teuer und fuhren Verluste ein. 1925 wurde Horch als „Retter" gerufen, er soll entsetzt gewesen sein, wie man sein schönes Audiwerk so herabwirtschaften konnte. Trotz aller Bemühungen – bis zur Anfrage beim Hauptkonkurrenten Horch – fanden sich keine neuen Investoren. So übernahm der DKW-Konzern 1928 die Audi AG von der Unternehmerfamilie Leonhardt als Hauptaktionär, August Horch konnte nur tatenlos zusehen.

Mit dem DKW-Chef Rasmussen begann die Ära preiswerter Volkswagen in Deutschland und vermutlich weltweit. Die oben genannten Bücher beschreiben es, wie Rasmussen 1930 eines Tages bei Audi in Zwickau erschien und „stehenden Fußes" den Entwicklungsauftrag gab: Kleinwagen mit Sperrholzkarosserie, DKW-Motorradmotor, Frontantrieb – Entwicklungszeit sechs Wochen. Schon 1931 konnte der F 1 (F = Frontantrieb) auf der Berliner Automobilausstellung vorgestellt werden. Von da an begann der Siegeszug der DKW-Frontmodelle und führte über die bekannten Typen F 5, F 7 und F 8 bis zum F 9, der als Antwort auf das Wolfsburger VW-Vorhaben geplant war. 1940 sollte der F 9 im Audi-Werk in Serie gehen. Fast 270.000 DKW-Frontwagen sind bis in die ersten Kriegsjahre gebaut worden – preiswerte Volkswagen und die ersten Großserienfahrzeuge mit Frontantrieb in der Welt.

Nach der Berliner Ausstellung äußerte sich auch die internationale Presse zum DKW-Frontwagen, der in diesen Jahren circa 1.700 RM kostete.

The Autocar, London:

„Deutsche Ingenieure haben das Problem der Fabrikation eines billigen und doch sehr leistungsfähigen Kleinwagens in einer neuen Weise in Angriff genommen, die möglicherweise eine große Zukunft hat. Der DKW-Vorderradantriebswagen verspricht, der volkstümlichste Wagen zu werden, denn er stellt den höchsten Wert dar, der jetzt für diesen sehr niedrigen Preis geboten wird.“ [19]

New York Times:

„Der kleine DKW ist so ausgeführt, dass er wie ein Wagen normaler Größe aussieht. Seine verhältnismäßig große Fahrgeschwindigkeit, verbunden mit Steigvermögen und niedriger Besteuerung, wobei gerade der letzte Punkt auf dem europäischen Markt äußerst wichtig ist, begründen die Anziehungskraft, welche dieser Zwerg ausübt.“ [19]

Diese Fahrzeuge entsprachen nicht mehr den Vorstellungen Horchs, er hat diese Wandlung des Audi-Werkes auch nirgendwo erwähnt.

Die Krisenjahre 1930/31 stürzten alle sächsischen Autowerke in die roten Zahlen; wie mit Hilfe der Banken die Rettung durch den Zusammenschluss zur Auto Union erfolgte, ist im Abschnitt Bankwesen schon genannt worden. Zunächst hatte sich das Horch-Werk ohne Horch ab 1909 auch positiv entwickelt. Durch die Verbindung mit den Argus-Flugmotorenwerken Berlin rückte dessen Leiter Doktor Strauss ab den 1920er Jahren zum Chef der Horchwerke AG Berlin/Zwickau auf und setzte neue Akzente. Er ließ das Markenzeichen, das H auf der Krone, entwickeln und holte neue Chefkonstrukteure, unter anderem Paul Daimler, den Sohn des Gründers der Daimler Motorengesellschaft Gottlieb Daimler, nach Zwickau. Mit ihm und dem Nachfolger Fiedler begann die Ära der großen Achtzylindermotoren, die Horch an die Spitze der deutschen Luxusautomobile brachte.

„Horch ist ein Name, der seit langen Jahren geradezu der Begriff für technische Höchstleistungen im Automobilbau geworden ist. Sein

überragender Ruf, seine einzigartige Beliebtheit werden durch nichts besser gekennzeichnet als durch großen Anteil, den Horch an den deutschen Kraftwagenzulassungen besitzt. Beinahe jeder zweite im Jahre 1932 in Deutschland zugelassene Personenkraftwagen in den Klassen über 4,2 Liter war ein Horch.“ [19]

1931 kamen die Verhandlungen – die entscheidenden wurden geführt im luxuriösen Radiumbad Oberschlema (bei Aue) – zum Abschluss und nach Abstimmungsarbeiten zwischen den Werken konnte 1932/33 das neue Arbeitsprogramm der Auto Union AG Chemnitz vorgestellt werden:

- Horch in Zwickau produziert die Horchwagen,aber auch Karosserien für Wanderer- und DKW-Wagen

- Audi in Zwickau stellt die DKW-Frontwagen (Zweitaktmotor) und die Audi-Wagen (Viertaktmotor und Frontantrieb) her

- DKW in Zschopau stellt DKW-Motorräder, DKW-Automotore und Stationärmotoren her

- DKW in Berlin-Spandau liefert Karosserien für DKW-Frontwagen und komplette DKW-Wagen

Damit hatte dieses Unternehmen ein sehr breit aufgestelltes Produktionsprogramm, und die Umsatzzahlen belegten in den 1930er Jahren ein nachgerade explosives Wachstum – wobei ab 1936/37 auch Rüstungsaufträge in den Umsatzzahlen enthalten sind [19]:

Jahr	Automobile	Motorräder	Gesamtumsatz
1933	1000	743	~ 4,7 Mio. RM
1938	15000	15000	~ 220 Mio. RM

Man kann sich vorstellen, wie in diesen Betrieben einschließlich der Zuliefererindustrie geschuftet wurde; Sachsen war bekannt für

höchste Auslastung/Ausbeutung bei Löhnen auf unterster Stufe.
Im Werk Horch wurde der ständig verbesserte 8-Zylinder-Motor die Basis für alle Luxuswagen, keine andere Autofabrik verfolgte eine solche Ein-Motor-Strategie. Trotzdem gab es mehrere Varianten von Leistungsklassen und Bauformen, zum Beispiel als 8-Zylinder-V-Motor für einen preiswerten „kleinen Horch".

Diese Entwicklung gefiel natürlich dem nun 64-jährigen Senior August Horch; starke, exklusive Wagen waren immer sein Ziel gewesen. 1933 wurde er in den Aufsichtsrat der AG berufen, schon 1932 kam es wieder zum ersten Kontakt mit „seinen" Horchwerken. Dieser besondere Fall in der Automobilgeschichte wird in mehreren Büchern erwähnt, ihm wohnt schon eine gewisse Tragik inne. Horch berichtet selbst [64]:
„Am 23. August habe ich dann zum ersten Male seit Jahren wieder die Horch-Werke betreten. Dreiundzwanzig Jahre vorher hatte ich sie, die mein Werk waren, verlassen, und sie hatten mich seit dieser Zeit nicht wieder gesehen. Ich kann die Gefühle kaum beschreiben, die mich bis auf den Grund aufwühlten, als ich die vertrauten Räume wieder erblickte. Der technische Direktor Werner empfing mich in der liebenswürdigsten Weise, hielt mir einen Vortrag über das Werk und führte mich dann durch die Räumlichkeiten. Als ich einen der Räume betrat, die noch so erhalten waren, wie ich sie vor dreiundzwanzig Jahren verließ, bat ich die mich begleitenden Herren, mich eine Weile allein gehen zu lassen.
Und dann stand ich in dem vertrauten Raum, und meine Gedanken flogen zurück. Dieses ganze Areal trug meinen Namen, ohne dass ich ein halbes Menschenalter damit etwas zu tun hatte: ein merkwürdiges und bitteres Schicksal. Ich sah die Gestalten meiner alten Arbeiter in Gedanken sich hier bewegen, ich roch den Geruch der Fabrik, der mir seit meiner Kindheit so vertraut war, dieser Geruch von Eisen, Glut und Farbe. Und dann war ich nicht mehr Herr meiner selbst, ich ging rasch in eine Ecke, lehnte den Kopf an die Wand, und die Tränen rannen mir über die Wangen. Ich heulte wie ein kleiner Junge, fassungslos und lange. Die mich begleitenden Herren hatten, als ich wieder zu ihnen trat, an meinem Aussehen bemerkt, was mich so sehr bewegt hat. Ich bat, die Weiterbesichtigung jetzt einzustellen

und an einem der nächsten Tage fortzusetzen. Das wurde gemacht. Als ich dann an einem der nächsten Tage alle Räume der Fabrik besichtigt hatte, war ich restlos erfreut über die Besichtigung. Was standen da für prachtvolle Werkzeugmaschinen, zum großen Teil selbst gebaut; ich konnte mich überzeugen, dass vortreffliche Arbeit geleistet wurde. An den leuchtenden Augen meiner früheren Arbeiter konnte ich sehen, wie sie sich freuten, mich wieder im Horchwerk begrüßen zu können. Ich konnte mit vollem Herzen Herrn Direktor Doktor Werner meinen Dank und meine Genugtuung über das reichlich Gesehene aussprechen."

Im Horchwerk wurde ein regelrechter Motorenkult betrieben, das Beste aus der (gesamt-)deutschen Zubehörindustrie wurde verbaut und endete letztlich in einem 12-Zylinder-Motor, der auch – für damalige Maßstäbe – in Serienfertigung ging. Nur Daimler Benz (Stuttgart-Untertürkheim) war mit der Auto Union auf gleicher Höhe, und aus der Horch-Konstruktionsabteilung hieß es:
„Damals waren wir alle von dem brennenden Ehrgeiz besessen, besser zu sein als der Konkurrent in Untertürkheim." [19]:
Folgerichtig waren auch nur diese beiden Firmen in der Lage, ins europäische Rennwagen-Geschehen einzugreifen und dieses maßgeblich zu bestimmen. Die NS-Regierung mit ihrem Anspruch, „Deutschland wieder Weltgeltung" zu verschaffen, zahlte erhebliche Investitionen an beide Autofirmen. So entstanden die Silberpfeile der 1930er Jahre in Stuttgart und Zwickau, sie dominierten wechselseitig die Rennen auf den europäischen, afrikanischen und amerikanischen Strecken. Die damaligen Piloten, wie Hans Stuck, Rudolf Caracciola und Bernd Rosemeyer, waren Publikumslieblinge.
Auch auf Rekordfahrten mit speziellen Stromlinienwagen konkurrierten beide Firmen gegeneinander, das Überschreiten der Grenze von 400 Kilometer/Stunde war das große Ziel. Dem tragischen Tod von Rosemeyer im Auto Union-Rekordwagen bei einer solchen Fahrt im Januar 1938 widmet der Autor Professor Kirchberg ein umfangreiches Buch [65]. Es gibt zugleich einen umfassenden Einblick in diesen technischen Sport der Jahre 1933/40, belegt aber auch nochmals, dass Zwickau Heimstatt einer weltweit bekannten Spitzentechnologie im Motoren- und Fahrzeugbau gewesen ist.

Und dann kam der Zweite Weltkrieg. Die Auto Union als inzwischen größter Industriebetrieb Sachsens wurde Rüstungsbetrieb mit allen Merkmalen der 1940er Kriegsjahre. Extensive Auslastung der Menschen und Maschinen, Einsatz von Fremdarbeitern/Kriegsgefangenen, Produktion in Schächten und Tunneln – totaler Kriegseinsatz mit allen schrecklichen Vorkommnissen wie überall im „Großdeutschen Reich", in Sachsen nicht mehr, aber auch nicht weniger. Kübelwagen und Panzerspähwagen der Horchtypen 800/801 wurden natürlich mit den aufwändigen 8-Zylinder-Motoren ausgerüstet, sie dürften die teuersten Militärwagen gewesen sein.

Von Oktober 1944 bis März 1945 wurden die Fabriken in Chemnitz und Zwickau stark bombardiert, trotzdem ging die Kriegsproduktion fast unvermindert weiter. Das große Verwaltungsgebäude in Chemnitz, der Horch-Hochbau und die Audi-Werke in Zwickau sowie das DKW-Werk Zschopau konnten instand gesetzt werden und weiter arbeiten.

In den ersten Maitagen 1945 zog die Sowjetarmee in Chemnitz ein. Der Vorstand der AG um Doktor Bruhn und Doktor Hahn hatte Sachsen verlassen. Die Demontagen setzten umgehend ein:

„Die Werke wurden demontiert. Die Maschinen, ohne Wetterschutz unsachgemäß verpackt, sind, wie das Eisenbahnbegleitpersonal berichtete, in Brest-Litowsk zu Tausenden verkommen. Die russischen Wirtschaftsoffiziere gaben den Werken zunächst ein prächtiges Fertigungsprogramm. Danach sollte der Maschinenplan aufgestellt werden, gegliedert nach vorhandenen und benötigten Maschinen. Das brachte den misstrauischen Russen lückenlose Kontroll-Listen. ... Viele Mitarbeiter aus den technischen Büros sind nach Russland dienstverpflichtet worden. Nicht alle sind zurückgekehrt. Eine große Anzahl von Mitarbeitern in führenden Stellungen ist von den Russen verhaftet worden. Die meisten sind aus den Lagern nicht mehr zurückgekommen oder kurz nach der Rückkehr ihren schweren Leiden erlegen. Besonders groß ist die Zahl der technischen Direktoren und kaufmännischen Werkleiter sowie der Mitarbeiter in kriegswirtschaftlichen Organisationen, die nach dem Krieg in den Lagern ihr Leben verloren haben." [19]

Zu diesen Männern gehörte auch der DKW-Chefkonstrukteur Hermann Weber, der 1945/46 nach Russland „dienstverpflichtet“ wurde, den Aufbau einer Motorradfabrik leiten sollte und bereits 1948 im Alter von 52 Jahren in Kasan verstarb.

Die Auto Union AG hatte bei Kriegsende ein Grundkapital von 30 Millionen RM und befand sich zu 90 Prozent in Händen der Sächsischen Staatsbank. Die von der Besatzungsmacht eingeführte leninistisch-marxistische Ordnung – den Grundsätzen von Marx zur Vernichtung von privatem Eigentum an Produktionsmitteln folgend – bestimmte die großen und viele Mittelstandsbetriebe zu „Volkseigentum“, 1946 durch einen in vielen Punkten manipulierten „Volksentscheid“ legalisiert. Die Auto Union AG wurde in die C-Betriebe eingestuft, unterstand damit den besonderen Verfügungen der Besatzungsmacht und war faktisch bereits 1945 enteignet. Trotzdem existierte noch ein Aufsichtsrat aus Direktoren der Sächsischen Staatsbank, welcher den Juristen Doktor Schüler als neuen Vorstandsvorsitzenden der AG bestimmte. Dieser Aufsichtsrat, der noch beim Handelsgericht Chemnitz registriert wurde, bevollmächtigte Doktor Schüler, für die Auto Union AG in den Westzonen tätig zu werden. Damit war der erste Schritt zur Verlegung der AG nach Westdeutschland getan. Wie in vielen anderen Fällen blieb die Auto Union AG formal bestehen und wurde erst 1948 im Handelsregister Chemnitz gelöscht.

In der gesamten Ostzone waren die enteigneten Betriebe in 65 Industrieverwaltungen (IV) zusammengefasst und die IV 19 als IFA Vereinigung Volkseigener Fahrzeugwerke gegründet worden. Die neuen Machthaber der Deutschen Wirtschaftskommission und der für die Industrie maßgebliche Fritz Selbmann waren damit – verglichen mit den Werten und Bestimmungen des Bürgerlichen Gesetzbuches – urplötzlich zu Industriebossen und Arbeitgebern für Millionen Arbeitnehmer der gesamten Ostzone und der 1949 gegründeten DDR aufgestiegen. Das blieb auch so, als die neuen Länder der DDR eigene Regierungen und Ministerien bildeten – dann waren eben diese Wirtschaftsminister die großen Arbeitgeber. Dass ein solcher Riesen-Konzern den Keim des Scheiterns in sich trug, ist von vielen

Experten befürchtet worden, zumal die einsetzende Fluchtbewegung der Betriebe einschließlich Tausender Mitarbeiter einen unerhörten „Aderlass“ bedeutete. Trotzdem entstanden aufgrund der langjährigen Tradition und der bewährten Facharbeiter und Techniker in den Werken des IFA-Konzerns gute Weiter- und Neuentwicklungen, wir haben einige Beispiele angegeben, und das Standardwerk über den DDR-Fahrzeugbau „Plaste, Blech und Planwirtschaft“ [63] zeigt „Aufwind in den sechziger Jahren, Tritt auf der Stelle und der Tragödie letzter Teil“ in eindrucksvoller Weise. Schlaglichter sind:

- Der Trabant sollte im Vergleich zu Isetta, Goggomobil und anderer Kleinfahrzeugen ein vollwertiges Fahrzeug werden für die 1950/60er Jahre, bis neue Modelle nachfolgen.
- Aus Trabant und Wartburg sollte der Typ 760 entstehen, das „RGW-Auto“ mit Skoda-Motor von 1,1 beziehungsweise 1,3 Liter Hubraum, der als Typ P 1100/P 1300 1979/80 wieder beerdigt wurde.
- Zunehmend bestimmte das ZK-Mitglied Mittag alle Entscheidungen. Einem neuen Landwirtschafts-LKW wurde der Vorrang eingeräumt. Aus dem W 50 des Werdauer Werkes wurde der L 60 des Ludwigsfelder Betriebes. Ein Großbetrieb mit modernen Ausrüstungen aus westlichen Ländern, vielen weiteren Entwicklungsvarianten, die letztlich abgebrochen werden mussten.

Der Auf- und Ausbau des VEB Kraftfahrzeugwerk Ludwigsfelde dürfte ein weiteres Milliardengrab für die DDR-Wirtschaft gewesen sein, trotz Exportes der Fahrzeuge in viele Länder, darunter Ungarn, China, Sowjetunion, aber auch Irak und Iran mit circa 80.000 Fahrzeugen (Kriegseinsatz). Laut [63] wurden von 1965 bis 1990 rund 590.000 LKW produziert, davon 70 Prozent für den Export.

Ein so großes Werk mit einem nicht mehr auf neuem Stand befindlichen Fahrzeug und auf Verschleiß gefahrenen Anlagen wollten 1990 kein westlicher Autokonzern oder andere Investoren übernehmen. Bekannt war, dass an jedem Jahresende die Montagehalle einem Schlachtfeld glich, weil das Jahressoll an Fahrzeugen erfüllt werden musste. So lief schon am Jahresende 1990 die Fahrzeugproduktion aus, Ersatzteile wurden noch bis 1992 gefertigt.

Zurück nach Zwickau, wollen wir einen abschließenden Blick auf die letzten Lebensjahre von August Horch werfen. Dieser hatte bis 1945 in Berlin gelebt. Sein Haus, durch Bomben zerstört, hatte er verkauft und war nach Münchberg zu einem befreundeten Unternehmer gezogen, hatte in Zwickau noch seine frühere Wohnung.

Professor Kirchberg, bei der Beurteilung der Zeit 1945/48 ansonsten sehr zurückhaltend, findet im Vorwort zur neuen Horch-Biographie klare Worte:

„Horch musste noch aus der Ferne erleben, wie in der Stadt Zwickau die von den Kommunisten angezettelten Schlammschlachten gegen ihn, den Ehrenbürger ihrer Stadt, inszeniert worden sind. Wider besseres Wissen wurde Horch beschuldigt, Mitglied der NSDAP und Wehrwirtschaftsführer gewesen zu sein. Horch war weder das eine noch das andere. Dennoch wurden die Lügen in der lokalen Presse in übelster Weise verbreitet. Den Kommunisten ging es ihrem gezielten Vorhaben gar nicht in erster Linie um die Person Horchs, sondern vielmehr um eine auf breiter Front geführte Kampagne zur Zerstörung kapitalistisch geprägter Traditionen, die das Selbstverständnis der Bevölkerung ganzer Regionen maßgeblich mitbestimmten.

Die Demontage, Enteignung und Liquidierung faktisch aller größeren Unternehmen hatte hierfür die wirtschaftliche und ,juristische Voraussetzung geschaffen. Nun ging es darum, die in den Köpfen noch vorhandene, teilweise über Generationen hinweg spürbare Identifikation der Menschen mit den damit verknüpften Leitbildern ebenso zu zertrümmern. Bestandteil dieser Strategie war auch die Zerstörung beziehungsweise die Deformierung und Manipulierung der Erinnerungen. Dafür war nahezu jedes Mittel recht, besonders geeignet aber das der Diffamierung und Diskreditierung. Opfer dieser Strategie und Taktik der SED wurden auch Personen, die die Partei für unerwünschte Orientierungshilfen bürgerlicher Traditionen mit weit ausstrahlender Wirkung hielt – also auch August Horch.“ [64]

Horchs Lebensgefährtin hatte 1945 versucht, Unterlagen aus seiner Wohnung zu holen, wurde verhaftet, wieder freigelassen und kehrte ohne diese persönlichen Dokumente von Horch nach Münchberg zurück. Die neue Auto Union in Ingolstadt bezog ihren ursprünglichen Gründer wieder als Repräsentanten bei Veranstaltungen ein, große Mittelzuwendungen konnte die junge Firma nicht aufbringen. Dem Autopionier Horch wurden in der frühen Bundesrepublik noch mehrere Ehrungen zuteil, und er konnte mit der Gewissheit, dass sein Audi-Werk weiterlebt, 1951 seinen Lebensweg in Münchberg vollenden.

Nach der politischen Wende lebten die Traditionen erst langsam wieder auf. Nach Vorstufen war eine Gründung als „Gemeinnütziger Förderverein August Horch Museum Zwickau e. V." im Jahr 2000 ein Meilenstein, eine „Horchstraße" gab es bereits seit 1993. Das Museum ist ein moderner Anbau an das frühere Audiwerk, es wurde 2018 beträchtlich erweitert und insgesamt von der Audi AG Ingolstadt mit Millionen Euro unterstützt. Eine Vielzahl von historischen Fahrzeugen, Motoren, Zubehör, auch die großen Horch/Gläser-Cabrios sind hier ausgestellt, letztere produziert im in Sichtweite erkennbaren Horchwerk. Autofreunde aus ganz Europa haben diesen Ursprungsort sächsischer Automobiltechnik besucht. Ein Museumsshop bietet eine umfangreiche Literatur an, der Förderverein gibt ein „AufgeHorcht-Journal für Autofreunde" heraus.

Auch die Westsächsische Hochschule Zwickau besitzt auf ihrem neuen Campus in Zwickau-Eckersbach einen Horchbau, erinnert mit diesem modernen Lehrgebäude an die Tradition in ihrer Stadt.

Der Weg der Auto Union AG in den Westzonen und der frühen Bundesrepublik war nicht einfach. Hier wartete kein Investor mit Millionen, sondern ganz bescheiden begannen die aus Chemnitz übersiedelten Führungskräfte und Mitarbeiter mit Ersatzteilen. Es liefen 1945/47 noch circa 60.000 frühere Auto Union-Wagen, vorwiegend die DKW-Wagen F5 bis F8, Horch- und Wandererwagen, dazu viele DKW-Motorräder. So begann es mit der „Zentraldepot für Auto Union Ersatzteile GmbH" in Ingolstadt, und über die Zwischenstationen Auto Union (alt) und Auto Union (neu) entstand durch Zusammenschluss mit den Neckarsulmer NSU-Werken die Audi NSU Auto Union AG. Mit der gleich großen Geschwindigkeit, wie wir sie von anderen Exilfirmen geschildert haben, wurde das bayerische Ingolstadt einschließlich des Umlandes zu einer Industriemetropole. Motorräder – der bewährte Zschopauer Typ hieß nun RT 125 W (für West) – und DKW-Schnelllaster gingen in die Serienproduktion, am Jahresende 1950 waren 25.000 RT 125 W produziert und 4.500 Mitarbeiter beschäftigt.

So ging es in den Wirtschaftswunder-Jahren auf Basis des sächsischen Know-hows zügig weiter. Es gibt inzwischen eine umfangreiche Literatur zur Audi-Geschichte, der Firma, die 1965 in der Fahrzeugmittelklasse Einzug hielt. Die Auto Union-Eigner hatten von Daimler Benz zu Volkswagen gewechselt und von der Stuttgarter Motorenschmiede den neuen Motor mitgebracht: ein hochverdichteter Viertaktmotor mit 72 PS Leistung, geringem Verbrauch und Serientauglichkeit. Und mit diesem Motor im Auto Union-Wagen F 102 entstand der Name Audi, eine Reverenz an Horch und seine Audi-Alpensiegerwagen von 1912/14 sowie an die Zwickauer Audi-Frontwagen der 1930er Jahre mit Viertaktmotor und Frontantrieb. Diesem Audi 72 folgten die Baumuster Audi 80 und Audi 100, am Jahresende 1973 konnte mit Stolz die Fertigung von 400.000 Fahrzeugen gemeldet werden. In den 1980er Jahren begann die Ära des Allradantriebes mit dem Audi quattro – Vorsprung durch Technik aus Ingolstadt und Neckarsulm, denn bereits 1969 hatte die Vereinigung mit der NSU Motorenwerke AG zur schon genannten Audi NSU Auto Union AG geführt. 1985 wurde daraus die Audi AG.

August Horch hatte sein Werk 1914/15 ebenfalls in die Audi AG Zwickau geführt, und so gab es 2014 die großartige *Feier „100 Jahre Audi"*, natürlich in Ingolstadt und nicht in Zwickau. Insgesamt Pech für Zwickau und Sachsen durch russische Besatzung und marxistischen Enteignungsterror, Glück für Ingolstadt und Bayern durch sächsischen Technologietransfer und freie Wirtschaft. Heute werden die meisten Bayern Audi für einen bodenständigen bayerischen Traditionsbetrieb halten.

Die Gründer der Auto Union (West) haben den Aufschwung noch erlebt. Aus der Vielzahl der aus Sachsen übersiedelten „Auto Unioner" stehen vor allem drei Namen:

- Doktor Richard Bruhn, aus dem Holsteinischen stammend, in verschiedenen Betrieben, unter anderem bei Junkers in Dessau, tätig, war er seit 1921 im Vorstand der Zschopauer Motorenwerke AG und wurde 1932 Chef der Auto Union AG Chemnitz. Bruhn leitete 1945 den Neubeginn in Ingolstadt ein und war bis 1956 Vorsitzender der neuen Auto Union GmbH. Er verstarb 1964 im Alter von 78 Jahren.

- Doktor Carl Hahn, Österreicher, seit 1922 ebenfalls in Zschopau tätig, baute den europaweiten Vertrieb und das Servicenetz für DKW und ab 1932 für die Auto Union auf. Er gehörte 1945 wie Bruhn zu den Gründern der Auto Union (West), schied 1957 aus und verstarb 1961 im Alter von 67 Jahren.
- William Werner, in New York geboren, in verschiedenen deutschen Maschinenfabriken tätig, trat 1926 in die Horchwerke Zwickau ein, wurde technischer Direktor und 1934 Technikvorstand in der Auto Union AG. Ab 1947 nahm er führende Positionen im technischen Bereich der Auto Union (West) ein und schied 1962 aus. Er verstarb 1975 im Alter von 82 Jahren.

Das mehrfach zitierte, sicher beste Buch über die Auto Union-Geschichte „Im Zeichen der Vier Ringe" [19] schließt mit den folgenden Sätzen:

„EPILOG
Dr. Carl Hahn lenkt den Blick anlässlich eines Presse-Empfangs der Auto Union am 9. September 1958 in Ingolstadt noch einmal dreizehn Jahre zurück in die jüngste Vergangenheit der Auto Union: ‚Wir waren von der Aufgabe überzeugt, ein Kraftfahrzeugwerk zu sein im Rahmen der deutschen Wirtschaft, das auf dem Gebiet des Kraftfahrzeugwesens eine unerhört große Aufgabe zu erfüllen hat. Ja, während des Krieges, und das sage ich nicht etwa heimlich oder mit einem ‚Entschuldigungsbeiwerk', haben wir selbstverständlich unsere Pflicht getan und uns in die Kriegswirtschaft eingeschaltet. Noch im Jahre 1945 haben wir an die 46.000 Arbeiter in Sachsen beschäftigt. Wir hatten unsere eigene große Karosseriefabrik. Wir hatten unsere eigene Gießerei, wir hatten eine große Schmiede, eine eigene Werkzeugmaschinenfabrik im Rahmen der Horch-Werke. Wir machten unsere Elektroanlagen selber.

Es war uns gelungen, den Begriff Auto Union nicht nur auf Deutschland zu beschränken, sondern wir hatten große Exporterfolge. Wir machten ja pro Tag vor dem Kriege einen Tagesumsatz von einer Million Mark und hatten einen Export von annähernd 50 Millionen Mark. Enorm erleichtert wurde der Export durch unsere großartigen

Rennsiege auf DKW und auf den Rennwagen, den Auto Union-Wagen mit dem stolzen Namen eines Bernd Rosemeyer, der uns dazu geholfen hat, oder eines Tazio Nuvolari. Wir waren eine große Firma, eine stolze Firma mit eigener Tradition, mit einem eigenen Geist, mit einem großen Sozialwerk. 1945 war all diese Arbeit beendet. Was wir an Millionen drüben verloren haben, an Zehntausenden von Werkzeugmaschinen und unzerstörbaren Fabrikations-Voraussetzungen, das liegt hinter uns. Innerlich abgeschrieben haben wir es nicht.'

,Wir werden in Glück wiederkommen.' Mancher Mitarbeiter unter dem Zeichen der Vier Ringe wird so gehofft haben. Die Auto Union, das Werk, ist zertrümmert und liegt in Schutt und Asche. Die automobilen Männer, die ,Zirkelstecher' von einst, sind zerstreut in alle vier Winde. Dennoch äußert sich ihr zielgerichteter Wille in dem Versprechen: ,Wir werden in Glück und in Freiheit wiederkommen. Im Zeichen der Vier Ringe!'"

Dieses Wiederkommen haben die Gründer nicht mehr erlebt. Aber Doktor Carl H. Hahn, Sohn des Gründers Carl Hahn, hatte auch als VW-Vorstandsvorsitzender seine alte Heimat nicht abgeschrieben. Er realisierte 1988 das VW-Motorenprojekt für den Wartburg und war folgerichtig Initiator der Volkswagen Sachsen GmbH. Mit Helmut Kohl legte er 1990 den Grundstein für das sehr moderne Tochterunternehmen des VW-Konzerns mit dem Fahrzeugwerk in Zwickau-Mosel, dem Motorenwerk in Chemnitz und der Gläsernen Manufaktur in Dresden. Über 10.000 Mitarbeiter haben bisher täglich 1.300 Golf- und Passat-Fahrzeuge, 3.000 Motoren und Sonderfahrzeuge gefertigt. Nun sollen diese Betriebe die Zentren der Elektromobilität werden. Zum großen VW-Konzern gehört auch Audi, und so kann man den Schluss des Epilogs schon abwandeln: „Wir sind in Glück und Freiheit wiedergekommen." Zu diesem Glück gehörte natürlich das Engagement von Prof. Dr. h. c. Mult. Carl H. Hahn, der Ehrenbürger der Stadt Zwickau und Honorarprofessor der Westsächsischen Hochschule ist.

Zwickauer/Chemnitzer Wirtschaftsgebiet

Die Stadt Zwickau und ihre Umgebung ist natürlich nicht erst durch die Autofabriken ein industriell bedeutsames Gebiet geworden. Der Steinkohlenbergbau hatte lange vorher die industrielle Basis geschaffen. Die Produktion des Zwickau-Oelsnitzer Reviers war zusammen mit den Dresdner/Freitaler Werken nicht unbedeutend, auch wenn sie nicht mit der viel höheren Förderung an Ruhr, Saar und in Schlesien zu vergleichen ist. Im Jahr 1905 bestanden in Sachsen 12 Steinkohlenwerke mit 49 Schächten, die 2.500.000 Tonnen Kohle förderten und 70.000 Tonnen Koks und Briketts erzeugten. Was die Besten dieser Bergbaubetriebe an märchenhaften Gewinnen im Vergleich zu anderen Unternehmen abwarfen, zeigt die nachfolgende Übersicht [66]:

Betrieb	Verteilte Dividende in % des dividendeberechtigten Aktienkapitals	
	1905	1906
Zwickauer Steinkohlen-Verein Zwickau (gegr. 1838)	108	144
Zwickau-Oberhohndorfer Steinkohlen-Verein (gegr. 1854)	81	115
A. Horch & Cie Motorwagenwerke AG Zwickau (gegr. 1904)	4	25
Zwickauer Kammgarnspinnerei (gegr. 1890)	10	15
Königin-Marienhütte AG Cainsdorf/Zwickau (gegr. 1872)	-	3,5

Die genannten Tonnenleistungen der Jahre 1905/06 wurden in den späteren Jahren deutlich gesteigert. 1926/27 sind fast 4 Mio. Tonnen

Steinkohle im Zwickau-Oelsnitzer Revier, das mit zu den ältesten in Europa gehört, gefördert worden.
Die 1839 gegründete Königin-Marienhütte AG ist bis 1900 ein bedeutender Montan- und Stahlbaubetrieb gewesen. Er beschäftigte zeitweise (1858) mit 1.600 Mitarbeitern 500 mehr als Krupp in Essen. Doch 1901 wurden die Hochofenanlagen endgültig stillgelegt, weil durch die Eisenbahnen billigere Stahl- und Eisenprodukte aus dem Ruhrgebiet bezogen werden konnten. Ein erhaltenes und inzwischen historisch wertvolles Stahlbauerzeugnis der Cainsdorfer Hütte ist die 1893 errichtete Elbbrücke „Blaues Wunder" in Dresden-Loschwitz.

Der Bergbau und die Autoindustrie bildeten die Hauptsäulen des Zwickauer Industriegebietes – im Zwickauer Bahnhof symbolhaft durch den Bergmann und den Schlosser mit der Kurbelwelle dargestellt. Aber im Umfeld dieser mächtigen Industrien war eine Vielzahl mittlerer Unternehmen entstanden, die zu der großen Industriedichte des Raumes beigetragen haben. Dazu gehörte auch die Firma Friemann & Wolf, ein Pionierunternehmen für Grubenlampen, welches mit ihren Sicherheitslampen „System Wolf" nicht nur die sächsischen, sondern auch die anderen deutschen und ausländischen Kohlenbergwerke belieferte. Ein mittelständischer, äußerst kreativer Betrieb mit einem weltweiten Export in alle kohlefördernden Länder. Natürlich war „FRIWO" später bedeutender Elektrozulieferer der sächsischen Autowerke, und natürlich ist er nach 1945 ins westdeutsche Exil gegangen. Heute ist die Friemann & Wolf Gerätebau GmbH in Ostbevern (NRW) nach eigenen Angaben Europas führender Hersteller von Kleinstromversorgungs- und Ladegeräten.

Das Chemnitzer/Zwickauer Wirtschaftsgebiet, sich auch bis Reichenbach erstreckend, kann bis 1945 als das weltweit größte Gebiet der Textilindustrie und des Textilmaschinenbaues betrachtet werden. Von Chemnitz aus in einer nördlichen Linie über Limbach, Meerane, Crimmitschau, Glauchau, Zwickau, Werdau bis Reichenbach und zurück über eine südliche Linie von Reichenbach über Kirchberg, Schneeberg, Geyer, Ehren-Friedersdorf, Zschopau, Flöha existierten mehrere Tausend Mittel- und Kleinbetriebe für textile Erzeugnisse jeder Art mit der speziellen Ausrichtung auf Wirkwaren, Strümpfe und den Wirkmaschinenbau. Auf einer Fläche von 30 x 15 Kilometer bestand diese ungeheure Industriedichte an Textilindustrie und Maschinenbau. In Gelenau existierten 39 Strumpffabriken, heute ist hier das Deutsche Strumpfmuseum beheimatet. Limbach-Oberfrohna wurde mit fast 600 Klein- und Mittelbetrieben zum Zentrum für gewirkte Trikotagen jeder Art.

Doch alles begann mit dem Engländer William Lee und seinem Handwirkstuhl. Bereits 1589 erfand er dieses Gerät zum maschinellen Stricken, das heißt mit vielen Maschenreihen zugleich in einer speziellen Maschine. Dieses „Wirken" ergab ein elastisches Textilstück, ein Gegenstück zum nicht elastischen Gewebe. Die Lee-Wirkstühle lösten eine textile Revolution aus, kamen nach Frankreich und auch Deutschland.

Es ist eine Legende, aber muss im Kern doch so abgelaufen sein. Ein Johann Esche (1682-1752) aus dem mittelsächsischen Limbach sollte für seine Herrschaft in Dresden seidene Strümpfe abholen. In Dresden war also ein solcher Handwirkstuhl vorhanden, die hohen Würdenträger trugen solche Strümpfe. Esche sah vermutlich den Wirkstuhl in Funktion und baute in Limbach einen solchen nach. Damit legte er den Grundstein für die sächsische Wirk- und Wirkmaschinenindustrie. Dorothea von Schönberg unterstützte die rasch anwachsende Gruppe der Strumpfwirker, besonders die bereits 1785 gegründete Strumpfwirker-Innung in Limbach.

Die Esche-Nachfahren gründeten Strumpffabriken, wobei das Verlegersystem (Heimarbeiter) wie insgesamt in der Textilindustrie eine große Rolle spielte:

Moritz Samuel Esche (1785-1854)

Traugott Reinhold Esche (1789-1862)

Bild 59: Esche – Pioniere der Wirktechnik
Esche-Fabrik in Limbach, jetzt Museum. Esche-Fabrik in Chemnitz (unten).

1870 ging die Firma Moritz S. Esche nach Chemnitz, hier entstand Deutschlands größte Strumpffabrik mit 3.300 Mitarbeitern. Der erhaltene Kopfbau des Betriebes zeugt von der großen früheren Wirtschaftskraft. Die letzten Chemnitzer Esche‘s, Herbert Eugen Esche (1874-1962) und Fritz Eugen Esche (1876-1953) waren nicht nur reich, sondern besaßen auch viel Kunstverständnis. Sie ließen sich von dem Belgier Henry van de Velde die Villa Esche bauen und lebten hier bis zur Vertreibung aus ihrem Betrieb 1945 durch die Kommunisten. Herbert E. Esche ging in die Schweiz und starb 1962 in Küsnacht. In Zürich entstand die Herbert-Eugen-Esche-Stiftung, die auch Porträts der Esche-Familie enthält. Der berühmte Maler Edvard Munch hatte die Bilder in Chemnitz gemalt. „Geld spielt keine Rolle“, unter diesem Aspekt hatte Herbert E. Esche das Anwesen geschaffen. In der Aufstellung der sächsischen Vermögens-Millionäre (1912) standen die Gebrüder Esche bei jeweils 6,5 Millionen Goldmark, damit noch unter den Brotfabrikanten Bienert in Dresden (jeweils neun Millionen). Die Villa Esche galt als „Haus der Moderne“ aus den 1900er Jahren. Mit Bezug darauf nennt sich heute Chemnitz „Stadt der Moderne“.

Aber Limbach, später Limbach-Oberfrohna, blieb das Zentrum der Wirktechnik. In den 1880er Jahren wurde hier die erste Wirk-Fachschule gegründet, deutsche und viele ausländische Studenten erhielten hier ihr fachliches Rüstzeug. Das Esche-Museum in Limbach, hervorragend gestaltet in einer Esche-Fabrik der 1860er Jahre, nennt für die „Ortslage Limbach“ 595 Betriebe für Strümpfe, Handschuhe und andere Wirkwaren, davon 393 in Limbach, 124 in Oberfrohna, 78 in Kändler, Wolkenburg, Rußdorf. [79]

Hier entstanden auch die ersten Wirkmaschinen-Hersteller, eine der ersten war die Firma Ernst Saupe, auch später eine Spitzenfirma des Wirkmaschinenbaues. Die 1938 vorgestellten Schnellläufer-Kettenwirkmaschinen galten in Fachkreisen als absolute Spitzenerzeugnisse.

Wie viele dieser sächsischen, weltweit führenden Maschinenbauer als Exilfirmen nach dem „Westen“ gegangen sind, muss noch erforscht werden. Die derzeitigen hiesigen Forschungsstellen berichten leider darüber sehr wenig. Hier wollen wir wenigstens zwei Firmen nennen: Kern-Liebers und Karl Lieberknecht. 1888 hatte Hugo Kern in der Uhrenstadt Schramberg mit Uhrenfedern, Maschinennadeln und Stanzteilen begonnen.

Im schon genannten Ort Kändler gründete Ernst Liebers 1876 seine Fabrik für Zubehör der Wirk- und Strickmaschinenbranche und belieferte diese Industrie mit präzise vermessenen Produkten. In den 1930er Jahren stellte sich Liebers in dieser Art und Weise vor:

<table>
<tr><td colspan="2">„Mit wissenschaftlicher Gründlichkeit...
sind im Laufe der Zeit die optischen und mechanischen Mess- und Prüfmethoden für die weltbekannten Ernst-Liebers-Platinen und -Wirknadeln ausgebaut und nach dem neuesten Stand der Technik vervollkommnet worden. Für den Strick- und Wirkwarenfabrikanten ebenso wie für die Strick- und Wirkmaschinenfabriken aller Länder bedeutet die Verwendung der hochwertigen Ernst-Liebers-Platinen und -Nadeln sicherste Gewähr für einen reibungslosen Fabrikationsprozess und damit immer beste fehlerfreie und vor allen Dingen auch preisgünstige Qualitätsware.

Fabrikationsprogramm
Für Cotton- und Cottonrändermaschinen:

Cottonplatinen, Abschläge, Schwingen und Führungen,
Cottonnadeln, Decker und Apparatnadeln,
Nachfräsen und Reparieren von Platinenköpfen,
Abschlagkämmen, Schwingköpfen und Nadelbarren
Für Ketten- und Milanesestühle:
Spitzennadeln, Lochnadeln und Platinen
Fertige Spitzen- und Lochnadelbleie
Für Rundstrick- und Doppelzylindermaschinen:
Platinen und Aufstoßdecker, Sliders (Nadelschieber)
und Sinkers</td></tr>
<tr><td>Platinen- und Wirknadelfabrik
Ernst Liebers/Kändler</td><td>bei Limbach i. Sa.
Gegründet 1876</td></tr>
</table>

Natürlich im marxistischen Staat enteignet und rausgeworfen – was galt dem SED-Regime ein solcher Unternehmer, hier war er zuerst

Kapitalist und Ausbeuter – ging Liebers zunächst nach Stuttgart und 1956 nach Ingolstadt. Das Fertigungsprogramm wurde fortgeführt – wieder ein spezielles sächsisches Know-how für die junge Bundesrepublik. 1971 kam es zur Fusion mit Kern zur Hugo Kern & Liebers GmbH & Co KG in Schramberg. Dabei dürfen wir schon davon ausgehen, dass der größere Fundus in Bezug auf Messtechnik und Präzision von Liebers eingebracht wurde. Heute beschäftigt die Kern-Liebers-Gruppe 8.000 Mitarbeiter in 50 weltweit tätigen Filialen. Auch in Bayern blieb ein Teil von Liebers. Die Christoph Liebers GmbH & Co KG in Gaimersheim (bei Ingolstadt) ist ein mittelständischer Betrieb der Werkzeugbau- und Metallbranche.

Das südlich von Limbach gelegene Oberlungwitz erwarb sich einen besonderen Ruf als Strumpfstadt. ROGO (**R**obert **G**ötze **O**berlungwitz), gegründet 1886, und ELBEO, also LBO (**L**udwig **B**ahner **O**berlungwitz), gegründet 1888, machten aus dem simplen Damenstrumpf einen Modeartikel, aus der Stadt kamen in den 1920/30er Jahren 70 Prozent der Weltproduktion – wir kommen nachfolgend auf diese Firma zurück.

Hier hatte sich die Firma KALIO (Karl Lieberknecht Oberlungwitz) eine Spitzenposition erarbeitet; mit circa 1.000 Mitarbeitern galt KALIO als einer der besten Maschinenbauer für Wirkmaschinen:

KALIO-Cotton-Maschinen
für Strümpfe, Socken und Unterwäsche in glatter und bunter Ausführung (Ringel, Langstreifen, Karo) mit Petinet- und Pressmusterung
(Zwickel oder Jacquard)
Sonderheiten:
KALIO-Complet – Nonstop – bis 32teilig
KALIO-Fersen-Maschinen

KALIO-Ränder-Maschinen
hohe Bauart für bunte Phantasiewaren
Bauart „KAEL“ für höchste Leistung bei einfachen Musteransprüchen
Bauart „DERBY“ für 6 x 3-Socken

KALIO-Spulmaschinen für alle Garne	**KALIO KARL LIEBERKNECHT • OBERLUNGWITZ**

Richard Lieberknecht (1873-1942), reicher Unternehmer und Kunstmäzen, unter anderem für den Maler und Bildhauer Sascha Schneider, hatte 1929 die Villa Zeppelinstraße 7 in Dresden, Weißer Hirsch, gekauft. Auch ein solcher Unternehmer-Ingenieur, unter anderem für Dr. e. h. der Universität Braunschweig, wurde 1945 rausgeworfen, der Betrieb in das VEB-System eingeordnet. Die Lieberknechts hatten in den Vorkriegsjahren gute Geschäftsbeziehungen in die USA und sollen dorthin emigriert sein.

Die Villa Zeppelinstraße 7 oberhalb Dresdens mit herrlichem Blick auf die Stadt übernahm sofort das stalinistische Regime in Dresden. 1955/56 erwarb es Manfred von Ardenne, der in diesen Jahren aus Russland zurückgekehrt war. Seine guten Beziehungen zum Staatschef Ulbricht hatten sicher diesen Erwerb befördert.

Auch die Firmen:

Gottfried Hilscher Wirkmaschinenfabrik Chemnitz
Maschinenfabrik Einsiedel
Emil Wirth Wirkmaschinenfabrik Hartmannsdorf
Carl Hamel AG Siegmar-Schönau

und weitere Firmen, wie Ernst Saupe, David Richter, Roscher, Grosser, Beckert, Helios gehörten zu den Spitzenbetrieben des Textilmaschinenbaues.
Dieser Mittelstand bildete den Rahmen für die drei Großen:

Sächsische Textilmaschinenfabrik vorm. Rich. Hartmann AG Chemnitz
Schubert & Salzer Maschinenfabrik AG Chemnitz
Sächsische Webstuhlfabrik vorm. Louis Schönherr AG Chemnitz.
Diese drei Aktiengesellschaften wollen wir bei der Betrachtung der

Stadt Chemnitz näher ins Auge fassen, zunächst den genannten Raum zwischen Chemnitz und Zwickau/Reichenbach weiter beleuchten:

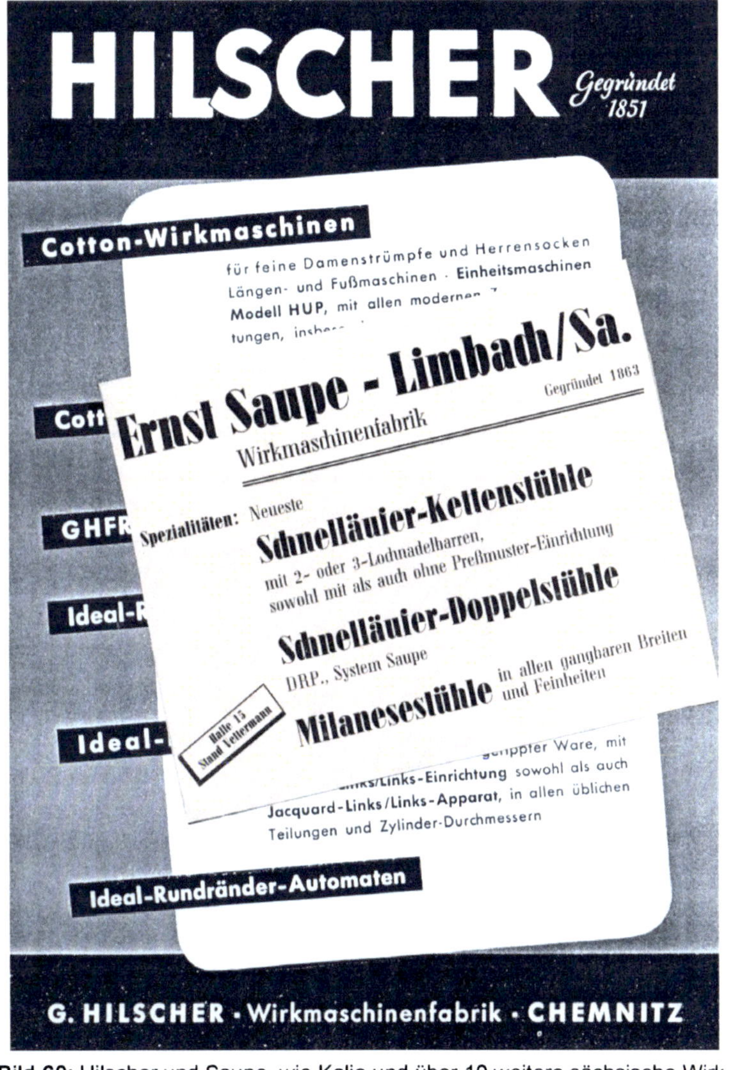

Bild 60: Hilscher und Saupe, wie Kalio und über 10 weitere sächsische Wirkmaschinenfirmen waren die weltweit führenden Hersteller dieser komplizierten Maschinen. In der SED-gesteuerten VEB-Wirtschaft ist dieses Monopol erloschen

Exilbetriebe der Strumpf- und anderen Textilindustrie (Auswahl)/Ludwig Bahner Oberlungwitz (ELBEO)/Augsburg, Kiel/F. A. Uhlmann Auerbach/UHLI Lippstadt/ A. Robert Wieland Auerbach/ARWA Bischofswiesen/Edwin E. Rössler Gelenau/Ergee Neustadt, Marburg, Sonthofen/ Herbert Reichel Hohenstein-Ernstthal/Reichel GmbH Rheinberg/Paul Stelzmann Limbach (Pastell)

Das Reichsbranchen-Adressbuch [31] nennt circa 800 Betriebe der Strumpfindustrie. Über die Familie Bahner, eine der frühesten Strumpfhersteller, heißt es in der Chronik „1000 Jahre Sächsischer Erfindergeist“:

„Nach dem Zweiten Weltkrieg wurden die Elbeo-Werke in Oberlungwitz, Stollberg und Gersdorf demontiert und in die Sowjet-union gebracht. Damit wird eine deutsche Weltmarke beseitigt. Der gesamte Maschinenpark von 6,5 Millionen Reichsmark wird in 1700 Kisten verpackt und nach Osten verschickt. Hermann Bahner (geb. 1912) soll als Juniorchef die Werke in Moskau, Leningrad und Kiew leiten. In letzter Minute kann er sich durch Flucht der Verhaftung entziehen. Johannes Bahner (geb. 1881) versuchte in Oberlungwitz in den leeren Werksräumen einen Neuanfang und schafft es bis 1951, das Werk zum modernsten Strumpfbetrieb der Ostzone zu entwickeln. Dann wird es enteignet. Johannes Bahner geht in den Westen, wo inzwischen die siebente Generation der Bahners, die Vettern Hermann und Ernst Bahner (geb. 1912), das Werk wieder aufgebaut haben.

Bild 61: ELBEO, 1889 in Oberlungwitz gegründet. ELBEO-Werk in Gersdorf (bei Oberlungwitz, oben). ELBEO-Werk in Augsburg, bereits ab 1945 (unten).

Mit Hilfe der Patentschriften und technischen Unterlagen, die ein Freund der Familie, Prof. Theodor Heuss, über den Krieg gerettet hat, entstehen Werke in Mannheim, Augsburg und Kiel. Viele Mitarbeiter aus Sachsen folgen den beiden und bauen die Produktion wieder auf. Vor 1945 hat es auf dem Gebiet der alten Bundesrepublik keine Strumpfindustrie gegeben, 1960 gibt es bereits 137 Unternehmen mit 29000 Beschäftigten. Der Ursprung all dieser Unternehmen liegt in Sachsen." [67]

Die gleiche Quelle beschreibt das Schicksal der Strumpffirma Uhlmann aus Auerbach (Erzgebirge):
„Die Firma F. A. Uhlmann ist die erste, die den Nachtvogel zum Markenzeichen macht. Die Klebstofffirma Fischer im badischen Bühl holt bei Otto Uhlmann in den 1920er Jahren die Erlaubnis ein, ebenfalls den UHU zu verwenden. Uhlmann erscheint eine Interessenkollision zwischen Feinstrümpfen und Klebstoff aus der Tube ausgeschlossen. Das Bühler Unternehmen sieht das 25 Jahre später anders und verweigert Uhlmann, der 1946 nach der Vertreibung aus Auerbach sein Werk in Lippstadt wieder aufbaut und seine Strümpfe wieder unter dem alten Markennamen vertreiben will, das Erstgeburtsrecht. Das kapitalschwache Flüchtlingsunternehmen kann den Prozess nicht bezahlen und nennt seine Strümpfe von nun ab Uhli für Uhlmann Lippstadt. Der UHU als Markensymbol bleibt bestehen. Wenige Jahre später gehört Uhli zu den führenden Strumpfmarken in Westdeutschland. Da alle Cottonmaschinen in Deutschland in die Sowjetunion gebracht worden sind, holt sich Werner Uhlmann gebrauchte aus Amerika, die 15 Jahre vorher von Schubert & Salzer aus Chemnitz dorthin geliefert worden sind. Als erster in Deutschland kann er 1949 die Produktion von Nylonstrümpfen aufnehmen. 1955 ist Uhli der erste Lizenznehmer von Dior." [67]

Auch eine zweite Firma aus diesem Städtchen Auerbach hat – ähnlich wie Feilgenhauer in Gelsenkirchen – in der frühen BRD für Furore gesorgt. Hans Thierfelder stammte aus der Unternehmerfamilie der „Feinstrumpfwerke **A**. **R**obert **W**ieland **A**uerbauch – ARWA – und wurde 1937 mit erst 24 Jahren Betriebsführer, eine im NS-Staat übliche Bezeichnung. 1946 enteignet, konnte Thierfelder mit dem weltweit guten Ruf von ARWA neue Geschäftsbeziehungen in den Westzonen aufbauen und erstaunlich schnell, bereits 1949, eine Strumpfproduktion in Gang bringen. In den 1950er Jahren expandierte die ARWA von zuerst Unterrat/Gaildorf (Baden-Württemberg) nach Bischofswiesen. Zweigwerke entstanden in Berlin, Österreich, Afrika. Der Junge aus der sächsischen Provinz wurde einer der Vorzeige-Unternehmer in der jungen Bundesrepublik. Thierfelder und auch die anderen aufbaubesessenen Ostzonen-Unternehmer, lebten wie in einem Gründungsrausch und ließen die Mitarbeiter durch Werkssiedlungen, Ferienheime und anderes daran teilhaben. In Bischofswiesen entstand eine gläserne ARWA-Fabrik, es war eine vielbeachtete Werbekampagne für Damenstrümpfe.

Aber auch **ERGeE**, es steht für **E**dwin E. **R**össler OHG **G**elenau **E**rzgebirge, war eine der Strumpffabriken aus der genannten Textilregion.

"Ergee hatte sich zum Marktführer für Kinderstrümpfe entwickelt, in den 1930er Jahren wurden jährlich circa 20 Millionen Paar Strümpfe produziert, davon gingen 60 Prozent in den Export. Ein Hauptkunde war der amerikanische Woolworth-Konzern, „jährlich an die hunderttausend Dutzend Kinderstrümpfe haben wir an Woolworth geliefert.“ [68]

1945 wurden beim Angriff auf Chemnitz auch Teile der Ergee-Werke getroffen. Das Ende kam kurz danach:

„Wie die meisten anderen sächsischen Strumpffabriken hatten die Russen auch Ergee auf die Demontageliste gesetzt. In Gelenau kreuzte eine Demontagekommission auf. Ihre Mitglieder sahen zum ersten Mal eine Kombination von Cotton- und Jacquardmaschinen. Das war ihnen zu kompliziert, wer sollte die Einzelteile irgendwo in der Sowjetunion wieder zusammensetzen und die Verantwortung übernehmen, dass das Ganze auch funktioniert? Da war es besser, auf die Demontage zu verzichten.

Bild 62: Stammhaus Edwin Rössler in Gelenau / Erzgebirge (oben).
Ergee-Werk ab 1949 in Neustadt / bei Marburg (Mitte).
Kurt Rössler und Werner Rössler erhalten das Bundesverdienstkreuz vom damaligen bayrischen Wirtschaftsminister A. Jaumann (unten).

Umso eiliger hatten es die einheimischen Kommunisten, die intakt gebliebenen Ergee-Betriebsstätten in ‚Volkseigentum' zu überführen. Dazu mussten die rechtmäßigen Firmeninhaber erst einmal unter fadenscheinigen Vorwänden enteignet werden. Emil Rössler wurde wiederholt eingesperrt, um ihn mürbe zu machen. Einer neuerlichen Verhaftung im Sommer 1949 entzog er sich durch einen Sprung aus dem Fenster. Es gelang ihm, sich nach West-Berlin durchzuschlagen. Das war zur Zeit der Berlin-Blockade. In einem Flugzeug der Amerikaner, das Kohle nach Berlin transportierte, kam er völlig mittellos und kohlrabenschwarz nach Lübeck. Ein paar Monate zuvor war sein Sohn Werner ebenfalls auf nicht alltägliche Weise in den Westen gelangt." [68]

Wieder ein Anfang aus dem Nichts. Im hessischen Neustadt/Marburg konnten Hallen und Wohnungen der abziehenden US-Armee angemietet werden. Und die Erzgebirgler zogen nach:

„Dass es irgendwo bei Marburg, nahe der Zonengrenze, Arbeitsplätze in der Strumpfindustrie nebst Wohnungen für die Beschäftigten gab, sprach sich mit Windeseile herum. Auch im Erzgebirge hörte man davon. Strumpfwirker aus den ehemaligen Ergee-Betrieben machten sich auf den Weg und meldeten sich bei ihrem alten Chef. Der hatte binnen kurzem einen Stamm bewährter Fachkräfte um sich, ohne die in der Cottonstrumpf-Industrie nichts läuft." [68]

Mit Bankkrediten und Vorkasse von früheren Kunden wurde begonnen, als Sicherheit galten der gute Ruf als Firma und die seriösen Geschäftsleute. So konnte noch 1949 das erste moderne Firmengebäude errichtet werden, und als hier der Platz knapp wurde, ging das Familienunternehmen Rössler wieder in ländliche Gebiete, nun nach Sonthofen/Allgäu. Dort gab es viele Flüchtlinge und wenig Arbeitsplätze. 1951 wurde eine leer stehende Kaserne erworben und umgebaut. Am neuen Standort wurde die Tradition von Gelenau weitergeführt. In Sonthofen produzierte Ergee Kindersöckchen und Kindersportstrümpfe, die Herrensocken kamen wenig später dazu. Gleichzeitig wurde der Firmensitz von Neustadt nach Sonthofen verlegt. An beiden Standorten entstanden in den 1950er Jahren neue Betriebsanlagen, in denen 2.500 Mitarbeiter beschäftigt wurden. Das bedeutete besonders für Sonthofen einen starken industriellen Aufschwung.

Der Seniorchef Emil Rössler und später die Söhne, die Flüchtlinge aus Gelenau, erhielten für die Verdienste um die „heimische“, also nun bayerische Wirtschaft, das Bundesverdienstkreuz. So hatten sich die Verhältnisse gewandelt; im Marxismus als Unternehmer verachtet, verfolgt, verhaftet, in der freien Wirtschaft geachtet und ausgezeichnet. Nahe bei Sonthofen liegt Immenstadt, auch hier ist durch die Kunert-Strumpfwerke ein ebenso großer Aufbau eingetreten.

Emil Rössler war 1984 gestorben, die Söhne Kurt und Werner übernahmen die Firmenleitung, unterstützt von weiteren Familienmitgliedern. Bis in diese Jahre ist Ergee im Aufbau gewesen, im Firmenverbund waren vereinigt:

- die Werke Neustadt und Sonthofen
- die Feinzwirnerei Ungetüm in Sonthofen
- die Textilwerke Deggendorf, eine Streichgarnspinnerei mit einem Spezialprogramm für Dekostoffwebereien
- das Werk Lengenwang im Allgäu (Kinderstrumpfhosen)
- die KIM-Strickwarenfabrik Michael-Lohs in Traunreut (Strick-oberbekleidung, Frottierwaren, Strickhandschuhe) mit dem Zweigwerk Simbach
- die Textilwerke Schrems Niederösterreich/Strumpfhosen, Strickstrümpfe, Strickoberbekleidung) mit Zweigbetrieb in Zwettel
- die Media AG Hayden/Schweiz (Strumpfhosen, Strickstrümpfe)
- die Ergee-International in St. Croix/Elsaß (Strumpfhosen)
- die KIM-Fashions Knitwear Inc. Seremban/Malaysia (Strickhandschuhe, Herren- und Kinderstrümpfe)
- USA-Ergee-Vertriebsgesellschaft

Es ist zu vermuten, dass nach dem Tod von Emil Rössler eine gediegene, solide Firmenpolitik verlassen wurde und der Zenit von Ergee überschritten war. Die ausländischen Gründungen hatten große Geldsummen verschlungen, und der Druck mit Billigwaren aus Ostasien war zunehmend stärker geworden – der Preis der Globalisierung. So musste die Ergee-Gruppe 2008 Insolvenz anmelden und nach mehreren Zwischenstufen hat der Discounter KiK die Marke Ergee gekauft. Dieser weltweite Umbruch aller Wirtschaftsverhältnisse schmälert nicht die Aufbauleistungen dieser ostdeutschen Unternehmer in der jungen Bundesrepublik.

Zu den genannten Beispielen, nur ein Bruchteil von Tausenden, gehört auch der 1920 in Hohenstein-Ernstthal geborene **Herbert Reichel**. Als unruhiger Typ, ähnlich Feilgenhauer aus Dresden oder Hunger aus Frankenberg, wartete er die Zerschlagung seines heimatlichen Betriebes nicht ab, sondern baute in Rheinberg (bei Duisburg) sein **Reichel-Werk** wieder auf. Sie waren nun Nachbarn, die beiden Sachsen, Reichel in Rheinberg und Feilgenhauer im circa 40 Kilometer entfernten Gelsenkirchen. Sie werden sich gut gekannt haben und standen im Wettbewerb, wer den größten Betrieb und die schönste Villa aufgebaut hatte. Reichel ging voran, das Reichel-Werk, das Bürohochhaus, die Reichel-Siedlung mit 800 Häusern und einer luxuriösen Villa waren wie eine Stichflamme emporgeschossen und 25 Jahre später wieder auf Sparflamme geschrumpft. Aus dem zeitweilig größten Werk für Teppiche, Teppichböden, Möbelstoffe und andere Heimtextilien waren nur Reste geblieben. Herbert Reichel, ein prominentes Mitglied der FDP, hatte diesen extensiven Arbeits- und Lebensstil nicht lange durchgestanden und war mit 57 Jahren verstorben.

Bild 63: Pastell-Wäsche aus der „Wirkwaren-Hauptstadt" Limbach galten als gute Markenware im gesamten Europa.

Die **Paul Stelzmann** Wirkwaren-Fabriken AG **Limbach** (Pastell) war einer der großen Hersteller von gewirkten Trikotagen, moderne Pastell-Blusen trugen die Frauen in ganz Europa. Stelzmann gehörte als erfolgreicher „Fabrikant", wie man landläufig sagte, zum gehobenen Bürgertum, war NSAP-Mitglied und geriet 1945 sofort ins Visier der Stalinisten und der russischen Besatzungsmacht. Der Betrieb wurde umgehend unter Zwangsverwaltung gestellt und enteignet, die Familie Stelzmann floh nach Westdeutschland. Sie glaubte noch, durch Einspruch ihr Eigentum erhalten zu können. Stelzmann wurde nach seiner Rückkehr sofort „angezeigt", verhaftet und in Bautzen II eingekerkert. Er überlebte eine circa vierjährige Tortur – siehe W. A. Krasting – wurde entlassen, ging in die Bundesrepublik und gründete eine neue, wesentlich kleinere Wirkwarenfabrik. Der Fall Stelzmann gehörte in die „Entlassungswelle" der 1948/50er Jahre; die 1949 gegründete DDR sah sich gezwungen, einen Hauch von Rechtsstaatlichkeit zu wahren. Dazu hatten auch die Proteste aus der BRD und anderen westlichen Staaten beigetragen.

In Limbach war die schöne Stelzmann-Fabrik demontiert, danach als VEB Sternwäsche wieder eingerichtet worden, fünf weitere enteignete Betriebe kamen hinzu. Der Export von Damenwäsche in die Ostblock-, aber auch Entwicklungsländer war erheblich, man zehrte noch von der Vorkriegsbausubstanz und den älteren Fachkräften. Doch der Trend zu immer größeren Einheiten und den Kombinaten ging weiter und führte – s. Autoindustrie „Der Tritt auf der Stelle" – zu immer schwierigeren Verhältnissen. Es entstand Mitte der 1950er Jahre der VEB Feinwäsche Bruno Freitag, der letztlich zum Stammbetrieb des Kombinates Trikotagen aufrückte. Der Export des circa 4.000 Mitarbeiter großen Betriebes war weiterhin an Damenwäsche umfangreich, doch Aufwand und Nutzen gerieten zunehmend ins Minus. Schon 1967 schrieb die SED-Zeitung Neues Deutschland, *„dass den Kollektiven im VEB Feinwäsche Limbach-Oberfrohna trotz großer Einsatzbereitschaft der Erfolg versagt blieb: Nicht ausreichende Konzentration auf die entscheidenden technologischen Schwerpunkte führte zur Verzettelung der Kräfte und zu Planschulden. So versickerte die in den Bereichen Stoffproduktion und -veredelung durch Rationalisierung gewonnene Produktivität zum großen Teil, weil nicht sorgfältig genug die Rationalisierung der*

Endstufe, der Konfektionierung, angepackt wurde. " [69]
Und an anderer Stelle sagt der vormalige Kombinatsdirektor Manfred Beier über die 1970er Jahre, „*dass unter den realen Bedingungen der Mangelwirtschaft nicht nur die Entwicklung der Technik und des Marktes die Investitionen bestimmten. Auch Bilanzierung, Bilanzanteile, Limits und Kontingente wurden zu Steuerelementen, die über das Wohl und Wehe betrieblicher Reproduktionsprozesse entschieden. Nicht jede der zu treffenden Entscheidungen wurde objektiv begründbar und schon gar nicht immer optimal verwirklichbar. So nahm über Jahre hinweg der Verschleißgrad der vorhandenen Grundmittel zu und die Spanne von sehr guten Arbeitsbedingungen in investitionsbegünstigten Großbetrieben bis zur primitiven Ausstattung der zwangsweise vernachlässigten Betriebsstätten wurde immer größer.* " [69]

Diese „vernachlässigten Betriebsstätten" bestanden im Wesentlichen aus den enteigneten, eingegliederten Privatbetrieben. 1987 begann im VEB Feinwäsche „Bruno Freitag" die Gestattungsproduktion von Schiesser-Wäsche. Die Region, die vor der SED-Herrschaft struktur- und modebestimmend weltweit war, fiel zum Zulieferer zurück.

Nach 1990 konnte der Betrieb noch vom guten Ruf seiner Wäscheprodukte profitieren, aus dem Treuhandbetrieb entstand die Tricot Fashion AG. Eine Gutwein-Firmengruppe kaufte den Betrieb, ordnete ihn als GmbH in seine Gruppe ein, zehrte von den noch gut laufenden Produktionen und Absätzen, zog aber, statt weiteres Kapital einzubringen, zunehmend Geld für ihre anderen Betriebe der Gruppe ab. Eine solche Gewinnabführung ist erlaubt, gängige Geschäftspraxis in der Marktwirtschaft. Sie wurde von Gesellschaften, die nicht zu den seriösesten und solventesten gehörten, in den 1990er Jahren vielfach benutzt, und so ging auch die Tricot Fashion mit anderen Betrieben der Gutwein- Gruppe 1996 in die Gesamtvollstreckung.

Kleine Einheiten haben überlebt, natürlich nicht die Vielzahl der vor 1945 bestehenden Mittelstands- und Kleinbetriebe. Die Globalisierung hat in ganz Europa Tabula rasa auch in der Textilindustrie gemacht, trotzdem wäre mancher Mittelstand in dieser Textilregion erhalten geblieben. Wir nennen sie hier, die Betriebe, die durch den Marxismus-Leninismus gefallen sind. Damit war auch die gesamte Region „wüst gefallen", wie es Professor Abelshauser formuliert hat.

Das nachstehend zuerst genannte Recenia Textilwerk war auch eine bedeutende Wirkwarenfabrik, die 1958 als Exilfirma „Recenia Textilwerk Max Boese AG Raunheim“ (bei Frankfurt/M.) neu gegründet wurde.

Zuordnung der Betriebe zum VEB Feinwäsche „Bruno Freitag“ [69]

1946 Gründung des VEB recenia Hartmannsdorf aus der Fa. Recenia Trineli Limbach-Oberfrohna, aus den Firmen Reichenbach, Höger, Nitzsche in Limbach, Pastell, Limbach, aus der Fa. Stelzmann, Textilveredlungswerk Kändler aus der Fa. Wunsch

Zuordnungen bis 1965 an VEB Recenia Hartmannsdorf

1951	Fa. Iris Grüna
1952	Fa. Voigt & Kaiser Hartmannsdorf
1952	VEB Litefa, Fa. Neumann, Fa. P. Dittrich
1953	Fa. Kühnert, Fa. Pässler, Fa. Rösch, Fa. Saler, Fa. Setil aus Fa. Kunze, Fa. Zaspel, Fa. Steinert
1954	Fa. Geissler Hartmannsdorf, Fa. Rümmler

Pastell (ab 01.01.1954 trug der VEB den Namen „VEB Sternwäsche Limbach-Oberfrohna“)

1946	Fa. Zwingenberger
1952	Fa. Lindner, Fa. Baumgärtel
1953	Fa. Zieger, Mühlau
1964	Fa. Plewifa

Weitere Angliederung von VEB bzw. Firmen bis 1985

1970 VEB Herren- und Kindertrikotagen Hartmannsdorf, Fa. H. Hermsdorf,
VEB Damenunterwäsche Hartmannsdorf, Fa. K. Schönfeld,
Fa. Pfeifer Mohrsdorf

1974 VEB Sternkreuz Limbach-Oberfrohna, Fa. Götze

1975 VEB Limbacher Wirkstoffe, Fa. Hoedel

1979 VEB Wirktextilien Limbach-Oberfrohna Fa. Heinze,
VEB Tageswäsche Limbach-Oberfrohna Fa. Römer
VEB Trikotagenkonfektion Hartmannsdorf Fa. Müller

1980 VEB Pleissaer Wirkwaren Fa. Reichardt

1981 VEB Zentralwirkerei Limbach-Oberfrohna
VEB Damen- und Kinderkonfektion Fa. Haserl Hoserl
VEB Wirkstoffe und Konfektion Fa. Lasch
VEB Ober- und Sporthemden Fa. Voller
VEB Motex Limbach-Oberfrohna Fa. Bauch
VEB Wirkwaren Kändler Fa. Ballstadt und Binder
Fa. K. Hermsdorf Hartmannsdorf
VEB Wirkerei und Konfektion Hartmannsdorf Fa. Aurich
VEB Trikot-Wäsche Hartmannsdorf Fa. E. Vogel
VEB Handschuh- und Trikotagenkonfektion Hartmannsdorf Fa. Türpe
VEB Trikotagen Hartmannsdorf

1982 VEB Sport- und UT Limbach-Oberfrohna Fa. Scherf
VEB Limbacher Damenwirkwaren Fa. Vogel

1985 VEB Textile Verpackung Hartmannsdorf
VEB Stricktex Hartmannsdorf, Fa. M. Vogel

Sicher sind von den hier genannten über 30 Betrieben mehr als Recenia und Pastell ins westdeutsche Exil gegangen. Das bedürfte einer gesonderten Untersuchung. Auch das Schicksal dieser – und Tausender anderer – Unternehmerfamilien wäre einmal zu betrachten. Wie viele zerstörte Existenzen, Haft, Tod in den Lagern, wie viel Hass und Verleumdung gegen Besitzer von Klein- und Mittelstandsbetrieben von Seiten des marxistischen Staates! Bis auf Ausnahmen ist von den hiesigen Forschern wenig darüber zu hören oder zu lesen.

Wie oben gesagt, wollen wir nach dem Blick auf das Chemnitzer/Zwickauer Wirtschaftsgebiet die Stadt Chemnitz selbst betrachten und die großen Textilmaschinen- und anderen Maschinenbaubetriebe überblicken.

Sächsische Maschinenfabrik vorm. Richard Hartmann AG Chemnitz (SMF)/VEB Spinnereimaschinenbau Chemnitz

Das Buch „Mythos Hartmann“ [50] ist bereits mehrfach erwähnt worden, besonders in Verbindung mit Gustav Hartmann und dessen Beziehungen zur Firma Krupp in Essen und der Dresdner Bank. Der Lebensweg von Richard Hartmann weicht nicht von dem der zahlreichen Gründer im 19. Jahrhundert ab. Als gelernter „Zeugschmied“ auf der Wanderschaft quer durch Deutschland kam er 1832 in Chemnitz an und fand in diesen frühen Jahren hier einen vielfältigen „Maschinenbau“ vor, wie er es in keiner anderen Stadt erlebt hatte. In der Sächsischen Maschinenbau-Compagnie von Haubold fand er Arbeit, doch schon 1837 schied er aus und gründete mit einem Partner einen „Maschinenbaubetrieb“. Seine Einlage betrug 1.500 Taler. Zwei Jahre später löste er das Verhältnis auf und ging ein neues ein. Als „Götze und Hartmann“ war diese Firma im Bau von Spinnereimaschinen so erfolgreich, dass bereits 1842 der Partner Götze mit circa 22.000 Talern ausgezahlt werden konnte. Vor zehn Jahren in Chemnitz angekommen, war er nun ein erfolgreicher Maschinen-Fabrikant. Mit einem Spektrum von Textil- und Dampfmaschinen, Werkzeugmaschinen, Pressen und anderen Erzeugnissen entstand innerhalb von 20 Jahren Sachsens größtes Maschinenbau-Unternehmen. 1848 begann Hartmann, sieben Jahre nach Borsig-Berlin und Henschel-Kassel, mit dem Lokomotivbau, wozu er einen

Kredit des sächsischen Staates erhielt und den Bau von sechs Lokomotiven zusagte. Neun Jahre vorher, 1839, hatte Professor Andreas Schubert, über den wir noch berichten werden, in Dresden-Übigau die erste in Deutschland gebaute Lokomotive, die „Saxonia", vorgestellt. Seine Bemühungen, einen der drei Festzüge zur Eröffnung der ersten deutschen Ferneisenbahn Dresden–Leipzig im April 1839 anzuführen, hatten jedoch keinen Erfolg. Man bevorzugte die englischen Maschinen, und Schubert durfte den Festzügen nur hinterherfahren. Dass auch die Engländer nur „mit Wasser kochten", zeigte sich bald. Schon in dem benachbarten Radebeul fiel eine englische Lokomotive aus, und es gab eine Stunde Zwangsaufenthalt. Schubert, der die Maschinenfabrik Übigau neben seinem Lehramt zeitweise leitete und hier auch für den Bau der ersten Elbdampfschiffe „Maria" und „Albert" verantwortlich zeichnete, war einer der besten deutschen Ingenieure in diesen frühen Jahren, aber eben nicht der Typ des Unternehmers. Das war in hohem Maße Hartmann. Er wurde der „Lokomotiven-Hoflieferant" für die K. S. St. E. B. (Königlich Sächsische Staatseisenbahn), und bis 1929 hat sein Werk circa 5.000 Lokomotiven gebaut. In den Anfangsjahren dürfte hierbei viel Fachwissen des Professors Schubert in den Hartmann'schen Lokomotivbau eingeflossen sein.

Beide Männer waren befreundet, Schubert weilte oft in Chemnitz, Hartmann ließ sich neben seiner Chemnitzer Villa auch eine solche in Dresden-Laubegast bauen. Dieses 1874 errichtete Haus (Laubegaster Ufer 33) ist in der Innengestaltung und Ausmalung der Semperoper nachempfunden und von den damaligen Künstlern geschaffen worden.

Als einer der Ersten in Sachsen wandelte Hartmann 1870 seinen Betrieb in eine Aktiengesellschaft um, in die „Sächs. Maschinenfabrik AG vorm. Rich. Hartmann". Das brachte einen weiteren Aufschwung und bis in die 1930er Jahre war Hartmann ein Begriff für Sachsens Lokomotiv- und Maschinenbau.

Bilder 64: Verwaltungsgebäude der Rich. Hartmann AG Chemnitz (heute Polizeibehörden).

Anzeige der Hartmann Textilmaschinenfabrik (oben).
Hartmann Dampfhammer bei Daimler (unten).

Als der Firmengründer 1878 verstarb, war er ein hochdekorierter Mann: Kgl. Sächs. Geh. Kommerzienrat, Comthur des k. u. k. Oesterr. Franz-Joseph-Ordens, Ritter des Kgl. Sächs. Verdienstordens und des Kgl. Bayer. Verdienstordens vom Heilig. Michael, Inhaber des Kgl. Preuß. Kronenordens III. Classe und des Fürstl. Preußischen Civilehrenkreuzes 1. Classe.

Über den Verbleib des Hartmann-Denkmals haben wir schon berichtet.

Das hauptsächliche Geschäftsfeld blieb auch weiterhin der Lokomotivbau, und am Ende des Ersten Weltkrieges schufen die Chemnitzer ihr Meisterstück. Für eine von der Sächsischen Staatsbahn geforderte schwere Schnellzuglokomotive baute Hartmann ab 1918 eine Maschine nach der sächsischen Gattung XXHV. Das „Lastenheft" sah verschärfte Forderungen bezüglich des Befahrens enger Kurven, Anfahren auf Steigungen und anderer Schwierigkeitsgrade vor. Verlangt war ferner eine sechsachsige Ausführung nach der Achsfolge 1'D'1'.

„Die Maschine war von großer Imposanz, sie muss als besonders mutiger Entwurf der sächsischen Lokomotivbauer bezeichnet werden. Rost und Kessel waren reichlich, alle vier Zylinder wirkten auf den zweiten Kuppelradsatz, die Hochdruckzylinder lagen innen. Diesmal hatte man auch den Barrenrahmen gewählt. Sie galt damals als schwerste Schnellzuglokomotive Europas und hat hinsichtlich der Durchsetzung der vierfachen Kupplung im Schnellzugdienst bahnbrechend gewirkt." [70]

Weder die damaligen bayerischen noch preußischen Lokomotiven konnten die Leistungen dieser erstmals vierfach gekuppelten Schnellzuglok erreichen. Es sind von diesem Maschinentyp, der später den Beinamen „Sachsenstolz" erhielt, von 1918 bis 1923 23 Exemplare gebaut worden. Die 1920 neu gegründete Deutsche Reichsbahn-Gesellschaft (DRG) ordnete sie als Baureihe 19000 in ihren Bestand ein. Davon ist nur die Maschine 19017 erhalten geblieben, sie befindet sich im Besitz des Verkehrsmuseums Dresden.

In der neuen DRG hatte Preußen das Sagen. Ein „Vereinheitlichungsbüro" erhielt seinen Sitz gleich bei Borsig in Berlin-Tegel, und die norddeutschen Werke wie Borsig, Schwarzkopff, Orenstein & Koppel wurden offensichtlich bevorzugt. Aber auch

Henschel und Krauss-Maffei bauten weiterhin Lokomotiven. Neben anderen großen Werken wurde auch Hartmann geopfert. 1929 ist hier der Lokomotivbau eingestellt worden. Damit verlor das Unternehmen seinen wichtigsten Geschäftszweig und gab den Lokomotiv- und Schwermaschinenbau auf. Die Werksanlagen wurden abgerissen und an dieser Stelle die Schlossteich-Anlagen geschaffen. Erhalten geblieben ist das mächtige Hartmann-Verwaltungsgebäude, in dem heute die Polizeibehörden untergebracht sind. Das Gebäude selbst und die über dem Portal stehenden überlebensgroßen Figuren des Schmiedes mit dem Hammer und des Gießers mit dem Gießlöffel sind hervorragende Zeugnisse der Industriegeschichte in Deutschland.

Die Firma kehrte zu ihren Ursprüngen zurück und firmierte als „Sächs. Textilmaschinenfabrik vorm. Rich. Hartmann", die räumlich vom ehemaligen Hauptwerk getrennt war. Das hauptsächliche Produkt waren Spinnereimaschinen. Daneben waren kleinere Maschinenbauzweige erhalten geblieben, wie der Lufthammerbau. So existierte auch zu DDR Zeiten ein „Hartmann-Lufthammerbau Karl-Marx-Stadt".

Hartmann Spinnereimaschinen wurden bis 1940 in viele Länder exportiert, 100 Jahre lang (1840-1940) war Hartmann weltweit ein Begriff für hochwertigen Textilmaschinenbau. In den Kriegsjahren 1940/45 entfielen circa 50 Prozent der Gesamtproduktion auf Rüstungsgüter, insbesondere Granaten, Torpedeos, U-Boote und andere.

1945 setzten die Beschlagnahmung und Enteignung der Hartmann AG ein, die Demontage von circa 500 Werkzeugmaschinen zog sich bis 1946 hin. Alle Proteste der Firmeneigner wurden abgewiesen, wie in den meisten anderen Fällen wurde die Enteignung 1948 für rechtskräftig erkärt. Die Tradition versuchte der VEB Spinnereimaschinenbau fortzusetzen, zunächst durchaus erfolgreich, wie wir es von vielen anderen Betrieben erfahren haben. Der Wille der Gründer schien 20 bis 30 Jahre nachzuwirken. Und Hartmann blieb in den Köpfen:

„Zeitgenössische Quellen belegen, dass zumindest in den ersten beiden Jahrzehnten nach der Enteignung vor allem für die älteren Arbeiter ihr Arbeitsplatz ‚Hartmann' blieb. So lebte der Mythos

Hartmann, obwohl staatlicherseits natürlich nicht erwünscht, selbst in der Zeit der Planwirtschaft noch eine Zeitlang fort.“ [50]

Hartmann Schnellzug Lokomotive 19017
Reko-Zustand 1970er Jahre (oben).
Auf Dampflok-Fest Dresden 2000er Jahre (unten).

Nach 1990 entstand die **Chemnitzer Spinnereimaschinen GmbH** (CSM), und die Chancen in der Marktwirtschaft beschreibt das Buch über die DDR-Kombinate nüchtern und sachlich:

„Ein Vergleich mit internationalen Produktivitätswerten machte die personelle Schwerlastigkeit des alten Betriebes deutlich. Die mehr als 3.000 Mitarbeiter kamen auf einen Umsatz von etwa 220 Millionen DM. Je Beschäftigter stand damit ein Umsatz von ungefähr 66.000 DM zu Buche. Damit erreichte der Chemnitzer Spinnereimaschinenbau knapp ein Drittel dessen, was in vergleichbaren Westunternehmen zur Norm gehört.

Uneffektive Kostenstrukturen, eine viel zu große Fertigungstiefe und eine Zersplitterung auf mehrere Produktionsstätten trug das Unternehmen als Erblast aus planwirtschaftlichen Zeiten. So hatte sich die Firma ursprünglich auf einer Fläche von insgesamt 180.000 Quadratmetern ausgebreitet. Durch Ausgründungen, Reprivatisierungen und den Verkauf von Betriebsteilen zog sich die Gesellschaft auf den hauptsächlichen Standort in der Altchemnitzer Straße zurück (nunmehr nur noch 60.000 Quadratmeter) und begann mit einer gründlichen Umgestaltung der Produktionsorganisation.

In dem alten Textima-Betrieb waren etwa drei Viertel des Personals mit der Fertigung von Werkteilen und Baugruppen befasst und nur ein Viertel mit der Maschinenmontage. Bei der westdeutschen und ausländischen Konkurrenz liegen die Verhältnisse in der Regel genau umgekehrt. Baugruppen werden zumeist billiger zugekauft. Lediglich die Kernstücke der Maschinen entstehen unmittelbar beim Finalisten. Auf solcherart schlanke Produktion nahm auch der Chemnitzer Spinnereimaschinenbau Kurs.“ [71]

Dieser schlanke Kurs mit nur noch 700 Mitarbeitern wurde von der Treuhandanstalt unterstützt. Sie gab der neuen CSM erhebliches Eigenkapital für einen möglichen Großauftrag aus Russland; auch andere Kunden zeigten Interesse an den Chemnitzer Ringspinnmaschinen. Aber ab 1993 kamen große Bestellungen doch nicht zustande, die Welt ist voller bestens ausgestatteter Maschinenbau-Firmen, auch bis Fernost. Niemand wartete auf einen Betrieb, der bisher osteuropäische und Entwicklungsländer bedient hatte und sich in alter Bausubstanz neu aufstellen wollte.

Auch eine CSM-Mitarbeiter-Beteiligungs-GmbH konnte letztlich nicht bestehen und wurde 2014 aufgelöst.

Zu Hartmann zurück, ist, wenn manchen Zeitgenossen der „Mythos Hartmann“ sicher übertrieben erscheint, dieser Begriff schon berechtigt. Hartmann war der typische Unternehmer der 1850/70er Jahre. Ständig ausschauend nach neuen Produkten und Geschäften, fürsorgend mit Arbeitersiedlung und Werkskantine, unerbittlich streng bei der „hauseigenen Gesetzgebung“. Die Hartmann'sche Fabrikordnung von 1862 wurde Vorbild für andere Chemnitzer Unternehmer. 65 Wochenstunden als reguläre Arbeitszeit, aber es galt bei hohem Auftragsbestand:

„Den Schluss der Arbeitszeit an den einzelnen Tagen bestimmt der Fabrikherr je nach seinem Ermessen.“

Trotzdem zogen diese Fabriken besonders die Landbevölkerung an. Auf den zahlreichen Bauernhöfen in den umliegenden Orten bis in das Erzgebirge hinein hatten die vielen Söhne kaum einen Verdienst und zogen eine solche Fabrikarbeit der Plackerei auf dem elterlichen Hof vor.

Hartmann verkörperte den klassischen Maschinenbau weit über Chemnitz und Sachsen hinaus. Auf allen nationalen und internationalen Ausstellungen, natürlich auch den Weltausstellungen 1855, 1862, 1867, 1900 war Hartmann mit wichtigen Erzeugnissen vertreten.

Im „Mythos Hartmann“ [50] sind auch einige Industrieführer genannt, welche bei Hartmann gearbeitet hatten und sicher auch manchen Kniff für einen erfolgreichen eigenen Aufbau gelernt haben dürften:

- Louis Schönherr, der den Webstuhlbau bei Hartmann leitete und später die eigene Firma schuf
- Heinrich Ehrhardt, der spätere Gründer von Rheinmetall Düsseldorf und der Fahrzeugfabrik Eisenach
- Emil Ritter v. Skoda, der Gründer der Waffenfabrik Skoda Pilsen und weiterer Werke
- David G. Diehl, der Gründer der Maschinenfabrik Union Chemnitz
- Wilhelm Schmidt, der Pionier der Heißdampftechnik
- Carl v. Bach, der Nestor der Festigkeitslehre. Er stammte aus

Stollberg und soll die Wegstrecke von circa zwölf Kilometern nach Chemnitz täglich gelaufen sein. Er wurde nicht in Chemnitz oder Dresden, sondern in Stuttgart der große Hochschullehrer und auch dort geadelt.

- Erdmann Kircheis, der Begründer der Pionierfirma für Blechbearbeitungsmaschinen in Aue

Heute pflegt die Stadt Chemnitz die Tradition an ihren großen Industriepionier in vielfältiger Weise. Es gibt die Hartmannhalle, die Hartmannstraße, die Berufsschule „Richard Hartmann", den Richard Hartmann e. V. Chemnitz und Exponate im Sächsischen Industriemuseum Chemnitz.

Schubert & Salzer Maschinenfabrik AG Chemnitz (S & S)/Ingolstadt

Die Wirktechnik für die Herstellung von Strümpfen, Trikotagen, Handschuhen und anderen Textilwaren löste, wie bereits erwähnt, im mittelsächsischen Raum eine Explosion von Textil- und Maschinenbaubetrieben aus. An vorderster Front standen die Gründer Carl Schubert und Bruno Salzer. 1883 hatten sie, wie fast alle Gründer, in einem „Hintergebäude" begonnen, schon fünf Jahre später wurde die Wirkmaschinen AG gegründet und 1904 in Schubert & Salzer Maschinenfabrik AG umbenannt. Werkzeugmaschinen, unter anderem besondere Kurvenscheiben-Fräsmaschinen, gehörten zum Programm, aber die Textilmaschinen wurden zum eigentlichen Geschäftsfeld.
Die Welt verlangte nach Strümpfen und Trikotagen jeder Art, von denen circa 60 Prozent der Weltproduktion in Mittelsachsen hergestellt wurden. Mit diesem Markt an Maschinen vor der Haustür konnte das Werk eine Spitzenposition erobern, wozu natürlich auch ein weltweiter Maschinenexport beitrug. Die Firma mit dem bekannten Uhrenturm im Chemnitzer Süden wurde zum Begriff für einen erstklassigen Textilmaschinenbau.
Das Bild zeigt das umfangreiche Portfolio, außer Webstühlen waren alle Maschinen für gewirkte textile Erzeugnisse vertreten.

Bild 65: Schubert & Salzer AG, weltweit ein Begriff für sächsischen Textilmaschinenbau bis 1945. Als VEB Wirkbau ging er in den 1990er Jahren zugrunde.

S & S erwarb zwei Gießereibetriebe in Chemnitz und 1938 die Deutsche Spinnereimaschinen AG, Ingolstadt. So hatte man durch glückliche Umstände 1945 bereits einen Fuß außerhalb des sowjetischen Machtbereiches und konnte nach Zerschlagung des Chemnitzer Werkes problemloser als andere Exilfirmen den Firmensitz verlegen. Aber offensichtlich waren doch zu wenige Chemnitzer Fachleute mit ihrem über Jahrzehnte erworbenen Wissen nach Bayern mitgegangen. So wurde aus diesen und sicher auch anderen Gründen der große Wiederaufstieg im Textilmaschinenbau nicht erreicht. 1987 übernahm eine Schweizer Firma diesen Geschäftsbereich. S & S baute dafür den Feinguss- und Armaturenbereich aus.

Nach 1990 kehrte die traditionsbewusste Firma nach Sachsen zurück. Ihr vormals großes Werk befand sich als Wirkbau Textilmaschinen GmbH in Händen der Treuhand. Diese bis in unsere Tage viel gescholtene Anstalt hatte auch hier ein sehr schweres Erbe angetreten. Aus dem VE Kombinat Textima Karl-Marx-Stadt mit circa 32.000 Mitarbeitern schuf die Treuhand die Textima AG, die nach eigenen Wegen des Stammbetriebes Spinnereimaschinen Chemnitz noch folgende Betriebe umfasste:

„Ende 1992 gehörten zur Textima AG noch 10 Unternehmen:
Spinnereimaschinenbau Leisnig GmbH
Spindelfabrik Neudorf GmbH
Großenhainer Textilmaschinenbau GmbH
Wirkbau-Textilmaschinen GmbH Chemnitz
Wirk- und Spezialmaschinenbau Limbach-Oberfrohna
Strickmaschinenbau GmbH Chemnitz
Sächsische Nadel- und Platinenfabrik GmbH Chemnitz
Textilmaschinenbau GmbH Gera
Textilmaschinenbau GmbH Aue
Chemnitzer Textilmaschinenentwicklung GmbH

Nachdem die Idee, den Textilmaschinenbau im Paket zu erhalten, als nicht realistisch abgelehnt worden war, verlor auch die Holding ihre Berechtigung. Im Oktober 1992 übertrug die Treuhand schließlich die Finanzierung, die bislang über die Holding organisiert wurde, an die Einzelunternehmen und entschied sich zur Liquidation der Holding. Im Januar traf sich der Aufsichtsrat zu seiner letzten Sit-

zung. Danach befasste sich der Treuhand-Bereich mit der Abwicklung mit der Textima AG, in der zum Jahreswechsel noch 40 Personen angestellt waren.

Für die Einzelunternehmen waren entweder die Privatisierungsgespräche schon ziemlich weit gediehen, beziehungsweise existierten Pläne zur Sanierung unter Treuhand-Obhut. So startete offiziell am 1. Januar 1993 die Kändler Maschinenbau GmbH, deren Gründung in den letzten Dezembertagen 1992 von der Treuhandanstalt bekanntgegeben wurde. In der Kändler Maschinenbau GmbH werden wesentliche Teile der Wirkbau-Textilmaschinen GmbH Chemnitz und der Wirk- und Spezialnähmaschinenbau GmbH Limbach-Oberfrohna zusammengefasst. Diese beiden Gesellschaften hatte die Treuhandanstalt in ihrem bisherigen Zustand als nicht sanierungsfähig eingeschätzt. Vor allem ***ihre veraltete Betriebssubstanz*** *galt als ein ernst zu nehmendes Hindernis. Bei laufender Produktion in den beiden alten Betrieben erfolgte nun der Aufbau des Unternehmens an einem neuen Standort in Kändler, ungefähr in der geografischen Mitte zwischen Chemnitz und Limbach-Oberfrohna. Der Kändler Maschinenbau verbleibt als der Rest von der ursprünglichen Idee, den traditionellen sächsischen Textilmaschinenbau zusammenzufassen und auf diese Weise zu erhalten.*

Die bisherige, zum Teil sehr stark dezentralisierte Produktion der Vorgängergesellschaften in Chemnitz und Limbach-Oberfrohna wurde auf ein, zwei Standorte konzentriert. Die Hallen in Kändler, die durch Umbauten und Erweiterungen noch ergänzt wurden, sollten zu DDR-Zeiten Ausrüstungen für die Fertigung von Nadeln und Platinen beherbergen. Dieses Projekt, das unter dem Stichwort Unabhängigkeit vom Westmarkt betrieben wurde, fand nie seinen Abschluss. ***Die Ausrüstungen standen noch 1992 in Kisten verpackt in den Hallen.*** *Aus dem Verkauf nicht betriebsnotwendiger Grundstücke der beiden Unternehmen sollten finanzielle Mittel für die Sanierung gewonnen werden. Außerdem steuerte die Treuhandanstalt eine Anschubfinanzierung von 18 Millionen Mark bei. [71]*

Es sind insgesamt nur Rudimente, kleinere Einheiten, geblieben, überall ließen die *„veraltete Betriebssubstanz"* und *„vor allem die mangelhafte Qualität der elektronischen Steuerungen die Textima-*

Maschinen gegenüber ihren Konkurrenten schlechter abschneiden". [71]

Den S & S-Eignern in Ingolstadt dürfte in Kenntnis des internationalen Standes im Textilmaschinenbau – nun auch in Fernost – klar gewesen sein, dass ein Neuanfang in Chemnitz wenig Chancen hat. Sie übernahmen im Gießereisektor die volkseigenen Gießereianlagen „GISAG" in Leipzig und das um 1400 gegründete Eisenwerk Erla bei Schwarzenberg. So war die Firma als „S & S Eisenwerk Erla" GmbH nach Sachsen zurückgekehrt, 40 Kilometer vom Ursprungsort Chemnitz entfernt. Der legendäre Ruf als größter Wirkmaschinenbauer der Welt war durch die Nachkriegsverhältnisse verlorengegangen. In Erla stand man auf ältestem sächsischem Industrieterrain: 500 Jahre Hochofenbetrieb und Eisenguss, dann Guss- und Schmiedeteile für DKW-Zschopau. 1933 entstand sogar ein „Eisen- und Flugzeugwerk Erla". Noch heute existieren einige Kleinflugzeuge vom Typ „Erla". Erla gehörte zu den Rasmussen-Betrieben, die 1932 nicht in die Auto Union übernommen wurden. Der Erla-Flugzeugbau wurde später ein selbstständiger Luftfahrtbetrieb in Leipzig.

Die Gießereisparte in Leipzig und Erla ist von S & S in den 1990er Jahren wieder verkauft worden. Die S & S-Firmengruppe der Familie Kawlath hat die Feingussherstellung in Lobenstein/Thüringen konzentriert und ist mit Feinguss und Steuerungssystemen international präsent, auch in den USA und Indien.

So ist zumindest der Name des vormaligen Weltmarktführers im Wirkmaschinenbau erhalten geblieben. In Chemnitz ist der Name S & S verschwunden, das Gelände um den S & S-Uhrenturm ist zum Gewerbepark geworden.

Sächsische Webstuhlfabrik AG zu Chemnitz (vorm. Louis Schönherr)

Louis Ferdinand Schönherr wurde 1817 in einem Weberhaushalt in Plauen geboren, lernte bei Haubold in Chemnitz die Metallbearbeitung kennen und konnte durch ein Stipendium 1833/35 an der 1829 gegründeten Technischen Bildungsanstalt in Dresden studieren. Dort war er einer der frühen Schüler von J. Andreas Schubert, über den wir noch sprechen werden und welcher 1832 Professor für Mechanik und Maschinenlehre geworden war. Sie werden ein gutes Verhältnis gehabt und miteinander manches Wort „Vogtländisch“ gesprochen haben, der Schüler aus Plauen und der junge Professor aus Wernesgrün bei Rodewisch.

Im Bau besserer Webstühle versuchten sich Louis Schönherr und sein Bruder Christian über 20 Jahre lang mit wechselnden Erfolgen, bis Louis auf entscheidende konstruktive Verbesserungen ein Patent erhielt und ab 1850 bei Hartmann-Webstühle nach System Schönherr in die Fertigung gingen. Doch wegen Lizenzprämien war mit dem „Fabrikherrn“ Hartmann sicher nicht einfach zu verhandeln, und so schied Schönherr schon 1851 wieder aus und gründete mit einem Partner die eigene Firma. Und wieder – wie bei Hartmann, S & S und vielen anderen – war der Firmenaufbau atemberaubend. Nach wenigen Jahren konnte der Firmenpartner großzügig abgefunden werden, der nun „Webstuhlfabrik Louis Schönherr“ genannte Betrieb wurde Weltmarktführer für Tuch-, Möbelstoff- und Teppichwebstühle. Nach sechs Jahren konnte der Tausendste, nach circa 25 Jahren der 30 000., nach circa 50 Jahren der 100.000. Webstuhl gefeiert werden. Daneben waren Tausende andere, zum Webprozess gehörende Maschinen in alle Welt geliefert worden.

Mit Schönherr/Chemnitz für die Webtechnik und den zahlreichen Firmen der neuartigen Wirktechnik entstand der Begriff des „sächsischen Manchesters“ - hier war das weltweit größte Zentrum des Textilmaschinenbaues entstanden.

Dem Trend der Zeit folgend hatte Schönherr sein Werk 1872 in eine Aktiengesellschaft umgewandelt und seinen Söhnen die Betriebsleitung übergeben.

Es ist erfreulich, dass der Verlag Heimat Sachsen GmbH Chemnitz über mehrere Chemnitzer Industrielle Schriften herausgeben, in denen sachlich auch die private Seite dieser Persönlichkeiten dargestellt wird.

Bild 66: Sächsische Webstuhlfabrik AG, vorm. Louis Schönherr, auch sie begründete den Ruf von Chemnitz als Hauptstadt des Textilmaschinenbaues bis 1945.

„Bereits im Sommer 1885 hatte Louis Ferdinand Schönherr seinen Wohnsitz in das nordöstlich von Plauen gelegene, 1294 erstmals urkundlich erwähnte Rittergut Thoßfell verlegt, zu dessen namhaftesten Vorbesitzern unter anderem die Adelsfamilie von Beust gehörte. Der unmittelbare Vorbesitzer, Clemens Gottfried Opitz, verkaufte es für 364.000 Mark an den Chemnitzer Webstuhlbauer. Neben den Gebäuden und Ländereien im Ort gehörten auch zahlreiche Flurstücke in den Nachbarortschaften Gospersgrün, Neuensalz, Altmannsgrün und Gansgrün zum Gut. Die erfolgreiche Bewirtschaftung der Felder, Wiesen, Gärten und Waldungen übernahm bis zu dessen Tod Sohn Robert, unterstützt durch die zu Landwirten ausgebildeten Söhne Willie Otto und Hans Richard.

Louis Ferdinand ließ die Stallungen umbauen und mit eingebauten und befahrbaren Jauchengruben versehen. Für das Gutshaus entwarf er die Dampfheizung, eine Azetylengasanlage und im Park den Bau einer Seilbahn zum Eistransport im Winter. Auch der Bahnhof im Ort und die damals neu gebaute Straße von Treuen nach Thoßfell waren sein Werk. Das Gut wurde Louis Ferdinand Schönherrs Alterssitz und gleichzeitig auch Rückzugsort für seine ganze Familie. Der Webstuhlbauer wandte sich auch in diesem Domizil ständigen Verbesserungen an seinen Erzeugnissen zu. Der rechte Flügel des Gutes beherbergte eine Maschinenbauwerkstatt, so dass er bis ins hohe Alter an der weiteren Verbesserung seiner Webstühle tüfteln und experimentieren konnte.“ [72]

Solche Sätze widerlegen die Schwarz-Weiß-Malerei der Marxisten von früher und heute, wonach diese Fabrikbesitzer ausschließlich die Ausbeuter, Kupon-Abschneider, Lebemänner gewesen seien. Freilich lebten die 13 Kinder aus zwei Ehen und die weiteren Nachfahren in gutbürgerlichen Verhältnissen, aber fast alle waren mit der Firma geschäftlich verbunden, wurden hervorragende Konstrukteure oder Kaufleute.

In den Kriegsjahren 1940/45 wurden auch bei Schönherr Rüstungsgüter produziert und Fremdarbeiter beschäftigt. Ab Sommer 1945 setzte die vollständige Demontage der Werksanlage ein, wie überall mussten die Mitarbeiter die Maschinen herausreißen, in Holzkisten für den Transport einpacken.

Es gehört zu den Besonderheiten der marxistischen Enteignungspolitik, dass wenige, durchaus bedeutende Betriebe zunächst nicht der Enteignung anheimfielen. Den Fall Pöthig–Archimedes Rechenmaschinen aus Glashütte haben wir bereits genannt. Lasst sie mal 1945 wieder anfangen, den Karren nach dem Krieg aus dem Dreck ziehen, zuschlagen können wir dann immer noch – werden die „Strategien" der SED-Genossen in den Stadt- und Bezirksleitungen gewesen sein.

Und so lief es ab:

„Am 20. Mai 1947 teilte die Landesverwaltung mit, dass die Sächs. Webstuhlfabrik AG an ihre früheren Besitzer zurückgegeben wird. Nachdem die SMAD am 17. April 1948 mit dem Befehl Nr. 64 alle Sequesterverfahren beendet hatte, erhielt die Familie eine entsprechende Urkunde. Im Juni 1948 fand eine außerordentliche Hauptversammlung des Aufsichtsrates der Sächs. Webstuhlfabrik statt, auf der Rechtsanwalt Doktor Gottfried Schönherr erneut zu dessen Vorsitzenden gewählt wurde. Langsam stiegen die Mitarbeiterzahl und ebenso die Produktionszahlen. Schon 1948 war die Beschäftigtenzahl auf 450 angewachsen, und auch die Weiterentwicklungen an den Webmaschinen hatten begonnen. Der erste komplett neue Webstuhl verließ 1950 den Betrieb. In einem länger währenden Prozess von Juli 1951 bis zum April 1952 wurde der Betrieb Schritt für Schritt in Volkseigentum überführt. Am 23. Oktober 1952 erfolgte der Eintrag des Betriebes unter dem Namen VEB Webstuhlbau Chemnitz VVB Textima in das Register der volkseigenen Wirtschaft.

Mit der Verstaatlichung schieden die letzten Familienmitglieder aus den Leitungsgremien des Unternehmens aus." [72]

Im VE Kombinat Textima ging es zunächst erfolgreich weiter, besonders neue Teppichwebstühle wurden in alle Länder verkauft, 50 Prozent davon in die Ostblock- und Entwicklungsländer. Das wurde nach 1990 – wie überall – zum großen Problem, die meisten Aufträge brachen weg, allein 1992 nach Russland im Umfang von 48 Millionen DM. Nach mehreren Privatisierungen stimmte die Treuhand dem Konzept eines Schweizer Investors, das auch von der Belegschaft unterstützt wurde, zu:

„Die Treuhandanstalt, die das Werk mit 17 Millionen Mark Liquiditätskrediten unterstützte, ließ sich auf einen Kompromiss ein und gab dem bisherigen Geschäftsführer eine Chance. Das im Dezember

vorgelegte Unternehmenskonzept wurde von ihr positiv eingeschätzt, wenn auch weitere Überarbeitungen verlangt wurden. Außerhalb der Textima AG wurde dann die Sanierung des Chemnitzer Webmaschinenbaues versucht. Dazu sind erhebliche Investitionen noch erforderlich, damit der Traditionsbetrieb künftig sowohl in Kosten als auch Qualität konkurrenzfähig mit Produkten zum Beispiel des EG-Marktführers Belgien ist.“ [71]

An „Kosten und Qualität“ ist dieser Versuch gescheitert. Auch der volkseigene Webstuhlbau war – wie der Spinnereimaschinenbau und die anderen – in den meisten Bereichen nicht auf dem unerbittlich harten Markt wettbewerbsfähig. Die Praxis der DDR-Wirtschaft, im Westexport unterhalb des Herstellungspreises zu verkaufen (Devisenerlösfaktor meistens kleiner 1) fiel schlagartig weg.
So blieb vom vormaligen „Textilmaschinenbauer von Weltruf“ [72] nur der Schönherr-Gewerbepark.

Wenn wir neben diesen drei Großen des Textilmaschinenbaues die anderen „Maschinenbauer“ in Chemnitz überblicken, so können wir den Begriff des „sächsischen Manchesters“ auch auf den anderen Maschinenbau übertragen: Chemnitz war die Stadt, welche einschließlich ihrer Eingemeindungen beziehungsweise ihrer näheren Umgebung weltweit das Zentrum des klassischen Maschinenbaues war. Trotz allem Auf und Ab seit Beginn des 19. Jahrhunderts gab es keinen Ort in Deutschland oder in einem anderen Land mit einer solchen Konzentration des Maschinenbaues. Doktor Wolfgang Uhlmann, der erste Leiter des neuen Industriemuseums Chemnitz, stellte 1995 die wichtigsten Zahlen vor: 1922/23 gab es 320 Maschinenbaufirmen mit rund 40.000 Mitarbeitern, das ist fast die Hälfte aller Werktätigen von Chemnitz (rund 85.000). Die Folgejahre brachten starke Veränderungen, wie die Übersicht zeigt [73]:

Maschinenbauunternehmen

Branche	1928	1935
1. Werkzeugmaschinen	44	24
2. Maschinen für Energie-, Wärme- und Kälteerzeugung	8	4
3. Holzbearbeitungs-, Papier- und Kartonagenmaschinen	15	13
4. Maschinen für Brauereien, Bäcker und Fleischer	9	8
5. Textilmaschinen	42	42
	108	91

In den Krisenjahren 1928/30 mussten viele der kleineren Firmen aufgeben, von den 320 überlebten nur die starken Betriebe. Von den folgenden Jahren an (1935, über die Kriegsjahre hinweg bis zum Kriegsende 1945) arbeiteten rund 100 Unternehmen in Chemnitz. Die 12 großen wollen wir in der Reihenfolge ihrer Gründung nennen:

1.	J. S. Schwalbe	gegr. 1811	Germania AG
2.	C. G. Haubold	gegr. 1811	C. G. Haubold AG
3.	J. Zimmermann	gegr. 1848	J. Zimmermann AG
4.	G. D. Diehl	gegr. 1852	Union AG
5.	J. E. Reinecker	gegr. 1859	J. E. Reinecker AG
6.	F. M. A. Voigt	gegr. 1860	Maschinenfabrik Kappel AG
7.	B., H., A. Escher	gegr. 1874	B. Escher AG, H. & A. Escher AG
8.	C. E. Beckert	gegr. 1871	E. Beckert Nadelfabriken
9.	J. B. Winklhofer, A. Jaenicke	gegr. 1885	Wanderer AG
10.	Gebr. Nevoigt	gegr. 1885	Elite Diamant AG
11.	H. Pfauter	gegr. 1900	Hermann Pfauter AG
12.	J. E. Greve	gegr. 1921	Astra AG

Über einige dieser Gründer gibt es, wie bereits erwähnt, in einer Schriftenreihe „Chemnitzer Lebensbilder“ vom Verlag Heimatland

Sachsen GmbH eine gute, kurzgefasste Darstellung des Lebensweges und des Firmenaufbaues, zumindest bis 1945, in manchen Fällen auch darüber hinaus.

Germania AG Chemnitz

Johann Samuel Schwalbe (1778-1845) begann 1811 mit Spinnmaschinen, betrieb eine eigene Spinnerei und schuf damit die Basis für den Firmenaufbau durch seine drei Söhne. Franz Louis erlernte die Grundlagen des Maschinenbaues bei Professor Schubert in Dresden (wie der Webstuhlbauer Schönherr) und erweiterte ständig die Produktpalette – Textilmaschinen, Brauereianlagen, Holzschleifereien, Dampfmaschinen. 1873 gründeten die Söhne die „Maschinenfabrik Germania vorm. J. S. Schwalbe & Sohn AG". Die Autoren der Schrift über Schwalbe zeigen die große Bandbreite an Produkten. [74]

Unter Leitung ihrer Gesellschafter konnte die Firma ihre Marktpositionen bei Brauereiausrüstungen, Kühlanlagen, Wasserturbinen, Pappenfabriken/Holzschleifereien und Kesselanlagen erhalten und weiter ausbauen. Es war der übliche wettbewerbliche Kampf einer weltweit tätigen Firma. Sie lieferte beispielsweise komplette Brauereianlagen nach Japan und China, aber auch nach Argentinien.

Nach der Rüstungsproduktion im Zweiten Weltkrieg wurde die Germania AG 1946 enteignet, unter Sequester gestellt und – wie in den vielen anderen Fällen – erst 1948 die Enteignung offiziell mit Urkunde bestätigt. Der VEB Germania war dann ein wichtiger Ausrüster im Chemieprogramm der DDR, Kesselanlagen für Rührwerke, Hochdrucksynthese und andere Großanlagen gehörten zum Arbeitsgebiet. Eingebunden in das VE Kombinat Chemieanlagen Leipzig/Grimma war die Germania im schlechtesten DDR-Großbetrieb der chemischen Industrie angekommen. Im Vergleich der Kombinate zeigten sich bei der Kennziffer „Produktivität in Mark pro Beschäftigtem" riesige Unterschiede (Auszug):

VE Chemiekombinat Bitterfeld	263264
VE Kombinat Leuna-Werke	345398

VE Kombinat Kosmetik Berlin 357622
VE Kombinat Plaste/Elaste 192828
VE Kombinat Chemieanlagen 77250 [71]

So konnte auch 1990 der Treuhandbetrieb „Apparate- und Anlagenbau Germania GmbH“ nicht lange bestehen. Wer sollte investieren, modernisieren, rationell und umweltgerecht fertigen, den Kampf mit hochentwickelten Anlagenbauern in der westlichen Welt aufnehmen? Wenigstens ein komplettes Produkt im Angebot zu haben, was mit Gewinn auf dem Markt hätte verkauft werden können. So ging der vormals weltbekannte Begriff „Germania AG Chemnitz“ nach fast 150 Jahren zugrunde. Doch vier Betriebe sind aus dem großen Fundus des Chemieanlagenbaues neu entstanden. Drei bieten Ingenieurleistungen und Anlagen/Apparatebau an, der vierte ist die Einsiedler Brauhaus GmbH. Die Schwalbes hatten auch eine Brauerei im Nachbarort Einsiedel gegründet, die wieder mit 80 Mitarbeitern 250.000 Hektoliter Bier/Jahr produziert.

C. G. Haubold AG Chemnitz/Eck-Haubold Düsseldorf

Bei C. G. Haubold hatte der Vorname G. eine große Bedeutung. Der Gründer Carl **Gottlieb** Haubold (1783-1856) baute als gelernter Zimmermann ab 1811 seine ersten Spinn- und Schlagmaschinen noch mit Holzgestellen, verbesserte seine Konstruktionen ständig und beschäftigte in den 1830er Jahren bereits bis zu 500 „Dreher, Feiler, Schlosser“ – der Maschinenschlosser als Facharbeiter ist überwiegend hier entstanden. Nach einem glücklosen Engagement in der „Sächsischen Maschinenbau-Compagnie“, die durch Leipziger Investoren geführt wurde, zog sich Carl Gottlieb zurück. Er unterstützte aber die Neugründung seines Vetters Carl **Gottfried** Haubold (1792-1862), die zunächst C. G. Haubold jr. hieß und sich zu einer der größten Maschinenbaufirma entwickelte. Von den drei Söhnen übernahm Friedrich Hermann Haubold (1818-1893) die Führung des Betriebes, der in den 1900er Jahren bereits circa 1.100 Mitarbeiter beschäftigte. 1905 entstand die C. G. Haubold jr. GmbH und erst 1917 die C. G. Haubold AG.

Da war sie bereits eine weltweit exportierende Firma. Welche deutsche Firma hatte ein solches vielseitiges „Bauprogramm"?

Bis zum Rauswurf 1945/48 waren Mitglieder der Familie Haubold im Vorstand der Aktiengesellschaft tätig, ab 1924 Johann Robert Haubold (1892-1957). Er hatte die „Staatliche Akademie der Technik zu Chemnitz" absolviert und erlebte 1945 die Bombardierung, anschließend die Vernichtung des großartigen Werkes seiner Vorväter durch „die Besatzungsmacht", aber maßgeblich gesteuert durch die deutschen Stalinisten. Die Schrift über die Unternehmerfamilie Haubold beschreibt das Ende und die wenigstens teilweise Fortführung in der jungen BRD:

„Nach der Zerstörung des Werkes musste Johann Haubold die Demontage der verbliebenen Maschinen und nach bescheidenem Neuanfang mit Reparaturen und Reparationsleistungen schließlich 1946 die Enteignung durch die sowjetische Besatzungsmacht hinnehmen. 1948 ging Johann Haubold nach Westdeutschland, wo er in der Firma Joseph Eck & Söhne, Düsseldorf, einen Partner fand, der sich für die Haubold'sche Kalanderkonstruktion interessierte. Das Unternehmen Joseph Eck & Söhne firmierte bis 1972 unter der Marke ‚Eck/Haubold'. Johann Haubold starb am 25. Oktober 1957 in Lindau am Bodensee.

Nach der Enteignung wurde die Chemnitzer C. G. Haubold AG 1948 umbenannt in ‚Erste Chemnitzer Maschinenfabrik, VEB'. 1953 wurde daraus ‚VEB Erste Maschinenfabrik Karl-Marx-Stadt' (abgekürzt: ‚ERMAFA'). Seitens der ERMAFA war man bestrebt, das Haubold-Produktsortiment an alte und neue Kunden zu verkaufen." [75]

Von diesem Bestreben ist, wie sich 1990 zeigte, nicht viel übriggeblieben, die ERMAFA ist erloschen. Heute bestehen Handelseinrichtungen in der ERMAFA-Passage auf der Hartmannstraße.

Das Bauprogramm der Maschinenfabrik C. G. Haubold A.-G. zergliedert sich in:

Textilveredlungsmaschinen, Maschinen zum Bleichen, Mercerisieren, Färben, Bedrucken und Ausrüsten von Garnen und Geweben jeder Art; Maschinen zur Herstellung und Verarbeitung von Wachstuch, Gummituch, Ledertuch, Kunstleder, Kaliko usw.

Maschinen für die Papierindustrie, Kalander für sämtliche Effekte auf Papier, Karton und Pappe, Schneidmaschinen für Längsschnitt, Querschnitt und Diagonalschnitt, Rollmaschinen, Rollenschneidmaschinen, Anfeuchtmaschinen, Schleifmaschinen für Walzen und Zylinder, Entelektrisatoren.

Maschinen für die Gummi-Industrie, Walzwerke (Misch-, Wasch- und Mahlwalzwerke), It-Plattenwalzwerke, Kalander, Streich-(Spreading-)Maschinen, Walzenschleifmaschinen.

Zentrifugen jeder Art und Größe, für alle industriellen und gewerblichen Zwecke. Sonderheit: Spezialzentrifugen für die chemische Industrie, automatisch arbeitend.

Kältemaschinen zum Kühlen von Räumen und Gütern jeder Art und Größe, zur Eiserzeugung, für Land- und Marinezwecke. Sonderheit: Elektro-vollautomatische Kleinkühl-Aggregate für gewerbliche Zwecke.

Maschinen für die Kunstseide- und Zellwoll-Industrie nach dem Viskose-, Kupferoxydammoniak- und Acetat-Verfahren, Haspel-, Kreuzspul-, Spinn- und Zwirnmaschinen.

Maschinen zur Herstellung von Filmen und Folien.

Zündholz-Komplett-Maschinen. / Rundschleifmaschinen.

Bild 67: C. G. Haubold AG Chemnitz, ein Maschinenbauer mit einem unglaublich breiten Maschinenprogramm, Export in alle Welt. Als VEB Erste Maschinenfabrik Karl-Marx-Stadt abgewirtschaftet und nach 1990 erloschen.

J. Zimmermann AG Chemnitz/Wotan-Zimmermann-Werke Glauchau

Der aus Ungarn nach Chemnitz zugewanderte Johann Zimmermann (1820-1901) war zunächst als Schlosser „bei Haubold“ angestellt, übernahm 1848 eine kleine Maschinenfabrik und entwickelte daraus in 20 Jahren die erste große Fabrik für Werkzeugmaschinen in Deutschland – Zimmermann wurde der „Vater des deutschen Werkzeugmaschinenbaues“. Ab den 1860er Jahren lieferte sein Betrieb hervorragende, den englischen Maschinen ebenbürtige, zum Teil überlegene Dreh- und Bohrmaschinen, aber auch neuartige Stoß- und Hobelmaschinen.

Zur Weltausstellung 1862 in London zeigte er, alle Warnungen und vermeintlich gute Ratschläge nicht beachtend, im Geburtsland der Werkzeugmaschine seine Dreh- und Hobelmaschinen und konnte sie vor der englischen Konkurrenz platzieren. Damit war der Bann gebrochen. Mehr als 6.000 große und schwere Werkzeugmaschinen sowie viele Holzbearbeitungsmaschinen hat die Firma allein bis in die 1870er Jahre gebaut. Als spätere „Chemnitzer Werkzeugmaschinenfabrik vorm. Johann Zimmermann AG“ legte sie den Grundstein zu diesem Industriezweig, der in Deutschland zu einem der bedeutendsten werden sollte. Den Zimmermann‘schen Maschinen vor allem verdankt die in Europa sprichwörtlich bekannte „Chemnitzer Drehbank“ ihren guten Ruf.

Aber wie so oft bei den industriellen Gründern des 19. Jahrhunderts konnten auch bei Zimmermann die Nachfolger das Werk nicht erfolgreich fortsetzen. Am Ende der 1920er Jahre wurde das Stammwerk im Herzen der Stadt abgebrochen; hier entstand das für die damalige Zeit hochmoderne Chemnitzer Stadtbad.

Bild 68: Als Nachfolgebetrieb der großen Zimmermann AG fertigte die WOTAN Zimmermann AG vor allem Rundschleifmaschinen. Dies setzte auch der VEB Wema Glauchau fort. Heute gehört der Betrieb zur NSH-Gruppe.

Auch die von den Zimmermann-Werken mit anderen Partnern gegründeten Wotan-Werke schafften den großen Durchbruch nicht. Schließlich verblieben in Sachsen nur die Wotan-Zimmermann-Werke in Glauchau, welche den Pioniergeist von Johann Zimmermann mit hervorragenden Werkzeugmaschinen fortsetzten.
Der Industriepionier wollte auch im Gesundheitswesen Vorbild sein und finanzierte das 1876 eröffnete „Sanatorium der Zimmermann'schen Stiftung". Sicher haben ihn dazu die Luft- und Lebensverhältnisse in der Stadt Chemnitz bewogen - „Rußchemnitz" war ein Begriff für die Stadt in den Gründerjahren.

Werkzeugmaschinenfabrik Union AG Chemnitz/Herkules-Gruppe Siegen

Gustav D. Diehl stammte aus dem Elsass und arbeitete ab 1850 bei seinem Landsmann Richard Hartmann in Chemnitz. Doch schon 1852 begann er, eine eigene Werkstatt aufzubauen und waagerechte Bohrmaschinen zu entwickeln. Solche speziellen Horizontal-Bohrwerke hatte noch kein anderer Maschinenbauer als Hauptprodukt begonnen. So wurde die 1872 zur Union AG vorm. Diehl umgewandelte Maschinenfabrik der Bohrwerk-Spezialist. 1936 schloss man sich mit dem Konkurrenten Wetzel aus Gera zusammen, und als Wetzel Union AG war die Firma der große deutsche Bohrwerk- Hersteller mit den Standorten Chemnitz und Gera.

1945/46 enteignet und demontiert, wurden die nun eingerichteten VEBs dem VE Werkzeugmaschinenkombinat „Fritz Heckert" zugeordnet, welches wir bei der Wanderer AG noch betrachten werden. Union-Bohrwerke wie andere Werkzeugmaschinen aus „Karl-Marx-Stadt" gingen in beträchtlichen Stückzahlen in alle Ostblockländer, aber auch in westliche Länder, „Heckert" und WMW" sind noch heute bekannte Warenzeichen.
1990 brach das VE Kombinat Heckert als Großbetrieb zusammen, das Fortbestehen der Einzelbetriebe im Rahmen der Treuhand gestaltete sich, wie bekannt, sehr schwierig. Die Union Chemnitz ging dabei einen besonderen Weg. Angeregt vom ersten Wirtschaftsminis-

ter Schommer wurde 1996 eine Mitarbeiter-Gesellschaft als MBO gegründet, eine Einlage bis 10.000 DM/Mitarbeiter stand zur Debatte. Ein Risiko für alle Beteiligten, doch das Experiment gelang. Da der alte Union-Standort an der Zwickauer Straße verschlissen war, wurde ein neues Union-Gebäude am Neefe-Park errichtet. Mit Zuschüssen des Landes Sachsen ging die neue Union GmbH erfolgreich in den Markt und hat sich mit ihren großen Horizontal-Bohrwerken bislang gut geschlagen. Im Eingang des neuen Union-Gebäudes weist ein goldfarbig bronziertes Alt-Bohrwerk als ehemaliges Ausstellungsstück auf viele frühere Auszeichnungen bei Landes- und Weltausstellungen hin.

Seit 2011 gehört die Union Chemnitz zur Herkules-Gruppe aus Siegen, in welcher weitere Hersteller schwerer Werkzeugmaschinen, unter anderem aus Meuselwitz (Thüringen), vereinigt sind.
Der Weg solcher Mitarbeiter-MBOs hätte von der Treuhand in den 1990er Jahren sicher stärker beschritten werden müssen. Er setzt natürlich die Bereitschaft der Mitarbeiter zu einem finanziellen Risiko voraus, notfalls über eine Kreditaufnahme.

J. E. Reinecker AG Chemnitz/Reinecker KG Einsingen bei Ulm

Aus einem Dorf bei Halle/S. stammte Julius Eduard Reinecker (1832 -1895) und arbeitete in den 1850er Jahren bei verschiedenen „Maschinenbauern“ in Chemnitz. 1859 übernahm er einen Werkzeug- und Maschinenhandel und entwickelte daraus eine eigene Werkzeugfertigung, wie Bohrer, Gewindebohrer, Fräser und anderes, die bisher aus England oder der Schweiz bezogen wurden. Damit war der Schritt nicht weit zu einem Werkzeugmaschinenbau, mit dem Reinecker 20 Jahre nach der Firmengründung einen festen Platz in Chemnitz einnehmen konnte. In den 1890er Jahren errichtete Reinecker als Familienunternehmen in Chemnitz-Gablenz einen großzügigen Fabrikneubau mit 75.000 Quadratmeter Produktionsfläche – die Firma rückte unter dem Warenzeichen „JERC“ (Julius Eduard Reinecker Chemnitz) zur Spitze im deutschen Maschinenbau auf. Erst 1911 wurde die Firma, weiterhin von den Söhnen Reineckers geleitet, in eine Aktiengesellschaft umgewandelt. Den besonderen, ja legendären Ruf erwarb sich „JERC“ durch seinen Sondermaschinenbau, wie Kurbelwellendreh- und Kurbelwellenschleifmaschinen, Spezialfräsmaschinen und Maschinen zur Zahnradfertigung. In jeder deutschen Autofabrik und wohl weltweit in den meisten Autowerken und Motorenfabriken sind die Kurbelwellen auf Reinecker-Maschinen bearbeitet worden.

Auch August Horch hatte bereits ab 1902/03 – noch in Reichenbach – mit Reinecker zusammengearbeitet:

„Ich konnte mich nun mit uneingeschränkter Aufmerksamkeit meinen Wagen zuwenden. Sie waren wohl ziemlich betriebssicher, aber es ereignete sich doch zuweilen, dass die Zahnräder im Wechselgetriebe versagten. Diese Zahnräder stellte ich damals nicht in meiner eigenen Fabrik her, sondern bezog sie von der bekannten Firma Reinecker aus Chemnitz, dort wurden sie gedreht, gefräst und gehärtet. Ich fuhr manchmal hinüber nach Chemnitz und sah mir die Fabrikation an, und eines Tages, als ich durch die Werkstatt wanderte, sah ich, dass auf einer der Drehbänke ein mir völlig unbekanntes Material verarbeitet wurde. Meine rastlose technische Neugierde war sofort lebhaft entzündet, und ich erfuhr, das unbekannte Material sei Chromnickelstahl (aus der Bismarckhütte/OS). Ich schrieb sofort an die Bismarckhütte und bat um Beantwortung meiner Frage. Nach drei Tagen bekam ich aus Oberschlesien hohen Besuch: der Generaldirektor der Hütte, Otto Thallner, kam selber. Er war der bedeutendste Eisenfachmann seiner Zeit, der sich später dem Studium der Festigkeitseigenschaften von Stahl, insbesondere für den Automobilbau, widmete. Selbstverständlich freute ich mich ungemein, ihn in meiner Fabrik zu sehen, erkundigte mich aber doch verwundert, warum er sich nicht mit einer schriftlichen Auskunft oder mit der Hersendung eines Ingenieurs begnügt habe und sich die Mühe nahm, selber nach Reichenbach zu kommen. Er erzählte mir, dass ihn mein Schreiben außerordentlich interessiert habe und dass er meinem Einfall die größte Wichtigkeit beimesse.

Bild 69: Anzeige der J. E. Reinecker AG Chemnitz, 1916.
Die neue J. E. Reinecker Maschinenbau GmbH & Co KG ab 1950 in Ulm-Einsingen, Betriebsfläche 31000 qm (unten).

Er sei selber gekommen, um mit mir die Sache gemeinsam gründlich durchzusprechen und alles zu berechnen und mit mir vor allen Dingen eine Firma zu suchen, die Zahnräder fräsen und härten könne, insbesondere, sagte er, müsse man dem Härten die größte Aufmerksamkeit widmen. Wir sprachen das Problem durch und reisten dann zusammen nach Chemnitz zu der Firma Reinecker, wo ich den neuen Stahl zum ersten Mal gesehen hatte. Der Generaldirektor der Bismarckhütte hielt dort nicht nur den leitenden Herren, sondern auch dem Personal der Härterei einen Vortrag, wie er sich den Prozess denke. Er bat, ihn sofort zu benachrichtigen, wenn die ersten Zahnräder gefräst seien, dann wolle er einen Fachmann schicken, der das Härten verstünde, und von diesem sollten die ersten Räder gehärtet werden.

Ich reiste froh und dankbar wieder zurück. Ich war gewiss, einen äußerst fruchtbaren Einfall gehabt zu haben, und wartete neugierig auf das Eintreffen der ersten Rohblöcke von der Bismarckhütte. Sie wurden bearbeitet, dann gehärtet und schließlich auf einer besonderen Vorrichtung rücksichtslos ausprobiert. Hernach bauten wir sie in den Wagen ein und machten scharfe Fahrversuche, wir misshandelten die Zahnräder auf jede nur denkbare Weise…, und siehe da, sie bewährten sich ausgezeichnet. Es gab keinen Bruch. Damit hatten wir einen ungemein wichtigen und großen Fortschritt zu verzeichnen. Die Wagen waren um einen hohen Prozentsatz zuverlässiger geworden.
Ich bin also, um mich wieder einmal zu loben, der erste Automobilbauer gewesen, der Zahnräder aus Chromnickelstahl machte.“ [64]
Im Jahr 1945 gilt auch für Reinecker AG das, was schon mehrfach genannt für die zigtausend mitteldeutschen Unternehmen ebenso zutrifft: Ausplünderung durch die Siegermacht, Vernichtung dessen, was der Krieg nicht zerstört hat.
Trotz der starken Bombenschäden wäre ein Aufbau des Werkes möglich gewesen. Reinecker hatte sich in den 1930/40er Jahren zu einem der größten Maschinenfabriken entwickelt, auf einem Grundbesitz von 250.000 Quadratmeter betrug die Gebäudefläche über 100.000 Quadratmeter, 4.000 Mitarbeiter standen in Arbeit. In den 1930er Jahren hatte der Betrieb – wie viele andere – für das junge Sowjetrussland große Aufträge abgearbeitet, und die Besatzungsoffi-

ziere glaubten sicher, durch restlose Übertragung dieser Technologie in ihr Land ein gleichwertiges Know-how aufbauen zu können. Die Demontage erfolgte rücksichtslos und vollständig – Reinecker wurde „ausradiert".

Daneben lief die Enteignung entsprechend dem „Volksentscheid" von 1946 ab mit der üblichen Bestätigung dieses Vorganges im Jahr 1948.

Der Beitrag über Reinecker von H. Münch in den „Sächsischen Heimatblättern 3/1995" endet mit diesen Worten:

„Seit 1949 gibt es die J. E. Reinecker Maschinenbau GmbH & Co KG in Ulm-Einsingen. In Chemnitz gibt es Reinecker nicht mehr. Aber die ‚Reinecker-Legende' von einem außergewöhnlichen Unternehmen des Chemnitzer Maschinenbaues bis 1945 lebt fort."

Hier mag dieser Hinweis genügen, aber zu einer seriösen Geschichtsschreibung gehört auch, was aus Reinecker als Exilbetrieb geworden ist. Im Heft „Der neue Sachsenspiegel" 3/1988 [68], aus dem wir schon über die Strumpfwerke Rössler-ERGEE zitiert haben, heißt es:

„Der Ausgang des Krieges zog nach vorangegangenen Zerstörungen Anfang März 1945 durch Bombenangriffe die Enteignung und völlige Zerschlagung des Werkes nach sich. Dem Unternehmergeist früherer leitender Herren der Aktiengesellschaft ist es zu danken, dass die in über 80 Jahren gesammelten Erfahrungen auf dem Gebiet des Werkzeug- und Werkzeugmaschinenbaues sowie der Name Reinecker als Begriff für besondere Qualität der deutschen Industrie erhalten blieben, indem in Einsingen bei Ulm/Do. im Jahre 1950 auf einem modernen Fabrikgelände von 31.000 Quadratmeterr mit der Produktion von Werkzeugmaschinen wieder begonnen wurde. Es braucht an dieser Stelle nicht näher auf die Aufbau-Schwierigkeiten eingegangen zu werden, die sich allein daraus ergaben, dass keinerlei wichtige Zeichnungen aus dem Chemnitzer Werk hatten gerettet werden können. Da sich aber in treuer Verbundenheit Konstrukteure sowie Betriebsleiter und Fachkräfte aus der Werkstatt wieder zur Verfügung stellten, konnte der Wiederaufbau erfolgen. Frühere Kunden stellten freundlicherweise Reinecker-Maschinen, die von Chemnitz geliefert worden waren, zur Verfügung, und deren Generalüberholung wurde teilweise die Grundlage des Konstruktionsbüros für

die Entwicklung neuzeitlicher und leistungsfähiger Maschinen, die gleichzeitig die inzwischen gesteigerten Genauigkeitsansprüche erfüllten. Eine ausgedehnte Verkaufs-Organisation, die sich über alle wichtigen Industrie-Staaten der Welt erstreckt, sorgt auch heute wieder für einen lebhaften Export, dessen Anteil sich auf etwa 60 Prozent des Gesamtumsatzes beläuft.

Aus dem Chemnitzer Verkaufsprogramm werden heute wieder hergestellt:

Universal-Hinterdrehbänke, Innen- und Außenschleifmaschinen, Planschleifmaschinen, Werkzeugschleifmaschinen und Vertikal-Fräsmaschinen.

Einzelne dieser Maschinen wurden zu Spezial-Maschinen weiterentwickelt. Der Bau neuer Modelle ist in Vorbereitung.

Ausklang – Schlusswort der Inhaber:

Kommt sie aus Chemnitz oder aus dem Schwabenland?

Sie – das ist eine Werkzeugmaschine von Weltruf. Eine von vielen, die wir hergestellt haben und noch herstellen. Bei guten Maschinen spielt die Herkunft natürlich eine wichtige Rolle. Mit Reinecker-Werkzeugmaschinen hat es allerdings eine besondere Bewandtnis: Sie können Reinecker-Erzeugnisse aus dem sächsischen Chemnitz haben (dann haben Sie diese schon lange und sind immer noch damit zufrieden). Oder Sie können Reinecker-Maschinen aus dem schwäbischen Einsingen haben (dann haben Sie sie erst 15, zehn, drei oder zwei Jahre) und sind genauso zufrieden. Vor allem, weil die Einsinger Produktion auf dem neuesten Stand der Technik ist und höchste Qualitätsansprüche erfüllt. Denn vor 50 oder 30 Jahren konnten wir noch nicht bieten, was heute modern ist. Aber gut und solide war es schon damals – das beweisen viele Maschinen, die heute noch in aller Welt in Betrieb sind. Dem Grundsatz ‚gut und solide' sind wir treu geblieben, als wir nach dem Krieg in Einsingen bei Ulm aufs neue begonnen haben, mit neuen und moderneren Maschinen – das beweist die ständige Nachfrage aus allen Industrieländern der Erde."

Seit 1998 gehört Reinecker zur EMAG-Gruppe aus Salach und ist auf Schleifmaschinen spezialisiert. Eine UWS – Ulmer Werkzeugschleiftechnik GmbH ist dabei ausgegründet worden.

Das großartige Industriemuseum Chemnitz, eine Bildungsstätte von europäischem Rang, hat auch Reinecker-Maschinen in der Ausstellung. Einen Hinweis, was aus diesem Unternehmen nach 1945 als Exilbetrieb geworden ist, gibt es nicht.

Maschinenfabrik Kappel AG Chemnitz

Der aus einem Dorf bei Nossen stammende F. Moritz Albert Voigt (1829-1895) ging als gelernter Drechsler wie üblich auf Wanderschaft in Deutschland und der Schweiz und lernte dort den Bau neuartiger Stickmaschinen kennen. Für die in Plauen/V. betriebene Handstickerei bedeuteten die Stickmaschinen eine neue Technologie, und Voigt war es gelungen, 1857 zwei solcher Maschinen illegal aus der Schweiz nach Plauen zu bringen. Der Bedarf stieg sprunghaft an, mit 30 Jahren wurde dieser F. M. A. Voigt zum Unternehmer der alten Schule: Wo sich ein Markt anbietet, beschreiten wir ihn. Aus der bescheidenen Stickmaschinenfabrik von 1860 im Ort Kändler entstand 1866/67 in Chemnitz-Kappel die Maschinenfabrik Kappel, ab 1888 als „Maschinenfabrik Kappel AG, vorm. Albert Voigt" firmierend. Das Produktionsprogramm war angesichts der Überschneidungen mit anderen Chemnitzer Betrieben geradezu abenteuerlich: Stickmaschinen und Zubehör, Wirkmaschinen, Holzbearbeitungsmaschinen aller Art einschl. Sägegatter, Dampfmaschinen, Dreh- und Bohrmaschinen und weitere Sondermaschinen, später auch Schreibmaschinen. Der „Fabrikant" Voigt hatte Anwesen in Chemnitz, Dresden, Radebeul und im Rheinland erworben, die er selbst vermutlich wenig nutzen konnte, denn er wurde nur 66 Jahre alt. Voigt galt als sozial stark engagierter Arbeitgeber, unter anderem durch eine Stiftung.

Die Kappel AG gehörte bis 1945 mit circa 1.500 Mitarbeitern zu den bekannten Chemnitzer Betrieben eines vielseitigen Maschinenbaues. 1945 wurde sie demontiert, enteignet und zerschlagen, die Betriebsteile anderen Firmen zugeordnet, insbesondere dem VEB Schleifmaschinenwerk.

B. Escher AG, H. & A. Escher AG/Niles-Simmons-Hegenscheidt-Gruppe/Chemnitz

Die Eschers kann man – mit heutigen Worten – als einen Familienclan bezeichnen, der ein beträchtliches Stück Chemnitzer Geschichte geschrieben hat. Die zwei Brüder Bernhard Escher (1843-1934) und Hermann Escher (1846-1926) entstammten einer Familie mit langer Bergbautradition in der Erzgebirgsregion um Schwarzenberg. Geboren in Crandorf, lernten sie Schlosser beziehungsweise Schmied im benachbarten Erla, wo seit fast 500 Jahren Eisenverhüttung/Gießerei betrieben wurde. Wir haben Erla schon bei DKW/Rasmussen/Flugzeugbau Erla genannt. Die Brüder begaben sich nach der Lehrzeit wie üblich auf Wanderschaft in Deutschland und Südeuropa, aber auch sie zog letztlich das maschinenbesessene Chemnitz an. In den 1860er Jahren arbeiteten sie getrennt bei den bekannten Firmen, wie Zimmermann, Hartmann und anderen, lernten die Prinzipien und Bauarten der Dreh- und Hobelmaschinen kennen.

Obwohl die Brüder in der heimatlichen Region Schwarzenberg/Sachsenfeld 1874 einen Gewerbetrieb gründeten, verlegten sie diesen bald nach Schönau/Chemnitz beziehungsweise nach Chemnitz-Stadt. Unter einfachsten Verhältnissen und mit finanzieller Hilfe aus der Verwandtschaft konnte die Firma Gebr. Escher die ersten Drehbänke bauen und verkaufen, Mitarbeiter waren die jüngeren Brüder Friedrich und Emil sowie weitere Verwandte – der Clan blieb zusammen.

Doch 1880 trennten sich die Gebrüder Escher. Bernhard gründete die „Sächsische Werkzeugmaschinenfabrik Bernhard Escher Chemnitz“, welche 1906 in eine Aktiengesellschaft umgewandelt wurde. Sechs Jahre später konnte die Auslieferung von 20.000 Maschinen gefeiert werden, der Export ging in alle Welt.

Hermann Escher und später sein Sohn Alfred gründeten ebenfalls neue Firmen, Hermann 1880 und Alfred 1900.

Aus den drei Escher-Betrieben kamen nun wieder massenweise Drehbänke, Bohr-, Hobel- und Stoßmaschinen, dazu die Mengen gleichartiger Maschinen von den anderen Chemnitzer Firmen.

Es wäre einmal eine Aufstellung interessant, wie viel Werkzeugmaschinen pro Woche oder Monat von Chemnitz aus ins In- und Ausland gingen – von keinem anderen Ort in Europa oder Übersee dürfte Chemnitz übertroffen worden sein. Von den oben genannten 320 Betrieben haben circa 50 Prozent Werkzeugmaschinen produziert. In einem neuen Buch über „Chemnitzer Unternehmen während der Hochindustrialisierung 1871-1914“ [76] unterscheidet Doktor Uhlmann auch in Werkzeugmaschinen- und Universalmaschinenbau, also bei Firmen wie Hartmann, wo neben klassischen Dreh-, Bohr- und Hobelmaschinen auch Biege-, Schmiede- und Schweißmaschinen sowie Dampfhämmer, Pressen, Hilfsmaschinen hergestellt wurden.

Der weitere Weg der drei Escher-Firmen gestaltete sich sehr unterschiedlich. Die Bernhard Escher AG blieb der mittelständische Betrieb mit circa 800 Mitarbeitern, agierte vorsichtig, überwand die Krise der 1929/30er Jahre recht gut und war wie alle anderen 1940/45 in die Rüstungsproduktion eingeschaltet. 1945/46 demontiert, blieb die Bernhard Escher AG erhalten, wurde später in eine Kommanditgesellschaft umgewandelt und ging erst – wie alle privaten/halbstaatlichen Betricbc – 1972 als klcinerer Betrieb zugrunde. Direkt am Hauptbahnhof Chemnitz standen bis nach 1989/90 zwei riesige Firmengebäude aus früheren Jahren, teils bewirtschaftet, teils als Ruine mit den großen Aufschriften: Sächsische Werkzeugmaschinenfabrik Bernhard Escher AG und Gebr. Unger AG Fleischerei-Maschinen.

Bernhard Escher hatte sich mit einer Stiftung stark in der Chemnitzer Gesundheitsfürsorge engagiert, bewohnte mit seinen Familien Villen in Chemnitz und Dresden und war 1934 im Alter von 91 Jahren verstorben.

Hermann Escher und Sohn Alfred schlossen ihre Betriebe 1906 zur „Hermann & Alfred Escher AG“ zusammen. Diese Firma vollzog einen sehr wechselvollen Weg, der bis in unsere Tage führt. Direktor wurde der sehr selbstbewusste Alfred Escher, Vater Hermann blieb im Aufsichtsrat und siedelte nach Köln über. Die Firma betrieb nun zwei Werke, in Chemnitz und Siegmar, das Chemnitzer Hermann-Werk wurde zur großen Gießerei ausgebaut – nach 1990 ist daraus das Industriemuseum Chemnitz entstanden.

Bild 70: Fabrikgebäude der Sächs. Werkzeugmasch.-Fabrik Bernh. Escher AG (in den 1990er Jahren abgebrochen). Die Niles-Simmons-Hegenscheidt-Gruppe (unten).

Das Werk Siegmar erfuhr mehrfache Erweiterungen. Die Schrift „Von Escher zu Niles-Simmons – 140 Jahre Drehmaschinenbau in

Chemnitz (1874-2014)“ [77] nennt folgendes Arbeitsprogramm in den Jahren bis 1920:
Präzisions-Drehbänke
Horizontal-Bohrmaschinen
Horizontal-Fräsmaschinen
Senkrecht-Fräsmaschinen
Zahnstangen-Fräsmaschinen
Shaping-, Stoß- und Hobelmaschinen

In den Kriegsjahren 1914/18 wurden allein 1.000 Drehbänke an die Fried. Krupp AG, Essen, geliefert.
Nach der Stabilisierung der deutschen Währung ab 1924 gab es weitere Neuentwicklungen der H. & A. Escher AG, die „Imperator“-Hochleistungsdrehbänke waren nun mit Elektromotor-Antrieb ausgestattet. Doch die große Krise der Jahre 1929/30 brachte auch diesen Betrieb zum Erliegen.

1889 hatte sich in Berlin die amerikanisch-deutsche Niles AG gegründet, die USA waren schon seit den 1880er Jahren zu einem Technologie-Geber geworden. Nicht nur durch T. A. Edison – zur Verwertung der Edison-Patente gründete 1881 Emil Rathenau die Deutsche Edison-Gesellschaft, später entstand daraus die AEG – profitierten Europa und Deutschland von amerikanischen Neuerungen, auch bei Schreib- und Nähmaschinen und anderen Geräten und eben auch bei Werkzeugmaschinen traten US-Firmen mit vorbildlichen Konstruktionen an.
Diesem Unternehmen bot der noch amtierende Alfred Escher seine Firma zum Kauf an; 1930 war damit die Deutsche Niles-Werke AG, Werk Siegmar, entstanden. Mit Verlusten schieden alle früheren Aktionäre aus. Alfred Escher starb 1938, sein Vermögen wird in [77] mit bescheidenen 1,5 Mio. Mark angegeben. Alfred war noch nicht der letzte vom ursprünglichen Escher-Clan, die jüngeren Geschwister Emil und Bertha sind erst 1940 beziehungsweise 1942 gestorben.
Das Nileswerk in Siegmar setzte die bereits 1928/29 begonnene Erneuerung der Produkte fort, wurde größer in den Aufschwungjahren 1935/40 und war in der Kriegszeit ein wichtiger Betrieb für eine indirekte Rüstung, also Lieferung von Drehbänken, auch über-

großen, zum Beispiel wieder an Krupp in Essen (Geschütz- und Granatenfertigung) und an viele andere Rüstungswerke. Während dieser Kriegsjahre wurden weitere Fabrikerweiterungen vorgenommen und Fremdarbeiter eingestellt, auch russische und westeuropäische Kriegsgefangene. Bei den Bombenangriffen auf Chemnitz und Siegmar im März 1945 hatte Niles-Siegmar kaum Schäden erlitten – eine Schonung des zwar deutschen, aber über Niles-Berlin doch den USA nahestehenden Betriebes wird vermutet – ähnlich wie bei den Ford-Werken in Köln.

Nach Kriegsende ging die SMAD behutsam mit dem Niles-Werk um. Die Verhältnisse mit den Amerikanern waren unklar, der Betrieb wurde in die C-Liste eingestuft und nicht demontiert. Dafür begannen umgehend Reparationsleistungen nach Russland; Drehbänke, Bohrwerke und andere Maschinen gingen zu Hunderten in Richtung Osten. Erst 1948 entstanden der „VEB Deutsche Niles-Werke Chemnitz“ und anschließend 1953 der neue Firmenname: „VEB Großdrehmaschinenbau 8. Mai Karl-Marx-Stadt“, denn im gleichen Jahr war Chemnitz in Karl-Marx-Stadt umbenannt worden. Einen Kompromiss mit dem Kapitalismus ging man dabei gern ein. Das Warenzeichen „Niles“ blieb an den Maschinen erhalten.

Die Zuordnungen dieses Großbetriebes wechselten in der üblichen Art und Weise. Zuerst ein Betrieb der VVB Werkzeugmaschinen und Werkzeuge mit dem neuen Warenzeichen WMW, dann Schwermaschinenbau und ab 1969 ein Betrieb des VE Werkzeugmaschinenkombinates 7. Oktober Berlin. Der Export an Dreh- und Karussellmaschinen war groß, auch hier vorrangig in die Ostblockländer, aber auch in westliche Länder zu Dumpingpreisen. Auf den wichtigsten Messen des Werkzeugmaschinenbaues waren der VEB „8. Mai Karl-Marx-Stadt“ und der VEB „7. Oktober Berlin“ vertreten, sie fuhren in beträchtlichem Maß Devisen für die DDR ein.

Bereits 1990 wurde als Treuhandbetrieb die Niles Drehmaschinen GmbH gegründet, sie hatte die Probleme aller DDR-Betriebe: Zu viel Personal, zu viele Betriebsteile einschließlich Pionierlager und Betriebsberufsschule, zu hoher Bestand an nicht verkauften Maschinen und als wichtigsten Fakt überwiegend Altbausubstanz, die nur mit hohen Aufwendungen zu sanieren war. Damit stand auch dieser

Treuhandbetrieb auf der Kippe. Auf einer Tafel im Industriemuseum Chemnitz (vollständig später gezeigt) sind für Niles folgende Mitarbeiterzahlen angegeben:
1990:1900
1993:250

Und nun die gleiche Frage: Wer wollte Millionen investieren und auf dem gesättigten Maschinenmarkt Fuß fassen? Eine Portion Glück, aber auch Tradition und Mut haben geholfen, dass hier in wenigen Jahren ein weltweit tätiges Unternehmen entstand, wenigstens ein Leuchtturm, der über 200 Jahre Maschinenbau in Chemnitz fortsetzt. Hans J. Naumann, ein Deutsch-Amerikaner und President der Simmons Machine Tool Corporation, Albany (USA), interessierte sich nach 1990 für den deutschen Maschinenbau:
„Auf der EMO (Europäische Werkzeugmaschinenmesse) in Paris 1991 entdeckte NAUMANN plötzlich die Firma NILES aus Chemnitz, die durch NILES Berlin 1930 von dem in Konkurs befindlichen Drehmaschinenhersteller Escher erworben wurde. Ein sofortiger Besuch der NILES Drehmaschinen GmbH ergab, dass sich die alte Betriebsstätte der Firma Escher in einem ähnlichen Zustand wie NILES Berlin befand und für einen Erwerb ungeeignet war.
Neben dem Altwerk war jedoch ein Fabrikneubau mit einer mechanischen Fertigungshalle und einer großen Montagehalle entsprechend modernster Bautechnik mit Büro und Nebenräumen und 35 Tonnen Krananlagen entstanden. Das Management informierte NAUMANN, dass die Absicht besteht, nach der Privatisierung in diese neue Fabrik komplett umzuziehen.
Dieser Fabrikneubau, gepaart mit dem Wissensstand, dass Chemnitz immer ein Zentrum der deutschen Werkzeugmaschinenindustrie war und über gute Fachkräfte verfügte, waren für NAUMANN Anlass, mit der Treuhandanstalt Berlin Verhandlungen aufzunehmen.“ [77]

Die Verhandlungen verliefen erfolgreich, die Treuhand gab erhebliche Anschubmittel, und so konnte bereits 1992 die „Niles-Simmons Industrieanlagen GmbH Chemnitz“ gegründet werden. Schon auf den Messen EMO 1993 und 1995 stellte Niles-Simmons neue Schrägbettdrehmaschinen, Radsatz-Bearbeitungsmaschinen für die

Eisenbahn und weitere Neuentwicklungen vor.
2001 entstand mit Übernahme der Firma Hegenscheidt aus Erkelenz die Niles-Simmons-Hegenscheidt-Gruppe (NSH), in welcher inzwischen sechs Unternehmen integriert sind, darunter die NSH-China Technology Industries Co in Nanchang.
2012 übernahm John O. Naumann, der Sohn von Hans J. Naumann, die Führung der NSH-Gruppe. Trotz allem liefen die ersten Jahre nicht ohne Probleme ab, noch 1993 bestand die Belegschaft aus circa 250 Mitarbeitern. Mühsam musste sich die NSH-Gruppe einen Platz im Maschinenbau erobern, die vormals führende Rolle in den 1920/40er Jahren hatte der gesamte volkseigene Maschinenbau in Chemnitz verloren, auch bei den Kosten, modernen Anlagen und elektronischen Steuerungen. Nach 140 Jahren Escher und 20 Jahren Neugründung liegt die Gruppe in einer guten Position (2014):
„Die NILES-SIMMONS-HEGENSCHEIDT Gruppe ist heute der größte Werkzeugmaschinen-Hersteller in Ostdeutschland und belegt im Ranking nach dem Metalworking Insiders Report in Deutschland Platz 10 und weltweit Platz 35." [77]

Ernst Beckert Chemnitz/Groz Beckert KG Albstadt-Ebingen

Carl Friedrich Ernst Beckert (1840-1909) entstammte einer Strumpfwirker-Familie aus Erfenschlag (bei Chemnitz) und gründete 1871 seine Fabrik für Maschinennadeln. Auf sein erstes Patent von 1881 über eine „Nietmaschine für Zungennadeln" folgten weitere Erfindungen für dieses zu Tausenden gebrauchtes, an sich unscheinbares Bauteil. Wenige Jahre später ging Beckert mit seinem Betrieb nach Chemnitz. In einer Schrift der Buchreihe „Chemnitzer Lebensbilder" über den „Fabrikanten" C. F. Beckert wird aus der Festschrift des Chemnitzer VDJ-Bezirksvereins zitiert (1898):
„Im Jahre 1884 wurde das Geschäft nach Chemnitz verlegt, gleichzeitig trat Paul Heinrich Hänsel als Teilhaber in die Firma ein. Zwei Jahre später wurde die Fabrikation von Spitzennadeln für Rund- und Flachwirkstühle neu aufgenommen, und im Jahre 1896 wurde eine Filialfabrik in Stollberg i. S. errichtet.

GROZ-BECKERT · NADELFABRIKEN · D-747 EBINGEN 1 · POSTFACH 249

GROZ-BECKERT®
PRÄZISIONSNADELN

Bild 71: Anzeige der Groz-Beckert KG Ebingen. Die Grundform solcher Maschinennadeln des Chemnitzers E. Beckert ist bis heute geblieben.

Die Fabriken verfügen über ein gutgeschultes Arbeiterpersonal von circa 250 Mann und sind mit den neuesten und besten selbst konstruierten Hilfsmaschinen ausgestattet, die in der eigenen Maschinenwerkstätte hergestellt werden. Es werden täglich gegen 30.000 Zungennadeln und 20.000 Spitzennadeln fertiggestellt, die zu einem Teil in Deutschland Absatz finden, in großem Maße aber auch nach dem Ausland gehen. " [78]

Damit dürfte die „Ernst Beckert Nadelfabriken für Strick- und Wirkmaschinennadeln" in diesen Jahren Weltmarktführer gewesen sein, sie erhielt auf der Weltausstellung in Paris 1900 eine Goldmedaille (Kleineisenindustrie).

1937, als die europäische Textilindustrie noch in voller Blüte stand, schloss sich Beckert mit der Firma T. Groz in Ebingen zusammen, welche bereits seit den 1850er Jahren Nadeln für die Strumpfindustrie herstellte. Vermutlich war der Bedarf an diesem Zubehör so riesig geworden, dass man den Markt in eine östliche und westliche Hälfte aufteilen musste – Beckert für den sächsisch-thüringischen, aber auch böhmisch-schlesischen Raum, Groz für den gesamten westeuropäischen Raum einschließlich USA.

Im März 1945 wurde das Beckert-Werk in Chemnitz schwer durch Bombentreffer beschädigt, anschließend erfolgte bis 1946/47 die Demontage der Betriebseinrichtungen. Der Enkel des Firmengründers, Richard Ernst Beckert, ging zur Partnerfirma in Ebingen, ein Wiederaufbau des Chemnitzer Werkes erfolgte nicht.

Heute gilt die Groz-Beckert KG als traditionsbewusstes schwäbisches Unternehmen. In Albstadt-Ebingen sind über 2.000 Mitarbeiter beschäftigt, in der gesamten weltweit tätigen Groz-Beckert-Gruppe knapp 9.000. Die Weltmarkt-Führerschaft hat sich von Chemnitz (1930er Jahre) nach Albstadt verlagert, vom vormals großen sächsischen Know-how sind nur Randnotizen geblieben.

Wanderer-Werke AG Siegmar-Schönau/Wanderer-Werke AG München, Krefeld

Die beiden Firmengründer hatten sich in einem „Velociped-Club", einem der zahlreichen Radfahrerklubs der 1880er Jahre kennengelernt, und der Chemnitzer Jaenicke konnte den Münchner Winklhofer überreden, doch mit ihm ein Velociped-Depot zu gründen. Das erfolgte 1885 in Chemnitz, und bald fertigte man eigene Hochräder. Nur drei Jahre später entstand das erste „Sicherheits-Niederrad", und aus der Vorstellung, mit dem Fahrrad hinaus in die Natur zu „wandern", entstand der Name: Wanderer-Fahrräder. Aufgrund der guten Geschäftslage zog die Firma 1895 in neue Gebäude im benachbarten Siegmar-Schönau, erwarb frisches Kapital durch Gründung einer Aktiengesellschaft und war immer noch auf Zweiräder ausgerichtet: Wanderer Fahrradwerke AG vorm. Winklhofer & Jaenicke. Experimentieren wurde großgeschrieben – Freilaufnabe mit Übersetzungsstufe, Kardanantrieb, neue Ketten, neue Speichen und anderes. 1900 erhielt Wanderer in Paris den Grand Prix für das Fahrrad.

Firmengründer Jaenicke ging schon 1897 in den Ruhestand – nach Dresden, wohin auch sonst. Die Firma blieb nicht beim Fahrrad stehen, sondern baute rasch drei Produktsäulen auf:
– Ab 1898 Werkzeugmaschinen, insbesondere Fräsmaschinen und Fräswerkzeuge
– Ab 1902 Motorräder und erste Versuche mit Automobilen (2. Wanderer-Versuchswagen im Verkehrsmuseum Dresden)
– Ab 1904 Schreibmaschinen Marke „Continental", später Buchungsmaschinen aller Art
Allen Produkten war die ausgezeichnete Qualität zu eigen, beim Fahrrad und Motorrad ebenso wie beim Wandererwagen und den Werkzeugmaschinen.
Die Motorräder, zum Teil schon mit vier Ventilen pro Motorzylinder, galten als Fahrzeuge mit „Zeiss-Präzision" und sind dank ihrer soliden Bauweise noch heute zahlreich bei Veteranentreffs zu finden. In den Krisenjahren 1929/30 gab Wanderer die Motorradproduktion auf und veräußerte die Produktionsanlagen an die tschechische Firma

Janecek, die unter dem Markenzeichen JA WA eine neue erfolgreiche Motorradmarke kreierte. Bei Wanderer blieb ein Moped mit Sachs-Einbaumotor, mit welchem die Firma Marktführer in Deutschland war.

Der Automobilbau begann bei Wanderer nicht mit großen Repräsentationswagen, an denen viele andere Gründer gescheitert sind, sondern mit einem Zweisitzer-Kleinwagen, dessen Sitze hintereinander angeordnet sind. Das „Puppchen" wurde in Deutschland schnell populär und schon im Ersten Weltkrieg in großen Stückzahlen eingesetzt. In den mit „W" bezeichneten Entwicklungsstufen und Typbezeichnungen blieb das „Puppchen" als W 8 bis 1925/26 im Programm, doch schon 1925 begann mit dem W 10/1 der Einstieg in den klassischen Automobilbau der 1920er Jahre. Ein erstes Erfolgsmodell wurde der W 11 mit 6-Zylinder-Motor, doch erst mit Eintritt von K. v. Oertzen in den Wanderer-Vorstand kam Dynamik in den Autobau. K. v. Oertzen, als Vertreter der Reifenindustrie in Sachsen tätig, brachte den Betrieb durch neue Verkaufsmethoden auch bei Werkzeug- und Büromaschinen über die kritischen Jahre 1929-1931 erfolgreich hinweg und verordnete der Fahrzeugsparte, die Verluste einfuhr, eine Radikalkur:

Vergabe von Aufträgen für die Neuentwicklung von Fahrgestellen, Motoren und Getrieben an ein Entwicklungsbüro, und zwar an eines der Besten – Ferdinand Porsche.

Es waren die ersten Aufträge einer großen Autofabrik, die das Stuttgarter Porsche-Büro erhielt. Von 1931 an wurde damit der Wanderer-Autobau nachhaltig von den Porsche-Konstruktionen geprägt, und diese langjährige Zusammenarbeit schuf schließlich auch die Basis für Porsches Entwicklungsarbeiten an den Auto Union-Rennwagen.

WANDERER=WERKE AKTIENGESELLSCHAFT
SIEGMAR=SCHÖNAU

Bilder 72: Das Hauptgebäude der vormals bedeutenden Wanderer AG steht in Chemnitz als Fabrikruine da (2019 / 2020).

Der Wanderer-Autobau hatte in diesen Jahren durchaus das hohe Niveau der anderen deutschen Fahrzeugfirmen, aber die Krisenzeiten waren nicht gut für Autobauer. Zu viele Autos der Mittelklasse und darüber, zu wenige zahlungskräftige Kunden. Nur 30 Kilometer entfernt die Konkurrenz mit sehr gutem, ja legendärem Ruf – Horch und Audi in Zwickau. Der Ausweg wurde im Zusammenschluss gesucht und 1932 mit der Gründung der Auto Union gefunden. Darüber haben wir bereits berichtet.

Weit besser als der Autobereich hatte Wanderer mit seinen Hauptprodukten Werkzeug- und Büromaschinen die kritischen Jahre überstanden. Fräsmaschinen und Fräswerkzeuge, aber auch Büromaschinen hatten einen festen Platz in der deutschen und europäischen Wirtschaft, und in den 1930er Jahren war das Unternehmen größter Hersteller in Europa. Dabei spielten auch die „Russenaufträge" eine große Rolle, noch 1931/32 gingen 80 Prozent der Fräsmaschinenproduktion in die Sowjetunion. In die 1935 beginnende Aufrüstung wurde auch Wanderer einbezogen, und in den Bearbeitungsstraßen für Motoren und Getriebe in allen großen Rüstungsbetrieben hatten Wanderer-Maschinen einen festen Platz.

1945 erfolgten die restlose Demontage, Abtransport aller Maschinen und Hilfsanlagen und die anschließende Enteignung. So entstanden 1948 der VEB Wanderer-Fräsmaschinenbau und der VEB Wanderer-Büromaschinenwerk.

1951 wurden aus dem Fräsmaschinenbau der VEB Fritz-Heckert-Werke, 1953 aus dem Büromaschinenwerk und den Astra-Werken der VEB Büromaschinenwerk Karl-Marx-Stadt. Auch als VEB-Betriebe wurden sie zu tragenden Säulen der DDR-Wirtschaft. Das 50-jährige Know-how im Fräsmaschinenbau wurde zur Basis für den guten Ruf von Heckert. Als der Werkzeug-, Büro- und Textilmaschinenbau in Karl-Marx-Stadt einen zunehmend großen Exportanteil erwirtschaftete, ließ man ein riesiges Neubaugebiet im Süden der Stadt für die aus allen Landesteilen herbeigeholten Arbeiter errichten. Eine Neubauwohnung und relativ guter Verdienst lockten die Menschen in die riesige Heckert-Plattenbausiedlung, im Volksmund „Golanhöhen" genannt.

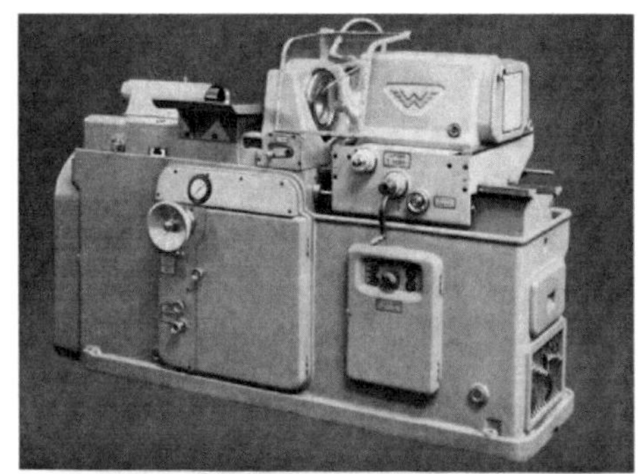

Bild 55. WANDERER-Kurzgewindeautomat 45 M.

Bild 54. WANDERER-Kurzgewindefräsmaschine 20 K.

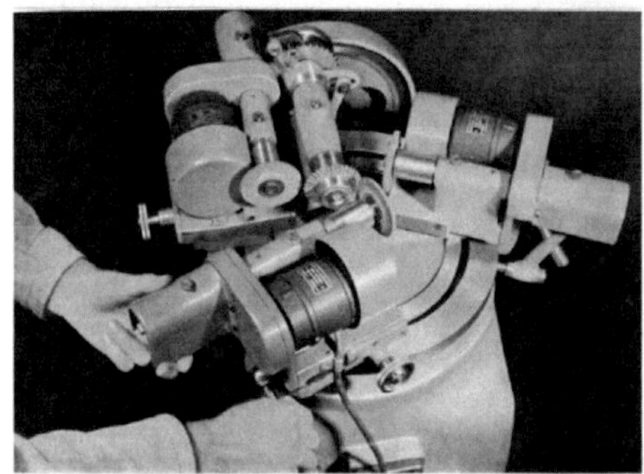

Bild 57. WANDERER-Gewindefräserschleifmaschine GSE.

Wanderer Präzisionsmaschinen
der 1930/40er Jahre.

Auch ein Hydraulikgerätebau entstand im ehemaligen Wanderer-Werk. Als die DDR sich anschickte, in Dresden einen Flugzeugbau mit den aus Russland zurückgekehrten Spezialisten der Junkers-Werke Dessau zu etablieren, wurden im nun VEB Industriewerke genannten Betrieb die ersten Doppelsternmotoren für die IL 14 gebaut und zugleich mit der Entwicklung und Fertigung einer Flugzeughydraulik begonnen.
Als der Flugzeugbau 1961 eingestellt wurde, verblieb hier der Bau von hydraulischen Pumpen und Motoren und wurde dem VEB Orsta-Hydraulik zugeschlagen, dessen Kern der Hydraulikmaschinenbau des Pittler-Werkes Leipzig bildete. Über den DDR-Flugzeugbau berichten wir im Abschnitt sieben des Buches.

Im DDR-typischen Kombinatswahn entstand 1968 das VE Werkzeugmaschinenkombinat Fritz Heckert, Wanderer blieb der Stammbetrieb, über 20 Fabriken für prismatische Bauteilbearbeitung wurden integriert. So gehörte auch der VEB Wema Aschersleben, früher als Schwermaschinen-Hersteller Billeter & Klunz weltbekannt, zu Heckert.
1990 brach das Heckert-Kombinat zusammen, von den 4.300 Mitarbeitern blieben rund 1.000 übrig. Der Betrieb konnte, den anderen Kombinaten ähnlich, im glasharten Wettbewerb nicht bestehen. Der Treuhandbetrieb Heckert GmbH ging nach Zwischenstufen an die Schweizer Starrag-Gruppe, aber auch die „starragheckert-Gruppe" ging wieder in andere Konstellationen über.
Wie in der DDR üblich, erhielten die wichtigen VEB-Betriebe die Namen bewährter „Arbeiterführer". Fritz Heckert war KPD-Spitzenfunktionär in den 1920/30er Jahren, wurde 1933 ausgebürgert, ging nach Moskau und starb dort 1936, angeblich durch Schlaganfall.

Wanderer hat als bedeutender Exilbetrieb die Bundesrepublik mit aufgebaut. Mit der Sitzverlegung 1948 nach München entstand eine Holding Wanderer-Werke AG mit Betrieben in München, Krefeld, Augsburg, Köln und anderen Städten. In den ersten Jahrzehnten nahm der Umsatz bei den Wanderer-Büromaschinen eine Spitzenstellung ein. Auch die anderen Sparten liefen gut. 1994 berichtete die Presse:

„Wanderer AG legt zu

Kräftiges Auftragsplus – Ertrag unbefriedigend

München (dpa) – Die Industrieholding Wanderer-Werke AG, München/Krefeld, verbuchte in der Gruppe im ersten Halbjahr um 36 Prozent mehr Aufträge. Die Ertragsentwicklung war aber von der im Bereich Reinigungs- und Wäschereitechnik tätigen Böwe-Passat-Gruppe, Augsburg, belastet, so dass sich ‚per Saldo ein unbefriedigendes Ergebnis ergab', heißt es in dem gestern veröffentlichten Zwischenbericht.

Auch die Ertragssituation in der Sparte Kraftfahrzeugteile war nicht zufriedenstellend. In der Sparte Paper Management-Systeme (Böwe Systec Gruppe) ging der Ertrag leicht zurück. Der Gruppenumsatz wird mit 245 (Vorjahreszeitraum: 252) Mill. DM beziffert. Der Auftragsbestand erreichte zur Jahresmitte 165 Mill. DM – 55 Prozent mehr als vor Jahresfrist. Nach Ansicht des Vorstandes wird dies zu einer deutlich besseren Kapazitätsauslastung und Ertragssituation führen.1993 ging der Konzernumsatz von 507,9 auf 498,9 Mill. DM zurück. Der Überschuss sank von 10,2 auf 3,3 Mill. DM."

Diese Erfolgsgeschichte, maßgeblich befördert durch Hunderte Exilchemnitzer, hielt bis 2007 an, 4.500 Mitarbeiter erwirtschafteten 580 Mio. Euro Umsatz.

Mit der Finanzkrise 2009/10 trat auch bei Wanderer eine solche Krisensituation ein, dass die Firma in Insolvenz ging. Eine bescheidene Fahrradproduktion hält den Traditionsnamen Wanderer aufrecht.

In Chemnitz-Siegmar ist das „Wanderer-Viertel" ein Gewerbegebiet geworden. Einer der vormals modernsten Fabrikkomplexe in Deutschland steht als Industrieruine da. Die Wanderer-Werke AG würde unter normalen Bedingungen heute eine Spitzenposition im europäischen Maschinen- und Gerätebau einnehmen. Trotz Demontage und Kriegsschäden hätten die Firmeneigner das Stammhaus wieder aufgebaut.

Elite Diamant AG Chemnitz

Wilhelm F. Nevoigt (1857-1909) und Friedrich W. Nevoigt (1859-1909) gründeten 1885 ihre Firma für Metallwaren, unter anderem Schreibfedern und Fahrräder in Reichenbrand, also im gleichen Jahr, als Wanderer im nur wenige Kilometer entfernten Siegmar ebenfalls mit Fahrrädern begann. Trotz dieser Konkurrenz und der deutschlandweit weiteren zahlreichen Wettbewerber auf diesem Markt wurde die Diamant-Werke-AG einer der bekannten Fahrrad- und später Motorradhersteller. Doch Fahrräder wurden das Hauptprodukt, obwohl zwischenzeitlich im Zusammenschluss mit den Elite-Werken auch Autos von der Elite Diamant AG gebaut wurden. Fahrräder und Textilmaschinen blieben letztlich im Programm des Unternehmens bis 1945. Es erfolgten Demontage, Enteignung und, da niemand der Firmeneigner den Namen reklamierte, die Fortsetzung des gleichen Programms als VEB Elite Diamant Karl-Marx-Stadt.

Der Betrieb gehörte nun zum VE Kombinat Textima, und aufgrund des guten Vorkriegsstandes einschließlich der Weiterentwicklungen wurden Fahrräder und besondere Strickmaschinen in großen Mengen für das Inland und den Export erzeugt, viele Millionen Fahrräder liefen bei Diamant von den Bändern. Die Firma hatte bereits in den 1930er Jahren Rennräder hergestellt und setzte auch für die DDR-Nationalmannschaft einschließlich der Spitzenfahrer die Rennrad-Produktion fort.

Nach 1990 blieb von der umfangreichen DDR-Produktion nicht viel übrig, die Gründe des Verfalls sind denen der anderen VEBs ähnlich. Von 1.410 Mitarbeitern blieben 1993 noch 330. Die neue Diamant Fahrradwerke GmbH von 1992 hat mehrere Eigentümerwechsel durchlaufen, zurzeit ist sie in amerikanischen Händen und fertigt im benachbarten Hartmannsdorf gute Räder der alten Marke Diamant. Sie ist vermutlich die älteste deutsche noch produzierende Fabrik.

Hermann Pfauter AG Chemnitz/Gleason Pfauter Ludwigsburg

Hermann Pfauter (1852-1914) belegte nach einer Schlosserlehre eine Technikerausbildung zum Konstrukteur und arbeitete bei verschiedenen Unternehmen in Chemnitz, bis er in den 1890er Jahren eine führende Stellung bei J. E. Reinecker einnahm. Diese Firma war schon in der Fertigung von Räderfräsmaschinen tätig, und hier wird Pfauter die Probleme und das Verbesserungspotential an solchen Maschinen erkannt haben. Die Beziehungen zwischen Arbeitgeber und angestellten Erfindern sind früher schwierig gewesen und sind es heute noch, einfach aus der durchaus berechtigten Meinung des Unternehmers heraus:

„Sie haben ja bei uns Ihre Spezialkenntnisse in dieser Sache erworben.“

Heute gibt es gesetzliche Regelungen zu Arbeitnehmer-Erfindungen, wodurch Streitigkeiten keinesfalls beseitigt sind.

Pfauter meldete 1897 ein Patent für eine universelle Räderfräsmaschine an, wobei ein besonderes Differential-Getriebe der Vorteil/Anspruch dieser Erfindung ist. Die Gründung einer eigenen Firma gelang nach einigen Rückschlägen erst 1900, gestaltete sich aber rasch zu einer ungewöhnlichen Erfolgsgeschichte. Pfauter wurde einer der späteren Pioniere des klassischen Maschinenbaues, er steht mit Whitworth, Maudslay, Brown und anderen in einer Reihe.

Die „Original-Pfauter“-Maschinen eroberten in kurzer Zeit den Weltmarkt. Zahnräder wurden urplötzlich zu preiswerten Bauteilen. 1909 hatte die 1.000. Maschine das Werk verlassen, 1914, im Todesjahr des Gründers, die 2.000. Maschine. Dabei hatte Pfauter erst 1905 ein eigenes Fabrikgebäude bezogen. Vorher bestand ständige Raumnot:

„Das Grundstück, in dem auch noch andere Firmen ihren Sitz hatten, war für die Entwicklung zum Großbetrieb denkbar ungeeignet, denn größere Maschinen mussten unter freiem Himmel montiert werden.“ [76]

Neben den deutschen Fahrzeug- und Getriebefabriken setzte besonders die amerikanische Autoindustrie, allen voran Henry Ford, für die Zahnradfertigung Pfauter-Maschinen ein. Pfauter-Chemnitz wurde zum Begriff für moderne Zahnradtechnologie, „pfautern" hieß Zahnradfräsen auf neue Art und Weise. 1936 wurde die 10.000. Maschine gefeiert. In 36 Jahren also 10.000 Maschinen, das heißt 280 Maschinen pro Jahr. In 300 Arbeitstagen rund 300 Maschinen – überschlagen eine Maschine pro Tag.

Bester Chemnitzer Maschinenbau im Reigen von weiteren 100 Maschinenbauern mit weltweitem Export!

1945 fiel die Pfauter AG natürlich der Demontage und Enteignung anheim, die in der Firma tätigen Söhne Pfauters wurden rausgeworfen.

Die Pfauters gingen in den „Westen" und führten ihre Erfolgsgeschichte fort. In Ludwigsburg entstand mit dem Chemnitzer Knowhow das neue Pfauter-Unternehmen.

Mit Beginn der 1950er Jahre – nur wenige Jahre nach Chemnitz – lief in Ludwigsburg die Produktion auf vollen Touren. Neue Arbeitsverfahren wie das „Wälzstoßen" und „NC-Wälzfräsen" entstanden, ausländische Tochterunternehmen wurden gegründet. Pfauter wurde zum international agierenden Unternehmen. 1961 wurde die 20.000. „Pfauter" ausgeliefert, Zweigfirmen entstanden in Indien, Italien, Schweiz, in den USA die American Pfauter Corporation. 1997 erfolgte der Zusammenschluss mit der Gleason Corporation zur Gleason Pfauter-Gruppe.

Bild 73: Die Ur-Pfauter von 1900
Die Pfauter AG Chemnitz lieferte weltweit ca. 12000 Maschinen bis 1945. Mit dem gleichen Tempo ging es ab 1950 in Ludwigsburg weiter.
Die Maschine P 2500 aus den 1960er Jahren (unten).

Nun war der größte Hersteller von Verzahnungsmaschinen entstanden. Die Gleason Works in Rochester (USA) besaßen das Monopol für Kegelrad-Fräsmaschinen; spiralverzahnte Kegelräder werden zu vielen Millionen Stück in der Autoindustrie benötigt. Aber sächsische Erfinder spielten auch bei Kegelrädern mit.

In der Forststadt Tharandt hatten bei der Firma Sillander & Co die Ingenieure Schicht und Preis ein eigenes Verfahren zur Fertigung solcher Kegelräder entwickelt. Sie boten dies der Firma W. F. Klingelnberg in Remscheid an, und aus Remscheid und Hückeswagen kamen ab 1925 den Amerikanern gleichwertige Maschinen. Nun entbrannte ein langwieriger Patentstreit, der erst 1937/38 durch einen Vergleich beendet wurde.

Heute setzt die Gleason Pfauter-Gruppe ihren erfolgreichen Weg fort, auch in Südkorea und China ist die Gruppe mit Vertretungen und Beteiligungen aktiv. Wo in aller Welt Zahnräder gefräst und profilgeschliffen, Walzenfräser entwickelt und gefertigt werden, steht der Name des Chemnitzer Hermann Pfauter mit an den Maschinen.

In Chemnitz entstand aus dem Pfauter-Unternehmen der VEB Modul Zahnschneidemaschinen, einer der üblichen volkseigenen Betriebe mit Export in Ostblock- und Entwicklungsländer. Zum im Exil entstandenen Spitzenunternehmen Pfauter konnte er nie aufschließen und die nachfolgende Tafel zeigt, wie bei „Modul“ nach 1990 Absatz und damit Mitarbeiteranzahl zusammengebrochen ist – von 1.750 auf 250. Nach mehrfachen Wechseln der Eigentümer ist eine MAG Modul Verzahntechnik GmbH Chemnitz in dieser Maschinenbranche tätig.

Astrawerke AG/VEB Astrawerke/Chemnitz/Astra AG Düsseldorf/VEB Malimo Chemnitz/Karl Mayer Textilmaschinenfabrik Obertshausen

John E. Greve (1880-1967) gründete als Leiter der Büromaschinensparte bei der Wanderer AG 1920/21 einen eigenen Betrieb. Mit Beteiligung einer Bank entstand die Astrawerke AG, die sich in den 1920/30er Jahren mit Addier-, Buchungs- und Fakturiermaschinen auf eine gleiche Stufe mit dem nur wenige Kilometer entfernten Mitbewerber Wanderer stellte – beide waren die führenden Hersteller in Europa.

1945 folgten Ausplünderung und Enteignung, danach die Umbenennung in VEB Astra-Werke. Greves Angebot zur weiteren Mitarbeit lehnten die Chemnitzer Genossen in ihrer Machtbesessenheit und Arroganz ab. So ging Greve in den Westen, gründete mit Astra-Vertretern eine neue Astra AG und gewann den Prozess um die Führung des Namens Astra.

In Chemnitz kam es zum üblichen Zuordnungs-Hickhack in der volkseigenen Wirtschaft. Erst VEB Büromaschinenwerk, dann VE Kombinat Zentronik und schließlich bis 1989 im VE Kombinat Robotron. Der Kampf um Posten und Pöstchen war den führenden Genossen stets wichtiger als führende Positionen auf dem Weltmarkt. Dass trotzdem die unter „Ascota" (Astra-Continental-Tabulator) verkauften Geräte international Absatz fanden, spricht wie in den anderen Fällen für den grundsoliden Chemnitzer Facharbeiter.

1993 ging Ascota-Robotron mit über 6.000 Mitarbeitern zugrunde, einige hundert davon wurden von Siemens übernommen.

Die zwölf genannten Betriebe umfassten etwa ein Zehntel der Chemnitzer Industrielandschaft, gleichwohl waren sie die weltweit bekanntesten. Werbewirksam stellte sich auch die Böhme Fettchemie vor, die 1932 das gewebe- und farbenschonende **Fe**in**wa**schmittel „Fewa" entwickelt hatte. Aus Böhme entstand ein Großbetrieb, der in den 1930er Jahren an Henkel verkauft wurde.

Nach 1945 wurde die Fewa-Produktion im Böhme-Areal fortgeführt, hier auch das Spülmittel „FIT" entwickelt. FIT wurde später ausgelagert, das Fewa-Werk grenzenlos so strapaziert, dass die Gebäude nach 1990 abgebrochen werden mussten.

Schließlich hat auch Heinrich Mauersberger (1909-1982) die Chemnitzer Textilregion weltweit bekannt gemacht. Sein Malimo-Verfahren (aus **Ma**uersberger, **Li**mbach und **Mo**lton) lässt textile Strukturen in sehr kurzen Zeiten entstehen, und verschiedenste Materialien können miteinander vernäht werden.

Ein Erfinderschicksal in der DDR: Mauersberger formte aus der Idee das erste Versuchsmuster, meldete das DDR-übliche Wirtschaftspatent (WP) an, konnte nach langem Kampf die Vorbehalte überwinden. Malimo wurde eine der wenigen großen Erfindungen in der DDR, es entstanden Betriebe für die Verfahren Maliwatt, Malivlies, Malipol und andere, wodurch sich vor allem technische Textilien mit hoher Produktivität herstellen ließen. Mauersberger erhielt den Nationalpreis aus den Händen Ulbrichts, wurde international bekannt. Die DDR war im Malimo-Fieber, 1970 fand ein internationales Malimo-Symposium in Karl-Marx-Stadt mit vielen ausländischen Fachleuten statt. Doch der Erfinder kritisierte, war unbequem, verweigerte den Eintritt in die SED. Er wurde aber auf internationalen Kongressen geehrt und in Gremien berufen, schließlich hatte er ein grundsätzlich neues Verfahren der Textiltechnik erfunden. Später geriet er völlig ins Abseits, wurde zeitweise in einer Psychiatrie behandelt und von der Staatssicherheit überwacht. Die eigenen Kollegen schlossen sich – dem System hörig – der Distanz an, die meiste Anerkennung kam von westdeutschen Fachkreisen. Als Mauersberger im Alter von 73 Jahren starb, war er der DDR-Presse nur eine Randnotiz wert.

1990 fanden die Leiter der Malimo-Betriebe nicht den Weg zu einem MBO. Circa 3.500 verschiedener Malimo-Maschinentypen waren bis 1990 in 40 Länder verkauft worden. Auf dieser Basis einer neuen Technologie – wieder einmal aus dem altbekannten Chemnitzer Maschinenbau – hätte man doch aufbauen können und müssen.

Erst die Karl Mayer Textilmaschinenfabrik aus Obertshausen übernahm 1992 den Treuhandbetrieb Malimo Maschinenbau GmbH und führte die Tradition der Nähwirktechnik fort. Inzwischen gibt es viele Varianten von Malimo-Maschinen, wie für Vliesverarbeitung, Teppiche, Säcke und Planen, Frotté-Erzeugnisse und anderes. Der Export geht in viele Länder einschließlich USA.

Eine Tradition wird auch von der „Cetex Chemnitzer Textilmaschinenentwicklung gGmbH“ fortgeführt. Hier entstehen neue, zum Teil patentierte Verfahren, zum Beispiel für die textile Basis in Faserverbundwerkstoffen.

Wenn man den Komplex Chemnitzer Maschinenbau vor und nach

1945 überblickt, kann gesagt werden:

- Es hat sich bestätigt. In Deutschland und vermutlich weltweit gab es keinen zweiten Ort mit einer solchen Konzentration eines klassischen und erfolgreichen Maschinenbaues, nicht in der Zeit der Hochindustrialisierung (W. Uhlmann) und nicht in den Jahren danach bis 1945.
- Es gab auch keinen zweiten Ort, wo ein solcher Komplex durch eine Gesellschaftsordnung bis zur Unkenntlichkeit heruntergefahren wurde, „wüst gefallen" war. Fast ausnahmslos stand die Gebäudesubstanz verschlissen da, der Umweltschutz war missachtet, die Produktivität, gemessen am Weltstand, verringert.
- Es stimmt also nicht, wie viele Publikationen vorgeben, dass in der DDR-Zeit diese lange Tradition erfolgreich fortgeführt worden wäre. Stellvertretend für zahlreiche andere Beiträge heißt es in einem Artikel über „Maschinenbau in Chemnitz – Innovation aus Tradition":

„In diese Zeit (1970er Jahre) fiel auch die Bildung der Kombinate. Alle Produzenten der Maschinen für rotationssymmetrische Teile schlossen sich zum Werkzeugmaschinenkombinat ‚7. Oktober' und die für prismatische Teile zum Werkzeugmaschinenkombinat ‚Fritz HECKERT' zusammen. Gleichzeitig bildete sich das IfW und wurde als Forschungszentrum des Werkzeugmaschinenbaus (FZW) weitergeführt. Auch das Kombinat des Textilmaschinenbaus (TEXTIMA) erhielt seinen Sitz in Karl-Marx-Stadt.

Bis zur Wende entwickelte sich der Maschinenbau in Karl-Marx-Stadt progressiv. Für alle Länder im östlichen Wirtschaftsblock wurden schwerpunktmäßig Maschinen in der DDR entwickelt und produziert. Im Chemnitzer Maschinenbau waren zu diesem Zeitpunkt circa 50.000 Mitarbeiter beschäftigt. Auch international hatte der Maschinenbau der DDR einen sehr guten Ruf, der durch die vielen WMW-Maschinen, die auch heute noch in westlichen Ländern arbeiten, nachweisbar ist. Ein schwerwiegendes Hemmnis für noch höhere Exportanteile in die EU war der große Rückstand bei Mikroelektronik und Rechentechnik. Mit Ideenreichtum und teilweise Genialität wurde bei Einsatz der eingeschränkt verfügbaren Prozessoren eine vergleichbare Maschinenfunktionalität zum internationalen Stand der Technik erreicht. Die fehlende Rechenleistung führte allerdings zu starken Einschränkungen an der Mensch-Maschine-Schnittstelle, so dass die bereits übliche Werkstücksimulation und die Kommunikation über Bildschirm nicht realisierbar waren. " [80]

Dem gegenüber steht die große Tafel im Industriemuseum Chemnitz, die den Firmenzusammenbruch anhand der Mitarbeiterzahlen aufzeigt:

Firma	1990	31.03.1993
Ascota i. L. (vormals Astra AG)	6400	Liquidation
Heckert (vormals Wanderer AG)	4300	960
Barkas	4100	300
Sachsenhydraulik	3340	400
Germania	1500	500
Modul (vormals Pfauter AG)	1750	250
Schleifmaschinenwerk	1100	433
Niles Simmons	1900	250
Wirkmaschinenbau (vormals Schubert & Salzer AG)	1430	304
Elite Diamant	1410	330
Webmaschinenbau (vormals Schönherr AG)	1600	530
Numerik	1230	190

Diese Aufstellung ist noch nicht vollständig. Mit weiteren volkseigenen Betrieben betrug der Verlust an Arbeitsplätzen in diesem kurzen Zeitraum insgesamt: von 42.675 blieben 7.408.
Abschließend zum Komplex Chemnitzer Industrie einige Bemerkungen zu den Darstellungen im Industriemuseum Chemnitz am Beispiel von fünf Firmen:
Von der Wanderer AG werden ein großes Firmenbild, eine Fräsma-

schine, ein Buchungsautomat gezeigt. Ebenso sind Werkzeugmaschinen der Reinecker AG, der Pfauter AG, Bilder der Astra AG, auch Maschinen der Pittler AG aus Leipzig, ausgestellt. Allesamt Exponate aus den 1930/40er Jahren. Bei keinem dieser Unternehmen gibt es einen Hinweis auf den Wiederaufstieg als Exilfirma in Westdeutschland, bei der Reinecker AG haben wir bereits darauf hingewiesen. Das ist mehr als Unterlassung, das ist Geschichtsfälschung!
Nur an einer Stelle wird wie nebenbei erwähnt, dass Demontagen, Reparationslieferungen und Enteignungen stattgefunden haben. Die gesamte Tendenz des Industriemuseums folgt weitgehend der DDR-Geschichtsschreibung: Die Gründer, 100 Jahre oder mehr zurück, werden auf Bildern, mittels Lebensläufen und anderen gewürdigt, als Industriepioniere dargestellt. Doch die letzte Gründergeneration beziehungsweise die Firmeneigner der 1940/50er Jahre werden geflissentlich übergangen. Kein Wort dazu, dass sie rausgeworfen, zum Teil in Bautzen II verhaftet/verstorben oder in Sorge um Leib und Leben geflüchtet waren.
Diese Tendenz trifft im Übrigen für alle Museen in den neuen Bundesländern zu. Das liefert insgesamt ein verzerrtes Bild der mitteldeutschen Industriegeschichte. Es suggeriert, dass die mitteldeutschen Betriebe, abgesehen von den Anfangsjahren, schwächliche Gebilde darstellten und 1945 nahtlos zu volkseigenen Großbetrieben zusammengeschlossen werden mussten. Und nun als VEB den großen Aufstieg vollbracht hätten. Die Enteignungen spielten nach Auffassungen der Forscher eine untergeordnete Rolle, und somit müsse man diese eigentlich nicht erwähnen. In diesem Sinn agieren leider auch viele jüngere Forscher.

Man kann ja auch einmal eine Vision, nach DUDEN ein Traumbild, einen Zukunftsentwurf, haben. Sich ein Chemnitz analog dem Aufbau der westdeutschen Städte nach 1945 vorstellen: Sie wären alle noch hier, die mittelgroßen Aktiengesellschaften, inzwischen sicher zu großen und riesig großen geworden – Wanderer, Pfauter, Haubold, Reinecker und die anderen. Alles keine Exilfirmen, die das westdeutsche Wirtschaftswunder mit aufgebaut haben, sondern in der Heimat verwurzelte Firmen geblieben wären, die ein gleich großes mitteldeutsches Wirtschaftswunder geschaffen hätten. Einen Wirtschaftsraum Großchemnitz. Wenn man um Chemnitz (Mittelpunkt Rathaus) einen Kreis von 25 Kilometer Durchmesser schlägt, bekommt man eine Vorstellung von einem solchen Wirtschaftsraum. Neukirchen, Jahnsdorf, Burkhardtsdorf, Zschopau, Flöha mit den unzähligen kleinen und mittleren Betrieben noch in diesem Kreis liegend, am Umfang Burgstädt, Limbach, Hohenstein-Ernstthal, Oberlungwitz, Stollberg, Gelenau, Frankenberg tangierend. Ein Großchemnitz mit einer Million Einwohnern, ein S- oder vielleicht U-Bahn-Netz die Außenbezirke mit dem Zentrum verbindend. Und in westlicher Richtung würde dieser Großraum an einen ebenfalls entstandenen Großraum Zwickau mit der im Land gebliebenen Auto Union AG anschließen. Solche Überlegungen gehören auch zu einer mitteldeutschen Industriegeschichte.

Der Raum Leipzig

Geographisch ist das Gebiet das eigentliche „Mitteldeutschland", was freilich in der Ost-West-Richtung durch das im Osten verkürzte Deutschland nicht mehr stimmt.

Je weiter man von Leipzig in nördliche Richtung geht, umso mehr ändert sich der industrielle Charakter. Die flächendeckende Industrialisierung mit den unzähligen Klein- und Mittelbetrieben hört auf, Industrie und Gewerbe liegen geballt in den großen Städten oder in ihrer Nähe.

Leipzig aber gehört noch zu Sachsens Industrieteppich, der um Leipzig bis Schkeuditz, Delitzsch, Wurzen, Borna reicht, aber sich auch über Grimma, Rochlitz bis ins Chemnitzer Land erstreckt und über Döbeln, Riesa bis ins Meißner Gebiet führt.

Zwischen Döbeln und Riesa weicht die Industrie einer hochproduktiven Land- und Gartenbauwirtschaft: die Lommatzscher Pflege – ein künstlich bewässerter Gemüse- und Obstanbau als Großlieferant für die Ballungsgebiete Leipzig, Dresden und Chemnitz.

„Leipzig kommt" hieß der neue Slogan der alten Messestadt nach 1994, und dem ist nur hinzuzufügen: „Leipzig war schon einmal da."

Wir wollen die Stadt Leipzig und den Landkreis Leipzig, um eine Ahnung von der Wirtschaftskraft des Vorkriegs-Leipzigs zu erhalten, statistisch betrachten. Am Jahresende 1945 – die Enteignungen im großen Stil hatten noch nicht begonnen – sind im Handelsregister Leipzig rund 1.800 Firmen eingetragen, welche eine erstaunliche Bandbreite industriell erzeugter Güter abdeckten. Der Überblick ist einem Heft zu entnehmen, welches „Leipziger Industrie“ heißt und 1946 vom Verkehrsamt der Stadt Leipzig herausgegeben wurde. Der Autor Dr. Dr. Hans Rückert, „Wirtschaftskammergeschäftsführer a. D.“, vermerkt im Vorwort:

„Nicht dargestellt sind lediglich 200 zur Zeit aus irgendwelchen Gründen ruhende oder doch nicht greifbare, jedenfalls gegenwärtig im Stadt- und Landkreis Leipzig nicht erwerbstätige Firmen. Sie sind jedoch der Vollständigkeit halber mit ihrer eingetragenen Bezeichnung im Firmenregister ohne Hinweis auf den systematischen Teil abgedruckt.“

Giesecke & Devrient AG Leipzig/München

LEIPZIGER INDUSTRIE AMTLICHES FIRMEN- UND BEZUGSQUELLEN- VERZEICHNIS 1946 VERKEHRSAMT DER STADT LEIPZIG
DRUCK DER GIESECKE & DEVRIENT A. G./LEIPZIG

Bei manchem gestandenen „Mir-san-mir-Bayern“ wird die Angabe „Giesecke & Devrient AG (G & D) **Leipzig**“ ein Kopfschütteln hervorrufen – was hat denn unsere Münchner Traditionsdruckerei mit Leipzig zu tun? Die Bayern wissen es eben nicht mehr, und es gibt von offizieller Seite wenig Veranlassung, dies zu publizieren. Auf alle Fälle gehörte G & D noch nicht zu den 200 Firmen, die laut Doktor Rückert Leipzig verlassen hatten, die meisten davon in Richtung Westdeutschland.

Die Giesecke & Devrient AG Leipzig zählte zu einer der bedeutendsten Druckereien Deutschlands. In den gewaltigen Druckereigebäuden und dem Typographischen Institut in der Nürnberger Straße entstanden Banknoten, Wertpapiere/Aktien, Briefmarken, Pässe, Industriedrucke und anderes.

1948 fiel G & D wie fast alle graphischen Großbetriebe der Enteignung anheim, im gleichen Jahr starb der Vorstandschef Ludwig Devrient im Alter von 54 Jahren. Ob und wie die Enteignung mit dem Tod von L. Devrient in Verbindung stand, wäre zu ergründen. Wir können aber davon ausgehen, dass die Leipziger Stalinisten nicht weniger brutal mit den Unternehmern umgegangen sind – gemäß der bereits zitierten Aussage des Ministers Selbmann, *„mit Mitteln der Gewalt und der Verhaftung die Aufgabe der Enteignungen durchzusetzen"*.

Die Tochter von L. Devrient, Jutta Devrient, im Jahr 1948 26 Jahre alt, hatte 1943 den in der Firma angestellten Siegfried Otto geheiratet, der nicht etwa dem Handelskonzern OTTO entstammte, sondern normalen Verhältnissen aus der Nachbarstadt Halle. S. Otto fühlte sich berufen, das schwiegerelterlichen Unternehmen fortzuführen. Er verlegte noch 1948 den Sitz der G & D AG nach München. Über den Auf- und Ausbau von G & D gibt es ein umfangreiches Schrifttum im Wirtschafts- und Finanzbereich. Siegfried Otto hat ein weltweit tätiges Unternehmen geschaffen mit 70 Tochtergesellschaften und 2,1 Mrd. Euro Umsatz (2016). Wieder ein beträchtlicher Teil Ost-West-Transfer und wieder nach Bayern. Wie in den anderen Fällen zog ein Teil der Stammbelegschaft ihrer Firma nach, das viel verlachte „Leipziger Sächsisch" nun auch in München Riem- und Steinhausen. Es sollte nicht vergessen werden, dass die Basis des schnellen Aufstiegs in München das Know-how der Leipziger Mitarbeiter und der internationale Ruf, der Begriff „Giesecke & Devrient AG Leipzig", gewesen ist.

Seit den 1860er Jahren hatte G & D Banknoten für die deutschen Länder, später für das halbe Europa, gedruckt, natürlich auch die neue deutsche Mark ab 1924. Dieser Ruf war goldwert, bürgte für Kredite, sicherte die großen Aufträge der Bundesbank für den DM-Druck. Der vormalige Angestellte S. Otto hatte sich zum gewieften Manager und glasharten Konzernchef entwickelt. G & D operiert heute mit über 11.000 Mitarbeitern in vielen Ländern, war auch Pionier bei der Entwicklung der Chip- und SIM-Karten. Für seine Verdienste erhielt S. Otto internationale Auszeichnungen und den Bayerischen Verdienstorden.

Mit Blick auf die Leipziger Wurzeln verlegte der Konzern nach 1990 den Banknotendruck stufenweise nach Leipzig zurück. Eine Reverenz an Mitteldeutschland ist auch der Erwerb der Wertpapier-Druckerei Königstein/Sächs. Schweiz, worüber wir schon berichtet haben.

Doch in der inzwischen sehr reichen Familie Otto ging es auch privat turbulent zu. Siegfried Otto hatte nach und nach seine Frau Jutta Otto-Devrient aus der Firma gedrängt. Wegen seines lockeren Lebenswandels verließ sie ihn bereits 1960 mit den vier Kindern, die alle schon in München zwischen 1949 und 1956 geboren wurden. Die Zeitschrift „Bunte" berichtete 2002 (Nr. 27) unter der Überschrift „Seid umrungen, Millionen" über den Erbstreit. Der 1997 verstorbene S. Otto hatte seine zwei Töchter zu Firmenerben bestimmt und die zwei Söhne nur mit mäßigen Millionen abgefunden. Die damals 80-jährige Jutta Otto-Devrient beklagte in dem Bunte-Interview den Familienstreit und hielt zu ihren Söhnen. Im gesamten „Bunte"-Beitrag findet man kaum ein Wort zur vormals großen Leipziger Giesecke & Devrient AG. Nur einmal klingt es von Frau Otto-Devrient an:

„Ich wurde bei G & D kaufmännisch ausgebildet und hatte zuvor als erste Frau in Leipzig Setzen, Drucken und Lithografie gelernt."

Der „Bunte"-Leser kann daraus zuerst schlussfolgern, dass die Firma irgendwie in Leipzig begonnen hatte, aber der richtige Aufstieg erst in München erfolgte.

Heute nennt sich die Firma Giesecke+Devrient GmbH, ist also eine der sehr großen Gesellschaften mit beschränkter Haftung (wie zum Beispiel die Robert Bosch GmbH) und immer noch im Familienbesitz, vornehmlich in Händen der Familie Verena von Mitschke-Collande, der ältesten Tochter (geb. 1949).

Wenn wir nun das graphische Gewerbe Leipzigs insgesamt überblicken wollen, gibt das vorstehend genannte Heft „Leipziger Industrie" Auskunft. Unter den 261 Firmen für Druck, Papier und Verlag findet man viele Hersteller von Papier- und Druckerzeugnissen jeder Art, angefangen von Beuteln und Tüten über Geschäfts- und Schulbücher, Alben und Mappen bis zu Kartonagen und Etiketten. Auch sie belegen Leipzigs Spitzenposition in der Papierverarbeitung und dem graphischen Gewerbe. Unter anderem existierten:

Bild 74: Deutsche Bücherei in Leipzig, 1912 gegründet.
Das Bild zeigt den Zustand nach der ersten Erweiterung in den 1930er Jahren.
Inzwischen vier Erweiterungen, Name „Die Deutsche Nationalbibliothek",
Hauptsitz Leipzig, zweiter Sitz Frankfurt / M.

– 19 Betriebe, die nur Beutel, Tüten und Briefumschläge herstellten (älteste Firma 1857)
– 24 Unternehmen für Geschäfts- und Schulbücher, Alben

(älteste Firma 1844) sowie

– 23 Unternehmen, die ausschließlich Etiketten und technische Papierwaren fertigten, das älteste 1799 gegründet.

Nichts aber belegt Leipzigs Stellung als größte Buch- und Verlagsstadt der Welt mehr als die 150 Betriebe für Druck und Verlag, von denen viele als „Graphische Großbetriebe" zu bezeichnen sind. Sie vereinigten Verlag, Großdruckerei und Buchbinderei, Kunst- und Steindruck, Notendruck und andere Druckerzeugnisse in einem Haus.

Das Buch „Der Leipziger Gutenbergweg" von den Autoren Sabine Knopf und Volker Titel [89] nimmt in dem Abschnitt „Spaziergänge durch das Graphische Viertel" zunächst Bezug auf frühere Veröffentlichungen, zum Beispiel wie sich der Münchner Verleger Reinhard Piper 1950 an das Vorkriegs-Leipzig erinnert:

„Als ich das erste Mal in Leipzig war, ging ich voll Ehrfurcht an den großen Verlagshäusern vorbei, über deren Toreinfahrten so berühmte Namen standen wie F. A. Brockhaus, Bernhard Tauchnitz, Philipp Reclam junior, Breitkopf & Härtel ... B. G. Teubner ... Die Gebäude der großen Druckereien und Bindereien umfassten riesige Häuserblocks ... Die Firmen Brandstetter, Spamer, Bibliographisches Institut, Fikentscher, Enders, Hübel & Denk, Haag-Drugulin und viele andere arbeiteten mit idealer Pünktlichkeit und Exaktheit."

Und weiter heißt es zum Spaziergang:

„Von einigen Ausnahmen abgesehen, sind es nur noch die Straßennamen, welche hier Zeugnis davon ablegen, wer einstmals zum Glanz Leipzigs als Buchstadt beigetragen hat: Weidmann, Breitkopf, Crusius, Göschen, Hinrichs, Reclam, Klasing, Baedeker, Teubner und Volckmar, Frommann und Perthes.

Man fragt sich bald, wohin denn all die Herrlichkeit entschwunden sein mag, und möchte gern Näheres über das alte Graphische Viertel in Erfahrung bringen. Die östliche Vorstadt Leipzigs beherbergt seit den Zerstörungen des Zweiten Weltkrieges, den Abwanderungen zahlreicher Verleger und Unternehmer in den Westen Deutschlands, der Enteignungswelle in der DDR und nach den wirtschaftlichen Umbrüchen der Nachwendezeit nur noch wenige Verlage und graphische Betriebe. Spaziergänge in das traditionsreiche Areal werden

so auf Schritt und Tritt vor allem Ausflüge in eine große Vergangenheit."
Es war tatsächlich eine große Vergangenheit und diese an Westdeutschland verlorenen, einmaligen Buch- und Verlagswelten sind nicht mehr Mosaiksteine, sondern es sind Felsbrocken im Transfer Ost–West, im Verarmen der mitteldeutschen Landstriche. Vorzugsweise nach Stuttgart, Mannheim, Wiesbaden und Frankfurt/M. sind sie abgewandert, die vorstehend genannten großen Verlagshäuser.
Die Amerikaner, die zuerst Leipzig besetzt hatten, organisierten noch 1945 vor der Übergabe der Stadt an die Sowjets einen „Verlegerbus":
„Am 12. Juni schließlich verließ ein Konvoi mit den Inhabern der Verlage F. A. Brockhaus, Georg Thieme, Dieterich und Insel sowie des Kommissionsgeschäftes C. F. Fleischer die Stadt: ‚Insgesamt waren es, mit Familienangehörigen, etwa 20 Personen, die am 12. Juni vormittags über die Reichsautobahn gen Westen fuhren und um Mitternacht in Wiesbaden ankamen.' Breitkopf & Härtel, ursprünglich nicht berücksichtigt, erreichte einen Wegzugstermin am 19. Juni." [89]
Es wird noch heute oft als Begründung für die Enteignungen angeführt, dass aufgrund dieser Flucht die nun „verwaisten" Stammhäuser in Volkseigentum überführt werden mussten. Es war aber nur eine Zeitfrage, wann diese „Überführungen" mit teilweise brutalen Mitteln erfolgte.
Spätestens mit dem Volksentscheid 1946 wurden die Weichen gestellt und Zehntausende Unternehmer/Mittelständler haben ihr Bleiben bitter bereut, zum Teil mit dem Leben bezahlt. In Leipzig hatte Ernst Reclam als Chef des Börsenvereins Leipzig die Übersiedlung abgelehnt, trat aber 1948 von dieser Funktion zurück – der Eingriff der inzwischen starken Leipziger Stalinisten wird sicher dafür entscheidend gewesen sein.

Wir wollen aus der Vielzahl der großen Verlagshäuser drei näher betrachten. Drei, deren Nachfahren persönlich über die Schicksalsjahre 1945/50 berichtet haben. In dem Heft „Der neue Sachsenspiegel" von 1988 [68], aus dem bereits über die Exilfirmen Strumpffabrik Rössler-Gelenau und Maschinenfabrik Reinecker-Chemnitz berichtet wurde, ist Näheres über die Verlagshäuser Breitkopf & Härtel (gegr. 1719), F. A. Brockhaus (gegr. 1805) und B. G. Teubner (gegr. 1811) ausgeführt.

Breitkopf & Härtel/Leipzig/Wiesbaden/Buch- und Musikverlag

Von Leipzig nach Wiesbaden ist der Beitrag von Rudolf Elvers überschrieben und ein Zitat vorangestellt: *„Übrigens seyn Sie überzeugt, daß ich immer Ihre Handlung allen anderen gern vorziehe und ferner vorziehen werde."* (Beethoven an Breitkopf & Härtel 1806)
Breitkopf & Härtel (B & H) geht auf eine Tradition weit vor 1719 zurück. Zunächst wird angeführt:
„Damals wurde das Geschäft nicht vom Vater auf den Sohn vererbt, sondern meist dadurch, dass die Witwe eines Inhabers den Meister des Betriebes heiratete, der hinwieder als Witwer ein ‚Jüngferlein' nahm. Dieser Reigen vollzieht sich auch in der Nachfolge von B & H."
Von 1542 an vollzog sich eine solche „Witwenübertragung" bei B & H dreimal, bis 1719 Bernhard C. Breitkopf die Druckerei übernahm. Dieser aus Clausthal gebürtige Drucker entwickelte 1754 die beweglichen Notenlettern und die zeitgenössischen Tonschöpfer, wie Telemann, Hasse, aber auch Haydn, Mozart und Beethoven, ließen bei Breitkopf drucken. Unter dem Sohn Gottlob I. Breitkopf kam der aus dem erzgebirgischen Schneeberg stammende Gottfried Ch. Härtel als Teilhaber in die Firma, die ab 1795 Breitkopf & Härtel hieß. Der als Hofmeister, Erzieher und Rechtsgelehrte tätige Härtel übernahm stufenweise die Leitung der Firma, B & H wurde groß:
„Der Musikverlag blüht auf. Das musikalische Schaffen Bachs nimmt einen breiten Raum ein (Wohltemperiertes Klavier, Motetten, Kantaten, Konzerte, Orgelwerke erscheinen). 13 Bände mit Werken Clementis folgen. Der ‚Messias' von Händel wird gedruckt. Prinz Louis Ferdinand von Preußen verlegt bei Breitkopf & Härtel. Jede nur denkbare Gattung der Musik ist vertreten. Praktisch alle Autoren außer Carl Maria von Weber und Franz Schubert. Von 293 lebenden Autoren sind 191 bei Breitkopf & Härtel vertreten, die restlichen 100

verteilen sich auf weitere 10 Verlage.
Auch auf dem Gebiet des Handels ist Gottfried Härtel erfolgreich tätig. Es werden umfangreiche Kataloge gedruckt für alle eigenen und fremden käuflich lieferbaren Titel. Der Auslandsumsatz nimmt beträchtlich zu. Dabei fällt die Entwicklung des Unternehmens in die Zeit der Schlachten von Jena und Leipzig (1813), wo der Krieg dem Bürger schwerste Lasten aufbürdete.
Auf dem Sektor des Buchverlages tat sich vieles. Es erscheinen Werke der Theologie, Medizin, Philosophie, Naturwissenschaft, Chemie Mathematik, Geschichte, Politik, Volkswirtschaft und ausländischer Sprachlehren. So erschien zum Beispiel serbische Poesie in der Originalsprache. Die ‚Leipziger Literaturzeitung' wurde von ihm gegründet. Ein Kunstverlag wurde angegliedert, außerdem eine Klavierfabrik übernommen.
Härtel hatte das imponierendste Lager an gegossenen Schriften. So verfügte er über:
79 deutsche, 70 lateinische, 16 griechische, 14 hebräische, 18 russische und 14 orientalische Schriften.
Gottfried Härtel ließ die heute noch gebräuchliche Notenstichplatte entwickeln, er führte den Steindruck in Leipzig ein."
Nach dem Tod von Gottfried Härtel 1827 übernahmen die Söhne Hermann und Raymond Härtel die Geschäftsführung.
„Im Jahre 1863 musste ein Neubau in Angriff genommen werden, dessen Bauzeit etwa drei Jahre dauerte. Ein ganzer Häuserblock in Leipzig wurde nach und nach zusammengekauft und diente bis zur Ausbombung im Dezember 1943 etwa 900 Mitarbeitern als Arbeitsstätte. Wir hatten eigene Handwerksstätten und unser eigenes netzunabhängiges Elektrizitätswerk.
Nach drei Generationen Breitkopf und zwei Generationen Härtel heirateten ein Volkmann und ein von Hase zwei Töchter von Gottfried Härtel, die nun in ihrer Stammesfolge das Geschäft weiterführten. Mein Urgroßvater war der erste Volkmann'sche Breitkopf & Härtel-Vertreter. Wir sind jetzt Familie sozusagen in neunter Generation."
B & H blieb in Leipzig der weltweit bedeutendste Musikverlag, bis Leipzig bereits 1943 durch die Luftangriffe gerade im Graphischen Viertel große Verluste erlitt:

„Im Dezember 1943 brannte der Riesenkomplex des Verlages restlos nieder. Die Papierstapel glühten noch drei Monate später. Der gesamte Vorrat, alle Maschinen, etwa 70 Tonnen Blei, die Archivbestände, Vorlagen, das Arbeitsgerät, alles wurde innerhalb weniger Stunden ein Raub der Flammen.

Das Kriegsende brachte die Amerikaner nach Leipzig, die den Russen das Feld räumen mussten. Die Amerikaner nahmen jedoch einige Verlage nach Wiesbaden mit, darunter auch Breitkopf & Härtel. Kümmerlich fingen wir wieder an. Jegliche Unterstützung fehlte in der neuen Heimat, die mit Verlagen nichts anzufangen wusste. 1952 wurden wir darüber hinaus mit unserem Leipziger Unternehmen von den Kommunisten entschädigungslos enteignet und stehen nun der Tatsache von zwei Verlagen B & H gegenüber.

Nach und nach konnten unsere weltweiten Verbindungen wieder geknüpft werden, so dass heute allgemein bekannt ist, dass der Sitz des Verlages B & H in Wiesbaden ist. Dass diese Tatsache vom Ausland oft nicht anerkannt wird, ist eine andere Frage, die an ausländischen Gerichten angefochten werden muss. Wir haben aber noch viel zu tun, um unsere alte Weltgeltung wieder zu erreichen (Stand 1988).

Da jedoch bereits im Juni 1945 eine Verlagsniederlassung in Wiesbaden gegründet worden war, konnte der Ausbau des neuen Unternehmens – trotz mancher anfänglicher Schwierigkeiten und Engpässe – tatkräftig und rasch vor sich gehen."

Neben umfangreichen Buchreihen zur Musikgeschichte sind es wieder alle Klassiker der Musik, wie Bach, Brahms, Mozart und andere, aber auch neuere Komponisten, die bei B & H verlegt werden.

„Ein breites, lebendiges Programm also, das inhaltlich und natürlich auch optisch – durch fantasievoll gestaltete Umschläge wie durch ansprechende, zuverlässige Kataloge – gut repräsentiert wird und das respektable Alter des ältesten Musikverlags der Welt nicht auf den ersten Blick erkennen lässt. Breitkopf & Härtel Wiesbaden wird unter diesen Voraussetzungen auch weiterhin jedem Musikinteressierten wertvolle Anregungen geben können." [alle Zitate aus 68]

Bibliographisches Institut & F. A. Brockhaus AG/Leipzig/Mannheim

Laut dem Heft „Leipziger Industrie" (1946) gab es zwei Firmen in Leipzig:

- F. A. Brockhaus OH, Leipzig C 1, Querstraße 16, Buchdruckerei, gegr. 1805
- Bibliographisches Institut AG, Leipzig C 1, Täubchenweg 17, gegr. 1826, bekannt durch Duden, Meyers Lexikon, Brehms Tierleben

Erst nach der Vertreibung und dem Neubeginn in Westdeutschland erfolgte 1984/85 die Zusammenlegung zur Aktiengesellschaft, Hubertus Brockhaus war als Gesellschafter tätig.

Über Friedrich Arnold Brockhaus, geb. 1772 in Dortmund, gest. 1823 in Leipzig, gibt es so manche Details aus seinen Anfängen. 1805 hatte er eine Buchhandlung in Amsterdam gegründet, erkannte aber bei seinen ersten Besuchen in Leipzig, dass hier das gesamte Buchgewerbe bereits einen hervorragenden Platz einnahm. Er begann recht kühn:

„Ein Erlebnis (besser eine Erfahrung besonderer Art) hatte der junge Brockhaus 1794 in Leipzig. Offenbar trug er sich mit dem Gedanken, für ein eigenes Manuskript (keine Gedichte, kein Drama, sondern ‚ein größeres ernsteres Werk') einen Verleger zu suchen. In seiner Unbefangenheit schrieb er an die angesehene Leipziger Verlagsbuchhandlung Voss & Co. und bat den Verleger ‚zur näheren Besprechung' in seine Wohnung mit dem Vermerke: ‚So wird mir Ihr Besuch morgen früh von 10 bis 12 Uhr sehr angenehm sein.' Möglicherweise hatte man bei Voss & Co. an jenem Tage Wichtigeres vor. Es kam kein Verleger, auch keine Reaktion. Und so bleibt es reine Spekulation, was aus F. A. Brockhaus wohl geworden wäre, hätte man sich seinerzeit dieses Manuskriptes (über dessen Verbleib nichts bekannt ist) wohlwollend auf Verlagsseite angenommen."

Zur Buchhändlermesse 1808 kam Brockhaus durch Zufall an „sein Lexikon". Von einem „Conversationslexikon" des Gelehrten Renatus Löbel lagen die ersten Teile vor, die weitere Arbeit stockte, weil der Autor verstorben war.

„Dies war des jungen Brockhaus' Sternstunde. Er kaufte Rechte und Bestände für 1800 Taler. Er hatte richtig erkannt, dass hier der Stoff für ein Volksstück vorlag, freilich konnte er noch nicht ahnen, dass er damit den Grundstock für seinen späteren Weltruhm gelegt hatte. 1809 bis 1811 brachte er das Werk – um zwei Ergänzungsbände erweitert – heraus. Ein Volksbuch war geboren. Doch erst die 2. Auflage trug den Namen Brockhaus. Von Juni 1812 bis Dezember 1815 setzte er davon circa 10000 Exemplare ab, von der 4. Auflage 1818 binnen Jahresfrist sogar 12000 Exemplare. Was sensationell war und F. A. Brockhaus zu der Feststellung veranlasste: ‚Seit der Erfindung der Buchdruckerkunst ist kein Beispiel gleichen Erfolges und eines gleichen Absatzes bei einem Werke dieses Umfanges (650 eng gedruckte Bogen) in irgend einem Lande bekannt.' Bis zur 10. Auflage wurden gar etwa zwei Millionen Bände des Lexikons abgesetzt."

Vermutlich ist wirklich kein anderer Fall eines solchen Buchabsatzes in den frühen Jahren bekannt. Auch für Leipzig, wo Druckereien, Verlage, Maschinenfabriken, Druckfarbenbetriebe und andere wie Pilze aus dem Boden wuchsen, war Brockhaus im gesamten 19. Jahrhundert ein Paradebeispiel:

„Mit der literarisch-politischen Zeitschrift ‚stern' startete Brockhaus sein Programm. Es folgten Übersetzungen englischer Dramen (von Joanna Baillie), Reisebücher (zum Auftakt die ‚Ansichten der Hauptstadt des französischen Kaiserreichs vom Jahre 1806'), auch viel Wissenschaftliches. So etwa eine in Lateinisch verfasste ‚Geschichte der Botanik' oder ein ‚Historisch-militärisches Handbuch für die Kriegsgeschichte der Jahre 1792 bis 1808'. Aber dies ist nur ein kleiner Ausschnitt aus dem ans Universelle grenzenden Verlagsprogramm. Dort konnte man im Laufe der Jahre die Bücher der Madame de Staël ebenso finden wie etwa die Erinnerungen von Casanova. Aber auch ein ‚Allgemeines Deutsches Bücher-Lexikon' (das alle seit 1700 in deutscher Sprache gedruckten Bücher aufführte). Daneben eine 167 Bände umfassende ‚Allgemeine Encyklopädie der Wissenschaften und Künste' sowie eine (bis 1896 bereits 96 Bände aufweisende) ‚Bibliothek der deutschen Nationalliteratur vom Mittelalter bis in die neueste Zeit', ein verlegerisches Jahrhundertprojekt, das schon einen rein literarischen Verleger ausgezeichnet hätte.

Welche Dimensionen die Produktion erreicht hatte, liest sich aus einer Verlagsnotiz: ‚Der Brockhaussche Verlagskatalog enthält bis Ende 1871, ohne Berücksichtigung neuer Auflagen, 2552 Artikel in 5551 Bänden.'"

Bei F. A. B. (Kürzel für F. A. Brockhaus) wurde 1826 auch die erste Schnellpresse von Friedrich Koenig aufgestellt. Dieser Thüringer Erfinder arbeitete bei Breitkopf & Härtel, ärgerte sich über die schwere körperliche Arbeit beim „Einfärben" und mechanisierte nach vielen vergeblichen Versuchen die Druckprozesse. Ebenso vergeblich bemühte er sich um Investoren, versuchte es bei Regierungen bis zum russischen Zaren. Erst im industriestarken England fand Koenig Geldgeber, und 1814 wurde die erste „Times" auf der neuen Koenig-Zylinderschnellpresse gedruckt. Er ging mit dem Mechaniker Bauer nach Deutschland zurück und gründete in Würzburg 1817 die Koenig & Bauer AG.

F. A. Brockhaus blieb in den 1930er Jahren und bis in die Kriegsjahre der Primus in Leipzig:
„Buchdruckereien gab es zu diesem Zeitpunkt in Leipzig 277 mit etwa 25000 Beschäftigten und 136 Buchbindereien mit etwa 7000 Beschäftigten. Von den Buchbindereien bezeichneten sich 37 als ‚Großbuchbindereien'. Die Vereinigung von Buchbinderei und Buchdruckerei in einer Firma gab es 13-mal, in 12 Fällen gab es eine unmittelbare Verbindung von Buchherstellung und Buchhandel. Das vielseitigste Unternehmen des Leipziger Buchgewerbes war F. A. Brockhaus, dessen Name für Verlag, Kommissionsgeschäft, Sortiment, Antiquariat sowie verschiedene Abteilungen der Buchherstellung einschließlich Buchbinderei stand." [alle Zitate aus 68]
Von den schon genannten Luftangriffen im Dezember 1943 war auch Brockhaus betroffen wie insgesamt das „Graphische Viertel" im Osten Leipzigs. Und mit dem „Verlegerbus" gingen auch die Eigentümer von F. A. B. Zunächst nach Wiesbaden, nach der Fusion mit dem Bibliographischen Institut nach Mannheim.
Die weitere Entwicklung folgte dem in der Marktwirtschaft üblichen Wechsel der Eigentümer, wobei der Übergang auf die vielseitigen elektronischen Medien dem gedruckten Buch erhebliche Einbrüche

bereitete.
Der in der DDR in frecher Anmaßung als VEB Brockhaus weitergeführte Betrieb wurde 1990 wieder vom Stammhaus übernommen. Doch mit dem Eigentümerwechsel auf die Bertelsmann-Gruppe im Jahr 2009 ging der Name Brockhaus nach über 200 Jahren (1805-2009) in die Geschichte ein.

B. G. Teubner/Leipzig/Stuttgart/Wissenschaftlicher Verlag und Schulbuchverlag

In den Kriegsjahren mit Napoleon, 1811, kurz vor der mörderischen Völkerschlacht 1813, gründete Benedictus Gotthelf Teubner (1784-1856) seinen Verlag. Von Anfang an widmete sich B. G. Teubner den Geisteswissenschaften, zunächst griechischen und lateinischen Werken, ab den 1850er Jahren den Naturwissenschaften und der Technik. Zu den Autoren gehörten Wissenschaftler wie Max Planck, Albert Einstein, H. A. Lorentz, Max Born und andere, also auch viele deutsche Nobelpreisträger.

Der Verlag sagt in dem oben genannten Sachsenspiegel über sich selbst: [68]
„Die Teubnerschen graphischen Betriebe in Leipzig und Dresden (gegründet 1833) gehörten zu den größten Deutschlands mit einem Personal von 950 Köpfen und einem Maschinenbestand von 41 Schnellpressen, einer Rotationsdruckmaschine und 126 Hilfsmaschinen (in Leipzig).
Der Firma B. G. Teubner gehörten zu dieser Zeit insgesamt etwa 1200 Mitarbeiter an. Der Verlag veröffentlichte jährlich etwa 300 neue Werke. Es wurden jährlich etwa 300000 Bestellungen erledigt und rd. 2,5 Millionen Bücher expediert.

Bild 75: B. G. Teubner Leipzig, Poststraße 3 (vor 1945).

Die Zahl der lieferbaren Titel betrug zu dieser Zeit rd. 6900 Werke mit ca. 10000 Bänden und Ausgaben.
Bis 1952 hatte die Firma – Verlag und graphische Betriebe – ihren Sitz in Leipzig. Da die Firma, die in Privathand blieb, ihren Schulbücherverlag gleich nach 1945 hatte abgeben müssen und da in der sowjetischen Besatzungszone die Voraussetzungen für eine freie wissenschaftliche Verlagsarbeit nicht mehr gegeben waren, wurde 1952 der Sitz der Firma nach Stuttgart verlegt. Anfang 1953 wurde die Verlagsproduktion zunächst auf den Gebieten Mathematik, Naturwissenschaften und Technik und später auch auf dem der Altertumswissenschaft wieder aufgenommen. Weltgeltung genießt der Verlag nach wie vor in der Altertumswissenschaft, namentlich durch die kritischen Ausgaben griechischer und lateinischer Autoren in der

Reihe ‚Bibliotheca Teubneriana', der umfassendsten Sammlung antiker Texte von Homer (8. Jh. v. Chr.) bis Augustinus (5. Jh. n. Chr.), die seit 25 Jahren wieder fortgeführt wird und mit mehr als 150 seither erschienenen Bänden als führende Reihe wissenschaftlich maßgebender Texteditionen der philologischen und historischen Forschung sowie dem Unterricht dient. In den 36 Jahren seiner Tätigkeit in Stuttgart hat der Verlag auf den von ihm traditionell gepflegten Hauptgebieten Altertumswissenschaft, Mathematik, Informatik/Datenverarbeitung, Naturwissenschaften und Ingenieurwissenschaften sowie auf dem Gebiet des berufsbildenden Schulwesens wieder eine führende Marktstellung errungen, zu der rd. 1000 neu erschienene oder in Neuauflagen und Neudrucken weitergeführte Verlagswerke als Ergebnis der Zusammenarbeit mit 1500 Autoren beitrugen."

Also auch durch B. G. Teubner erfolgte ein erheblicher Know-how-Transfer Ost–West, wobei der gesamte Schulbuchbereich auf den Ernst-Klett-Verlag in Stuttgart überging. Klett soll über einen Fachmann aus der Leipziger Führungsetage von Teubner geurteilt haben: *„Dr. Hans Ehlers kam im Frühjahr 1946 zu uns, als Flüchtling. Er war Verlagsleiter in dem bis 1945 größten deutschen Schulbuchverlag B. G. Teubner gewesen und hatte erkannt, dass für einen Mann seines Zuschnitts in einem kommunistisch bestimmten Land kein ihn befriedigendes Arbeiten möglich war ... Wir, der Verlag und ich als Person, haben diesem Mann viel zu verdanken. Die Konstruktion des Schulbuchverlages mit weitgehend selbständig arbeitenden verantwortlichen Redaktionen geht auf seinen Rat zurück. Seine Erfahrung, sein Wissen in allen Bereichen des Schulbuchwesens waren mir in den ersten Jahren unentbehrliche Hilfen."* [Krämer, H.; Weiß, J.: Zweihundert Jahre B. G. Teubner 1811-2011. EAGLE 050. Edition am Gutenbergplatz Leipzig 2011]

In der DDR übernahmen die Verlage Volk und Wissen, Fachbuchverlag Leipzig, Edition Leipzig und andere den gesamten Fundus von Teubner, wobei natürlich in fast allen Büchern im Vorwort, teilweise im Text, die Klassiker des Marxismus Marx, Engels und Lenin (ab den 1950er Jahren nicht mehr Stalin) Erwähnung finden – oft so, als ob erst durch ihr Wirken der Entwicklungsprozess auf allen Gebieten in die richtigen Bahnen gelenkt wurde. So gab es vom Betrieb mit Staatsbeteiligung BSB B. G. Teubner Verlagsgesellschaft eine Buchreihe „Biographien hervorragender Naturwissenschaftler, Techniker und Mediziner“. Das Buch über die Motorenerfinder Diesel und Otto, wo im Vorwort vom Eintritt des Kapitalismus in seine „Verfallsperiode“ gesprochen wird (um 1900!), haben wir bereits erwähnt.

Abschließend zur Betrachtung der Verlagshochburg Leipzig wollen wir zwei Verlage nennen, die in unseren Tagen als Traditionsbetriebe aus dem Stuttgarter Raum angesehen werden, aber bis 1945 aus Leipzig auch Millionen Bücher in alle Welt verschickt haben:

- Karl Baedeker, gegründet 1827 in Koblenz, hat den Prototyp des modernen Reisehandbuches und damit einen fast sprichwörtlichen Markenartikel geschaffen. Der große Aufstieg erfolgte ab 1872 in Leipzig. 1952 ging er nach Stuttgart, heute arbeitet er in Verbindung mit einem anderen Verlag in Ostfildern bei Stuttgart.
- Philipp Reclam jun., gegründet 1828, begann 1867 mit „Reclams Universal-Bibliothek“, die dem „kleinen Mann“ die Welt der Klassiker für Pfennige erschlossen und bis 1945 7.600 Titel mit einer Gesamtauflage von mehr als 280 Millionen herausgebracht hat.

Wir haben schon erwähnt, dass Ernst Reclam noch drei Jahre Vorstand des Börsenvereins Leipzig blieb. 1947/48 verlegte er die Firma nach Stuttgart, 1980 nach Ditzingen.

In der DDR arbeitete weiter ein Teil Reclam Leipzig mit unklaren Verhältnissen zum Stammhaus, ab 1992 operierte Leipzig wieder als Zweigstelle vom Stammhaus. Doch seit 2006 ist Reclam Leipzig Geschichte, geblieben ist ein Reclam-Museum.

Insgesamt sind die Enteignungen, sicher auch Verhaftungen und Repressalien gegen die Verlagseigner, führenden Mitarbeiter und verbundenen Familien nicht weniger brutal abgelaufen als im übrigen Sachsen (und allen mitteldeutschen Ländern). Natürlich waren die meisten Verlagshäuser dem NS-Staat verbunden, verlegten ab 1933 die Bücher des Systems, aber auch weiterhin die Klassiker. Große Bücherverbrennungen soll es in Leipzig nicht gegeben haben, sicher auch aus Respekt vor dem gedruckten Buch.

Eine Bearbeitung der Familiengeschichten der Verleger, ihre Flucht, ihr Schicksal nach 1945, hat es bisher wenig gegeben. Sicher sind viele in den berüchtigten Waldheimer Prozessen zu langen Haftstrafen verurteilt, in Bautzen II oder Mühlberg viele Jahre inhaftiert worden. Manche werden diese Haft nicht überlebt haben. Der „Gutenbergweg“ [89] zeigt viele Details von den sehr wohlhabenden Verlegern auf, ihre Villen und Landgüter oft weit über Leipzig hinaus in Sachsen und Thüringen; auch ihre prachtvollen Grabstätten. Wer sich über Deutschlands sicher umfangreichstes Großbürgertum informieren will, lese dieses Buch. Biographien, wie sie zum Beispiel in Chemnitz über den Lokomotivkönig Hartmann, den Familienverbund Escher und andere Unternehmer-Ingenieure erschienen sind, fehlen noch.

Insgesamt muss man auch hier vom Ruin, dem „Wüstgefallen“ der Welthauptstadt des Buches durch die Herrschaft des Marxismus sprechen. Es sind nur Reste geblieben, *„Spaziergänge in das traditionsreiche Areal werden so auf Schritt und Tritt vor allem Ausflüge in eine große Vergangenheit“, wie es im „Gutenbergweg“ gesagt wird. Hier sind sie auch genannt, die aufgeblähten Großbetriebe wie der „Interdruck Leipzig“.*

Dort waren die vormaligen Traditionsverlage Breitkopf & Härtel, B. G. Teubner, Spamer AG, Reclam, J. J. Weber, O. Brandstetter, Bibliographisches Institut AG, Fikentscher und weitere Betriebe/Druckereien zusammengewürfelt. Natürlich brach ein solches Ungetüm 1990 zusammen, der Zustand der Anlagen entsprach dem der volkseigenen Betriebe. Zu vergleichen ist dieser Aufbau und Zerfall am ehesten mit dem zunächst „großartigen“ Kombinat Nagema Dresden (mit Bonbon-Maschinen versorgten wir die halbe Welt), welches 1990 auf eine klägliche „Pactec“ schrumpfte.

Dr. Willmar Schwabe Arzneimittel/Leipzig/Karlsruhe

„Von Leipzig nach Karlsruhe" ist der Beitrag in dem „Sachsenspiegel" [68] überschrieben.

„Die Jahre in Leipzig"

Am 1. Januar 1866 eröffnete in Leipzig der 26-jährige Apotheker Dr. Willmar Schwabe, durch Herkunft, Bildung und Studium wohlausgerüstet, sein pharmazeutisches Unternehmen. Die Jahre waren voller kriegerischer Verwicklungen, innenpolitischer Kämpfe, geistiger und künstlerischer Schöpfungen und Umwandlungen. Kekulé fand den Benzolring, der amerikanische Präsident Lincoln wurde ermordet, und Haeckel stellte das Biogenetische Grundgesetz auf.

Die Stadt Leipzig bestand in dem Gründungsjahr des jungen Betriebes rund 700 Jahre. Sie hatte es durch Jahrhunderte verstanden, stets mit viel Glück zwischen den Streitenden zu manövrieren und ihre Rechte, ihren Besitz, ihre Freiheit und ihre Verbindungen als Handels-, Buch-, Universitäts- und Messestadt zu mehren. Die Künste wurden gepflegt und Leipzig ‚bildete seine Leute'. Ein weltverbundener Geist wehte in den Handelshöfen, in denen sich Waren aus Nord und Süd, Ost und West stapelten. Von Leipzig aus verwirklichte Friedrich List den Plan eines deutschen Eisenbahnnetzes. Die Stadt an der Pleiße war Kulturzentrum und Handelsmetropole zugleich. Zwischen den Gelehrten und der Kaufmannschaft bestanden seit je freundschaftliche Bande.

Das Unternehmen Dr. Schwabes wuchs rasch, so dass in den folgenden Jahrzehnten verschiedene Verlegungen vorgenommen werden mussten, bis am 15. Juni 1926 unter seinem Sohn das in Leipzig-Paunsdorf errichtete neue Fabrikationsgebäude eingeweiht werden konnte. Niederlassungen und Zweigbetriebe entstanden schon früh im europäischen Ausland und in Übersee. Sie sind verloren. Die ausgedehnten Fabrikationsanlagen und Arzneipflanzenkulturen des Leipziger Betriebes jedoch haben den letzten Krieg unversehrt überstanden."

Als der Firmengründer Dr. Willmar Schwabe 1917 im Alter von 78 Jahren verstarb, übernahm der Sohn gleichen Namens die Firmenleitung. Dem Unternehmen Schwabe war seit den Gründungsjahren ein

Verlag Dr. Willmar Schwabe angegliedert, in dem wichtige pharmazeutische Fachliteratur und Zeitschriften bis ins Kriegsjahr 1942 erschienen.

Nach dem Tod von W. Schwabe jun. 1935 übernahmen der Arzt Dr. med. Willmar Schwabe und der Apotheker Dr. rer. pol. Wolfgang Schwabe das großväterliche/väterliche Werk. So wurde noch in Leipzig, dem Standort Leipzig-Paunsdorf, aus dem Pharmaunternehmen Schwabe ein weltweit operierender Großbetrieb mit zahlreichen Filialen in Europa, Amerika und Asien. Homöopathische Produkte nach der Lehre des Meißner Arztes und Naturforschers Samuel Hahnemann bestimmten bereits hier einen großen Teil der Produktion.

1945 begründeten das Selbmann-Ministerium und die Leipziger Stalinisten wie in vielen anderen Fällen mit fadenscheinigen Gründen, dass auch dieses große Arzneimittelwerk den „Kriegsverbrechern" zuzuordnen ist. Folglich verfügte die Besatzungsmacht die Enteignung und Zerschlagung des Lebenswerkes der Familie Schwabe.

Karlsruhe – die neue Heimat

„1946 erfolgte die Verlegung der Firma von Leipzig nach Karlsruhe. Ein neuer Anfang wurde gemacht. Aus dem Nichts. Wie damals, 1866 – doch konnte man jetzt, bei aller materiellen Not, auf dem Namen Schwabe aufbauen.

Es war mehr oder weniger ein Zufall, eine Gunst des Schicksals möchten wir sagen, dass in Karlsruhe, genauer in Karlsruhe-Durlach, 1946 der Anfang zum Wiederaufbau gemacht werden konnte, nachdem ein Jahr zuvor die erste Zusammenführung weniger alter Mitarbeiter im oberpfälzischen Wiesau erfolgte. Es war ein Beginn aus dem Nichts, wie es damals üblich war. Gültige Währung war der Name des damals 80-jährigen Unternehmens, ihre Deckung die mutige Nüchternheit der dritten Generation des Hauses Schwabe und ihr Wissen um das rechte Maß der Dinge. In einem stetigen, stufenweisen Entfalten wuchs hier in Durlach unter Führung der Gebrüder Schwabe der neue Betrieb heran.

Sie fanden hier ein Klima vor, das, sowohl im übertragenen Sinne als auch meteorologisch verstanden, die Entwicklung der Firma und

ihre Einschaltung in das Wirtschaftsleben wesentlich förderte. Die klimatischen Verhältnisse der Oberrheinischen Tiefebene und die fruchtbaren Böden zwischen Rhein und Gebirge begünstigten die Anlage pflanzlicher Kulturen, die an alte gärtnerische Traditionen anknüpfen konnten.“ [68]
Nun entstand aus dem Leipziger Exilbetrieb die große Unternehmensgruppe Schwabe, die Zentrale ist die Dr. Willmar Schwabe GmbH & Co KG in Karlsruhe.

Nach allgemeinen Wirtschaftsangaben beschäftigt der Schwabe-Konzern weltweit 3.600 Mitarbeiter und erzielte 900 Millionen Euro Umsatz (2016). Es bestehen 16 Tochtergesellschaften in Europa, Nord- und Mittelamerika und Asien

Ein wichtiger Standort in Karlsruhe ist die 1961 gegründete Deutsche Homöopathie Union (DHU), in welcher der gesamte Homöopathie-Bereich zusammengefasst ist.

Schön für Baden-Württemberg, da kann man als Einwohner wieder stolz sein auf das starke „Musterländle“. Neben den vielen mitteldeutschen Exilfirmen im Maschinenbau und anderen Gewerben kommt also auch der Pharmabereich hinzu, wobei Schwabe nicht der Einzige sein wird. All das wäre einmal zu erforschen.

Für heutige und zukünftige Generationen ist nach landläufiger Meinung Schwabe ein bodenständiger Traditionsbetrieb. In einem Beipackzettel der Ettlinger Firma Spitzner heißt es: *„... die Firma Spitzner ist ein Tochterunternehmen der Firma Dr. Willmar Schwabe, ein Familienunternehmen in der vierten Generation, beschäftigt sich seit der Gründung vor mehr als 130 Jahren mit der Herstellung von pflanzlichen Arzneimitteln.“*

In der jungen Bundesrepublik würdigte man die Aufbauleistung der Exilunternehmer auch von staatlicher Seite, wie das Bild zeigt.

In der DDR entstand aus dem Schwabe-Stammbetrieb in Leipzig-Paunsdorf der VEB Arzneimittelwerk Leipzig mit der Fortführung der wesentlichen Schwabe-Produkte und abgestimmt im staatlich gesteuerten Arzneimittelsektor. Planvorgaben und Versorgungsauftrag wurden erfüllt, besondere Spitzenleistungen im internationalen Maßstab hat es nicht gegeben. Nach 1990 entstand die übliche

GmbH als Treuhandbetrieb, sie ist inzwischen durch verschiedene Hände gegangen.

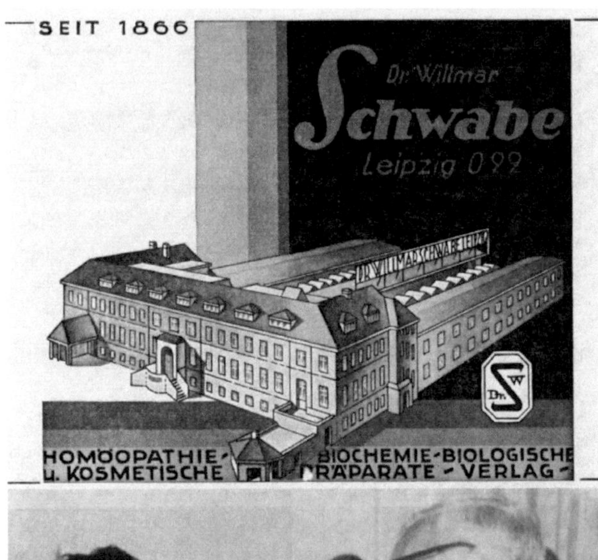

Bild 76: Frau Loki Schmidt zeichnet Dr. Wolfgang Schwabe mit der „Silberpflanze“ aus.

Der Werkzeugmaschinenbau hatte in Leipzig keine herausragende Position, etwa 10 Fabriken fertigten Fräs- und Sondermaschinen mit durchaus internationalem Ruf, wie Arno Krebs (gegr. 1901), Klein & Ungerer (gegr. 1901), Müller & Montag (gegr. 1906) und andere. Betrachten wollen wir zwei große Firmen mit Leipziger Tradition, die nach 1945 als Exilfirmen ihr großes Know-how nach dem „Westen" transferiert haben.

Pittler Werkzeugmaschinenfabrik AG/Leipzig/Langen (Hessen)

Der aus Ostpreußen stammende Wilhelm v. Pittler war ein ingeniöser Tausendsassa, der sich mit Textilmaschinen, Heißluft- und Verbrennungsmotoren und Hydraulik beschäftigte. Die im Textilmaschinenbau schon zu dieser Zeit automatisierten Vorgänge, zum Beispiel bei Stickmaschinen, sollen ihm als Vorbild für seine Revolverdrehbank gedient haben. 1889 zunächst als Maschinenfabrik „Invention" in Leipzig-Gohlis gegründet, entwickelte sich das Werk nach der Jahrhundertwende am neuen Standort Leipzig-Wahren zu Europas größter Fabrik für automatische Drehmaschinen. Bis 1940 hat Pittler-Leipzig circa 30.000 Maschinen gefertigt und in alle Länder exportiert. In Branchen mit ausgesprochen hohen Stückzahlen an Drehteilen, wie Auto-, Fahrrad- oder Nähmaschinenbetrieben, waren die Revolverdrehereien nur mit Pittler-Maschinen bestückt und hießen die „Pittlerei". Neben Einspindelautomaten als Kernprodukt wurden ab etwa 1904/05 auch Mehrspindelautomaten gefertigt und zum absoluten Spitzenprodukt entwickelt.

Pittler gilt auch als ein Pionier der Industriehydraulik. Seine Hydraulikpumpen und -getriebe, als Pittler-Thoma-Pumpen aus dem Maschinen- und Anlagenbau nicht wegzudenken, wurden von 1900 an trotz aller Rückschläge systematisch weiterentwickelt und waren seit den 1920er Jahren fest im Produktionsprogramm verankert. Zusammen mit August Horch in Zwickau hatte v. Pittler sein Hydraulikgetriebe auch im Auto getestet. Doch die hohe Ölerwärmung und der zu geringe Wirkungsgrad hatten zu keinem befriedigenden Ergebnis geführt.

Das weltbekannte Pittler-Werk, ein Juwel unter den deutschen Maschinenbaubetrieben mit 7.000 Mitarbeitern und Fließbandmontage der Maschinen, wurde 1945 demontiert und im üblichen Verfahren enteignet.
1948 begann die Führungsmannschaft unter Dr. Fehse sowie zahlreichen Mitarbeitern aus Leipzig den Neuaufbau von Pittler-Langen (bei Frankfurt/M.). Wie in den anderen Fällen bürgte der Begriff „Pittler“ für Kredite. Über das Anlaufwerk (1949) hinaus lief 1950 in Langen die Produktion erstaunlich schnell, die Leipziger zeigten den Hessen, wie man hochwertige Maschinen baut. Vier Jahre später wurde die 1.000. Maschine ausgeliefert, die Mehrspindelautomaten, wie Petra, Pirette, sorgten wieder mit für den rasanten Produktionshochlauf in den Autowerken und anderen Fabriken.

1964 konnte man „75 Jahre Pittler“ feiern, die neue Pittler-AG errichtete 1967 das Verwaltungshochhaus, 1.800 Mitarbeiter wurden beschäftigt.

Doch schnelle Erfolge rufen auch Manager ins Geschäft, die große Strukturen aufbauen wollen und nicht zuerst den Auf- und Ausbau des einzelnen Werkes im Blick haben. So geriet Pittler ab den 1980er Jahren in die Hände der Rothenberger Gruppe und weiteren Gruppen (Beteiligungen/Übernahmen). Absatzkrisen im gesamten Maschinenmarkt führten zu weiteren Verlusten. 1989 konnte man „100 Jahre Pittler“ begehen, doch die nun als Pittler GmbH geführte Firma beschäftigte nur noch rund 500 Mitarbeiter. Die Presse und das Land Hessen schalteten sich in den Fall Pittler wiederholt ein.
Nach Wirtschaftsberichten wird nun bei Pittler-Langen nicht mehr produziert, sondern der Geschäftsbetrieb läuft durch Vermietung/Verpachtung und Beratungsleistungen. Trotzdem hat Pittler in Langen zum Wirtschaftsaufbau der Bundesrepublik maßgeblich beigetragen – wie die nach Tausenden zu zählenden anderen Exilfirmen auch.

CNC-Frontdrehmaschinen PETRA 1

Bild 77: Pittler AG Leipzig, über 50 Jahre (1889 – 1945), ein Begriff weltweit für hochproduktive Maschinen, fortgeführt in Langen (Hessen) mit der gleichen Innovationskraft und Präzision.

In Leipzig setzte auf dem Pittler-Areal der VEB Drehmaschinenwerk Leipzig 1947/48 die Fertigung/den Nachbau der Mehrspindelautomaten fort und konnte mit Weiterentwicklungen die DDR-Wirtschaft, aber auch Ostblock- und Entwicklungsländer mit entsprechenden Maschinen beliefern. 1990 entsprachen der technische Stand und der Zustand der Anlagen dem Niveau der DDR-Industrie. Investoren standen nicht Schlange, um zu investieren, eine Grundsanierung war wie in anderen Fällen auch hier notwendig. Trotzdem gelang durch Hilfe von Pittler-Langen und weiteren Partnern 1991 die Gründung einer Pittler-Tornos GmbH, die sich auf die Tradition in Leipzig berief und den Maschinenbau fortsetzte. Sie ging 1997 in die EMAG-Gruppe in Salach ein, in welche auch, wie schon genannt wurde, der Maschinenbauer Reinecker-Ulm (Exilbetrieb aus Chemnitz) integriert ist. So ist in Leipzig zumindest ein Rest vom Pittler-Maschinenbau geblieben.

Köllmann-Werke AG/Leipzig/Thielenhaus GmbH/Wuppertal

Die Köllmann-Werke AG waren Leipzigs und Mitteldeutschlands großer Getriebehersteller. Vom PKW-Getriebe über schwere Diesellokgetriebe bis zu Schiffsgetrieben lieferte Köllmann eine breite Palette derartiger Aggregate. 1904 von Gustav Köllmann gegründet und 1912 in eine AG umgewandelt, besaß Köllmann in Leipzig drei Betriebe mit insgesamt 3.000 Beschäftigten. Köllmann Leipzig galt als ein wichtiger Rüstungsbetrieb im Zweiten Weltkrieg, Panzergetriebe für die zahlreichen deutschen Panzerhersteller wurden in großen Stückzahlen gefertigt, dabei auch zahlreiche Zwangsarbeiter eingesetzt.

Bild 78: Köllmann-Werke AG, 40 Jahre (1904 – 1945) sächsischer Maschinenbau für Fahrzeuge jeder Art. Heute wird in Wuppertal dieses Know-How innerhalb der Thielenhaus-Gruppe weltweit fortgeführt.

1945 demontiert und im Verfahren des Volksentscheides 1946 enteignet, führte zunächst ein langjähriges KPD-Mitglied als „Treuhänder“ den Betrieb. Doch so ein großer und vielseitiger Getriebehersteller geriet umgehend in die große Gruppe der SAG-Betriebe, die direkt der Besatzungsmacht unterstanden, ohne, wie es hieß, „der Landesverwaltung verloren zu gehen“.

Die Familie Köllmann konnte rechtzeitig Leipzig verlassen und baute in Langenberg (bei Düsseldorf) neu auf, wo seit den 1930er Jahren ein zur Familie gehörender Zweigbetrieb bestand. Über die Zwischenstation Düsseldorf ging die Köllmann GmbH nach Wuppertal. In einem Prospekt von 1998/2000 heißt es:

„Die Zahnradwerk Köllmann GmbH wurde 1904 in Leipzig gegründet. Seit 1955 gehört das Unternehmen zur Thielenhaus-Gruppe. Vom 1964 gemeinsam mit der Maschinenfabrik Ernst Thielenhaus GmbH bezogenen Firmensitz in Wuppertal aus betreuen wir Kunden in ganz Europa. Das Tochterunternehmen Koellmann Gear Corporation ist seit 1974 in New Jersey (USA) erfolgreich tätig.

In den letzten Jahrzehnten der nunmehr 95-jährigen wechselhaften Firmengeschichte hat sich Köllmann vor allem als kompetenter Partner in Fragen der Antriebstechnik einen Namen gemacht.

Fahrzeuggetriebe

Für die Fahrzeugtechnik stellt Köllmann zum Beispiel Planetengetriebe für gelenkte und ungelenkte Einzelradantriebe her. Einsatzbereiche sind hier die Fahrgestelle von Rangierlokomotiven sowie von speziellen Bau- und sonstigen Nutzfahrzeugen.

Sondergetriebe für den Maschinen- und Anlagenbau

Auch in den verschiedenen Sparten des Maschinen- und Anlagenbaus haben eine Reihe von Herstellern bereits die Vorteile individueller Lösungen aus dem Hause Köllmann zu schätzen gelernt. Ob Verteilergetriebe für Drahtziehmaschinen, Antriebe für Biegemaschinen oder Schneckenantriebe für die Plastifiziereinheiten von Spritzgießmaschinen.“

Seit den 2000er Jahren ist Köllmann in der Thielenhaus Technologies GmbH als Koellmann Airtec und Koellmann Gear eingeordnet.

In Leipzig entstand nach der SAG-Zeit der VEB Fahrzeuggetriebewerk Leipzig, ab 1978/80 eingebunden in das VE Kombinat Nutzfahrzeuge Ludwigsfelde. Das bedeutete Getriebebau für die zigtausend W 50/L 60-Lastwagen bis 1991/92. Mit dem Auslaufen dieses Lastwagens – wie sollte er mit einem durchschnittlichen technischen Stand im gesättigten europäischen Markt bestehen – gingen auch im Leipziger Werk die Lichter aus. Nach einem schwierigen Anfang setzt ab 1999/2000 eine ZWL Zahnradwerk Leipzig GmbH eine bescheidene Fertigung fort.

Adolf Bleichert AG/Leipzig/Pohlig-Heckel-Bleichert AG/Köln/Bleichert GmbH & Co KG/Osterburken (Baden-Württemberg)

Adolf Bleichert (1845-1901) gründete 1874 eine Fabrik für Drahtseilbahnen, entwickelte neue Klemmkupplungen und Sicherheitssysteme, und das System Bleichert wurde in wenigen Jahren weltweit führend beim Bau von Material- und Personenseilbahnen. 1888 konnten Lizenzen an eine amerikanische Firma vergeben werden. Als A. Bleichert 1901 starb, hatten mehr als 1.000 Seilbahnen in allen Ländern den Betrieb aufgenommen. Bleichert konnte sich Weltmarktführer nennen: *„Adolf Bleichert & Co., Leipzig-Gohlis, älteste und größte Fabrik der Welt für den Bau von Drahtseilbahnen und Elektrohängebahnen. Kabelkrane/Becherwerke/Bandförderer. Fabriken in Leipzig-Gohlis, Leipzig-Eutritzsch und Neuß am Rhein.“* Für den Bereich Schiffsbe- und -entladesysteme, Elektrohängebahnen und ähnliche Betriebsanlagen/Zuführeinrichtungen wurde die Bleichert Transportanlagen GmbH gegründet. Im Seilbahnbereich errichtete Bleichert ab den 1920er Jahren alle bekannten Personen- und Materialseilbahnen. Keine Seilbahn in Europa oder Afrika, die nicht aus den Bleichert-Fabriken kam. Die umfangreiche Literatur zur Bleichert-Geschichte zählt auf.

Wir bauen und liefern

Lastseilbahnen jeder Art für Leistungen bis über 1000 t/h, Elektrohängebahnen, Handhängebahnen, Personenseilschwebebahnen, Nahfördermittel jeder Art, wie: Bandförderer, fest oder fahrbar, Plattenbänder, Wandertische, Becherwerke, Entlader, Kabelkrane, Kabelbagger, Brückenkabelbagger, Schrapper, Schiffsbeladeanlagen, Kesselbekohlungen, Seiltreidelanlagen, Seilhängebrücken; Elektrokarren „Eidechse“ als Plattform-, Niederplattform-, Hub- und Stapelkarren mit allen gewünschten Aufbauten; Elektrolieferwagen (Stromwagen) für Nutzlast von 250 bis 7500 kg. Lastanhänger als Zwei-, Drei- und Vierachser von 1,5 bis 14 t Tragkraft, Sattelschlepper, Kipper, Langmaterialläufer.

BLEICHERT

BLEICHERT-TRANSPORTANLAGEN GMBH · LEIPZIG N 22

Bild 79: Bleichert Leipzig, „älteste und größte Fabrik der Welt für Drahtseilbahnen und Elektrohängebahnen“, so konnte sich der Betrieb bis 1945 nennen. Nach Köln und Osterburken (bei Stuttgart) haben Leipziger Fachleute ihr Wissen und Können transferiert.

- 1921/1922: Kabelkrananlage des Sägewerkes Köster in Parey
- 1923/1924: Hängebrücke in Grimma
- 1926: Nordkettenbahn bei Innsbruck (Streckenführung und technisches Konzept), Österreich
- 1926: Kreuzeckbahn, Garmisch-Partenkirchen
- 1926: Raxseilbahn, Hirschwang, Niederösterreich (erste österreichische Seilbahn)
- 1926: Tiroler Zugspitzbahn (form. Österreichische Zugspitzbahn), Ehrwald, Tirol, Österreich
- 1927: Pfänderbahn, Bregenz, Österreich
- 1927: Ebensee-Feuerkogel im Höllengebirge, Oberösterreich
- 1927: Engelberg-Trübsee, Schweiz
- 1927: Schmittenhöhe, Zell am See, Österreich
- 1928: Predigtstuhlbahn, Bad Reichenhall
- 1928: Krossobanen, Rjukan, Norwegen
- 1928: Patscherkofelbahn, Innsbruck, Österreich
- 1928: Hafelekar, Innsbruck, Österreich
- 1928: Laaser Marmorbahn inklusive „Schrägbahn" und Kabelkran, Laas, Südtirol, Italien
- 1928: Kanzelbahn, Annenheim, Kärnten, Österreich
- 1929: Tafelberg-Personenseilbahn bei Kapstadt, Südafrika
- 1929: Wankbahn Garmisch-Partenkirchen
- 1929: Burgbergseilbahn, Bad Harzburg
- 1930: Montserrat, Katalonien, Spanien
- 1931: Hafenseilbahn Barcelona/Miramar, Katalonien, Spanien
- 1931: Zugspitze, Gipfelseilbahn (Schneefernerhaus-

Zugspitzgipfel)

- 1931: Sestriere, Piemont, Italien
- 1934: Mont d'Arbois, Megève, Frankreich
- 1934: Seilbahn zur Bastille von Grenoble, Frankreich (im Konsortium Bleichert, Neyret-Beylier, Para und Milliat)
- 1935: Luftseilbahn Schwägalp-Säntis, Schweiz
- 1935: Zakopane – Kasprowy Wierch, Polen
- 1937: Galzigbahn, Arlberg, Österreich

Als Nebenprodukt entwickelte Bleichert in den 1920er Jahren den Elektrokarren für den innerbetrieblichen Transport, die sogenannte Bleichert-Eidechse. Auch größere LKWs als Bleichert-Stromwagen wurden angeboten – Anfänge der Elektromobilität aus Leipzig.

In den Krisenjahren 1931/32 führte der massive Einbruch im Seilbahnbereich zum Erliegen der Aktiengesellschaft, die Familie von Bleichert (geadelt vom letzten König Friedrich August III.) schied aus, eine Bleichert Transportanlagen GmbH setzte den Betrieb im wieder anziehenden Seilbahnbereich fort. In der NS-Zeit und den Kriegsjahren 1940/45 wurde Bleichert in das Rüstungsgeschäft in starkem Maße einbezogen.
1945/46 wurde Bleichert als großer und vielseitiger Anlagen- und Stahlbaubetrieb einer der SAG-Betriebe der Besatzungsmacht, als Bleichert Transportanlagen SAG Leipzig. 1953 von der Sowjetunion „zurückgegeben", entstand der VEB Verlade- und Transportanlagen Leipzig (VTA), und schließlich ging 1985 diese VTA in das VE Kombinat TAKRAF ein, wurde der Stammbetrieb.

Diese TAKRAF hat eine eigene Geschichte, die wir hier nicht darlegen wollen. Gestreift haben wir sie im Zusammenhang mit dem Lauchhammerwerk. Das Kombinat in Leipzig und Lauchhammer mit 28 Betrieben und 3800 Mitarbeitern war der Hersteller der riesigen Tagebaugroßgeräte/Schaufelradbagger/Förderbrücken für die Braunkohlentagebaue in Sachsen und Brandenburg. In heute stillgelegten Bereichen stehen diese Anlagen als „Dinosauriere"/ Museumsstücke einer vergangenen Epoche; in modernisierter Form werden sie bis in die 2030er Jahre im Einsatz sein.

1990 brach die große TAKRAF auseinander. Von der Treuhand ging der Kern aus Leipzig und Lauchhammer an die MAN-Gruppe und über weitere Zwischenstationen 2007/08 als TAKRAF GmbH beziehungsweise als Tenova TAKRAF an die italienische Tenova-Gruppe.

So ist der Begriff Bleichert-Leipzig, nachgerade ein Synonym für weltweiten Seilbahnbau, erloschen. Die SAG, also die Sowjetische Aktiengesellschaft, hatte ihn noch beibehalten, mit der Übernahme in die volkseigene Wirtschaft wurde er gelöscht.

Man kann schon davon ausgehen, dass nach der SAG-Zeit also ab 1953/54, eine Firma Bleichert-Leipzig unter freien Marktbedingungen einen Wiederaufstieg erreicht hätte. Nicht nur die großen Betriebsanlagen waren vorhanden, sondern auch ein Techniker-Team mit einem einmaligen Know-how im Seilbahn- und Transportanlagenbau (vor dem Krieg circa 1.000 Personen in den Entwicklungsbüros).

Im Marxismus als Eigentümer-Gesellschaft zerschlagen, gingen Führungskräfte und Mitarbeiter in die Bundesrepublik.

1946 gründete eine Gesellschaft, die schon vorher Aktionär bei Bleichert-Leipzig war, die Bleichert Transportanlagen GmbH in Köln. Sie wurde zum Beginn der 1960er Jahre mit ähnlich gelagerten Betrieben zur **Pohlig Heckel Bleichert AG (PHB)** in Köln vereinigt. Hier sind 40 Jahre lang Bleichert-Konstruktionen und langjähriges Know-how in den westdeutschen Förderanlagen/Seilbahnbau eingeflossen, auch als die Firma zuerst als PHB Weserhütte, dann als Teil des Konzerns Orenstein & Koppel die Arbeiten auch wieder im Seilbahngeschäft fortsetzte.

Nach weiteren Wechseln der Eigentümer sind Bleichert-Konstruktionen schließlich in die Krupp Fördertechnik GmbH eingeflossen und der Name Bleichert verschwunden.

In Osterburken (bei Stuttgart) hatte Bleichert bereits in den 1940er

Jahren einen Betrieb gegründet, die heutige Bleichert Automation GmbH & Co KG. Sie steht in voller Blüte im „Musterländle“, Bleichert-Osterburken beschreibt sich als „Weltweiter Systempartner für Fabrikautomation, Fördertechnik, Montage- und Verkettungssyssteme“. Hier ist der Name Bleichert erhalten geblieben.
Nach dem Tod von Adolf Bleichert im Jahr 1901 setzten seine Söhne den weiteren Aufbau des Werkes fort. Der jüngere Paul von Bleichert (1877-1938) musste die Vernichtung des Werkes nicht mehr erleben, das Schicksal des älteren Max von Bleichert (1875-1947) und weiterer Nachkommen (Peter von Bleichert) ist noch zu ergründen.

Langbein-Pfanhauser Werke AG/Leipzig/Düsseldorf/Neuss

Die beiden Firmen Langbein-Leipzig und Pfanhauser-Wien, seit den 1880er Jahren zunächst Konkurrenten auf dem neuen Gebiet der Galvanotechnik, schlossen sich 1907 zur Aktiengesellschaft mit Sitz in Leipzig zusammen. Sie stellte die ganze Bandbreite galvanotechnischer Erzeugnisse her. Komplette Großanlagen für Galvanotechnik und Oberflächenveredelung, Schleif- und Poliermotoren einschließlich Dynamomaschinen und auch Schleif- und Poliermittel lieferte „LPW“ als älteste und größte Spezialfabrik für Galvanotechnik in alle Länder. Der Betrieb stand auch mit seinen Forschungsarbeiten an vorderster Front. Mit patentierten Verfahren, zum Beispiel für Glanzverzinkung, Hartverchromung, Eloxieren von Aluminium, Beschichten von Magnesium, Galvanisieren von Kunststoffen, elektrolytisches Reinigen von Metallen, war LPW weltweiter Marktführer in einer sich stürmisch entwickelnden Branche.

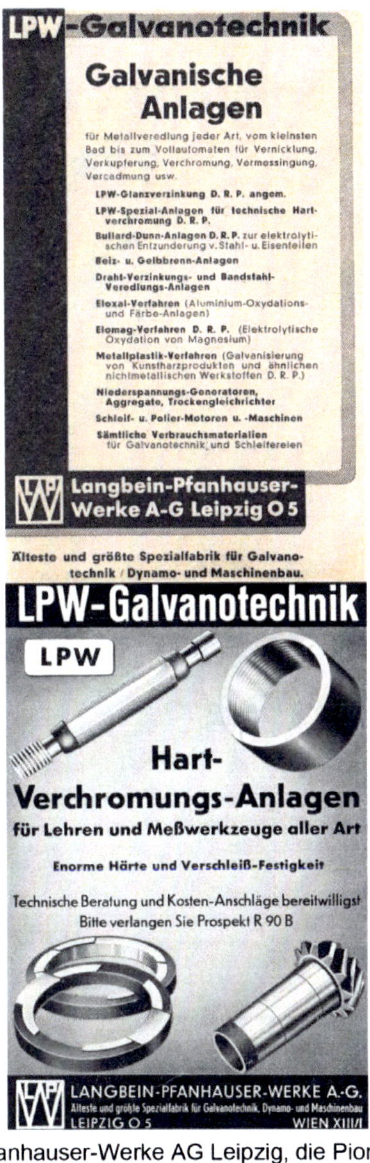

Bild 80: Langbein-Pfanhauser-Werke AG Leipzig, die Pionierfirma der Galvanotechnik, ging nach Neuss und Düsseldorf ins Exil.

Einen solchen, auch von den Betriebsanlagen in Leipzig-Sellerhausen her großen Betrieb mit 2.000 Beschäftigten wollten die Leipziger SED-Genossen natürlich selbst in die Hand nehmen, also die LPW-Eigner den Kriegsverbrechern zuordnen, der SMA die Enteignung vorschlagen, rauswerfen. Diese und viele Leipziger LPW-Mitarbeiter gingen nach Neuss bei Düsseldorf und errichteten Anfang der 1950er Jahre die neuen Betriebsanlagen mit großen F/E-Einrichtungen und Verwaltungsgebäuden. Langjähriges Know-how aus Leipzig, darunter die wertvollen Eloxal-Patente von 1935, floss im Zeitraum von fünf Jahren nach NRW. Dort lief in den Wirtschaftswunderjahren die Produktion von Galvanikanlagen auf vollen Touren. Ab den 1980er Jahren wurde aus LPW ein Holding-Unternehmen mit dem Hauptbetrieb Vereinigte Deutsche Nickel-Werke AG in Düsseldorf und zahlreichen Tochtergesellschaften. Nach 1990 wurden in Sachsen Betriebe in Aue, Halsbrücke (bei Freiberg) und Coswig übernommen.

Zwischenzeitlich sind hier viele Veränderungen eingetreten, in Düsseldorf und auch in Sachsen. In Leipzig entstand 1946/48 in den LPW-Anlagen der VEB Galvanotechnik Leipzig, er stellte für die DDR und die Ostblockländer mit den übernommenen und bekannten LPW-Verfahren Galvanikanlagen her. Schon in den 1980er Jahren waren die Fabrikanlagen des VEB Galvanotechnik Leipzig O 5, Torgauer Straße (Sellerhausen), wie von Säure zerfressen und abbruchreif. Wer mit der Eisenbahn aus Dresden kommend im Südosten Leipzigs einfuhr, bekam schon hier einen Vorgeschmack auf das 30 Kilometer nördlich von Leipzig gelegene Bitterfeld.
1990 bis zur Unkenntlichkeit abgewirtschaftet, stehen die Ruinen des marxistisch-sozialistischen Betriebes noch heute (2019) da, dort kann und will niemand mehr aufbauen. An anderer Stelle arbeiten in Leipzig mehrere kleine Galvanikbetriebe.

Von den über 30 Maschinenfabriken für das graphische Gewerbe wollen wir vier zusammengefasst betrachten:

Karl Krause Leipzig/VE Kombinat Polygraph/Leipzig/Krause-Biagosch GmbH/ Horstmann Group/Bielefeld/Gebrüder Brehmer/Leipzig/VE Kombinat Polygraph/Heidelberger Druckmaschinen AG/Chn. Mansfeld Leipzig/VE Kombinat Polygraph/Schelter & Giesecke/Zirkon Druckmaschinen GmbH/Leipzig

Karl Krause (1823-1902) gründete 1855 seine Firma, und diese wurde auf dem Sektor der Papierverarbeitung eine der führenden Firmen in Europa. Insbesondere Papierschneidemaschinen, aber auch Walzenkalander und Buchbindereimaschinen waren die besondere Spezialität von Krause. 1873/75 wurde in Leipzigs Vorort Anger-Crottendorf die große Fabrik für 1.500 Mitarbeiter errichtet.

Die Familie Krause zählte zum Leipziger Großbürgertum, ein Millionenvermögen und der Besitz von etwa 100 Hausgrundstücken in Leipzig sicherten einen aufwändigen Lebensstil. So besaß die Krause-Villa mit Heizung und Kühlung versehene Wände und Fußböden und jeden anderen erdenklichen Luxus. Bereits 1893 übernahm sein Schwiegersohn Biagosch das Unternehmen. Nach Rüstungsproduktion im Krieg und Demontage durch die Besatzungsmacht wurde der Betrieb 1948 enteignet. Daraufhin verließ die Familie Biagosch Leipzig und gründete 1949 unter Mitnahme des 100-jährigen Know-hows im Maschinenbau die Krause-Biagosch GmbH in Bielefeld. Aus diesem zunächst bescheidenen Exilunternehmen entstand die „Krause Group", die unter Führung von J. Horstmann zu einem weltweit tätigen Unternehmen herangewachsen ist. Im Jahr 2000 konnte man auf 600 Millionen Euro Umsatz und 2.000 Mitarbeiter verweisen.
Heute sind die Geschäftsbereiche Graphische Industrie/Fachhandel, Bäckereimaschinen/anderer Maschinenbau und Möbelindustrie in der Horstmann Group-Bielefeld vereinigt, circa 1.300 Mitarbeiter sind beschäftigt.

Brehmer Maschinen

zum Falzen und zum Heften mit Draht oder
Faden tragen dieses weltbekannte Zeichen
Es bürgt für höchste Qualität und Leistung

GEBRÜDER BREHMER / LEIPZIG W 31

Größte und älteste Spezialfabrik des Faches

Zur Messe:

Ausstellung unsrer Maschinen im Buchgewerbehaus, Dolzstr. 1, und in unsrer Fabrik, Karl-Heine-Str. 107-111

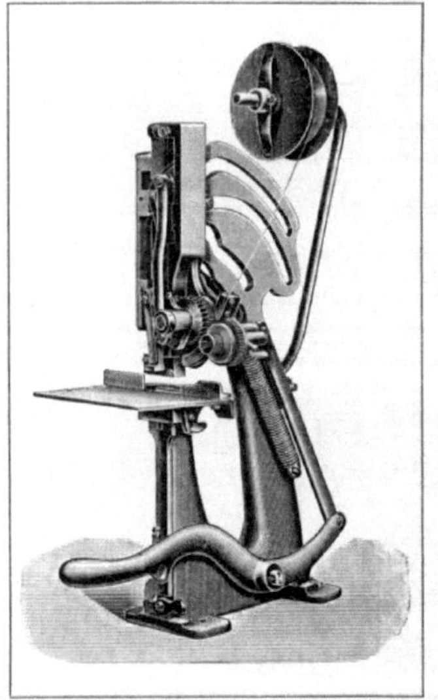

Broschüren-Drahtheftmaschine
bewährter Konstruktion.

Nach diesem Modell allein wurden
ca. 19000 Maschinen
von uns verkauft und sind dieselben
heute noch in Betrieb, trotzdem die
ersten über 20 Jahre arbeiten.

Nebenstehende Schutzmarke ist in die Körper unserer sämtlichen Maschinen eingegossen, was wir zu beachten bitten!

GEBRÜDER BREHMER
LEIPZIG-PLAGWITZ

Spezialitäten: Draht- und Faden-Heftmaschinen jeder Art, Bogenfalzmaschinen.
Größte und älteste Spezial-Fabrik der Branche!

Bild 81: Gebrüder Brehmer Leipzig, die größte Spezialfabrik für die Buchbinderei hat mit vielen Neuentwicklungen und Patenten Geschichte geschrieben.

Gebr. Brehmer, 1879 in Leipzig gegründet, nachdem die aus Lübeck stammenden Brüder Hugo und August Brehmer zunächst in Amerika erste Entwicklungen von Buchbindereimaschinen betrieben hatten.

Brehmer-Leipzig entwickelte sich zum größten Hersteller von Draht-, Faden- und Eckenheftmaschinen, aber auch Bogenfalz- und Bogenklebemaschinen – das Werk mit 2.000 Mitarbeitern war im Weltmaßstab ein Spitzenunternehmen auf diesem Spezialgebiet des graphischen Maschinenbaus. Ebenfalls 1948 enteignet, entstand daraus der VEB Falz- und Heftmaschinenwerk Leipzig. Im Zuge der Bildung des VE Kombinates Polygraph im Jahr 1970 bildeten die Betriebe Krause und Brehmer den sogenannten Stammbetrieb, das Kombinat umfasste acht Betriebe mit 16.000 Beschäftigten und über 40 einzelne Betriebsteile.

1991 erwarb die amerikanische/deutsche Firma McCain Corp. das ehemalige Brehmer-Werk und es ging danach über mehrere Zwischeneigentümer an die Heidelberger Druckmaschinen AG. In den Krisenjahren 2014/15 im gesamten Druckmaschinenbau gab Heidelberg den Leipziger Betrieb auf.

Chn. Mansfeld, 1861 gegründet, zählte ebenfalls zu den Pionierfirmen der Papierverarbeitung, insbesondere mit Schneide- und Ausstoßmaschinen, Maschinen für die Pappenverarbeitung, aber auch mit Vergolde- und Steindruckpressen aller Art. Eine Firma mit einem äußerst vielseitigen Maschinenprogramm. Im VE Kombinat Polygraph war Mansfeld als Druckautomatenwerk eingegliedert.

Schelter & Giesecke, 1819 zunächst als Schriftgießerei gegründet, zählte zu den Pionierfirmen des deutschen Druckmaschienbaues. Ab 1827 wurden Druckmaschinen gebaut. 1948 enteignet und als VEB Druckmaschinenwerk Leipzig im VE Kombinat Polygraph eingebunden, war der Betrieb mit Neuentwicklungen erfolgreich und exportierte seine Zirkon-Rollenoffsetmaschinen vorwiegend in westliche Länder. An den guten Namen aus der Vorkriegs- und der DDR-Zeit konnte das Unternehmen auch nach 1990 anknüpfen, wurde 1994 privatisiert und liefert heute als Zirkon Druckmaschinen GmbH seine Erzeugnisse wieder in alle Länder.

Im VE Kombinat Polygraph bildeten die Betriebe wie Zirkon-Leipzig, Planeta-Radebeul, Plamag-Plauen und andere die „Leuchttürme“, hierauf beruhte in den 1960/70er Jahren der hohe Exportanteil von circa 60 Prozent in westliche Länder.
1990 glaubte die Polygraph-Kombinatsleitung noch daran, dass man eigentlich Weltmarktführer sei:
„Das Kombinat hatte sowohl offiziell als auch für Insider den Ruf eines Vorzeigekombinats. Das wurde nicht allein durch den hohen Devisenanteil am Erlös bestimmt, sondern durch die Konzentration in einem Bereich, auf dem es international keine vergleichbare Konkurrenz gab. Die größten Produzenten – wie FIAT – haben andere Haupterzeugnisse als polygraphische Maschinen, so dass die Kombinatsvertreter davon überzeugt waren, sie dominierten eigentlich auf dem Weltmarkt.
Problematisch war die Tiefe der Fertigung. Gießereien, Ziehereien und Hersteller mikroelektronischer Bauteile gehörten dazu. Nach Meinung des letzten Generaldirektors, Doktor Eberhard Beschnitt, habe die Hälfte der Ausrüstung der Polygraph-Betriebe einem guten Standard entsprochen, mit dem man auf dem Weltmarkt bestehen konnte; der Rest lag darunter.
***„Schwindelwirtschaft“** mit Folgen*
Die weltweite Rezession, die sich in Deutschland infolge der Einheit erst verspätet auswirkte, hatte für die Betriebe des weltweit verkaufenden Unternehmens unabhängig von der politischen Entwicklung sofort drastische Folgen, weil zahlreiche Kunden Neubestellungen verschoben.
Tatsächliche Probleme wurden durch die hausgemachten der ‚Schwindelwirtschaft‘ verschärft, wie sie die Richtlinien aus dem ‚Hause Mittag‘ verursachten. Sachkundige Kenner belegen, dass fehlende Zuwächse in der industriellen Warenproduktion dadurch vertuscht wurden, dass einzelne Kombinatsbetriebe Lieferungen füreinander übernahmen, die zentral abgerechnet wurden, in der Abrechnung des Finalisten aber nochmals auftauchten.“ [71]
Auch hier bietet sich zum Beispiel ein Vergleich mit dem VE Kombinat Nagema Dresden an, worauf wir schon bei den Verlagen hin-

gewiesen haben. Nicht nur die große Fertigungstiefe und die fehlende Mikroelektronik haben den Niedergang beschleunigt. Der Gesamtzustand der Werksanlagen, insbesondere der Umweltschutz, entsprachen in keiner Weise den normalen, gegenüber den 1930/40er Jahren aber schärferen Maßstäben.

Von weiteren vormals großen Industriebetrieben Leipzigs haben einige einen guten Start in den freien Markt erreicht, andere sind untergegangen.

Unruh & Liebig AG/Leipzig/Kirow Ardelt GmbH/Leipzig/Rudolph Sack/Amazon Werk/Leipzig/Louis Schopper/VEB Werkstoffprüfmaschinen/WPM Werkstoffprüfsysteme Leipzig GmbH/Hugo Schneider AG (HASAG)/Leipzig/Eberspächer Werk/Leipzig

Unruh & Liebig AG, 1880 gegründet und in Leipzig-Plagwitz ansässig, war im Verbund mit der Peniger Maschinenfabrik einer der großen Hersteller von Kränen, Aufzügen und Transportsystemen. 1946 enteignet, als SAG Kirow (hoher stalingetreuer Funktionär) weitergeführt und 1954 dem Land Sachsen „zurückgegeben“, wurde der VEB Kirow Leipzig mit dem über 50-jährigen Fundus von U & L ein Spezialist für Eisenbahnkräne. 1958 in die große TAKRAF eingebunden, entwickelte sich „Kirow“ zum anerkannten Spezialisten für schwere und schwerste Eisenbahnkräne und andere Hebezeuge. Der inzwischen international bekannte Name Kirow wurde auch nach 1990 beibehalten, und die heutige Kirow-Ardelt GmbH ist ein Mittelständler mit circa. 150 Millionen Euro Umsatz.
Das schön restaurierte Verwaltungsgebäude der früheren Unruh & Liebig AG gehört zu den markanten Beispielen des Industriegebietes Plagwitz, das als industrielles Flächendenkmal erhalten werden soll und das größte seiner Art in Europa ist.

Rudolph Sack Landmaschinenfabrik, ebenfalls in Leipzig-Plagwitz, galt als Europas größter Hersteller von Landmaschinen. 1863 gegründet, wurde hier der moderne Mehrschaar-Ackerpflug entwickelt, und stolz weist „Rud. Sack, Leipzig-Plagwitz“ in großformatigen Anzeigen darauf hin, dass man in den 37 Jahren bis zur Jahrhundertwende

über	50.000	Drill- und „Säemaschinen“,
über	500.000	Pflüge aller Art,
ca.	150.000	Einsätze zu Universalpflügen und
ca.	7.000	Hackmaschinen

in alle Welt verkauft hat.

Die große Fabrik mit 75.000 Quadratmeter bebauter Produktionsfläche, mehreren Gleisanschlüssen und 2.000 Arbeitern lieferte außer Pflügen aller Art, wie Weinberg-, Hopfen- und Gartenpflüge, auch Maispflanzapparate, Kartoffelfurchenzieher, Dibbelapparate, Kleebreitstreuer und andere Geräte bis zu „Elastischen Zugvorrichtungen (Stoßfänger) und Kraftmesser“. Damit hatte sich Rudolph Sack zu einem großen F/E-Betrieb für die Bodenbearbeitung entwickelt und konnte bereits in den 1920er Jahren auf viele Ausstellungspreise, darunter 90 Gold- und 180 Silbermedaillen, verweisen. Sack-Landmaschinen gruben und säten auf den Feldern aller europäischen Länder bis in die 1920/40er Jahre.

1945 enteignet und demontiert, stand die Firma Sack auf der Liste C (Volksentscheid 1946) und wurde 1948 zum VEB Bodenbearbeitungsgeräte Leipzig (BBG) umgewandelt. Später im VE Kombinat Fortschritt Landmaschinen Neustadt/Sa. integriert, produzierte BBG weiterhin Schäl- und Scheibenpflüge, Grubber, Eggen, Walzen und alle anderen Geräte, die man kostenlos vom „Kapitalisten Sack“ übernommen hatte.

Das Kombinat Fortschritt mit 54.000 Beschäftigten hatte 9 Mrd. Ostmark Umsatz, von den Maschinen wurden 95 Prozent in die Ostblockländer geliefert, unersättlich wie in anderen Fällen war der russische Markt. Nicht von ungefähr saß das Kombinat in Neustadt/Sa.:

„Der Landmaschinenbau hat im ostsächsischen Raum eine lange, mehr als einhundertjährige Tradition. Die industrielle Entwicklung um die Mitte des 19. Jahrhunderts führte dazu, dass besonders in Sachsen einige Handwerksmeister von der Einzelfertigung von Landmaschinen zu deren Serienfertigung übergingen. Vorgänger des Neustädter Fortschritt-Betriebes waren beispielsweise die Hering-

Landmaschinenwerke. Schon 1854 wurde in Neustadt die erste Getreidereinigungsmaschine hergestellt, und bereits um die Jahrhundertwende gingen Lieferungen auch nach Polen, Russland, Österreich, Ungarn und Südamerika. Rudolf Klinger baute 1886 in Stolpen die erste Glattstrohpresse der Welt mit selbsttätiger Strohzuführung und -bindung. Das Mähdrescherwerk in Singwitz gründet sich zwar auf eine ehemalige Papierfabrik, aber ganz in der Nähe, in Obergurig, werden seit langem – jetzt wieder privat – Knüpfapparate für Strohpressen gebaut. Herrmann Raussendorf konstruierte 1906 die erste Schwingkolben-Strohpresse.

Vorläufer des VEB Bodenbearbeitungsgeräte Leipzig war die Pflugfabrik der Firma Sack. Rudolph Sack, ein Landwirt aus der Leipziger Gegend, hatte 1850 einen ersten eisernen Pflug in der heimatlichen Dorfschmiede gefertigt. 1863 gründete er eine eigene Firma, die sich schnell einen guten Ruf erwarb. Seit 1866 produzierte man bei Sack den ersten stählernen Universalpflug in Serie." [71]

Auch dieser Gigant brach 1990 zusammen. Viele Maschinen, die für eine Großflächenwirtschaft (Erntekomplexe) entwickelt waren, fanden keine Abnehmer mehr. Das BBG Leipzig ist nach mehreren erfolglosen Privatisierungen ein Teilbetrieb der Amazon-Werke geworden.

Louis Schopper gründete 1881 eine Waagenfabrik, begann aber ab 1890 als vermutlich Erster in Deutschland mit der Herstellung von Werkstoffprüfmaschinen für die „Zerreißfestigkeit" von Papier, Metall und anderen Stoffen. Daraus entstanden die im Maschinenbau, der Metallurgie und anderen Bereichen bekannten Schopper-Prüfmaschinen für Zug-, Zug/Druck- und Biegebeanspruchung. Damit konnten Kennwerte für verschiedene Werkstoffe und alle möglichen Belastungsarten in Lehrbüchern und Tabellenwerken bereitgestellt werden. Für die entstehende Fahrzeugindustrie (erste „Dauerversuche" unternahm August Wöhler in den 1860er Jahren an Eisenbahnachsen – Wöhlerkurve) wurde die Ermüdungs- oder Dauerfestigkeit ein wichtiger Maßstab bei der Bemessung der Bauteile. Es entstanden Pulsatoren für Wechselbeanspruchungen. Schopper war einer der führenden Hersteller.

1945 enteignet, reklamierte die Besatzungsmacht einen solchen

Spezialbetrieb für ihren SAG-Bereich – einen solchen Maschinenbau kannte man nicht und brauchte ihn massenweise beim Aufbau nach 1945. So lieferte der ab 1952 „VEB Werkstoffprüfmaschinen Leipzig“ genannte Betrieb den Großteil seiner Produktion nach Russland, rund 1.000 Mitarbeiter wurden beschäftigt.
Neue Entwicklungen in den westlichen Ländern hatten zu servohydraulischen Prüfanlagen geführt, auf sogenannten Hydropuls-Anlagen konnten komplette Fahrzeuge mit beliebigen Belastungsprogrammen durchgerüttelt werden. In den 1980er Jahren begann man auch in Leipzig mit solchen Anlagen und lieferte sie bis 1989/90.
Danach brach wie überall der riesige Ostmarkt zusammen, der Betrieb stand still. Nach mehreren unglücklichen Privatisierungen ist die WPM Werkstoffprüfsysteme Leipzig GmbH mit Standardmaschinen, Sonderlösungen für Bahn, Automobiltechnik und Bauwesen inzwischen wieder erfolgreich.

Hugo Schneider AG Leipzig (HASAG) wurde 1863 als Metallwarenfabrik gegründet. „Lampen-Schneider“ nannten die Leipziger den Betrieb, der auch Petroleumleuchten herstellte und harte Konkurrenzauseinandersetzungen mit der Laternenindustrie in Beierfeld/ Erzgebirge hatte. Die HASAG entwickelte sich seit den 1930er Jahren zum größten mitteldeutschen Rüstungsbetrieb. Unter Leitung des SS-Mannes Paul Budin wurde die HASAG der „Panzerfaust“-Produzent und erfand 1944/45 eine ähnliche, zur Flugzeugbekämpfung gedachte Einmannwaffe, die „Fliegerfaust“.
Erst in den letzten Jahren sind Arbeiten bekannt geworden, welche die Verhältnisse in den polnischen HASAG-Außenlagern in Skarzysko-Kamienna ausführlich beschreiben. Danach sollen hier von den circa 60.000 Zwangsarbeitern 30.000 ums Leben gekommen sein. Die HASAG dürfte damit mit zu den schlimmsten NS-Vernichtungsbetrieben gehört haben. Heute wird von entsprechenden Forschungsstellen in Deutschland, Polen und Israel mit Verwunderung gefragt, warum diese Zustände so spät bekannt geworden sind? Als Grund wird vermutet: *„Die HASAG hatte ihren Sitz und fast alle Werke in Sachsen und wurde nach 1945 verstaatlicht. Sie ist somit kein so attraktiver, Publizität heischender Untersuchungsgegenstand*

wie etwa IG Farben, Siemens oder Daimler-Benz.“ [Spörer, M.: H-Net Reviews, Stuttgart-Hohenheim, 2000]

Die Vermutung trifft den Kern der Sache. Sie fügt sich in die Tatsache, dass in der Bundesrepublik bis in die Jahre 1989/90 von der mitteldeutschen Industriegeschichte wenig bekannt war.

Paul Budin ließ im April 1945 das HASAG-Verwaltungsgebäude sprengen, vermutlich beging er dabei Selbstmord.

Eberspächer GmbH & Co Esslingen – diese Firma für Fahrzeugzubehör und Auspuffanlagen besaß in Leipzig zwei Betriebsstätten. Bereits 1917 war eine Metallfensterfabrik erworben worden, die 1936 erweitert und durch Zukauf vergrößert wurde. Das vereinigte Leipziger Werk belieferte den gesamten mittel- und norddeutschen Raum und war im Zweiten Weltkrieg ein bedeutender Rüstungsbetrieb, besonders für die Flugzeugindustrie. In den Kriegsjahren 1943/45 wurden hier circa 2.000 Mitarbeiter beschäftigt, mehr als im Stammwerk Esslingen. Ein Werksteil wurde bei Luftangriffen schwer beschädigt.

1947 verlor Eberspächer den Betrieb durch Enteignung, und wie in den vielen anderen Fällen konnten sich die neuen Machthaber kostenlos und schuldenfrei einnisten. Schalldämpfer für die DDR-Fahrzeugindustrie (Trabant) wurden bis 1989/90 hier hergestellt.

Danach hat Eberspächer keine neuen Aktivitäten in Leipzig unternommen, aber in den letzten Jahren in Wilsdruff (bei Dresden) ein neues Werk für LKW-Abgasanlagen errichtet.

Leipziger Musikinstrumenten-Branche:/Julius Blüthner OHG, Hupfeld-Zimmermann AG, Julius Feurich GmbH und andere

Julius Blüthner gründete 1853 seine Fabrik für Konzertflügel und Pianos, und Blüthner wurde ein Begriff für hochwertigen Instrumentenbau in Deutschland und Europa. In den Königs- und Kaiserhäusern Englands, Deutschlands, den nordischen Ländern bis Russland und Türkei standen Blüthner-Flügel, natürlich auch in Dresden. Der Klavierbauer wurde Königlich-Sächsischer Hoflieferant. Aber auch beim gutbetuchten Bürger wurden die Instrumente gespielt, Klavierspielen der Töchter und Söhne gehörte zum guten Ton.

Fast alle der großen Komponisten, von Liszt und Wagner bis Rubinstein und Schostakowitsch spielten ebenfalls auf Blüthner.

Die Firma wurde mehrfach erweitert, am Ende der 1930er Jahre hatte man insgesamt über 100.000 Instrumente in alle Länder geliefert.

In der DDR konnte man mit Blüthner-Flügeln weiterhin Devisen einfahren, also blieb der Betrieb mit Staatsbeteiligung und später als VEB Blüthner ein Exportbetrieb, ab 1953 bis 1989/90 hatte er circa 35.000 Instrumente hergestellt.

Bereits seit den 1930er Jahren wurde die Firma von der Familie Blüthner-Haessler geleitet, und sie ist auch seit 1990 wieder Firmeneigner. Das Geschäft läuft gut, 2003 wurde „150 Jahre Blüthner" gefeiert. Verkaufsgeschäfte bestehen in mehreren Großstädten Europas sowie in Japan und China.

Die Hupfeld-Zimmermann AG entstand aus dem Betrieb von Ludwig Hupfeld, der seit 1884 mechanisierte Musikinstrumente in großer Vielfalt herstellte. Es gibt wohl kein Musikinstrumenten-Museum in der Welt, in dem nicht solche Orchestrions und Kunstspielpianos auf die Besucher einhämmern.

Insgesamt fertigten 17 Firmen Musikinstrumente und entsprechendes Zubehör. Die älteste war die 1851 gegründete „Pianofortefabrik" von Julius Feurich. 1946 arbeiteten sie alle noch in Leipzig. Den Notzeiten entsprechend hatten die meisten ihr Fertigungsprogramm schnell umgestellt. Blüthner baute Fenster und Türen, Hupfeld-Zimmermann Küchen- und Schlafzimmermöbel, Haushaltswaren und Handrollwagen. Das entsprach den dringenden Bedürfnissen von 1945/46.

Was aus den meisten, oft kleinen Betrieben nach 1945 geworden ist, wäre zu erforschen. Wie in vielen anderen Fällen, nicht nur in Leipzig, haben zahlreiche Geschäftsinhaber 1945 aufgegeben. „Die Firma ist erloschen", hieß es tausendfach in den amtlichen Mitteilungen.

Leipziger Textilindustrie und andere Gewerbe

Wenn wir wieder das Heft „Leipziger Industrie" zu Rate ziehen, findet man für Textil- und ähnliche Gewerbe folgenden Anfang:

> 600–612 Textil, Leder, Gummi
> 6. ABSCHNITT
> 600–699
> Textil, Leder, Gummi
> 600–609
> Allgemein
> **Bestand: 342 Firmen im durchschnittlichen Alter von 36 (1–227) Jahren.**
> Rechtsformen: 213 EK, 70 OH, 34 KG, 13 AG, – KA, 12 GH, – SR.
> 610–619
> Textilien
> 610
> Allgemein
> Bestand: 61 Firmen im durchschnittlichen Alter von 41 (1–156) Jahren.
> Rechtsformen: 42 EK, 3 OH, 4 KG, 9 AG, – KA, 3 GH, – SR.
> 611
> Textilrohstoffe
> Angelmi-Werke Curt Angelmi G.m.b.H., N 22, Weinligstraße 11. F: 55088. Reißwolle… 1914. GH.
> Leipziger Wollkämmerei, C 1, Volbedingstraße 2. F: 54481. Wollund Zellwollkammzug, Kämmlinge, 1872. AG.
> 612
> **Spinn- und Webwaren**
> Kammgarnspinnerei zu Leipzig, C 1, Pfaffendorfer Straße 31. F: 57735, 582236. Rohweiße und farbige Kammgarne. 1830. AG.
> Kammgarnspinnerei Stöhr & Co. Aktien-Gesellschaft, W 31, Elisabethallee 64. F: 44311, 41625. Rohweiße und farbige Garne für Weberei, Strickerei und Wirkerei; handelsfertige Strickgarne. 1880. AG.

Leipziger Baumwollspinnerei,
W 33, Spinnereistraße 7. F: 44571. Baumwoll-, Zellwoll- und Mischgarne, Cordspinnerei. 1884. AG.
Thüringer Wollgarnspinnerei Aktiengesellschaft, C 1, Rackwitzer Straße 44. F: 55120, 55121. 1899. AG.
Wollgarnfabrik Tittel & Krüger und Sternwollspinnerei, W 31, Nonnenstraße 17/21. Handelsgarne. 1932. AG.

342 derartige Firmen in der Welthauptstadt des Buches!
Die Rechtsformen gelten mit gewissen Abweichungen noch heute: EK = Einzelkaufmann, OH = OHG, KG = KG, AG = AG, GH = GmbH, SR = sonstige Rechtsform.

Von den fünf Betrieben für Spinn- und Webwaren sind alle Aktiengesellschaften, darunter die große Leipziger Baumwollspinnerei von 1884. Die Spinnereistraße führt vom heutigen Neu-Lindenau nach Plagwitz. Diese Aktiengesellschaft soll um 1900/1910 das größte deutsche Unternehmen der Branche gewesen sein. Zu DDR-Zeiten wurde der Betrieb mit unerhörtem Verschleiß der Anlagen und Menschen voll ausgelastet. Die Garne von hier sowie den weiteren Betrieben einschließlich der bereits genannten Spinnerei in Plaue/Flöha wurden auch für die viele Konfektionsware gebraucht, die zu Billigpreisen in westliche Länder verkauft wurde.
In den 1990er Jahren wurde das große Spinnerei-Gebäude stufenweise für Gewerbe und Künstler ausgebaut. Hier sind die „Neue Leipziger Schule“ der Maler sowie Kunstgewerbe und Gastronomie ansässig.

Leipziger Baumwollspinnerei, Leipzig

Gegründet 1884

240 000 Spinnspindeln — 20 000 Zwirnspindeln

BAUMWOLLGARNE

cardiert und gekämmt

ZELLWOLLGARNE

rein und mit Baumwolle gemischt

ZELLWOLL-KREPPGARNE

AUTOCORD

Bild 82: Leipziger Baumwollspinnerei AG, die größte von fünf weiteren Spinnereibetrieben in Leipzig. In den DDR-Jahren übermäßig strapaziert und auf Verschleiß gefahren, blieb nach 1990 nur die Stilllegung. Künstler und Kultureinrichtungen bevölkern heute die Anlagen.

Die Aufstellung zeigt aber auch, dass weitere vier Aktiengesellschaften in Leipzig allein in dieser Branche gearbeitet haben. Solche Firmen sind noch nicht mit den heutigen riesigen Gebilden zu vergleichen. In Deutschland, ob Ost oder West, lagen bis in die 1940er Jahre die AGs meist noch in den Händen der Gründerfamilien mit 2.000 bis 5.000 Mitarbeitern. Erst im Zweiten Weltkrieg setzte der „Größenwahn" ein, die größte dürfte die „Junkers Flugzeug- und Motorenwerke AG Dessau" mit circa 160.000 Beschäftigten (30.000 Fremdarbeiter) gewesen sein.

Wenn man den sechsten Abschnitt der „Leipziger Industrie" weiter durchforstet, kommt nach vielen Betrieben für Gardinen und Teppiche, Polsterwaren, Haaren und Filzwaren, Grobtextilien (Planen, Zelte und anderes) der große Bereich Bekleidung.
207 Betriebe, darunter vier Aktiengesellschaften, fertigten von der Maßkonfektion über Arbeits- und Schutzbekleidung vor allem **Wäsche- und Weißwaren, Leinen und Baumwollwaren**.
Eine Seite aus der mehrseitigen Aufstellung der alphabetisch genannten Firmen zeigt mittendrin die große Mey & Edlich KG, 1870 gegründet.

Alexander Krutzsch, W 31, Brockhausstraße 61, Herren- und Damenwäsche nach Maß … 1877.OH.
Alfred und Kurt Leibfried, C 1, Grimmaische Straße 26, Damen- und Kinderschürzen… 1901. KG.
Leipziger Corsettfabrik Reform C. Kessler & Co., W 35, Junghansstraße 12. Korsetts, Hüftgürtel, Büstenhalter. 1906. EK.
Lemp & Siecke, C 1, Karlstraße 10. F: 65272. Herrenwäsche, insbesondere Hemden… 1900. EK.
Doris Lorenz, S 3, Mathildenstraße 14. F: <36216>. Schürzen… 1923.EK.
Gustav Luft, W 33, Karl-Heine-Straße 54 und 60. F: <46356>. Wäsche… 1934. EK.
E. Mackenthun & Co., C 1, Markt 9. F: 382012. Schürzen… 1858. OH.
Bernhard Maurer, C 1, Brandenburger Straße 16 a. F: 62082.

Damen-, Herren- und Bettwäsche, Schürzen...1860. EK.
Richard Max Meißner, S 3, Elisenstraße 80. F: <32168>. Schürzen...1919. EK.
Mey & Edlich, W 31, Ernst-Mey-Straße 1. F: 44236. Ersatzstoffkragen, Ober-, Sport- und Nachthemden, Schlafanzüge... 1870.
KG.
Heinrich Moning, W 33, Rietschelstraße 33. F: 40295. Hotel- und Krankenhauswäsche...1933. EK.
Müller & Gerischer, C 1, Hainstraße 17. F: <25204>. Herren-, Damen- und Bettwäsche, Reparatur für Sport- u. Oberhemden... 1924. EK.
Oberlausitzer Leinenwaren & Wäsche-Geschäft Reinhold Zschuppe, O 5, Ernst-Thälmann-Straße 92. F: <60217>. Leib- und Haushaltwäsche...1896. EK.
Ernst & Alfred Pallmann, C 1, Rosa-Luxemburgtraße 28. Wäsche ... 1900. EK.
Paulig & Krüger, C 1, Friedrich-List-Straße 11. Herren- und Knabenwäsche. 1935. OH.
Oswald Reichel, W 33, Karl-Heine-Straße 60, F: <45359>. Oberhemden, Damenwäsche... 1909. EK.
Otto Reinsdorf & Co., z. Z. Auerbach i. V., Friedrich-Ebert-Straße 43.
F: Säuglingsbekleidung... 1903. EK.
Paul Richter Baumwollwaren und Wäschefabrikation, C 1, Katharinenstraße 17. F: 382110. Herren-, Damen- und Kinderhemden, Bettwäsche... 1938. EK.
Erich Rößner, C 1, Querstraße 26/28. F: <10101>. Unterwäsche...1934. EK.
Manfred Rosenthal, C 1, Fregestraße 32. F: 53583. Oberhemden, Schlafanzüge, Damennachthemden... 1925. EK.
Oskar Sachse, Wäschefabrikation, C 1, Harkortstraße 10.
F: <26883>. Herren-, Damen- und Bettwäsche, insbesondere Sport-, Ober- und Nachthemden... 1923. EK.

Straßennamen wie Ernst-Thälmann-Straße und Rosa-Luxemburg-Straße zeigen an, dass beim Erscheinen des Buches "Leipziger In-

dustrie" im Jahre 1946 diese Privatfirmen noch bestanden und die Strassenumbenennungen schon erfolgt waren.
Das vermutlich größte Versandhaus Europas ist die Firma Mey & Edlich nicht mehr. Sie blieb es bis in die 1940er Jahre, wurde in den 1950er Jahren enteignet und ging als Exilbetrieb nach München. Der Mey-Versandhandel blühte 30 Jahre lang wieder auf, Mey-Geschäfte gab es in vielen westdeutschen Städten. Nach der Insolvenz 2004 übernahm die Firma Walbusch aus Solingen das bekannte Geschäft und Logo Mey & Edlich und führt den Versandhandel in Leipzig fort. Vom alten Standort Ernst-Mey-Straße 1 aus wird wieder ein vielfältiges Textilangebot vertrieben.

In die eingangs genannten 342 Firmen der Textilbranche gehört auch die Rauchwarenbranche. Sie war das deutsche, wenn nicht europäische, Zentrum für Pelze, Felle, Häute, Borsten und andere Artikel. 45 Firmen für Rauchwaren und Borsten und 38 Betriebe für Pelzkonfektion bildeten in Verbindung mit den entsprechenden Handelsgeschäften einen Geschäftszweig, wie er an anderer Stelle nicht noch einmal existierte. Zurichterei und Färberei, Schererei und Rupferei, oft spezialisiert auf die Tierarten wie Füchse, Hamster, Iltis, Kanin waren die Spezialitäten der vielen Unternehmen. Der älteste Betrieb J. Morgenschweiß Nachf., gegründet 1855, bot als Lohnveredelung an: Scheren, Rauhen, Bügeln, Maschinieren.

Die Betriebe der Pelzkonfektion stammten meist aus den 1920/30er Jahren und wiesen ebenfalls eine starke Spezialisierung auf. Diese 38 Firmen fertigten: Pelzmäntel, Kragen, Capes, Kleinkonfektion, Halbfabrikate für Kürschner, Konfektion aus „Schweifen und gedrehten Pelzstreifen“, Pelztaschen bis zu „Pelzgalanteriewaren“, Füchse, Würger, Pelzbesatz“ von der Firma Zistinas OHG, gegründet 1937.
Insgesamt mehr als 80 Betriebe umfasste damit noch im Jahr 1946 die Leipziger Rauchwarenbranche.

In den sechsten Abschnitt gehörten auch die Koffer, Taschen, Lederwaren. 27 Betriebe sind verzeichnet, etwa 50 weitere produzierten technische Lederwaren, Kunstleder, Linoleum, Wachstuch, Gummi- und Asbestwaren.

Bei den Kofferfirmen ist genannt: Moritz Mädler, Böhlitz-Ehrenberg, Fabrikstraße 21, Koffer- und Lederwaren, 1850, EK.

Die vorstehende Adresse (1946) ist der Rest der großen Firma Moritz Mädler in Leipzig-Lindenau. Hier rausgeworfen aus dem repräsentativen Fabrikbau, versuchte man als Einzelkaufmann im etwa fünf Kilometer entfernten Böhlitz-Ehrenberg weiter zu bestehen. Der Geschäftsbetrieb lief aber als Exilfirma bereits in Offenbach/M. wieder an – 40 Jahre lang hat Mädler-Offenbach die Welt mit seinen Schrank- und Spezialkoffern beliefert – keine Branche also, wo mitteldeutsches Know-how nicht das Angebot im BRD-Wirtschaftswunderland abgerundet hat. Vom Leipziger Gewandhaus wurde später bekannt, dass das Orchester 1957 bei Mädler-Offenbach einen kompletten Satz Instrumentenkoffer bestellte. Das alte Stammhaus konnte nicht mehr liefern.

Die Familie Mädler gab viel Geld für repräsentative Gebäude und Kunst aus. Neben Villa und Geschäftshaus in Leipzig ist vor allem die Mädler-Passage im Stadtzentrum mit diesem Namen verbunden. Anton Mädler (1864-1925) hatte 1912/14 dieses Kunstobjekt in der heute bekannten Gestalt errichten lassen.

Nach 1990 hatte der Immobilienkaufmann Jürgen Schneider das Objekt von der Erbengemeinschaft Mädler erworben und 1995 eine umfangreiche Rekonstruktion begonnen. Nach seinem Absturz setzte die Commerzbank die Arbeiten bis 1997 fort. Die MädlerPassage gehört zu den bekanntesten Sehenswürdigkeiten Leipzigs, ein Kofferfabrikant hat sich und der Stadt ein bleibendes Denkmal gesetzt.

Die vorstehenden Ausführungen sind bewusst ins Detail gegangen, sei es bei den weltumspannenden Seilbahnen von Bleichert oder der unglaublichen Mittelstandsdichte bei Bekleidung und anderen Produkten. Das alles war bis 1940, überwiegend bis 1945/46, vorhanden, wie das Heft „Leipziger Industrie“ zeigt. Von da an setzte innerhalb von fünf bis acht Jahren ein Exodus ein, eine Herabstufung der „industriellen Leuchttürme“ zum Mittelmaß und eine Dezimierung der mittelständischen Betriebe. Zunächst die Demontagen der großen Betriebe durch die Besatzungsmacht, zugleich aber und bis in

die 1950er Jahre hinein die Enteignung des Mittelstandes durch die Stalinisten mit ihrem tiefen Hass auf das Bürgertum schlechthin.
Dieses Heft „Leipziger Industrie“ zeigt überzeugend nochmals die gewerbliche Bandbreite:
Systematischer Teil
1. Abschnitt: Energie und Chemie 255 Firmen, davon 15 AG
2. Abschnitt: Erden, Steine, Bau 137 Firmen, davon 15 AG
3. Abschnitt: Eisen, Stahl, Metall 539 Firmen, davon 1 AG
4. Abschnitt: Holz, Geflecht, Zellstoff 139 Firmen, davon 2 AG
5. Abschnitt: Papier, Druck, Verlag 261 Firmen, davon 5 AG
6. Abschnitt: Textil, Leder, Gummi 342 Firmen, davon 13 AG
7. Abschnitt: Nahrung und Genuss 220 Firmen, davon 9 AG
8. Abschnitt: Waren aller Art 82 Firmen, davon 1 AG
Insgesamt 2015 Firmen und 61 Aktiengesellschaften.
Wenn man davon die eingangs genannten 200 Firmen, die laut Doktor Rückert *„gegenwärtig im Stadt- und Landkreis Leipzig nicht erwerbstätig sind“*, abzieht, entstehen die im Heft einleitend angegebenen rund 1.800 Betriebe. Und 61 Aktiengesellschaften in Leipzig, einer Stadt mit rund 700.000 Einwohnern (1939).

Leipzig ist hier in erster Linie aus wirtschaftlich-industrieller Sicht betrachtet worden. Zählt man die anderen Seiten der Stadt hinzu, wie Deutschlands, ja Europas größter Handels- und Messeplatz, der über die Jahrhunderte hinweg auch in Krisenzeiten stetig an Bedeutung zunahm und alle anderen deutschen Messen weit überragte.
Zentrum der Rechtspflege, beginnend mit der Universitätsgründung 1409, fortgesetzt mit dem kurfürstlichen Oberhofgericht und gekrönt mit dem Reichsgericht 1879 und schließlich Heimstatt einer nun fast 600-jährigen Universität, verbunden mit Namen wie Leibniz Agricola, Tycho Brahe, aber auch Lessing, Goethe, Fichte, Schumann und anderer hervorragender Gelehrter und Studenten bis in die jüngste Zeit, so dass man dieser Stadt einen der vordersten Plätze im Vorkriegsdeutschland einräumen muss.
Leipzig war sicher die innovativste, auch kapitalistischste deutsche Stadt. Wer Ideen gleich welcher Art hatte, fand hier zuerst ein offenes Ohr und Geldgeber für eine Firmengründung. Nicht von ungefähr gingen die Aktivitäten zur ersten Ferneisenbahn auf dem euro-

päischen Festland 1836/38 von Leipzig aus.

Diese herausragende Stellung ist sehr wahrscheinlich für immer verloren gegangen, zu stark hat die Abschottung durch 40 Jahre Marxismus lähmend in allen Bereichen gewirkt. Aber der Wille zum Aufstieg ist vorhanden und auf einigen Gebieten erfolgreich vollzogen. Die Neue Messe, 1996 eröffnet, ist ein moderner Messekomplex aus einem Guss. Die EEX (European Energy Exchange) Strombörse Leipzig und die VNG Gasgesellschaft Leipzig sind große international tätige Handelsgesellschaften für Strom und Gas. Der „Citytunnel" wurde 2013 eröffnet. Und Leipzig ist eine Stadt der Autohersteller geworden.

Wenn wir zunächst wieder die „Leipziger Industrie" befragen, hatten bis 1945/46 die bekannten Firmen wie Auto Union AG, Büssing-NAG GmbH, Daimler-Benz AG, MAN AG und andere Niederlassungen, Reparaturwerke und Verkaufshäuser in Leipzig. Auch die Zulieferindustrie war zahlreich vertreten. Mehrere Blechpresswerke, die Becker & Co AG (Eisenguss, insbesondere Zylinder und Zubehör für Motoren), weitere Gießereien für Kolben, Kokillen- und Spritzguss, das Getriebewerk Köllmann und nicht zuletzt die große Deutsche Kugellagerfabrik in Böhlitz-Ehrenberg (gegründet 1906) rundeten die Fahrzeugbranche ab.

Nun aber sind die BMW AG und die Porsche AG in Leipzig auf den Plan getreten. Beide im Norden der Stadt mit direktem Zugang zur Autobahn A 14, dort, wo auch die Neue Messe und die großen Logistik-Zentren liegen. Hier ist das neue industrielle Herz der Stadt entstanden, auch der Flughafen Leipzig–Halle und die DHL befinden sich dort.

Eine reiche Stadt ist Leipzig nicht mehr. Die Autowerke sind im Wesentlichen „verlängerte Werkbänke" der großen Konzerne, andere, ähnliche Beispiele haben wir schon genannt. Natürlich sind die Areale modern gestaltet, Arbeitsplätze geschaffen worden, mindestens die Gewerbesteuern werden der Stadt zufließen.

Doch die mehr als hundert Jahre lang gewachsene eigenständige Industrie, die großen Verlage und Fabriken, gibt es nicht mehr. Der Marxismus hat sie aus dem Land vertrieben, sie sind fast vollständig in die freie westliche Wirtschaft abgewandert. Und damit sind auch das reiche Bürgertum, die Verleger, Fabrikanten, Pensionäre und andere verschwunden, sie sind mitgegangen ins Exil, zum Teil aber auch in Waldheim und Bautzen jahrelang inhaftiert worden, viele zu Tode gekommen. Das alles wirkt bis in unsere Tage nach.

6. Schlussbetrachtung

Im April 2019 legte das Sozialwissenschaftliche Institut der Hans-Böckler-Stiftung (WSI) einen neuen Verteilungsmonitor der großen Städte und Landkreise vor. Auf Positionen von 1 bis 35 wurden die Pro-Kopf-Einkommen errechnet.

Erfreulich ist: Der Durchschnittswert Ost ist zwischen 2000 und 2016 von 81,5 % auf 84,7 % des Wertes West gestiegen. Erstaunlich ist, dass die ärmsten Städte Duisburg und Gelsenkirchen sind.

Einige Vergleiche der Positionen und Einkommen:

Starnberg	(1)	34987 Euro
Heilbronn	(2)	32366 Euro
München	(4)	29685 Euro
Stuttgart	(6)	25012 Euro
Meißen	(17)	20022 Euro
Sächs. Schweiz/ Osterzgebirge	(18)	19758 Euro
Berlin	(19)	19719 Euro
Chemnitz	(20)	19659 Euro
Dresden	(25)	18922 Euro
Leipzig	(29)	17770 Euro
Duisburg	(34)	16881 Euro
Gelsenkirchen	(35)	16203 Euro

Die Speckgürtel der Landeshauptstädte München und Stuttgart liegen vorn, die Städte Leipzig und Dresden liegen weit hinten im „Armutsbereich“.

Wie konnten diese vormals zu den reichsten Städten Deutschlands gehörenden Kommunen in die Armut geraten?

Es ist die Gesellschaftsordnung des Marxismus-Leninismus, die diesen Niedergang innerhalb von 20 bis 30 Jahren verursacht hat. Im Buch „Diktaturdurchsetzung in Sachsen“ [17] sprechen die Autoren von *„der menschenverachtenden Ideologie des Marxismus-Leninismus“* und belegen dies anhand der neuen Verwaltungsstruktur, der Enteignung fast aller Wirtschaftseinheiten, der beispiellosen Verwahrlosung des Landes, des Polizeiapparates, der Unterdrückung der bürgerlichen Parteien und vielem mehr.

Die vorstehend mehrfach genannte eigenartige Geschichtsschreibung trifft neben den Museen auch für Veröffentlichungen, Filme und andere Medien zu. Sie folgt dem Grundsatz: **Wir wollen nicht darstellen, dass Betriebe, die hier zunehmend ihre Effektivität verloren haben und nach 40 Jahren verwahrlost dastehen, im Westen unter Führung der früheren Eigentümer/Gesellschafter einen neuen Aufstieg gemacht haben!**

Einige weitere Beispiele:

Am 18. April 2019 lief im MDR-Fernsehen ein Film über den „Lokomotivkönig“ Richard Hartmann. Der Zeugschmied kam 1832 in Chemnitz an, gründete bereits 1837 den ersten Betrieb, begann mit Spinnereimaschinen, wurde ab 1848 der Lokomotiven-Hoflieferant für die sächsische Eisenbahn. Das wird sachlich dargestellt, auch die Aufgabe des Lokomotivbaues 1930 genannt. Der Film zeigt weiter die Fortführung des Spinnereimaschinenbaues und mit wenigen Sätzen über die Kriegs- und DDR-Zeit hinweg ist man beim Endstand, der VEB Spinnereimaschinenbau musste aufgelöst werden. Die maroden Fabriksäle des riesigen Fabrikbaues auf der Altchemnitzer Straße werden noch gezeigt. Die Wirklichkeit sah anders aus: Das nun „Sächs. **Textil**maschinenfabrik Rich. Hartmann AG“ genannte Unternehmen wurde in den 1930er Jahren eines der größten deutschen Werke dieser Branche, 1937 betrug die Mitarbeiterzahl über 2000. In Zusammenarbeit mit anderen Chemnitzer Firmen wurde ein riesiger Export in alle Länder realisiert. In einer Anzeige heißt es:

„Es ist uns gelungen, unseren Baumwoll-Spinnereimaschinen eine führende Stellung auf dem Weltmarkt zu sichern. Die vorzügliche Reinigungswirkung unserer Putzereimaschinen und das hochvollendete Casablancas-Streckwerk in Verbindung mit Flyer und Ringspinnmaschine gewährleisten eine hervorragende Gleichmäßigkeit und Reißfestigkeit der Garne bei höchster Ausspinnung.“

1945 enteignet und als VEB fortgeführt, lieferte man vorwiegend an Ostblock- und Entwicklungsländer. Wie es nach 1990 weiterging, haben wir bereits dargestellt. Trotz der millionenstarken Zuschüsse der Treuhand gelang eine Fortführung nicht. Die Altlast aus der marxistischen Produktionsweise hieß: *„Je Beschäftigter stand ein Umsatz von ungefähr 66000 DM zu Buche. Damit erreichte der Chemnitzer Spinnereimaschinenbau knapp ein Drittel dessen, was in vergleichbaren Westunternehmen zur Norm gehört.“* [71]

Dazu kam die Altbausubstanz, die hier und in etwa 90 % der volkseigenen Betriebe das Erscheinungsbild prägte. Überblickend fehlt in diesem Film jeder Hinweis, dass in den 1930er/1940er Jahren Hartmann ein sehr leistungsfähiger Maschinenbaubetrieb war und erst ab 1945 durch die Reparationen, aber im Wesentlichen durch die einsetzende VEB-Wirtschaft, der zunehmende Abstand zum westlichen Niveau einsetzte.

Auch eine Vielzahl von Büchern befasst sich mit dieser Thematik und den Fragen, warum die DDR-Industrie in so hohem Maße sang- und klanglos unterging.

Das Buch „Die vergessenen Orte der Arbeit“ [90] kann stellvertretend für viele andere Publikationen stehen. Die wesentlichen Passagen des Vorwortes beschreiben die Situation:

„Mit der fortschreitenden Trennung vom Westteil Deutschlands und

der plötzlich notwendigen stärkeren Autonomie erstanden die Betriebe nicht nur wieder auf, sie legten in Größe und Komplexität häufig noch zu, mussten sie doch noch mehr Wertschöpfung betreiben und auf viele Vorprodukte, die früher zugeliefert wurden, verzichten. Keine einzige Fabrik stand leer, industrieller Fortschritt ging immer mit Platzbedarf für Werk- und Produktionsstätten und für Infrastruktur einher. Die Industrie prägt das Gesicht der Region, in der sie zu Hause ist. Die DDR war ein industrialisiertes Land, das war unübersehbar; dass viele ihrer Industrien uneffektiv und unter Inkaufnahme eines unvorstellbaren ökologischen und manchmal auch ökonomischen Preises arbeiteten, auch.

Plötzlich wurden aus Betrieben leere Hüllen, weil das, was in ihnen entstanden war, keinen Absatz mehr fand und das, was in sie hineinfand, nicht mehr gebraucht wurde – nicht das Material und nicht die Menschen.“

Nun folgen im Buch Beschreibung und viele Bilder von 10 Firmen mit verwahrlosten Fabrikhallen, herab gebrochenen Decken, herausgerissenen Fenstern u. a., darunter wieder Bleichert, Leipzig; Polygraph Reprotechnik, Leipzig; die Zeitzer Betriebe Zetti (Zuckerwaren) und ZEKIWA (Kinderwagen); Waggonbau Görlitz. Und wieder das gleiche Schema: Die Gründer werden genannt und gelobt, bei Bleichert vom *„kometenhaften Aufstieg“* gesprochen, SAG-Zeit und der schnelle Übergang zum Volkseigentum beschrieben. Zum Schluss wird wieder von der *„traditionsreichen Geschichte der ehemaligen Adolf Bleichert & Co“* gesprochen, die nun 1990/92 endete. Beim Waggonbau Görlitz nennt man den Gründer Chr. Lüders, die große Wumag AG der 1930/40er Jahre, die Erfolge des VEB Waggonbau und den Verkauf an die kanadische Bombardier Transportation. Mit keinem Wort werden auch hier die Exilbetriebe erwähnt, z. B. die Pohlig-Heckel-Bleichert AG in Köln und der riesige französische Alstom-Betrieb in Salzgitter, hervorgegangen aus der Linke-Hofmann-Busch-Gruppe Bautzen/Görlitz.

Der Fall ZEKIWA ist ebenfalls charakteristisch für diese Art Geschichtsschreibung. Zunächst gibt es den positiven Gründer E. A. Naether:

„Als der ausgeschlafene Zeitzer 1852 auf der Leipziger Messe einen Kinderziehwagen vorstellte, begann eine Erfolgsgeschichte. In Inseraten warb Naether sechssprachig europaweit für seinen Reformkinderwagen. Ein Katalog der Firma von 1896 enthält bereits über 100 verschiedene Modelle. Naether machte den Kinderwagen von einem Luxusgut zu einem täglichen Gebrauchsgegenstand, viele seiner Modelle waren auch für ärmere Eltern erschwinglich. Die Naether-Söhne Albin und Richard übernahmen das Unternehmen 1876 und bauten die Fabrik stetig aus. 1896 waren im Kinderwagen-Paradies über 750 Arbeitskräfte in Lohn und Brot, 1910 erfolgte die Umwandlung in eine Aktiengesellschaft

1946 wird aus der E. A. Naether AG der Volkseigene Betrieb Zeitzer Kinderwagenindustrie mit über 1000 Angestellten."

So unmittelbar geht es in dem Buch von 2013 in den Sozialismus. Da hätte man schon einige Worte erwartet, ob die Naethers wirklich „die großen Kriegsverbrecher" gewesen waren, die man enteignen und rauswerfen musste. Oder war wie überall der Hass auf das Großbürgertum der entscheidende Grund? Sicher wohnten die Naether-Familien in großen Villen, fuhren Luxusautos, hatten weitere Ländereien. Da konnten die Zeitzer Stalinisten ordentlich „aufräumen" und die „Kapitalisten" Naether bei der Besatzungsmacht entsprechend anschwärzen.

Aus ZEKIWA wurde Europas größte Kinderwagen- und Puppenwagenfabrik, über 500000 Exemplare liefen jährlich von den Fließbändern, alle sieben Minuten ein Stück. Die westdeutschen Großhändler freuten sich und drückten die Preise. Panorama-Kinderwagen mit Jeansstoffen gingen ausschließlich in den Westexport. Auch über ZEKIWA gab es bereits einen MDR-Film.

Auch Kinderwagen gehörten also zu dem „Kleinkram", wie Schreibmaschinen, Fotoapparate u. a., mit dem die DDR noch Devisen einnehmen konnte. Die Millionensummen aus dem vormals exportstarken Maschinen- und Anlagenbau konnten unter volkseigener Regie nicht mehr erbracht werden – wir haben genügend Beispiele genannt.

Der Beitrag zu ZEKIWA endet fast wieder mit Sympathie für den „ausgeschlafenen“ Zeitzer:

„Das Haus in der Judengasse, in dem Ernst Albert Naether einst begann, wurde 1996 abgerissen. Die Fabrikanlagen sind nur noch teilweise erhalten. In den verwaisten Hallen steht das Wasser.“

Im Grunde genommen sind die Bilder dieses Buches, auch wenn in den Jahren 1992 – 2013 weiterer Vandalismus hinzugekommen ist, stumme Zeugen marxistischer Wirtschaftspolitik. Fast 90 % aller DDR-Betriebe standen in den 1990er Jahren stark sanierungsbedürftig da.

Die Treuhandanstalt

Im Treuhandgesetz § 1 Vermögensübertragung heißt es:

„Abs. 1 Das volkseigene Vermögen ist zu privatisieren...“

„Abs. 4 Die Treuhandanstalt wird nach Maßgabe dieses Gesetzes Inhaber der Anteile der Kapitalgesellschaften, die durch Umwandlung der im Register der volkseigenen Wirtschaft eingetragenen volkseigenen Kombinate, Betriebe, Einrichtungen und sonstigen juristisch selbständigen Wirtschaftseinheiten (nachfolgend Wirtschaftseinheiten genannt) entstehen oder bis zum Inkrafttreten dieses Gesetzes bereits entstanden sind.“

Nun zahlte die Treuhand bzw. die Bundesbank in DM die Löhne und sonstigen Betriebsausgaben. Wie lange sollte sie es weiterhin tun für Betriebe, deren Absatz schlagartig zusammengebrochen war? Der gesamte Ostblock hatte keine Devisen, im Westexport mussten die Maschinen nun <u>mit Gewinn</u> in DM verkauft werden. Und welcher dieser Betriebe hätte allein Chancen gehabt, Investoren auf dem internationalen Markt zu finden? Wir haben das im Fall von Niles

Simmons gesehen. Nur weil der VEB „8. Mai“ einen Neubau begonnen hatte, war er für Hans J. Naumann interessant. Das Altwerk stand gar nicht zur Debatte.

Die trotz allem entstandenen Fehlentscheidungen der Treuhand sind bekannt – die Kritik an ihnen ist berechtigt – und werden immer wieder diskutiert. Dieser Umbruch war ein in der Industriegeschichte einmaliger Prozess, der in kurzer Zeit abgeschlossen werden musste. Ein Gedankenexperiment sollten sich die Kritiker vor Augen halten: Wer von ihnen, er möge Millionen gewonnen, geerbt oder auf andere Weise erzielt haben, hätte dieses Geld denn in einen solchen Betrieb investiert? Die Erzeugnisse kaum, oft nur unter dem Herstellungspreis zu verkaufen, das meiste Geld zuerst in Gebäudesubstanz, neue Anlagen und Umweltschutz zu investieren!

Wie bereits genannt, setzten sich die positiven Bewertungen der Betriebe und Kombinate fort, weil viele DDR-Wirtschaftsexperten und die Journalisten ihre Arbeit über die Wendejahre 1989/90 hinaus mit gewissen Abstrichen weiterführten. Noch 1990 wurde von der schon lange anhaltenden Verfallsperiode des Kapitalismus geschrieben – Beispiele sind genannt. Manche Kombinatsdirektoren glaubten an die Weltmarktführerschaft ihrer Betriebe: Wir waren gut, wir erfüllten – und übererfüllten – unsere Pläne, wir hatten F/E-Abteilungen und Export. An die grauen Fassaden und verschmutzten Höfe hatten wir uns gewöhnt, Hauptsache, die Produktion lief, möglichst in riesigen Mengen.

Nach 1990 musste man „die Kurve“ fahren, es hat nicht geklappt, in fast allen Kennziffern hinkte man dem westlichen Stand hinterher. Der ausfallende Export in den Ostblock war nur ein Grund von vielen, in allen Punkten musste man nun im glasharten Konkurrenzkampf bestehen.

Seit 2018/19 steht die Arbeit der Treuhand in den Jahren 1990 bis 1994 wieder verstärkt im Mittelpunkt des öffentlichen Lebens. Da gibt es eine Vielzahl von Berichten, Erklärungen und Rufen nach einer Aufarbeitung. Eine umfassende Darstellung vermittelt das Buch „Die Treuhand“ des Historikers Markus Böick (Wallstein Verlag, 2018). Das vorliegende Buch ist ja bereits ein Teil der Aufarbeitung. Anhand der vielen Beispiele kann gezeigt werden, dass – nun nochmals wiederholt – die Vernichtung der Eigentumsstruktur zum Herabsinken, zum Verlust eines vormals führenden Standes der Betriebe geführt hat. Und diese Prozesse wurden rücksichtslos bis 1972 fortgeführt, alle guten Entwicklungen der bis dahin halbstaatlichen Betriebe missachtend.

Nach nun 30 Jahren deutscher Einheit sind diese Fakten fast vergessen, das linke Parteienspektrum und viele ehemalige DDR-Bürger fordern Aufklärung und Rehabilitation. Leserbriefe an die Sächsische Zeitung vom April 2019 beschreiben die Stimmung:

„Ausschüsse helfen uns nach 30 Jahren auch nicht mehr weiter

Sollten wir uns nicht selbst einmal an die eigene Nase fassen? Wer hat denn die Gründung der Treuhand beschlossen? Wer hat den überstürzten Beitritt zur BRD statt gleichberechtigter Wiedervereinigung beantragt? Es waren unsere demokratisch gewählten Volksvertreter. Wer sich so bedingungslos einem anderen System beugt, braucht sich nicht zu wundern, wenn er von den genügend vorhandenen unredlichen Zeitgenossen aus dem Westen schamlos ausgenutzt wird. Ausschüsse helfen uns nach 30 Jahren auch nicht mehr weiter. Dafür sollte diese deutsche Zäsur eher ihren ehrlichen und ausführlichen Platz in den Geschichtsbüchern erhalten.

Nicht gewillt, auch nur den kleinsten Fehler zuzugeben

Als mehrfach befragter Zeitzeuge muss ich betonen, dass diese Untersuchungen ca. 25 Jahre zu spät kommen. Seit der überzogenen Arbeitsplatzvernichtung von 1990 hat unsere Regierung deutlich zu erkennen gegeben, dass sie nicht gewillt ist, auch nur den kleinsten Fehler in der Orientierung der Treuhand zuzugeben. Hätte der Erhalt von Arbeitsplätzen an erster Stelle gestanden und nicht der Schnellverkauf an das Kapital, dann hätten ca. 40 Prozent der liquidierten Betriebe erhalten werden können. Aber ja nichts zugeben!

Wir ehemaligen DDR-Bürger wollen rehabilitiert werden

War die westdeutsche Wirtschaft wirklich so stark oder wurde sie erst wieder stark durch den Mauerfall? Wer sind die wirklichen Macher, die hinter der Treuhand standen? Leider interessieren sich junge Leute nicht für dieses Thema. Aber die Älteren wissen, worüber ich schreibe. Und nun kommt ein Herr Hirte und ist der Meinung, eine Wahrheitskommission müsse nicht sein. Am besten alles unter den Tisch kehren, und Friede, Freude, Eierkuchen. Nein, Herr Hirte, so geht das nicht. Wir ehemaligen DDR-Bürger wollen rehabilitiert werden. So ein Kahlschlag hätte nicht sein dürfen. Dafür muss jemand verantwortlich sein. Ich wünsche mir eine vollkommene Aufklärung."

Da ist nach 30 Jahren der Blick für die reale Lage 1990 verloren gegangen. Wie die meisten standen auch die Dresdner Betriebe nicht wettbewerbsfähig da, die Beispiele sind genannt. Fotoapparate, Schreibmaschinen u. a. nur noch unter dem Herstellungspreis zu verkaufen, maßlose Umweltverschmutzung von Luft und Wasser in allen Betrieben. Die DDR war in der Marktwirtschaft angekommen, im glasharten Wettbewerb der Betriebe gegeneinander. Es ist Wunschdenken, dass 40 % der Betriebe zu erhalten gewesen wären und was heißt „überstürzter Beitritt" und „Schnellverkauf an das Kapital"? Wie lange hätte sich die Vereinigung hinziehen sollen? Zwei Staaten mit zwei Währungen? „Schnellverkauf an das Kapital"? An wen sonst?

Ohne Treuhand hätten viele Betriebe im Juli 1990 sofort schließen müssen. Keine Schreibmaschine, kein Kinderwagen, keine Werkzeugmaschine, kein Trabant, Wartburg oder LKW wären auf dem weltweiten Markt **mit Gewinn** zu verkaufen gewesen und Eigenkapital war in den Betrieben nicht vorhanden. Also insolvent und ca. eine Million Arbeitslose sofort. Auch das sollte man sich vor Augen halten.

Nun stand der Beauftragte der Regierung für die neuen Bundesländer, Christian Hirte, im Kreuzfeuer der Kritik, weil er einen Untersuchungsausschuss zur Treuhand nicht unterstützte. Ein solcher wäre schon richtig, um nachträglich Klarheit darüber zu bringen, dass

– die Treuhand „alternativlos" war, um in der Sprache der Bundeskanzlerin zu bleiben,

– die Hauptschuld für das Herunterwirtschaften der DDR-Industrie die SED trägt und ihre Nachfolger als Linke aller Schattierungen mit ihren Krokodilstränen eine große Heuchelei betreiben,

– die Treuhand tatsächlich in verschiedenen Fragen hätte besser arbeiten können.

„Den Umbau der DDR-Wirtschaft den Menschen anders erklären", hat in diesen Tagen Kohls Beauftragter für den Aufbau Ost, Johannes Ludewig, gesagt. Erklären hätte nicht gereicht, anders Handeln wäre erforderlich gewesen.

Erstens war das Wissen der neuen Treuhand-Direktoren und -Mitarbeiter, fast ausschließlich aus den westdeutschen Ländern, über Mitteldeutschland schlecht. Es hätten Lehrgänge über die mitteldeutsche Industrie durchgeführt werden und anschließend Besuche folgen müssen. Mit ortskundigen Führern vor die Werke gehen – schaut sie euch an, die grauen, riesigen Areale, die 40 Jahre vorher zu den führenden deutschen Unternehmen gehörten in Leipzig, Jena, Dresden, Görlitz, Magdeburg, Dessau und anderen Orten. Respekt hervorrufen, Wissen vermitteln darüber, dass das industrielle Herz Deutschlands bis 1945 in Thüringen und Sachsen kräftiger schlug als in Baden-Württemberg und Bayern, besonders in Bezug auf Innovationen, Produktvielfalt und weltweiten Export. Dieser Exkurs wäre in ca. vier Wochen erledigt gewesen und hätte aller Großspurigkeit und Arroganz einen heilsamen Dämpfer versetzt.

Zweitens hätte man die Nachfahren der Gründer suchen und gezielt ansprechen sollen, bei der Ehre packen: Wollt ihr nicht eure großen Namen wiederaufleben lassen? Die Enkel, Urenkel, Verwandten der Gründer gezielt ansprechen, z. B. der Haubold AG Chemnitz, der Leipziger Verlage, der Bautzner/Görlitzer Waggonbauer, der Dresdner Pharmabetriebe u. a. Und hier nicht kaltschnäuzig hohe Kaufsummen verlangen, sondern Unterstützung geben.
Es ist zu viel dem Zufall überlassen worden. Walter Lange von der legendären Lange-Uhrenfabrik Glashütte war es von sich aus ein Anliegen, die Lange-Uhren GmbH neu zu gründen, ebenso diesem Walter Hunger aus Frankenberg/Sa. Die heute größte Werkzeugma-

schinenfabrik Sachsens, die Niles-Simmons GmbH in Chemnitz, haben wir vorstehend erwähnt.

Drittens sind zu viele Chancen vertan worden, weil einige Treuhanddirektoren nach „Gutsherrenart“ kommandierten. Auf einer Veranstaltung der Bundesstiftung „Aufarbeitung der SED-Diktatur“ im Jahr 2018 erklärte der Direktor Dr. Ken Peter Paulin: *„Ich war zuständig für die gesamte Sanierung der DDR-Wirtschaft und habe das operative Geschäft gemacht. Wir hatten nichts, wir wussten nichts, wir hatten keine Organisation.“* Da ist die Hilflosigkeit auch 30 Jahre später noch zu spüren.

Bei großen Entscheidungen, wie z. B. VEB Pentagon Dresden oder VEB Edelstahlwerk Freital mit jeweils ca. 5000 Mitarbeitern hätten die örtlichen Organe, die Ministerpräsidenten/Beauftragten ein Mitspracherecht haben müssen bis zum Streitfall im Regierungskabinett. Alles Wenn und Aber hilft heute nicht mehr. Die Treuhand war in der Situation 1990 notwendig und trotz aller Fehlentscheidungen der einzige erfolgreiche Weg in das einheitliche Deutschland. Wie im Buchtitel gesagt, werden die neuen Bundesländer gegenüber ihrem Vorkriegsstand die ärmeren Landstriche und Städte bleiben. Die großen, vormals mitteldeutschen Unternehmen arbeiten im „Westen“, viele sind erst ab den 1950er Jahren so groß geworden, z. B. die Hauni Hamburg. In Bayern ist viel plattes Land erst durch die Exilbetriebe aus Thüringen, Sachsen, Böhmen und Schlesien zu Industrieregionen geworden.

Vorstellungen zum weiteren Aufbau Ost

Wenigstens etwas weiteren Aufbau Ost zu erreichen, wäre auf folgenden Wegen möglich:

- Jeder Konzern und jeder Mittelständler ist nur dem Wohl seines Unternehmens verpflichtet. Geld erwirtschaften ist das Ziel jeder Geschäftstätigkeit. So dienen auch die Niederlassungen, Zweigbetriebe, Wirtschaftseinheiten der westdeutschen Unternehmen im Osten der Stärkung der Stammhäuser, dort wächst die Wirtschaftskraft, dort fallen die Entscheidungen und letztlich „spru-

deln“ in Bayern, Baden-Württemberg, Hessen die Steuern.
Deshalb kann nur dort, wo der Staat Miteigentümer ist und große Aufträge vergeben kann, ein weiterer Aufbau Ost erreicht werden. Das Gebiet der DDR war vor und im Zweiten Weltkrieg der Standort bedeutender Rüstungsfabriken für Flugzeuge, Panzer, Straßenfahrzeuge, Pistolen, Maschinengewehre. Der größere Teil der Flugzeugproduktion lag hier, in Dessau (Junkers), Leipzig (Erlawerk), Halle (Siebel), Rostock (Heinkel). Erheblich war auch die Panzerproduktion bei den Betrieben Krupp-Gruson AG, Magdeburg; MIAG, Dresden; Vomag AG, Plauen. Hier sind viele Tausend Panzer gebaut worden, das Magdeburger Kruppwerk war seit 1936 in die Entwicklungen ein-bezogen. Bei der Vomag wurden in Fließfertigung bis 1945 über 1500 Jagdpanzer IV gefertigt, die Bombardierung der Stadt folgte bald danach.

Die Militärzeitschrift Clausewitz, Heft 5/2019 schreibt unter der Überschrift: *„Hitlers neues Sturmgeschütz Jagdpanzer IV – gefürchteter Panzerjäger der Wehrmacht:*

Bereits im Mai 1943 demonstrierte man Hitler erstmals ein Holzmodell des von der vogtländischen Maschinenfabrik AG (Vomag) im sächsischen Plauen entwickelten und gefertigten Panzerjäger mit der späteren Bezeichnung ‚Jagdpanzer IV‘. Dem Diktatur gefiel vor allem die flache Konstruktion...

Die Firma Vomag in Plauen produzierte den Panzerjäger oder Jagdpanzer IV. Ab Anfang 1944 stellte man die Produktion sukzessive auf das neue Sturmgeschütz um...

Trotz bedeutender Abschusserfolge kann auch der Jagdpanzer den Kriegsverlauf 1944/45 nicht mehr beeinflussen. Die Bundeswehr setzt in den späten 1960er Jahren das Konzept des Jagdpanzers IV mit dem Kanonenjagdpanzer fort.“

Alle diese ostdeutschen Betriebe sind 1945/46 von der Besatzungsmacht radikal vernichtet, ausradiert worden. Diese Potentiale gingen mit der Wiederbewaffnung der BRD zu 100 % an die westdeutschen Firmen.

- Warum deshalb nicht die ostdeutschen Länder am Milliarden starken Waffengeschäft beteiligen, auch aus ihrer Tradition heraus. Ein Anfang könnte konkret in Plauen und Magdeburg erfolgen:
  - Wie schon berichtet, hat sich MAN Roland vom 1990 übernommenen VEB Plamag Druckmaschinen (früher Vomag) wieder zurückgezogen, die großen Hallen werden derzeit nur zum Teil genutzt.

  - In Magdeburg ist sicher auch noch viel Platz in den Hallen der vormaligen DDR-Großbetriebe SKET (früher Krupp-Gruson) und SKL (früher Buckau-Wolf).

  Beide Betriebe waren bis 1945 in der Rüstung tätig, Buckau-Wolf ein weltbekannter Hersteller von großen Dieselmotoren.

In beiden Ländern Sachsen und Sachsen-Anhalt werden neue Aktiengesellschaften gegründet, die Gesellschaftsanteile sind und bleiben zu über 25 % bei den Ländern, die bisherigen westdeutschen Waffenhersteller können Anteile erwerben. Das ist die große Rheinmetall AG, Düsseldorf, eine weltweit agierende Group mit über 20000 Mitarbeitern und 6,2 Mrd. Euro Umsatz (2018), wovon etwa 50 % auf Rüstungsgüter entfallen. Dieser Konzern ist verschwägert und verschachtelt mit den anderen Firmen, wie MAN, Henschel-Wegmann, Diehl. Dieses Konsortium fertigt das gesamte Programm von Schützen-, Berge- und Kampfpanzern, auch die Leopard-Familie, sowie Haubitzen, Kanonen einschließlich aller heutigen modernen Steuerungssysteme. Dieses Konsortium stellt die Technologie zur Verfügung, verkauft für etwa 20 % einen Teil ihres Know-hows an die neuen Gesellschaften. Und so beginnen in Plauen und Magdeburg die Wartung, Reparatur, Teilefertigung von bestimmten Panzern und Fahrzeugen bis zum Neubau solcher Fahrzeuge und Systeme. Und keiner sage, sie könnten es nicht. Sie können es sehr wohl, die Vogtländer und Anhaltiner, in einem bis zwei Jahren ist eine Stammbelegschaft stufenweise aufzubauen.

Und neue Aufträge werden zeitnah nachfolgend an diese neuen

Gesellschaften vom Verteidigungsministerium vergeben, ohne Wenn und Aber, von der Bundesregierung beschließend. Lobbyarbeit und alles Geschrei der bisherigen Firmen, eventuell Deutschland zu verlassen, muss unbeachtet bleiben. Sie gehen nicht so schnell weg, sie wissen um die deutschen Facharbeiter.

Diese Firmen können Neuheiten entwickeln, mit Mitteln vom Kapitalmarkt wachsen, dürfen aber nicht mehrheitlich in andere Hände und Länder gehen. Analog dem Konzept Volkswagen mit Niedersachsen bleiben die Länder Sachsen und Sachsen-Anhalt Gesellschafter. Als Reverenz an die Gründer können die Firmen wieder New Vomag Plauen AG und New Gruson Magdeburg AG heißen. 10 Jahre nach den Gründungen wird ein Umsatzvolumen von jeweils ca. 0,5 Mrd. Euro möglich sein, so dass vom genannten Umsatz von 3,2 Mrd. Euro der Gruppe um die Rheinmetall AG etwa eine Milliarde in die neuen Bundesländer abgegeben würde. Das wäre ein Schritt zum Aufbau Ost nach über 70 Jahren Vernichtung jeglichen Rüstungspotentials in Mitteldeutschland.

Das alles kann auf weitere Bereiche ausgedehnt werden. Zunächst die Handfeuerwaffen. Laut Pressemeldung im Sommer 2019 hatte sich für ein neues Sturmgewehr neben dem bisherigen Hersteller Heckler & Koch (H & K) Oberndorf die Suhler Traditionsfirma C. G. Haenel beworben. Dieser Betrieb kommt aus der Jahrhunderte alten Suhler Waffentradition, ist zwar in arabischen Händen, aber ein Aufleben dieses für Thüringen so bedeutenden Industriezweiges wäre es schon. Nach letzten Meldungen hat C. G. Haenel diesen Zuschlag noch nicht bekommen. Das südthüringische Gebiet um Suhl und Zella-Mehlis (hier die legendäre Waffenfabrik Carl Walther, die auch ins Exil ging) war das ältere, sehr bedeutende deutsche Zentrum für Handfeuerwaffen, wogegen Oberndorf am Neckar später durch die Firma Gebr. Mauser mit den berühmten Mausergewehren hervortrat. Das legendäre Maschinengewehr MG 42 aus dem sächsischen Döbeln ist schon genannt worden.

Ebenso sollten in der Bahntechnik, dem Verkehrsbauwesen und anderen Bereichen mit staatlichen Aufträgen die Wirtschaft in den neuen Bundesländern stärker unterstützt werden, als es bisher der Fall war.

Nur auf diesen Wegen ist eine weitere Angleichung der Lebensverhältnisse zwischen Ost und West zu erreichen. Die Bürger in den alten Bundesländern müssen es anerkennen und akzeptieren, dass sie 1945 keinen staatlichen Terror erleben mussten und durch Tausende von Exilfirmen einen Aufbauschub über Technologien und Millionen Facharbeiter erhielten.

Auch in den Bereichen staatliche Institutionen und Wissenschaft gibt es heute noch ausgleichenden Bedarf:

- Der Bundesgerichtshof (BGH) als höchste Gerichtsinstanz gehört nach Leipzig, in das Gebäude des früheren Reichsgerichtes. Man sehe sich dieses würdevolle Ensemble in Nähe des Leipziger Rathauses an, diese Säle und Ausstattungen. Nicht Außenstellen des BGH gehören hier hin, sondern die gesamte Institution. Die Randlage Karlsruhe am letzten Zipfel Deutschlands muss aufgegeben werden, Leipzig ist immerhin die repräsentativere Großstadt in der Mitte Deutschlands. Der Sinn für Gerechtigkeit und Anstand müsste es dem Hohen Gericht und den hohen Beamten sagen, dass Karlsruhe nur ein Provisorium für die frühere Bundesrepublik war. Es darf auch für hohe Beamte mit einem eventuellen Umzug einmal etwas umständlich werden.
- Das Deutsche Hygienemuseum in Dresden muss die Bundeszentrale für gesundheitliche Aufklärung (BzgA) werden mit Verlegen des bisherigen Sitzes von Köln nach Dresden. Wir haben berichtet, dass nach 1990 das Kölner Haus die höhere Stelle geblieben ist und Dresden zurückgesetzt wurde. Die höhere Kompetenz, den größeren Fundus und die Tradition zurück bis zur Weltsensation der Hygieneausstellung 1911 hat das Dresdner Museum.
  Die BzgA erhält als „Bundesoberbehörde“ vom Verband der gesetzlichen Krankenkassen jährlich 32 Millionen Euro Zuschuss und dieser hat die Arbeit der BzgA mehrfach kritisiert.

- Im Wissenschaftsbereich ist das Übergewicht der Exzellenz- und Eliteuniversitäten in den alten Bundesländern erdrückend, so kann ein weiterer Aufbau Ost nicht gelingen.

In mehreren Runden laufen seit 2006 Exzellenzinitiativen ab, die Entscheidungen treffen die Deutsche Forschungsgemeinschaft (DFG) und der Wissenschaftsrat der Bundesregierung.

Die dritte Runde ab 2017 verteilt Milliarden Euro in mehreren Bereichen:

Zukunftskonzepte, bearbeitet bei:

Ludwig-Maximilian-Universität München

TU München

Universitäten Heidelberg, Tübingen, Konstanz

TU Dresden

Graduiertenschulen, darunter:

5-mal München, z. B. Schule für Ost- und Südosteuropastudien

1-mal Leipzig

1-mal Jena

Exzellenz-/Elite-Universitäten, insgesamt 11, davon:

3-mal in Baden-Württemberg, 2-mal in Bayern, 2-mal in NRW, 1-mal in Sachsen, 1-mal in Bremen, 2-mal in Berlin

„Mit Hängen und Würgen“ hat die TU Dresden diesen Status erreicht. Immer wieder kommt der Anspruch auf absolute Technologie-Führerschaft der „Südstaaten“ zum Ausdruck. Deren hohes Niveau ist erst ab den 1960/70er Jahren entstanden. Tausende Wissenschaftler und Experten auf allen Gebieten haben wie die Exilfirmen 1946/50 die „Ostzone“ verlassen, damit Lehre und Forschung in den Hochschulen der „Westzonen“ vorangebracht. Die TH Dresden war in den 1920/40er Jahren gegenüber der TH München vielseitiger und intensiver in Forschung und Lehre, weil der in Sachsen viel stärkere Maschinenbau neue Erkenntnisse und

Verfahren, aber auch mehr Ingenieure brauchte.

Nein, Elitehochschulen gehören vorwiegend in die neuen Bundesländer, nach Jena, Magdeburg, Leipzig, Cottbus. Hier ist der Nachholbedarf an Wissenschaft und Technik groß, hier sollen die industriellen Kerne verstärkt, neue geschaffen werden.

Berufungs- und Besetzungsfragen sind von jeher mit Beziehungen und Kompetenzstreitigkeiten verknüpft gewesen. Daran hat sich nichts geändert. Hier soll uns niemand erzählen, dass nur fachliche Leistungen ausschlaggebend sind. So sind auch in der DFG und dem Wissenschaftsrat die westdeutschen Eliten tonangebend. Die jüngeren Experten wissen nicht mehr viel von den Leistungen früherer Hochschulen und Professoren aus Jena, Dresden, Leipzig. Im Abschnitt 7 ist Näheres dazu ausgeführt. Und so herrscht der Grundton vor: Zukunfts- und Elite-/Spitzenforschung können wir vom Osten nicht erwarten, wir müssen auf die westdeutschen Hochschulen und Experten aufbauen. So kommen auch kleinere, im Vorkriegsdeutschland nicht bedeutende Einrichtungen an Millionen Forschungsmittel. Auch hier wird also der Abstand Ost-West nicht kleiner, sondern größer werden.

Dazu trägt auch die Berichterstattung bei. Den eklatanten Fall im Buch „100 Jahre Dieselmotor“ haben wir schon erwähnt. Die Fachgremien des Verbrennungsmotorenbaues kennen 1993 die traditionsreiche Vomag AG, Plauen, nicht, die über den Bau schwerer Omnibusse und Lastwagen hinaus erfolgreich neue Prinzipien entwickelt hat.

Aber auch in der gesamten technischen Literatur werden die neuen Bundesländer in Verbindung mit dem Vorkriegsstand nur wenig erwähnt, ob in Fachzeitschriften für Konstruktion, Fertigungstechnik, Verkehr u. a. Sehr wenig Beiträge zu früheren Spitzenleistungen im Weltmaßstab wie von Carl Zeiss in Jena, Junkers in Dessau, Pfauter in Chemnitz (Revolution der Zahnradfertigung), Kircheis in Aue. Über letztgenannte Firma (fünf Goldmedaillen auf Weltausstellungen für Grundsatzarbeiten in der Umformtechnik) hatte ich 2011 zum Anlass „150 Jahre Erdmann Kircheis“ einen Beitrag für die VDI-

Nachrichten verfasst. Er wurde abgelehnt – „Platzmangel". Besonders diese wöchentlich erscheinende Zeitschrift wäre berufen, frühere Ingenieure und die Leistungen zu würdigen. Wo sind Beiträge über Johann A. Schubert, dem vermutlich bedeutendsten Ingenieur des Maschinenbaues und Bauwesens? Er gründete den Sächsischen Ingenieurverein weit vor dem Verein Deutscher Ingenieure und ihm gebührt eigentlich vor Grashof der erste Platz im deutschen Ingenieurwesen. Oder über Zeuner, Kutzbach, Mollier, deren Namen in den Lehrbüchern stehen, s. Abschnitt Sieben. Wenn schon, wird nicht korrekt berichtet. Mit dem Schreibmaschinenbau der Wanderer-Werke AG Chemnitz wird der Slogan „Hinweg mit Tint' und Feder, mit Erika schreibt jeder" verknüpft. Der Spruch über diese Reiseschreibmaschine stammt aber von der Dresdner Seidel & Naumann AG, hier ist die „Erika" entwickelt und weltweit vertrieben worden.

Im März 2019 berichteten die VDI-Nachrichten über das Werk Schiess in Aschersleben:

„... muss Alain Reynvoet seinem Unternehmen beim Zerfall zusehen. Wie so oft dieser Tage. Im Werk begegnet er einem Mitarbeiter, der anstelle seines Werksoveralls Straßenkleidung trägt. Der Mitarbeiter erzählt: Heute ist sein letzter Tag, seinen Ausstand hat er schon gegeben. ‚Schade', seufzt Reynvoet und blickt dem Bald-Ex-Kollegen hinterher.

Die Szene ereignet sich beim Maschinenbauer Schiess in Aschersleben, Sachsen-Anhalt. Reynvoet leitet hier den Vertrieb. Schiess, das ist ein Name mit Geschichte: das Unternehmen zählt zu den Urgesteinen im deutschen Maschinenbau. Der Gründer, Ernst Schiess, rief 1891 den Branchenverband der Werkzeugmaschinenindustrie, VDW, ins Leben."

Wenn man schon die Historie bemüht, muss eine Ingenieurzeitschrift gründlicher sein und auch sagen, dass Ernst Schiess eben nicht der große Gründer in Aschersleben war.

„In Aschersleben gründeten die Werkmeister Billeter und Klunz 1857 eine Werkstatt, die 50 Jahre später die größte Werkzeugma-

schinenfabrik in Anhalt ist. 1877 erhielt Billeter ein Patent auf eine Einständer-Hobelmaschine (Einpilaster-Hobelmaschine) und baute die Firma zur bedeutendsten Spezialfabrik für derartige Großmaschinen aus. Billeter reihte sich damit ein in den Kreis der etwa acht deutschen Maschinenfabriken wie Schiess-Düsseldorf, Wagner-Dortmund, Waldrich-Siegen, die übergroße Drehbänke, Bohrwerke und ähnliche Spezialmaschinen herstellten. Aus der zweiten Produktlinie Flächenschleifmaschinen entwickelte das Unternehmen eine besondere Spezialität, die Führungsbahnschleifmaschine. Damit konnten selbst überlange Führungsbahnen an Werkzeugmaschinen, Umformpressen und anderen Maschinen mit prismatischen Führungen präzise geschliffen werden, wodurch das manuelle Schaben und Tuschieren bei großer Zeitersparnis entfallen konnte. Billeter wurde damit zum Ausrüster für den eigenen Industriezweig, die Werkzeugmaschinenindustrie, und hatte in den ersten Jahrzehnten weltweit das Monopol auf dieses System."

So steht es in meinem Buch „Das Know-how, das..." von 2002.

1945 enteignet und als VEB Wema Aschersleben fortgeführt, kam der Betrieb erst 1993 zu Schiess und geriet mit in den Strudel des Bremer Vulkans. Dann folgte eine Schiess Wema GmbH mit Unterstützung des Landes und nun steht dieser „Schiessbetrieb" wieder auf der Kippe.

Insgesamt ist in Fachzeitschriften, Büchern, aber auch Firmenschriften und -anzeigen der Trend zum Vergessen der mitteldeutschen Wurzeln eingetreten – wie bereits in den ersten Buchabschnitten genannt. Da wird gern von der 100- oder 150-jährigen Tradition oder 8. Generation gesprochen, auf welcher das Unternehmen aufbaut bzw. geführt wird. Dass die ersten 100 Jahre in Mitteldeutschland entstanden sind und hier noch die 6. Generation gewirkt hat, wird gern vergessen.

Dazu trägt natürlich auch die Geschichtsschreibung der heute in den neuen Bundesländern wirkenden Experten bei. Wie schon mehrfach genannt, geht die Darstellung von den Gründern vor über 100 Jahren recht schnell zur VEB-Wirtschaft, die angeblich so erfolgreich war und von der Treuhand zum Teil plattgemacht wurde. In allen Diskussionen und Vorträgen, ob Ost oder West, hört man die Überraschung, ja das Erstaunen heraus, dass die vielen Betriebe in Mitteldeutschland am Ende der 1930er/1940er Jahre sehr erfolgreich gearbeitet und weltweit exportiert hatten. Auch von den Exilfirmen aus Mitteldeutschland, die nach 1945 aus dem Nichts heraus in den Westzonen neu aufgebaut haben, wissen die Bürger wenig. Viele ehemalige Exilfirmen sind in großen Konzernen aufgegangen, die Namen verschwunden. Andere nennen sich Traditionsfirmen, als wären sie schon immer in Stuttgart oder München oder Düsseldorf oder vielen anderen Städten zu Hause gewesen.

Schließlich ist auch ein Wort zum neuen Trend der Vergesellschaftung der eigentümergeführten Industrie zu sagen, wie sie alle linken Parteien schon immer wollen, nun aber zum Beispiel der Jungsozialist Kühnert empfiehlt: Vom so hohen Gewinn der BMW AG soll die Allgemeinheit einen Teil abbekommen. Zunächst ist davon auszugehen, dass die Erben des Großaktionärs Herbert Quandt, der BMW mit dem Vorstand Eberhard v. Kuenheim auf die große Erfolgsspur brachte, die entsprechend hohen Steuern in Deutschland zahlen.

Ein VEB BMW hätte aber nach zehn Jahren sehr wahrscheinlich kaum noch einen Gewinn. In den volkseigenen BMW-Werken würde ein Wust von allgemeinen Abteilungen, Posten, gesellschaftlichen Institutionen entstehen. Nach fünf Jahren hängen die ersten Türen schief, die Werkhöfe sind nicht aufgeräumt, nach zehn Jahren ist vieles „grau in grau“ und Aufwand und Gewinn gleichen sich aus, vielleicht bleibt eine schwarze Null. Das mag übertrieben dargestellt sein, aber es ist ein Trugschluss seit Karl Marx: Man sah Betriebe von kleinen Anfängen zu großen Unternehmen wachsen, riesige Gewinne erlaubten den Nachkommen großen Luxus, oft verbunden mit einer Geringschätzung, ja Verachtung von denjenigen, welche den Reichtum schaffen. Das war nicht nur bei den schlesischen Webern so, sondern auch später bis in unsere Zeit, wenn wir an manche Verhältnisse bei uns sowie solche in Bangladesch, Indien und China denken.

Eine Vergesellschaftung, ein Rauswurf der Eigentümer in den Industrieländern Europas, den USA, den Staaten in Südamerika und Afrika würde nicht zu den erhofften Erfolgen führen. Die weiterhin erwarteten hohen Gewinne blieben aus, die eingesetzten Verwalter und Treuhänder operieren nicht mehr wie die Eigentümer, es geht nicht mehr um das eigene Geld. Da wird es sofort viel Widerspruch geben mit Blick auf manche Operationen und die Vorstandsbezüge bei den großen Aktiengesellschaften.

Der Marxismus-Leninismus hat aber nirgends in der Welt eine effektive Industrie und Wohlstand geschaffen, heute ist Venezuela ein aktuelles Beispiel. Die Sowjetunion ist nie ein starkes Exportland gewesen, alle Kraft ging nach dem 2. Weltkrieg in Raumfahrt und Waffentechnik, in weiten Gebieten des riesigen Landes herrschten zu Stalins Zeiten einfachste Verhältnisse und Armut. Nach dem Zerfall der großen Union und dem Aufstieg einer Reihe dieser Oligarchen ist eine neue Art „Zarenreich" entstanden.

Die Ostblockstaaten sind weitere Beispiele. Polen und Tschechoslowakei besaßen in den 1930er Jahren leistungsfähige Industrien, die sich auf europäischem Niveau bewegten. Mit Skoda in Pilsen und anderen Betrieben konnte Hitler-Deutschland 1938 ein großes Waffenpotential übernehmen, es war in bestimmten Bereichen größer als das eigene. Durch die Verstaatlichung 1945/48 standen diese beiden Länder wie alle anderen Ostblockländer 1989/90 abgewirtschaftet da.

Deutschland ist das beste Beispiel, bei allen Umzulänglichkeiten, die solchen Vergleichen anhaften:

- Bis 1945 fast zu 100 % eine eigentümergeführte Wirtschaft von Industrie, Handel und Dienstleistungen in **einem** Land.
- Ab 1945/48 im westlichen größeren Teil ein Beibehalten der privat geführten Wirtschaft, verstärkt durch Flucht von wichtigen Wirtschaftseinheiten aus dem östlichen Teil; Erreichen einer europäischen Spitzenposition.
- Ab 1945/48 im kleineren östlichen Teil in Stufen fast völlige Zerschlagung der Eigentümerstruktur in allen Bereichen. Stetiges Absinken der Leistungsfähigkeit, zunehmender Verlust der internationalen Präsenz in allen Industriebereichen. Verwahrlosung des

Landes bei Gebäudesubstanz und Straßen, bei den Versorgungsmedien, bei der Luft- und Wasserqualität und anderem.

- Nach Einheit des Landes 1989/90 Wiederaufbau des östlichen Teiles durch hohe Mittelzuwendung vom westlichen Teil. Wenig Rückkehr der vormals östlichen Wirtschaftseinheiten, Aufbau Ost vorwiegend durch Teilbetriebe der westlichen Wirtschaft, bleibende Armut im östlichen Teil.

Als Konsequenzen sind daraus Gefühle und Meinungen einer Überlegenheit im Westen, einer Minderwertigkeit im Osten, entstanden. Beides beruht aus Unkenntnis der Verhältnisse vor 1945 und wird schwer zu überwinden sein, auch 30 Jahre später sind Gräben zwischen beiden Seiten vorhanden. Im Westen wird zum Teil der zu schnelle Aufbau Ost zu Lasten des eigenen Gemeinwesens, im Osten werden Identitätsverluste und fehlende Anerkennung der Lebensleistung beklagt. Die Hauptursache für die zwei Wege ab 1945, die Zerschlagung der Eigentumsverhältnisse im Osten, wird nicht als gravierend angesehen, zum Teil verneint.

Dabei sind durchaus Korrekturen möglich und sinnvoll. In einem leistungsstarken Staat müssen Krankenhäuser, Krankenkassen, große Versicherungen, große Wohnungsgesellschaften nicht zu 100 % privatwirtschaftlich geführt sein, eher kann sie der Staat mehrheitlich halten. Ein solcher Staat hat letztlich schon die Mittel, wie zum Beispiel die Kultur auch das Gesundheitswesen zu 100 % zu finanzieren, auch mit dauerhaften hohen Zuschüssen. Das müssen einem modernen Staatswesen seine fleißigen Bürger ohne Wenn und Aber wert sein.

Industrie und Handel mit allen Erscheinungsformen müssen privatwirtschaftlich geführt, dem Spiel von Gründung zur Umsetzung von Innovationen und Verlust bei Missgeschick ausgesetzt sein. Gewerbefreiheit muss es uneingeschränkt geben, der selbstbewusste Bürger muss gründen dürfen auch mit dem Risiko, bei einem Scheitern *„ins Proletariat zurückgeworfen zu werden“* (Karl Marx).

Den großen Kapitalgesellschaften darf der Staat durchaus auf die Finger klopfen, regulierend eingreifen, z. B. einen hohen Prozentsatz an Neuinvestitionen vom Gewinn vorschreiben, Lobbygeschrei und

Drohung vom Verlassen des Landes nicht beachten. Aber alle Spielarten des Marxismus mögen in Foren und Gesellschaften diskutiert werden, ernsthaften Einfluss auf eine Staatsführung dürfen sie nicht erreichen. Diese Gesellschaftsform ist seit den 1990er Jahren in fast allen Ländern endgültig Geschichte.

Trotzdem zog rückwärtsgewandt wie immer die sächsische „Linke“ 2019 in den Landtagswahlkampf. *„Lasst uns gemeinsam auf den Weg machen, dem Kapitalismus ein Ende zu bereiten“*, rief der neue alte Spitzenkandidat in den Saal des Kongresszentrums. So zitiert die Sächsische Zeitung vom 15. April 2019 den Fraktionschef Rico Gebhardt. Also ist das Rauswerfen der Gesellschafter, Vorstände und Firmeneigner ein fester Programmpunkt dieser Partei.

Und wieder zuerst die Bekannten und Erfolgreichen, die nach 1990 neu aufgebaut haben, würden sie rauswerfen wollen, auch wieder wie 1945/48 gegebenenfalls mit „Mitteln der Gewalt und Verhaftung“. Natürlich im Namen der „Arbeiterklasse“.

Das beträfe in Sachsen alle Unternehmer, die jährlich den Unternehmerpreis in Dresden erhalten, aber auch z. B. die Merkle‘s vom neuen VEM Sachsenwerk in Dresden, die Naumann‘s von Niles Simmons in Chemnitz, die Familien Leonhardt und Bauer aus Aue – Firmen, über welche wir berichtet haben. Der marxistischen Ideologie folgend wären solchen „Kapitalisten und Ausbeutern“ auch Haus, Grundstück, Vermögen zu konfiszieren.

Professor Hans-Werner Sinn, einer der bekanntesten Ökonomen und Wirtschaftsexperten mit Kontakten zu Ökonomen in vielen Ländern, sagt in seinem 2018 erschienenen Buch „Auf der Suche nach der Wahrheit“:

„Für Ökonomen ist klar, welch fundamentale Bedeutung Eigentumsrechte für die Funktion einer Marktwirtschaft haben. Nur wenn die Eigentumsrechte – an Grund, Boden und natürlichen Ressourcen, an Häusern, Wohnungen, Erfindungen, Gütern und vielem anderen mehr – verlässlich definiert und geschützt sind, ist ein Markttausch möglich. Ein Tausch ist ein wechselseitiges kompensierendes Geben

und Nehmen von Gütern im weiteren Sinn aufgrund einer freiwilligen Vereinbarung zwischen den beteiligten Parteien. Wenn sich aber eine der Parteien, die gerne ein bestimmtes Gut besitzen würde, dieses Gut einfach nehmen kann, ohne eine Gegenleistung zu bieten, weil das Eigentum nicht geschützt ist, dann tritt die Inbesitznahme, wenn nicht Diebstahl und Raub, an die Stelle des Tausches und über kurz oder lang versinkt alles im Chaos. Zum einen fehlt der Kompensationstest, der sicherstellt, dass derjenige, der das Gut erhält, dem Gut einen größeren ökonomischen Wert beimisst als derjenige, der es hergibt. Knappe ökonomische Güter gelangen so in inferiore Verwendungen, also in Verwendungen, in denen sie nicht mehr sinnvoll verwertet werden. Dadurch sinkt der durchschnittliche Wohlstand. Zum anderen bedeutet die Ressourcenzuteilung durch Inbesitznahme – bzw. Raub oder Diebstahl –, dass die Menschen sehr viel Kraft und Zeit darauf verwenden, anderen die Ressourcen wegzunehmen oder umgekehrt den drohenden Verlust zu verhindern." [91]

Das Aufflammen stärkerer Differenzen zwischen West und Ost scheint sich periodisch fortzusetzen. Bereits 1999/2000 hatte der Soziologe Thomas Roethe aus Hannover mit seinem Buch „Arbeiten wie bei Honecker, Leben wie bei Kohl" einen Frontalangriff auf die Ostdeutschen gestartet, die *„seit der Einigung sich mit Milliarden und Aber-Milliarden DM aus westlichen Arbeitsleistungen verköstigt haben"*.

Dazu kamen Zeitungsberichte wie vom „Tagesspiegel" – *und ewig pubertiert der Ostdeutsche* – sowie weitere Bücher.

Der Aufschrei im Osten war groß. Selbst Prof. Dr. Biedenkopf äußerte sich: *„Der Inhalt dessen, was Herr Roethe von sich gibt, ist allerdings so fragwürdig, dass man ihn eigentlich nicht ernst nehmen kann. Ich habe selten so einen Blödsinn gelesen."*

30 Jahre später sind wir beim gleichen Stand, wenn man das Heft „Spiegel-Spezial" betrachtet. Wie rechtfertigen die verantwortlichen Redakteure Weinzierl und Hammerstein ein solches „Vorwort"?

Das zementiert die Meinungen auch vieler jungen Leute und Studenten der Westländer, wie die Beiträge in diesem Heft zeigen: Studieren in Jena oder Dresden? Wollen Sie das wirklich? Gibt es dort jetzt Bananen?

Regelrecht sprachlos machen die Bemerkungen in der Schwäbischen Zeitung mit dem Vergleich Syrien – DDR (s. Vorwort).

Der Spiegel ist auch bei anderen Beiträgen zur Wirtschaft mit Blindheit geschlagen. Im Heft „Spiegel Geschichte", Ausgabe 4/2020 – Vergangenheit kennen, Gegenwart verstehen – wird westdeutsche Geschichte behandelt, nicht gesamtdeutsche. Kein Wort zu den sächsischen milliardenschweren Familien – Exilfirmen Wella (Rothenkirchen/V. – Darmstadt), Hauni (Dresden – Hamburg), Giesecke & Devrient (Leipzig – München). Kein Wort zu der Vielzahl weiterer Exilfirmen, die wir im Buch beschrieben haben. Von den großen Leipziger Verlagshäusern kann man nicht nur Reclam und Breitkopf nennen, fast das gesamte in der Welt einmalige Verlagswesen Leipzigs ist ins westdeutsche Exil gegangen.

Wir haben über solche mitteldeutschen „Leuchttürme" berichtet. Die „von Heyden AG" in Radebeul (80 ha Betriebsfläche) konnte sich durchaus mit der Bayer AG messen, die Acetylsalicylsäure im Aspirin ist eine Entwicklung der „von Heyden AG". Sie brachte ihr Produkt unter dem Namen Acetylin heraus. Die Bayer AG wählte den Namen Aspirin.

Ohne die Zerschlagung 1945 wäre die von Heyden AG heute auch ein Weltunternehmen mit Milliarden großen Umsätzen.

Eine Chronik (Zeittafel) nennt zwar am Anfang die 1710 gegründete Porzellanmanufaktur Meißen, den Leipziger Verlag Reclam und die aus Stralsund stammenden Wertheims, aber ansonsten ist es vom Mittelalter bis 2000 westdeutsche Geschichte. Die sieben Kilometer lange Eisenbahn 1835 zwischen Nürnberg und Fürth wird genannt, die vier Jahre später über 100 km lange erste Ferneisenbahn Europas zwischen Leipzig und Dresden nicht. Doch das war der Meilenstein in Deutschlands Verkehrsgeschichte.

Gewiss, diese Spiegelgeschichte ist eine Auswahl, aber so stiefmütterlich darf man die mitteldeutsche Industriegeschichte nicht abtun. Auch Thüringens und Sachsen-Anhalts „Leuchttürme" haben über die Jahrhunderte hinweg das „Made in Germany" geschaffen.

Das mehrfach genannte Buch „Deutsche Wirtschaftsgeschichte seit 1945" von Prof. W. Abelshauser (C. H. Beck, 2004), wäre berufen gewesen, besser aufzuklären. Es wird als Standardwerk empfohlen und ist besonders für die „Zentralen für politische Bildung" gedacht.

Die Vergleiche zwischen BRD- und DDR-Wirtschaft nehmen einen breiten Raum ein. Die Bemerkung, **dass die sowjetische Zone, die spätere DDR, „die am weitesten industrialisierte Zone 1945 in Deutschland war"**, haben wir im Buch mehrfach belegt. Dies ist in breiten Kreisen Westdeutschlands nicht angekommen, sondern der Osten, die Zone, wird – vermutlich für immer und ewig – nur als das abgewirtschaftete Land der 1980/90er Jahre angesehen.

Interessant ist auch diese Aussage: *„Allein im Zeitraum 1952 bis 1963 haben weit über 20000 Ingenieure und Techniker, 4500 Ärzte und 1000 Hochschullehrer einen Antrag auf Bundesnotaufnahme gestellt".*

Also ein Ost-West-Transfer eines solchen Ausmaßes, ***„dass die Zuwanderer aus der DDR, ebenso wie die Heimatvertriebenen, zu den wichtigsten Aktiva der westdeutschen Wirtschaft geworden waren. Der Ost-West-Transfer von menschlichem Vermögen übertraf jedenfalls das Ausmaß der Marshallplanhilfe bei weitem."***

Es fehlen in diesem Buch ein Abschnitt Exil/Flüchtlingsbetriebe, Hinweise im Sachregister, Aufstellung der wichtigsten Unternehmen, die den Bürger direkt auf ehemalige Ostprodukte hinweisen, wie Audi, Elbeo, Reclam, Kaiser und Tausend andere. Wenn sich fast komplett Industriezweige – die Feinstrumpfindustrie, der Textilmaschinenbau, alle weltbekannten Leipziger Großverlage – unter dem Druck der politischen Verhältnisse im Osten im Westen neu ansiedeln, muss das in einem solchen Buch genannt werden. Die wenigen enthaltenen Hinweise reichen nicht.

Das Buch enthält 34 Seiten Anmerkungen und 12 Seiten Literatur.

Am Ende der Einleitung wird zahlreichen Mitarbeitern des Bielefelder Lehrstuhles für Wirtschaftsgeschichte, der Krupp- und Friedrich-Ebert-Stiftung und dem Lektorat des Beck-Verlages gedankt. KEINEM aus diesem hochkarätigen Forscherteam soll aufgefallen sein, dass außer den vorstehend genannten übersiedelten 25000 Ingenieuren, Ärzten und Lehrern weitere Tausende große und kleine Unternehmen in die junge Bundesrepublik einströmten? Ostdeutsche Textilunternehmer, wie Feilgenhauer, Reichelt, Rössler und die großen Leipziger Verleger haben Städte erweitert, Siedlungen errichtet, ganze Landstriche umgekrempelt. Das in diesem Buch auszulassen, verfestigt die Meinungen, wie sie jetzt wieder aufflammen. Ein Beitrag zur politischen Bildung ist das nur begrenzt.

Ebenso wäre eine konkrete Abschätzung der Anzahl von Exilbetrieben interessant gewesen. Bei insgesamt ca. 12 Millionen Zugewanderten sind 0,75 %, also 90.000 Betriebe jeder Art und Größe, bereits bestehend oder neu gegründet, sicher eine reale Anzahl. Basis war eine Wirtschaft mit der Freiheit zu gründen oder eine bestehende Firma nicht infrage zu stellen. Diese 90.000 Betriebe sind sehr wahrscheinlich eine vernünftige Anzahl, wenn man bedenkt, dass zum Beispiel in Dresden 1907 42.000 „Hauptbetriebe" registriert waren, davon über 80 % bis fünf Personen.

Das alles ficht viele Bürger in den alten Bundesländern nicht an, wie das Spiegel-Spezial und andere Beiträge zeigen. Wann wird die nächste Attacke kommen? In zehn Jahren, in 20 Jahren?

Die heutigen Spiegel-Redakteure werden im Ruhestand sein, aber ob die Nachfolger sich von den Ansichten des Vorwort-Schreibers St. Berg trennen, bleibt fraglich.

Die Schwäbische Zeitung in Ravensburg hat ein großes Verbreitungsgebiet und viele Zweigstellen, da bleibt es sicher in weiten Teilen Baden-Württembergs bei dem Urteil über die ehemalige DDR und ihre Menschen.

Hier, im Musterländle und in Bayern, wird man sich weiterhin im Lichte der wirtschaftlichen Stärke sonnen – wir sind die Großen, die

Fleißigen, die Erfinder. Bewusst und gern wird vergessen, dass ganze Landstriche erst durch die Exilbetriebe zu Industrieregionen geworden sind, was auch in den niedrigen Arbeitslosenzahlen zum Ausdruck kommt. *„Wir in Bayern"*, der schon jetzt geflügelte Spruch, wird weiterhin die vermeintliche Überlegenheit verkünden.

Für Sachsen ist es, auf die Wirtschaft bezogen, die zweite große Zäsur ab dem 19. Jahrhundert. Die erste Zäsur war 1816/17 nach der Völkerschlacht der Verlust von ca. 60 % des Landes an Preußen. Die zweite Zäsur trat mit dem Ende des 2. Weltkrieges 1945 ein. Sachsen stürzte aufgrund der vernichteten eigentümergeführten Wirtschaft von einer Spitzenposition auf Mittelmaß ab. Dieser Absturz ist endgültig.

Natürlich können die Sachsen auch in einer solchen Position leben, sich wieder etwas empor arbeiten. Aber es bleibt bedrückend, dass diejenigen, die erst durch den ungeheuren Ost-West-Transfer in die Spitzenpositionen gekommen sind, sich heute als die Überlegenen und Schulmeister aufspielen.

Die Exilfirmen nicht ihrer Bedeutung entsprechend darzustellen, sondern mit kurzen Bemerkungen abzutun, folgt nun auch **die „Boom" genannte 4. Sächsische Landesausstellung im renovierten „Audi-Bau Zwickau und sechs weiteren Schauplätzen". Sie lief – verspätet begonnen – vom 11.07.2020 bis Jahresende 2020**.

Der Umfang des zusammengetragenen Materials ist beeindruckend, doch Vieles ist dem – zumindest sächsischen – Besucher bekannt. Die Bergbaugeschichte vom Altar der Annenkirche Annaberg-Buchholz, die Firmengründer der Kaiserzeit und der 1920er Jahre. Zusammenfassend heißt es: *„Ende des 19. Jahrhunderts boomt die Industrie in Sachsen. Das Pro-Kopf-Einkommen liegt über dem Reichsdurchschnitt. Eine sehr große Erzeugnisvielfalt, gute Bildungseinrichtungen und niedrige Löhne prägen die sächsische Wirtschaft. Trotz dieser Standortvorteile erfolgte keine Entwicklung moderner Großindustrien, wie Großchemie und Elektroindustrie."*

Das war auch nicht zu erwarten. Die „von Heyden AG“ wurde vorstehend genannt. Die Elektrofirmen Koch & Sterzel AG und Sachsenwerk AG lagen mit Siemens AG und AEG nicht auf gleicher Höhe, aber zu den weltweit bekannten Exportfirmen gehörten sie auf alle Fälle.

Im Begleitbuch der „Boom“ ist die Formulierung *„1933 übernehmen die Nationalsozialisten die Macht. Es folgt eine Epoche beispielloser Gewalt und Zerstörung“* unvollständig. Zunächst folgen von 1934/35 bis 1940 wirtschaftliche Boomjahre. Werkzeug- und Textilmaschinenbau sowie anderer Maschinen- und der Fahrzeugbau nehmen Spitzenpositionen ein, exportieren weltweit, erzielen viele Ausstellungspreise. Der Fahrzeugbau der Auto Union AG ist mit der Daimler Benz AG auf gleicher Höhe. Das Buch zeigt Plakate von Rennsiegen dieser sächsischen Fahrzeuge.

Es waren insgesamt gute Jahre für Unternehmer, Streiks gab es nicht, die Firmen wuchsen auch mit den ansteigenden Aufträgen aus der Rüstungswirtschaft. Das muss man sagen und sagen dürfen, es sind geschichtlich belegte Fakten bei aller richtigen Kritik am totalitären NS-System und der nachfolgenden Zerstörung.

Gravierend die Versäumnisse bei der Darstellung der Exilfirmen. Unter dem Kapitel „Auferstanden aus Ruinen“ wird dieser bis heute nachwirkende Exodus der mitteldeutschen Industrie mit einem Satz charakterisiert: *„Die Angst vor Demontagen, Reparationen und Enteignungen vertrieben viele Unternehmen aus Sachsen.“* Dazu folgen weitere kurze Bemerkungen zu einzelnen Firmen, z. B. den Elbeo-Strumpffabriken: *„So fanden die Bahners in Augsburg, Mannheim, Lauingen und Kiel eine neue Heimat und ‚wirkten‘ dort am deutschen Wirtschaftswunder mit.“* Das reicht nicht! Nicht einmal die drei großen milliardenschweren Exilkonzerne Wella, Hauni, Giesecke & Devrient werden genannt, geschweige denn die Vielzahl der kleineren. Der ursprüngliche Wella-Standort Rothenkirchen/V. liegt 20 km von Zwickau entfernt, das Beierfeld der Exilfirmen Kaiser, Leifheit, Nier 30 km.

Mit welcher stark geschwellten Brust hätte der sächsische Besucher die Ausstellung verlassen, zumindest nachdenklich der westdeutsche, wenn der große Ost-West-Transfer sachlich dargestellt worden wäre. Die z. B. derzeit publizierte, 2021 geplante Übernahme der Bombardier-Waggonwerke Bautzen und Görlitz durch die Alstom LHB aus Salzgitter wird ein Rückkehrer in die Heimat sein. „LHB“ steht für Linke Hofmann Busch aus Bautzen. Der Betrieb hatte sich 1947/48 als Linke Hofmann Busch GmbH in Salzgitter neu gegründet, sehr gut entwickelt und war später vom französischen Konzern Alstom übernommen worden. Wir haben darüber berichtet. Von alledem erfährt der Besucher der Boom-Ausstellung nichts.

Es hätte eine andere, wahrheitsgemäße und offene Darstellung dieser Exilfirmen-Problematik geben müssen. Hier soll keine neue Diskussion darüber begonnen werden, dass überwiegend westdeutsche Fachleute die Spitzenpositionen gerade im Kulturbereich der neuen Länder besetzen. Doch für die „Boom“ trifft es wieder einmal zu. Prof. Klaus Vogel, Direktor des Hygiene-Museums Dresden, und Prof. Helmuth Albrecht, Lehrstuhlinhaber für Wissenschafts- und Technikgeschichte an der Bergakademie Freiberg, sind in den 1990er Jahren nach Sachsen gekommen. Mit dem Kurator Thomas Spring zeichnen sie als Hauptverantwortliche für die Boom. Sie hätten es besser wissen müssen. Wir haben im Vorwort einige Schriften genannt, die diese Verhältnisse wahrheitsgemäß darstellen, u. a. den Katalog zur Ausstellung „Aufbau West – Neubeginn zwischen Vertreibung und Wirtschaftswunder“ (Lit. 26). Diese Ausstellung fand 2005/06 im Westfälischen Industriemuseum Dortmund statt und beschreibt einen Teil des großen Ost-West-Transfers nach 1945. Schon im Vorwort der Herausgeberin Dagmar Kift heißt es: *„‚Aufbau West‘ zeigt anhand einzelner Betriebsgeschichten, wie vertriebene oder geflüchtete Unternehmer im Westen – und ohne in Konkurrenz zu einheimischen Produzenten zu treten – Produktionslücken schlossen und als Exportindustrien wertvolle Devisen ins Land brachten.*

Zu regionalen Strukturverbesserungen führte die Gründung von so genannten ‚Flüchtlingsstädten‘, d. h. Ansiedlungen von Flüchtlingen und ihren Industrien und Gewerben auf ehemaligen Militärgeländen. Allerdings waren auch sie wieder mehr in Bayern vertreten als in

Nordrhein-Westfalen. Anhand der Flüchtlingsstädte Neutraubling und Neugablonz in Bayern sowie Espelkamp in Nordrhein-Westfalen zeigt ‚Aufbau West', wie sich solche Flüchtlingsstädte innerhalb weniger Jahre zu prosperierenden Kleinstädten entwickelten, die Industrialisierung ihres meist ländlichen Umfeldes vorantrieben und zu wichtigen Arbeitgebern der Region wurden."

Und an anderer Stelle:

„... dass der Nachkriegsaufschwung im Westen zu einem nicht unbeträchtlichen Teil dem quantitativen und qualitativen Input aus dem Osten zu verdanken ist: zunächst aus dem Kreis der Heimatvertriebenen, in den 1950er Jahren dann vor allem von Tausenden von Unternehmern, Akademikern, Ingenieuren und gut ausgebildeten Fachkräften aus der DDR. Die Bundesrepublik gewann insbesondere mit ihnen ein gewaltiges wissenschaftlich-technologisches Potential, von dem sie in hohem Maße profitierte und in dessen Ausbildung sie nichts hatte investieren müssen. In anderen Worten: ***Der heutigen Unterstützung des ‚Aufbau Ost' durch den Westen sind bis zum Mauerbau 1961 gewaltige Aufbauleistungen in umgekehrter Richtung vorausgegangen.****"*

Es folgen markante Beispiele dieser Aufbauleistungen, wie z. B. Europas größtes Werk für Heimtextilien in Rheinberg durch den Sachsen Herbert Reichel aus Hohenstein-Ernstthal. Rheinberg wuchs in den 1960/70er Jahren von ca. 6.000 auf über 12.000 Einwohner an, darunter viele Geflüchtete aus Reichels Heimatstadt.

Der Aufbau der westdeutschen Textilmaschinenindustrie war einer der größten Sprünge zum „Exportweltmeister Bundesrepublik". Zusammenfassend heißt es: *„Diese Beispiele dokumentieren vor allem die Rolle der mitteldeutschen Fachkräfte für den Neuaufbau der Textilmaschinenindustrie. Zur Verlagerung des mitteldeutschen Maschinenbaus im großen Stil kam es nach der endgültigen Enteignung der thüringischen und sächsischen Betriebe. Politische Verfolgung und Drangsalierung der als ‚Klassenfeinde' diskreditierten Unternehmer bewegten diese zur massenhaften Flucht in den Westen – mit ihrem Wissen im Kopf, Konstruktionsplänen im Rucksack oder auf Film und ehemaligen Betriebsangehörigen im Gefolge. Sie bildeten* *den personellen Kern der neuen Betriebe, die häufig bescheiden dort entstanden, wo Gemeinden, aber auch frühere Kunden, Räume oder Hallen zur Verfügung stellten.“*

Dieser Ausstellungskatalog weist schon auf dem Buchdeckel (Rückseite) auf die Exilfirmen hin, es heißt u. a.:

„Wer mit einer Käthe-Kruse-Puppe gespielt hat, heute einen Audi fährt, Kaiser-Backformen in den Ofen schiebt, dem Kuchen einen echten Stonsdorfer folgen lässt und sich anschließend mit Odol den Mund spült, benutzt Produkte von Firmen, die ursprünglich im Osten ansässig waren und nach 1945 in den Westen übersiedelten.“

Von dieser so wichtigen Transformation, die bis heute nachwirkt, erfahren die Besucher der „Boom“ nichts – bis auf den einen dürren Satz und weitere Bemerkungen. Das ist nicht prägend und identitätsbildend für Sachsen und nicht „so geht sächsisch“.

Hat es keine Stimmen gegeben, die gefragt haben: Können wir denn 2020 in einer Ausstellung zur sächsischen Industriekultur – vom Mittelalter bis heute – Vorgänge ausblenden, die nach 1945 tatsächlich mit weitreichenden Folgen stattgefunden haben und die bereits vor über 10 Jahren in mehreren Schriften dargelegt wurden?

Solche Fragen und Antworten hat es offensichtlich weder von den Hauptverantwortlichen noch den 31 Autoren gegeben.

Eine zukünftige 5. Sächsische Landesausstellung muss die Thematik „Sächsische Exilfirmen haben die Bundesrepublik mit aufgebaut“ in den Mittelpunkt rücken. Und die „Leuchttürme“ müssen stärker hervorgehoben werden. Von den Krausswerken Schwarzenberg kann man nicht nur eine alte Maschine ausstellen und diesen F. E. Krauss als „schillernde Unternehmerpersönlichkeit“ mit engen Verbindungen zum Gauleiter Mutschmann bezeichnen. Wir haben über die Krausswerke als führender Hersteller von Waschgeräten berichtet. F. E. Krauss hat seine Nähe zum NS-System mit neun Jahren Lagerhaft gebüßt und ist immer noch „Unperson“ bei den linksgerichteten Kräften in Aue/Schwarzenberg. Westdeutsche Unternehmer, wie Sachs, Reemtsma, Flick, standen in sehr enger Beziehung zu den

Naziführern Himmler und Göring; sie konnten nach kurzer Haft ihre Betriebe wieder aufbauen.

Solche Ost-West-Verhältnisse müssen dargestellt werden. Auch zum Beispiel, dass die August Wellner Söhne AG in Aue der große deutsche Hersteller im Luxusbereich der Besteck- und Silberwarenbranche war und kein anderes Unternehmen.

Von der Textilindustrie im Lausitzer Bergland von Kirschau (hier die weltbekannte Gebr. Friese AG) über Neusalza-Spremberg und Neugersdorf bis Zittau muss ein besonderer „Leuchtturm" hervorgehoben werden, der die im Textil Boom genannte Volltuchfabrik Gebr. Pfau in Crimmitschau weit übertraf:

C. G. HOFFMANN A. G.
Mech. Buntweberei . Färberei . Bleicherei . Zwirnerei . Rauherei . Appretur . Wirkerei
NEUGERSDORF/SACHSEN

1834 gegründet, konnte die Firma auch 100 Jahre später ein großes Programm präsentieren (1938):

	Wir fabrizieren:
für die Dame:	Kleider-, Blusen- und Mantelstoffe in Baumwolle, Kunstseide, Zellwolle
für den Herrn:	Sommeranzugstoffe unter Verwendung von Mischgarnen aus Baumwolle, Zellwolle, Leinen Oberhemdenstoffe aus Baumwolle, Zellwollmischgarnen
für den Sport:	Jankerstoffe, Skiflanelle
Rauhwaren:	für Morgenröcke, Hemdenflanelle, Futterplaids, Betttücher
Wirkerei:	Kunstseidencharmeuse für Damenunterwäsche, für Herrenoberhemden und Damenkleiderstoffe aus Kunstseide und Zellwolle

Bis 1939/40 war die Hoffmann AG ein weltweit exportierendes Unternehmen, die Familie galt als reichster Textilfabrikant in Sachsen. In den Kriegsjahren bis 1945 lieferte der Betrieb vorwiegend Militärbedarf. 1946 enteignet, wurde der „VEB Buntweberei und Färberei Neugersdorf“ mit anderen Betrieben zusammengeschlossen, in den 1970er Jahren entstand der Großbetrieb Lautex als Zusammenfassung weiterer Unternehmen.

Die 1990 von der Treuhand gegründete Lautex AG konnte nicht überleben, 45 Jahre VEB-Wirtschaft in den vormals intakten Hoffmann'schen Anlagen hatten zu Verschleiß auf allen Gebieten geführt. Das Sterben zog sich bis 2005 hin, ähnlich wie bei manchen anderen VEB-Großbetrieben.

Es ist zu einfach, dies der Treuhand anzulasten. Der Niedergang begann, wir haben es schon betont, in den Jahren nach 1945 mit dem Rauswurf der Eigentümer. Das aber war von der Besatzungsmacht verordnete Staatsdoktrin, stark forciert von den deutschen Stalinisten der 1945/48er Jahre. Diese These wird auf Widerspruch stoßen, hat aber einen wahren Kern.

Es wäre richtig, eine zukünftige 5. Landesausstellung zusammen mit den industriestarken Nachbarländern Sachsen-Anhalt und Thüringen durchzuführen. Auch sie sind der Häme von einem Teil der Presse und der Bevölkerung Westdeutschlands ausgesetzt. Ihre Betriebe haben ebenso zum Aufbau der jungen Bundesrepublik beigetragen. Zu den beiden Ländern heißt es bereits in meinem ersten Buch „Das Know-how, das aus dem Osten kam“ von 2002 (2. Auflage 2007) im Vorwort:

„Das Buch kann noch kein Gesamtbild des riesigen Ost-West-Transfers nach dem Zweiten Weltkrieg vermitteln. Es fehlen zum Beispiel:

- *die gesamte Chemieindustrie Sachsen-Anhalts,*
- *die Thüringer Textil- und Strickwarenindustrie (Apolda hatte laut dem Reichsbranchenadressbuch 229 Firmen für Strick- und Wirkwaren und elf Maschinenbau- und Handelsfirmen für Strickmaschinen),*

– *das Südthüringer Industriegebiet mit*

– den Waffenherstellern in Suhl, Zella-Mehlis und anderen Orten (neben den „Großen“ Simson & Co. und Carl Walther besaß Suhl 45 und Zella-Mehlis 40 Waffen- und Waffenteilebetriebe),

– den Werkzeugfabriken in Schmalkalden, Steinbach-Hallenberg, Zella-Mehlis und Unterschönau (allein diese vier Orte besaßen 69 Werkzeugfabriken),

– den etwa 100 Kleinbetrieben in Sonneberg und Umgebung, die Puppen und entsprechendes Zubehör herstellten, sowie der Glasindustrie in Mellenbach, Neuhaus, Meuselbach und anderen Orten.

Wie viele Firmen, oft mit langer Tradition, mögen es aus diesen Gebieten gewesen sein, die keine Alternative zum Weg ins westdeutsche Asyl hatten?“

Das ist nun mit einer Ausstellung **„Mitteldeutsche Exilfirmen haben die Bundesrepublik mit aufgebaut“** zu präsentieren, möglichst zeitnah, bevor sich besonders in Westdeutschland die Meinung immer stärker zementiert: „Vom Osten war nie viel Innovatives gekommen, wir mussten das Land mit Milliarden-Hilfe aufbauen.“

Eine solche Ausstellung wird im links regierten Thüringen auf viel Ablehnung, aber auch Zustimmung, stoßen. Vom Ministerpräsidenten und Realpolitiker Bodo Ramelow ist anzunehmen, dass er sich solchen geschichtlichen Fakten nicht verschließt.

7. Ut mine Arbeitstid

Der mecklenburgische Schriftsteller Fritz Reuter (1810 – 1874) hat mit seinen Werken „Ut mine Stromtid“ und „Ut mine Festungstid“ wichtige Abschnitte seines Lebens beschrieben, wobei Strom für Arbeiter, Gutsgehilfe steht. In Anlehnung dessen möchte ich unter dem o. g. Titel über meine Berufstätigkeit berichten, vorwiegend natürlich über die Arbeitsjahre als Ingenieur in der volkseigenen Industrie.

Ingenieure und Techniker der DDR – wie auch Wissenschaftler und Künstler – sind nach 1990 von den westdeutschen Kollegen durchaus kritisch gefragt worden: *„Was habt ihr eigentlich 40 Jahre lang in der DDR gemacht?“* Immer mit dem Unterton: *„Beim Stand eurer Erzeugnisse und eures Landes habt ihr wahrscheinlich viel ‚gegammelt' und wenig gute Arbeit geleistet.“* Das stimmt natürlich nicht und bedarf einer Erklärung.

Das Studium an der Technischen Hochschule Dresden (TH, noch nicht Universität) wollte ich auf dem Gebiet des Kraftfahrzeugbaues beginnen. Doch bei den ersten Veranstaltungen wurde mitgeteilt, dass für eine neue Fakultät „Leichtbau“ Studierende gesucht werden. Dahinter verbarg sich der Flugzeugbau und die Chancen für eine Tätigkeit in einer großartig im Aufbau befindlichen Flugzeugindustrie erschienen glaubhaft und real.

Zunächst sei ein Exkurs über die TH Dresden und die Bildungspolitik nach 1945 eingeschoben. Auch hier, wie in allen Bildungseinrichtungen der sowjetisch besetzten Zone und der nachfolgenden DDR, vollzog sich ein Wandel unter dem Vorzeichen der neuen Gesellschaftsordnung.

Das bereits genannte Buch des Hannah-Arendt-Instituts Dresden [17] analysiert auch die Vorgänge an den sächsischen Hochschulen Leipzig, Dresden und Freiberg. Im Zuge der Entnazifizierung wurden bis Ende 1945 zunächst alle Hochschullehrer, die der NSDAP angehört hatten, entlassen, später kam es zu einigen Rehabilitationen. Insgesamt aber setzte eine Fluktuation von Lehrkräften in die Westzonen ein. Die Lebensverhältnisse wurden dort schneller und stärker verbessert und der marxistisch-ideologische Druck war weg. Zusammenfassend heißt es in [17]: *„Der akademische Arbeitsmarkt verwandelte sich in eine Einbahnstraße von Ost nach West." Dazu trug auch die allgemeine Diskriminierung aller bürgerlichen Schichten bei, hier dergestalt, dass die Kinder von Professoren, Ärzten, Anwälten u. a. zum Studium nicht mehr zugelassen wurden."*

Die als „Technische Bildungsanstalt zu Dresden" 1828 begründete Einrichtung entwickelte sich in wenigen Jahrzehnten zu einer der führenden technischen Anstalten Deutschlands. Die stärksten Impulse gingen dabei von der sächsischen Industrie aus, die ab den 1830/40er Jahren eine führende Rolle in Deutschland einnahm. Doch der rasche Aufbau und die Ausrichtung auf die technischen Wissenschaften ist einem Mann zu verdanken, der deutschlandweit zu den ersten und vielseitigsten Ingenieuren zählte: Johann Andreas Schubert. Seine Vita ist nicht einmalig, aber ungewöhnlich, sie zeigt auch ein Stück sächsische Kulturgeschichte im 19. Jahrhundert. Geboren 1809 in einem Armenhaus im vogtländischen Wernesgrün, dem Ort des Wernesgrüner Pilsner. Armenhaus, weil sich Großvater und Vater, die dem „Edler von der Planitz" und seinen Rittergütern fron- und zinspflichtig waren, vor Gericht um Milderung der Fronlasten stritten und natürlich verloren. Das Bauerngut musste verkauft werden, die „Beschwerungen" auf die Wirtschaft listet der Kaufvertrag auf [90]: *„1 Mfl. (1 sächsischer Gulden = 21 Groschen) Wachgeld, halb Jacob und halb Lichtmeß jeden Jahres ins Rittergut Auerbach zu entrichten, endlich 10 Tage Ackerfrone jedes Jahr mit zwei tüchtigen Ochsen: 5 Tage im Frühjahr und 5 Tage im Herbst ins Rittergut Sorga zu leisten, wo sie allezeit früh um 7 Uhr auf dem Feld sein müssen."* Außerdem musste der Vater des Johann Andreas *„650 Mfl. als ein wegen der in der zwischen hiesiger Hochadeliger Gerichts-Herrschaft, Kammerherrn Gottlob Heinrich Edler von der Planitz auf Auerbach unteren Teils und Sorga (Klägern) und Verkäufern (als Beklagten) nach Akten sub. Lit. P. No. 15 der anno 1777 anhängigen Lehn- und Schreibegeldern-Streitsache zahlen"*. Deshalb musste die Familie ins Armenhaus ziehen, der Vater sich als Tagelöhner und Kutscher verdingen, 1820 verunglückte er tödlich. Da war der 11-

jährige Andreas bereits drei Jahre in Leipzig. 1817 hatte er sich in den weiten Wäldern des Vogtlandes verirrt und lief der Kutsche des Leipziger Polizeipräsidenten über den Weg. Dieser fand Gefallen an dem aufgeweckten Jungen und erwirkte die Pflegeschaft von den Eltern. So wuchs Schubert zunächst in Leipzig auf, später auf der Festung Königstein. Nach Besuch der Festung-Garnisonsschule finden wir den hochbegabten Armehäuslersohn 1824 an der Bauschule der Akademie der Künste in Dresden und 1828 als zweiten Lehrer für Mathematik und Buchhaltung an der Technischen Bildungsanstalt, die gerade gegründet worden war. 1832, also mit 23 Jahren, wurde er Professor, zwei Jahre später war er der Gründer des Dresdner Gewerbevereins. Im gleichen Jahr reiste er im Auftrag der sächsischen Industriellen für mehrere Monate nach England. Ein Jahr später teilte der praxisorientierte Maschinenbauprofessor seine Reiseergebnisse den sächsischen Industriellen mit. Der steile Aufstieg des sächsisches Dampf-, Werkzeug- und Textilmaschinenbaues an die Spitze Deutschlands und die vielen Neugründungen im Zeitraum ab 1850 sind in hohem Maße Professor Schubert zu verdanken.

1836 war er Mitbegründer des „Actien-Maschinenbauvereins zu Dresden“, und als Technischer Direktor geistiger Vater der ersten Dampfschiffe „Königin Maria“ und „Prinz Albert“. Er stritt mit der Berliner Dampfmaschinenfabrik Egells wegen des hohen Gewichtes und des niedrigen Dampfdruckes der Maschinen, entwarf selbst neue Maschinen und Kessel. 1836/37 begann er mit dem Lokomotivbau, ein Jahr später stand die erste in Deutschland gebaute Lokomotive „Saxonia“ auf den Schienen. Im April 1839 durfte die Saxonia zur Eröffnung der ersten deutschen Ferneisenbahn Leipzig-Dresden zumindest hinterherfahren. In den folgenden Jahren bis 1860 war Professor Schubert in allen maßgeblichen Kommissionen und Beiräten für das gesamte Spektrum des Maschinenbaues und Bauwesens tätig, u. a. in der Kommission zur Begutachtung und Überwachung der großen Viadukte über das Göltzsch- und Elstertal der sächsisch-bayrischen Eisenbahn.

Dem in Dresden-Übigau ansässigen Unternehmen war kein Erfolg beschieden. Die entwickelten Flachsspinnmaschinen waren noch nicht verkaufsfähig, bei den Lokomotiven wurden weiterhin die englischen Maschinen bevorzugt. Vor allem aber beharrten die Aktionäre von Anfang an auf eine 4%ige Verzinsung ihres Kapitals, obwohl noch keine Geschäftserfolge erzielt wurden. 1841 ging der Betrieb in Liquidation und es gab zahlreiche Anfeindungen gegen Schubert. Er hatte zu viele Aufgaben und Projekte übernommen und hierbei auch gesundheitliche Schäden erlitten. Neben der weiteren Lehr- und Gutachtertätigkeit war Professor Schubert auch maßgebliches Gründungsmitglied des sächsischen Ingenieurvereins 1846. Es ist die erste derartige Vereinigung in Deutschland gewesen, erst 10 Jahre später wurde der Verein deutscher Ingenieure VDI in Alexisbad (Ostharz) gegründet. Die gesundheitliche Verfassung des unermüdlich arbeitenden Professors wurde zunehmend schlechter, ab den 1860er Jahren musste er monatelang die Lehrtätigkeit ruhen lassen. 1865 wurde er zum Regierungsrat ernannt, 1869 erfolgte seine Emeritierung. Bereits ein Jahr später, im Oktober 1870, starb Professor Schubert im Alter von 61 Jahren, wahrscheinlich aufgrund eines jahrelangen Magenleidens, an Magenkrebs.

Zur Emeritierung hatte ein „Direktorium aktorum" ein Album mit den Namen von 164 ehemaligen Schülern und einen silbernen Ehrenpokal anfertigen lassen und Schubert überreicht. Diese Schüler waren überwiegend leitende Ingenieure in deutschen und europäischen Firmen geworden.

Wenn man dazu noch die Schriftsteller- und Vortragstätigkeit Schuberts betrachtet, muss man ihm insgesamt den ersten Platz unter den frühen Ingenieurpersönlichkeiten einräumen. Das erste Buch zu den „Grundlagen der Mechanik auf die Konstruktion der Maschinen und auf die Baukunst bezogen" erschien 1832, es folgten bis 1850 acht weitere Bücher, z. T. mit Bildtafeln, vorwiegend betreffend „Die Elemente der Maschinenlehre", aber auch „Die Theorie der Turbinen" und „Die Construktion steinerner Bogenbrücken".

Trotz dieser großen Verdienste um die sächsische Wirtschaft blieb sein Verhältnis zum königlich-sächsischen Staat zwiespältig. Zwar hatte sich nach der Triumphfahrt mit der Saxonia der sächsische König Friedrich August II den Lokomotivprofessor vorstellen lassen und ihm seine allerhöchsten Glückwünsche ausgesprochen. Doch 10

Jahre später, in den Revolutionsjahren 1848/49 gehörte Schubert natürlich nicht zu den absolut Königstreuen, sondern engagierte sich im Vaterlandsverein zumindest für eine konstitutionelle Monarchie. Auch seine Bekanntschaft mit Gottfried Semper, Richard Wagner, August Röckel u. a. „Revolutionären" reichte aus, um an der Königstreue und Loyalität von Schubert zu zweifeln. Dieses Misstrauen blieb auch bestehen, nachdem 1854 Friedrich August II. in Tirol tödlich verunglückte und König Johann der Regent Sachsens wurde. Erst nochmals 10 Jahre später, als zu verschiedenen Anlässen Prof. Schubert aus Hannover, Bayern und anderen Staaten Glückwünsche und Auszeichnungen erhielt, wurde er zum Regierungsrat ernannt. Damit gehörte er zu den „hoffähigen Beamten" und durfte auch an Hofbällen teilnehmen. Wie die Quellen berichten, soll er davon niemals Gebrauch gemacht haben.

Die Lokomotive Saxonia blieb das ungeliebte Kind der Leipziger-Dresdner Eisenbahn (LDE), der Hauptaktionär Gustav Harkort war eng mit den englischen Lokomotivfirmen verbunden. Deshalb wurde die Saxonia, die den englischen Maschinen durchaus ebenbürtig war, zunächst nur angemietet und später mit hohen Preisabschlägen übernommen. Nach sechs Jahren im Fahrdienst wurde sie als Reservemaschine gehalten und Anfang der 1860er Jahre verschrottet. Ein Bewusstsein für technische Geschichte kannte man damals noch nicht. Nach 100 Jahren, 1936, gedachte das vogtländische Wernesgrün dem berühmten Sohn und der Pionierleistung. Im 150. Gedenkjahr 1989 konnte ein Nachbau der Saxonia voll funktionsfähig vorgeführt werden und das Verkehrsmuseum Dresden sowie die Technische Universität würdigten Schubert und die Saxonia mit entsprechenden Veranstaltungen. 175 Jahre nach der Eröffnungsfahrt am 08. April 1839, also am 08. April 2014, wurde die Fahrt von Leipzig nach Dresden im Beisein von Repräsentanten der Bundesbahn und Sachsens wiederholt, der eingesetzte neue ICE wollte dabei die ursprüngliche Geschwindigkeit von ca. 40 km/h einhalten, kam aber doch zu früh in Dresden an. Das Echo an diesem denkwürdigen 08. April 2014 im vereinten Deutschland war verhalten, in Sachsen natürlich von Fernsehen und Presse entsprechend gewürdigt. Aber im übrigen Deutschland kaum der Erwähnung wert. Die Sachsen sollen früher Vorreiter der Industrialisierung gewesen sein? Wir Bayern und

Schwaben glauben das nicht! Denn heute hinken sie immer noch hinterher, trotz unserer Milliarden. Eine Ausstellung „Deutschland wird mobil“ im Verkehrsmuseum Dresden zeigte von April bis September 2014 eine sehr gute Übersicht zur Entwicklung der Eisenbahnen in Sachsen und Deutschland. Der Umbruch an diesem 08. April 1839 war der Meilenstein in der Verkehrsgeschichte Deutschlands. Die Fahrzeit von Leipzig nach Dresden wurde von zwei Tagen auf drei Stunden reduziert.

Die 1860 in Königl. Sächs. Polytechnikum umbenannte Bildungsanstalt wurde auch nach Prof. Schubert von hervorragenden Ingenieuren geführt, allen voran vom K. Sächs. Geh. Rat Prof. Dr. mult. Gustav A. Zeuner. Der in Chemnitz 1828 geborene Tischlersohn studierte an der Bergakademie Freiberg 1848/51 Berg- und Hüttenwesen, promovierte zum Dr. phil. bereits 1853 in Leipzig und wurde 1855 mit 27 Jahren Professor für Mechanik und Maschinenlehre am Eidgen. Polytechnikum Zürich. Zehn Jahre später wurde er Direktor dieser noch heute hochberühmten Schule. 1871 ging er nach Freiberg und Dresden zurück, neben der Professur für Mechanik, Festigkeitslehre und Thermodynamik übernahm Zeuner die Leitung der Dresdner Schule und führt sie bis zur Umbenennung 1890 in Königlich Technische Hochschule. Zeuner begründet mit seinem Buch „Grundzüge der mechanischen Wärmetheorie“ die technische Thermodynamik und damit „die thermodynamische Dresdner Schule“.

Die Professoren Richard Mollier, Friedrich Merkel und Adolph Nägel führten diese Dresdner Schule erfolgreich fort, und so gibt es in der internationalen Fachliteratur nicht nur Zeuner-Diagramme, sondern auch Mollier- und Merkel-Diagramme für Steuerungs- und Wärmeprozesse als fester Bestandteil der Ingenieurwissenschaften.

Ein Vergleich der Lebenswege der Professoren Schubert und Zeuner drängt sich nachgerade auf. Die fast gleiche Herkunft aus einfachsten Verhältnissen, die gleich große Begabung für eine wissenschaftlich untermauerte Technik, die fast nahtlose Fortführung der Tätigkeiten – als Schubert starb, setzte Zeuner im gleichen Fach die Arbeiten fort. Das Wirken Zeuners erreichte große internationale Anerkennung, fünf europäische Akademien von Paris bis Moskau ernannten ihn zum Ordentlichen Mitglied.

In den Jahren nach dem 1. Weltkrieg bis zum 2. Weltkrieg blieb die TH Dresden eine der führenden in Deutschland. Der Maschinenbau und die chemische Industrie Sachsens pflegten enge Beziehungen zur Hochschullandschaft. Wie im übrigen Deutschland auch gab es viele persönliche Verbindungen zwischen den Professoren und den Industrieführern. Die Herren der Industrie erhielten akademische Auszeichnungen, Professoren wurden in Aufsichtsräte oder andere Gremien berufen. So war z. B. der Nobelpreisträger Wilhelm Oswald vom Odolfabrikanten Lingner in den Aufsichtsrat seiner Lingner-Werke AG berufen worden. Auch zwischen dem sächsischen Lokomotivkönig Richard Hartmann und Prof. Schubert bestanden persönliche Beziehungen und sicher ist viel Know-how des Lokomotiv-Professors in den Chemnitzer Lokomotivbau Hartmanns eingeflossen. Beide Personengruppen, die Wissenschaftler und die Industrieführer, gehörten zum gehobenen Bürgertum der Residenzstadt, oft gleichermaßen als Kommerzienrat oder Geh. Kommerzienrat ausgezeichnet, auf alle Fälle eine fruchtbare Symbiose für die Entwicklung der Industrie ergebend. Diese Verhältnisse waren in Sachsen keinen Deut anders als in Bayern, Preußen oder Württemberg – bis 1945. Danach der große Schnitt, die Firmenchefs enteignet, rausgeworfen, oft inhaftiert, die Professoren – meist zähneknirschend – geduldet, bis jüngere, dem neuen Staat treu ergebene Kader nachrücken konnten.

Zunächst aber war das Nachwirken der großen Lehrmeister in den 1950er Jahren noch zu spüren. Von Ewald Sachsenberg, der als Gründervater der Betriebswissenschaften die modernen Versuchsfelder für Werkzeug- und Verarbeitungsmaschinen schuf; von Karl Kutzbach, dessen Grundlagen für Getriebepläne (Kutzbachplan) u. a. Maschinenelemente in Lehrbücher und DIN-Normen eingeflossen sind; von Heinrich Barkhausen, dessen Lehrbücher zu Elektronikröhren, Schwingungslehre und Akustik weltweit in den Regalen stehen und der bis zu seinem Tod 1956 Ehrenmitglied in 13 Wissenschaftsgesellschaften war und besonders in Japan höchste Verehrung erfuhr; von Erich Trefftz, der gleichermaßen in Aerodynamik und Flugtechnik (Trefftz-Profile) sowie Festigkeitslehre grundlegende Arbeiten schuf; von Enno Heidebroek, der als Nicht-NSDAP-Mitglied der 1. Rektor der TH Dresden nach 1945 und ein international anerkannter Fachmann auf dem Gebiet der Maschinenelemente und der Lagerforschung war; und schließlich von Robert Eberan von Eberhorst, dem Leiter des Dresdner Instituts für Kraftfahrwesen, der zugleich als Motorenfachmann die Entwicklung der Silberpfeile aus der Chemnitzer Auto Union AG maßgeblich beförderte.

Von den in den 1950er Jahren noch amtierenden Professoren sind sicher allen Studenten folgende in Erinnerung geblieben:

- Prof. Willibald Lichtenheld, der als Konstrukteur aus dem westsächsischen Textilmaschinenbau kam und viele Grundlagen derartiger Getriebe schuf. Ab 1950 leitete er das Institut für Getriebelehre und Feinmechanik und seine Vorlesungen über Kinematik waren druckreife Vorträge mit guten bildlichen Darstellungen.
- Prof. Alfred Recknagel, dessen Vorlesungen über Experimentalphysik tatsächlich Leben enthielten, u. a. wurde vom rotierenden Drehstuhl mit der Armbrust geschossen. Recknagel sprach auch ungeniert vom *„Bastler auf dem Berg"*. Hier war der auf dem Weißen Hirsch – dem größten der Dresdner Villenviertel – residierende Baron Manfred v. Ardenne gemeint. Dieser ist ohne Wenn und Aber ein Pionier unseres heutigen Fernsehens, zumindest auf der Empfängerseite. Nach dem zwangsweisen Aufenthalt in Russland wählte er bewusst Dresden und bezog – wie auch immer gefördert – einen der schönsten Flecken Dresdens mit Blick auf die Stadt und das Elbtal. Die Beziehungen von Ardenne zur DDR-Regierungsspitze waren ausgesprochen gut, besonders zu Ulbricht, dem er immer wieder seine Vorstellungen zum Fördern von Erfindungen und Innovationen vortrug. Er verstand es auch, für sein privates Forschungsinstitut staatliche Aufträge und entsprechende Mittel für wissenschaftliche Geräte zu erhalten. Das gefiel manchen Professoren, die unten im Tal in den „Mühen der Ebene" weniger großzügig gefördert wurden, nicht.
- Prof. Werner Albring, wie die tausenden anderen Spezialisten bis Anfang der 1950er Jahre zwangsverpflichtet in Russland tätig (Raketenforschung), hielt bestechend präzise Vorlesungen über

Strömungslehre. Hier spürte man noch die Verpflichtung zur Dresdner Hochschultradition. Als erste Klausuren schlecht ausgefallen waren, hielt er der versammelten Studentenschaft eine gehörige Standpauke: *„Wir sind nicht gewillt, in Dresden billig Diplome zu verteilen"*, er führte die obligatorischen Übungen im großen Hörsaal durch und holte mit den Worten *„man blamiert sich nicht gern vor versammelter Mannschaft"* den Einzelnen vor das Podium. Man verteilte in Dresden tatsächlich keine Diplome billig. Wer bei den Vordiplomprüfungen in den höheren Stufen der Mechanik und Mathematik eine Fünf gefangen hatte und die Wiederholungsprüfungen nicht bestand, musste gehen. Wer aber in den klassischen Disziplinen des Maschinenwesens, des Bauwesens, der Physik und Chemie mit Diplom Dresden verließ, hatte das erforderliche Rüstzeug für eine erfolgreiche Ingenieurtätigkeit überall in Deutschland und Europa.

- Prof. Kurt Schwabe, wie Schubert und Zeuner ein Westsachse und 1905 im vogtländischen Reichenbach geboren, promovierte bereits mit 23 Jahren auf dem Gebiet der physikalischen Chemie an der TH Dresden und war ein sehr praxisbezogener Hochschullehrer. Zeitweise Tätigkeiten bei IG Farben AG in Bitterfeld und im Reichsamt für Zellstoff- und Papierchemie während der NS-Zeit verwehrten ihm eine Lehrtätigkeit unmittelbar nach 1945. Seine Anstellung Mitte der 1930er Jahre bei der weltbekannten Papierfabrik Kübler & Niethammer in Kriebstein bzw. deren chemischen Laboratorien im benachbarten Meinsberg nutzte Schwabe in den ersten Nachkriegsjahren, um nun als Kleinunternehmer Artikel wie Schuhcreme und Bohnerwachs, aber auch Alkohol herzustellen und zu vertreiben. Erst 1949 wurde er wieder aufgrund seines wissenschaftlichen Bekanntheitsgrades zum Direktor des Institutes für Physikalische Chemie berufen. Sein Meinsberger Institut führte er währenddessen als private Einrichtung weiter. Prof. Schwabe war von 1961 – 1965 der erste Rektor der nun in Universität umbenannten Dresdner Hochschule. Schwabe war ein Workaholic, neben den Arbeiten in Dresden und Meinsberg fungierte er als Präsident der Sächsischen Akademie der Wissenschaften und war Mitglied der Leopoldina zu Halle und mehrerer ausländischer Akademien. Das behinderte ihn nicht, sein dreibändiges Standardwerk „Physikalische Chemie“ herauszugeben. Bei allem blieb Schwabe der bürgerlich-kritische Kopf und die SED-Leitung der Universität musste zähneknirschend den bürgerlichen Professor akzeptieren. So kursierten mehrere Anekdoten um Schwabe, von vielen mit Schmunzeln und Beifall zur Kenntnis genommen. Seine Antrittsrede als Rektor hatte er nicht, wie es üblich war, der SED-Leitung vorher zum „Korrekturlesen“ zur Verfügung gestellt. Auf einem großen internationalen Kongress in Moskau, wo er für einen Plenarvortrag vorgesehen war, fiel dieser kurzfristig aus. Der Grund: Auch in Moskau zählte Valuta-Währung mehr als wissenschaftliches Renommee. Während junge Kongressteilnehmer aus westlichen Ländern Einzelzimmer zugewiesen bekamen, sollte Prof. Schwabe, der nur in Ostmark bezahlen konnte, in einem Dreibettzimmer übernachten. Er reiste sofort wieder ab. Mit 65 Jahren, 1970, schied Prof. Schwabe aus der Hochschultätigkeit aus, blieb aber seinem Institut, das heute „Kurt-Schwabe-Institut für Mess- und Sensortechnik e. V. Meinsberg“ heißt, eng verbunden. 1972 gründete er die „Prof.-Schwabe-Stiftung“ zur Förderung des wissenschaftlichen Nachwuchses und die Sächsische Wissenschaftsakademie verleiht jährlich einen Kurt-Schwabe-Preis für herausragende Leistungen auf dem Gebiet der physikalischen Chemie.

Die marxistische Ideologie spielte in diesen ersten Nachkriegsjahren noch keine überragende Rolle. Die „Gewi“-Vorlesungen (Gesellschaftswissenschaften) boten die sattsam bekannte Theorie vom Marx'schen Mehrwert, wobei schon in diesen Jahren erkennbar war, dass man, wie die nun volkseigenen Industriebetriebe im Laufe der Jahre zeigten, auch ohne Mehrwert bzw. mit ständigen Verlusten produzieren kann.

Aufgrund der althergebrachten Gliederung einer Hochschule in Fakultäten und Institute dominierten noch, wie vorstehend einige genannt, die älteren Professoren als Institutsdirektoren. Das passte zunehmend nicht zur alles beherrschenden Ideologie des Marxismus-Leninismus. Und deshalb wurde Ende der 1960er Jahre eine „Hochschulreform“ durchgeführt. Fakultäten und Institute wurden abgeschafft und eine völlig neue Hochschulgliederung in Sektionen und Bereiche geschaffen. Sektionsdirektoren wurden treu ergebene Parteikader und in den Bereichen waren etwa zusammenpassende vorherige Institute vereinigt. In Dresden war Sektion 1 natürlich der Marxismus-Leninismus, in Sektion 16 waren KFZ-Technik, Landtechnik und Fördertechnik zusammengewürfelt. Die Macht der früheren Institutsdirektoren hatte man erfolgreich gebrochen und wie in allen anderen Lebensbereichen waren die letzten bürgerlichen Reste nun auch im Hochschulbereich ausgeschaltet.

Initiiert durch den großzügig geförderten Flugzeugbau, noch vor dieser Hochschulreform, war 1955/56 eine Fakultät für Luftfahrtwesen an der TH Dresden gegründet worden. Als Dozenten und Professoren fungierten die führenden Köpfe der neuen Flugzeugindustrie. Allem voran der Generalkonstrukteur Prof. Brunolf Baade, einer der führenden Männer bei Junkers-Dessau in den Kriegsjahren, aber auch der Kopf der ca. 2.000 zwangsverpflichteten Junkersleute, die 1946 bis 1953 in Podberesje bei Moskau das russische Militärflugwesen mit aufbauen mussten. Auch die Chefingenieure für Konstruktion, Fritz Freitag, für Statik, Dr. Waldemar Günther, und für Aerodynamik, Dr. Georg Backhaus, hielten Vorlesungen. Aber sie waren Industrieleute ohne pädagogische Kenntnisse und so bekamen wir Studenten vorwiegend die besonderen Geschichten und Erlebnisse aus der Kriegs- und Russlandzeit zu hören. Auch im Krieg gab es in den Büros keine geregelte Arbeitszeit mehr. Wenn der allmächtige Technikchef bei Junkers, Prof. Hertel, einen neuen Flügelentwurf von einem Tag auf den anderen sehen wollte, war für die Konstrukteure und Statiker Nachtschicht angesagt. Nach und nach profitierten wir dann doch von dem ungemein hohen Erfahrungsschatz dieser Ingenieure.

Junkers-Dessau war ein Moloch, der Gigant unter den deutschen Flugzeugwerken mit insgesamt 160.000 Beschäftigten, davon ca. 30 % ausländische Zwangsarbeiter. Die halbe Provinz Sachsen bis Bernburg, Köthen und Aschersleben arbeitete für Junkers, Prag und Österreich waren einbezogen. Der Autobauer Opel musste Blechteile liefern, die Universelle Dresden fertigte Einspritzpumpen für Jumo-Flugmotoren. Junkers war ein Staatskonzern geworden, unter direkter Kontrolle des Reichsluftfahrtministeriums (RLM). Nur bei Junkers wurden Flugzeuge und Flugmotoren gebaut. Über 30.000 Flugzeuge, 80.000 Kolbenflugmotoren und ca. 6.000 der neuartigen Turbinentriebwerke sind bis 1945 in Dessau und in den Zweigwerken gefertigt worden. Technisch war man ab 1936/37 allen anderen deutschen Flugzeug- und Motorenwerken überlegen. Das auf die Sturzkampfbomber Ju 87/Ju 88 folgende Baumuster Ju 288 und der Flugmotor Jumo 222, ein Reihen-Sternmotor mit 24 Zylindern, standen konkurrenzlos über allem, was in Deutschland und der übrigen Welt in diesen Jahren konstruiert und gebaut wurde. Zum Vergleich: Messerschmidt-Augsburg hatte 40.000 Flugzeuge gebaut, davon über 10.000 Me 109 bei den Erla-Flugzeugwerken in Leipzig, aber keine Flugmotoren. BMW-München fertigte nur Flugmotoren.

Zur Ausbildung gehörten auch Praktika, um den Flugzeugbau von der Pike auf kennenzulernen. Da die Werkhallen in Dresden-Klotzsche noch nicht vollständig produktionsreif waren, wurden die Rümpfe und andere Bauteile für das zuerst produzierte Flugzeug IL14 P in der Sachsenwerkhalle des Industriegeländes Nord gefertigt und anschließend nach Klotzsche gefahren. So war ich in den Sommermonaten 1957 – 1959 im Rumpfbau tätig. Unter Anleitung erfahrener Flugzeugbauer, die aus den früheren Luftfahrtstandorten, natürlich Dessau, aber auch Rostock (Heinkel), Halle (Siebel) u. a. Städten angeworben wurden, lernten wir Anfänger die Rumpfgerippe zu fertigen. Die „Zugereisten" hatten guter Verdienst und eine vernünftige Wohnung nach Dresden gelockt, natürlich auch die Aussicht, nach zehn Jahren wieder im alten Beruf arbeiten zu können. In diesen Jahren nach 1955 gab es in Dresden noch eine riesige Wohnungsnot und dass für die Neubürger viele Wohnungen in den ersten Neubauvierteln reserviert wurden, erzeugte manche Missstimmung. Aber der Flugzeugbau galt als staatliches Prestigeobjekt ersten Ranges. Ein Vergleich mit der russisch-deutschen Wismut AG drängt sich auf. Hier war in den Jahren ab 1946 im Erzgebirge von Aue/Oberschlema bis Johanngeorgenstadt ein noch viel teureres Millionenobjekt begonnen worden, ein Raubbau mit einer beispiellosen Landschaftszerstörung um das Uranerz für die russischen Atombomben. Der Flugzeugbau sollte wenigstens der DDR-Wirtschaft zugutekommen, von den Millionenkosten der Wismut AG profitierte ausschließlich der russische Staat.

Für das von Ulbricht persönlich favorisierte Großvorhaben Luftfahrtindustrie waren zehn Standorte vorgesehen mit den Hauptorten Dresden-Klotzsche, Pirna und Karl-Marx-Stadt (Chemnitz).

In Dresden-Klotzsche, als Entwicklungswerk 801 bezeichnet, sollte die BB 152 (Baade-Bonin), später nur als 152 bezeichnet, entwickelt und gebaut werden. Vielfach auch Ju 152 genannt, da die geistigen Väter um Prof. Baade ausschließlich ehemalig Junkers-Ingenieure waren. Diese 152 basierte auf dem zweistrahligen Bomber EF 150, einem von mehreren Entwürfen, welche die Junkers-Gruppe während des Russlandaufenthaltes geschaffen hatte. Die Standortwahl Dresden und Sachsen ergab sich aus der Situation nach 1945. Die Junkers-Werke in Dessau hatte die Okkupationsmacht gesprengt. In Dresden war mit der TH und anderen Schulen ein hohes technisches Wissen und ein vielseitiger Maschinenbau konzentriert, Sachsen generell der Maschinenbaustandort der DDR. So wurde die Wanderer AG Chemnitz, die als Werkzeug- und Büromaschinenfabrik sowie dem Automobilbau ein Kronjuwel der sächsischen Wirtschaft gewesen war und nach der Enteignung VEB Industriewerke Karl-Marx-Stadt hieß, zum Werk 804 der neuen Luftfahrtindustrie bestimmt. Flugmotoren, Strahltriebwerke, Flugzeughydraulik und Fahrwerke sollten hier in Serie gefertigt werden. Zuerst erfolgte hier der Bau des russischen Kolbenmotors Asch-82T für die schon erwähnte IL14 P, von welcher 80 Stück gebaut und erfolgreich verkauft wurden. Seitlich vor der heutigen Messe Chemnitz, die ja an das Wanderer-Areal anschließt, stehen heute noch die Triebwerks-Erprobungstürme aus den 1950er Jahren.

Für die Entwicklung der Strahltriebwerke wurde auf dem weiträumigen Plateau der mittelalterlichen Festung Pirna-Sonnenstein das Werk 802 neu gegründet. Von diesem, intern Entwicklungsbau Pirna genannten neuen Werk, geleitet von den Junkers-Spezialisten Brandner, Dr. Scheinost und Gerlach, konnte tatsächlich bereits zur Leipziger Frühjahrsmesse 1958 das Strahltriebwerk TL Pirna 014 vorgestellt werden. Ein Kraftakt ohnegleichen. Zum einen war die Basis das konstruktiv-technische Know-how der Ingenieure aus dem Junkers-Triebwerksbau. Bereits in den Kriegsjahren war mit dem Jumo 004 das erste Strahltriebwerk der Welt in Serie gegangen. Dieselben Fachleute hatten in Russland von 1946 an diese Entwicklungsarbeiten fortgeführt. So konnte konstruktiv auf den besten Erkenntnissen aufgebaut werden. Zum anderen verlangte die Fertigung dieser Aggregate hochpräzise Maschinen und beste Werkstoffe. Das alles auf dem Plateau oberhalb der Stadt Pirna in Szene zu setzen, war aus späterer Sicht ein Abenteuer, denn die DDR hatte weder in diesen frühen Jahren noch später eine solide finanzierte Wirtschaft.

Immerhin ist Pirna, diese 20 km stromaufwärts von Dresden gelegene, ständig vom Elbehochwasser bedrohte, wunderschön im alten Stil restaurierte Kleinstadt – jedes zweite Haus atmet tiefstes Mittelalter, der Ablasshändler Johannes Tetzel ist um 1475 hier geboren – in die Annalen der Motorgeschichte eingegangen. In einer Reihe von Büchern über Flugmotoren, besonders aber im Hauptwerk „Die deutsche Luftfahrt – Flugmotoren und Strahltriebwerke" [92] sind im Abschnitt „Strahltriebwerksentwicklungen in der DDR" die Triebwerke Pirna 014 bis Pirna 020 beschrieben und in einer ausführlichen Übersicht die Entwicklungsstufen, die Mess- und Abnahmeläufe sowie die Flugerprobungen dargestellt. In einem Entwicklungszeitraum von nur vier Jahren (1956/60) waren Triebwerke von internationalem Niveau entstanden. Die russischen Mikulin-Turbinen RD-9B aus dem Überschalljäger MiG-19, die noch die 152 V1 auf Schub gebracht hatten, waren in Kraftstoffverbrauch und Gewicht dem Pirna 014 deutlich unterlegen. Im letzten Entwicklungsmuster in Dresden-Klotzsche, der 152 V4, hatten wiederum verbesserte Pirna-014-Triebwerke die Entwicklung vorangetrieben. Im August 1960 absolvierte diese Maschine die letzten erfolgreichen Probeflüge. Es waren der Höhepunkt und das Ende der gesamten DDR-eigenen Luftfahrtindustrie.

Es ist schon festzuhalten, dass diese Pirna-Triebwerke die ersten voll einsatzfähigen Strahlturbinen im Nachkriegsdeutschland waren. Erst nach 1960 begannen bei MAN in München, später gemeinsam mit Rolls-Royce, die Entwicklungsarbeiten solcher Hochtechnologie-Aggregate. Aus heutiger Sicht muss man diesen Pirna-Triebwerken gegenüber den 152/160-Flugzeugentwicklungen den höheren, ja nahezu serienreifen Entwicklungsstand einräumen. Wenn die DDR in diesen Jahren nicht eine immer stärkere Abschottung gegenüber den westlichen Staaten betrieben hätte, wäre sicher aus dieser Vorreiterrolle heraus eine gemeinsame Weiterentwicklung und Produktion möglich gewesen, z. B. mit MAN-Turbo, MTU Friedrichshafen oder ausländischen Firmen.

Der ingenieurtechnisch und maschinell hervorragend ausgestattete Entwicklungsbau Pirna-Sonnenstein mit ca. 2.500 Mitarbeitern wurde nach Abbruch der Luftfahrtindustrie mit dem VEB Strömungsmaschinenbau Dresden vereinigt – dieser war bis 1945 die bekannte Dresdner Dampfturbinenfabrik Brückner, Kanis & Co., im Westen unter AEG-Kanis neu entstanden. Man fertigte nun die Strahlturbine Pirna 014 in abgewandelter Version als Schiffsantrieb und die Kleinstrahlturbine Pirna 017 für Notstrom- und Feuerlöschanlagen. Darüber wurde bereits berichtet.

Die bereits vor 1200 entstandene Burg Pirna, die ab 1670 zur kurfürstlichen Festung ausgebaut wurde, hat als Pflege-, aber auch als Vernichtungseinrichtung Geschichte geschrieben. Bereits 1811 wurde hier als erste psychiatrische Einrichtung in Deutschland die „Königlich Sächsische Heil- und Verpflegungsanstalt Sonnenstein" gegründet. Dr. Pienitz, der die Anstalt 40 Jahre lang leitete, etablierte eine für die damalige Zeit äußerst humane, liberale. beschäftigungsorientierte Behandlung. Der Versuch der Heilung der kranken Menschen sollte höchster Zweck der Betreuung sein. Die Anstalt war bezüglich der Quote der geheilten Patienten die führende Einrichtung in Deutschland. So erlangte sie schnell einen guten Ruf über die sächsischen Grenzen hinaus. Aus ganz Deutschland, Österreich, Dänemark, Norwegen, Russland und sogar aus den Vereinigten Staaten kamen Besucher, um den Sonnenstein zu besichtigen. [93] In den über 100 Jahren bis 1933 wurde die Anstalt stufenweise erweitert, es entstanden 13 neue Krankengebäude, eine Anstaltskirche, Friedhofshalle, Wäscherei u. a. Funktionsgebäude – gleichsam eine Kleinstadt für sich auf dem Hochplateau am Rande Pirnas. Von 1933 bis1939 erfolgten die bekannten Einschränkungen, Zwangssterilisationen u. a. Maßnahmen, aber noch keine bewussten Krankenmorde. *„Erst in den Jahren 1940/41 entstand hier eine der sechs Tötungsanstalten* *im deutschen Reich. Innerhalb von 15 Monaten fanden in Pirna-Sonnenstein 13.720 psychisch kranke und geistig behinderte Menschen sowie mehr als tausend Häftlinge aus Konzentrationslagern den Gastod. Im August 1941 wurde die Krankenmord-‚Aktion T4' abgebrochen und im darauf folgenden Jahr die Spuren der Verbrechen verwischt.* " [93]. Seit 2000 ist hier eine Gedenkstätte über diese Tötungsanstalt, in welcher Gaskammer und Verbrennungsöfen extra eingebaut worden waren, eingerichtet. Nach jahrelangem Raubbau der VEB Strömungsmaschinenbetriebe – der Friedhof wurde eingeebnet, alte Grüfte zugeschüttet, die Kirche als Materiallager genutzt – ist der Sonnenstein 2009/12 zum Verwaltungssitz des Landratsamtes Sächsische Schweiz/Osterzgebirge ausgebaut worden; unter sorgfältiger Einbeziehung der historischen Gebäude und Gartenanlagen bis zum Wiederanbau von Weinreben an den Plateauhängen. Die alten Industriehallen sind fast alle abgerissen, Gewerbebetriebe und eine große Klinik haben sich angesiedelt – der Sonnenstein ist fast ein Schmuckstück geworden. Vom Triebwerksentwicklungsbau ist das künstlerisch gestaltete, mehrstöckige Ensemble der Versorgungseinrichtung mit Speisesaal zu Wohnungen umgebaut worden.

Das Entwicklungswerk 801, der VEB Flugzeugwerke Dresden, wurde in Dresden-Klotzsche errichtet. Die 1309 als sogen. „Straßenangerdorf" Klotzsche erstmals erwähnte Ansiedlung wurde ab 1880 als Villen- und Kurort Königwald ausgebaut, wozu die wenige Kilometer südlich gelegene Albertstadt mit ihren riesigen Kasernenanlagen und vielen Offizieren und Soldaten erheblich beitrug. Die königliche Residenzstadt Dresden mit ca. 600.000 Einwohnern hatte seit 1911 Gründungen von Flug- und Luftschiffhäfen betrieben. Nach dem Sturz der Monarchie 1918 war vom Freistaat Sachsen 1922 die sächsische Flughafen-Betriebsgesellschaft mbH gegründet worden. Die baute den vormaligen Kavallerieübungsplatz auf dem Hellergelände – eine spärlich bewachsene, nach dem Gasthaus „Zum letzten Heller" benannte sandige Ebene – zum Flughafen aus. 1925 eröffnete außerdem die Junkers Luftverkehr AG Dessau einen Flugbetrieb mit drei F13-Schwimmerflugzeugen, die von der Elbe in Nähe der Albertbrücke aus nach Magdeburg und Hamburg starteten. Diese Fluglinie wurde nur ein Jahr betrieben. Vom Flughafen Dresden-Heller ausgehend entwickelte sich ab 1925/26 ein lebhafter Flugbetrieb in viele deutsche Städte, aber auch nach Prag, Wien, Basel, Kopenhagen und Malmö. Doch nach 1933 genügte der NS-Regierung im Zuge der militärischen Aufrüstung dieser Flughafen nicht mehr. Er sollte größer, moderner und zum Militärflughafen ausbaubar sein. So wurde bereits ab 1934 auf den Rähnitzhöhen bei Klotzsche auf einer Fläche von 100 Hektar ein neuer Flughafen errichtet. Fast 100 Bauern wurden enteignet, Höfe und Siedlungshäuser abgerissen, Straßen und Wege verlegt. Bereits ein Jahr später konnte der Flughafen Dresden-Klotzsche mit dem Hansa-Haus als repräsentativem Empfangsgebäude eröffnet werden. Schlag auf Schlag ging danach der Ausbau zum Militärflughafen weiter. Tatkräftig unterstützt von der sächsischen Gauleitung unter Mutschmann wurde 1936 die Luftkriegsschule Sachsen mit weiteren Gebäuden eröffnet, eine Fliegerhorst-Kommandantur und eine Luftnachrichtenabteilung geschaffen. Der militärische Ausbildungs- und Erprobungsbetrieb konnte damit lange vor dem 2. Weltkrieg beginnen. Ein Schutz der Stadt Dresden vor feindlichen Luftangriffen spielte damals eine untergeordnete Rolle.

Die 1945 in Dresden einrückende Sowjetarmee zeigte kein gesteigertes Interesse an den noch intakten Anlagen des Flughafens und der Luftkriegsschule, benutzte die Rollbahn zur Pilotenausbildung. Doch die Baade-Gruppe, die 1954 aus Russland zurückgekehrt war, hatte sich für Dresden und Pirna entschieden. Die Aufbauleitung dieser Luftfahrtindustrie, die den großen Dessauer-Junkers-Komplex übertreffen sollte, wurde in Pirna installiert. Zunächst geheim gehalten, erfolgte dann im Sommer 1955 in Klotzsche der erste Spatenstich für das Flugzeugentwicklungswerk 801, dem noch das Serienwerk 803 angeschlossen werden sollte. Drei Jahre später standen auf den Rähnitzhöhen die großen Hallen fast fertig ausgebaut da, insbesondere das große Verwaltungs- und Konstruktionsbüro Haus 216, die Laborhalle 218, die Serienbauhalle 222 und der Windkanal Halle 281 waren arbeitsfähig. Wenn man sich heute noch einmal das Modellbild des geplanten Flugzeugwerkes 801/803 vor Augen führt, ist man von der Großzügigkeit des Vorhabens schon überrascht. Drei riesige Teilebauhallen, zwei Serienbauhallen, Laborhalle, Galvanikhalle, Lackhalle, Einflughalle, Windkanal, Konstruktionsgebäude, Feuerwehr bildeten einen Komplex entlang einer 2.500 m x 80 m großen

Startbahn. In die große Serienbauhalle 222 konnten Flugzeuge von fast 50 m Spannweite einfahren, sie soll für die 1960er Jahre die größte Flugzeugbauhalle Europas gewesen sein.

Das Risiko dieses Großvorhabens war enorm, wobei hinzu kam, dass die Junkers-Mannschaft mit Prof. Brunolf Baade ein sparsames Arbeiten nicht gewohnt war. In den Kriegsjahren hatten Geld, Material und Menschen nur bedingt eine Rolle gespielt und ähnlich großzügig war die neue Luftfahrtindustrie konzipiert. Die Struktur war wie die eines großen produzierenden Flugzeugwerks aufgebaut und aufgebläht. So gab es mit dem Generalkonstrukteur Prof. Baade an der Spitze den Chefkonstrukteur, den Chefstatiker und den Chefaerodynamiker mit ihren Sekretariaten und Assistenten, die Leiter Weiterentwicklung, Typenleiter, Entwurfsleiter, Konstruktionsleiter, Leiter für Rumpf, Flügel, Leitwerk, Triebwerkseinbau, Sonderkonstruktionen, Labore, Hydraulik, Steuerungen, alle mit entsprechend großen Abteilungen und Gruppen. Das Ganze war noch immer ein riesiges, kostenverschlingendes F/E-Projekt. Trotzdem war zusätzlich ein Forschungszentrum der Luftfahrtindustrie mit viel Personal im Aufbau begriffen, ebenso große Abteilungen für neue Luftfahrtstandards. In Gesprächen der Junkers-Spezialisten untereinander hörte man schon eine große Skepsis heraus, bis zu der Bemerkung *„Prof. Baade im alten Stil arbeiten zu lassen, ist so viel wie ein verlorener Krieg"*.

Als ich am 01. Juni 1960 mit 26 Jahren als Versuchsingenieur im VEB Flugzeugwerke Dresden eintrat, war von einer solchen Skepsis offiziell nichts zu merken. Im Gegenteil! Man war ja immer noch im Aufbau. Auf Anraten unseres Statikprofessors Rudolf Müller, ebenfalls dem Junkers-Russlandteam zugehörig, hatte ich mich bei meinen Abschlussarbeiten mit Ermüdungsfestigkeit beschäftigt und begann deshalb meine Arbeit im Festigkeitslabor Halle 218. Diese Halle bot im großen Mittelschiff Platz für das neue Flugzeug; die nach der 152 V2 als Bruchzelle dienende 152 V6 war aufgebaut, zwischen riesigen Stahlsäulen eingerüstet und wurde in Stufen belastet. In den beiden Seitenschiffen waren links das Hydrolabor und eine große Kältekammer, rechts ein Radprüfstand eingerichtet. Im Mittelschiff vor dem Flugzeug standen links eine große Zug-/Druckprüfmaschine mit 300 t Prüfkraft, in der Mitte mehrere kleine Prüfmaschinen, u. a. eben neu eingetroffene Resonanzpulsatoren der Firma Schenk-Darmstadt, rechts ein Fallhammer mit 60 t Fallgewicht. Mit weiteren Sondereinrichtungen war die Halle eine für diese Zeit moderne Prüfhalle eines Flugzeugwerkes.

Meine Arbeit für das nächste halbe Jahr bestand im Konstruieren weiterer Vorrichtungen und der Durchführung von Versuchen. Seit den Anfängen im Metallflugzeugbau – im Wesentlichen durch Junkers 1915/16 – wurden alle Verbindungen genietet. So ermüdeten und zerrissen wir auf den Prüfmaschinen Hunderte von genieteten Rumpf- und Flügelstücken, darunter auch bis zu mehreren Metern lange Teile. Und das nicht nur für das 152-Nachfolgemuster 152/II, sondern auch für die in der Konstruktions-, z. T. Musterbauphase, befindlichen Typen 153, 154 und 155. Die Ergebnisse insgesamt waren ernüchternd, die erzielten Ermüdungsfestigkeiten lagen nicht weit über den Werten, die wir den Dessauer Unterlagen aus der Kriegszeit entnehmen konnten.

Ebenfalls neu in Betrieb genommen wurde ein großer Wassertank. Er befand sich vor der Laborhalle 218, dicht vor den ersten Siedlungshäusern von Klotzsche. Ein riesiger geschweißter Stahlkasten, der über eine abgedichtete Stirnwand den Rumpf der 152 aufnehmen konnte. Die Flügel schauten beidseitig heraus und waren am Wassertank ebenfalls abgedichtet. Nochmals ein Millionenobjekt, eine neue Versuchseinrichtung, wie sie der europäische Flugzeugbau damals zuerst in England kreiert hatte. Dort war es bei Cometmaschinen zu Abstürzen gekommen, die im Wesentlichen durch Ermüdungsbrüche an den Kabinenfenstern verursacht worden waren. Nun konnte man bei dem im Wasser befindlichen Rumpf die Außen- und Innendruckverhältnisse simulieren. Also auch in Klotzsche das Modernste an Prüfeinrichtungen, was der Flugzeugbau in den 1960er Jahren zu bieten hatte. Alle Arbeiten liefen unter enormem Zeitdruck, viele Versuchsanlagen mussten gleichzeitig laufen. Erst später ist uns bewusst geworden, was sich hinter dieser Hektik verbarg. Schon im Herbst 1960 muss der Regierung und dem Politbüro der SED, was letztlich alles entschied, klar geworden sein, dass weitere zig Millionen für das Luftfahrtexperiment nicht zu verantworten sind. Und die führenden Köpfe müssen davon gewusst haben. Deshalb das forcierte Arbeiten, um noch darzustellen, die gesamten Vorentwicklungen können bald abgeschlossen werden, deshalb auch der Höhepunkt am 26. August 1960. Drei Monate nach meinem Arbeitsbeginn erlebte ich mit tausenden Mitarbeitern den Flug der 152/II V4. Es war schon ein erhebendes Gefühl, diesen blitzblanken, in der Augustsonne glänzenden Aluminiumvogel zu betrachten. Die ungewöhnliche Form als Hochdecker, die dünnen, besonders stark gepfeilten Flügel mit Doppeltriebwerken an Stielen muteten futuristisch an. Alle empfanden es als ein hoffnungsvolles Zeichen: Jetzt haben wir den vorserienreifen Prototyp, jetzt geht es richtig los.

Aber nüchtern betrachtet ging die Rechnung nicht mehr auf. Die Kalkulationen besagten, dass mehr als 100 Flugzeuge gefertigt und verkauft werden müssten, um eine tragfähige Basis zu erreichen. Russland wollte diese 152 nicht mehr, der Verkauf an andere Fluggesellschaften war vielleicht möglich, aber vorerst unsicher. Prof. Baade war Mitglied des Zentralkomitees der SED (ZK). Und in dieser über 100 Genossen großen Elitetruppe soll der Armeegeneral Keßler den ersten Angriff auf Baade und das Flugzeug 152 gestartet haben – lahme Ente, nicht mehr modern usw. Zum Jahreswechsel 1960/61 brodelte die Gerüchteküche stark und am 17./18. März 1961 wurde die umgehende Einstellung der Luftfahrtindustrie bekannt gegeben. In den Büros war manches durchgesickert, vielleicht kleiner, nicht mehr so großspurig. Aber in der Fertigung, in Halle 222, saß der Schock tief. Der Serienbau war mit über 20 Maschinen angelaufen, und jetzt nicht nur alles stoppen, sondern zerstören, restlos vernichten. Vorher Sonderschichten fahren, nach dem 18. März die Teile mit dem großen Hammer zerschlagen, die Flügel mit dem Traktor plattwalzen. Es sind Tränen aus Wut und Unverständnis geflossen.

Ein Rückblick:

- Erfolgreicher Erstflug der 152/I V1 am 04. Dezember 1958.
- Zweiter Testflug 152/1 V1 am 04. März 1959. Absturz beim Landeanflug aus 300 m Höhe, beide Piloten und zwei Versuchsingenieure tot.

- Testflug der umgebauten 152/II V4 am 26. August 1960, erfolgreich.
- Letzter Testflug der 152/II V4 am 04. September 1960, erfolgreich, Höhepunkt und Ende der Flugversuche.

Über den Absturz 1959 gab es natürlich viele Gerüchte und Diskussionen, ein Abschlussbericht war streng geheim. Erst nach 1990 ist vieles bekannt geworden. Die schon nach dem Absturz im Werk diskutierte Ursache einer mangelnden Kraftstoffversorgung der Turbinen bei bestimmten Flugzuständen hat sich bestätigt. Der Fachjournalist Holger Lorenz hat über die DDR-Luftfahrtindustrie und den Absturz in mehreren Büchern berichtet [93].
Für die SED-Führung war das Experiment Flugzeugbau endgültig abgehakt, nun wollte man mit der angeordneten Zerstörung aller fertigen und halbfertigen Maschinen und Bauteile jede Erinnerung an das gescheiterte Großexperiment auslöschen. Das Verkehrsmuseum Dresden besitzt heute in einer sehr gut gestalteten Abteilung Luftfahrt ein Pirna-014-Triebwerk und einen Kolbenmotor Asch 82T, aber auch in einer Höranlage die Aufzeichnung des letzten Funkspruchverkehrs vom 04. März 1959 bis zum Abbruch/Absturz. Ein Rumpf der 152/II V011, also der 11. Maschine vom schon begonnenen Serienanlauf, wurde 1995 in Rothenburg /Oberlausitz entdeckt, nach Dresden geholt, wieder aufgearbeitet und ist heute im Dresdner Flughafenterminal ausgestellt.

Nicht nur für die Luftfahrtindustrie war die Jahreswende 1960/61 ein „heißer Herbst".
Die DDR erlebte in diesen Monaten die große, ständig anschwellende Flucht ihrer Bürger in die Bundesrepublik. Davon blieb der Flugzeugbau natürlich nicht verschont. In der Betriebszeitung „Der Flugzeugbauer" gab es immer mehr Stellungnahmen angeblich DDR-bewusster Mitarbeiter derart, dass der Fräser XY oder die Reinigungskraft WZ versicherten, nicht zu Besuch in den Staat der Kriegstreiber und Ausbeuter zu fahren. Trotzdem war der Aderlass auch in unseren Abteilungen spürbar. Der Wochenbeginn war kritisch. Wer bis Montagmittag nicht zur Arbeit erschien oder seine Verspätung nicht irgendwie mitteilte, war mit hoher Wahrscheinlichkeit „abge-

hauen“, wie Manfred Krug sein späteres Buch benannte. Oft waren die Unterlagen im Schreibtisch ordentlich abgelegt, die notwendige Fortsetzung der Versuchsarbeiten genannt und die verschiedenen Mitgliedsbücher aufgeschichtet. Wie das der Freien Deutschen Jugend (FDJ), das des Freien Deutschen Gewerkschaftsbundes (FDGB) – den Worten nach war vieles „frei“ in der DDR – oder dasjenige der Deutsch-Sowjetischen Freundschaft (DSF).

Aber auch von den Spezialisten verließen einige das Dresdner Flugzeugwerk und die DDR. Der als Chefprojektant der Baade-Gruppe bekannte Hans Wocke verließ bereits 1957 die DDR und heuerte bei der Hamburger Flugzeugbau GmbH (HFB) an. Zu großen Erfolgen ist diese HFB nicht gekommen, aber sie war der Kern des deutschen Airbus-Projektes und Wocke einer der führenden Köpfe des kommenden Luftfahrt-Giganten. Auch der Chefkonstrukteur Fritz Freitag verließ im Oktober 1960 „sein Werk“. Immerhin war Freitag die wichtigste Persönlichkeit nach Baade, keine maßgebliche Entscheidung fiel ohne ihn. Mehrfach hatte er führenden SED-Spitzen einschließlich Ulbricht den Werkaufbau, die Abläufe und die – oft zu voreiligen – Fertigstellungstermine der Maschinen erklärt. In einer Betriebsversammlung in diesen Oktobertagen 1960 wurde der Weggang Freitags bedauert, aber Zweifel an der erfolgreichen Fortführung des sozialistischen Flugzeugbaues wurden von offizieller Seite nicht geäußert.

Die besondere Art der Berichterstattung aus der DDR-Wirtschaft hatte nun auch den Flugzeugbau erreicht. Produktions- und Planerfüllungszahlen sowie Erfolge bei der Konsumgüterproduktion meldeten nun auch die Betriebszeitungen. „Der Flugzeugbauer“ listete z. B. die über 100%ige Planerfüllung bei der Position Campingliegen auf, nur die Position Flugzeug war nicht erfüllt worden. Die Betriebszeitung „Der Antrieb“ des Entwicklungsbaues Pirna vermeldete eine 100%ige Erfüllung bei Kartoffellegemaschinen, Geflügelaufzuchtkästen und Motorradgepäckträgern, bei der Position Turbinentriebwerke waren leider die Planzahlen nicht erreicht worden. So lief es weiter bis zum endgültigen Schluss am 17./18. März 1961. In diesen Tagen waren die Planungen für die vier wesentlichen

Nachfolgeunternehmen fertig:

- Der VEB Flugzeugwerft Dresden, mit allen Einrichtungen des Flugbetriebes und den Hallen für Flugzeugwartung der zivilen und militärischen Maschinen.
- Der VEB Elektromat Dresden, für die Entwicklung und Fertigung von automatischen Einrichtungen des Elektromaschinenbaues.
- Das Institut für Leichtbau (und ökonomische Verwendung von Werkstoffen) IfL, für die Durchsetzung des Leichtbaues in allen Bereichen der Industrie.
- Das Zentralinstitut für Automatisierung ZIA, im Wesentlichen für die Weiterbeschäftigung der Mitarbeiter des Forschungszentrums Flugzeugbau, es ist bald nach 1961 aufgelöst worden.

Diese Aufteilung war durchaus sinnvoll, führte aber auch dazu, dass die Gesamtanlage zerstückelt wurde und jeder Betrieb, anderen Ministerien unterstehend, oft hässliche Ergänzungsbauten errichtete. Die Flugzeugwerft war zu DDR-Zeiten der abgeschirmte Bereich für Nationale Volksarmee, die Regierungsmaschinen und die Interflug. Nach 1990 begann die Elbe Flugzeugwerk GmbH den Umbau von Passagiermaschinen auf Frachtflugzeuge und heute ist sie ein Teil der Airbus Group und baut mit ca. 1.300 Mitarbeitern weiterhin Airbus-Maschinen zu Fracht- und Tankflugzeugen um.

Der VEB Elektromat hat dem als VEM Elektromaschinenbau genannten Industriezweig wesentliche Impulse vermittelt, die VEM-Gruppe mit dem Hauptbetrieb Sachsenwerk Dresden-Niedersedlitz – von 1900 an eine der großen deutschen Elektromaschinenbauer – produzierte Millionen kleiner und großer E-Maschinen auch für westliche Länder und war ein wichtiger Exportbetrieb der DDR. Heute ist das weiter als VEM genannte Unternehmen in Händen der VEM Vermögensverwaltung von Adolf Merkle bzw. dessen Söhnen.

Im Institut für Leichtbau (IfL) blieb die alte Junkers-Gruppe um Prof. Baade zusammen, ergänzt durch zahlreiche junge Mitarbeiter.

Baade wurde Institutsdirektor der etwa 750 Personen starken Mannschaft, Verwaltung, Konstruktions- und Planungsbereiche blieben im Haus 216, der eigentliche Kern war die Laborhalle 218 mit allen versuchstechnischen Anlagen. Auch der Windkanal mit großen und kleinen Kanalanlagen, Wassertrog und anderen Einrichtungen gehörten zum IfL. Wir Jungingenieure kamen damit automatisch zum IfL und es war keine schlechte Entscheidung. Das Institut unterstand direkt dem Minister für Materialwirtschaft Alfred Neumann, er war im Politbüro – zumindest der Größe nach – der alle anderen überragende Spitzengenosse.
Die Aufgaben des IfL bestanden in einer verbesserten Verwendung der Werkstoffe von Metall bis Kunststoff, also einer Durchsetzung des Leichtbaues, wo immer dies notwendig war. Wir hatten die modernen Prüfmaschinen und nun kam die Industrie. Neu entwickelte Beton-Eisenbahnschwellen in Stapeln bis zu 3 m in der großen Zugdruck-Prüfmaschine, große Beton-Fachwerkbinder im Bruchversuch, komplette sogenannte Weitstreckenwagen für die russische Eisenbahn in Belastungs- und Ermüdungsversuchen und natürlich der Fahrzeugbau. Bis in die 1960er Jahre war der Abstand zum „Westen“ noch nicht sehr groß. Im Standardwerk über den mitteldeutschen Fahrzeugbau „Plaste, Blech und Planwirtschaft“ [63] ist angegeben, dass im nachmaligen Gebiet der DDR einschließlich Ostberlin 175 Unternehmen vom gesamtdeutschen Produktionsvolumen 26,7 % PKW, 38,5 % LKW und 29,4 % Motorräder herstellten, also ca. ein Drittel (Stand 1938). Sie waren im 2. Weltkrieg fast ausschließlich Rüstungslieferanten, nach 1945 von einer fast 100%igen Demontage durch die Besatzungsmacht und danach einer ebenso großen Enteignungswelle betroffen. In dem unter Federführung des Historikers Peter Kirchberg verfassten Buch, an dem viele Leiter und Mitarbeiter der volkseigenen Fahrzeugbetriebe mitgewirkt haben, sind schon die Kapitelüberschriften bezeichnend, u. a.:

- Im Aufwind: Der DDR-Automobilbau bis zu den sechziger Jahren
- Der lange Marsch im Tritt auf der Stelle
- Plan statt Markt: Der Tragödie letzter Teil

Im IfL wurden wir ab Sommer 1961 mit Aufträgen aus dem Fahrzeugbau überschüttet. Ermüdungsversuche an den „Motorinnereien“, wie Kurbelwellen, Pleuelstangen, Getriebe- und Kupplungsteilen,

Spannungs- und Verformungsmessungen an Motorgehäusen aus den IFA-Werken Robur Zittau, Nordhausen, Schönebeck, Cunewalde wurden durchgeführt, mit allen Auswertungen und Empfehlungen für verbesserte Kennwerte gegen Dauerbruch. Der Fahrzeugbau war in diesen Jahren tatsächlich noch im Aufwind.

Auch die Windkanäle und Kältekammern des IfL wurden sofort ausgelastet. Im großen Windkanal konnte der Wartburg in Originalgröße mit Geschwindigkeiten bis über 200 km/h angeblasen werden, in der zur Thermokammer aufgerüsteten Kältekammer waren ebenfalls Original-PKW von - 65 °C bis + 70 °C zu testen. Niemand sonst in der DDR hatte solche Einrichtungen. In die Praxis des Fahrzeugbaues sind Erkenntnisse aus solchen Untersuchungen meist nicht eingeflossen, mangelnde „Einordnungsbedingungen" waren die gängigen Schlagworte aus den DDR-Ministerien.

Ich selbst hatte mich in die Aufgaben und Probleme des Motorenbaues eingearbeitet und so lernte ich auch die Betriebe kennen. So die ostsächsischen Werke Robur Zittau und Motorenwerk Cunewalde. In Zittau hatte die Gustav Hiller AG den traditionellen Werdegang von Textilmaschinen zu Fahrrädern, Leichtmotorrädern und leichten Lastwagen genommen. Unter dem Markenzeichen Phänomen waren die Lieferfahrzeuge überall in Deutschland und vor allem bei der Reichspost in großen Stückzahlen vertreten. Phänomen setzte wie Deutz-Köln auf luftgekühlte Motoren – Luft kostet nichts, Luft leckt nicht, Luft friert nicht ein. In der ostsächsischen Grenzstadt als Aktiengesellschaft in Händen der Familie Hiller war das Phänomen-Werk mit einem repräsentativen Fabrikbau der wichtigste Arbeitgeber mit ca. 6.000 Facharbeitern (bei ca. 30.000 Einwohnern der Stadt Zittau). 1946 natürlich enteignet, wegen der Rüstungsproduktion zur Sprengung vorgesehen, wurde dann doch die Fahrzeugproduktion auf Basis der Phänomen-Fahrzeuge fortgeführt. Die nach Westdeutschland geflüchtete Familie Hiller setzte 1956 ihr Recht auf den Namen Phänomen und einzelne Fahrzeugtypen durch, der volkseigene Betrieb hieß deshalb ab 1957 VEB Robur-Werke Zittau. „Der Tritt auf der Stelle" und „Der Tragödie letzter Teil" liefen wie oben genannt ab. Die Lastwagen mit bis zu 2,5 t Nutzlast und die Omnibusse sind technisch gute Entwicklungen, zu Tausenden laufen die Fahrzeuge hier im Lande und in allen Ostblockstaaten, das DDR-Militär setzte geländegängige Varianten mit Allradantrieb durch. Das Hickhack mit dem Kopf, der VVB Automobilbau, war dem in anderen Industriezweigen ähnlich. Die VVB bevorzugte das L-60-Werk Ludwigsfelde, ein unendlicher Streit über ein neues Fahrerhaus ging fast bis in die 1990er Jahre, vor allem aber erhielt Robur nicht die erforderlichen Investitionsmittel. Die Modernisierung blieb Stückwerk, die Vorkriegs-Produktionsverhältnisse von Gustav Hiller lassen grüßen. Und so ging die Fahrzeugära in Zittau zur politischen Wende einem schnellen Ende zu. Ein neuer Robur mit Kofferaufbau und luftgekühltem Deutz-Dieselmotor wurde kein Erfolg, der Ostblock konnte nicht bezahlen, im Westen war der Markt voll. Kooperationen mit ausländischen Firmen und neue Produkte wie Landmaschinen ließen sich nicht verwirklichen. Kleinere Firmen wurden ausgegründet, das große Hiller-Hauptwerk steht bis heute als Industrieruine in Nähe des Bahnhofs Zittau.

Im unendlich langgestreckten Weberdorf Cunewalde hatte die Dresdner Motorenfirma Bark 1943 eine Niederlassung zur Fertigung kriegswichtiger Motorenteile eingerichtet. Der Demontage war dieser weit abgelegene Betrieb entgangen, Ingenieure und Facharbeiter suchten neue Arbeitsfelder. Die widersprüchliche Arbeit der russischen SMAD wurde auch hier deutlich. Das DKW-Hauptwerk in Zschopau mussten 1.500 DKW-Arbeiter bis Sommer 1945 restlos demontieren und die Werkseinrichtungen im Wert von 30 Mio. Reichsmark zum Abtransport bringen. Zugleich sollten in russischem Auftrag Neuentwicklungen von Motorrädern erfolgen. Das ging in Zschopau nicht mehr und so wurde der Cunewalder Betrieb damit beauftragt. Entwickelte Modelle gingen sofort nach Russland, die Motorradära war beendet. Cunewalde begann die Entwicklung von Kleindieselmotoren nach einem bewährten Baumuster anderer Firmen. Nach vielem Hin und Her der Zuordnung landete das Motorenwerk Cunewalde (MC) bei der IFA, also der VVB Automobilbau. Sehr erfolgreich platzierte MC diese luftgekühlten Kleindieselmotoren bis 30 PS für viele industrielle Anwendungen wie Wasserpumpen, Generatoren, Rüttelplatten u. a. Aggregate. Der Export ging in viele Länder, auch Afrika und Südamerika, insgesamt wurden 300.000 Stück produziert. Daneben wurde ein klassischer Vierzylindermotor entwickelt und wieder für verschiedene Einsatzfälle angepasst. Hauptabnehmer des insgesamt 180.000 Stück großen Volumens war das Fahrzeugwerk Waltershausen (Thüringen). Nach der politischen Wende brach auch hier vieles weg, Waltershausen orientierte sich auf andere Motorzulieferer, der Dieselmotorenbau wurde beendet. Aber die Oberlausitzer sind zähe Burschen, eine 1992 neu gegründete Motoren- und Fahrzeugtechnik (MFT) setzt auf die Lohnfertigung hochwertiger Motoren- und Getriebeteile und liefert sie bis heute in hohen Stückzahlen an namhafte Finalproduzenten.

Das Kennenlernen dieser DDR-Industrie wurde noch erweitert durch die Aktion „Störfreimachung“, die in den 1970er Jahren der gesamten volkseigenen Wirtschaft verordnet wurde. Auch wir IfL-Mitarbeiter bekamen vom Ministerium Listen mit Erzeugnissen, die vom Westen, also dem „Nicht-Sozialistischen-Wirtschaftsgebiet“ (NSW) bezogen wurden und nun, um Devisen zu sparen, durch DDR-eigene Produkte ersetzt werden sollten. Von den vielen zu untersuchenden Artikeln sind mir zwei in Erinnerung geblieben.
Hartverchromte Ölabstreifringe für Motorkolben ergaben verlängerte Standzeiten und verringerte Ölverbräuche. Die großen westlichen Hersteller setzten dies verstärkt ein und nun auch das IFA-Motorenwerk Nordhausen. Wir klapperten alle DDR-Institute und Firmen ab. Im Labormaßstab durchführbar, aber eine industrielle Fertigung nicht möglich. Also mussten weiterhin D-Mark ausgegeben werden. Dafür konnte man noch Verständnis aufbringen, für den zweiten Fall nicht. Es sollten Spinnspindeln abgelöst werden, ja richtig gelesen, Spinnspindeln mussten in das Land Sachsen eingeführt werden, das Land, das 30 Jahre vorher der weltgrößte Textilmaschinenhersteller gewesen war. Der große VEB Spinnereimaschinenbau Karl-Marx-Stadt, bis 1945 die Textilmaschinensparte der Sächsischen Maschinenfabrik vorm. Rich. Hartmann, hatte eine spezielle Spindelfabrik im Erzgebirge. Und trotzdem wurden Spindeln im Westen gekauft.

Aus diesen Einblicken in einen schon beträchtlichen Teil der DDR-

Betriebe haben sich mir schon damals wenige eingeprägt, die neben ihrem innovativen Charakter auch noch einen guten Gesamteindruck des Betriebes vermittelten. Denn in den meisten nun volkseigenen Unternehmen setzte ein zunehmender Verschleiß im Inneren wie im Äußeren ein. Der Maschinenpark nicht erneuert, die Gebäude nach und nach grau und unansehnlich, die Fabrikhöfe unaufgeräumt. Dabei sah man den meisten Fabrikbauten noch die klassische Industriestruktur aus den 1920er Jahren oder früher an. Ich hatte mir angewöhnt, bei solchen Betriebsbesuchen im Büro, in den Werkstätten oder auf dem Hof ältere Kollegen nach dem Früher, also der Zeit vor 1945, zu fragen. Da ging es aber los! So erfuhr ich, dass manche der älteren Mitarbeiter monatelang, zusammengefasst nahezu ein halbes Leben, als Auslandsmonteure die Welt bereist hatten, weil der Betrieb weit über 50 % seiner Maschinen und Erzeugnisse in alle Länder exportiert hatte. Nur in ganz wenigen Fällen fiel ein böses Wort über den früheren Kapitalisten und Ausbeuter, überwiegend dagegen harsche Kritik über die neuen sozialistischen Produktionsverhältnisse.

Der MC Cunewalde gehörte zu den exportträchtigen Firmen und hier ergab sich für mich eine stärkere Beziehung über die Dresdner Firma L'Orange. Ich hatte mich rein aus technischem Interesse in die Probleme und Systeme der Kraftstoffeinspritzung eingearbeitet. Ein völlig fremdes Gebiet zu meiner beruflichen Arbeit der Ermüdungsfestigkeit – es war schlicht und einfach das Interesse an Präzisionsmechanik und Physik. Neue Ideen hatte ich in zwei Patentanmeldungen niedergelegt. Die DDR befand sich gerade auf diesem Gebiet – wie in manchem anderen auch – in einer schwierigen Situation. Einspritzpumpen, wie auch z. B. Zündkerzen, Dichtungen u. a. Motorenteile hatten bis 1945 die großen westdeutschen Firmen geliefert. Je stärker die Abgrenzung zwischen den beiden Staaten wurde, um so mehr musste die DDR eigene Erzeugnisse entwickeln. Zuständig war hier der VEB Motorenwerk Chemnitz, der spätere VEB Barkas-Werke Karl-Marx-Stadt. Da gibt es manche Geschichte, dass es pfiffige kleine Unternehmer aus dem Dresdner/Glashütter Raum waren, welche die ersten Pumpen und Einspritzdüsen herstellten; die erforderliche Präzision ist derjenigen der Uhrenindustrie durchaus ähnlich. Man hütete sein Know-how, und wenn die Vertreter der volkseigenen Industrie zum Besuch und „Erfahrungsaustausch“ kamen, wurden schon mal die wichtigen Maschinen mit Planen abgedeckt. Schließlich erwarb der VEB Barkas-Werke von solchen sächsischen Feinmechanikern käuflich Konstruktion und Muster solcher Pumpen und so konnte die Fertigung der IFA-Einspritzpumpe beginnen.

Die Stuttgarter Firma Gebrüder L’Orange Motorzubehör hatte bereits 1946 einen Zweigbetrieb in Dresden gegründet, um hier Ersatzteile für ihre in LKW-Motoren eingebauten Pumpen zu fertigen. Daraus war ein eigenständiger ostdeutscher Betrieb entstanden und der Geschäftsführer Rolf Schäfer hatte mit weiteren Partnern eine L’Orange-Einspritzgeräte KG gegründet einschließlich der seit den 1960er Jahren möglichen staatlichen Beteiligung. Die KG entwickelte sich recht erfolgreich. Zuerst für die Nordhäuser Schlepper „Brockenhexe“, aber auch für große Rostocker Schiffsmotoren lieferte L’Orange die Einspritzpumpen, konzentrierte sich dann auf die Serienfertigung der Einspritzpumpen für die Motoren von MC Cunewalde und Robor Zittau.

L'ORANGE –
EINSPRITZGERÄTE KG Dresden

Herrn Dr.-Ing.
Hermann Golle

801 Dresden
Terrassenufer 14

S4/S102

Hauptverw.
13. 3. 1972

Sehr geehrter Herr Dr. Golle!

Aus Ihrer Abrechnung vom 8. 3. 1972 für den Monat Februar 1972 ersehen wir, daß Sie Ihr Studium und Ihre Doktorarbeit erfolgreich abgeschlossen haben.

Wir sprechen Ihnen hierdurch unsere aufrichtigen Glückwünsche aus und hoffen, daß Sie auch weiterhin mit bewährter Tatkraft und besonderem Interesse an unseren technischen Problemen mitarbeiten werden.

Hochachtungsvoll

KG 104/SD/S47

KG 104

Bild 83: Schreiben der L'ORANGE KG bezüglich meiner Mitarbeit.

Da waren schon erhebliche Stückzahlen zu fertigen und wie ein solcher „halbstaatlicher“ Betrieb inmitten der sozialistischen DDR funktionierte und operierte, verdient, näher betrachtet zu werden. Meine Ideen und Patentanmeldungen hatte ich zur Leipziger Frühjahrsmesse 1963 den Vertretern der Firma L'Orange vorgestellt und

merkte, obwohl diese Ideen die aktuelle Fertigung nicht betrafen, ein großes Interesse an neuen Vorschlägen. Das Kennenlernen der L'Orange KG war für mich Schock und Bewunderung zugleich.
Hauptverwaltung und Werkbereich I waren einige alte Ziegelgebäude direkt am Bahnhof Dresden-Niedersedlitz, Werkbereich II Hintergebäude in der Nieritzstraße (Nähe Dreikönigskirche), Werkbereich III eine frühere Firma Jungmann in Geising (Osterzgebirge). Überall geschäftiges, ja hektisches Arbeiten, kein Wort zu viel im Gespräch, an vielen Stellen, in Treppenaufgängen, in Hof und Flur Kisten voller Dreh- und Frästeile zur An- oder Auslieferung. Irgendwie fügten sich die Teile zum Endprodukt zusammen, die Montagen erfolgten meist auf selbst gebauten Anlagen im Werkbereich I, um von hier zu Tausenden in die Motorenwerke geliefert zu werden.
Ein Schock, wie unter solchen Verhältnissen gearbeitet wurde, Bewunderung, dass hier Erzeugnisse entstanden, die sich Tag für Tag in Motoren bewähren mussten. In Cunewalde hörte ich manche Klagen über die Zulieferer, die schlechte Gussqualität, zu geringe Kapazität für Alu-Druckguss u. a., über L'Orange-Pumpen nicht.
Im Ergebnis meiner Gespräche erhielt ich einen Honorarvertrag über mehrere Hundert Mark/Monat und L'Orange übernahm meine Patentanmeldungen. Meine Aufgaben wurden mit konstruktiven Vorschlägen, Erarbeitung von Patententwürfen, Beratungen mit dem Patentanwalt und Mitarbeit bei Werkstoff- und Festigkeitsfragen umrissen.

Kapazitäten fehlten an allen Ecken und Enden, zwei weitere kleine Betriebe kamen im Laufe der Jahre hinzu. Trotzdem entwickelte L'Orange auf Drängen der Fachleute von Robor Zittau einen automatischen Spritzhersteller, der wie eine Bombe einschlug und nun in mehreren Größen für nahezu alle LKW-Diesel der DDR gefertigt wurde. Natürlich gab es im „Westen“ von Bosch auch ein solches Aggregat, aber im „Osten“ kam vom großen VEB Barkas eben nichts, sondern die Neuerung brachte der viel kleinere halbstaatliche Betrieb heraus. Man spürte eben noch das unternehmerische Interesse, wobei es nicht allein um Geld ging. Der Geschäftsführer Schäfer und seine Komplementäre waren eben noch von der Mission erfüllt, Hersteller von Einspritzsystemen zu sein.

Mir sind zwei Ereignisse in Erinnerung geblieben:
Die Fachleute vom Lokomotivdiesel-Hersteller Berlin-Johannistal hatten bei L'Orange vorgesprochen, ob man nicht für so große Diesel ein besonderes Einspritzsystem hätte oder entwickeln und fertigen könnte. Man hatte nicht und konnte auch nicht und ich sehe heute noch die enttäuschten Gesichter der kleinen Führungsgruppe um Rolf Schäfer.
Der andere Fall betraf die Verteilereinspritzpumpe (VE). Bosch-Stuttgart hatte wie so oft die Nase vorn und eine solche kompakte Einspritzpumpe zur Serienreife gebracht. Sie setzte neue Maßstäbe für kleine Dieselmotoren, es begann die PKW-Verdieselung. Bei MC Cunewalde war der Vierzylinder-Diesel für Waltershausen in Entwicklung und natürlich kam die Anfrage nach einer VE-Pumpe an L'Orange. Das war eine Aufgabe auch für mich. So studierte ich die Systeme, entwarf neue Prinzipien bis zu gemeinsamen Patentanmeldungen mit L'Orange. Sie stehen heute noch in den Patentregistern. Es wäre sicher in Zusammenarbeit mit Cunewalde und der TU Dresden eine solche Entwicklung gelungen, aber die Zeit drängte. MC Cunewalde wollte in etwa einem Jahr die ersten Musterpumpen haben und das war völlig unsicher. Das Projekt wurde zur Seite gestellt. L'Orange entwickelte aus seinem Portfolio die Kleineinspritzpumpe DEP4K, die bis 1990 zusätzlich zu allen anderen Produkten bis zu einer Stückzahl von 200.000 an Cunewalde geliefert wurde.
Bei den Vorarbeiten zu dieser VE-Pumpe gab es ein Gespräch, das charakteristisch für die DDR-Wirtschaft ist und in zwei Sätzen „volkseigenes" Arbeiten erklärt. Die VE-Pumpe besitzt einen Stirnnocken, der die Hubbewegung des Pumpenstempels bewirkt. Dieses Teil ist schwierig herzustellen, für eine Serienfertigung käme eine Sondermaschine in Frage. Für die zehn ersten Musterpumpen suchten wir einen Hersteller und mir fiel der gut ausgestattete Entwicklungsbau Pirna der ehemaligen Flugzeugindustrie ein. Das Gespräch beim technischen Direktor ergab sinngemäß: *„Ich könnte euch die zehn Musternocken machen, aber wenn eure Sache klappt, kriege ich die Serie ‚reingedrückt'. Daran ist mir nicht gelegen."* Damit war alles gesagt. Unter marktwirtschaftlichen Verhältnissen wäre eine Antwort – ich fertige euch die zehn Teile, vielleicht auch kostenlos,

wenn ich die nachfolgende Serie bekomme – die normale übliche Reaktion gewesen. So entstand der Mangel auf allen Gebieten bis zum letzten Konsumgut, wo der Mixer und der Kreuzschlitzschraubendreher für den DDR-Bürger neu war und oft unter Druck dem Westprodukt nachempfunden werden musste. Die DDR hatte ein Staatliches Vertragsgericht, von dem ein zuständiges Kombinat „verdonnert" werden konnte, ein bestimmtes Erzeugnis zu fertigen. In unserem Fall hätten wir das Maschinenbaukombinat verklagen müssen, diesen Stirnnocken als Zulieferteil zu fertigen. Man kann sich denken, mit welchem Enthusiasmus ein so Verklagter die Sache betrachtete und meist alle Register zog, eine solche ihm „reingedrückte Fertigung" abzuwehren. Denn auch er hatte seine Gründe, wie schlechte Zulieferer für seine Maschinen, vielleicht keine Baukapazität für Erweiterungen und anderes.

Die Räumlichkeiten bei L'Orange platzten aus allen Nähten, Probleme entstanden auch aus den weit auseinanderliegenden Teilbetrieben. Die Firma hatte deshalb auf der Hennigsdorfer Straße in Dresden-Dobritz (in Nähe der Gardinenfabrik) ein großes Fabrikgebäude gekauft. Doch das war belegt vom Staatlichen Großhandelskontor Koffer/Lederwaren und gegen eine solche Handelseinrichtung hatte ein Eigentümer keine Chance. So lief die schwierige, aber eben halbeigentümergesteuerte Produktion bis in die Wendejahre 1989/90. Inzwischen sind viele Veränderungen eingetreten.

Auch das ist Wirtschaftsgeschichte der DDR. Über viele solche Fälle könnte man berichten. Die halbstaatliche Industrie war eine ganz bedeutende Stütze der DDR und mit ihrem abrupten Ende 1972 begann die besonders steile Talfahrt des sozialistischen Staates. Durch die Führungsmannschaft von L'Orange erfuhr ich auch viele Geschichten von anderen halbstaatlichen Betrieben und Unternehmern. Man kannte sich, man kooperierte miteinander, man redete auch übereinander. Den meisten dieser Betriebseigentümer ging es wirtschaftlich – am ostdeutschen Niveau gemessen – sehr gut, man fuhr den Tatra, den großen Lada oder einen Westwagen. Einige hatten vergessen, in welchem Staat sie lebten. Da gab es großartige Geburtstagsfeiern in den besten Dresdner Lokalen, in einem Fall wurde von der Kapelle der Militärmarsch „Alte Kameraden" gespielt. All das wurde von den SED-Leitungen und sicher auch der Staatssicherheit intensiv beobachtet und bewertet. Es waren Bausteine für die Liquidierung dieser halbstaatlichen Industrie. Auch bei den Mitarbeitern solcher Betriebe wurde Stimmung gemacht, derart, dass die Frau des Chefs nur „Westklamotten" trägt, ein zweites Auto fährt, nur im Delikat – dem ostdeutschen Intershop – einkauft u. a. Beim Akt der Verstaatlichung konnten die Mitarbeiter abstimmen, ob der bisherige Geschäftsführer als neuer Betriebsleiter bestellt wird. In den meisten Fällen war dies der Fall, aber es gab auch Ablösungen. Dafür sorgten schon die SED-Genossen in der Belegschaft. Die DDR-Führung wollte sich in diesen 1970er Jahren salonfähig zeigen und so wurde nicht mehr, wie 1946/48, entschädigungslos enteignet, sondern der Staat bestimmte nach seinem Gutdünken eine Verkaufssumme, die in Jahresscheiben ausgezahlt wurde. Bei L'Orange wurde Rolf Schäfer als sozialistischer Betriebsleiter bestätigt, der Betrieb zunächst als VEB Dresdner Einspritzgeräte dem Bezirkswirtschaftsrat zugeordnet, später war er Betriebsteil des VEB Barkas-Werke. Rolf Schäfer hatte in seinem Arbeitszimmer bis 1972 die Bilder der L'Orange-Firmengründer Prosper L'Orange und Rudolf L'Orange hängen, nun waren sie verschwunden. Mein Vertrag wurde sofort gekündigt, junge neue Genossen in der Firmenleitung sorgten dafür, dass ich alle Unterlagen, Berichte, Gegenstände abzuliefern hatte. Die Ära L'Orange war für mich beendet, aber das angeeignete Fachwissen war mir geblieben und ich konnte es später gut gebrauchen.

Bis in die 1960er Jahre glaubte ich an den erfolgreichen Aufbau der DDR-Wirtschaft, acht Jahre Ausbildung und damit einseitige politische Meinungsbildung blieben auf mich wie auf viele andere Jugendliche nicht ohne Wirkung. Das misslungene Experiment Flugzeugbau war noch verständlich, das war früher und in anderen Ländern auch geschehen. So kam bei mir nicht der Gedanke auf, „abzuhauen", obwohl der Kollegenkreis sich nach dem März 1961 – bis zum Mauerbau war noch ein halbes Jahr Zeit – zunehmend lichtete. Vom Werk 205 in Kairo wurde gesprochen, in Fortsetzung des Werkes 204 in Karl-Marx-Stadt. Der ägyptische Präsident Nasser begann in diesem Jahr mit dem Flugzeugbau und viele von uns bewarben sich dort.

Der erste Schock für mich waren die durchgepeitschte Kollektivierung der Landwirtschaft und die unmittelbaren Folgen. Diese Härte, diese Unvernunft nährten bei mir zunehmend Zweifel am politischen System der DDR. Die ersten Folgen waren die massenhaften Einsätze in der nun kollektivierten Landwirtschaft. Und so ging es los. Mit dem Doppelstockzug voller Mitarbeiter aus allen Dresdner Betrieben vom Bahnhof Dresden-Neustadt nach Riesa, von dort weiter mit Omnibussen in die Lommatzscher Pflege, dieser seit 100 Jahren hoch kultivierten Landwirtschaft. Die landwirtschaftlichen Produktionsgenossenschaften (LPG) wurden nacheinander angefahren. Nach dem Halt Tür auf, der LPG-Vertreter in klassischem Sächsisch: „Heite tätch zweee näm." Zwei Mann unter Gelächter und Gejohle raus, und die Fahrt ging weiter, die Bierflasche kreiste. Ein anderes Mal war der Altenberger Raum das Ziel. Abfahrt am Rathaus Dresden-Pieschen gegen 8.00 Uhr, nachdem die Busse den Berufsfrühverkehr bewältigt hatten. Wieder der Bus voll fröhlicher Leute, der Busfahrer verfranzte sich, gegen 11.00 Uhr waren wir vor Ort. Ich sehe noch das lächerlich kleine Häufchen Kartoffeln, was wir geerntet hatten. Wichtiger war uns das Durchsuchen von Scheune und Ställen nach Eiern. Denn es gab anfangs der 1960er Jahre zwar keine Lebensmittelmarken, aber Fleisch/Wurst und Eier wurden „zugeteilt", man musste sich bei einem Fleischer angemeldet haben.

Man muss es sich vor Augen führen: In diesen 1960er Jahren kam die bundesdeutsche Wirtschaft so richtig in Fahrt, die ostdeutschen Exilfirmen mit in vorderster Front. Die Arbeitskräfte werden knapp, die Italiener und Türken kommen ins Land, die BRD steigt zur größten europäischen Exportnation auf – und die DDR verschleudert die Kapazitäten ihrer Facharbeiter und Ingenieure durch solche widersinnigen, großflächig durchgesetzten Aktionen.
Weitere Einsätze mussten in den Dresdner Brauereien durchgeführt werden, wieder Facharbeiter und Büroleute aus den Dresdner Betrieben vor Ort. In heißen Sommern waren Bier und Getränke ein Politikum, es gab fast Unruhen, wenn den Kaufhallen das Bier und die Limonade ausgingen. So saß man in den veralteten Brauereien Waldschlösschen und Felsenkeller vor dem Lichtkasten, während das Flaschenkarussell lief und man beobachten musste, ob keine Biene,

Schnecke oder ein anderer Unhold in die leere Flasche gekrochen waren. Am anderen Ende saß eine Brauereimitarbeiterin und füllte per Hand die unregelmäßig gefüllten Flaschen nach. Die Anlagen stammten vermutlich aus der Vorkriegszeit. Einen solchen Eindruck vermittelt auch das gesamte Waldschlösschen-Areal. Die Gebäude grau, die Gaststätten geschlossen. Dieser imposante Gebäudekomplex fiel wie das gesamte Land Stück für Stück der allgemeinen Verwahrlosung anheim. Heute steht wieder in großen Lettern „Sozietätsbrauerei zum Waldschlösschen" am großen Brauereihauptgebäude, Gaststätte und Biergarten sind täglich mit Gästen gut gefüllt. Man blickt auf den Neustädter Brückenkopf der neuen Waldschlösschenbrücke und die historische Altstadt.
Das 1836 gegründete Brauhaus wirbt heute mit dem Slogan „Die älteste Aktienbrauerei Deutschlands, die heute noch braut". Auch die aus Buschwerk angelegte Flugautobahn für die „kleine Hufeisennase" ist sichtbar, diejenige Fledermaus, die auf der Strecke Pirna-Dresden-Meißen durch diese Brücke eines Tages fliegen soll.

Die Arbeiten im IfL liefen in institutstypischer Weise fort, hektisches Arbeiten gab es wie in allen Instituten nicht. Unsere Abteilung Betriebsfestigkeit bestand aus acht Kollegen, Leiter war der Mathematiker E. Lammel, der ebenfalls zur alten Junkersmannschaft gehörte und die acht Jahre Russlandaufenthalt mit erlebt hatte. Unsere selbst gestellte Aufgabe bestand darin, die vielen schon vorhandenen und neu gewonnenen Kennwerte über Ermüdungsfestigkeit zusammenzufassen und als Standards herauszugeben. Daraus sind die DDR-Standards TGL 19340 entstanden, die im Rahmen des RGW, aber auch in der BRD Anerkennung fanden. Mit der Materialprüfanstalt Berlin-Dahlem und der TH Darmstadt gab es Briefwechsel, regen Gedankenaustausch und Einladungen, aber keiner von uns war West-Reisekader.
Mit solchen Grundsatzarbeiten waren wir in den ZAK (Zentraler Arbeitskreis) Festkörpermechanik eingebunden, erhielten F/E-Mittel und mussten die Arbeiten jährlich verteidigen. Eine enge Zusammenarbeit ergab sich dabei mit der TH Magdeburg und der Rektor Prof. Kurth bot mir 1969 an, auf dem Gebiet der Ermüdungsfestigkeit bei ihm und damit der TH Magdeburg zu promovieren. Prof.

Kurth war Stahlbauer mit engen Verbindungen zum Lauchhammerwerk, dem großen Stahlbaubetrieb und Hersteller der Schaufelradbagger für die Braunkohlentagebaue in Sachsen und Brandenburg. An solchen Großgeräten gibt es viele einer Ermüdungsbeanspruchung unterworfenen Bauteile, die wegen ihrer Größe in keine Prüfmaschine passen und auch teuer sind. Die Ermüdungsfestigkeit muss so zielgenau wie möglich abgeschätzt werden. Die Aufgabe war also, mehrere Hundert entsprechend gestaltete Probestücke zu ermüden, d. h. unter Dauerbelastung zu Bruch zu fahren und aus der Vielzahl von Versuchswerten eine Abschätzung der Ermüdungsfestigkeit anderer Bauteile vorzunehmen. Dies war der Inhalt meiner Dissertation, die ich 1972 in Magdeburg mit der mittleren Bewertung „cum laude" verteidigte. Bei einer solchen Doktorarbeit im technischen, physikalischen/chemischen Bereich – sicher auch in der Medizin – kann nicht „geschummelt" werden. Vorarbeiten werden ordentlich zitiert, die Hauptarbeit besteht in einem planvollen Vorgehen bei den Versuchen, der Auswertung und dem Erarbeiten einer neuen Methode/Vorschrift/Berechnung.

Im Rat für gegenseitige Wirtschaftshilfe (RGW), der unter russischer Führung alle Bereiche der Ostblockländer mehr oder weniger stark reglementierte, gab es auch eine Zusammenarbeit auf den Gebieten Festigkeit/Ermüdungsfestigkeit. Unsere Verbindungen mit Instituten in der ČSSR, in Polen und Russland führten auch zu wechselseitigen Besuchen der Partner. Die tschechischen, polnischen und russischen Fachleute kamen nach Dresden, wir besuchten sie in Prag, Warschau und Moskau. In Prag und Warschau gab es einen offenen Erfahrungsaustausch und wir stellten fest, dass diese Institute mehr Beziehungen zur BRD und den anderen westlichen Ländern hatten als wir. Die neuesten Verfahren zur Steigerung der Ermüdungsfestigkeit lernten wir in Prag und Warschau kennen. Auch „normale" Mitarbeiter dieser Institute besuchten ihre Partner in Berlin, Darmstadt oder Paris. Bei den meist einwöchigen Aufenthalten gab es natürlich auch Veranstaltungen. In Warschau wurden wir in die Oper geführt, ansonsten aber waren die Bewirtungen sehr bescheiden. In Prag ging es großzügiger zu, ein russisches Lokal „Birke" war fast leer, die Prager kurz nach dem Prager Frühling 1968 boykottierten solche Einrichtungen. Natürlich wurden wir auch in das Traditionslokal „Zum Kelch“ geführt, mit Bier und nochmals Bier.

Wir bewirteten in Dresden auch großzügig und luden in das Cafe Altmarkt oder das ungarische Lokal Szeged (neben dem Stadtmuseum) ein. Das durfte, gemessen an den damaligen Verhältnissen, durchaus teuer werden, das IfL hatte dafür einen besonderen Fonds. Mit dem russischen Partner waren die Verhältnisse anders. Steif und sehr zurückhaltend die Beratungen, über gemeinsame RGW-Standards für Ermüdungsfestigkeit wurde ausführlich diskutiert. Die russische Seite hatte angeblich die größeren Potenzen, viele Institute und wollte den Hauptteil der Berechnungsvorschriften erarbeiten, wir die Randgebiete. Arbeitsprogramme und Besuchstermine für die nächsten Jahre wurden festgeschrieben. Ein Jahr später konnten wir auf Basis unserer TGL 19340 Ausarbeitungen vorlegen, von russischer Seite kamen andere Fachleute, die nichts von den gemachten Absprachen wussten und mit neuen Plänen beginnen wollten. Ich habe noch die bösen Mienen vor Augen, als wir wiederholt und sehr kritisch nachfragten. Das trug uns später eine Rüge unserer Institutsleitung mit der klaren Anweisung ein: Man kritisiert die sowjetischen Genossen nicht, das ist Staatsdoktrin! Diese Doktrin galt für alle Gebiete der DDR-Wirtschaft. Bei einem Besuch im RAW-Dessau hörten wir von den Problemen mit der russischen Diesellok. Es ist kein Teil austauschbar, jeder Motor ist ein gebasteltes Unikat, das Bremssystem entspricht nicht den deutschen Bahnvorschriften. Die führenden Männer im RAW-Dessau waren richtig erbost, eine Beschwerde ging bis zum Ministerpräsidenten Stoph. Die Entscheidung: Die russische Diesellok wird importiert! Und so fuhr die mit hohem Aufwand modifizierte Lokomotive, im Volksmund „Taigatrommel“ genannt, weiter auf den Schienen der DDR-Reichsbahn.

Die Bemühungen um gemeinsame RGW-Standards schliefen bald ein. Mit den tschechischen und polnischen Instituten gab es noch mehrfache gegenseitige Besuche. Eine große Beratung fand 1979 in Karlsbad statt. Im legendären Cafe Pupp – es war Winter, die großen, hohen Hotelzimmer fast ungeheizt, Thomas Mann hätte das Ganze

„schäbige Eleganz“ genannt – hatten sich Vertreter aller RGW-Länder eingefunden. Mit Vorträgen, Diskussionen und einem Abschlussessen ging die Beratung ergebnislos zu Ende. In den Hotels, Pensionen und Badeeinrichtungen, letztere z. T. noch aus der Zeit der österreichischen Monarchie, fielen mir viele westdeutsche, besonders bayerische, Senioren auf, die sich nicht nur für das Kuren interessierten.

Einen tiefen Einschnitt brachte für mich das Jahr 1975. Abteilungsleiter Lammel ging in Rente, und da ich schon seit Längerem sein Stellvertreter war, stand für mich die Frage der Nachfolge. Bei Instituts- und Parteileitung galt ich aus fachlicher Sicht für geeignet, aber in politisch-ideologischer Sicht für unzuverlässig. In den vielen politischen Diskussionen hatte ich u. a. die Meinung vertreten, man möge doch die halbstaatliche Industrie ausbauen und nicht abschaffen, z. B. die VEB Autowerke Zwickau (Trabant) und Eisenach (Wartburg) in halbstaatliche Betriebe umwandeln. Das war natürlich ganz falsch und so wurde ich hier wie auch bei anderen Ansichten erbarmungslos niederdiskutiert.
Schließlich wurde ich 1975 doch Abteilungsleiter, obwohl ich nicht SED-Genosse war. Im 750 Mann starken IfL gab es fünf solcher „Nichtgenossen“-Abteilungsleiter. Manche hatten sich rechtzeitig in die Blockparteien geflüchtet, also in die CDU, die LDPD oder die spätere NDPD. Unser Hauptabteilungsleiter, der letztlich meine „Beförderung“ durchgesetzt hatte, begleitete im Bezirksvorstand der NDPD eine wichtige Funktion, war zeitweise Volkskammermitglied und vertrat die offizielle DDR-Politik rückhaltlos. Seine Worte *„wir alle sind Beauftragte der Arbeiterklasse“* habe ich heute noch im Ohr. Trotzdem konnte man mit ihm offen diskutieren, ihm eine Mängelliste des DDR-Alltags an den Kopf werfen und ihn zu Zweifeln veranlassen. Auch eine von uns in Umlauf gebrachte bewusste Falschmeldung *„im Intershop gibt es neue Kartoffeln“* nahm er zunächst ernst und war erleichtert, als es sich als falsch herausstellte.

Mit der Funktion des Abt.-Leiters rückte ich in die unterste Stufe der DDR-Nomenklatur ein. Damit war ich nicht West-Reisekader geworden, aber ich durfte an Fachtagungen hier im Lande teilnehmen,

an denen Referenten/Besucher aus der BRD und anderen westlichen Ländern anwesend waren. Das Aufrücken in die Nomenklatur wurde auch in der Stadt Dresden registriert. Meine Wohnungsnachbarn waren, wie so viele, eine politisch zweigeteilte Familie. Sie war SED-Genossin und auch in der Wohnparteiorganisation (WPO) verankert, er war in der NS-Zeit in einer Propagandaeinrichtung tätig gewesen und natürlich DDR-Kritiker. Eines Tages vertraute er mir an, dass man sich bei seiner Frau über mich erkundigt hatte. Welchen Umgang ich pflegte, wer bei mir verkehrte, ob große Feste gefeiert würden u. a. Vermutlich ein Routinevorgang bei der Dresdner Staatssicherheit. Weitere Berührungen gab es nicht, wie auch im Alltagsleben die Sicherheitsorgane nicht spürbar waren.
Im Institut kam schon mehr auf mich zu. Irgendeine gesellschaftliche Funktion musste ein so unpolitischer Leiter wie ich übernehmen und so wurde mir die Funktion des AGL-Vorsitzenden übertragen. In unserem Institut umfasste diese Gewerkschaftsgruppe etwa 100 Personen. Damit kam auf mich eine Menge an Sitzungen und Beratungen zu, in denen viel leeres Stroh gedroschen, aber auch immer wieder betont wurde, dass jeder Leiter in erster Linie für die politische Erziehung seiner Mitarbeiter verantwortlich ist. Hier erlebte ich auch die Beratungen über Gehaltserhöhungen. Hinweise auf sehr gute fachliche Arbeit spielten eine untergeordnete Rolle, für den Genossen aus der Institutsleitung waren Bemerkungen, wie *„er steht nicht 100%ig hinter unserer Politik, ich sehe ihn nicht bei der Mai-Demonstration oder anderen gesellschaftlichen Einsätzen"*, Gründe genug, eine Gehaltserhöhung abzulehnen.

Als AGL-Vorsitzender musste ich auch an den Verteidigungen der einzelnen Abteilungen um den Titel „Kollektiv der sozialistischen Arbeit" teilnehmen. Das war mindestens eine Woche sinnlose Tätigkeit. Jede Abteilung trat an, hatte die üblichen Verpflichtungen – ähnlich den zehn kirchlichen Geboten – vom Vorjahr etwas modifiziert, erhielt den Titel sowie eine Prämie aus dem Kultur- und Sozialfonds für eine gemeinsame Veranstaltung. Ich war vermutlich kein eifriger AGL-Vorsitzender, schon nach zwei Jahren konnte ich diesen Posten wieder abgeben.
Zu den lästigen Pflichten der SED-Genossen gehörte auch die Teil-

nahme am Parteilehrjahr. Es fand jeden Montagabend statt, und manche versuchten, durch eine Dienstreise – nach Berlin war beliebt und durch die direkte Unterstellung zum Ministerium Materialwirtschaft hatte man auch immer einen Ansprechpartner – sich dieser Veranstaltung zu entziehen. Deshalb waren im IfL montags Dienstreisen untersagt. Uns fünf besonderen Abteilungsleiter hatte die SED-Leitung nahegelegt, diese Veranstaltung zu besuchen, um die aktuelle politische Linie zu hören, zu verstehen und unseren Mitarbeitern weiter zu vermitteln. Jede Woche wurde ein anderes Thema behandelt, ein Genosse hielt dazu ein kurzes Referat. Das wurde vom Versammlungsleiter bewertet, natürlich für gut befunden und daran schloss sich eine Diskussion an. Kritische Stimmen gab es nicht und nach etwa einer Stunde wollte man zum Abschluss kommen. Wir fünf Neulinge hatten uns abgesprochen, ausführlich und kritisch zu diskutieren, das Ganze in die Länge zu ziehen. So wurden daraus oft zwei Stunden und mehr, der Unmut der Genossen war deutlich zu spüren. Nach vier oder fünf Wochen wurde uns mitgeteilt, dass wir nicht mehr teilnehmen brauchen und dafür ein Genosse von der SED-Stadtbezirksleitung Dresden Nord eine gesonderte Schulung mit uns durchführt. Auch das lief nur einige Wochen, so dass uns zukünftig das Einhämmern der Parteiphrasen erspart blieb.

Meine Leitungstätigkeit mit dem vielen sinnlosen Leerlauf gefiel mir nicht mehr, ich wollte richtige fachlich-technische Arbeit tun. Die Industrieaufträge wurden weniger, viele Betriebe hatten Prüfmaschinen installiert und Fachkräfte für Ermüdungsfestigkeit herangezogen. Am Ende der 1970er Jahre war der schon genannte Tritt auf der Stelle eingetreten. Es kamen immer weniger Neuentwicklungen hinzu.
Mir schwebte eine selbständige Tätigkeit vor und ab den 1975er Jahren gab es Anzeichen für geringfügige Veränderungen der rigorosen Verstaatlichungspolitik. Honecker traf jährlich mit den Führern der „Blockparteien“ zusammen, um eine vermeintliche Einbeziehung dieser Parteien zu demonstrieren. Gerald Götting (CDU) und Dr. Manfred Gerlach (LDPD) waren die Wortführer dieser Parteien. Götting dienerte vorwiegend als treuer Vasall der SED, Gerlach war der kritische Kopf. Bei den Gesprächen wurde vorgeschlagen, dass es doch zum Bevölkerungsbedarf gehöre, wenn jemand eine Ände-

rungsschneiderei, eine Mopedreparatur oder eine andere Dienstleistung als Kleingewerbe beginnen würde. Das wurde dann auch zögerlich und sehr unterschiedlich in den Bezirken und Kreisen umgesetzt. 1978 fragte ich beim Stadtbezirk Dresden-Süd wegen einer selbständigen Ingenieurtätigkeit an. Die erste Gegenfrage war, wo ich denn beschäftigt sei. Damit war die Sache erledigt. Ein promovierter Ingenieur als Abteilungsleiter in einem großen staatlichen Institut will ein „klein, aber mein" statt „groß, aber unser". Das geht gar nicht. Meine Anfrage wurde natürlich meiner Institutsleitung übermittelt und löste, wie ich über dunkle Kanäle erfuhr, Kopfschütteln aus. Doch ich ließ von meinem Plan nicht ab. Die im Institut tätigen Junkers-Ingenieure hatten mich schon Jahre vorher in Gesprächen mit dem Bazillus des Junkers-Gegenkolbenmotors (GKM) infiziert, der zwar abgasmäßig schlecht, aber als Flugmotor überragend in Leistung und Leichtbau gewesen war. Die Nachteile müssten sich doch durch moderne Konstruktionen und vor allem neue Werkstoffe beseitigen lassen. Ich konstruierte und experimentierte in meiner kleinen Werkstatt, die ich ja schon Ende der 1960er Jahre für die Arbeiten mit L'Orange eingerichtet hatte.

Hier muss ich einschieben, dass ich, um der Enge einer Stadtwohnung zeitweise entfliehen zu können, 1968 in Dresden-Kaitz, einem Vorort im Dresdner Süden, die stillgelegte Gaststätte „Sängereiche" gekauft hatte. Baulich war sie in keinem guten Zustand, hatte aber hinter dem Wohngebäude einen Garten mit einer mächtigen, über 100 Jahre alten Eiche und zwei große Nebengebäude. Sie hatten als Gartenlokale gedient und viele Erinnerungsstücke an das Gasthausleben mit Biergarten hatte ich mit übernommen. Ein großes Gartengebäude war an die Kirchgemeinde Leubnitz-Neuostra vermietet, der lange Raum als Kirchensaal mit allen Insignien eingerichtet, auf dem Dach ein Glockenstuhl mit Bronzeglocke aus dem 17. Jahrhundert aufgebaut. Zum sonntäglichen Gottesdienst kamen die Kirchgänger aus Kaitz und den benachbarten Dresdner Vororten Mockritz, Zschertnitz, Pestitz.
Das zweite Gebäude im Garten, früher das Domizil des Gesangsvereins Sängereiche, konnte ich für mich einrichten. Es gelang mir, einige ältere Werkzeugmaschinen zu erwerben und nun glaubte ich,

freischaffend als Ingenieurbüro mit Musterbauwerkstatt arbeiten zu können.

Mit 45 Jahren war ich, aus späterer Sicht betrachtet, noch ziemlich naiv. Eine relativ gut dotierte Stelle als Abteilungsleiter wollte ich ohne jede Zusage für das neue Vorhaben aufgeben. Aber ich war dazu fest entschlossen, erlangte im Institut einen Aufhebungsvertrag und stand im Sommer 1981 arbeitslos auf der Straße. Natürlich hatte ich meinen Plan. Mein Motorenprojekt wollte ich unbedingt umsetzen. Bei den mir bekannten Motoren- und Fahrzeugwerken sah ich keine Chancen, ich musste es höher anbinden. Von Neuererbewegung und Erfindertätigkeit wurde auch hier im Lande viel gesprochen und geschrieben, alle Betriebe hatten entsprechende Büros. Aber hier ging es meist um betriebliche Probleme.

Neben Manfred v. Ardenne, der sein Forschungsinstitut zur Elektronenphysik, Plasma- und Medizintechnik betrieb, forcierte Prof. Werner Gilde die Erfinder- und Neuererbewegung stark. Gilde war Direktor des Zentralinstitutes für Schweißtechnik (ZIS) in Halle, hatte die gesamte Schweißtechnik der DDR ein großes Stück vorangebracht und für internationales Ansehen gesorgt. Wir vom IfL kannten das ZIS und die Mitarbeiter gut, Ermüdungsfestigkeit spielt bei Schweißkonstruktionen eine große Rolle. Das ZIS führte turnusmäßig schweißtechnische Tagungen durch, ich hörte dort Prof. Gilde mehrfach als Referenten. Er war ein groß gewachsener, schlanker Herr mittleren Alters, Reiter und Segelsportler. In seinem ZIS führte er regelmäßige „Verhöre des Lukullus“ durch, hier mussten die Mitarbeiter kurz und prägnant berichten, sofort auf den Kern der Probleme kommen. So empfand ich auch seine Vorträge, zielgerichtet, ohne jedes allgemeine Geschwafel. Von seinem Arbeitsstil war bekannt, dass die tägliche Institutsarbeit bis Mittag erledigt sein muss. Dann fand er sicher die Zeit, publizistisch zu arbeiten. Es gab von ihm Bücher mit Seefahrergeschichten und auch Fernsehauftritte, immer mit dem Hintergrund einer stärkeren Förderung von Erfindungen und Neuerungen. Eines seiner Schlagworte hieß *„Erfinden, was noch niemals war“*.

Diesem Prof. Gilde wollte ich mein Anliegen vortragen. Nach schriftlicher Anmeldung erhielt ich einen Gesprächstermin und stand im Herbst 1981 in seinem Arbeitszimmer. Als er nach meinen ersten

Erläuterungen hörte, dass es sich um Verbrennungsmotoren handelt, unterbrach er mich mit den Worten: „Wieso kommen Sie zu mir? Ich verstehe nichts von Motoren, habe nicht einmal ein Automobil." Hierauf konnte ich nur mit dem Hinweis auf seine stets propagierte Erfinderförderung antworten. Das Gespräch stockte, er rief die Sekretärin an und sagte: „Verbinden Sie mich mit Prof. Montag." Als die Verbindung hergestellt war, hörte ich nach der Begrüßung und einigen Worten zu anderen Anliegen fast wörtlich wiedergegeben mit: *„Hier ist ein Herr Golle aus Dresden, er glaubt, eine bedeutende Verbesserung für Motoren gemacht zu haben. Die Experten der Autoindustrie sehen vermutlich zuerst das, was nicht geht."* Die Antwort des Prof. Montag hörte ich nicht mit. Die Unterredung ging schnell zu Ende, Gilde stand auf und sagte: *„Lassen Sie Ihre Unterlagen hier, Sie erhalten Bescheid. Wenn Sie nach 14 Tagen nichts gehört haben, rufen Sie hier nochmals an."* So ging ich die Treppen im ZIS-Gebäude mit den schönen Sprüchen an den Wänden wieder hinab und glaubte an keine Fortsetzung meiner Bemühungen.
Doch es ging weiter. Nach etwa einer Woche erhielt ich eine Einladung der Ingenieurschule Zwickau zu einer Beratung bei Prof. Franz Meißner. Damit war ich bei einem der führenden Motorenexperten der DDR angekommen. Von Prof. Meißner und seinen Fachleuten gab es eine Vielzahl technischer Arbeiten und Veröffentlichungen, besonders – wie konnte es im Zwickauer/Chemnitzer Raum anders sein – zu den Zweitakt-Fahrzeugmotoren, zu Einspritzsystemen und auch schon zu Keramik im Motorenbau. Im Gespräch erfuhr ich, dass Prof. Meißner der Leiter des ZAK „Kraftstoffsparende Antriebssysteme" war.
In die staatliche Struktur der DDR war auch Wissenschaft und Technik exakt eingeordnet. Als langjähriger Wissenschaftsminister amtierte Genosse Dr. Weiz und – wie ich von Prof. Meißner erfuhr – Prof. Montag war einer seiner Stellvertreter. Als oberstes Organ fungierte ein DDR-Forschungsrat und ihm unterstanden Hunderte Zentrale Arbeitskreise (ZAK) für alle Gebiete der Technik, Wirtschaft und Gesellschaft. Mit meinem Anliegen war ich also schon ziemlich hoch angekommen. Das Gespräch bei Prof. Meißner verlief harmonisch, aber für mein Vorhaben wäre seine Einrichtung nicht groß genug aufgestellt. In seinem ZAK sei auch die TU Dresden einge-

bunden. Dieser Bereich „Verbrennungsmotoren und Kraftfahrzeuge" (BVK, nicht mehr eigenes Institut aufgrund der DDR-Hochschulreform), sei größer und auch in der TU Dresden ein bedeutend stärkeres Potenzial insgesamt vorhanden. So landete ich bei Prof. Augustin Hoche und das Karussell drehte sich weiter. Ein neuer Motor, ein solcher GKM – wer soll das fertigen, welche Kapazitäten wären erforderlich, hätte das in der DDR-Industrie jemals eine Chance – das waren die Fragen und Probleme, die Prof. Hoche ausführlich mit mir diskutierte. Dabei kannte man hier diesen Junkers-GKM sehr gut. Der vorherige langjährige Institutsleiter Prof. Alfred Jante hatte solche Motoren vielfach gründlich analysiert, im Fundus lagen viele Einzelteile, zerschnittene Motorengehäuse u. a. Trotzdem musste ich einsehen, dass man höchstens studienmäßig weiterarbeiten könnte. Hier stand die Frage der Finanzierung, auch in den DDR-Hochschulen wurde um Planstellen gerungen. So drohte mein Projekt doch zu scheitern!
Aber in diesen Gesprächen gab es plötzlich Lichtblicke. Die im „Westen" einsetzende PKW-Verdieselung wurde natürlich auch hier intensiv verfolgt und Prof. Hoche hatte die Absicht, einen PKW-Diesel als Studienobjekt zu entwickeln. Als Basis diente der Otto-Motor des russischen Lada. Er sollte zum Diesel umgebaut werden und als Einspritzpumpe kam natürlich nur eine solche Verteilerpumpe (VE-Pumpe) in Frage. Meine – nun über zehn Jahre zurückliegende – Mitarbeit bei L'Orange kannte Prof. Hoche nicht. Wenn ich hier Erfahrungen hätte und etwa eine solche Pumpenentwicklung vorantreiben könnte, würden sich Wege meiner Mitarbeit finden lassen. Mein Motorenprojekt käme vielleicht später noch einmal zur Sprache.

Wie zu allen Zeiten kannten sich die Hochschulprofessoren und die Chefs der Industrie gut, erst recht in der kleinen DDR. So auch Prof. Hoche und der Chefingenieur des IFA-Motorenwerkes Nordhausen, Günter Caspari. Der Betrieb als großer Dieselmotorenproduzent hatte ausreichend FE-Mittel und so kam es zu einer Vereinbarung zwischen Prof. Hoche und Caspari, derart, dass ich eine Anstellung in Nordhausen erhalten, aber an der TU Dresden arbeiten sollte. Das wurde zügig umgesetzt und ab Herbst 1981 war ich Angestellter des

VEB IFA-Nordhausen, arbeitete aber an der TU Dresden. Bei meinem Arbeitgeber in Nordhausen spielte ich nur eine Gastrolle, ab und an besuchte ich das Werk und berichtete über meine Arbeit in Dresden. Chefingenieur Caspari hatte maßgeblichen Anteil am Aufbau des Nordhäuser Motorenwerkes vom Traktorhersteller nach 1945 zum Großwerk mit einer Jahresproduktion von über 50.000 dieser 180 PS starken 6-Zylinder-Dieselmotoren. Sein Büro erlebte ich meist nicht in ruhiger Atmosphäre, die Zulieferindustrie warf ständig neue Probleme auf. Caspari war einer der führenden Motorenexperten im Lande, er kannte alle anderen Werke und Zulieferer, konnte die Wogen glätten und die Gruppe der Motorenbauer zusammenhalten.

Mein Antritt im Dresdner Motoreninstitut stieß natürlich auf erhebliche Skepsis. Was ist das für ein Mann, der sich hier auf eine völlig unsichere Sache einlässt? Aber ich ging mit neuem Elan diese VE-Pumpe an. Ein junger Diplomingenieur stand mir zur Seite, die mechanischen Arbeiten sollte die BVK-Werkstatt ausführen.

Von Prof. Alfred Jante, der als Motorenfachmann von Klöckner-Deutz (Köln) kam und nach 1945 zunächst in Leipzig als Fachschuldozent arbeitete, wurde das Dresdner Institut von den 1950er Jahren an maßgeblich geprägt. Etwa 500 Absolventen haben sein Institut verlassen, womit die gesamte KFZ-Branche der DDR von „Jante-Schülern" durchdrungen war. Jante hatte das gesamte Gebiet des Kraftfahrzeugs im Blick, zu allen Motorproblemen, zur Getriebeauslegung, zu den Bremsen und zur Fahrstabilität gab es zahlreiche Fachbeiträge, auch in westlichen Zeitschriften, sowie sechs Bücher – Jante war einer der vermutlich letzten Universalgelehrten auf seinem Fachgebiet. *„Wenig systemkonforme Haltung"* umschreiben heutige Publikationen seine zunehmende kritische Meinung zur offiziellen Staatspolitik. Kritisch zeigte er sich auch in fachlicher Hinsicht. Einem modernen Zweitaktmotor gehörte ein Leben lang sein Wohlwollen und er publizierte das auch. Kritisch bewertete er auch den Wankelmotor. Der 1960 vom Erfinder Felix Wankel und den NSU-Werken in Neckarsulm vorgestellte Wankelmotor mit einem drehenden/kreisenden Kolben löste eine weltweite Euphorie für diese neue Antriebsquelle aus. Führende Hersteller schlossen Lizenzverträge mit NSU ab. Auch die VVB Automobilbau erwarb 1965 eine Lizenz

für Otto-Fahrzeugmotoren. Hier wollte die DDR einmal ganz modern sein. Der herkömmliche Zweitakter im Wartburg und Trabant war mit seiner Abgasfahne schon seit Längerem nicht mehr tragbar. Projekte für einen modernen Viertaktmotor lagen zwar vor, aber die volkseigene Mangelwirtschaft hatte keine Kapazitäten mehr für große Stückzahlen viertakttypischer Bauteile. Wenn dem Wankelmotor die Zukunft gehört, könnte man den Viertakter überspringen und gleich die neueste Motorentechnologie aufbauen. So wurde die DDR der größte Lizenznehmer von NSU und es sind im Zeitraum 1965 – 1970 erhebliche Mittel an NSU geflossen.
Nach der Wankelzeit – und heute noch – gab und gibt es Verschwörungstheorien, nach denen irgendwelche Kapitalgruppen oder finsteren Mächte die Einführung des KKM – Kreiskolbenmotor ist der übliche Sprachgebrauch – torpediert hätten. Es hatte technische Gründe: Gegenüber dem klassischen Hubkolbenmotor waren die thermischen Probleme nicht zu beherrschen, der Kraftstoff- und Ölverbrauch zu hoch. Das hatte seine Ursachen im keilförmigen, ungünstigen Verbrennungsraum des KKM, zu wenig kompakt, kein für eine gute Verbrennung erforderlicher Ladungsdrall möglich. Dass ein Ladungsdrall, also ein im Verbrennungsraum rotierender Luftwirbel äußerst vorteilhaft ist, wusste man beim Dieselmotor seit langem. Gerade in der „Wankelzeit" 1960 – 1970 erschien nun auch der erste Ottomotor mit Ladungsdrall, hoher Verdichtung und geringen Verbräuchen. Der Ingolstädter F 102 aus der DKW-Ära erhielt diesen neuen, von Daimler Benz entwickelten Viertaktmotor. Es war gleichsam die Wiedergeburt der Marke Audi Zwickau – Viertaktmotor und Frontantrieb – nun aus Bayern. War Jante der Einzige, der die Nachteile des KKM erkannt hatte? In einer Expertenkonferenz der VVB-Automobilbau lehnte Jante den KKM als PKW-Motor ab. Sein Protest ging weiter. Das Urteil einer von ihm initiierten Dissertation war ebenfalls eindeutig: Der KKM ist als Antrieb für den PKW nicht geeignet. Der „Kurven-Alfred", wie ihn die Industrieingenieure wegen seiner grundsätzlichen Analysen und Darstellungen respektvoll-ironisch nannten, hatte Recht behalten. Seinen 75. Geburtstag, mit großem Bahnhof 1983 im Hotel Astoria am Strehlener Platz (abgerissen, heute Lidl-Markt) gefeiert, erlebte ich mit. Trotz seines kritischen Verhaltens huldigte die Prominenz der VVB-Automobilbau

dem Nestor der Automobiltechnik, natürlich auch die TU Dresden und die Stadt Dresden sowie viele Jante-Schüler. Prof. Jante verstarb zwei Jahre später 1985, im Alter von 77 Jahren. Als Jante-Bau trägt das Gebäude des heutigen Instituts für Automobiltechnik seinen Namen, in unmittelbarer Nachbarschaft des altehrwürdigen Zeuner-Baues.
Der Wankelmotor war tatsächlich wie eine Stichflamme emporgeschossen und ebenso schnell wieder erloschen. Auch eine so renommierte Firma wie die Daimler Benz AG hat schnell wieder aufgegeben. Der Wankel hatte schon damals europäische oder gar USA-Abgastests nicht erfüllt und man musste sehr bald erkennen, dass eben systembedingte Nachteile wie der ungünstige Verbrennungsraum nicht abzustellen waren. Die japanische Firma Mazda hält noch am Wankel fest, aber über Verbrauchswerte und Abgastests ist wenig bekannt.

Die BVK-Werkstatt besaß nicht die neuesten Werkzeugmaschinen, aber schon moderne Prüfstände und hervorragende Facharbeiter, z. T. ältere aus der feinmechanischen Industrie Dresdens. Und darunter Kollegen mit einer Allgemeinbildung bis in die griechische und römische Geschichte hinein, worüber ich mich nur wundern konnte. Also Bildungsbürgertum bis in die Kreise der Arbeiterschaft? Sie waren auch Zeitzeugen der 1930er Jahre. Stundenlang bombardierte ich sie mit Fragen, wieso denn der Generalfeldmarschall Hindenburg, gerade er verantwortlich für die letzten blutigen Offensiven im 1. Weltkrieg, wenige Jahre später Reichspräsident werden konnte. Wie liefen sie ab, die Saalschlachten und Straßenkämpfe zwischen Kommunisten und Nationalsozialisten, wie die Reden von Hitler und Göring in der riesigen Straßenbahnhalle Walterstraße? Und warum war der Trauerzug für den letzten sächsischen König Friedrich August III. 1932 ein Großereignis für die Stadt und nahezu wieder ein Bekenntnis zur Monarchie? Hier lernte ich mehr über Dresden als aus den Geschichtsbüchern.

Für die neue VE-Pumpe wurden nach meinen Entwürfen im Zeichenbüro die Zeichnungen angefertigt. Den bewussten Stirnnocken, den zehn Jahre früher der Entwicklungsbau Pirna nicht herstellen

wollte, bekamen wir nun vom VEB Mikromat Dresden schnell und präzise gefertigt. Wenn die Zeit drängte, stellte ich mich auch selbst an die Drehbank und die Fräsmaschine. Es war eine Auffrischung meiner Arbeiten aus der Maschinenschlosserlehre und es machte mir richtig Spaß, Teile selbst zu fertigen, wieder mit Schiebelehre und Mikrometerschraube umzugehen.
So gingen die Arbeiten gut voran und 1983 lief die erste Versuchspumpe auf dem Prüfstand. Aber wir erkannten auch, dass der Weg zu einer im Motor einsetzbaren VE-Pumpe einschließlich der Regelung noch sehr weit war. Natürlich wollten wir eigene Wege beschreiten, schon aus rechtlichen Gründen die bekannten Systeme nicht kopieren. Indessen gingen die Arbeiten am Lada-Diesel zügig voran, als Einspritzpumpe kam die bei L'Orange inzwischen in Serie befindliche Kleineinspritzpumpe DEP4K zum Einsatz.
1984 kursierten auch im BVK erste Gerüchte über das sich anbahnende Motorengeschäft mit Volkswagen. Eigenentwicklungen moderner Viertakter aus Eisenach und Zwickau konnten, wie vorstehend gesagt, für eine Serienproduktion nicht umgesetzt werden. Einen modernen Anlagenbau und eine leistungsfähige Zulieferindustrie hatte der seit den1950er Jahren – letzte Stufe 1972 – forcierte Enteignungswahn der Stalinisten, nun Honecker und Mittag, zunichte gemacht. Also konnte sich auch auf diesem Gebiet der dem Bankrott nahe Staat nur durch einen Komplettkauf von Motoren einschließlich Fertigungsanlagen retten. Der VW-Vorstand Carl H. Hahn, Sohn des Auto Union-Mitbegründers Carl Hahn, bot einen modernen VW-Motor samt Fertigungslinie an. Der devisenschwachen DDR wurde eingeräumt, u. a. mit rückgelieferten Rumpfmotoren zu bezahlen. Gerade das wurde zum Hauptproblem, weil die rückzuliefernden Motoren den strengen VW-Standards entsprechen mussten, sie gingen in das weltweite Vertriebsnetz von VW ein. Also musste die Zubehörindustrie generell auf den internationalen Stand gebracht werden. Und nun wieder mit der Brechstange: Fünf Führungsstäbe vom ZK der SED bis zu den Zulieferkombinaten wurden gebildet, es soll im Laufe der Zeit eine Reihe von Herzinfarkten in den Leitungsebenen gegeben haben. Und alles, um nicht etwa ein neues Fahrzeug zu schaffen, sondern Wartburg und Trabant mit einem vernünftigen Gebrauchsmotor auszurüsten. Bedarf es weiterer Beweise, um die

marxistisch-leninistische Ideologie ad absurdum zu führen?
Dabei hatten L'Orange und eine Reihe anderer Unternehmer – z. B. wie der aus Frankenberg/Sa. gebürtige Walter Hunger oder der Geraer Omnibusbauer Fritz Fleischer – gezeigt, was unternehmerisches, eigentümergeführtes Handeln auch unter schwierigen Verhältnissen zu leisten vermag.
Noch 1984 wurde das VW-Motorenprojekt auch für meine Arbeit aktuell. Auch der Trabant sollte außer einem VW-Ottomotor einen 1,3 l großen Dieselmotor eingepflanzt bekommen. Wir malten uns schon die Geräuschkulisse aus, wenn in den riesigen Plattenbausiedlungen Gorbitz oder Prohlis mit den großen Innenhöfen früh 6 Uhr vielleicht 50 Trabant-Diesel losnageln. Aber so weit war es noch nicht. Die Firma Bosch vergab für ihr Spitzenerzeugnis VE-Pumpe im Prinzip keine Lizenzen, an die DDR in Verbindung mit dem Motorenprojekt aber doch. Im Sommer 1984 wurden Prof. Hoche und ich in das Berliner Werkzeugmaschinenkombinat gerufen, hier sollte die VE-Pumpe einmal gefertigt werden. Zuerst wurde uns erklärt, dass wir sofort alle eigenen Arbeiten einzustellen haben – der Lizenzgeber wünscht das nicht – und dass ich umgehend an der Einführung dieser Lizenzpumpe mitarbeiten muss. Eine Abteilungsleiterstelle in einer späteren Pumpenproduktion wurde mir versprochen (woran mir nicht gelegen war).
So wurde ich ab 01. Januar 1985 Mitarbeiter im VEB Barkas-Werke Karl-Marx-Stadt, hier arbeitete bereits eine große Abteilung VE-Pumpe unter Führung eines ehemaligen Volksarmee-Offiziers. So war auch der Arbeitsstil, straff militärisch, neue Mitarbeiter kamen laufend hinzu, bei der Vorstellung musste jeder erklären, ab er Kollege oder Genosse ist. Ich erhielt die Aufgabe, einen Pumpenprüfstand zu konstruieren, mit welchem acht oder zehn solcher Pumpen gleichzeitig getestet werden konnten. Dafür entwarf ich mehrere Systeme, von denen eines ausgewählt und mit allen Details konstruktiv durchgebildet wurde. Das konnte ich wiederum in Dresden mit Hilfe des Zeichenbüros ausführen. Ich musste nicht, wie die anderen Mitarbeiter der Abt. VE-Pumpe, in die Maschinenbaubetriebe der DDR ausschwärmen, um für die Fertigung der Pumpenteile Kapazitäten, Einrichtungen, Sondermaschinen abzuklären, technisch vorzubereiten. Meine in dieser Hinsicht negativen Erfahrungen behielt ich für mich,

mit dem großen staatlichen Druck hätte es ja gut laufen können. Aber es ging nicht gut aus, die Maschinenbauer, vorwiegend die WMW-Werkzeugmaschinen, winkten ab. Sie unterstanden anderen Ministerien und hatten ihre eigenen Pläne. Und wieder: Ja nichts Neues hinzu, wir handeln uns nur Probleme ein. Für einen guten Witz war der DDR-Ingenieur immer zu haben. Der bekannte Spruch eines westdeutschen Ölkonzerns *„Es gibt viel zu tun, packen wir es an"* wurde zu *„Es gibt viel zu tun, warten wir es ab"*.
So wurde das Projekt VE-Pumpe und generell die Verdieselung der DDR-PKW gestrichen. Mein Prüfstand aber wurde gebaut, auf dem konnten auch die herkömmlichen Einspritzpumpen geprüft werden.
Inzwischen waren für mich zwei Jahre VEB Barkas-Werke vergangen. Anfangs 1987 startete ich nochmals einen Versuch zur Selbständigkeit. Ein Abteilungsleiter im Forschungsministerium mit Nähe zum Minister Dr. Weiz hatte meinen Wechsel zu Barkas eingeleitet und begleitet, das Thema hatte ja höchsten Stellenwert. Dieser Leiter schätzte mein Arbeiten, Ideen zu haben, Neues anzupacken durchaus und versuchte es beim Minister direkt. Die Antwort bekam ich wörtlich übermittelt: *„Wir lassen doch alle Ingenieurbüros nach und nach auslaufen, da fangen wir mit einem Herrn Golle in Dresden nicht wieder an."*
Also konnte ich nur über die örtlichen Stellen Dresdens mein Anliegen weiter vorantreiben, meinen Vorstoß von 1978 wieder aufgreifen. Und jetzt gelang es.
Mein Berliner Bekannter und Mitstreiter Gerhard Schulz hatte gute Verbindungen zum ADMV, dem Allgemeinen Deutschen Motorsportverband der DDR. Ein Empfehlungsschreiben dieses Verbandes zur fachlichen Unterstützung der DDR-Rennfahrer (Club und Privatfahrer) half, den Leiter der örtlichen Versorgungswirtschaft im Stadtbezirk Dresden-Süd umzustimmen. Dieser war CDU-Mitglied, damit kein Scharfmacher und er kannte meine Werkstatt. So erhielt ich im Sommer 1987 meinen Gewerbeschein, also nach fast 10-jährigem Bemühen.
Meine Kündigung beim VEB Barkas-Werke ging reibungslos vonstatten, man brauchte mich dort ohnehin nicht mehr. Mir war wichtig, dass der Gewerbeschein den Passus Entwicklung enthielt, denn ich wollte vor allem Entwicklungsarbeiten durchführen.

Der Aufbau und der Werdegang der Firma, Technisches Forschungsbüro und später Golle Motor GmbH genannt, ist eine andere Geschichte und bis zum Verkauf im Sommer 2014 eine durchaus spannende.
Aus dieser Anfangszeit 1987 sind einige Besonderheiten erwähnenswert. Die Neugründung musste irgendeiner Kammer zugeordnet werden. Handwerksbetriebe wie Bäcker, Fleischer, Elektriker u. a. hatten steuerliche Vergünstigungen und waren gut situierte Geschäftsleute, ein jeweils abgeschlossener Kreis. Herausragend natürlich die Autowerkstätten, die Inhaber eine elitäre Gruppe, oft hochnäsig, sich ihrer besonderen Stellung bewusst. Es war gängige Praxis, dass man bei der Anmeldung zur Autoreparatur auf dem Schreibtisch der Firmenchefs die Geschenke stehen sah, die Pralinen, die Flasche Eierlikör oder andere Aufmerksamkeiten. Wenn man klug war, stellte man etwas dazu.
Diese Gruppen wollten keinen unbekannten Neuling und so landete ich beim allgemeinen Gewerbe mit einem Steuersatz von ca. 90 %.
Trotz aller Probleme war der Drang nach selbstständiger Tätigkeit ungebrochen groß. Mein Neuanfang hatte sich herumgesprochen und so lernte ich die unterschiedlichsten Verhältnisse kennen.

Ein ehemaliger Kollege vom Barkas-Werk suchte mich auf, er hätte die Arbeit in dem Laden gründlich satt, wie ich es denn angestellt hätte? Er wohnte in Freiberg und ich konnte ihn nur auf die örtliche Versorgungswirtschaft seiner Stadt verweisen, vielleicht eine Möglichkeit zur Gewerbeanmeldung im Reparaturbereich. Dieser Diplomingenieur war ein Experte für die Dieseleinspritzung, er hatte Neues in die Wege geleitet, was gar nicht mehr umgesetzt werden konnte.
Ein anderer war 1. Lackiermeister in einem großen Autowerk, er musste aus familiären Gründen nach Dresden zurück und bat um Einstellung. Er könnte zu Hause verschiedene Arbeiten ausführen, Lampen reparieren oder ähnliches. Heute hat dieser kreative Kopf seine Erfüllung gefunden, gleich nach 1990 hat er mit einem Partner eine Firma im Baunebengewerbe aufgebaut, sie ist in den letzten Jahren stark gewachsen.
Ein Herr K. besaß eine Metallverarbeitung in Dresden-Neustadt,

arbeitete aber dort nicht mehr. Im Dresdner Norden, im Bereich der Autobahnkreuzungen Dresden-Bautzen und Dresden-Berlin (frühere Rennstrecke Autobahnspinne Dresden) hatte er ein großes Grundstück gepachtet und betrieb dort eine umfangreiche Geflügelzucht. Wirklich große Mengen an Puten, Hühnern und Gänsen schwirrten einem entgegen. Herr K. wohnte auch dort, unter sehr einfachen, ja primitiven Verhältnissen, aber Wasser und Kraftstrom standen zur Verfügung. In einem Schuppen lagerten große Mengen von Werkzeugen, wie Fräser, Bohrer, Drehstähle und Messwerkzeuge. Am Zugang des eingezäunten Geländes stand ein Zelt mit zwei Exzenterpressen. Hier fertigte Herr K. in ca. drei Wochen die Jahresproduktion von größeren und kleineren Stanzteilen für den VEB Verpackungsmaschinenbau Dresden, also die frühere Universelle auf der Zwickauer Straße. Herr K. bat um Einstellung, irgendwie bereiteten der faktisch stillgelegte Metallbetrieb und die große Geflügelzucht steuerliche und rechtliche Probleme. Allen diesen Personen war daran gelegen, sozialrechtlich abgesichert zu sein, Kranken- und Rentenversicherung zu haben. Herrn K. stellte ich ein, übernahm den Vertrag mit dem Verpackungsmaschinenbau und transportierte jährlich einmal mehrere Kisten Blechteile von Dresden-Nord zur Zwickauer Straße. Das lief so bis 1990, ein mäßiger Zwischenverdienst war mir geblieben. Wir beendeten unsere Verbindung freundschaftlich, zuletzt begleitete ich Herrn K. zum Arbeitsamt.
Auch Herrn M. stellte ich ein. Ein junger, vor Kreativität sprühender Mann, der sich im volkseigenen Trott nicht wohl fühlte und im väterlichen Anwesen privat Karosseriearbeiten für eine Dresdner Autowerkstatt durchführte. Ich sehe ihn noch in seinem Bretterschuppen, wo er bei Schweiß- und Lackierarbeiten im Nebel stand und *„schöne Arbeit, schöne Arbeit"* sagte. Er arbeitete bei uns an der Drehbank und ab 1990 baute er eine freie Kfz-Werkstatt einschließlich Oldtimerarbeiten auf, die heute sehr gut läuft.
Den spektakulärsten Fall erlebte ich mit Herrn Sch. Er wohnte am südlichen Stadtrand Dresdens in einem älteren Haus und hatte ein Nebengebäude zu einer Werkstatt umgestaltet. Auf dem lehmgestampften Boden stand eine betagte Waschmaschine, darauf eine Drechselbank. Weitere Einrichtungen für Holz- und Metallarbeiten waren vorhanden. Herr Sch. fertigte kunstgewerbliche Gegenstände,

wie Leuchter u. a. Als Schlager baute er Kerzenlöscher – ein schöner Holzgriff mit einem geschwungenen Messingstab und einem hutförmigen Kerzenlöscher. Das kam an, Herr Sch. belieferte DDR-weit die Kunstgewerbegeschäfte. Er stellte die Lieferungen richtig in Rechnung, hatte aber kein Gewerbe. Das war natürlich nicht erlaubt und handfeste Steuerhinterziehung. Er wurde unser Mitarbeiter. Ich kannte seine kunstgewerblichen Arbeiten, aber nicht die näheren Umstände. Eines Tages erhielt ich ein Schreiben vom Rat des Bezirkes Dresden, der höchsten Regierungsstelle (ein Land Sachsen gab es ja nicht mehr). Dieser Rat residierte im „Königlich Sächsischen Ministerium des Inneren“, dem Monumentalbau gegenüber der Brühlschen Terrasse, heute der Sitz des Ministerpräsidenten. Zum ersten Mal konnte ich Dank dieses Schreibens die riesige repräsentative Halle betreten und wurde nach ganz oben zu einer zentralen Steuerbehörde gewiesen. Hier erhielt ich den Bescheid, dass Herr Sch. wegen Steuerhinterziehung rechtskräftig verurteilt ist und in Kürze in den Strafvollzug einrücken muss. Für mich eine große Überraschung, der Prozess war also schon gelaufen und Herr Sch. hatte mir kein Wort darüber gesagt. Vorwürfe halfen nicht mehr, unser Verhältnis wäre ohnehin bald beendet gewesen.
Wir arbeiteten 1987 – 1990 auch für das Fernsehen der DDR in Berlin-Adlershof. Dort gab es einen großen Werkstattbereich, der alle möglichen Utensilien bis zu den Kutschen und Flinten für die Abenteuerfilme restaurierte oder neu herstellte. Hier war ich nicht unbekannt, bereits 1978/79 hatte ich eine Gruppe von Konstrukteuren und Hydraulikern zusammengeschweißt und in „Feierabendtätigkeit“ war von uns ein Kamerakran mit 11 Metern Hubhöhe entwickelt worden. Wir begleiteten auch die Fertigung bei einem Stahlbaubetrieb und bauten im Fernsehstudio Dresden Wilder Mann die komplizierte Hydraulik ein. Die Erprobung erfolgte beim Fernsehen Berlin-Adlershof. Der Kran ist später an verschiedenen Orten eingesetzt worden und steht heute im Filmmuseum Babelsberg.
Es gibt ein Gefühl der Befriedigung, des Selbstbewusstseins, der Manager einer solchen gelungenen Entwicklung zu sein.
Herr Sch. war in die Arbeiten für das Fernsehen gut eingebunden und so lag der Gedanke nahe, das Fernsehen um ein Schreiben zu bitten, in welchem für Herrn Sch. um eine Verschiebung des Strafvollzuges

gebeten wurde. Dies geschah und hatte Erfolg, Herr Sch. durfte zwei Jahre später einrücken. Der Clou war, dass ich bei der abschließenden Beratung von den Mitarbeiterinnen der Steuerbehörde gefragt wurde, ob nicht einige dieser Kerzenlöscher noch käuflich erworben werden könnten. Herr Sch. hat nie einrücken müssen, mit den Ereignissen 1989/90 wurde der Fall abgeschlossen. 1990 liefen auch unsere Arbeiten für das Fernsehen aus, Herr Sch. versuchte, in seinem Grundstück eine Dreherei einzurichten, gab es aber nach einigen Jahren wieder auf.
Über Tausende solcher Fälle könnte berichtet werden, leider werden die Akteure nach über 30 Jahren seit der politischen Wende immer weniger. Und viele denken nicht daran, dass ihre Geschichte der Nachwelt erhalten bleiben müsse, die Geschichte der enteigneten sächsischen Tuchmacher in Glauchau, Meerane und Großschönau, der Thüringer Glasbläser und Werkzeugmacher in Stützerbach, Ilmenau und Schmalkalden und viele, viele andere.

Die Flucht in den Westen war ein Ausweg, ein sehr schwerer Weg, den Betrieb aus dem Nichts heraus wieder aufzubauen. Nicht allen gelang es. Hier im Lande kapitulierten die Meisten vor der Staatsdoktrin des Marxismus-Leninismus, nach der eine gesellschaftliche Produktion und eine private Aneignung, verbunden mit dem Besitz von Produktionsmitteln, das Grundübel der Menschheit ist. Die Gewerbefreiheit war ein Grundrecht, schwer und spät erkämpft, in Sachsen erst 1861. Den Stalinisten blieb es vorbehalten, mit einer beispiellosen Hetze und Demagogie dieses Grundrecht zu vergewaltigen: *„Willst Du die Bestrafung der Kriegsverbrecher? Willst Du eine friedliche Zukunft Deiner Kinder? Wenn Du das willst, dann stimme am 30. Juni mit Ja. Dein Ja gilt der Übereignung der Kriegs- und Naziverbrecher an das Volk, an die demokratische Landesverwaltung.“*

Mit diesem Aufruf zu einem Volksentscheid im Jahr 1946 – die Gräuel aus den Konzentrationslagern beherrschten Presse und Rundfunk, in Nürnberg war der große Prozess gegen die führenden Männer des Hitlerstaates gerade am 01. Oktober 1946 beendet worden, die Städte lagen zerbombt, die Flüchtlingsströme aus dem Osten rissen nicht ab – war es nicht schwer, eine Zustimmung zu erreichen. Sie lag in Sachsen bei 78 %. Und nur in Sachsen fand dieser „Volksentscheid“ statt, das reichte dem Regime aus, für die anderen mitteldeutschen Länder eine Zustimmung einfach vorauszusetzen.

Viele heutige Geschichtswissenschaftler und Autoren werden nicht müde, bei jeder Kritik an der Enteignungspraxis der damaligen Stalinisten auf diesen Volksentscheid zu verweisen. Das Volk hätte eben damals so entschieden. Nein, die hohe Zustimmung war der damaligen Situation geschuldet und niemand hatte eine Vorstellung davon, mit welcher Brutalität diese „Übereignung“ betrieben wurde. Im Übrigen lief der Prozess dieser Übereignungen bereits über ein Jahr, besonders in der Landwirtschaft. Schon im September 1945 hatte der Stalinist Pieck die Bodenreform eingeleitet, die Vertreibung der großen und mittleren Landbesitzer, um über 500.000 „Neubauern“ ein Stück Land zu geben. Deren Existenz währte jedoch nur reichlich zehn Jahre, denn schon vor 1960 setzte die Zwangskollektivierung in den mitteldeutschen Ländern ein.

Wie bereits erwähnt, ist unsere Firma Golle Motor GmbH im Sommer 2014 verkauft worden. Im vereinigten Deutschland hatten wir gut Fuß gefasst, die Entwicklung dieses Gegenkolbenmotors (GKM) erheblich vorangetrieben. Auch konstruktive Arbeiten für die neue Dieseleinspritzung, diese Common Rail-Technik mit zentraler Druckpumpe, Verteilerschiene (Rail) und elektronisch gesteuerten Einspritzventilen, führten wir noch bis 2014 als Auftragsarbeiten für ein großes Unternehmen durch.
Aber die Entwicklung eines neuartigen Verbrennungsmotors ist sehr aufwändig und kostenintensiv. Wir konnten Versuchsmotoren auf Prüfständen betreiben und vorstellen, die natürlich noch keine Serienreife besaßen. Aber das Potenzial für bestimmte Einsatzfälle, wie als Gasmotor in Blockheizkraftwerken, war nachweisbar. Doch für weitere Entwicklungsarbeiten bis zu einer Serienreife hätte man erheblich investieren müssen. Das wollten die Gesellschafter der GmbH nicht. In dieser Situation ergab es sich, dass ein schon länger an unseren Entwicklungen interessiertes Unternehmen die GmbH mit übernahm.
Obwohl bereits seit 2011 ein neuer Geschäftsführer für die GmbH bestellt war, hatte ich in technischer Hinsicht die volle Verantwor-

tung und nahm dies auch sehr ernst. Der Verkauf war einerseits eine Befreiung von einer – moralischen – Belastung, andererseits blieb und bleibt das unbefriedigende Gefühl, als Erfinder und Entwickler den großen Wurf nicht erreicht zu haben. Denn dieser GKM hat das Potenzial, wenn auch nicht im PKW-Massenmarkt, aber in den Einsatzgebieten wie Bootsbau, Sonderfahrzeuge, E-Auto (Hilfsantrieb-Range Extender) und eben diesen Blockheizkraftwerken eine sehr leistungsfähige Antriebsquelle zu sein. Anfragen dazu lagen in all den Jahren vor. Aber die meisten Interessenten wollten und wollen das fertige, einbaufähige Produkt, keiner sich mitbeteiligen an der Endphase einer solchen Entwicklung.

Generell haben es heute Einzelerfinder und kleine Firmen sehr schwer, die Durststrecke einer Erfindung durchzustehen. Die großen Firmen werden kaum noch von Einzelpersonen, den Gründern oder ihren Nachfahren, geleitet. Dort war aus dem eigenen Leidensweg die Erkenntnis vorhanden, dass Erfinden ein sehr schwerer Weg und oft eine Gratwanderung am völligen Scheitern ist. Auf meine Motorenentwicklung bezogen, wären zwei frühe Zeitgenossen gute Ansprechpartner gewesen:
Der Gründer der DKW-Motorenwerke in Zschopau, J. Skafte Rasmussen. Vom Versuch mit Dampfkraftwagen (daher DKW) im 1. Weltkrieg bis zu den Rennmotorrädern der 1930er Jahre hat Rasmussen alle Ideen und Konstruktionen aufgegriffen, die seine DKW-Motoren verbessern konnten. Wo sich ein Einsatzgebiet abzeichnete, griff er zu. Als ihm zwei junge Bastler ein Leichtflugzeug vorstellten, gründete er in seiner Eisengießerei Erla (bei Schwarzenberg) den Erla-Flugzeugbau. Später nach Leipzig verlegt, produzierten die Erla-Flugzeugwerke im 2. Weltkrieg große Mengen Kriegsflugzeuge. Rasmussen hätte sicher unsere bereits im Versuchsbetrieb laufenden Motoren auf mögliche Einsatzgebiete bewertet und Fertigungs- und Prüfmöglichkeiten in seinen Werken bereitgestellt. 1934 schied dieser dänische Ingenieur und Firmenpatriarch im Streit aus der neu gegründeten Auto Union Chemnitz aus, worüber bereits berichtet wurde.
Als zweiter Investor hätte der Gründer und Hauptaktionär der Junkers Flugzeug- und Motorenwerke AG Dessau, Hugo Junkers selbst,

unsere Entwicklungen bewertet und mit hoher Wahrscheinlichkeit weitergeführt. Es ist ja unser Anliegen, diese Jumo-Motoren schadstoffarm zu gestalten und damit eine Renaissance dieser leistungsfähigen Bauart einzuleiten. Im Dresdner Flugzeugwerk hatte ich auch ältere Junkers-Leute kennengelernt, die im persönlichen Umfeld von Junkers tätig gewesen waren. Der Professor, wie er allgemein genannt wurde, hatte nie selbst eine Maschine geflogen (1919 war er bereits 60 Jahre alt), er vertrug auch das Fliegen schlecht, so dass für ihn ein Liegesitz gebaut wurde. Junkers war kein sehr umgänglicher Chef. In Briefen an die leitenden Mitarbeiter sieht man kein „Sehr geehrter Herr….“ und auch kein „Mit freundlichen Grüßen“, sondern nur die Unterschrift „Junkers“. Dafür Passagen wie *„ich behalte mir die letzte Entscheidung bzgl. der konstruktiven Gestaltung vor“*. Das ging bis in die letzten Details, derart, dass bestimmte Teile wegen weiterer Varianten leicht austauschbar sein sollten.
Andererseits ließ er den Konstrukteuren viel Freiheit. Wenn ihm sehr gute Ingenieure oder Absolventen mit besten Abschlüssen empfohlen wurden, reagierte er auch mit der Bemerkung *„Geld spielt keine Rolle“* und stellte diese Leute umgehend ein. Ihr Arbeitsfeld wurde nur grob umrissen, das spezielle Teilgebiet sollten sie sich selbst suchen. Die Gehälter lagen in der Regel weit über dem Durchschnitt. Dafür verlangte der Professor unbedingte Einsatzbereitschaft und Treue, die in den Anfangs- und Pionierjahren in der Bemerkung gipfelte: *„Wer nicht mit mir am Rande eines Abgrundes gehen will, den kann ich nicht gebrauchen.“*
Bezüglich Neuerungen und Erfindungen war er nicht großzügig und so liefen die meisten Patente unter dem Erfinder „Hugo Junkers“. Hier war er der harte Geschäftsmann. Dies lag zum Teil auch daran, dass er seine gesamten Unternehmen unter dem Geschäftsprinzip Idee/Patent – Forschung/Entwicklung – Lizenz/Verkauf verstanden wissen wollte.
„Ich bin Forscher und Erfinder und nur nebenbei Fabrikant.“ Das ging nicht immer gut aus, wie seine zwei bedrohlichen Zahlungskrisen gezeigt hatten.

Auf unsere Verhältnisse übertragen kann man nur mutmaßen, dass Junkers unsere Arbeiten sicher zu Ende geführt hätte, aber was uns

als Erlöse geblieben wäre, hätte in den Sternen gestanden.
Insgesamt bin ich immer noch der Überzeugung, dass die Entwicklung eines solchen schadstoffarmen Gegenkolbenmotors ein breites Einsatzspektrum finden wird.
Hier bietet sich zuerst der Großgasmotor für die dezentrale Energieerzeugung an. Dafür sind heute Viertaktmotoren bis zu 12 Zylindern und 500 KW Leistung im Einsatz. Sie sind konstruktiv aufwändig und teuer. Hier ist der große Gegenkolbenmotor mit wenigen Zylindern und ohne Ventile vorteilhafter.

Nachwort

Das vorliegende Buch sollte zum Zeitpunkt der 30-jährigen Vereinigung beider deutscher Staaten, also September/Oktober 2020, erscheinen. Das war aus technischen Gründen nicht möglich, zum Teil auch deshalb, weil westdeutsche Verlage nicht interessiert waren bzw. ihre Entscheidung lange hinauszogen. Auch sächsische, durchaus respektable Verlage lehnten ab. In Rücksendungen der Unterlagen sind vorwiegend Passagen mit Kritik an der Arbeit der Stalinisten in den Jahren 1945/48 angestrichen und mit Fragezeichen versehen.
Man will eine Aufarbeitung der Vorgänge, wie die maßlosen Enteignungen des Mittelstandes, den Wiederaufstieg der Exilfirmen in Westdeutschland und damit zusammenhängende Fragen und Probleme, nicht.

Auf der anderen Seite gibt es Dokumentationen, Bücher, Filme, die den SED-Staat durchaus in seiner Brutalität zeigen, wie die Verhältnisse in den Strafanstalten und anderen Einrichtungen, das Wirken der Staatssicherheit, aber auch die Umsiedlungsaktionen in den Grenzgebieten (Aktion „Ungeziefer“), die Enteignungen der Hotel- und Pensionsbesitzer an der Ostsee und den mitteldeutschen Urlaubsgebieten und Vielem mehr. Ein unverständlicher Widerspruch!

Die spätere Fertigstellung des Buches erlaubt nun auch die Betrachtung der Beiträge und Stellungnahmen zum „30-jährigen Jubiläum“. Der Kernsatz aus dem Jahresbericht der Bundesregierung zum Stand der deutschen Einheit ist ernüchternd und erschreckend: *„Noch kein Flächenland der neuen Bundesländer habe das Niveau des westdeutschen Landes mit der niedrigsten Wirtschaftskraft erreicht.“*
Wie soll es hier zu Verbesserungen kommen? Sachsen hat vier große Autowerke, ferner mehrere große Gesellschaften, wie die EEX Strombörse, die VNG Gasgesellschaft, das DHL-Logistikzentrum in Leipzig, die Wacker-Chemie in Nünchritz, die Daimler Batteriefabrik in Kamenz, die großen Dresdner Chipfabriken mit allein 3200 Mitarbeitern bei Globalfoundries, mit Müllermilch eines der größten europäischen Molkereiunternehmen und Tausende durchaus bedeutende

Mittelstandsbetriebe.
Fast alle Stammsitze dieser Vielzahl von Unternehmen liegen nicht in Sachsen, die Gewinne fließen außer Landes und nach dem Länderfinanzausgleich (LFA) *„führen die Unternehmen die Steuern zentral am Stammsitz ab, auch wenn sie bundesweit Filialen und Niederlassungen betreiben"*.
Dieser LFA ist ein kompliziertes System mit Begriffen wie Finanzkraftmesszahl, Ausgleichszahl, Bundesergänzungszuweisung und galt bis Jahresende 2019. Die Geberländer Bayern und Hessen hatten schon 2017 gegen die bestehende Fassung des LFA geklagt, aber mit der Aussicht auf eine neue Regelung ab 2020 die Klage zurückgezogen.
Wesentlich ist die Gewinnabführung an die Stammsitze der Unternehmen. Nur so lässt sich die geringe Wirtschaftskraft Sachsens und der anderen Ostländer erklären. Täglich erarbeiten die Sachsen, Thüringer, Anhaltiner, Brandenburger und Mecklenburger Millionen-Gewinne für die westdeutschen Firmen und Länder. Und sie arbeiten länger und verdienen weniger! Den ostdeutschen Ländern bleiben lediglich die Gewerbesteuern und manche „Wohltaten" in den Kommunen.

Aber insgesamt bleiben die neuen Länder arm und ein Teil der Presse, voran der „Spiegel", kann verkünden: Sie schaffen es nicht, auch nach 30 Jahren Aufbau Ost mit unseren Milliarden liegen die Ostländer – bis auf einige Kerngebiete – weit zurück.
Kein Dax-Unternehmen kommt in den Osten, die großen milliardenstarken Exilfirmen, wie Hauni, Wella, Alstom LHB und Tausende weitere sind westdeutsche, zum Teil ausländische Unternehmen geworden. So fällt die Bilanz sehr durchwachsen aus und gibt zur Jubelfeier wenig Anlass.

Dennoch konnte gefeiert werden, zuerst über die Ablösung des Marxismus-Leninismus und die Einführung des freien Marktes, weiterhin über den Aufbau der Ostländer. Keine Stadt, kein Dorf, wo nicht die Gebäude erneuert und die Kohleheizungen verschwunden sind, wo nicht die Medien Strom, Wasser, Gas erneuert wurden – Kohls „blühende Landschaften" sind Wirklichkeit geworden. Das hat wenig mit

der anfangs hohen Arbeitslosigkeit zu tun, diese ist eine Auswirkung des Niederganges der ostdeutschen SED-gesteuerten Industrie.
Was ist angesichts des eingangs zitierten Satzes über die geringe Wirtschaftskraft der Ostländer zu tun?

- Beim neuen Länderfinanzausgleich muss dieser Umstand eine Rolle spielen, der ständige Zufluss von Millionen, ja Milliarden, aus den Niederlassungen in Ostdeutschland muss einen angemessenen Ausgleich finden.
- Über diesen Ausgleich hinaus muss der Begriff „Aufbau Ost" neu definiert werden: Aufbau einer Industriestruktur mit landeseigenen Firmen, Schaffung eines eigenen Bürgertums, wie es vor 1945 in Ostdeutschland vorhanden war.
- Genauer prüfen, wer sich im Land als Gesellschaft ansiedeln will, wer hohe Beschäftigungszahlen verspricht und zuerst Fördermittel einfordert. Konkret fragen, ob ein Verkauf an das Land bzw. „hiesige Investoren/Unternehmer" in angemessener Zeit infrage käme.
- Aktuelle Fälle in Sachsen:

  Die MAN München hat schon vor einigen Jahren das 1990 übernommene Druckmaschinenwerk Plamag Plauen wegen der Krise in dieser Branche geschlossen, und nun soll auch das MAN Bus Modification Center aufgegeben werden, trotz einer Standortgarantie bis 2030. Sachsens Wirtschaftsminister Dulig *„appellierte auch an die gesamtgesellschaftliche Verantwortung von MAN. Bei allem wirtschaftlichen Druck könne es nicht sein, dass die ostdeutschen Standorte als erstes dran glauben müssten. ‚Wir sind nicht der Reservekanister'"*. (Sächsische Zeitung vom 30.09.2020)

  Ein Besuch sächsischer Politiker in München war erfolglos, die Schließung wird kommen. Deshalb sollte Sachsen das Plauener Werk kaufen und an hiesige Interessenten geben, auch zunächst mit Krediten. Solche Unternehmer finden sich hier im Land und würden, falls die Busbranche schwächelt, sicher intensiver nach neuen Geschäftsfeldern suchen, als die ferne MAN-Zentrale.

  Das Gleiche trifft für die Gusswerke Leipzig zu. Große Motorblöcke für LKW werden hier auf modernen Anlagen gegossen. Statt

500 sind jetzt noch 400 Mitarbeiter beschäftigt. Daraus ein sächsisches Werk machen, andere Felder für komplizierte Gussteile erschließen, die vielen hiesigen Wirtschaftsexperten einbeziehen und nicht auf ausländische Investoren warten – das könnte eine Lösung sein.

Also insgesamt Wege beschreiten zur weiteren Schaffung eigener sächsischer Werke, von denen das Land schon eine Reihe guter Beispiele hat. Wir haben darüber berichtet, auch z. B. über die möglichen Gründungen in der Wehrtechnik in Plauen und Magdeburg.

Das sächsische Ministerium für Regionalentwicklung, zurzeit unter Minister Thomas Schmidt, muss einen noch höheren Stellenwert erhalten und künftig z. B. „Ministerium für eigenen Aufbau Ost" heißen.

- Die Bundesregierung ist weiterhin in der Pflicht, bei den bundesbeteiligten Großunternehmen die neuen Länder noch stärker einzubeziehen. Das neue große Reparaturwerk für ICE-Züge in Cottbus ist ein gutes Beispiel, hier aber dem Strukturwandel in der Lausitz geschuldet. Insgesamt muss ein solcher eigener Aufbau Ost eine viel größere Rolle spielen.

Abschließend einige Worte zur wieder „frostigen" Stimmung im Land, wie sie im Vorwort schon angesprochen wurde. Ein Beispiel aus unseren Tagen:

Seit Längerem kehren in den 1990er Jahren Übersiedelte in die alte Heimat zurück.

Ein junger Mann aus der Oberlausitz absolvierte eine Offiziersausbildung in einer fränkischen Kaserne, lernte im Kasino die einheimische Wirtin kennen, man verliebte sich, Kinder wurden geboren. Er wollte die weitere Offizierslaufbahn über den Leutnant hinaus nicht einschlagen, sondern lernte das Brauereihandwerk, und die beiden gründeten 2012 ein Lokal in der Oberpfalz. Dort ging es los mit dem „Ossi-Bashing": *„‚Du kommst aus der Zone, was?', hörte er von seinen Gästen. Und: ‚Warst bei den Kommunisten, nicht?' Auf seine Gegenfrage, ob sie mal im Osten waren, folgte ein entsetztes ‚Naa.' Aber nicht nur der Ossi störte die oberpfälzer Heimatduselei, auch die fränkische Wirtin war nicht willkommen. Zuerst wurde das Lokal geschnitten, am 3. Oktober zu einer Einheitsfeier mit Spezialitäten*

aus Ost und West kamen nur Ossis und der Bayerische Rundfunk. Es folgten persönliche Angriffe, Einbrüche. 2013 gab die Familie auf. Viel Kraft und Geld blieben auf der Strecke." (Sächsische Zeitung, 24. September 2020)
Sie gingen in die Oberlausitz zurück, eröffneten ein Bierlokal, ihr fränkischer Dialekt und ihr „Grüß Gott" wurden auch hier erst belächelt. Aber bald lief der Laden gut und läuft heute trotz der Corona-Einschränkungen gut weiter. Über ein späteres Weinlokal wird nachgedacht.

Nach 30 Jahren gehört eben „die Zone" immer noch zum Wortschatz, sicher nicht nur in Bayern. Dort aber hat manchen Bürgern das viele Bier den klaren Verstand vernebelt…

Es sind Einzelfälle und es gibt ebenso Vorwürfe von Ost nach West, aber die letzten Jahre zeigen wieder eine starke vermeintliche Überlegenheit der westdeutschen Seite, wie es vorwiegend die Presse zum Ausdruck bringt.
150 Jahre (1870 - 2020) sind seit der Reichseinigung vergangen. **Gemeinsam** hatten West und Ost ein Deutschland geschaffen, mit hohen Industriestandards, weltweit anerkannter Kultur und Wissenschaft. Nach der Zäsur 1945 half der Osten unbewusst durch tausende Facharbeiter, Lehrer, Ärzte, Industrieansiedlungen beim Aufbau West.
Nur 40 Jahre (von 150) bestand also das Nebeneinander von zwei Gesellschaftssystemen, die für alle Wirtschaftsbereiche gegensätzliche Auffassungen zu den Eigentumsrechten haben.
Wie können die noch bestehenden Diffenrenzen verringert werden? Darüber sollten alle politisch Verantwortlichen, Wissenschaftler, die Presse und die Zivilgesellschaft beraten.

8. Literaturverzeichnis, Bildnachweis

[1] Dresden im Visier
ETRO-Verlag, Bad Soden-Salmünster, 1994

[2] Dresdner Geschichtsbuch Nr. 1 (Stadtmuseum Dresden)
DZA Verlag Altenburg, 1995
ISBN 3-9804226-8-2

[3] Dresdner Hefte, Heft 61,
Dresdner Geschichtsverein e. V., 2000

[4] Ruf, Christian: 800 Jahre Dresden Eine Zeitreise
SAXOPhon GmbH Dresden, 2. Auflage, 2006
ISBN 3-938325-19-4

[5] Stadtmuseum Dresden (Sächs. Museen Bd. 21)
Verlag Janos Stekovics, Dößel, 2010
ISBN 978-3-938325-31-5

[6] Gertoberens, Klaus: Sächsische Erfindungen
SAXOPhon GmbH Dresden, 2006
ISBN 978-3-938325-31-5

[7] Gertoberens, Klaus: Sächsische Persönlichkeiten
SAXOPhon GmbH Dresden, 2011
ISBN 978-3-938325-84-1

[8] Karlsch, Rainer; Schäfer, Michael:
Wirtschaftsgeschichte Sachsens
Verlag Seemann Henschel GmbH & Co KG, Leipzig, 2006
ISBN 978-3-361-00598-3

[9] Leonhard, Wolfgang: Die Revolution entlässt ihre Kinder
Verlag Kiepenheuer & Witsch, Köln, 2003, S. 376/77
ISBN 3-462-01802-7

[10] Schmeitzner, Mike; Richter, Michael: Einer von beiden muss so bald wie möglich entfernt werden
Gustav Kiepenheuer Verlag, Leipzig, 1997, S. 98
ISBN 3-378-01021-5

[11] Sittauer, Hans L.: Nicolaus August Otto; Rudolf Diesel:
BSB B. G. Teubner Verlagsgesellschaft, Leipzig, 1990
ISBN 3-322-00762-6

[12] Conrad, Walter, u. a.: Wer-Was-Wann? – Entdeckungen und Erfindungen in Naturwissenschaft und Technik
VEB Fachbuchverlag Leipzig, 1980

[13] Eigenwill, Reinhardt, und andere: Zäsuren sächsischer Geschichte
Sax-Verlag Beucha, Markkleeberg, 2010
ISBN 978-3-86729-059-3

[14] Hoffmann-Reicker, Klaus: Der geänderte Canaletto-Blick
SAXOPhon GmbH Dresden, 2013
ISBN 978-3-943444-06-3

[15] Eschebach, Erika; Starke, Holger: Schokoladenstadt Dresden – Süßigkeiten aus Elbflorenz
SAXOPhon GmbH Dresden, 2013
ISBN 978-3-943444-23-0

[16] Madaus, Udo: Allianz des Schweigens
Frieling & Partner GmbH, Berlin, 2002
ISBN 3-8280-1840-8

[17] Behring, Rainer; Schmeitzner, Mike: Diktaturdurchsetzung in Sachsen
Böhlau Verlag, Köln, 2003
ISBN 3-412-14802-4

[18] Schmid, Josef; Wegner, Dirk; Körber, Kurt A.: Annäherun-

gen an einen Stifter
edition Körber-Stiftung, Hamburg, 2002
ISBN 3-89684-020-7

[19] Etzold, H.-R.; Rother, E. und Erdmann, Th.: Im Zeichen der Vier Ringe 1873-1945
Edition quattro GmbH, Ingolstadt, 1992
ISBN 3-7688-0778-9

[20] Meyer, H. und H.: MZ-Geschichten
Der Kinderbuchverlag Berlin – DDR, 4. Auflage, 1981

[21] Szejnmann, C. W.: Vom Traum zum Albtraum (Sachsen in der Weimarer Republik)
Gustav Kiepenheuer Verlag, Leipzig, 2000
ISBN 3-378-01045-2

[22] Ford, Henry: Mein Leben und Werk
Paul List Verlag, Leipzig, 1923

[23] Müller, K.; Treitschke, G.-H.: Kunstseide aus Pirna
Verlag Günter Oettel, Görlitz-Zittau, 2014
ISBN 978-3-944-560-12-0

[24] Jürgs, Michael: Die Treuhändler
Th. Knaur Nachf., München, 1998
ISBN 3-426-77253-1

[25] Jungbluth, R.: Die Quandts
Campus Verlag GmbH, Frankfurt/M., 2002
ISBN 3-404-61550-6

[26] Kift, Dagmar, und andere: Aufbau West – Neubeginn zwischen Vertreibung und Wirtschaftswunder
Klartext Verlag, Essen, 2005
ISBN 3-89861-542-1

[27] Lobeck, Lenore: Die Schwarzenberg-Utopie
Evangelische Verlagsanstalt GmbH, Leipzig, 2004
ISBN 3-374-02231-6

[28] Göllner, Peter: Ernemann Cameras
Wittig Fachbuchverlag, Hückelhoven, 2012
EAN 978-3-930359-29-5

[29] Jehmlich, Gerhard: Zeiss Ikon AG im Zeitabschnitt 1926 bis 1972 in Thesaurus 3
75 Jahre Zeiss Ikon AG, Technische Sammlungen der Stadt Dresden, 2001
ISBN 3-9806403-3-0

[30] Blumtritt, Herbert: Geschichte der Dresdner Fotoindustrie
Lindemanns Verlag, Stuttgart, 2000
ISBN 3-89506-212-X

[31] Reichs-Branchen-Adressbuch Teil III
Reichsverlag für Handel und Industrie, Berlin, 1933

[32] Balzk, R. und Leibiger, J.: Industriegeschichte der Stadt Dresden 1945-1990
GNN Verlag Sachsen GmbH, Schkeuditz, 2006
ISBN 978-3-89819-257-6

[33] Feldkamp, J. und Albrecht, H.: Das süße Herz Deutschlands
Sächsisches Industriemuseum Chemnitz, 2011

[34] Owzar, Armin: Sozialistische Bündnispolitik und gewerblich industrieller Mittelstand – Thüringen 1945-1953
Urban & Fischer Verlag, München, Jena, 2001
ISBN 3-437-31148-4

[35] Schreier, Dietmar und Geißler, Kurt: Die Seidel & Naumann Story
Druckerei & Verlag Hille, Dresden, 2010
ISBN 978-3-939025-19-1

[36] Dresdner Geschichtsverein e. V.: Steiler Aufstieg – freier Fall
Dresdens Industriegeschichte nach 1945
Sandstein Kommunikation GmbH, Dresden, 2016 (Dresdner Hefte Nr. 128)
ISBN 978-3-944019-17-8

[37] Herold, H., und andere: Festschrift 1904-1994
Koch & Sterzel, Transformatoren- und Röntgenwerk, Siemens.
90 Jahre am Standort Dresden
Siemens AG, Standort Dresden-Übigau
Lößnitz Druck GmbH, Radebeul, 2004

[38] Dresdner Geschichtsverein e. V.: Die Geschichte der Familie Bienert
Sandstein Kommunikation GmbH Dresden, 2013 (Dresdner Hefte Nr. 116)
ISBN 978-3-944019-05-5

[39] Büchi, Walter A.: Das große Leben des Odolkönigs
SAXOPhon GmbH Dresden, 2006
ISBN 978-3-938325-24-7

[40] Funke, Ulf-Norbert: Karl August Lingner
B-Edition Dresden, 1996
ISBN 3-930303-02-7

[41] Kroll, Frank-Lothar: Die Herrscher Sachsens
C. H. Beck, München, 2004
ISBN 978-3-40665166-3

[42] AWD pharma GmbH & Co KG: Geschichte des Arzneimittelwerkes Dresden
Dresden, 2002

[43] Apogepha – Die Geschichte eines Dresdner Pharmaunternehmens
Sonderdruck aus Schultheiss: Geschichte der Urologie in Dresden
Springer Medizin Verlag, 2009

[44] Parkinson, C. N.: Favoriten und Außenseiter
ECON-Verlag GmbH, Düsseldorf, Wien, 1962

[45] Kirchberg, P. und Pönisch, J.: Horch-Typen, Technik, Modelle
Delius Klasing Verlag, Bielefeld, 2006
ISBN 978-3-7688-1775-2

[46] Volksbank Dresden e. G. (H. P. Lühr): Villa Eschebach
Sandstein Verlagsgesellschaft mbH, Dresden, 1997

[47] Voss, Egon: Richard Wagner
C. H. Beck, München, 2012
ISBN 978-3-406-63721-6

[48] Die Provinz Sachsen
Verlag von Julius Klinkhardt, Berlin, 1900
Faksimile-Ausgabe, Naumburger Verlagsanstalt, 1990

[49] Haferland, Hans: Die Bundeslandsmannschaft Sachsen 1954 bis 1993
Sonderdruck des Sächsischen Landtages, 2005

[50] Dressler, Achim, und andere: Mythos Hartmann
Verlag Heimatland Sachsen Chemnitz GmbH, Chemnitz, 2010
ISBN 978-3-910186-72-9

[51] Kötzschke, R. und Kretzschmar, H.: Sächsische Geschichte
Weltbild Verlag GmbH, Augsburg, 1995
ISBN 3-89350-705-1

[52] Förster, Andreas: Plündern für Devisen
Sächsische Zeitung vom 6. Oktober 2017

[53] Weber, Lothar: Die Nähmaschine (Die sächsische IV K)
Transpress Verlag, Stuttgart, 2012
ISBN 978-3-613-71441-0

[54] Fallet, Estelle: Roman einer Uhrenfabrik
Tissot SA, Le Locle, 2002/2016
ISBN 2-940333-01-7

[55] Förderverein des Heimatmuseums Coswig e. V.
Karrasverlag, Coswig, 1994

[56] Keil, Eberhard: Die Sachswerk-Saga 1914-1945
ALKYON Buchverlag Irmgard Keil, Marbach, 2006
ISBN 3-934136-07-9

[57] Ford, Roger: Maschinengewehre von 1860 bis heute
Karl Müller Verlag, Erlangen
ISBN 3-86070703-5

[58] Landesverein Sächsischer Heimatschutz Dresden:
Mitteilungen Heft 5/6, 1925
Gedenkblatt zur Zweihundertjahrfeier des „Lauchhammer"

[59] Bär, Johannes, und andere: Die MAN Eine deutsche Industriegeschichte
C. H. Beck, München, 2008
ISBN 978-3-406-57762-8

[60] Wappler, Günther: Framo & Barkas – Die Geschichte der 2-Takt-Transporter aus Sachsen

Druck- und Verlagsgesellschaft mbH Marienberg, 2005
ISBN 3-931770-G3-X

[61] Schmidt, H.-J. (Traditionsverein Braunkohle Lauchhammer e. V.)
Die erste 110-kV-Anlage Europas, textgrafikwerkstatt Lauchhammer, 2011

[62] Brummert, Ulrike, und andere: Plaue bestand im Wandel
TU Chemnitz, 2006
ISBN 10:3-00-019781-8

[63] Kirchberg, Peter: Plaste, Blech und Planwirtschaft
Nicolaische Verlagsbuchhandlung, Berlin, 2000
ISBN 3-87584-027-5

[64] Horch, August: Ich baute Autos Vom Schmiedelehrling zum Autoindustriellen
(Reprodruck Wegweiser-Verlag, Berlin, 1937)
August Horch Museum Zwickau gGmbH, 2003

[65] Kirchberg, Peter: Bernd Rosemeyer Die Schicksalsfahrt
Delius Klasing Verlag, Bielefeld, 2008
ISBN 978-3-7688-2505-4

[66] Jahresbericht der Handelskammer Plauen auf das Jahr 1906
Plauen, 1907

[67] Merkle, E.: 1000 Jahre Sächsischer Erfindergeist
Inter-Media Werbeagentur, Weißwasser, 1997

[68] Hunger, H.: Von Gelenau im Erzgebirge nach Neustadt/ Marburg und Sonthofen/Allgäu – ERGEE Feinstrumpfwerke Edwin Rössler
Der neue Sachsenspiegel, Bundeslandsmannschaft Sachsen e. V., 1988

[69] Beier, M. und Eberth, I.: VEB Feinwäsche Bruno Freitag (in „Not macht erfinderisch“), Mironde Verlag, Niederfrohna, 2015
ISBN 978-3-937654-52-2

[70] Maedel, Karl-E. und Gottwaldt, A. B.: Deutsche Dampflokomotiven
transpress Verlag, Stuttgart, 1994
ISBN 3-344-70912-7

[71] Hornich, Siegfried, und andere: Kombinate – Was aus ihnen geworden ist
Verlag Die Wirtschaft GmbH Berlin München, 1993
ISBN 3-349-01041-5

[72] Meisel, Karin und Schaller, Barbara: Louis Ferdinand Schönherr 1817-1911 – Textilmaschinenbauer von Weltruf
Verlag Heimatland Sachsen GmbH Chemnitz, 2017
ISBN 978-3-910186-96-5

[73] Uhlmann, Wolfgang: Der Chemnitzer Maschinenbau in den 30er Jahren unseres Jahrhunderts
in „Sächsische Heimatblätter“ H. 3, 1995
Sächsisches Druck- und Verlagshaus GmbH, Dresden

[74] Künzel, Diethart, und andere: Johann Samuel Schwalbe 1778 -1845
Verlag Heimatland Sachsen GmbH, Chemnitz, 2011
ISBN 978-3-910186-79-8

[75] Canzler, Ernst und Hähnel, Wolfgang: Die Unternehmerfamilie Haubold
Verlag Heimatland Sachsen GmbH, Chemnitz, 2005
ISBN 3-910186-54-8

[76] Uhlmann, Wolfgang: Chemnitzer Unternehmen während der Hochindustrialisierung
1871-1914
Sax-Verlag, Beucha Markkleeberg, 2018
ISBN 978-3-86729-214-6

[77] Naumann, Hans J. und Müller, Klaus: Von Escher zu Niles-Simmons (1874-2014)
Verlag Heimatland Sachsen, Chemnitz, 2014
ISBN 978-3-910186-91-0

[78] Richter, Gert: Carl Friedrich Ernst Beckert – Fabrikant für Strick- und Wirkmaschinennadeln in Chemnitz und Umgebung
Verlag Heimatland Sachsen GmbH, Chemnitz, 2003
ISBN 3-910186-43-2

[79] Esche Museum, Sachsenstraße 3, 09212 Limbach-Oberfrohna
(www.esche-museum.de)

[80] Scheibner, Heinz: Maschinenbau in Chemnitz – Innovation aus Tradition im Wirtschaftsstandort Chemnitz
Europäischer Wirtschaftsverlag, Darmstadt, 2000
ISBN 3-932845-31-5

[81] Walther, Lothar: Aue Mosaiksteine der Geschichte
Druckerei & Verlag Mike Rockstroh, Aue, 1997,
Stadtverwaltung Aue

[82] Hiltmann, Bernhard: Industrielle Entwicklung im Auer Tal
Druckerei & Verlag Mike Rockstroh, Aue, 1998,
Stadtverwaltung Aue

[83] Kasper, Hans-Heinz: Vom Königlich-Sächsischen Kupferhammer zur F. A. Metallwerke AG,
Sächsisches Druck- und Verlagshaus GmbH, Dresden, 1997

ISBN 3-929048-26-4

[84] Till, Konrad, und andere: Industriegeschichte im Auer Tal
Druckerei & Verlag Mike Rockstroh, Aue, 1997,
Stadtverwaltung Aue

[85] Siebertz, Paul: Gottlieb Daimler
J. F. Lehmanns Verlag, München–Berlin, 1940

[86] KUKA Werkzeugbau Schwarzenberg GmbH: 100 Jahre Werkzeugbau 1898-1998,
Druckerei & Verlag Mike Rockstroh, Aue, 1998

[87] Fischer-Krauss, Käthe: Das Leben sei ein Lobpreis auf die Heimat
siehe [86], 2000

[88] Krauss, F. E.: Dort, wo einst ein Schlagbaum stand, ist eine Fahne aufgerichtet
in: Erzgeb. Haus- und Heimatkalender, 1940

[89] Knopf, Sabine, und Titel, Volker: Der Leipziger Gutenbergweg
Sax-Verlag, Beucha, 2001
ISBN 3-934544-04-5

[90] Mayer, Maix: Die vergessenen Orte der Arbeit
Mitteldeutscher Verlag GmbH, Halle, 2013
ISBN 978-3-95462-023-4

[91] Sinn, Hans-Werner: Auf der Suche nach der Wahrheit
Verlag Herder GmbH, Freiburg, 2018
ISBN 978-3-451-34783-2

[92] Weichold, Arthur: Johann Andreas Schubert
Urania Verlag, Leipzig, 1968

[93] von Gersdorff, Kyrill: Die deutsche Luftfahrt. Flugmotoren und Strahltriebwerke
Bernard & Graefe Verlag, Bonn, 2007
ISBN 103-7637-6128-4

[94] Böhm, Boris: Die Bauten der Heil- und Pflegeanstalt Pirna-Sonnenstein
Kuratorium Gedenkstätte Sonnenstein e. V., Pirna, 2013
ISBN 978-3-9813772-48

[95] Lorenz, Holger: Kennzeichen Junkers
Druck- und Verlagsgesellschaft Marienberg mbH, 2005
ISBN 3-931770-57-5

Bildnachweis

Die meisten Bilder basieren auf eigenen Fotos, verbunden mit Firmenanzeigen, die bis in die 1890er Jahre zurückreichen.

Bild 40 (oben) wurde vom Unternehmensarchiv Villeroy & Boch, Merzig, zur Verfügung gestellt.
Bilder 30 (oben), 43 (unten) und 45 (oben) entstammen der Sächsischen Landesbibliothek (SLUB) – Deutsche Fotothek Dresden.
Bild 42 (zweites Bild) entstammt dem Buch: Horch Typen Technik Modelle, P. Kirchberg, J. Pönisch, Delius Klasing Verlag Bielefeld, 2006.

9. Personenverzeichnis (Auszug)